자유주의적 법치국가:
한국에서의 법철학과 형법

김영환

세창출판사

이 도서의 국립중앙도서관 출판예정도서목록(CIP)은 서지정보유통지원시스템 홈페이지
(http://seoji.nl.go.kr)와 국가자료공동목록시스템(http://www.nl.go.kr/kolisnet)에서
이용하실 수 있습니다.(CIP제어번호: CIP2018015357)

서 문

이 책은 올해 여름 정년을 맞아 그동안 발표했던 논문들을 정리할 목적으로 계획된 것이다. 똑같은 계기로 필자는 작년 12월 중순 독일 Nomos 출판사를 통해 “Rechtsphilosophie und Strafrecht in Deutschland und Korea”라는 제목으로 그동안 틈틈이 기념논문집이나 학술잡지에 발표했던 6편의 법철학과 6편의 형법 독일어 논문들을 한 권의 책으로 묶어 발간한 바 있다. 그러니까 이 책은 독일어 책의 후속편이라고 할 수 있다.

돌이켜 보면 이때까지 한 일이란 그저 현안적인 문제들을 분석하고 비판한 게 전부이다. 다만 다른 이들과 차이점이 있다면 단순히 법도그마틱에만 머물지 않고 보다 근본적인 법철학적인 관점에서 문제를 바라보았다는 점에 있을 것이다. 이 책의 제목과 같이, 공동체의 삶을 위해 법은 개개인의 인권에 대해 최소한도의 개입으로 제한되어야 한다는 의미에서의 자유주의적 법치국가사상이 바로 그것이다. 이런 관점하에 이 책에는 6편의 법철학, 5편의 법학방법론, 7편의 형법논문이 실려 있다. 먼저 법철학에는 아르투어 카우프만의 법철학, 1960-70년대의 한국법철학과 같은 법철학자들에 관한 연구를 비롯해서 법도그마틱, 개념법학적인 사유형태와 일반조항에로의 도피 등의 법이론적인 주제나 혹은 법을 통한 과거청산이나 위험사회에서의 책임담론과 같은 실천적인 문제들도 다루어진다. 그리고 법학방법론에는 형법해석의 한계, 유추와 목적론적 축소와 같은 개념적인 문제를 위시하여 범행발각 후의 자수, GS 칼텍스 사건, 한국에서의 법학방법론의 문제점 등의 구체적인 주제가 분석된다. 마지막으로 형법 분야에는 형법 제20조의 정당행위, 방법의 착오, 법률의 부지, 양형과 같은 형법총론상의 문제뿐만 아니라 의료행위, 현금자동지급기의 부정사용의 개별적인 각론상의 문제를 넘어서 공소시효와 형벌불소급의 원칙 등과 같은 형사절차적인 주제가 다루어진다.

여기에 실린 논문들은 발표연도 순으로 되어 있다. 필자가 근자에는 법철학, 그것도 법학방법론에 관심이 많았기 때문에 형법의 논문들은 비교적 오래전에 연구된 것이다. 또한 여기 실린 글들은 장기간에 걸쳐 따로 쓰여진 것들이라 서로 중복되고 조화되지 않은 부분들이 있을 뿐만 아니라 아직 필자의 입장이 완전히 정리되지 못한 부분들도 있다. 독자 여러분들의 이해를 바란다.

오늘이 있기까지 학문적인 도움을 주신 여러분들을 잊을 수 없다. 무엇보다도 필자의 고려대 은사이신 심재우 교수님과 독일에서 박사학위를 지도해 주신 아르투어 카우프만 교수님에게 심심한 경의를 표한다. 항상 학문적인 모범을 보여 주신 심헌섭 교수님, 언제나 학문적인 조언을 아끼지 않았던 오랜 친구 울프리드 노이만 교수에게도 진심으로 감사드린다. 그리고 바쁜 와중에도 이 책의 교정을 보아 준 장영민 교수, 임미원 교수 그리고 안수길 박사에게도 고마움의 뜻을 전한다. 마지막으로 이 책의 출간을 허락해 준 세창출판사의 이방원 사장님과 꼼꼼히 편집을 해 주신 임길남 상무님과 편집부 강윤경 대리에게도 감사하는 바이다.

2018년 5월 20일 한양대 연구실에서

김 영 환

차 례

법철학

법학방법론

형 법

법철학

아르투어 카우프만의 생애와 법철학(1992)*

I

시대의 발전과 더불어 법사상도 변천한다. 그렇다고 해서 이전 시대에 논란이 많았던 문제들이 모두 해결된 것은 결코 아니다. 오히려 대부분의 법철학적 주제들은 비록 시대의 흐름에 가려 돋보이지는 않더라도 여전히 그 흐름의 밑바닥에 침전된 채 항상 되풀이해 그 모습을 나타낸다. 2차 대전 이후 법의 실질적인 내용의 측면을 강조했던 독일의 법철학적 경향은 점차 법의 구체적인 실현과정에로 그 초점이 바뀌어져 갔다. 소위 구체적, 역사적 자연법론, 사물의 본성론으로 불리던 법철학적 사조들은 법이론, 법사회학, 법논리학, 그리고 법적 논증이론(juristische Argumentationstheorie) 등으로 이어지는 오늘날의 조류에 쓸려 갔다.[1] 그러나 법의 정당성 내지는 법적 판단의 기준으로서의 실질적인 정의개념에 관한 질문이 제기될 때마다 올바른 법(das richtige Recht)에 관한 이전 시대의 여러 논의들은 다시금 논쟁의 근거점으로 자리하게 된다.

---

* 필자는 이 논문 이외에도 카우프만의 법철학 사상에 대해 두 편의 논문을 더 발표했다. 아르투어 카우프만의 죽음을 애도하며, 법철학연구 제4권 제1호, 2001; 아르투어 카우프만의 인격적 법이론, 법철학연구 제9권 제1호, 2006.

1) 구체적, 역사적인 자연법론 이후의 독일의 법철학적 경향을 개관하는 데 중요한 문헌으로는 Albert/Luhmann/Maihofer/Weinberger(Hrsg.), Rechtstheorie als Grundlagenwissenschaft der Rechtswissenschaft, Jahrbuch für Rechtssoziologie und Rechtstheorie, Bd. II, 1972; Jahr/Maihofer(Hrsg.), Rechtstheorie, 1971; Arthur Kaufmann(Hrsg.), Rechtstheorie, 1971; Kaufmann/Hassemer(Hrsg.), Einführung in Rechtsphilosophie und Rechtstheorie der Gegenwart, 5. Aufl., 1989; 특히 최근의 법적 논증이론에 관한 개관서로는 Neumann, Juristische Argumentationslehre, 1986 참조.

현대 법철학의 양심 혹은 법철학의 교황이라고까지 불리던 아르투어 카우프만(Arthur Kaufmann)의 법철학 사상이 유달리 돋보이는 까닭은 그가 바로 위와 같은 전환기적 시대를 살아가면서 독일 법철학의 이정표적 구실을 한다는 점에 있다. 즉 그의 법철학은 항상 동일한 인식대상을 겨냥한 것이지만, 그러나 그것은 – 라드브루흐(Radbruch)의 말을 빌려 그 자신도 고백하듯이 – 시대적인 요청에 따라 새로운 언어로 다시 쓰여진다.[2] 그의 기나긴 법철학적 노정은 올바른 법에 대한 갈구로 점철되어 있지만, 그의 법철학적 주제들은 다양하기만 하다. 한편으로는 전쟁으로 인해 폐허가 되어 버린 곳에서 과연 법이란 존재하는가? 라는 법존재론적 물음을 던지지만, 다른 한편으로는 점차 안정되어 가는 사회현실 속에서 이제는 어떻게 구체적인 정의가 판결 속에 구현될 수 있는가? 라는 방법적, 인식론적인 관심이 그를 사로잡고 있는 것이다.

아르투어 카우프만의 법철학에서 이 두 가지 측면, 법존재론(Rechtsontologie)과 법인식론(Erkenntnistheorie des Rechts)은 서로 분리될 수 있는 성질의 것이 결코 아니다. 또한 형식논리적으로 보아도 이 두 가지 측면은 엄밀하게 서로 구분될 수 있는 성질의 것도 아니다. 그 이유는 객관적으로 법이 존재한다고 해도 주관적으로 그것을 인식할 수 없다면 아무런 소용이 없을 것이요, 반면 객관적으로 있지도 않은 법을 누가 인식했다고 주장하는 것은 주관적인 환상에 불과하기 때문이다. 그의 법철학이 지니는 위대한 점은 이 두 가지의 문제차원 모두를 그의 법철학 안에 포괄하려고 했다는 점에 있다. 즉 그에게 있어서 이 두 가지 문제영역은 서로 구별은 되지만 상호보충적인 관계에 있는, 요컨대 – 그의 개념을 굳이 빌리자면 – 양극적인 관계(polares Verhältnis)에 놓여져 있다.[3] 물론 시간이 지남에 따라 그의 인식관심은 법존재론으로부터 법해석학(juristische Hermeneutik)으로 옮겨갔지만, 법의 존재성 여부와 인식가능성이라는 양 문제영역은 그 어느 한편에만 치우치지 않은 채 종합적으로 다루어지고 있다. 그리고 그는 이와 같은

---

2) G. Radbruch, Rechtsphilosophie, 8. Aufl., 1973, S. 218; Arthur Kaufmann, Fünfundvierzig Jahre erlebte Rechtsphilosophie, ARSP 1991, S. 144.

3) 물론 카우프만 자신은 법철학의 이러한 두 가지 문제영역을 양극적인 것으로 표현하지는 않았다. 이 두 가지 문제영역의 상호관련성에 관해서는 Kaufmann/Hassemer, Einführung (주 1), S. 25 ff. 참조.

문제의식에 입각해서 존재와 인식, 내용과 절차, 그리고 자연법성과 실정성이라는 법개념의 양극 사이를 헤쳐 가면서 자신의 관심영역을 법철학, 법이론에서부터 형법, 형사정책의 분야에 이르기까지 다채롭게 전개해 나간다.

II

아르투어 카우프만은 1923년 5월 10일 스위스와 오스트리아 국경과 접한 독일의 남단 소도시 징엔[Singen(Hohentwiel)]에서 태어났다. 처음에는 자연과학에 심취해서 프랑크푸르트대학에서 물리학을 전공했다. 그러던 중 세계 2차대전이 일어나서 학도병으로 공군에 입대하였으며, 정찰기 조종사로서 작전 중 노르웨이 상공에서 격추되었다. 그 당시 머리에 큰 부상을 입었으며 아직도 그 후유증은 치유되지 않았다. 그로 말미암아 법률의 이름으로 온갖 만행을 저질렀던 나치정권은 그의 뇌리에서 영원히 사라지지 않은 채 여전히 남아 있는 것 같다.

전쟁이 종료된 후, 그는 법학으로 전공을 바꿔 하이델베르크대학에서 공부했으며, 이곳에서 오랫동안의 망명생활을 마치고 법철학 교수로 복직한 그의 스승 라드브루흐(Radbruch)를 만나게 되었다. 라드브루흐가 속해 있던 소위 서남독일의 新칸트주의적인 법철학이 카우프만에게 사상적으로 얼마나 영향을 주었는가는 그 자체 탐구해 볼 만한 재미있는 테마이기도 하다.[4] 그러나 무엇보다도 분명한 것은, 그는 라드브루흐가 풍기는 법사상가, 법정책가로서의 위대한 인격(Persönlichkeit)에 매료되었으며 세세한 법률문제를 그 근본원리에 이르기까지 추적해서 풀어 나가는 스승의 깊은 통찰력은 그의 논리적인 사고에 많은 영향을 준 것 같다는 점이다. 요컨대 합리주의에 입각해서 세상의 어두운 구석구석을 이성에 의해 밝혀 나가지만, 인간의 인식(Erkenntnis)이 다다르는 한계점에서부터 믿음(Bekenntnis)이 시작된다는 라드브루흐의 가치상대주의, 관용(Toleranz)의 사상은 카우프만의 법사상에서도 그 이론적인 기초가 되어 있다. 카우프만은 라드

4) 이 점에 관해서는 특히 카우프만 자신이 라드브루흐에 관한 전기를 소개한 Gustav Radbruch; Rechtsdenker, Philosoph, Sozialdemokrat, 1987 참조.

브루흐의 지도하에 1948년 "형법의 책임이론에 있어서 불법의식"[5]이란 논문으로 박사학위를 받았으나 이 책이 출간되기 직전 라드브루흐와 사별할 수밖에 없게 되었다.

스승을 잃게 된 카우프만은 1952년부터 5년간 칼스루에(Karlsruhe) 지방법원의 판사로 근무하는 동시에 하이델베르크대학에서 철학을 수강하였다. 그 당시 야스퍼스(Jaspers) 등의 철학자와 친분을 맺게 되었으며, 카우프만의 법철학 사상의 기초는 이때에 확고하게 구축되었던 것으로 보인다.[6] 한 가지 오해를 피할 것은, 카우프만 자신도 말하는 바와 같이, 그는 결코 신토마스주의자가 아니라는 점이다. 물론 카우프만은 토마스 아퀴나스(Thomas von Aquin)의 사상을 여러 곳에서 인용하고 있기는 하다. 그러나 그의 자연법론은 마치 판결과 같이 훨씬 구체적인 것으로서 신토마스주의자들이 주장하는 것과 같은 보편적인 명제와는 엄밀히 구별된다.[7] 1959년 그는 라드브루흐의 후임자가 된 엥기쉬(Engish)와 갈라스(Gallas)를 지도교수로 해서 그의 대표적인 저서이자 교수자격 청구논문인 책임원칙(Das Schuldprinzip)을 제출하였다.[8]

이듬해인 1960년에 카우프만은 자르브뤼켄(Saarbrücken)대학 정교수로 초빙되었다. 이때는 마침 알사스 지방이 독일로 통합되던 즈음이라, 법철학 연구소는

---

5) Kaufmann, Das Unrechtsbewußtsein in der Schuldlehre des Strafrechts, 1949. 그는 이 논문에서 비단 형법적인 책임에 관한 문제뿐만 아니라, 예컨대 의사의 자유(제6장), 법규범의 본질(제8장) 등 법철학적 문제들을 광범위하게 다룬다. 이 박사학위논문은 1985년에 제2판이 출간되었다.

6) 카우프만은 1991년 ARSP에 실린 논문에서 자신의 철학적 배경을 다음과 같이 서술한다. 즉 라드브루흐로부터는 서남독일학파의 가치관련적인 신칸트주의를, 야스퍼스로부터는 실존철학을, 가다머(Gadamer)로부터는 해석학을, 그리고 뢰비트(Löwith)로부터는 철학적 인간학을 배웠다고 한다. 그러나 가다머에 관해서는, 비록 자신의 해석학의 이론적인 구축에서 인용은 많이 하고 있지만, 별로 개인적인 관계를 얘기하지 않은 것 같다. 또한 이러한 사정은 뢰비트에게도 마찬가지인 것 같다.

7) 이 점에 관해서는 무엇보다도 Kaufmann, ARSP 1991, S. 145 f. 참조.

8) Kaufmann, Das Schuldprinzip, 2. Aufl., 1976. 이 책은 크게 두 부분으로 나뉜다. 제2장, 제3장에서는 주로 법존재론에 관한 그의 법철학적 사상을 상세히 소개하고 있고, 그 이외의 부분은 그와 같은 이론적인 기초에 입각해서 형벌을 제한할 뿐만 아니라 근거도 짓는 책임원칙의 문제점을 광범위하게 다루고 있다.

정부의 많은 지원을 받아 증설되었다. 그 당시 이곳에서 마이호퍼(Maihofer)와 카우프만의 주관하에 개최되었던 세미나에 참석했던 사람들은 현재 독일의 중진 철학자, 법철학자로 활약하고 있다. 이 그룹에는 하세머(W. Hassemer), 엘샤이드(G. Ellscheid), 슈로트(U. Schroth) 등의 카우프만 교수의 제자뿐만 아니라 마이호퍼 교수의 제자인 칼리스(R. Callies), 필립스(L. Philipps), 바케스(O. Backes) 등이 속해 있었으며,[9] 우리나라의 심재우 교수께서도 이곳에서 마이호퍼 교수로부터 법철학과 형법을 수학하셨다.[10]

그 후 1969년에 카우프만은 엥기쉬 후임으로 뮌헨대학으로 가게 되었고 1988년 정년퇴임할 때까지 이곳에서 법철학 및 법정보학 연구소장을 지냈다. 그는 1980년 이래로 독일 바이에른 주의 학술원 회원이며 또한 현재 세계 법과 사회철학회(IVR)의 명예회장직을 맡고 있기도 하다.[11]

카우프만과 한국의 법철학과의 만남은 그의 지도하에 라드브루흐와 사물의 본성에 관한 주제로 법철학박사학위를 받은 故 권영백 박사로부터 연유된다.[12] 또한 독일에 유학했던 대부분의 한국법철학자들이 라드브루흐를 주제로 해서 박사학위를 썼기 때문에 — 예컨대 벨첼(Welzel) 교수의 지도하에 작성된 故 정종욱 박사의 박사학위논문[13]과 라드브루흐의 제자였던 에릭 볼프(Erik Wolf)를 지도교

---

9) 이 당시의 소위 자르브뤼켄 학파의 학문적인 경향에 관해서는 특히 Jahr/Maihofer(Hrsg.), Rechtstheorie, 1971; Kaufmann(Hrsg.), Rechtstheorie, 1971 참조

10) 심재우 교수께서는 그 후 마이호퍼 교수와 함께 빌레펠트(Bielefeld)대학으로 가셨고 그곳에서 "Menschenwürde und Widerstandsrecht, 1971"라는 논문으로 법학박사학위를 받으셨다.

11) 카우프만 교수는 1982년 베를린에서 개최된 법과 사회철학회(IVR) 서독지부의 회장으로 선출되었고, 그 이후 세계 법과 사회철학회를 독일로 유치하는 데 산파역할을 하였다. 그러나 본인의 건상상의 이유로 인해 모든 준비업무를 괴팅겐(Göttingen)대학의 드라이어(R. Dreier) 교수에게 위임하였고, 드라이어 교수는 1991년 괴팅겐에서 개최된 세계 법과 사회철학대회에서 회장으로 선임되었다. 이 대회의 참가기에 관해서는 최종고, 포스트모던의 규범원리—법과 실천이성의 문제, 철학과 현실, 1991년 겨울호, 298면 이하 참조.

12) 이 논문의 정확한 명칭은 Yung Back Kwun, Entwicklung und Bedeutung der Lehre von der 'Natur der Sache' in der Rechtsphilosophie bei Gustav Radbruch, Saarbrückener Diss., 1963이다.

13) Zong Uk Tjong, Der Weg des rechtsphilosophischen Relativismus bei Gustav Radbruch,

수로 한 김지수 교수의 박사학위논문[14] – 카우프만의 법철학은 우리나라와 직·간접으로 관련을 갖고 있었다. 그러나 카우프만의 법철학이 한국에 본격적으로 소개되기 시작한 것은 심헌섭 교수가 카우프만과 그의 제자 하세머와의 공저인 현대법철학과 법이론의 근본문제를 번역함으로써 이루어진 것 같다.[15] 1984년 봄에는 카우프만 교수가 직접 우리나라를 방문하여 "법과 언어", "책임과 예방" 그리고 "비전문가적 영역에서의 병행적 가치평가"라는 제목을 가지고 법철학 강연을 한 바 있다.[16]

뮌헨대학을 정년퇴직하기 몇 년 전에는 여태까지 발표된 중요한 법철학, 형법논문들을 모아서 4권의 단행본으로 출간했는데, 그 책의 제목들은 다음과 같다. "변화 속의 법철학",[17] "법해석학적 기고",[18] "책임과 형벌",[19] "형법해석학의 어제와 내일."[20] 최근에는 라드브루흐 전집을 준비하고 있으며,[21] 이외에 법철학의 문제들에 관해서도 왕성한 저작활동을 벌이고 있다.[22]

Bonner Rechtswissenschaftliche Abhandlung Bd. 73, 1967.

14) Ji Su Kim, 'Methodentrialismus' und 'Natur der Sache' im Denken Radbruchs, Freiburger Diss., 1966.

15) 이 조그마한 단행본은 1968년 Toronto Law Journal과 Ottawa Law Review에 실린 두 논문을 증보시킨 것이다. 이 책의 초역은 1971년에 이루어졌고 현재는 "현대법철학의 근본문제"라는 제목으로 박영문고 제219권으로 간행되어 있다.

16) "법과 언어"라는 심헌섭 교수의 번역본이 서울대 법학 제25권 2,3호(통권 58, 59호), 203면 이하에 실려 있고, "책임과 예방"은 그 원문과 김일수 교수의 우리말 요약문이 법학논집, 고려대학교 법학연구소, 1983, 269면 이하에 수록되어 있다. "비전문가적 영역에서의 병행적 가치평가"의 원문은 Kaufmann, Die Parallelwertung in der Laiensphäre, 1982 참조.

17) Kaufmann, Rechtsphilosophie im Wandel, 2. Aufl., 1984.

18) Kaufmann, Beiträge zur juristischen Hermeneutik, 1984.

19) Kaufmann, Schuld und Strafe, 2. Aufl., 1983.

20) Kaufmann, Strafrecht zwischen Gestern und Morgen, 1983.

21) 총 20권으로 계획된 이 전집은 현재 그중 4권이 출간되어 있다.

22) 최근에는 특히 저항권(Widerstandsrecht)에 관한 논문이 많이 발표되었다. 이에 관해서는 Vom Ungehorsam gegen die Obrigkeit, 1991; Widerstand im 'Dritten Reich'—am Beispiel der Münchener Studentengruppe 'Weiße Rose' (1991년 세계 법과 사회철학회 원고).

Ⅲ

하세머가 적절하게 표현한 바와 같이, 카우프만의 궁극적인 관심은 역사적인 현실에 바탕을 두고 개인의 인격을 중시하는 구체적인 법을 찾아가는 데 있다.[23] 따라서 시종일관 그의 법철학은 비역사적이고 비인간적인 법에 대해 경고하고 있으며, 또한 이러한 그의 태도를 통해 그에게 고유한 법철학적 세계관이 무엇인가도 잘 드러난다.

카우프만의 법철학은 단적으로 말해서 회의적이다. 즉 명백한 답을 제시하기보다는 생각할 수 있는 모든 질문들로 충만되어 있다. 그러므로 엄격한 논리성을 강조해서 체계에 맞지 않는 생각을 배척하는 형식주의가 아니라, 사고 가능한 문제들을 더듬어 그 배후에 가로놓여 있는 법원리들을 발견하려는 실질적인 正法에의 갈구가 그의 사상의 핵심을 이룬다. 이렇듯 올바른 법에 관한 내용을 문제 삼는다고 하여 카우프만의 법철학은 유럽적인 자연법론의 전통에 속한다고 분류된다.[24]

그럼에도 불구하고 카우프만에 있어서 법은, 대부분의 자연법론자들이 주장하는 것과 같이, 확실히 인식될 수 있는 성질의 것이 아니다. 그렇다고 해서 소위 법실증주의자들의 주장과 같이 그 존재조차 부인될 수 있는 것은 더더욱 아니다. 요컨대 카우프만에 있어서 법은 그 존재가 부인될 수 없지만, 그에 관한 인식이, 적어도 적극적으로는 확실하지도 않은 그런 종류의 모순적인 존재자이다. 다시 말해서 라드브루흐가 존재와 당위의 문제를 엄격하게 분리하여 법의 인식과 법가치에 관한 확신의 문제를 별개로 여겼다면, 카우프만은 그 결과 공허해진 법의 개념에 다시금 실질적인 내용을 부여하려고 힘쓴다.[25] 그러나 이와 같은 역사적

---

23) 이 점에 관해서는 무엇보다도 Hassemer, Die Hermeneutik im Werk Arthur Kaufmanns, in: ders.(Hrsg.), Dimension der Hermeneutik, 1984, S. 1 f. 참조. 이 논문이 실린 책이 Kaufmann의 60세 생일기념논문집이다.

24) Hassemer, Die Hermeneutik(주 23), S. 1.

25) 이 점에 관해서는 특히 Kaufmann, Gedanken zur Überwindung des rechtsphilosophischen

이고 올바른 법은, 그것의 소극적인 내용, 즉 무엇이 법이 될 수 없는가라는 인식 이외에는 항상 가변적이고 구체적인 것이기 때문에[26] 그는 인내를 가지고 이러한 법의 내용을 확인할 것을 역설한다. 이러한 의미에서 카우프만은 다음과 같이 말한다. "우리는 상대적인 체념하에 이러한 임무를 시작하는 것에 대해 절망해서도 안 되지만, 그러나 또한 절대주의적인 성급함으로 도달할 수도 없는 목적을 미리 간취해서도 안 된다. 즉 우리는 믿음을 가지고 항상 그 길을 걸어가야 하며 또한 인내심을 가지고 그 길 위에 머물러 있어야만 한다."[27]

이렇듯 그 존재를 완전히 인식할 수도 없지만 그 존재를 부인하지도 못하는 카우프만의 회의적인 법철학이 단호해질 수 있는 것은 그의 법철학이 항상 인간의 현존재를 문제 삼는다는 점에 있다. 다시 말해 그가 구상하는 올바른 법질서에서는 인간이라는 개방적인 현존성이 언제나 그 중심부에 위치하고 있다.[28] 요컨대 법은 인간의 행위를 기계적으로 규율하지만 그것의 정당성은 인간의 실존적인 모순성을 포섭할 수 있을 때만 획득될 수 있다는 것이다. 바로 인간을 중심으로 한 법의 존재를 논하기에 그는 자기의 법철학이 본질 존재론(Substanzontologie)이 아니라 '관계 존재론(relationale Ontologie)'이라고 주장하며,[29] 다른 한편 법을 주도하는 것은 바로 인간이기에 단순히 정의 혹은 법의 절차적인 측면에 안주하려

Relativismus, in: Rechtsphilosophie im Wandel(주 17), S. 56; Rechtsphilosophie, Rechtstheorie, Rechtsdogmatik, in: Kaufmann/Hassemer(Hrsg.), Einführung(주 1), S. 20 f. 참조.

26) 카우프만이 주장하는 소위 소극적 철학(negative Philosophie)이란 바로 이 점에 관한 것이다. 즉 법이 무엇인가는 적극적으로 말할 수 없지만, 무엇이 법이 아닌가는 확인할 수 있다는 것이다. 이 점에 관해서는 ders., Naturrecht und Geschichtlichkeit, in: Rechtsphilosophie im Wandel(주 17), S. 15 f.; Gesetz und Recht, in: Rechtsphilosophie im Wandel(주 17), S. 139 f.; Schuldprinzip, S. 16, 112 참조.

27) Kaufmann, Naturrecht und Geschichtlichkeit(주 26), S. 21.

28) Kaufmann, Die ontologische Struktur des Rechts, in: Rechtsphilosophie im Wandel(주 17), S. 121 ff.; Die Aufgabe der Rchtsphilosophie im kybernetischen Zeitalter, in: Rechtsphilosophie im Wandel(주 17), S. 264 f.

29) 이 점에 관해서는 무엇보다도 Kaufmann, Gedanken zu einer ontologischen Grundlegung der juristischen Hermeneutik, in: Rechtsphilosophie im Wandel(주 17), S. 96 ff.; Vorüberlegungen zu einer juristischen Logik und Ontologie der Relationen; Grundlegung einer personalen Rechtstheorie, Rechtstheorie 17(1986), S. 257 ff. 참조

는 최근의 절차적인 이론들을 비판하고 나선다.[30] 인간을 중심으로 한 카우프만의 법철학은 특히 그의 형법사상에도 침전되어 행위론 등의 분야에서 '인격적 법이론(personale Rechtstheorie)'으로 구체화되기도 한다.[31]

올바른 법, 즉 인간적이며 역사적인 법으로 향한 카우프만의 법철학적 연구는, 굳이 체계화를 꾀한다면, 크게 두 단계로 구분할 수 있다.[32] 이미 언급한 바와 같이 그 하나는 법의 내용에 주로 초점을 맞춘 법존재론(Rechtsontologie)의 시대이고,[33] 다른 하나는 법의 실현과정을 중시하는 해석학(Hermeneutik)의 시대이다. 전자가 주로 "자연법인가 아니면 법실증주의인가"라는 양자택일식의 사고를 극복하는 시대였다면, 후자는 주로 루만(Luhmann)식의 기능주의(Funktionalismus)를 배척하고 절차적인 법이론에 내용적인 기초를 제공하려는 데에 그 주안점이 놓여져 있다. 이하에서는 이 두 가지의 서로 다른 법철학적 시대를 보다 자세히 설명하기로 한다.

1. 카우프만 자신도 고백하는 바와 같이, 첫 번째의 시기를 결정짓는 그의 법철학 논문은 1957년에 발간된 "자연법과 역사성(Naturrecht und Geschichtlichkeit)"이라는 조그마한 논문이다. 이 논문에서 그는 자연법에 대한 재해석을 꾀할 뿐만 아니라 실정성(Positivität)의 개념에도 새로운 내용을 부여한다. 여기에서 발전된 법존재론은 그 후 두 번째 시기의 해석학의 이론적 기초가 되기도 한다.

이 논문에서 카우프만은 "자연법인가 아니면 법실증주의인가"라는 양자택일이 법의 한쪽면만을 절대화한 것이라고 비판한다.[34] 그에 따르면 시대를 초월해

---

30) Kaufmann, Recht und Rationalität, in: Festschrift für Maihofer, 1988, S. 27 f, 34 ff.; ders., Prozedurale Theorie der Gerechtigkeit, 1989, S. 17 ff.

31) Kaufmann, Die ontologische Struktur der Handlung—Skizze einer personalen Handlungslehre, in: ders, Schuld und Strafe, 2. Aufl., 1983, S. 11 ff.

32) Kaufmann 사상의 개관에 관해서는 ders, ARSP 1991(주 2), S. 147 f., 153 ff. 참조

33) 카우프만의 법존재론뿐만 아니라 2차 대전 이후 서독에서의 법존재론적 문제설정 일반에 관한 주제로 박은정 교수는 Hollerbach 교수에게서 박사학위를 받았다. 이에 대해서는 Un Zong Pak, Über Rechtsontologie; Die ontologische Fragestellung in der neueren deutschen Rechtsphilosophie, Freiburger Diss., 1978 참조.

서 영원히 타당한 추상적인 자연법은 현실성을 결핍하고 있으며, 성문화된 법률만을 주장하는 법실증주의는 법률이라는 껍데기 속에 불법의 내용을 담을 수 있는 위험이 내재한다는 것이다. 그러므로 올바른 법, 즉 자연법의 개념은 초시대적이고 보편적인 자연법과는 달리 여기 이 시점에 타당한 역사적이고 생동적인 법이어야 하며, 그러한 구체적인 자연법은 법판결 안에서 실질적인 정의를 구현함으로써 그의 실정성을 획득한다고 말한다. 다시 말해 자연법성(Naturrechtlichkeit)과 실정성(Positivität)은, 기존의 자연법론과 법실증주의가 주장하는 바와 같이 서로 분리되고 대립되는 개념이 아니라, 오히려 법의 본질과 법의 실존으로서 서로 구별되지만 상호연관을 맺을 수밖에 없는 법의 양극을 의미한다는 것이다.[35] 이렇듯 그는 자연법의 개념을 추상적인 명제가 아닌 구체적인 판결로 파악하며, 더 나아가 실정성의 개념도 형식적인 절차에 의한 제정행위가 아니라 구체적인 사태에 적용됨으로써 실존화되는 것으로 이해한다.[36]

이와 같은 카우프만의 법존재론적인 착안점은 그 후 "법의 존재론적 구조",[37] "유추와 사물의 본성"[38] 등의 논문을 통해 더욱 세분화된다. 그는 하이데거(Heidegger)의 존재론적 차별성(ontologische Differenz)이라는 개념을 받아들여 추상적인 자연법, 법률, 판결의 존재 밀도(Seinsdichte)를 다음과 같이 설명한다. 즉 법의 본질의 관점에서 고찰하면, 추상적인 자연법 - 실정법 - 판결로 그 순위가 매겨지지만, 법의 본질이 법의 실존과 결합해서 존재자로 완성된 소위 존재 밀도를 보면 판결 - 실정법 - 추상적인 자연법의 순서가 된다는 것이다. 따라서 이러한 법존재론적 구조에 따를 때 법의 실현과정은 추상적인 자연법으로부터 출발해 법률을 거쳐 구체적인 판결로 이어지게 된다.[39] 그의 자연법은 이렇듯 지금

34) Kaufmann, Naturrecht und Geschichtlichkeit(주 26), S. 16 f.

35) Kaufmann, Naturrecht und Geschichtlichkeit(주 26), S. 17 f.

36) Kaufmann, Naturrecht und Geschichtlichkeit(주 26), S. 18 f.

37) 이 논문은 애초에 카우프만이 편집한 Die ontologische Begründung des Rechts, 1965에 발표된 것으로, 여기에서 그는 자신의 법존재론을 보다 철학적으로 근거짓는다.

38) 하세머도 적절하게 지적하는 바와 같이, 이 논문은 카우프만의 법해석학의 정점을 이룬다. 그러나 그는 이 논문에서 형법적인 유추해석의 금지 문제도 다루었기 때문에, 형법학자들에게 많은 오해와 비판을 받기도 했다. 이 점에 관해서는 Kaufmann, Analogie und Natur der Sache, 2. Aufl. 1982, S. 60 ff. 참조.

그리고 여기에 적용되는 판결이며 따라서 그러한 법은 법률과도 구별되는 개념이다.[40]

그러나 이와 같은 법의 실현과정은 그 자체 스스로 이루어지는 것은 결코 아니고 인간에 의해 법의 실현은 주도된다. 그런데 인간도 법과 같이 그 본질과 실존이 완전히 일치되지 않는, 달리 말해 존재론적 차별성을 갖고 있기 때문에 끊임없이 자신의 본질을 실현시켜 나가야 할 역사성을 지니며, 이것이 또한 법의 역사성의 기초가 된다. 요컨대 법의 존재론적 구조는 우리에게 미리 주어져 있는 것이지만(vorgegeben), 그러한 구조 안에서의 실현은 인간에게 임무로 부과되어 있다(aufgegeben).[41]

법의 존재론적인 구조 – 즉 법본질로서의 자연법성, 법의 실존으로서의 실정성, 그리고 존재론적 차별성으로 인한 법의 역사성 – 가 밝혀지는 곳에서 카우프만의 관심은 이제 법의 실현과정이라는 해석학적인 문제로 치닫게 된다. 왜냐하면 법의 존재에 관한 언명이 단지 구조적인 것 이상일 수가 없다면, 이제 그 범주 안에서 어떻게 구체적인 법이 실현되는가를 보다 명백히 확인할 필요가 있기 때문이다. 본래 이러한 그의 해석학적 전향은 이미 "유추와 사물의 본성"의 논문에서 그 기초가 마련된 것이지만, 여하튼 본격적인 해석학적인 시도는 1969년에 발표된 "해석학적인 시각에서의 법의 역사성"이라는 논문에서 이루어진다.[42]

2. 카우프만의 법해석학은 다음과 같은 두 가지 점에 의해 특징지어진다. 첫째, 그의 해석학은 단순히 법적용의 논리적인 절차만을 분석해 내는 일반적인 법학방법론과는 판연하게 구별된다는 점이다. 즉 카우프만의 법해석학은 법의 존재론적 구조에 기초해서 법의 실현과정을 방법적으로 추출하는, 요컨대 방법론

---

39) Kaufmann, Die ontologische Struktur des Rechts(주 28), S. 128.

40) 카우프만에 있어서 법과 법률의 구별에 관해서는 ders, Gesetz und Recht, in: Rechtsphilosophie im Wandel(주 17), S. 135 f., 157.

41) 이 점에 관해서는 특히 Kaufmann, Die ontologische Struktur des Rechts(주 28), S. 119 ff.

42) Kaufmann, Die Geschichtlichkeit des Rechts im Lichte der Hermeneutik, in: ders. Beiträge(주 18), S. 45 f.

과 존재론과의 종합을 의미한다.[43] 그러므로 그가 사용하는 여러 해석학적인 개념들, 예컨대 사물의 본성, 정형성(Typus) 그리고 유추 등은 단순히 법인식의 수단이 아니라, 존재적인 것과 직접적인 연관을 맺고 있다. 둘째, 카우프만의 법해석학은, 가다머(Gadamer)의 해석학과 마찬가지로, 법인식의 주체와 객체를 서로 분리하지 않는다. 해석학적 순환(hermeneutischer Zirkel)이라는 말이 잘 표현하듯이,[44] 대상을 인식하는 주체는 결코 그 인식의 대상과 구별되는 것이 아니다. 그러므로 법인식의 주체는 결코 다음과 같은 질문, 즉 그 스스로 인식의 대상을 형성해 나간 것은 아닌가라는 물음에 대해 일의적으로 답할 수 없게 된다.[45]

위와 같은 카우프만의 법해석학을 총괄하는 개념은 유추(Analogie)이다.[46] 사실상 그는 이 개념을 법존재론에서 발견해 냈다. 이 경우 그 말이 의미했던 바는, 존재와 실존이 서로 부합하는 신을 정점으로 한 존재의 질서(Seinsordnung) 속에서 개별적인 존재자들은 그들의 존재와 실존이라는 존재론적 차별성에 있어서 서로 비슷하다는 것을 의미했다.[47] 그러나 이제 해석학적인 차원에서의 유추 개념은, 바로 이러한 존재론적인 구조를 배경으로 해서, 법의 인식도 또한 개별적인 사태들의 정형화(Typus)에 근거해서 이루어져야 한다는 것을 의미한다. 즉 유추는 존재의 기초를 이루는 개념이자, 곧 그러한 개별적인 존재자를 인식하는 개념도 된다. 이런 의미에서 그는 "법은 원래 유추적이다"라고 주장하며, 더 나아가 "법의 인식은 항상 유추적인 인식이다"고도 말한다.[48] 그리고 이와 같은 유추

---

43) Kaufmann, Die Geschichtlichkeit des Rechts(주 42), S. 28 f.; Die 'ipsa res iusta'; Gedanken zu einer hermeneutischen Rechtsontologie, in: Beiträge(주 18), S. 61 ff.

44) Kaufmann, Über den Zirkelschluß in der Rechtsfindung, in: Beiträge(주 18), S. 72 ff.

45) 이 점이 소위 해석학에 있어서 이해(Verstehen)의 존재론적 구조로서의 선이해(Vorverständnis)의 문제이다. 이것에 관해서는 Kaufmann, Über den Zirkelschluß(주 44), S. 76 f. 참조.

46) 카우프만에 있어서 유추(Analogie), 정형성(Typus), 사물의 본성(Natur der Sache)의 개념에 관해서는 ders, Analogie und 'Natur der Sache'(주 38), S. 18 ff., 44 f. 참조.

47) 이것이 소위 본질존재론(Wesensontologie)에서 말하는 존재 유추(analogia entis)이다. 이 점에 관해서는 Kaufmann, Die ontologische Struktur des Rechts(주 28), S. 115 f.; Hassemer, Der Gedanke der 'Natur der Sache' bei Thomas von Aquin, ARSP 49(1963), S. 93 ff.

48) Kaufmann, Analogie und 'Natur der Sache'(주 38), S. 19 f.

를 기본으로 한 카우프만의 법해석학은 판결의 과정, 해석학적 존재론에서부터 법관의 역할 그리고 최근에는 법에서의 언어의 문제에 이르기까지 다양하게 전개된다.

법률 적용의 논리적인 절차와 관련해 카우프만의 법해석학은 전통적인 포섭이론(Subsumtionsdogma)을 비판한다.[49] 이 이론에 의하면 법적용에 있어서 일차적인 것은 대전제인 법규범의 해석이고, 해당 법률의 내용만 추출되면 소전제인 생활사태는 자연히 그 속에 연역적으로 포섭된다고 한다. 그러나 그가 중요하다고 생각하는 것은 법규범이 아니라, 개별적인 법적 사태(Sachverhalt)의 의미확인이다. 왜냐하면 생활사태들은 이미 그 자체 규범적 의미를 함축하고 있으며, 소위 이러한 사물의 본성(Natur der Sache)은 이미 존재론적인 소여(ontologische Vorgegebenheit)로서 입법자의 결정이나 법판결을 구속하기 때문이다. 그의 말대로 표현한다면, 개별적인 생활사태는 일정한 정형성(Typus)을 지니며, 이러한 정형성은 개별적인 생활사태의 규범성과 법규범의 현실관련성을 서로 맺어 주는 촉매역할을 한다는 것이다.[50] 그러므로 법적용에서 가장 중요한 것은 생활사태의 정형성을 파악하는 것이며, 그에 부가해서 법규범의 해석도 따르게 된다고 한다.[51] 요컨대 카우프만에 있어서 법의 획득은 생활사태와 법규범을 서로 상응하게 만드는, 연역적인 동시에 귀납적인 절차를 말하며, 사물의 본성이란 개별적인 생활사태가 지니는 규범성이고, 유추에 의해 법규범이 상정하는 정형성과 개별적인 생활사태의 정형성이 서로 상응하게 된다는 것이다.[52]

이렇듯 법적용의 일차적인 단계가 법규범의 해석이 아니라 오히려 생활사태의 규범적인 의미확인이라면, 이에 따라 법관의 역할도 달리 파악될 수밖에 없다. 왜냐하면 법관은 이제 포섭이론에서와 같이 법률의 내용만을 추출해서 기계

---

49) 무엇보다도 Kaufmann, Analogie und 'Natur der Sache'(주 38), S. 37 ff. 참조.

50) Kaufmann, Analogie und 'Natur der Sache'(주 38), S. 55 ff.

51) 이런 의미에서 카우프만은 엥기쉬가 적절하게 표현한 규범과 생활사태 간의 비교고찰(Hin- und Herwandern des Blicks zwischen Norm und Lebenssachverhalt)이라는 말을 자주 인용하고 있다. Kaufmann, Analogie und 'Natur der Sache'(주 38), S. 40. 참조.

52) Kaufmann, Analogie und 'Natur der Sache'(주 38), S. 44 ff.

적으로 적용만 하는 데 그칠 수는 없고, 이를 넘어서서 생활사태와 법규범, 존재와 당위를 서로 비교해 양자를 부합하게 만들어야 하기 때문이다.[53] 카우프만의 법해석학이 주장하는 법관의 창조적 활동이란 바로 이와 같은 법생성과정에서의 법관의 임무를 의미하는 것이다. 또한 이와 같은 법관의 역할 혹은 그의 양심에서 그는 실질적인 법치국가의 실현가능성을 바라보고 있다.

법을 불변하고 추상적인 것으로 파악하지 않고 그 대신 법관의 창조적 활동에 의한 개별적인 법판결을 통해 탄생하는 "시대에 맞는 법(das zeitgerechte Recht)"으로 생각하는 카우프만의 법해석학은 결국 존재와 당위, 법규범과 생활사태, 법의 존재와 법의 인식이 모두 서로 결부되는 의사소통절차(Kommunikationsprozeß)에로 다다른다.[54] 가치에 관한 실천적인 담론(praktischer Diskurs)으로서의 의사소송절차의 궁극적인 관심은 이 절차의 참여자들이 얼마만큼 진리 혹은 절대적인 가치에 근접할 수 있는가이다. 즉 각각의 참여자들은 가치에 관한 문제를 토론하고 또한 간주관성(Intersubjektivität)에 의해 그 결과를 수렴(Konvergenz)하게 된다. 이러한 가치에 관한 담론을 가능하게 만드는 것은 언어(Sprache)이다. 그러나 카우프만에 있어서 언어는 단순히 의사전달의 매개체만이 아니라 현실자체를 구성해 가는 요소를 의미한다.[55] 다시 말해 그에 있어서 언어는 현실세계의 의미를 확정시킴으로써 가치판단의 간주관성을 가능하게 만드는 현실세계로 향한 窓인 것이다. 그러나 사실상 언어라는 窓을 통해 얼마만큼 법의 실질적인 내용이 밝혀지고 서로 다른 가치관들이 수렴될 수 있는지는 알 수가 없다. 다만 그에게서 분명한 점은, 이와 같은 법의 실현과정을 주도하는 것은 인간이며 그가 얼마나 책임 있게 실천적인 이성(praktische Vernunft)을 발휘해서 이 과정에 진지하게

---

53) 이와 같은 법관의 창조적인 역할에 관해서는 Kaufmann, Richterpersönlichkeit und richterliche Unabhängigkeit, in: Festschrift für K. Peters, 1974, S. 301 ff.

54) 카우프만에게서 간주관성(Intersubjektivität), 수렴(Konvergenz), 의사소통절차(Kommunikation)라는 개념은 이미 초기의 사상부터, 특히 그의 "Schuldprinzip", S. 76 ff.에서 세분화된 형태로 발견된다. 그러나 최근 그는 절차적 정의론, 실천적 담론과 연관지어 이 개념들을 그의 인격적 법이론의 일부로 이해하고 있다. 이 점에 관해서는 Kaufmann, Recht und Rationalität(주 30), S. 28 ff.; Prozedurale Theorie der Gerechtigkeit(주 30), S. 13 ff. 참조.

55) Kaufmann, Die Geschichtlichkeit des Rechts im Lichte der Hermeneutik, in: Beiträge(주 18), S. 33 f.; Recht und Spache, in: Beiträge(주 18), S. 102 ff.

참여하는가에 正法의 운명이 걸려 있다는 것이다. 이렇듯 카우프만이 생각하는 올바른 법은 그 내용이 미리 확정되지 않은 채 영원히 변화하는 것이기 때문에, 그의 법해석학은 인내심을 가지고 이 법의 실현과정에 전념할 것을 고집한다. 요컨대 하세머도 적절히 지적한 바와 같이, 카우프만의 법해석학은 방법적으로는 진리와 정의에 관한 공동의 추구를 외치는 것이지만 그 실질적인 내용은 결국 희망과 책임을 갖고 항상 올바른 법의 생성과정에 주목하라는 경고이다.[56] 이런 관점에서 그는 올바른 법의 존재를 무시하고 법의 기능에만 눈을 돌리는, 즉 법의 내용적인 정당성을 단순히 절차적인 합목적적인 합리성(Zweckrationalität)에 의해 제거하려는 루만식의 기능주의를 비판한다.[57] 아울러 정의의 내용을 실천적인 담론에 의한 합의가능성(Konsensfähigkeit)으로 치환하려는 오늘날의 논증이론을 절차적 정의론(prozedurale Gerechtigkeit)이라고 경고하고 있다.[58]

Ⅳ

이제 마지막으로 카우프만의 법철학이 우리에게 시사하는 바가 무엇인가에 관한 필자 나름의 생각을 이 글의 결론으로 대신하고자 한다.

이미 위에서 언급한 바와 같이, 카우프만의 법철학은 세계 제2차 대전 이후의 독일의 법철학 변천사를 대변한다. 그런데 이 말은 단순히 그가 戰後 독일의 구체적인 법현실을 몸소 체험하고 이에 근거해서 법철학의 여러 갈래들, 즉 법존재론으로부터 시작해서 법적 논증이론에 이르기까지의 여러 가지 착안점들을 자기의 이론적인 체계 안에서 종합적으로 발전시켰다는 것 이상을 의미한다. 오히

---

56) 이 점에 관해서는 특히 Hassemer, Die Hermeneutik(주 23), S. 12 f. 참조.

57) 이 점에 관해서는 특히 Kaufmann/Hassemer, Grundprobleme der zeitgenössischen Rechtsphilosophie und Rechtstheorie, 1971, S. 27 ff.; Kaufmann, Gedanken zu einer ontologischen Grundlagen der juristischen Hermeneutik, in: Beiträge(주 18), S. 97 ff. 참조. 또한 Kaufmann의 65세 생일을 맞이하여 간행된 기념논문집도 바로 이 기능주의를 그 중심적인 주제로 한다. Schjoller/Philipps(Hrsg.), Jenseits des Funktionalismus, 1989.

58) 특히 카우프만의 정년퇴임논문은 이 문제를 포괄적으로 다루고 있다. Kaufmann, Rechtsphilosophie in der Nach-Neuzeit, 1990.

려 이 말의 진정한 의미는 적어도 전통적인 독일 법철학, 즉 법의 실질적인 내용을 추구하는 자연법적인 맥락에서 그의 법철학은 거의 마지막 보루로 남아 있다는 점에서 찾아야 할 것이다. 사실 최근의 독일 법철학 문헌들을 접하는 사람들에게는 잘 알려져 있는 바이지만, 칸트와 헤겔이나 혹은 후설이나 하이데거의 철학을 논하고 이에 근거해서 正法의 실질적인 내용을 탐구하는 논문들은 거의 찾기 힘들다. 그 대신 언어철학 혹은 논리학 등을 중심으로 한 법이론이나 법의 사실적인 현상들을 이론적으로 해석해 내는 법사회학 등만이 널리 주장되고 있다.[59] 그렇다면 이와 같이 새로운 법철학의 풍토는 새 시대에 걸맞은 새로운 옷일 뿐인가?

사실 법철학사상이 그때그때의 시대적인 요청에 따른 정신사적 귀결이라는 점은 부인하지 못할 것이다. 그런 의미에서 2차 대전 이후 법에 윤리적인 기초를 마련하려던 시도들이 자연법의 논쟁으로 치달았고, 또한 점차 사회가 안정화되어 가자 이제는 판결 안에서의 구체적인 법의 실현과정에로 그 초점이 모아진 것도 시대적인 흐름인 것만은 분명하다. 그러나 독일의 법철학에 한정해서 말한다면, 법존재론으로부터 법인식론으로, 그리고 법철학으로부터 법이론으로의 발전은 그와 같은 시대적인 요청만으로는 설명될 수 없는 부분이 많은 것 같다. 요컨대 이제는 철학적 혹은 형이상학적 체계로부터 연역되는 법철학적 명제를 가지고는 구체적인 법의 현상을 제대로 설명할 수 없다는 회의가 일반화되기 시작했고, 따라서 법현실을 설명하고 이끌어 갈 수 있는 독자적인 법적 사유방식들을 구상하려고 든다. 다시 말해 법이론, 법사회학 그리고 법적 논증이론들은 전통적인 자연법적 문제설정들을 거부하고 보다 현실에 부합하는 법 고유의 사고영역을 구축하는 것이다.[60] 그렇다면 이러한 제반현상들이 우리에게 시사하는 바는 무엇인가? 그리고 우리는 이 점에 관해 카우프만의 법철학으로부터 무엇을 배울

59) 이와 같은 소위 패러다임의 전환(Paradigmenwechsel)은 특히 형법의 분야에 지대한 영향을 끼쳤다. 이 점에 관해서는 무엇보다도 Hassemer, 독일법철학과 형법의 전통, 한림법학 FORUM 제1호, 141면 이하 참조.

60) 이 점에 관해서는 무엇보다도 Neumann, Juristische Argumentationslehre, 1986, S. 13 ff. 참조. 또한 법적 논증이론에 관한 국내문헌으로는 장영민, 법, 이성, 논의, 유기천 박사 고희논문집, 1988, 708면 이하; 윤재왕, 법적 논증이론과 절차적 정의, 법과 사회 제5호, 1992, 213면 이하 참조.

수 있는 것인가?

주지하다시피, 우리의 법철학은 아직까지도 자연법인가 법실증주의인가라는, 필자가 생각하기에는 너무 단순하고 잘못되기도 한 양자택일식의 사고방식에 사로잡혀 있는 것 같다. 이렇듯 법의 실질적인 내용을 찾으려는 노력들은 시대적인 요청이기도 하겠으나 우리의 정신사적 맥락에도 기인하는 현상일 것이다. 왜냐하면 우리의 전통적인 법사상은 실질적인 정법의 내용을 항상 윤리적인 차원에서 파악하려고 했으며, 그 결과 법은 윤리를 실현시키는 이차적인 규범에 불과했기 때문이다. 또한 이러한 사정은 서구법을 받아들인 이후에도 지속되는 것 같으며,[61] 사실상 이와 같은 근거에서 독일의 관념론에 근거한 전통적인 자연법론들은, 비록 그 시대적인 맥락이 차이가 있음에도 불구하고, 우리에게는 여전히 친숙한 것으로 남아 있다. 이러한 연장선상에서 분석적인 사고, 방법론적인 관점들을 쉽게 받아들이지 못하고, 법실증주의자들의 자유주의적인 기반들을 부인하는 것은 당연할지 모른다. 그러나 이제는 법과 도덕을 구별하고 법에 고유한 사고영역을 발전시킬 때가 되지는 않았는지? 즉 법적 문제에 관한 해결책을 일반조항적인 자연법적인 원리를 원용하는 데서가 아니라, 오히려 개별사태에 적합한 법적 논증형태들을 발견하는 가운데 찾아야 하는 것은 아닌지? 그렇게 함으로써 한편으론 추상적이고 원칙적인 법적 명제를 논하는 법철학과 다른 한편 구체적인 분쟁해결의 수단으로 조작적인 개념들을 사용하는 법실무 간의 엄청난 괴리를 이제는 메꾸어야 하는 것은 아닌지? 요컨대 법의 합리화는 우리에게 언제 시작될 것인지?[62]

생각건대 이러한 문제들에 관해서 우리가 카우프만의 법철학으로부터 배울 수 있는 점이 있다면, 그것은 아마도 그의 빼어난 문체나 혹은 그의 자연법적인 전통은 아닐 것이다. 오히려 그것은 시대에 맞는 법, 올바른 법으로 향한 그의 불굴의 집념일 것이며 더 나아가 그 법의 내용이 무엇이 되든 간에 법의 존재론화 혹은 절대화에 대한 그의 영원한 경고일 것이다. 그리고 바로 이러한 차원에서

61) 이 문제를 광범위하게 다룬 문헌으로는 최종고, 한국의 서양법 수용사, 1982 참조.

62) 특히 형법의 분야와 관련된 이러한 합리화의 문제에 관해서는 김영환, 독일형법의 계수에 따른 실천적 문제들, 철학과 현실, 1992년 봄호, 254면 이하 참조.

우리는 그의 법철학을 다른 모습으로 새롭게 만날 수 있게 될 것이다. 이 글의 처음에서 말한 바와 같이, 카우프만의 법사상이 지니는 위대한 점은 – 또한 이 점은 그의 번민이기도 한데 – 이렇듯 시대의 유행과는 무관하게 법의 실질적인 내용의 측면과 법의 실현과정이라는 절차적인 측면을 상호 보충하는 법의 양면적인 요소로서 언제나 긴장관계 속에서 파악하는 데에 있다. 그리고 그 이유는 무엇보다도 이 두 가지 법의 요소 중 하나만이 강조될 경우 법뿐만이 아니라 그 법의 중심이 되는 인간의 현존재성이 잘못 해석되는 위험이 따른다는 데 있다.

법도그마틱의 개념과 그 실천적 기능(1996)

I

흔히들 법률해석을 통해 실정법의 의미내용을 밝혀내는 것을 법해석학(juristische Hermeneutik)[1] 혹은 법도그마틱(Rechtsdogmatik)이라고 말한다. 성문법주의를 취하는 대륙법계에서는 어차피 실정법의 해석이 법학의 주종을 이룰 수밖에 없기 때문에 법도그마틱의 구조 혹은 기능을 둘러싸고는 항상 논란거리가 많다.[2] 반면 우리나라의 경우 이에 관한 본격적인 연구는 아직 찾아보기 힘들고,

1) '법해석학'과 '법도그마틱'은 본래적인 의미에서의 법학을 지칭하는 개념으로서 동의어로 사용된다. 따라서 여기서 말하는 법해석학은 철학적 해석학의 영향하에 발전된 법학방법론을 지칭하는 '해석학적 법이론(Hermeneutik)'과는 서로 다른 개념이다. 이런 사정을 고려한다면, 양자의 구별을 분명히 하기 위해 전자는 '법도그마틱', 후자는 '해석학적 법이론'으로 부르는 것이 바람직하다.

2) 특히 독일어권의 경우, 법도그마틱에 관한 논의는 이미 사법학계와 공법학계에서 광범위하게 논의된 바 있다. 이에 관해서는 AcP 172, 92 ff.; JZ 1972, 219 f.; NJW 1972, 1038; VVDStRL, Heft 30, 1972 참조. 또한 최근까지도 법도그마틱에 관한 논의는 법학의 '학문성(Wissenschaftlichkeit)'과 관련지어 논의가 진행되고 있다. 이에 관해 보다 자세한 사항은 특히 Th. Mayer-Maly, Rechtswissenschaft, 2. Aufl., 1981, S. 1 ff.; Dreier, Zum Selbstverständnis der Jurisprudenz als Wissenschaft, in: ders., Recht-Moral-Ideologie, 1981, S. 48 ff.; Larenz, Über die Unentbehrlichkeit der Jurisprudenz als Wissenschaft, 1966; Arthur Kaufmann, Einige Bemerkungen zur Frage der Wissenschaftlichkeit der Rechtswissenschaft, in: Festschrift für Bockelmann, 1979, S. 67 ff.; Neumann, Wissenschaftstheorie der Rechtswissenschaft, in: Kaufmann/Hassemer(Hrsg.), Einführung in Rechtsphilosophie und Rechtstheorie der Gegenwart, 6. Aufl., 1994, S. 422 ff. 참조. 또한 심헌섭, 법학의 학문성(상)—도전과 응답의 발자취, 서울대 법학(통권 제51호), 1982. 10, 17면 이하 참조.

다만 개별 실정법학과 관련해서 법도그마틱에 대한 회의적인 입장만이 간헐적으로 표출될 뿐이다.[3] 구체적으로 말해, 혹자는 실정법의 해석에 얽매이는 법도그마틱이 개별법규에 내재한 법원리적인 측면을 도외시한다고 반박하는가 하면, 혹자는 개념, 체계 등만을 중시하는 법도그마틱은 법적 분쟁해결이 전제로 하는 구체적인 사태의 사실적, 경험적인 측면을 소홀히 하는 형식주의(Formalism)[4]에 치우쳐 있다고 비판하고 있다. 요컨대 전자가 개별법학의 이념적, 도덕철학적 기초에 대한 탐구를 앞세운다면, 이에 반해 후자는 법학이 주변의 사회과학의 도움을 받아 그 경험적인 기초를 공고히 할 것을 역설한다. 더 나아가 이런 논의의 연장선상에서 작금의 법학교육 개혁안들도 현행의 법학교육방식에 대해 특히 두 가지 측면에서 거세게 항의한다. 즉 한편에서는 법의 윤리적 기초나 혹은 사회과학적 성격을 전면에 내세워 법철학이나 법사회학 등 이른바 '기초법'을 대폭적으로 도입할 것을 주장하는가 하면, 다른 한편에서는 이와는 대조적으로 법학의 전문성을 내세워 추상적인 내용으로 점철된 법학 대신 구체적인 사안을 해결할 수 있는 법실무적인 '기술(Kunst)'의 전수를 강조한다.[5]

이렇듯 법학자 스스로가 실정법의 해석방식이나 학설 등을 암기해서 이를 구태의연하게 전달하는 전래적인 방식을 거부하고, 그 대신 법학의 자화상에 대해 성찰하기 시작했다는 사실은 대단히 고무적이기는 하다. 그 이유는 무엇보다도 법학 혹은 법도그마틱의 올바른 자리매김을 위해서는 법학의 이론적인 기초인 실정법의 법원리적 토대나 혹은 그를 둘러싼 법사회학적 주변현상들을 탐구해야 할 뿐만 아니라, 현실적인 법적 분쟁을 해결해야 하는 법학의 실천적인 임

3) 무엇보다도 형법과 관련지어 법도그마틱에 대한 비판이 두드러진다. 배종대, 법이론이란 무엇인가?, 고려대 법학논집(제25집), 1987, 37면 이하; 형법총론, 1993, 79면 이하; 이상돈, 법이론, 1996, 2006, 215면 이하 참조. 또한 조규창, 논리와 직관—대법원민사판례를 중심으로, 대한변호사협회지, 1984년 10월호, 35면 이하.

4) F. Schauer, Formalism, 97 The Yale Law Journal 509, 1988 참조. 영미와 달리, 독일에서는 '형식주의'라는 말보다는 '개념법학(Begriffsjurisprudenz)'이라는 용어가 보편화되어 있다. 이에 대해서는 Krawietz(Hrsg.), Theorie und Technik der Begriffsjurisprudenz, 1976; Wieacker, Privatrechtsgeschichte der Neuzeit, 2. Aufl., 1967, S. 433 ff.; 김영환, 개념법학과 일반조항에로의 도피, 박양빈교수화갑기념논문집, 1996, 1161면 이하 참조.

5) '법과 사회'를 통해 진행된 사법개혁 및 법학교육의 개선에 관한 논의(법과사회이론연구회 편, 법과 사회, 제11호, 1995, 2면 이하)를 참조하기 바란다.

무도 필히 같이 고려해야 하기 때문이다.[6] 그러나 그렇다고 해서 이런 방식으로 진행된 논의가 문제가 없는 것은 결코 아니다. 우선, 눈에 두드러지는 결함은 대부분의 논의들이 순환론(Zirkelschluß)에 빠져 있다는 점이다. 달리 말해, 그 논의의 대상인 법도그마틱의 구체적인 내용에 대해서는 별로 설명하지 않은 채, 단지 법도그마틱의 부정적인 결과만을 지적하는 데 급급하다는 것이다. 즉 대다수의 비판가들은 나름대로 법도그마틱에 대한 자화상을 미리 머릿속에 그려 놓고, 이런 전제하에 그것의 소극적인 역할만을 부각시키고자 한다.[7] 더 나아가, 이에 관한 논의가 지닌 또 다른 문제점은 '법도그마틱'이라는 개념의 번역에 대해서조차 각자 의견이 분분할 정도로 논의의 중심점이 모호하다는 것이다. 보다 자세히 말한다면, 이러한 비판들이 암암리에 전제하는 법도그마틱의 모습들이 서로 다르게 형성되어 있을 뿐만 아니라, 또한 법도그마틱의 본래적인 임무 혹은 역할에 대해서도 전혀 상반된 견해가 제시된다는 것이다. 그리하여 혹자는 법학의 본래적인 위치를 법사회학에서 발견하려 드는가 하면, 혹자는 실정법에 내재한 법원리로부터 법도그마틱을 재구성시킴으로써 법학의 본래적인 의미를 되찾으려고 한다. 더 나아가 아예 일부에서는 법도그마틱을 현실적인 법적 분쟁을 해결하는

6) 이런 관점에서 배종대 교수의 "우리 법학의 나아갈 일: 형법학을 중심으로, 법과 사회 창간호, 1989, 220면 이하"는 주목할 만하다.

7) 예컨대 법적 삼단논법을 법도그마틱의 핵심으로 파악하거나, 혹은 법도그마틱을 법실증주의적인 태도로 간주하는 주장들이 바로 여기에 속한다(배종대, 법이론이란 무엇인가?, 52면 이하; 이상돈, 법이론, 203면 이하). 그러나 후술하는 바와 같이, 이 점에 대해서는 보다 세분화된 고찰이 필요하다. 그 이유는 다음과 같다. 첫째, 법도그마틱이 실정법의 해석을 그 주된 일로 삼는다는 점에서 법적 삼단논법과 연관을 맺기는 한다. 그러나 법도그마틱은 '체계적인 사고'를 통해 개별적인 해석의 결과들을 하나의 통일적인 체계하에 통합하는 것을 의미하며, 따라서 개별적인 법적용에 관한 법적 삼단논법과는 거리가 있다. 이 점은 예컨대 예링이 법도그마틱이라는 개념하에 이해했던 '상위의 법학(die höhere Jurisprudenz)'이 어떤 것인가를 보면 잘 드러난다. 달리 말해 법도그마틱은 법적 삼단논법(juristischer Syllogismus)이 아니라, 오히려 개념들의 '자발적인 구성(produktive Konstruktion)'을 중시한다. 둘째, 법도그마틱은 개념, 체계 등을 중시하는 '개념법학'과 밀접한 관련이 있으며, 바로 이 점에서 (법)실증주의보다는 오히려 크리스티안 볼프(Ch. Wolff)나 칸트 등의 관념철학 혹은 자연법적 전통과 깊은 연관을 지니고 있다(Wieacker, Privatrechtsgeschichte, S. 399, 436, Anm. 21 참조). 그러므로 법도그마틱이 판결의 개별적인 타당성을 도외시한다고 해서 이를 법실증주의의 일환으로 보려는 것은 대단히 문제의 소지가 많은 것 같다. 오히려 개별적인 법적 사태의 현실적인 토대를 중시하는 법사회학적인 요청이 바로 법실증주의적인 사고의 소산임을 간과해서는 안 된다.

법실무상의 전문적 기술로 이해하는 것 같다. 이렇듯 법도그마틱에 관한 현재의 논의는 그 핵심적인 논의대상은 제쳐 놓고 단지 그 주변적인 현상만을, 그것도 논의의 맥락은 모호히 둔 채[8] 산만하게 늘어놓는 것 같다. 그렇다면 과연 법도그마틱이 어떤 것이기에 이렇듯 서로 엇갈리는 주장이 제기되는 것인가? 요컨대 법도그마틱의 개념과 그 실천적인 기능은 구체적으로 무엇인가?

이하에서는 이에 대한 해답을 다음의 방식으로 모색하려고 한다. 먼저, '도그마틱'이라는 개념이 철학과 신학으로부터 법학에 원용된 것이라는 점에 주목해서 그 개념의 연원을 밝힌 후(이하의 II), 아직도 그 개념사용에 대해서조차 논란이 많은 '법도그마틱'의 개념을 보다 세분화하려고 한다(III). 그리고 이와 같은 개념분석에 기초해서 법도그마틱의 실천적인 기능을 유형화한 후(IV), 마지막으로 법도그마틱의 올바른 위상에 대해 필자 나름의 견해를 결론으로 제시하려고 한다(V).

---

8) 물론 지금의 논의가 아무런 중심점이 없다고는 말할 수 없을 것이다. 왜냐하면 대다수의 의견들이 여태까지의 법도그마틱을 비판하는 데에는 의견이 일치하기 때문이다. 그러나 그것을 넘어서서 법도그마틱의 올바른 자리매김에 이르러서는 논의의 맥락이 흐려지는데, 그 이유는 무엇보다도 그 대안으로 제시된 의견들이 서로 상반된 내용을 지닐 뿐만 아니라, 더 나아가 애당초 법도그마틱 대신 다른 학문분과를 전면에 내세우기 때문이다. 보다 자세히 말한다면, 법사회학적인 대안과 법이론적인 대안은 그 이론적인 전제에서 서로 상이한데도 불구하고 동일한 논의의 선상에서 같이 언급되고 있을 뿐만 아니라, 더 나아가 혹자들은 법도그마틱을 법사회학으로 대체시킬 수 있다고까지 믿고 있는 것 같다(법사회학적 착안점과 법이론적 착안점과의 학문이론적인 차이점에 대해서는 특히 Albert, Erkenntnis und Recht. Die Jurisprudenz im Lichte des Kritizismus, in: Jahrbuch für Rechtssoziologie und Rechtstheorie, Bd. 2, 1972, S. 82 ff. 참조). 그러나 법도그마틱은 법학의 본래적인 영역에 속하기 때문에 '법도그마틱 없는 법학(Rechtswissenschaft ohne Rechtsdogmatik)'은 공리공론에 불과할 것이다. 그러므로 법도그마틱에 관한 논의가 실익이 있으려면, 그 논의의 핵심은 '적극적인 의미의 법도그마틱(gute Rechtsdogmatik)'과 '소극적인 의미의 법도그마틱(schlechte Rechtsdogmatik)'을 서로 구별함으로써, 지금과 같은 형태의 법도그마틱을 '대체'하는 것이 아니라 오히려 '개선'하는 데에서 찾아야만 한다(이에 대해서는 Esser, Dogmatik zwischen Theorie und Praxis, in: ders., Wege der Rechtsgewinnung, 1990, S. 397 ff.; U. Meyer-Cording, Kann der Jurist heute noch Dogmatiker sein?, 1973, 32 ff.; Wieacker, Zur praktischen Leistung der Rechtsdogmatik, in: ders., Ausgewählte Schriften Bd. 2, 1983, S. 68 ff. 참조). 물론 그렇게 되기 위해서는 '법도그마틱'이라는 개념을 우회할 것이 아니라, 직접적인 연구대상으로 삼아야 할 것이다.

II

주지하다시피, '도그마틱(Dogmatik)'이라는 용어는 신학과 철학에서 발전된 '도그마(Dogma)'라는 개념으로부터 법학에 도입되었다고 한다.9) 그러므로 '법도그마틱'의 개념이해에 충실하려면 먼저 철학과 신학상의 'Dogma', 'Dogmatik', 'Dogmatismus'의 개념정의를 알아볼 필요가 있다. 이하에서는 이 점을 간략히 검토해 보기로 한다.10)

1. '도그마(Dogma)'라는 용어는 그리스어의 동사인 'dokein'으로부터 유래하며, 그리고 'dokei moi'라는 말은 '자명하다'는 뜻을 지닌다. 다시 말해, '도그마'란 그 사안이 명백해서 의심할 바 없고, 따라서 권위적인 '명제'를 의미한다.11)

가톨릭 신학에 있어서 이와 같이 자명하고 권위적인 명제인 '도그마'는 신에 의해 직접적으로 계시된 진리를 의미하며, 이것은 교회를 통해 모든 신앙의 대상으로 공표(verkünden)된다. 그러나 프로테스탄트 신학은 교회의 중개자적인 역할에 대해 회의를 갖게 되는데, 왜냐하면 교회를 통해서는 신의 말씀이 인간의 말로 뒤바뀌게 된다고 생각하기 때문이다. 그러므로 프로테스탄트 신학은 교회의 공표가 단지 성서에 부합될 때에만 도그마가 될 수 있다고 주장함으로써, 결국 성서 자체를 '도그마'로 파악하게 된다.

철학사를 둘러본다면, 키케로(Cicero)는 이미 'Dogma'를 특정 학파의 최상의 명제라고 묘사했고, 이것은 그 스승의 권위로부터 당연히 수용되는 것이기에 특정 학파를 결속하는 기초가 된다고 주장했다. 그 후 도그마란 개념은 주로 신학에서

---

9) 이에 관해서는 리터(J. Ritter)가 편집한'Historisches Wörterbuch der Philosophie, Bd. 2, 1972, S. 277 ff.'에 수록된 'Dogma', 'Dogmatismus'에 관한 설명 참조.

10) 이하에서의 설명은 주로 다음의 문헌, 즉 J. Ritter(Hrsg.), Historisches Wörterbuch(주 9), S. 275 ff.와 Meyer-Cording, Dogmatiker(주 8), S. 7 ff.을 참조한 것이다.

11) J. Ritter(Hrsg.), Historisches Wörterbuch(주 9), S. 277; Meyer-Cording, Dogmatiker(주 8), S. 7.

사용되었는데, 이를 다시 철학의 영역에서 다루기 시작한 것은 크리스티안 볼프(Christian Wolff)라고 한다. 그는 학문적인 명제를 '사실(facta)'과 '도그마(dogmata)'로 나누고, 도그마를 보편적인 명제로서, 인류의 영복에 유익한 인식이라고 말한다. 더 나아가 그는 '개별명제'는 도그마가 될 수 없다고 하면서 신학과도 거리를 두게 된다.12) 그 후 칸트는 도그마를 개념적으로 추론되는 종합적인 명제(synthetischer Satz)로 파악하고, 이것은 명증적인 명제(apodiktische Sätze)에 속한다고 말한다. 그러나 칸트는 도그마에 대해 지극히 비판적이었는데, 그에 있어서 도그마란 소위 형이상학자들에 의해 전제된 확신으로서 아무런 인식론적 성찰 없이 그대로 가정되는 것으로 개념화되었다.13)

이상에서 살펴본 신학 및 철학에서의 도그마 개념은, 비록 그 세부적인 내용에 관해서는 서로 차이가 있다 해도, '기본적인 진리(Grundwahrheit)'라는 속성을 지닌다는 점에서는 공통적이다. 그러나 도그마의 개념이 '기본적인 진리'라는 의미를 갖게 되면서, 이 개념은 보다 포괄적인 차원과 연관을 맺게 된다. 달리 말해, 도그마는 이제 단순히 '인식론상의 진리'를 넘어서서 대부분의 사람들이 무심코 받아들이는 '사회일반의 의식'을 지칭하게 된다. 따라서 사회에 보편화되어 있어 묵시적으로 전제되는 것들, 예컨대 특정종교나 혹은 철학적 세계관, 더 나아가 사회학적인 이데올로기나 법의식 등이 바로 도그마의 개념으로 포괄된다. 또한 이렇듯 도그마는 과학적인 인식으로부터 도출되는 것이 아니라 오히려 사회일반의 의식으로부터 자명한 것으로 받아들여지는 것이기 때문에, 바로 이런 '자명성(Evidenz)'에 힘입어 도그마는 권위를 지니게 되고 이에 대한 어떤 의심이나 비판도 허용하지 않게 된다. 요컨대 도그마는 사회의식의 결정체로서 영원하고도 보편적인 진리로 전제되며, 역사를 통해 점차 그 구체적인 모습을 발현하는 것이 된다.14)

2. '도그마(Dogma)'의 개념이 인식의 '연원(혹은 전제)'을 의미한다면, 이에 반

---

12) J. Ritter(Hrsg.), Historisches Wörterbuch(주 9), S. 277.

13) Kant, Kritik der reinen Vernunft(Hrsg. von W. Weischedel, Bd. 2), 1963, S. 33, 36, B XXX und XXXV.

14) Meyer-Cording, Dogmatiker(주 8), S. 8 f.

해 '도그마틱(Dogmatik)'은 인식의 '절차(혹은 방법)'를 의미한다. 달리 말해, 도그마틱의 임무는 도그마의 명제를 해석하고 이를 하나의 체계로 종합하는 절차를 지칭한다. 법학과 연관짓는다면, 실정법이 도그마라면 이를 해석해서 하나의 법체계로 종합하는 방식이 법도그마틱이 되는 셈이다.[15)]

이러한 도그마틱의 방식은 스콜라철학으로부터 유래된다.[16)] 그리고 이 방식의 특징은 그 절차를 두 가지 단계로 서로 구별한다는 데에 있다. 즉 그 첫 번째 단계에서는 해당되는 도그마를 발견하는 것인데, 여기서는 관련문헌을 수집하고 그 의미들을 확인하는 작업이 수행된다. 또한 이미 언급한 바와 같이 도그마는 이미 자명한 것으로 받아들여지는 기본적인 진리를 의미하는 것이기 때문에, 도그마틱은 처음부터 일정한 '사유금지(Denkverbot)'에 의해 조건지어진다. 두 번째 단계에서는 수집된 도그마를 해석하고 이를 모순이 없는 하나의 체계로 종합하는 일이 이루어진다. 이것은 이성에 의해 수행되며, 칸트의 말을 빌린다면, 확실한 전제로부터 선험적으로 증명되는 가운데 이루어진다."[17)] 이렇듯 도그마틱에 의해 획득된 인식은 그 전제되는 도그마로부터 논리적으로 추론된 것이기 때문에 도그마와 마찬가지의 권위를 지니게 되며, 더 나아가 도그마틱의 체계는 외부에 대해서는 '폐쇄적인 체계', 즉 순전히 내적인 논리적 연관성만을 중시하는 체계가 된다. 여기서 도그마틱의 체계가 그 본성상 형식논리적, 더 정확히 말한다면 논리, 연역적이라는 점이 드러나며,[18)] 또한 개념법학이 어떤 이유에서 법도그마틱과 밀접하게 연관되는가도 분명해진다.

3. '도그마'가 인식의 연원 혹은 전제를 의미하고 '도그마틱'이 인식방법 혹은 절차를 지칭하는 것이라면, '독단주의' 혹은 '교조주의'로 번역되는 'Dogmatismus'

---

15) 물론 후술하는 바와 같이 법도그마틱이 항상 '절차(Verfahren)'만을 의미하는 것은 아니다.

16) 이에 대해서는 P. Koschaker, Europa und das römische Recht, 4. Aufl., 1966, S. 48 f., 62 ff., 90 f.; Wieacker, Privatrechtsgeschichte der Neuzeit, 2. Aufl., S. 54 ff. 참조.

17) Kant, Kritik der reinen Vernunft(주 13), 36 B XXXV.

18) 바로 이런 점을 염두에 두고서 에써(J. Esser)는 다음과 같이 말한다. 즉 "체계내재적인 평가기준을 하나의 질서체계 안에서 발견하는 것 혹은 그로 인한 결과를 우리는 도그마틱이라고 칭한다." Esser, Vorverständnis und Methodenwahl in der Rechtsfindung, 2. Aufl., 1972, S. 91.

는 지배적인 인식 혹은 정서적 기본태도(Grundhaltung)를 말한다. 즉 기본적인 진리로서의 도그마에 기초해서 자신의 인식체계를 정립할 뿐만 아니라, 그와 같은 도그마틱의 체계를 맹목적으로 믿는 정서적인 태도를 '독단주의'라고 일컫는다.[19] 이와 같은 개념은 프랑스의 파스칼(Pascal)과 몽테뉴(Montaigne)에서 발견되며, 독일의 경우 계몽주의의 철학이 그 이전의 구태의연한 강단철학, 특히 형이상학을 비판하는 데 사용하였다.[20]

이렇듯 소극적인 의미를 지니는 '독단주의'라는 개념을 처음으로 세분화하고 또한 이의 극복을 주장한 철학자가 칸트이다. 즉 그에 따르면, 독단주의란 인식의 조건이나 한계를 이성적으로 비판함이 없이 그 기본적인 전제를 그대로 용인하는 것을 말한다. 바로 이런 관점에서 칸트는 그 이전의 형이상학이 순수이성의 비판 없이 이루어지는 선입관, 즉 독단주의라고 비판하면서 이를 극복하기 위해서는 이성의 검증(Zensur der Vernunft)을 통해 미리 전제된 자신의 선험적인 전제들을 비판적으로 검토해야 한다고 역설한다.[21] 이와 같이 부정적인 시각에서 파악된 칸트의 독단주의 개념은 그 후 피히테(Fichte), 셸링(Schelling), 그리고 쇼펜하우어(Schopenhauer)에게 전수된다. 그러나 新스콜라철학이나 마르크스의 역사적 유물사관(historischer Materialismus)에서 알 수 있듯이, 독단주의가 항상 소극적인 의미만을 지녔던 것은 아니다.[22]

독단주의 혹은 교조주의가 부정적으로 개념화되는 것은 비단 이러한 인식태도가 그 논리적인 전제를 아무런 비판 없이 맹목적으로 용인하기 때문만은 아니다. 오히려 보다 중대한 이유는 자신의 입장과 다른 견해를 허용하지 않을 뿐만 아니라, 애당초 자신의 입장에 대한 비판조차도 금지시키기 때문이다. 즉 독단주

19) 이런 관점에서 로타커(E. Rothacker)는 이와 같은 '독단주의'를 "특정된 태도나 스타일 혹은 시각"이라고 말하고, 이런 입장을 취하는 사람들의 '정서적인 측면', 즉 언제나 미리 전제된 기본적인 진리로부터 출발하는 태도를 특히 강조한다. Esser, Die dogmatische Denkform in den Geisteswissenschaften, Abhandlungen der geistes- und sozialwissenschaftlichen Klasse, Jahrg. 1954, S. 239 ff.

20) J. Ritter, Historisches Wörterbuch(주 9), S. 278.

21) Kant, Kritik der reinen Vernunft(주 13), S. 36 B XXX 이하 참조.

22) 이에 대해 자세한 점은 J. Ritter(Hrsg.), Historisches Wörterbuch(주 9), S. 278. 참조.

의자들은 토론조차 거부하며, 그 결과 자신의 견해만이 옳다는 독선으로 치닫는다. 생각건대 오늘날 법도그마틱에 대해 회의적인 태도가 지배적인 이유는 아마도 여기에 기원하는 것 같다. 달리 말해 법도그마틱의 가장 근본적인 취약점은 그것이 실정법을 항상 도그마로서 전제하기 때문이라기 보다는 오히려 통설적인 입장과 다른 비판적인 견해를 수용하지 않으려는 독선적인 태도 때문일 것이다.[23]

Ⅲ

1. 이상에서 살펴본 법도그마틱과 관련된 철학과 신학상의 개념은 다음과 같이 요약될 수 있다. 즉 도그마는 인식의 연원(혹은 전제), 도그마틱은 도그마에 접근하는 인식절차(혹은 방법), 그리고 독단주의는 인식에 접하는 정서적 태도를 의미한다. 그렇다면 이제 이와 같은 개념사적 연원을 지니는 법도그마틱은 무엇을 의미하는가? 먼저 그 구체적인 내용을 분석하기에 앞서 개념사용법부터 분명히 해 둘 필요가 있다. 그 이유는 이에 대해 '법도그마틱', '법해석학', '법이론', '법리(학)', '法敎義', '법말씀론' 등 다양한 견해가 제시되기 때문이다.[24] 물론 개념의 정의 및 사용은 합목적적인 관점에서 이루어지기 때문에 그 어느 제안들도 나름대로의 타당성은 지닐 수 있다. 그러나 적어도 오해의 소지나 혼동의 염려가 있는 개념사용법은 피하는 것이 좋기 때문에, 필자는 '법도그마틱'이라는 용어를 취하고자 한다. 그 이유는 다음과 같다. 우선, '법이론'이라는 번역어는 법의 해석 및 적용의 구조를 탐구하는 '법이론(Rechtstheorie)'과, 그리고 법해석학은 '해석학적 법이론'과 혼동될 소지가 많으므로 적절하지 않은 것 같다. 또한 '법리(학)'은 오히려 'Jurisprudenz'를 지칭할 뿐만 아니라[25] 일본식의 번역이라는 인상을 주

23) 그러므로 법도그마틱이 실정법에 구속된다는 점을 문제 삼아 이를 개괄적으로 비판하는 견해는 보다 세분화되어야 한다. 즉 법의 해석은 법관의 법률에의 '구속'이라는 헌법상의 요청상 달리 어찌할 수 없다. 따라서 법도그마틱에 대한 공격의 핵심은 아마도 지금과 같은 형태로 이루어지는 법도그마틱만이 타당하다는 독선주의를 비판하는 데에 국한되어야 한다.

24) 이에 관해서는 무엇보다도 배종대, 법이론(주 7), 11면, 주 30 참조.

25) 독일어권에서는 'Jurisprudenz'가 법도그마틱에 가까운 의미를 지닌다면, 이와는 달리 영미권의 'Jurisprudence'는 법철학 혹은 법이론을 의미한다. 이에 대해서는 Esser, Möglichkeiten

며, 마지막으로 '법교의' 혹은 '법말씀론'은 법도그마틱의 부정적인 측면, 즉 그 논리적인 전제를 아무런 비판적 성찰 없이 수용하는 태도를 지나치게 강조하는 것 같다. 그러나 법도그마틱은 후술하는 바와 같이 적극적인 의미도 지니기 때문에 이러한 개념사용법도 오해의 소지가 많다.

2. 법도그마틱의 개념을 정의하려는 시도가 봉착하는 가장 큰 난관은 이 개념에 대해 각자 이해하는 바가 서로 다를 뿐만 아니라, 또한 대부분 이에 관해 개념정의를 내리지 않는다는 데에 있다.[26] 따라서 법도그마틱의 내용파악은 우선 여태까지의 견해들을 유형화하는 것으로부터 시작할 수밖에 없을 것이다. 여기서 먼저 법도그마틱이라는 용어가 지니는 소위 '의미의 폭'을 확인한 후, 각각의 견해의 타당성을 따져 보아야 한다. 그런데 이런 관점에서 보자면, 지금까지의 견해들은 크게 두 가지로 나뉜다. 그 하나는 법도그마틱이 전제하는 '도그마'에 착안하는 입장이고, 그 다른 하나는 법도그마틱의 방법론인 '도그마틱'에 중점을 두는 관점이다. 우선 '도그마'를 중시하는 관점은 다시 다음과 같은 세 가지로 유형화되는데, 첫 번째는 도그마가 지니는 권위를 실정법에서 추출하는 견해이고, 두 번째는 그것을 법률 이외의 연원에서 찾는 입장이며, 세 번째는 공동사회의 합의를 도그마로 파악하는 시각이다. 또한 '도그마틱'이라는 방법론을 중시하는 유형도 다시금 두 가지로 세분화될 수 있는데, 그 하나는 법도그마틱의 개념을 논리, 연역적인 방식이라고 이해하고, 그 다른 하나는 이 개념을 일상적인 실무의 법해석 및 적용방법이라고 이해한다. 이렇게 본다면, 여태까지의 법도그마틱의 개념이해는 모두 5가지로 유형화될 수 있다.[27] 그러나 여기서 간과되어서는 안 될 것은, 각각의 유형들이 서로 중첩될 수 있을 뿐 아니라, 또한 사실상 중첩된 형태로서 역사적으로 전개되어 왔다는 점이다.[28]

---

und Grenzen des dogmatischen Denkens im modernen Zivilrecht, in: ders., Rechtsgewinnung(주 8), S. 363 참조. 또한 비아커(Wieacker)는 '법학(Rechtswissenschaft)'이라는 개념이 독일식의 발상법의 소산이라고 말한다. Esser, Rechtsdogmatik(주 8), S. 61.

26) Meyer-Cording, Dogmatiker(주 8), S. 14.; Alexy, Theorie der juristischen Argumentation, 1. Aufl., 1978, S. 307 f.

27) 이에 대해서는 Meyer-Cording, Dogmatiker(주 8), S. 14. f 참조.

28) 사법영역에서의 법도그마틱의 전개과정에 대한 개관으로는 무엇보다도 Wieacker, Rechtsdogmatik(주 8), S. 63 ff.; Meyer-Cording, Dogmatiker(주 8), S. 22 ff. 참조.

a) 첫 번째 유형은 실정법을 그 권위적인 연원으로 보는 견해이다. 예컨대 법도그마틱은 실정법에 구속된다든가 혹은 그 정당성 여부를 문제시하지 않는다는 식의 주장들이 바로 여기에 속한다.[29] 요컨대 실정법을 마치 자명한 진리인 도그마로서 전제하고, 이로부터 그 의미내용을 해석하는 것을 법도그마틱이라고 파악하는 것이다.[30]

이와 같은 개념이해의 장점은 법도그마틱에 관한 일반적인 견해를 대변해 준다는 데에 있다. 그러나 여기에는 두 가지 문제점이 따른다. 첫째, 이미 마이어코딩(Meyer-Cording)도 적절히 지적한 바와 같이,[31] 만약 법학이 실정법의 권위 때문에 법도그마틱이어야 한다면, 비단 대륙법계뿐만 아니라 영미법계에서도 법학은 법도그마틱의 형태를 지녀야 한다는 것이다. 왜냐하면 판례법(precedent law)도 법규범이라는 권위를 지닌다는 점에서는 실정법과 차이가 없기 때문이다. 그러나 주지하다시피, 영미법계에서는 이론적인 체계를 중시하는 '도그마틱(Dogmatik)'이 아니라, 오히려 실천적인 목적에 지향된 '실용주의(Pragmatik)'가 지배적이다. 둘째, 이러한 개념이해가 전제하는 실정법의 '권위'는 결코 특정한 해석방식을 고집하는 독단적인 태도까지 요구하는 것은 아니다. 달리 말해, 국가의 권위적인 제정은 단지 일정한 행위규범을 정립하고 이를 위반할 경우 제재를 가하라는 '행위강제(Handlungszwang)'에 불과하지, 반드시 일정한 방식으로 법규범을 해석하라는 '사유강제(Denkzwang)'는 아니다.[32] 요컨대 법도그마틱의 권위

29) 바로 이런 관점에서 시미티스(D. Simitis)는 "법도그마틱의 핵심점(der archimedische Punkt)은 바로 법률의 권위이다"라고 말한다. Simitis, Die Bedeutung von System und Dogmatik, in: AcP 172, 132.

30) 이렇듯 법도그마틱이 실정법을 마치 성서와 같이 여기고 이의 의미내용을 해석하는 것에 불과하다면, 그와 같은 법도그마틱은 스콜라철학과 별로 다르지 않을 것이다. 사실상 이런 사정을 염두에 두고 코샤커(Koschaker)는 법도그마틱이 오늘날까지도 스콜라식의 철학에 머물러 있다고 말한다. Koschaker, das römische Recht(주 16), S. 337 ff.

31) Meyer-Cording, Dogmatiker(주 8), S. 16.

32) 사실상 '행위강제'와 '사유강제'가 서로 혼동되는 이유는 계몽주의 시대의 소위 '이성법(Vernunftrecht)'의 전통 때문이라고 한다. 즉 이에 따르면, 국가가 제정한 법률은 이성의 소산이기 때문에 항상 옳고, 따라서 이에 구속되어야 한다는 것이다. 요컨대 실정법이 국가의 권위적 제정의 소산일 뿐만 아니라, 더 나아가 그 내용의 정당성 때문에 실정법은 도그마의 권위를 지닌다는 것이다. 이에 대해서는 Meyer-Cording, Dogmatiker(주 8), S. 15 참조.

를 실정법에서만 모색하는 견해는 어떤 근거에서 지금과 같은 형태의 법도그마틱의 명제만이 정당한가를 충분히 설명해 낼 수 없다. 여기서 이와 같은 개념이해가 일면적이라는 점이 드러난다.[33]

b) 이렇듯 법도그마틱의 권위를 실정법에로만 환원시킬 수 없다면, 이제 그와 같은 도그마를 실정법 이외의 연원에서 찾을 수도 있을 것이다. 그리하여 법도그마틱 개념의 두 번째 유형은 그와 같은 권위적인 도그마를 실정법에 앞서서 미리 주어져 있는 형이상학적인 연원과 결부시키거나 '사회윤리' 등과 같은 지배적인 사회의식에서 구하려 든다. 그 결과 두 번째의 법도그마틱의 개념 안에는 비단 자연의 섭리나 신의 창조질서 등을 선험적인 가치로 전제하는 전통적인 자연법론뿐만 아니라,[34] '사회상규(Sittengesetz)' 등을 불변의 규범으로 여기는 오늘날의 견해까지 포섭된다.[35]

이러한 개념이해의 큰 공적은 자연법론이나 혹은 사회규범과 같은 일반조항의 원용이, 흔히들 생각하는 바와는 정반대로 독단주의적인 사고라는 점을 드러냈다는 데 있다. 즉 초시대적으로 타당한 선험적인 인식연원이나 혹은 법외적 사

---

33) 법도그마틱의 명제만이 옳다는 생각은, 실정법이 국가에 의해 권위적으로 제정되었다는 '사실'보다는, 오히려 그와 같은 규범은 올바르기 때문에 준수되어야 한다는 '사유강제'로부터 기인하는 것이다. 그러나 이와 같은 추론방식은 계몽주의 시대의 '이성법'에는 타당할지 몰라도 적어도 오늘날과 같이 그와 같은 '사유강제'가 존재하지 않는 시대에는 설득력이 없다. 달리 말해 실정법의 내용적 정당성에 대해서는 항상 의문을 제기할 수 있다.

34) 예컨대 알버트(H. Albert)의 견해가 바로 이런 유형에 속하는데, 그는 이와 같은 관점에서 자연법론의 독단주의를 다음과 같이 비판한다. 즉 자연법적인 사고는 일종의 '계시적인 모델(Offenbarungsmodell)'로서, 권위적인 심급(Instanz)이 특정의 규범적인 명제를 정립했다는 단순한 사실로부터 그 내용을 무조건 따라야 한다는 정언명령적인 요청을 추론한다는 것이다. 또한 그는 여기서 더 나아가 하이데거와 가다머(Gadamer)에 의해 주장되는 철학적 해석학도 바로 이런 도그마틱의 사유방식으로부터 벗어나지 못한다고 비난한다. 왜냐하면 철학적 해석학은 미리 주어진 전래적인 것들을 방법적인 이상으로 고양시켜 이를 학문적인 고찰의 주된 관점으로 만들기 때문이라고 한다. Albert, Erkenntnis und Recht. Die Jurisprudenz im Lichte des Kritizismus, in: Jahrbuch für Rechtssoziologie und Rechtstheorie, Bd. 11, 1972, S. 80 ff. 참조.

35) 이에 관해서는 예컨대 건전한 성윤리나 혹은 결혼 등을 선험적인 불변의 윤리질서로 전제하는 독일연방재판소의 다음의 판결을 참조. BGHSt 6, 47; BGHZ 18, 17.

회의식을 자명한 것으로 전제하고('도그마'), 이로부터 개별적인 규범명제를 추론하려는 것이다. 그러나 이와 같은 개념정의가 지니는 단점은 무엇보다도 '법'도그마틱의 개념을 지나치게 '철학적'인 관점에서 포괄적으로 파악함으로써 일상적인 견해들과 상충된다는 점이다. 물론 오늘날의 자연법론들은 전통적인 자연법론과는 달리 초시대적이고 보편적으로 타당한 불변의 자연법 대신 역사적으로 타당한 구체적이고 가변적인 내용의 자연법을 주장하기 때문에,[36] 자연법론이 실정법 이외의 연원에서 도그마를 찾는다고 해서 반드시 법도그마틱이 되는 것은 아니다.[37] 또한 마찬가지의 근거에서 항상 가변적인 성격의 '사회상규' 등도 불변적인 성격의 도그마와는 거리가 있다. 이런 사정을 고려할 때, 두 번째의 유형은 법도그마틱에 대해 비판을 하는 데에는 유용하지만, 그에 대한 개념정의로서는 적절하지 못하다.

c) 법도그마틱의 도그마적 연원을 실정법이나 혹은 실정법 이외의 가치질서만으로 설명할 수 없다면, 이제 이와 같은 도그마를 법적 공동체 구성원들의 '합의(Konsens)'에서 찾을 수 있다. 그렇게 된다면 법도그마틱은, 예컨대 비아커(F. Wieacker)가 주장하는 바와 같이, "구성원들의 합의에 힘입어 지속적으로 현실에 적용됨으로써 판결에 대해 구속력을 지니게 되는 다양한 문제해결책들의 집합체"라고 정의될 수 있다.[38] 에써가 개별적인 법적용에 의식적 혹은 무의식적으로 전제되는 '선이해(Vorverständnis)'를 중심으로 법도그마틱의 개념을 이해하는 것도 바로 이런 유형의 개념이해에 속한다.[39]

---

36) 역사적, 구체적인 자연법에 대해서는 무엇보다도 Kaufmann/Hassemer, Grundprobleme der zeitgenössischen Rechtsphilosophie und Rechtstheorie, 1971, S. 18 ff. 참조.

37) 물론 그렇다고 해도 중세의 스콜라철학이나 계몽주의 시대의 이성법이 도그마틱한 사고라는 점에는 변함이 없다. 다만 양자의 차이점은, 중세의 스콜라 철학이 형이상학적인 체계를 도그마로 여기고 이를 단지 '해석학적 방식'에 의해 종합한다면, 이성법은 합리적인 이성적인 질서를 '공리적인 방식(Axiomatik)'에 의해 체계화할 뿐이라는 것이다. 그 후 도그마틱의 발전과 밀접한 연관을 지니는 개념법학은 이성법의 '공리적인 방식'을 사용해서 법규범의 폐쇄적이고 완결된 체계를 추구한다. 바로 여기서 법도그마틱과 자연법적 전통이 얼마나 밀접하게 결부되어 있는가를 알 수 있다. 이에 대해서는 특히 Wieacker, Privatrechtsgeschichte(주 16), S. 54 ff., 348 ff., 430 ff. 참조.

38) Wieacker, Gesetz und Richterkunst, 1958, S. 14. 또한 ders., Rechtsdogmatik(주 8), S. 66 f. 참조.

사실상 이러한 법도그마틱 개념은 기존의 잘못 이해된 법도그마틱을 극복하기 위해 주장된 것이라는 점에서 대단히 주목할 필요가 있다. 그러나 과연 법적 공동체 안에서의 합의가 도그마로 파악될 수 있는가는 문제의 소지가 많다. 왜냐하면 그와 같은 합의는 현실적, 경험적인 성격의 것일 뿐만 아니라, 법적 분쟁의 해결이라는 실천적인 목적에 봉사한다는 점에서 '도그마틱'보다는 오히려 '실용주의(Pragmatik)'에 가깝기 때문이다.[40] 요컨대 세 번째의 개념유형은 미래지향적이기는 하지만, 법도그마틱의 역사적인 연원과 다르다는 점에서 문제의 소지가 있다.

d) 이상에서의 세 가지 개념이해가 법도그마틱이 전제하는 '도그마(Dogma)'에 초점을 맞춘다면, 이하에서의 두 가지 유형은 법도그마틱에 고유한 인식방법론, 즉 '도그마틱(Dogmatik)'을 전면에 내세운다. 이런 관점에서 네 번째 유형은 법도그마틱의 특수한 방법론인 '논리적인 해석, 추론 및 체계화'를 법도그마틱의 가장 중요한 개념표지로 파악한다. 이와 같은 개념이해에 근거해서, 예컨대 라이저(L. Raiser)는 "법도그마틱은 바로 체계적인 법학이다"라고 주장하는가 하면,[41] 시미티스(D. Simitis)도 도그마틱을 일종의 '사회적인 산수법(soziale Mathematik)'으로 파악한다.[42]

네 번째 유형이 지니는 장점은 전래적인 법도그마틱의 개념을 그나마 가장 충실하게 묘사한다는 데에 있다. 사실상 법도그마틱의 개념은 푸흐타(G. F. Puchta)가 창시한 개념법학과 밀접하게 연관되어 발전했고, 또한 개념법학은 바로 논리적인 추론방식에 의해 법체계를 일종의 '개념의 계보(Genealogie der Begriffe)'로 이해했던 것이다.[43] 그러나 그렇다고 해서 이러한 연역적인 추론방

39) 이런 관점에서 에써는 법도그마틱이란 "개별영역에서의 정의문제를 법적으로 처리할 수 있게 만드는 방법"이라고 말한다. Esser, Grenzen des dogmatischen Denkens(주 25), S. 379. 또한 그의 법도그마틱 개념에 대해서는 Esser, Vorverständnis(주 18), S. 91; Dogmatik(주 8), S. 398 ff. 참조.

40) 이에 대해서는 무엇보다도 Meyer-Cording, Dogmatiker(주 8), S. 19 f., 35 f. 참조.

41) L. Raiser, Wozu Rechtsdogmatik, in: DRiZ 1968, S. 98.

42) D. Simitis, System und Dogmatik(주 29), S. 132.

43) 이런 관점에서 푸흐타(Puchta)는 "법학의 임무는 개별적인 법명제들을 그 체계적인 연관

식을 곧 법도그마틱으로 동일화할 수는 없다. 그 이유는 무엇보다도 논리학이나 체계적인 방법이 법도그마틱뿐만 아니라 모든 학문에 공통적인 방법론이기 때문이다. 따라서 법도그마틱과 다른 학문을 서로 구분하기 위해서는 네 번째 유형의 개념이해가 반드시 다음과 같은 사항, 즉 법도그마틱은 이미 전제된 도그마로부터 출발한다는 점을 포함해야 한다. 요컨대 '도그마'라는 인식연원을 언급함이 없이, '도그마틱'이라는 인식방법만을 가지고서는 법도그마틱의 개념을 적절히 정의할 수 없다.

e) 논리, 연역적인 추론방식에 의해서만 법도그마틱을 파악할 수 없다면, 이제 마지막으로 법도그마틱의 일상적인 방법이나 혹은 그 실천적 측면을 부각시켜볼 수도 있을 것이다. 세 번째 유형과 마찬가지의 맥락에서 주장된 다섯 번째 유형은 바로 이런 측면에서 법도그마틱을 '법관에 대한 실천적인 행위지침'으로 이해하고자 한다.[44] 혹은 이보다 한 발 더 나아가 법률가가 일상적으로 행하는 법규범의 해석과 적용을 법도그마틱으로 파악하기도 한다.[45]

이와 같은 포괄적인 개념이해는 대부분의 견해들을 모두 수용할 수 있다는 점에서 긍정적인 측면을 지니기는 한다. 그러나 가장 큰 단점은 법도그마틱의 역사적인 연원, 즉 미리 주어진 전제로부터 추론을 한다는 측면을 은폐한다는 점뿐

성하에서 … 파악하여, 그것들의 계보를 그 원칙에까지 거슬러 올라가 추적하고, 또 반대로 그 원칙들로부터 그 밑에 있는 미세한 가지에 이르기까지 내려갈 수 있도록 만드는 것이다" 라고 주장한다. 이에 대해서는 G. F. Puchta, Cursus der Institutionen, Bd. I, 9. Aufl., 1881, S. 36 f. 참조.

44) Wieacker, Rechtsdogmatik(주 8), S. 66. 이와 마찬가지의 의미에서 에써도 법도그마틱은 명증적인 명제(apodiktische Aussage)가 아니라 단지 이상적인 모델을 위한 시안(tentative Formeln)에 불과하다고 주장한다. Esser, Grenzen des dogmatischen Denkens(주 8), S. 367. 또한 피벡(Viehweg)도 법도그마틱을 '법분야에서 사회적 기능을 지니는 이론'으로 표현한다. Viehweg, Ideologie und Rechtsdogmatik, in: Maihofer(Hrsg.), Ideologie und Recht, 1969, S. 89.

45) Alexy, Theorie der juristischen Argumentation(주 26), S. 307. 비록 전래적인 관점을 따르기는 하지만, 바로 이런 관점에서 라드브루흐도 협의의 법학, 즉 법도그마틱이란 1) 실정법을 해석(Interpretation)하고, 2) 그 해석의 결과들을 법적으로 구성(juristische Konstruktion)한 후, 3) 이를 체계화(Systematik)하는 작업이라고 정의한다. Radbruch, Rechtsphilosophie, 7. Aufl., 1970, S. 209 f.

만 아니라, 더 나아가 이와 같이 이해된 법도그마틱 개념은 도그마틱보다는 오히려 실용주의에 가깝다는 것이다. 요컨대 다섯 번째 유형은, 위의 세 번째 유형과 같이 전래적인 법도그마틱을 지칭하기보다는 오히려 미래의 바람직한 법도그마틱의 형상을 지향한다는 점에서 문제의 소지가 있다.

3. 우리는 이상에서 법도그마틱에 대한 지금까지의 견해들을 다섯 가지 유형으로 나누어 설명하고, 각각의 특징과 문제점을 검토하였다. 이하에서는 이에 기초해서 법도그마틱에 대한 적절한 개념이해를 모색해 보기로 하자.

a) 먼저 언급되어야 할 점은, '도그마'와 '도그마틱' 중 그 어느 하나에만 국한되면 적절한 법도그마틱의 개념이 될 수 없다는 점이다. 이런 사정은 이미 실정법에만 초점을 맞추는 첫 번째 유형이나 혹은 논리, 연역적인 방식에 주목하는 네 번째 유형의 단점을 통해 잘 드러난다. 그러므로 법도그마틱의 개념 안에 '도그마'와 '도그마틱'을 서로 결합시키는 것은 올바른 개념정의의 필수조건이 된다.

그런데 이 두 요소를 서로 결합시킨다는 관점에 서는 경우, 이미 역사적으로 세 가지의 상이한 법도그마틱에 관한 형상들이 등장한 것을 알 수 있다. 즉 첫째는 전통적인 자연법론과 같이 신의 계시나 이성적인 질서를 '도그마'로 전제하고, 이것의 의미를 해석하고 체계화하는 방식이다. 둘째는 역사법학과 개념법학에서 발견되는 것과 같이 '도그마'를 로마법으로 여기고, 이를 논리, 연역적인 방식에 의해 완결된 개념의 체계로 구성하는 방식이다. 셋째는 전래적인 법도그마틱을 거부하는 오늘날의 시도들과 같이 법적 공동체 구성원의 합의를 '도그마'로 보고, 법적 분쟁의 합리적인 해결을 위해 실정법의 의미내용을 해석, 적용하는 방식이다. 필자는 이해의 편의를 위해 첫 번째를 '형이상학적 법도그마틱', 두 번째를 '개념법학적 법도그마틱', 세 번째 유형을 '해석학적 법도그마틱'이라고 명명하려고 한다.

여기서 '개념법학적 법도그마틱'이라는 용어는 문제의 소지가 비교적 적지만, 전통적인 자연법론의 사유방식을 '형이상학적 법도그마틱', 그리고 오늘날 주장되는 바의 실용주의적인 법학을 '해석학적인 법도그마틱'으로 표현한 것에 대해서는 논란이 제기될 수 있다. 그러나 이미 언급한 바와 같이, 전통적인 자연법론의 사유방식은 바로 도그마틱을 그 본래적인 표지로 할 뿐만 아니라 더 나아가 스콜라철학의 인식방식이 바로 크리스티안 볼프를 통해 개념법학의 방법론으로 침전된다는 점을 감안한다면,[46] '형이상학적 법도그마틱'의 명칭이 그다지 잘못된 것은 아니다. 다른 한편, 오늘날 새로 주장되는 법도그마틱의 개념이해를 '해석학적 법도그마틱'으로 묘사한 것에 대해서도 이의가 제기될 수 있지만,[47] 오늘날의 새로운 경향들은 실정법의 해석과 적용이라는 법도그마틱의 임무를 해석학적인 방법에 의해 단지 새롭게 구성하는 것이지, 결코 법도그마틱의 범주를 이탈하는 것은 아니라는 점에서 '해석학적 법도그마틱'이라는 개념이 문제의 실질을 간과한 것은 아니다.[48]

b) 더 나아가 법도그마틱의 개념은 위에서 언급한 세 가지의 형태들을 모두 포괄할 수 있을 정도로 넓은 의미로 파악되어야 할 것이다. 그래야만 전래적인 법도그마틱의 개념뿐만 아니라, 이와 전혀 다른 내용을 지니는 오늘날의 법도그마틱의 개념도 포괄될 수 있기 때문이다. 다만, 자연법적 인식연원이나 로마법은 오늘날 '도그마'적인 권위를 상실했으므로 이 요소들은 개념정의에서 배제할 필요가 있다. 그렇게 된다면 아마도 법도그마틱의 개념은 주로 '개념법학적 법도그마틱'과 '해석학적 법도그마틱'을 그 기본골격으로 해서 다음과 같이 정의될 수 있

46) 푸펜도르프(Pufendorf)가 '사회의 자연법칙'을 '윤리적인 공리(ethisches Axiom)'로 파악하고 이를 수학적인 공리에 따른 소위 '정치적인 건축물(politica architectonica)'로 구성하려고 시도했다면, 크리스티안 볼프는 여기에서 더 나아가 모든 경험적인 요소를 배제하고 자연법을 순전히 공리(Axiom)로부터 완전무결하게 연역시킴으로써 '폐쇄된 개념의 체계(geschlossenes System)'로 만들려고 했으며, 그 결과 그의 자연법은 완전히 형식적인 개념체계로 파악되는데, 바로 이런 사유방식이 개념법학에 그대로 침전된다고 한다. 이에 대해 자세한 점은 Meyer-Cording, Dogmatiker(주 8), S. 24; Larenz, Methoden der Rechtswissenschaft, 4. Aufl., S. 21 ff.; Wieacker, Privatrechtsgeschichte(주 16), S. 399 ff. 참조.

47) 즉 이를 법도그마틱의 범주로 개념화하는 에써나 비아커와는 달리, 예컨대 마이어-코딩은 이것은 오히려 실용주의에 가깝다고 하면서, 법도그마틱이란 개념을 아예 사용하지 않기를 제안한다. Meyer-Cording, Dogmatiker(주 8), S. 19, 21 f., 49.

48) 물론 논의를 분명히 하기 위해 '법도그마틱'이라는 개념 대신에 '체계적인 법학(systematische Rechtswissenschaft)', '법리학(Jurisprudenz)', 혹은 'Zetetik' 등의 개념을 사용하자는 제안이 있다. Th. Mayer-Maly, Rechtswissenschaft, 2. Aufl., S. 8; Viehweg, Ideologie(주 40), S. 85 ff. 참조.

을 것이다. 즉 "법도그마틱이란 1) 실정법으로부터 출발해서, 2) 그 의미내용을 해석하고 체계화할 뿐만 아니라, 3) 이를 통해 법적 분쟁에 대한 실천적인 해결방안들을 합리적으로 근거짓는, 4) 실정법 이외의 명제들의 집합체를 말한다."[49)]

Ⅳ

이상에서 알 수 있듯이, 이 논문에서 제안하는 법도그마틱의 개념 안에는 비단 개념과 형식논리를 근간으로 하는 전래적인 법도그마틱뿐만 아니라, 오히려 사회분쟁의 올바른 해결이라는 실용주의적인 측면을 강조하는 오늘날의 법도그마틱의 개념도 포함된다. 사실상 법 혹은 이에 관한 학문의 궁극적인 목표가 현실적인 다툼을 해결하는 데에 있다는 점을 감안한다면, 법도그마틱의 실용적인 측면은 아마도 당연한 것일지도 모른다. 그러나 문제는 이와 같은 목적을 달성하기 위해서 반드시 실정법의 의미를 해석하고 그것을 논리적으로 체계화하는 개념적인 수단을 활용해야만 하는가이다. 달리 말해, 전래적인 의미의 법도그마틱과는 다른 방식으로 법학의 임무를 충족시킬 수 없는 것인가? 요컨대 법을 해석하고 체계화하는 법도그마틱이 지니는 실천적인 기능이란 도대체 무엇인가? 알렉시(R. Alexy)는 여태까지의 논의에서 드러난 법도그마틱의 기능을 6가지 유형으로 적절하게 분류하고 있으므로, 이하에서는 그의 분류방식에 따라 법도그마틱의 실천적인 기능을 자세히 검토하기로 한다.[50)]

1. 법도그마틱은 '안정화 기능(stabilisierende Funktion)'을 지닌다. '안정화 기능'이란 법도그마틱의 개념에 의해 다양한 사회분쟁의 법적 관련성이 선별된 후 체계화될 뿐만 아니라, 저장됨으로써, 미래의 유사한 사회분쟁에 대해서 항상 다

49) 알렉시가 제시한 법도그마틱의 5가지 조건도 필자의 제안과 그다지 상이하지 않다. 즉 그 다섯 가지 조건은 다음과 같다. 1) 명제들의 집합이어야 할 것. 2) 법규범과 판결을 그대로 묘사함이 없이 이들과 연관을 맺어야 할 것. 3) 서로 하나의 체계적인 맥락하에 있을 것. 4) 법학이라는 제도권 안에서 정립되고 논의되어야 할 것. 5) 규범적인 내용을 지녀야 할 것. 이에 대해 자세한 점은 Alexy, Theorie der juristischen Argumentation(주 26), S. 312.

50) Alexy, Theorie der juristischen Argumentation(주 26), S. 312 ff.

시 적용될 수 있게 만드는 기능을 말한다. 즉 에써의 말을 빌린다면, 법개념을 통해 사회분쟁이 비로소 잠정적으로 설정되는(settled) 것이다.[51] 그 결과 법적 공동체의 구성원들은 이제 법적 분쟁이 어떤 방식으로 해결될 것인가에 대해 예견을 할 수 있게 되며, 여기서 법도그마틱의 안정화 기능은 법적 안정성이라는 법이념에 봉사하게 된다.[52]

이렇듯 법도그마틱의 가장 큰 장점은, 개별적인 사회분쟁이 지니는 법적 관련성을 법개념에 의해 사유세계로 전이(tranformieren)시킴으로써 분쟁에 관해 합리적으로 논의할 수 있는 터전을 비로소 열어 준다는 데에 있다. 다시금 에써의 개념에 따라 표현하자면, 법도마틱의 개념에 의해 사회분쟁이 지니는 가치문제는 비로소 사유의 문제로 처리될 수 있게 된다.[53] 그러나 간과해서는 안 될 점은, 이러한 법도그마틱의 안정화 기능은 항상 법적 분쟁의 도식화(Schematisierung)라는 부정적인 결과를 수반한다는 것이다. 다시 말해, 개별적인 사회분쟁의 모습은 각양각색이기 때문에, 법도그마틱은 항상 실정법이 제시하는 특정 기준에 의해서 사회분쟁의 법적 의미를 환원시킬 수밖에 없고, 그 결과 법도그마틱을 통한 사회분쟁의 정형화는 언제나 구체적인 현실과는 거리를 둔 형식적인 개념의 체계가 될 소지가 많다.[54] 따라서 법도그마틱의 안정화 기능을 너무 과대평가해서는 안 된다. 달리 말해, 법도그마틱이 경색되지 않기 위해서는 언제나 기존의 법도그마틱의 명제가 비판되고 변경될 수 있어야 한다. 물론 그러기 위해서는 항상 법도그마틱의 개념체계가 한편으로는 변화하는 현실에 대해, 다른 한편으로는

51) 에써는 루만(N. Luhmann)의 체계이론을 따라 사회분쟁의 법적 의미가 취사선택되는 것을 선별기능(Selektionsfunktion), 그리고 그것이 저장되어 다른 법적 분쟁에 재차 적용될 수 있게 되는 것을 정보기능(Informationsfunktion)이라고 말한다. 이에 관해서는 Esser, Grenzen des dogmatischen Denkens(주 25), S. 369 f.

52) 이런 관점에서 알렉시는 법도그마틱의 안정화 기능이 정의의 가장 중요한 측면 중의 하나인 '보편화가능성의 원칙(Universalisierbarkeitsprinzip)'에 봉사한다고 말한다. Alexy, Theorie der juristischen Argumentation(주 26), S. 326 f.

53) Esser, Grenzen des dogmatischen Denkens(주 25), S. 369.

54) 소위 루만이 말하는 '복잡성의 환원(Reduktion der Komplexität)'이 바로 이것을 말한다. 그러나 에써는 이런 기능을 법도그마틱에 대해서는 인정하지 않는다. 요컨대 법도그마틱은 사회분쟁을 단지 '잠정적(tentativ)'으로 해결하기 위한 수단에 불과하다고 한다. Esser, Grenzen des dogmatischen Denkens(주 25), S, 369 f.

도덕적인 차원에서의 실천적인 담론(praktischer Diskurs)에 대해 개방되어야 할 것이다.[55]

2. 이렇듯 법도그마틱이 '폐쇄된 개념의 체계'를 지양하고 외부의 현실과 실천적 담론에 대해 개방적일 때, 법도그마틱은 '발전적 기능(Fortschrittsfunktion)'을 지니게 된다. 다시 말해 법도그마틱의 '발전적 기능'이란 기존의 법적 분쟁의 해결책 이외에도 새로운 대안들을 법도그마틱의 체계 안에 수용하는 것을 말한다. 물론 이와 같은 기능이 가능한 이유는, 알렉시도 적절히 지적한 바와 같이, 법도그마틱이 제도적인 틀 속에서 수행됨으로써, 시간이 경과함에 따라 보다 세분화될 수 있기 때문이다.[56] 따라서 그 발전의 정도는 결국 해당 제도권에 속해 있는 법학자, 입법자, 법문화라는 변수에 의해 제약될 수밖에 없다.

그러나 법도그마틱의 발전적 기능에 대해서는 논란이 많다. 한편으로 에써와 같이 법도그마틱의 발전적 기능을 처음으로 진지하게 제시한 학자는 법도그마틱이 자주 실정법의 권위에 대항하여 생산적인 역할을 수행했다고 주장한다. 즉 가변적인 역사적 현실에 적응하기 위해 법도그마틱은 새로운 개념들을 창설할 뿐만 아니라, 기존 개념들을 새로운 내용으로 채운다는 것이다.[57] 그러나 다른 한편 이를 비판하는 학자들은 이와 같은 발전은 법도그마틱이 아니라 오히려 법관의 창조적인 법형성에 의해 이루어지는 것이라고 설명한다. 즉 법도그마틱은 미리 주어진 것을 예정된 방식으로 처리하는 것에 불과하기 때문에 법도그마틱의 생산적인 기능은 허구라는 것이다. 요컨대 법도그마틱의 발전적 기능은 법관의 법형성 등에 의해 이루어진 발전을 법도그마틱의 개념에 의해 다시 포장한 것에 불과하다는 것이다.[58] 생각건대, 법도그마틱의 발전적 기능이 궁극적으로 어느 요인으로부터 연유되는지는 보다 자세한 성찰을 요한다. 그러나 분명한 사

---

55) 이에 대해서는 특히 Meyer-Cording, Dogmatiker(주 8), S. 34 f.; Alexy, Theorie der juristischen Argumentation(주 26), S. 327 f. 참조.

56) Alexy, Theorie der juristischen Argumentation(주 26), S. 328 f.

57) Esser, Vorverständnis(주 18), S. 80 f.

58) 이러한 비판에 대해서는 Meyer-Cording, Dogmatiker(주 8), S. 33 참조. 또한 Esser, Dogmatik(주 8), S. 397 ff.도 참조.

실은, 새로운 법적 개념의 생성이나 혹은 기존 개념의 내용적 탈바꿈은 다시금 법도그마틱의 체계에 대해 영향을 줌으로써 이의 내용을 보다 더 세분화시킨다는 것이다. 그리고 바로 이런 점에서 법도그마틱의 발전적 기능 자체는 부인하기 힘들다.

3. 법도그마틱은 '논증부담을 경감하는 기능(Entlastungsfunktion)'을 지닌다. 즉 법도그마틱에 의해 법학자나 법률가들은 항상 처음부터 새롭게 법적 분쟁을 분석하는 대신, 유사한 사례에 대해서는 이미 검증되고 보편화된 논증방법을 원용할 수 있다는 것이다.[59] 더 나아가 대부분의 기본적인 가치결정은 이미 법도그마틱 체계의 전제들로부터 도출될 수 있기 때문에, 새로운 가치평가가 요구되지 않는 한 기존의 논증방식을 그대로 답습할 수 있다.

그러나 법도그마틱의 '안정화 기능'과 마찬가지로 '논증부담을 경감하는 기능'도 결코 과대평가되어서는 안 된다. 그 이유는, 알렉시의 지적과 마찬가지로, 이 기능이 제대로 수행되기 위해서는 기존의 법도그마틱의 개념이 이미 충분히 세분화되어 있어야 할 뿐만 아니라, 더 나아가 전제되는 가치판단에 대해서도 광범위한 합의가 존재해야 하기 때문이다.[60] 달리 말해, 모호하고 추상적인 법도그마틱은 이미 해당 사례의 유사성부터도 확인해 낼 수 없으며, 또한 법도그마틱에 의해 존재하지도 않는 기본적인 합의가 가상적으로 설정되어서도 안 된다. 이런 점에서 법도그마틱의 '논증부담을 경감하는 기능'은 항상 법도그마틱의 수준에 비례하는 상대적인 것일 수밖에 없다.

4. 법도그마틱은 '기술적인 기능(technische Funktion)'을 지닌다. 법도그마틱의 기술적인 기능은 비단 사회분쟁의 법적 의미를 개념화하는 것뿐만 아니라, 또한 그 결과들을 법적으로 구성(juristische Konstruktion)하고 일정한 체계의 형태로 종합하는 것을 의미한다. 요컨대 에써의 말과 같이, 정의의 문제를 법적인 관점에서 처리하게끔 만드는 방법을 알려 주는 기능이다.[61] 이렇듯 사회분쟁이 지

---

59) 이에 대해 자세한 점은 Alexy, Theorie der juristischen Argumentation(주 26), S. 329 f. 참조.

60) Alexy, Theorie der juristischen Argumentation(주 26), 330 ff.

니는 가치문제를 세분화된 법개념을 통해 체계화할 수 있는 법도그마틱의 기술적 기능 덕분에 법도그마틱의 세부적인 내용은 일반인에게 교육될 수 있고 또한 전승될 수 있게 된다.

그러나 이미 언급한 바와 같이, 법도그마틱의 기술적 기능 중 개념의 논리적인 구성 및 체계화는 '개념법학적인 법도그마틱'의 핵심내용이기도 하다. 그러므로 이 기능의 절대화는 필연적으로 법적 분쟁의 현실적 기초를 도외시하는 결과를 가져오게 된다. 따라서 법학교육에서 이러한 기술적인 기능에 대해 얼마만큼 비중을 두어야 하는가는 대단히 신중하게 대답되어야 할 것이다. 이런 측면에서 볼 때, 지금의 법학교육이 개념법학적인 법도그마틱의 형태를 지니는 것도 문제이지만, 반면 이를 극복하기 위해 전문화된 법실무의 전수만을 강조하는 것도 지나치게 일면적이다.

5. 법도그마틱은 '통제기능(Kontrollfunktion)'을 지니며, 이 기능은 다시금 '체계 내적인 통제'와 '체계 외적인 통제'로 구별된다.[62] '체계 내적인 통제'란 개별적인 분쟁에 대한 해결책이 기존의 법도그마틱이 제공하는 사유의 틀로 재구성될 뿐만 아니라, 법도그마틱 체계 안의 다른 해결방안들과 비교, 검토되는 것을 의미한다. 이에 반해 '체계 외적인 통제'란 법도그마틱이 제시하는 해결방안들이 실천적인 담론의 관점에서 정당화될 수 있는가가 검토되는 것이다. 요컨대 '체계 내적인 통제'에서는 논리적인 일관성(logische Schlüssigkeit)이 주된 척도가 된다면, '체계 외적인 통제'에서는 내용적인 설득력(inhaltliche Plausibilität)이 중요한 역할을 한다.

만약 문제 된 해결방안이 애당초 법도그마틱의 체계 안에 편입될 수 없거나 혹은 체계 안에는 편입될 수 있더라도 기존의 해결방식과 상반될 경우에는 법도그마틱은 이에 대한 체계상의 대안책을 마련해야 한다. 사실상 이 문제를 얼마만큼 해결할 수 있는가에 따라 개별적인 법도그마틱의 수준과 그 존속여부가 결정

61) Esser, Grenzen des dogmatischen Denkens(주 25), S. 379.
62) 이에 대해 자세한 점은 Alexy, Theorie der juristischen Argumentation(주 26), S. 322f., 332; Esser, Grenzen des dogmatischen Denkens(주 25), S. 370 f. 참조.

된다. 이런 관점에서 본다면, 에써가 정확히 지적한 바와 같이, 법도그마틱은 미리 주어진 체계 안의 해결방안에 안주하는 대신, 항상 법도그마틱의 개념이나 사유방식이 얼마만큼 정의의 요청에 부합하는가를 비판적으로 성찰해야 한다.[63] 달리 말해, 비아커도 주장하는 바와 같이, 법도그마틱은 '선택된 결정의 합리적인 검증을 위한 절차'이다.[64] 바로 여기서 법도그마틱이 법정책과는 독립해서 자발적으로 생성될 수 있다고 믿었던 개념법학적인 발상법이 얼마나 잘못된 것인가가 분명해진다.[65]

6. 마지막으로 법도그마틱은 '길잡이 기능(heuristische Funktion)'을 한다. 이미 언급한 바와 같이, 법도그마틱은 법적 분쟁을 해결하기 위한 다양한 해결방안과 세분화된 개념, 그리고 상이한 관점들의 복합체이다. 따라서 구체적인 법적 사태에 대해 적합한 해결방안을 찾기 위해서는 먼저 법도그마틱이 제공하는 여러 수단을 이용하게 되는데, 바로 이것이 법도그마틱의 '길잡이 기능'이다. 물론 법도그마틱의 도움을 제대로 받으려면 법도그마틱의 개념적 도구들을 사용할 수 있어야 한다. 더 나아가 법도그마틱은 개별적인 분쟁에 대한 종국적인 해결책을 제공하는 것이 아니라, 다만 그에 대한 가능한 해결방안들을 제안할 뿐이다. 그럼에도 불구하고 법도그마틱의 '길잡이 기능'을 과소평가해서는 안 되는데, 왜냐하면 무엇보다도 법도그마틱에 의해 가능한 해결방안들이 무엇인가를 알 수 있을 뿐만 아니라, 또한 각각의 장단점도 쉽사리 조망할 수 있기 때문이다. 이런 관점에서 에써는 다음과 같이 말한다. 즉 법도그마틱은 새로운 관찰과 착안점에 대해 더없이 좋은 출발점인데, 왜냐하면 지금까지의 개별적인 해결책을 종합적으로 제시함으로써 새로운 인식에 대한 원동력이 되기 때문이라는 것이다.[66]

---

63) Esser, Dogmatik(주 8), S. 410 f.

64) Wieacker, Rechtsdogmatik(주 8), S. 63.

65) 주지하다시피 19세기의 개념법학은 바로 이와 같은 측면에서 법도그마틱을 파악하고 있다. 이 점은 특히 개념의 생성적 기능을 중시한 예링의 '상위의 법학(die höhere Jurisprudenz)'이라는 개념에서 잘 드러난다. 이에 대해 자세한 점은 Jhering, Theorie der juristischen Technik, in: Krawietz(Hrsg.), Theorie und Technik der Jurisprudenz, 1976, S. 56 ff. 참조.

66) Esser, Vorverständnis(주 18), S. 101. 또한 비아커도 마찬가지의 관점에서 법도그마틱은 "실천적으로 합리적이고, 따라서 정의로운 것으로 납득될 법적 결정을 발견하기 위한 기술"

V

지금까지 우리는 도그마틱의 개념사적 연원에 근거해서 법도그마틱의 개념과 그 실천적 기능을 살펴보았다. 이러한 인식에 기초해서 이제 마지막으로 법도그마틱의 올바른 위상에 관해 주로 독일의 논의를 중심으로 검토해 보고자 한다. 그 이유는 무엇보다도 전래적인 법도그마틱 개념, 특히 '개념법학적인 법도그마틱'이 비판을 받은 후 법도그마틱의 내용 자체가 상당 정도 변했기 때문이다. 이 점은 이미 '해석학적 법도그마틱'이 전래적인 개념이해와는 얼마나 다른가를 살펴보면 분명해진다. 더 나아가 법도그마틱의 올바른 위상정립은 법학교육개혁을 둘러싼 작금의 논의에 대해서도 시사하는 바가 많은데, 왜냐하면 여기에서 제기된 비판적인 견해들은 새로운 논의상황을 고려하지 않은 채 지나치게 법도그마틱의 부정적인 측면만을 강조하기 때문이다.[67] 그 결과 대다수는 다음과 같은 추측, 즉 법도그마틱은 마치 올바른 분쟁해결에는 전혀 도움이 되지 않기 때문에 가능한 한 조속히 법학에서 배제되어야 할 대상이라는 생각을 갖게 되는 것 같다. 그러나 과연 법도그마틱이 없는 법학이 가능한가? 달리 말해, 법학으로부터 축출되어야 할 '소극적인 의미의 법도그마틱'과 법학의 본래적인 임무에 충실한 '적극적인 의미의 법도그마틱'이란 어떤 것인가? 요컨대 법도그마틱의 올바른 위상은 어떤 것이어야 하는가?

1. 전래적인 법도그마틱에 대한 대안책으로서 에써나 비아커 등에 의해서 제시된 '해석학적 법도그마틱'의 특징은[68] 우선 그것이 '비권위적' 혹은 '반권위적(antiautoritär)'이라는 점에 있다. 즉 형이상학적인 법도그마틱이 선험적인 질서를, 그리고 개념법학적인 법도그마틱이 법규범이나 실정법의 권위를 내세웠다면, 해석학적 법도그마틱은 이와 같은 권위적인 도그마를 인정하지 않는다. 따라

이라고 말한다. Wieacker, Rechtsdogmatik(주 8), S. 78 참조.

67) 이에 관해서는 위의 주 7 참조.

68) 이에 대해서는 특히 Esser, Grenzen des dogmatischen Denkens(주 25), S. 363 ff.; Dogmatik(주 8), S. 397 ff.; Vorverständnis(주 18); Wieacker, Rechtsdogmatik(주 8), S. 59 ff. 참조.

서 법관의 법률에의 구속이라는 헌법상의 요청에 부응하여, 실정법이 해석의 전제가 되는 것은 인정하지만, 그렇다고 반드시 법도그마틱이 실정법에만 얽매이는 것은 아니다. 달리 말해, 법도그마틱은 새로운 사회여건을 고려하기 위해 실정법을 넘어서서 새로운 법개념을 만들고 기존의 체계를 더 세분화시킨다.[69] 물론 어떤 방식으로 그리고 얼마만큼 법도그마틱이 실정법의 굴레로부터 벗어날 수 있는가는 개별법학의 성격에 따라 서로 상이하게 결정될 문제이다. 그럼에도 불구하고 분명한 사실은 법도그마틱이 사회분쟁의 해결이라는 실천적인 목적을 실현하기 위해서는 필히 역사적인 변화에 적응할 수밖에 없다는 점이다.[70]

더 나아가 비권위적인 법도그마틱은 기존의 인식방법인 논리, 연역적인 방식에 대해서도 비판적이다. 그 이유는 이 방법은 법도그마틱의 체계적인 일관성은 가져다주지만, 그것의 내용적인 정당성까지 담보하는 것은 아니기 때문이다.[71] 따라서 법도그마틱 안에서 논리, 연역적인 방식이 지니는 위상은 새롭게 정립되어야 한다. 달리 말해 법도그마틱의 궁극적인 임무가 사회분쟁의 합리적인 해결이라는 실용주의적인 성격의 것이라면, 이에 이르는 방법은 반드시 논리, 연역적이어야만 하는 것은 아니다. 바로 이런 측면에서 비아커는 법도그마틱에 관해 상이한 모델이 있을 수 있으며 이것들은 그 목적에서는 동일하고, 단지 법적용을 통제하는 합리적인 절차에서만 차이가 있다고 말한다.[72] 요컨대 법도그마틱은 논리, 연역적 방법 이외에도 귀납적인 추론이나 문제변증적인 방식을 통해서도 수행될 수 있다.

2. 또한 해석학적 법도그마틱이 전래적인 개념이해와 궁극적으로 다른 점은 법도그마틱 체계의 속성에 관해서이다. 즉 그 이전의 법도그마틱이 '체계의 폐쇄성(Geschlossenheit)'을 근간으로 했다면, 이에 반해 오늘날의 이론들은 '체계의 개

69) Wieacker, Rechtsdogmatik(주 8), S. 67.

70) 물론 이와 같은 소위 '법도그마틱의 발전적 기능'이 법도그마틱 자체의 속성인가에 대해서는 이미 언급한 바와 같이 논란이 많다. 위의 IV. 2 참조.

71) 이에 관해서는 Esser, Vorverständnis(주 18), S. 80 f., 93; ders., Grenzen des dogmatischen Denkens(주 25), S. 370 f. 참조.

72) Wieacker, Rechtsdogmatik(주 8), S. 68. 또한 그는 이런 사정을 염두에 두고 각 모델들의 '수렴(Konvergenz)'을 주장한다.

방성(Offenheit)'을 주장한다. 달리 말해, 기존의 법도그마틱이 개념적인 체계의 독자성(Autonomie)에 근거해서 체계외적인 가치척도들에 대해 배타적이었다면, 이에 반해 해석학적 법도그마틱은 바로 개별적인 법적 결정을 내용적으로 주도하는 소위 '선이해(Vorverständnis)'로부터 출발한다. 요컨대 법적 결정의 정당성은 논리적으로 볼 때 이미 존재하는 도그마틱의 寶庫로부터만 도출되는 것이 아니라, 오히려 도그마틱 이전에 존재하는 정의에 관한 기준들을 전제한다.[73] 그러므로 이와 같은 법외적인 성찰들을 법도그마틱에 편입시키기 위해서 필히 법도그마틱은 개방적일 수밖에 없는 것이다.

물론 판결의 정당성에 관한 기준이 궁극적으로는 실정법 이외의 가치척도에 의해 기초된다는 점이 오늘날에 와서야 비로소 주장된 것은 아니다. 주지하듯이, 이익법학이나 자유법 운동, 그리고 평가법학 등은 바로 이와 같은 점에 근거해서 실정법의 흠결을 주장할 뿐만 아니라, 더 나아가 법도그마틱에 의한 판결의 근거지움은 본래적인 결정척도를 은폐할 뿐이라고 비난한다. 그럼에도 불구하고 이러한 비판과 해석학적 법도그마틱의 근본적인 차이점은, 전자가 아직까지도 전래적인 법도그마틱의 개념이해로부터 출발한다면, 후자는 애당초 이와 같은 개념을 극복하려 든다는 것이다.[74] 달리 말해, 전자에 있어서는 이익이나 목적 등의 가치판단기준이 폐쇄적인 법도그마틱의 체계 밖에 머물 수밖에 없다면, 이에 반해 해석학적 법도그마틱은 바로 이와 같은 법외적인 성찰을 법도그마틱의 체계 안에 편입시키려고 한다. 요컨대 법도그마틱은 실천적인 가치판단을 기존의 법도그마틱상의 사유체계 안으로 전이시키는 것을 의미하며, 따라서 체계적인 일관성과 내용적인 정당성을 서로 조화시키는 것이 법도그마틱 체계의 가장 중요한 임무가 된다.[75]

3. 이렇듯 법도그마틱이 체계외적인 영역에 대해 개방적인 태도를 가지게

73) 에써의 단행본 'Vorverständnis und Methodenwahl in der Rechtsfindung, 2. Aufl., 1972'은 바로 이런 관점에서 법학방법론을 새롭게 구성하는 것이다.

74) 사실상 이런 관점에서 Meyer-Cording은 "전래적인 법도그마틱은 죽었다"고 말한다. Meyer-Cording, Dogmatiker(주 8), S. 32.

75) 이에 대해서는 Esser, Grenzen des dogmatischen Denkens(주 25), S. 392 참조.

되면, 한편으로는 판결의 경험적 기초와 다른 한편으로는 일상도덕적인 가치표상들이 법도그마틱 안으로 수용될 수 있다. 그 결과 법도그마틱의 개념 자체도 변하게 되는데, 즉 기존의 법도그마틱이 미리 주어진 자명한 전제로부터 논리적으로 추론되는 개념의 체계를 의미했다면, 이제 해석학적 법도그마틱은 법적 분쟁을 올바로 해결하기 위한 '길잡이 원칙(heuristisches Prinzip)'[76]이나 혹은 '실천적인 문제해결책의 집합체'가 된다.[77] 그러한 법도그마틱은 실천적인 문제해결을 위한 도구적 수단에 불과할 뿐, 종국적인 법적 결정을 결코 권위적으로 제시하지 않는다. 이런 관점에서 오늘날의 견해들은 법도그마틱을 '최상의 해결책을 위한 잠정적인 공식(tentative Formeln für optimale Modelle)'으로 파악한다.[78]

물론 법도그마틱을 실천적인 문제해결에로 지향된 개방적인 체계로 이해할 때, '법도그마틱'이라는 용어 자체가 적합한지의 여부에 대해서는 논란의 여지가 많다. 그 이유는 법도그마틱과 실용주의는 서로 다르거나 대립되는 개념이기 때문이다.[79] 그러나 그 명칭과는 상관없이 이미 분명한 사실은, 법도그마틱을 단순히 개념적인 체계로 바라보는 견해는 더 이상 설득력이 없다는 것이다. 이런 사정을 감안할 때 법학교육에 대한 작금의 논의가 항상 부정적인 모습으로 그려내는 법도그마틱이란 그것의 반쪽짜리 모습, 즉 '소극적 의미의 법도그마틱'에 불과하다. 이에 반해 '적극적 의미의 법도그마틱'은 법학이 실정법을 전제로 해서 그 의미를 해석하는 한 아마도 필수불가결한 조건이 될 수밖에 없다. 그러므로 전문적인 법기술의 전수가 아니라 오히려 '적극적 의미의 법도그마틱'의 내용파악이 법학교육개혁에 관한 논의의 출발점이 되어야 한다. 그 이유는 무엇보다도 적어도 대륙법계의 국가에서는 법학을 철학적 해석학과 혼동하거나 아니면 사회과학으로 동일시하지 않는 한 '법도그마틱 없는 법학'이란 불가능하기 때문이다. 그리고 바로 이런 의미에서 법도그마틱의 올바른 위상에 대해 재음미할 필요성이 크다는 점은 아무리 강조해도 지나치지가 않을 것이다.

76) Wieacker, Rechtsdogmatik(주 8), S. 78 참조.

77) Esser, Vorverständnis(주 18), S. 88.

78) Esser, Grenzen des dogmatischen Denkens(주 25), S. 367; Wieacker, Rechtsdogmatik (주 8), S. 66 f.

79) 이에 대해서는 특히 Meyer-Cording, Dogmatiker(주 8), S. 36, 45 f. 참조.

개념법학적인 사유형태와 일반조항에로의 도피(1996)*

I

이 글의 목적은 특정 법이론을 소개하려는 것이 아니며, 또한 필자 자신의 완결된 법학방법론을 제안하려는 것은 더더욱 아니다. 그 대신 여기에서 다루어지는 내용들은 주로 필자의 소박한 경험을 기초로 해서 우리나라 형법해석학의 이론 및 실무가 지니는 현재의 문제점을 기술한 것에 불과하다. 사실상 이에 대해서는 이미 다른 글을 통해서도 밝힌 바 있지만,[1] 이제 법이론(Rechtstheorie)[2] 이라는 보다 통일적인 관점에서 이와 같은 형법해석상의 문제점을 방법론적으로 분석한 후 이에 대한 법철학적 과제들을 살펴보려고 한다.

필자가 관찰한 바에 의하면, 우리의 이론과 판례는 적어도 방법론적인 관점

---

* 이 논문은 이후 "법의 계수의 결과현상들: 개념법학적인 사유형태와 일반조항으로의 도피" 라는 제목으로 법철학연구 제4권 제1호, 2001에도 발표되었다.

1) 특히 Young-Whan Kim, Zur Rezeption des deutschen Strafrechts in Korea, Festschrift für Arthur Kaufmann, 1993, S. 705 ff.; ders., Die Stellung von Rechtfertigung und Entschuldigung im System der Strafbarkeitsvoraussetzungen, in: Eser/Nishihara(Hrsg.), Rechtfertigung und Entschuldigung IV, 1993, S. 103 ff.; 김영환, 법적 논증이론의 전개과정과 그 실천적 의의, 한국법철학회(편), 현대법철학의 흐름, 1996, 178면 이하 참조.

2) 법이론, 법철학, 법해석학의 상관관계에 관해서는 무엇보다도 A. Kaufmann, Rechtsphilosophie, Rechtstheorie, Rechtsdogmatik, in: Kaufmann/Hassemer(Hrsg.), Einführung in Rechtsphilosophie und Rechtstheorie der Gegenwart, 6. Aufl., 1994, S. 1 ff. 참조.

에서 바라볼 때 대단히 이율배반적인 특성을 지니고 있다. 즉 한편으로는 문제가 된 법적 사태[3]에 대해 해당 법규정이 있을 경우 지나칠 정도로 법조문의 문구에만 매달려 소위 형식주의(Formalismus)[4]에 치우친 해석을 지향하지만, 다른 한편 이와는 대조적으로 법조문이 없는 경우에는 불확정개념이나 혹은 일반조항을 통해 개괄적인 일상도덕의 관념들을 거침없이 형법영역 안으로 받아들인다. 요컨대 필자가 바라본 우리의 현행 형법해석학의 특징은, 이 논문의 제목과도 같이, "개념법학적인 사유형태와 일반조항에로의 도피"라고 묘사될 수 있다. 달리 말해 해당 법규의 존재여부에 따라, 한편으로 법조문이 있는 경우에는 개념법학적인 사유형태가 지배적이지만, 다른 한편 해당 법조문이 존재하지 않거나 혹은 불명확한 경우에는 일반조항의 원용이 지나칠 정도로 빈번하게 이루어진다는 것이다.

그러나 이와 같은 현상은, 법의 지배를 그 이념으로 하는 오늘날의 법학방법론 — 즉 법적 결정이 법률에 내재한 법원리의 구체화를 통해 이루어져야 한다는 생각 — 의 측면에서 본다면 대단히 문제의 소지가 많다. 그 이유는 무엇보다도 이러한 법의 적용 및 해석방식은 필히 다음과 같은 부정적인 결과들을 수반하기 때문이다. 즉, 한편으로 법조문의 형식논리적인 해석에만 지향되어 있는 이론과 실무는 법적 판단의 실질적인 기초인 법현실을 도외시하게 된다. 다시 말해 판결의 정당성이 개별적인 사태 안에서 발견되는 구체적인 규범적 타당성보다는, 오히려 형식논리적인 척도 — 즉 판결이 법조문에 부합한다든가 혹은 논리적인 체계가 내용적인 타당성보다 우선되어야 한다는 식의 기준 — 에만 의존하게 된다. 다른 한편, 일반조항 등에 의한 판단방식은 실질적으로는 법적 결정의 성격을 도

---

3) 일반적으로 우리의 이론과 실무는 법적 사태(Rechtssachverhalt)라는 개념 대신에 사안, 사건 혹은 사례라는 용어를 즐겨 사용하고 있다. 그러나 논리학에 따르면, 인식의 대상을 지칭할 때는 사물(Sache)이라고 하고, 한 대상이 다른 대상과 일정한 관계를 맺고 있을 때는 사태(Sachverhalt)라고 부른다. 그러므로 판결의 대상이 되는 사안 혹은 사건이라는 개념도 이제는 사태 혹은 법적 사태로 명명되는 것이 보다 더 논리적일 것이다.

4) 이 문제에 대해 독일에서는 법도그마틱(Rechtsdogmatik)의 개념과 기능을 둘러싸고 논의가 진행되는 반면, 영미에서 이 주제는 주로 현실주의와 형식주의 간의 논쟁과 깊이 연결되어 있다. 특히 미국에서의 형식주의에 대한 최근의 논쟁에 대해서는 Frederick Schauer, Formalism, 97 The Yale Law Journal 1988, pp.509 참조.

덕적인 판단, 요컨대 여론재판으로 변질시킨다. 다시 말해 법적 분쟁의 해결이 세분화되고 구체화된 법해석학의 기준에 의해서가 아니라, 오히려 미분화되고 추상적인 일상도덕의 척도에 따라 개괄적으로 결정되고 만다.

이러한 현상의 원인이 구체적으로 무엇인지는 차치하고서라도,[5] 이에 대한 필자의 의문은 다음과 같다. 즉 여태껏 법의 원리를 탐구한다는 법철학은 이러한 이율배반적인 법학방법론에 대해 도대체 무엇을 했는가? 그런데 법철학의 실천적 기능이라는 관점에서 우리의 법철학적 풍토를 돌이켜 볼 때, 또한 유감스럽게도 다음의 사실을 간과할 수 없게 된다. 즉 오랫동안 자연법인가 아니면 법실증주의인가? 라는 필자가 생각하기에는 부적절한 양자택일적인 틀 속에 사로잡힌 채, 우리의 법철학은 부지불식간에 이에 대한 해결책보다는 오히려 그 계기를 제공하고 있다는 것이다. 필자의 생각으로는 이러한 법철학의 인식 없는 과실(?)[6]은 무엇보다도 자연법론과 법실증주의의 실천적인 기능과 그 이론적인 결과를 서로 혼동한 데에 기인하는 것 같다. 구체적으로 말해서, 법실증주의의 진정한 헌정사적 의의란 법관을 법률에 구속시켜 법관의 자의를 억제하는 소위 자유주의적 법치국가를 실현하려는 데 있는 것이지, 판결의 기준이 그 내용적인 타당성과는 상관없는 법률뿐이라고 고집하려는 소위 불법논거(Unrechtsargument)[7]를 근거짓는 데 있는 것은 결코 아니다. 다른 한편 자연법론의 적극적인 기능은 법원리에 비추어서 실정법의 잘못된 내용을 비판하는 데 있는 것이지, 이를 넘어서서 실정법을 대신하여 판결에 대한 구체적인 법적 근거를 마련하려는 것은 결코 아니었다. 그럼에도 불구하고, 우리에게 익숙한 이 두 이론들의 모습은 대부분 상대방의 약점을 헐뜯기 위해 고안된 부정적인 내용으로만 충만되어 있다. 그 결

5) 이상돈 교수는 이러한 현상의 원인을 형법의 해석과 적용에 대해 – 의식적이거나 무의식적으로 – 지대한 영향을 미치는 전근대적인 법문화의식으로 파악한다. 이에 대해서는 이상돈, 형법의 근대성과 대화이론, 1994, 52면 이하 참조.

6) 사실상 이와 같은 현상이 법철학자들의 선험적인 철학관 때문인지 아니면 오히려 현실도피적인 학문관 때문인지는 아직 분명하게 밝혀지지 않은 것 같다.

7) 소위 불법논거(Unrechtsargument)란 자연법론자들이 법실증주의자들의 법개념을 비판할 때 드는 논거로서, 이에 따르면 법실증주의자들은 법의 내용을 경시한 나머지 “악법도 법이다”라는 억지주장을 한다는 것이다. 이에 대해 자세한 점은 특히 Alexy, Begriff und Geltung des Rechts, 1992, S. 70 ff. 참조.

과 — 이 점이 여기서 매우 중요한 것인데 — 바로 이렇듯 잘못된 개념이해로부터 위에서 언급한 현상들이 서식할 수 있는 터전이 마련될 수 있었다. 요컨대 추상적인 자연법적 논거에 대한 불만으로부터 개념법학적인 발상법이 강조되는가 하면, 반면 형식적인 법실증주의에 대한 반작용으로서 일반조항에로의 도피가 이루어진다는 것이다.[8)]

그렇다면 이제 이와 같은 현상에 대해 법철학은 어떻게 대처할 것인가? 물론 기초법학에는 아랑곳하지 않고 단지 개별적인 법해석학만이 주류를 이루는 현재의 상황에서 형법해석학자들에 대해 법철학적인 기초지식을 요구하기는 아마도 기대불가능할 것이다. 더 나아가 법철학이 반드시 형법해석학을 하기 위한 전제가 아니라는 점도 너무나 자명한 사실이다. 그러나 적어도 법철학이 현학적인 철학적 인식만을 늘어놓는 것이 아니라 법이론 및 실무에서 발견되는 현실적인 문제를 해결해야 한다면, 이제 법철학은 구체적인 법적용을 통해 드러난 문제에 대한 대응책을 강구하는 데서 출발해야 할 것이다. 바로 이런 의미에서, 이 논문이 말하는 응용법철학이란 추상적인 차원에서의 법원리만을 탐구하는 법*철학*이 아니라, 오히려 개별적인 분쟁에 대해 법적 해결책을 제시하는 *법*철학을 말한다. 또한 이런 관점하에서 이 논문은 형법해석이 지니는 현재의 문제에 대한 법철학적 대응방안을 다음과 같이 모색하려고 한다. 우선, 이 논문의 첫 번째 가정 — 즉 우리의 이론과 실무가 개념법학에 의해 특징지어진다는 견해 — 을 개념법학의 역사적 연원과 관련지어 검토하려고 한다. 그리고 난 후, 이 논문의 두 번째 가정 — 즉 일반조항적인 개념이 지배적이라는 생각 — 을 주로 형법에서의 사례를 중심으로 분석하려고 한다. 마지막으로, 이 두 가지의 특징이 어떤 상호관계에 있는가를 논증이론적인 측면에서 밝히면서, 응용법철학의 임무에 대해서 간략히 언급하고자 한다.

---

8) 사실상 이러한 두 가지 부정적인 측면들은 검찰의 5 · 18 불기소 결정에 대한 논의에서도 극명하게 드러난다. 즉 검찰은 자연법적 논거가 내용적으로는 옳다고 하더라도 너무 추상적이어서 구체적인 법적 판단의 기초가 될 수 없다고 강변하는 한편, 이에 대한 비판은 유감스럽게도 추상적인 차원에만 머물러 있어 법적 판단에 대한 구체적인 실정법적 규칙들을 제시하지 못한 채 일상도덕적인 근거, 즉 일반조항적인 개념들만 원용하고 있을 뿐이다. 이에 대해서는 박은정/한인섭(편), 5 · 18—법적 책임과 역사적 책임, 1995 참조.

Ⅱ

1. 먼저 개념법학(Begriffsjurisprudenz)의 이론적인 전개과정을 간단히 설명하면 다음과 같다.[9] 개념법학이라는 말 자체는 예링(Rudolf von Jhering)으로부터 유래한다고 한다.[10] 즉 그는 젊은 시절 자신의 모범이 되었던 푸흐타(G. F. Puchta)를 겨냥해서 그 이전의 형식논리적인 법학방법론을 개념법학이라고 명명하고, 이러한 사유방식이 더 이상 법학을 지배하지 않기를 원했다. 그러나 개념법학적인 사고유형 자체는 그 개념보다는 훨씬 더 오래되었다. 즉 크리스티안 볼프(Christian Wolff)는 이미 이와 같이 개념들 간의 형식논리적인 구조 및 연역적인 추론방식을 중시하는 논거제시방법(Demonstrationsmethode)을 주창하고, 이를 실정법에 응용한다.[11] 그 후 역사법학을 주창했던 사비니(F. K. v. Savigny)는 비록 민족정신이 법의 연원임을 강조했지만, 이를 체계화하기 위해 이와 같은 논리적인 방법을 사용했다. 그러나 이런 사유방식을 독자적인 법학방법론으로 발전시킨 법학자는 푸흐타이고, 바로 이런 이유에서 그를 고전적인 개념법학의 창시자라고 말한다. 그 후 개념법학은 예링에 의해서 더욱 발전되었지만, 또한 그에 의해 많은 비판을 받기도 했다.[12] 이와 같은 비판에 합류해서 자유법 운동이나 이익법학도 개념법학의 형식주의를 비난하고, 그 대신 법적 결정에 대한 기준

---

9) 개념법학 일반에 대해서는 Krawietz(Hrsg.), Theorie und Technik der Begriffsjurisprudenz, 1976 참조. 또한 개념법학의 역사적 발전과정에 대해서는 Larenz, Methodenlehre der Rechtswissenschaft, 4. Aufl., 1979, S. 20 ff.; Wieacker, Privatrechtsgeschichte der Neuzeit, 2. Aufl., 1967, S. 433 ff. 참조.

10) Jhering, Scherz und Ernst in der Jurisprudenz, 1884(Nachdruck der 13. Aufl., 1980), S. 337.

11) Krawietz, Jurisprudenz als Begriffsjurisprudenz, in: ders.(Hrsg.), Theorie und Technik der Begriffsjurisprudenz, 1976, S. 435 ff.

12) 물론 예링 자신이 얼마만큼 개념법학을 극복했는가는 또 다른 문제이다. 왜냐하면 예링은 법학을 하위의 법학(eine niedere Jurisprudenz)과 상위의 법학(eine höhere Jurisprudenz)으로 나누고, 법률의 해석과 체계화를 꾀하는 전자보다는 개념의 자발적인 생성능력을 중시하는 소위 자연역사적인 방법에 의한 후자를 훨씬 더 중요하게 여겼기 때문이다. 이에 대해 자세한 점은 무엇보다도 Heck, Begriffsjurisprudenz und Interessenjurisprudenz, in: Ellscheid/Hassemer(Hrsg.), Interessenjurisprudenz, S. 93 ff. 참조.

은 개념이 아니라, 오히려 그것의 전제가 되는 사회적 사실로부터 도출되어야 한다고 역설했다.[13)]

개념법학의 창시자로 일컬어지는 푸흐타가 파악했던 개념법학적인 사유방식은 다음과 같다. 즉 그는 법을 일종의 논리적인 체계 – 요컨대 개념의 피라미드(Begriffspyramide) – 로 간주하고, 이를 파악하는 방법으로서 형식 · 개념적인 사유형태를 강조한다. 사비니가 법의 연원을 민족정신에서 바라보았다면, 이와 같은 법의 통일적인 이념이 푸흐타에 가서는 논리적인 체계로 바뀐 셈이다. 어쨌든 이에 기초해서 푸흐타는 말하기를, "법학의 임무는 개별적인 법명제들을 그 체계적인 연관성하에서 … 파악하여, 그것들의 계보를 그 원칙에까지 거슬러 올라가 추적하고, 또한 반대로 그 원칙으로부터 그 밑에 있는 미세한 가지까지 내려갈 수 있도록 하는 것이다. 이런 작업을 통해 민족의 정신 속에 감추어져 있던 법명제들은 … 비로소 학문적인 연역의 산물로서 분명하게 성립한다. 또한 이렇게 해서 학문은 … 제3의 법원(法源)이 된다.…"[14)]

이러한 푸흐타의 주장에서 드러나는 개념법학의 특징은 다음과 같이 정리될 수 있다. 첫째, 개념법학은 법을 일종의 체계, 그것도 폐쇄적인 개념의 체계로 상정한다는 것이다. 그리고 여기서 말하는 체계란 사비니나 기에르케(Otto v. Gierke)가 생각했던 바와 같은 어떤 유기적인 체계를 의미하는 것이 아니라, 단지 관념적인 사유의 체계를 의미한다.[15)] 푸흐타는 이런 체계를 개념의 피라미드 혹은 개념의 계보(Genealogie der Begriffe)라는 말로 묘사하고 있다. 그리고 이것이 의미하는 바는, 한 체계 안에서 상위의 개념은 그것보다 하위의 개념들을 모두

---

13) 독일에서 전개된 개념법학의 형식주의에 대한 논의는 미국의 현실주의와는 다른 양상을 지니는 것 같다. 즉 독일의 비판론들은 대부분 법체계의 구성방법에 대한 것이었지, 구체적인 판결의 기준에 관한 것은 아니었다. 아마도 이것은 독일과 미국의 법체계의 차이점에 기인하는 것 같다.

14) Puchta, Cursus der Institutionen, Bd. 1, 9. Aufl., 1881, S. 36.

15) 바로 이런 근거에서 개념법학적인 사유형태는 사유적으로는 이미 스콜라 철학의 개념실재주의(Begriffsrealismus)에까지 거슬러 올라가며, 또한 칸트와 헤겔의 관념철학에 의해 직접적인 영향을 받는다고 한다. 이에 대해서는 Larenz, Methodenlehre(주 9), S. 21; Wieacker, Privatrechtsgeschichte(주 9), 2. Aufl., S. 399 ff. 참조.

포괄하는 내용을 지닌다는 것이다. 그러므로 최상위에 있는 개념은, 순환논법에 빠지기 않기 위해서, 이미 고정된 내용을 가진 것으로 전제된다.[16] 또한 개별적인 법명제는 이러한 체계와의 연관성 없이는 존재할 수 없으므로, 그것의 정당성은 전적으로 체계 자체의 논리적인 진리가(眞理價)에 근거하게 된다.

둘째, 이렇듯 개념법학은 논리적인 체계개념으로부터 출발하기 때문에, 그 체계 안에 있는 개별적인 법명제를 파악하기 위해서는 반드시 형식논리적인 방법, 정확히 말해 연역적인 추론방식을 적용해야 한다. 즉 하위의 법명제는 바로 상위의 법명제로부터 도출되는 것이기 때문에, 연역적인 추론에 의해 법명제들 간의 상호연관성을 밝힐 수 있다는 것이다. 또한 흥미로운 점은, 연역적인 방법에 의해 법명제 간의 논리적인 구조를 밝히는 소위 법적 구성방법(juristische Konstruktion)을 개념법학은 법학의 일차적인 임무라고 보았으며, 이를 통해 사고가능한 모든 사태에 대한 법적 해결책을 찾을 수 있다고 믿었던 것이다.

셋째, 개념법학의 중요한 특징 중의 하나는 개념의 생성적인 기능이다. 다시 말해, 개념법학에서 말하는 개념은 단지 법적으로 유의미한 사실을 반사적으로 재현하는 기능만을 지니는 것이 아니다. 왜냐하면 개념들은 외부사실과의 연관성에 의해서가 아니라 체계상의 맥락으로부터 그 의미를 부여받기 때문에, 이러한 개념 간의 상호연관성을 통해 자발적으로 새로운 법명제가 창출될 수 있다는 것이다. 이 점은 특히 법의 흠결보충에 대해 중요한데, 개념법학의 소위 역추론방식(Inversionsmethode)[17]이 의미하는 바는 다음과 같다. A라는 사실에 대한 하위의 법명제로부터 X라는 상위의 법명제를 추론하고, 또한 이로부터 법이 상정

16) 라렌츠에 의하면, 푸흐타의 개념체계의 정점에 자리잡은 것은 바로 칸트의 자유개념이라고 한다. 여기에 기초해서 푸흐타는 그의 저서인 Cursus der Institutionen에서 법적 주체를 윤리적인 의미의 인격으로 파악할 뿐만 아니라, 주관적인 권리도 사물에 대한 인격의 권한이라고 추론한다고 말한다. 그리고 이렇듯 체계의 정점에 윤리적인 개념을 위치시킨다는 점에서 개념법학은 켈젠의 근본규범과는 달리 법철학과 항상 연관을 맺어 왔다고 말한다. Larenz, Methodenlehre(주 9), S. 23 ff. 참조.

17) 사실상 이 개념은 개념법학을 비웃기 위해 주로 이익법학이 사용한 것이다. 이 점에 대해 자세한 점은 Heck, Die Begriffsjurisprudenz, in: Krawietz(Hrsg.), Theorie und Technik der Begriffsjurisprudenz, S. 191 f. 참조.

하지 않은 그러나 A와 유사한 B라는 사실에 대한 하위의 법명제를 다시 연역한다는 것이다. 바로 이러한 법개념의 창조적인 기능에 따라 법학자들이 발견하는 법명제는 제3의 법원(法源)이 되는 것이며, 또한 마찬가지의 이유에서 법의 흠결은 전혀 인정되지 않는다. 이런 관점에서 베르그봄(K. Bergbohm)은 심지어 "법률 자체에 흠결이 있는 것이 아니라 법적용자의 머릿속에 흠결이 있을 뿐이다"라고 주장하는 것이다.[18]

이러한 개념법학의 공적은 ― 물론 이 점은 비단 개념법학뿐만 아니라, 체계적인 사고(Systemdenken) 일반이 지니는 본질적인 속성이기는 하지만 ― 무엇보다도 법이라는 복잡한 제도를 손쉽게 개관시켜 준다는 데에 있다. 더 나아가 반드시 주목해야 할 것은, 바로 이와 같은 개념법학에 의해 오늘날 우리가 접하고 있는 법해석학이 비로소 하나의 학문(Wissenschaft)으로 체계화되기 시작했다는 점이다. 그러나 개념법학은 이런 장점 이외에도 다음과 같은 문제점들을 지니고 있다.

첫째, 개념법학은 법과 법적 사태와의 연관성을 은폐한다는 것이다.[19] 즉 법의 일차적인 임무가 올바른 분쟁해결에 있는데도 불구하고, 개념법학은 오로지 형식적인 체계만을 중시한 나머지 법적 분쟁의 현실을 제대로 파악하지 못한다. 헤크(Philipp Heck)가 적절히 지적한 바와 같이, 개념법학의 형식주의는 법명제와 법적 사태 간의 현실적인 연관성을 법체계의 논리적인 연관성으로 대체하는 것이다.[20] 그 결과 법적 판단의 결정적인 척도를 제공하는 법적 사태는 법체계라는 형식적인 구조를 통해 희석화되어 결국에는 그것의 논리적인 틀만 남게 된다.

---

18) Bergbohm, Jurisprudenz und Rechtsphilosophie, Bd. I, 1892, S. 352.

19) 이 점은 이익법학과 자유법 운동에 의해 은폐사회학(Kryptosoziologie)이라는 말로 지칭되기도 하였다. 이 점에 대해서는 심헌섭(역), 카우프만/하스머, 현대법철학의 근본문제, 1991, 102면 이하 참조.

20) Heck, Was ist diejenige Begriffsjurisprudenz, die wir bekämpfen?, in: Ellscheid/Hassemer(Hrsg.), Interessenjurisprudenz, 1974, S. 45 f.

둘째, 개념법학은 법개념들의 정형화와 체계화가 곧 법인식의 문제라고 오해한다는 것이다. 그러므로 법률에 내재한 법원리를 탐구하는 것이 아니라, 단순히 개별적인 법개념을 정의하고 체계적으로 분류하는 것이 법학의 첫 번째 과제라고 역설한다. 그 결과 법해석학의 여러 개념들은 그것들의 실질적 근거가 되는 법원리로부터 벗어날 수 있게 되며, 이와 동시에 해석학적 개념들을 내용적으로 비판할 수 있는 토대들도 설 자리를 잃게 된다. 달리 말해 법해석학적 개념의 타당성은 그 개념들에 내재한 법원리가 아니라, 오히려 각 개념들 간의 체계적인 맥락이 될 뿐이다.

셋째, 개념법학적인 이론구성들은 — 그것의 전제가 되는 법현실과 또한 그 개념들을 통제할 수 있는 법원리로부터 벗어나 있기 때문에 — 자유롭게 행해지며, 그 결과 법적 안정성에 저해가 된다는 것이다.[21] 즉 개념법학은 단지 연역적인 추론만을 요구할 뿐이지 어떤 특정된 추론을 고집하는 것이 아니기 때문에, 법적 구성방법을 선택할 때 폭넓은 재량을 행사한다는 것이다. 왜냐하면 이론적으로 어떻게 구성하든 간에 그 법적 효과는 별로 달라지지 않기 때문이다.

결론적으로 말해 개념법학의 문제점은 법을 현실로부터 분리시킨다는 소위 비현실주의라는 의미에서의 형식주의뿐만이 아니다. 오히려 해석학적 개념들을 법적 원리로부터 차단시킨다는 소위 체계주의라는 의미에서의 형식주의가 더 큰 문제로 되어 있다.

2. 개념법학에 대한 이론적인 설명은 이 정도로 접어 두고, 이제 이 논문의 주제로 넘어가서 우리의 형법이론과 실무 가운데서 발견되는 개념법학적인 사유형태를 언급하기로 하자. 사실상 이에 대한 예들은 무수히 많기 때문에, 여기서는 위에서 언급한 개념법학의 특징들과 연관지어 그중 대표적인 것만 열거해 보고자 한다.

먼저 개념법학적인 사유형태는 형법의 개념사용법에서부터 발견된다.[22] 예

---

21) Heck, Die Begriffsjurisprudenz(주 17), S. 195 ff.

컨대 우리의 통설은 여태껏 범죄의 개별요건에 관한 이론을 범죄론*체계*(System)라고 부르고 있지, 이를 단순히 사례해결을 위한 도식(Schema)이라고 칭하지는 않는다. 그 결과 개별적인 범죄론체계들은 마치 형법적인 사태를 해결하기 위해 필수적으로 지켜할 법칙, 즉 도그마(Dogma)인 것처럼 이해된다. 그러나 자세히 살펴보면, 이 도식들은 올바른 해결책에 대한 하나의 보조수단에 불과한 것이지, 그 자체가 이미 올바른 법적 결정에 대해 결정적인 척도를 내포하는 것이 결코 아니다. 다시 말해, 구체적인 법적 결정이 범죄론 체계를 따랐기 때문에 정당화되는 것이 아니라, 오히려 역으로 개별적인 사례를 제대로 파악할 수 있을 때만 해당 범죄론은 설득력을 지니게 된다. 이런 점은 범죄론을 굳이 독일과 같이 지나치게 세분화하지 않아도 법적 분쟁이 제대로 해결되는 영미의 사정을 보면 잘 알 수 있다. 요컨대 범죄론이라는 체계론의 주요기능은 법적 해결의 길잡이에 기여하는 하나의 법학교육방식(juristische Didaktik)에 있을 것이다.[23)]

둘째, 개념법학적인 사유방식은 형법학의 일차적인 임무를 구체적인 결과와는 무관한 형식적인 개념정의에 둔다. 형법을 배우는 초학도들에게 가장 난해한 부분이 행위론인데, 어느 이론을 취하더라도 몇 개의 사례를 제외하고는 결론에서 별로 차이가 나지 않는다. 다시 말해 형법에서 행위론이 지니는 실천적인 기능이란 반사작용, 절대적 폭력, 수면행위 등의 극히 예외적인 경우들을 애당초 형법적인 고찰로부터 제거하는 데에 있을 뿐이다. 그럼에도 불구하고 형법상 행위론에 관한 논쟁이 그토록 난해한 이유는 바로 행위론의 체계로부터 모든 범죄현상을 연역적으로 체계화하려고 들기 때문이다. 요컨대 이 논쟁의 핵심은 현학적인 개념들의 퍼즐맞추기이지, 현실적인 분쟁해결의 기준이 아니다.[24)]

---

22) 개념법학적인 개념사용방식은 특히 형법각칙의 경우 — 예컨대 의사의 치료행위를 상해로 파악한다든지 혹은 폭행치상과 상해를 개념적으로 구별하려고 든다든지 등등 — 무수히 발견된다.

23) 이에 관해 자세한 점은 Hassemer, Juristische Argumentationstheorie und Juristische Didaktik, in: Jahrbuch für Rechtssoziologie und Rechtstheorie, Bd. 2, 1972, S. 467 f. 참조.

24) 바로 이런 관점에서 하세머는 형법의 행위론 논쟁에서 발견되는 불균형 현상, 즉 이론적인 세분화 혹은 현학은 엄청난데도 불구하고 이에 비해 실천적인 성과는 거의 발견되지 않는다는 모순을 비판한다. Hassemer, Einführung in die Grundlagen des Strafrechts, 2. Aufl.,

셋째, 개념법학에 의하면 개념은 현실을 재현할 뿐만 아니라, 오히려 다른 개념을 자발적으로 구성하는 능력을 지니고 있다. 이에 대한 좋은 예는 미수범의 영역에서 발견된다. 형법상 미수범의 경우, 범죄의 실현단계를 범의의 결행, 예비, 실행, 기수, 종료 등으로 나누는 것은 전적으로 행위의 현실적인 진행과정에 의거한 것이다. 그러나 이와 같은 개념들은 이제 행위의 현실과정과는 무관하게 체계적인 맥락에서 예비행위에도 적용되어 예비의 예비, 예비의 미수, 예비의 기수 등의 새로운 개념을 자발적으로 창조하기에 이른다. 그 결과, 형법상 미수는 예외적으로 그 행위의 위험성이 있을 때만 처벌된다는 자유주의 형법원리는 도외시된 채, "예비의 예비"라는 개념을 둘러싼 개념법학적인 논쟁들이 시작된다. 물론 예비죄를 처벌하고 있는 현행법이 이런 논의를 부추기고 있다는 점은 부인할 수 없는 사실이다. 그럼에도 불구하고 이와 같은 개념법학적인 발상법은 대단히 문제가 많은데, 왜냐하면 예비의 예비를 행위의 실현과정으로부터 추려 낸다는 것은 적어도 현실적으로는 불가능하며, 그러므로 이런 방식의 논쟁은 필연적으로 공리공론에 치우칠 수밖에 없기 때문이다.[25]

넷째, 개념법학적인 사유방식은 우리 실무에서의 해석론과 입법론의 철저한 구별 및 이에 기초한 법률가들의 역할이해에서도 발견된다. 즉 대다수의 법관들은 자신의 임무를 법체계 내의 개념기술자로 파악함으로써, 한편으론 법률 자체의 문제를 입법자의 소관으로만 미루는가 하면, 다른 한편 판결 이후의 사회적인 결과, 예컨대 형의 집행 등은 형법체계 밖의 문제로 여김으로써 결국 이 문제는 해당인 자신의 일로 떠맡긴다.

필자가 생각하기에, 이렇듯 개념법학적인 사유형태는 형법의 이론뿐만 아니라 형사실무의 곳곳에서 발견되며, 또한 이와 같은 사유형태는 법관의 법률에의 구속이라는 원칙을 초월해서 이미 독자적인 법의 구성원리로까지 격상되어 있는 것 같다.

1990, S. 226 ff. 참조.

25) 이에 대해서는 특히 Stratenwerth, Strafrecht AT, 3. Aufl., 1980, Rn. 641 참조.

Ⅲ

개념법학이 법이론에 관한 특정학파를 지칭하는 것이라면, 일반조항이라는 개념은 법학방법론의 특정한 문제영역을 지시한다. 특히 헤데만(J. W. Hedemann)이 "일반조항에로의 도피"[26]라는 저서를 통해 주위의 관심을 환기시켰던 이 문제는 아직까지도 법학방법론 영역에서 속 시원히 해결되지 못한 부분이다. 그 이유는 무엇보다도 일반조항(Generalklauseln)이라는 개념 자체에 대해서조차 아직까지 상이한 견해들이 주장되고 있고, 더 나아가 이에 대한 법적 평가도 서로 상반되기 때문이다. 그런데 이에 관해서는 이미 개별논문이 발표된 바 있으니,[27] 여기서는 일반조항을 둘러싼 개념적 논의는 생략하기로 하고, 주로 우리 형법상의 관련사례들을 중심으로 이 개념에 의해 야기되는 법이론적인 문제점만을 설명해 보겠다.

일반조항 개념의 본래적인 의미는 무엇보다도 입법기술적인 측면으로부터 잘 드러난다.[28] 즉 이 개념을 사용하는 입법방식은 소위 결의론(Kasuistik)과 서로 대조되는 것인데, 전자가 주로 해당 사례들을 추상적인 개념에 의해 포괄하는 것이라면, 이에 반해 후자는 개별적인 사례유형들을 낱낱이 조문화하는 방식을

---

26) Hedemann, Die Flucht in die Generalklauseln. Eine Gefahr für Recht und Staat, 1933. 이 조그만 논문은 일반조항이 법치국가에 대해 지니는 위험성을 여러 법분야에 걸쳐 처음 본격적으로 설명하고 있다. 또한 형법상 일반조항의 문제점에 대해서는 Haft, Generalklauseln und unbestimmter Begriff im Strafrecht, JuS 1975, 477 ff.; Lenckner, Wertausfüllungsbedürftige Begriffe im Strafrecht und der Satz nullum crimen sine lege, JuS 1968, 250, 304 ff.; Naucke, Über Generalklauseln und Rechtsanwendung im Strafrecht, 1973 참조. 특히 나우케는 일반인의 생각과는 달리 이미 불특정 개념이 형법에서 일반화되어 있다는 점을 지적한 후 이를 자유주의적 법치국가의 관점에서 비판하고 있다.

27) 심헌섭, 일반조항 소고—분석적 소묘, 서울대학교 법학 제30권 1.2호, 1989, 107면 이하. 또한 강희원, 이른바 일반조항에 대한 기초법학적 이해, 고황법학, 창간호, 1994, 209면 이하 참조. 특히 심헌섭 교수의 논문은 여태까지의 일반조항의 개념들을 유형화한 후 이에 합당한 개념 및 그 기능을 논리적으로 분석해 내고 있다.

28) 이에 대해 자세한 점은 특히 Engisch, Einführung in das juristische Denken, 8. Aufl., 1983, S. 120 ff. 참조.

의미한다. 그 결과 이 양자는 각각 다음과 같은 장점과 단점을 지닌다. 즉 일반조항에 의한 방식이 법외적인 규범들을 법체계 안에 수용함으로써 법의 유연성을 확보할 수 있다면, 이에 반해 결의론적인 방식은 법적용의 범위를 명확히 확정함으로써 법관의 자의적인 해석을 애당초 방지한다. 이로부터 전자의 방식이 개념의 추상성, 모호성으로 인해 법적 안정성을 저해하는 데 반해, 후자의 방식은 개별적인 사례에 대한 구체적인 형평성을 도외시할 위험이 있다.29)

이렇듯 일반조항은 대부분 특정개념으로 유형화될 수 없는 법적 사태들을 포괄하기 위해 사용되기 때문에, 일반조항이라고 불리는 개념들은 추상적이고 모호할 뿐만 아니라 대부분 가치충전을 필요로 하게 된다. 그리고 일반조항의 적용범위는 비단 음란, 공서양속 등의 법개념뿐만 아니라, 예컨대 건전한 성도덕이라는 법익원칙이나 사회상규, 기대가능성 등의 법적 기준과 같은 법원리에까지 이른다. 특히 흥미로운 사실은 우리의 경우 대부분의 일반조항들이 서구법의 계수로부터 연유한다는 점이다. 구체적으로 말해, 번역상의 문제 때문에 서구법상의 개별적인 요건들이 개괄적인 개념으로 번역되었다는 것이다.

이와 같은 번역상의 문제가 두드러지게 나타나는 부분은 형법의 위법성 분야이다. 즉 우리 형법전은 정당방위나 긴급피난과 같은 법개념들이 이미 서로 다른 사회윤리적인 상황을 전제함에도 불구하고 이를 무시한 채 상당성이라는 일반조항만으로 그 허용여부를 결정하는 대담성을 보인다. 그러나 문제는 여기에서 그치지 않는다. 해석론은 이보다 한 발 더 나아가 사회상규라는 일반조항이 위법성의 일반원리라고 천명하는가 하면, 다른 한편 아예 독일형법전을 직접 들이대어 우리의 법조문을 대체하기도 한다. 이런 상황은 실무에서도 별로 달라지지 않고 오히려 더 심화되는 편이다. 왜냐하면 이제는 문제의 해결을 위법성 조각사유의 요건을 해석하는 데서가 아니라, 오히려 위법성 조각사유의 형태를 바꾸는 데서 찾기 때문이다. 구체적으로 말해, 정당방위나 긴급피난 등의 허용요건

---

29) 하프트에 의하면, 결의론적인 방식이 일반조항에 의한 입법보다 훨씬 더 문제의 소지가 많다. Haft, JuS 1975, 481 참조. 물론 대부분의 입법방식에서는 이 양자를 혼합하는 소위 예시적인 방법(exemplifizierende Methode)을 사용하고 있다. 이에 대해서는 Engisch, Einführung(주 28), S. 121 ff. 참조.

이 어차피 일반조항이라면 오히려 그 요건이 단순화된 정당행위 등에 의해 위법성을 조각하는 것이다. 그 결과 유감스럽게도 긴급피난이나 피해자의 승낙에 관한 우리의 판례는 극히 찾아보기 힘들게 된다.[30] 여기서 반드시 짚고 넘어가야

---

30) 이에 대해 자세한 점은 특히 김영환, 형법 제20조 정당행위에 대한 비판적 고찰, 김종원교수화갑기념논문집, 1991, 129면 이하 참조. 필자의 견해에 대해 배종대 교수는 "불확정개념이기 때문에 법개념으로 적합하지 않다는 주장은 성급하다"고 비판하면서, 사회상규라는 일반조항은 자신이 제시하는 "유형비교를 통한 구체화방법"에 의해 충분히 세분화될 수 있다고 반박하고 있다. 배종대, 형법총론, 1993, 297면 이하 참조. 그러나 배 교수의 이런 주장은 필자의 입장을 제대로 파악하지 못했을 뿐만 아니라, 개념법학적인 발상법에 불과하며, 본인 자신의 입장과도 배치될 소지가 많다. 그 이유는 다음과 같다. 첫째, 필자의 견해는 사회상규라는 불확정개념이 법치국가적인 관점에서 규범적으로 정당화될 수 없다는 것이지, 배 교수가 주장하는 바와 같이 사회상규가 개념적으로 세분화될 수 없기 때문에 부적합하다는 것은 결코 아니다. 달리 말해, 사회상규뿐만 아니라 기타의 일반조항들은 — 그것이 결의론이든 혹은 사례유형화 방법에 의하든, 더 나아가 적극적이든 혹은 소극적이든 — 개념적인 측면에서는 나름대로 세분화될 수 있다. 다만, 문제는 그와 같은 개념적인 세분화가 얼마만큼 법관의 자의를 방지할 수 있는가이다. 바로 이런 측면에서 사회상규의 개념은, 비록 가벌성의 범위를 축소시킨다는 순기능이 존재하기는 하지만, 그럼에도 불구하고 법치국가적인 관점에서는 역기능이 오히려 더 많다. 그리고 이 점은 필자가 위의 논문을 통해 충분히 제시한 바 있다. 둘째, 추측건대 배 교수도 이런 입장에서 사회상규가 초법규적 위법성조각사유가 아니라 단순히 형법 제20조상의 하나의 위법성조각사유에 불과하다고 주장한다. 여기에 대해서는 필자도 찬성하는데, 왜냐하면 그렇게 되어야만 그나마 불확정 개념의 법치국가적 문제점을 축소시킬 수 있기 때문이다. 배 교수는 여기서 한 발자국 더 나아가 통설과 같이 벨첼(Hans Welzel)의 사회상당성과 제20조의 사회상규가 내용적으로 서로 구별된다고 주장한다. 그러나 이런 발상법이 바로 개념법학적인 사유방식인데, 왜냐하면 사회상규란 "역사적으로 생성되어 이미 그 규범적인 의미가 보편화되어 있는 사회상당한 행위"를 말하며, 또한 그런 이유에서 벨첼 자신도 사회상당성을 구성요건해석의 일반원칙이라고 본 것이다. 달리 말한다면, 사회상당성과 사회상규를 개념적으로 구별하는 것은 애당초 불가능하며, 더 나아가 범죄체계론적으로도 "사회상당한 행위가 구성요건에는 해당하지만 단지 사회상규라는 위법성 조각사유에 의해 허용될 뿐이다"라는 발상법은 대단히 개념법학적이다. 셋째, 사회상규에 대해 비교적 적극적인 배 교수의 견해는 기대가능성에 대한 자신의 소극적인 입장과 서로 상충된다. 그러나 이 양자는 단지 그 범죄론의 체계상 위치가 다를 뿐, 그 개념적인 성질 및 기능은 모두 유사하다. 즉 이 둘은 모두 불확정 개념으로서 가벌성의 범위를 제한시키는 기능을 갖고 있다. 사정이 그러하다면, 어떤 이유에서 배 교수는 사회상규와 마찬가지로 기대가능성도 자신이 말하는 유형비교를 통한 구체화방법에 의해 개념적으로 세분화될 수 있다고 주장하지는 않는 것인가? 그 이유는 바로 기대가능성을 둘러싼 법치국가적인 문제점 때문일 것이고, 그렇다면 개념적인 세분화라는 우회방법을 통해 이런 문제점을 굳이 사회상규에 대해서만은 은폐시키려는 그 속사정은 과연 무엇일까?

할 점은, 이와 같은 일반조항에로의 도피가 — 그것이 입법자에 의해서이든 아니면 해석자나 법적용자에 의해 이루어지든 간에 — 법률의 명확성원칙, 법관의 재량의 한계, 그리고 헌법상의 삼권분립에 이르기까지 자유주의적 법치국가원리에 대해 많은 문제를 잉태시킨다는 것이다.

한편 이와 같은 문제점, 즉 법률자체가 일반조항을 조문화한 나머지, 이에 대한 해석과 적용이 자의적이 되는 것은 범죄론의 영역에서는 그나마 심각하지 않은 편이다. 왜냐하면 이에 대한 길잡이로 다양한 해석론이 제시되어 있을 뿐만 아니라, 더 나아가 형법총론의 범죄론은 어차피 실무에서 큰 비중을 차지하지 않기 때문이다. 반면 양형의 분야에서는 이와 사정이 전혀 다르다. 왜냐하면 형법상 양형은 법관의 고유한 영역일 뿐만 아니라, 더 나아가 양형의 결과는 비단 해당 당사자에게뿐만 아니라 사회전반에 대해 막대한 영향을 미치기 때문이다. 사안의 이러한 중대성에도 불구하고 우리 입법자는 법관의 양형에 대해 — 필자가 생각하기에는 범죄론보다 더 심한 정도로 — 일반조항을 사용하고 있다. 즉 양형의 원칙도 규정하지 않을 뿐만 아니라, 양형의 조건도 전형적인 것만을 불완전하게 나열하고 있다. 또한 행상의 양호, 개전의 정, 정상참작 등 법개념이라기보다는 오히려 일상도덕적인 개념을 그대로 옮겨 놓고 있다. 이런 현상에 직면해 대다수의 해석론들이 양형을 애당초 법관의 재량으로 파악하는 것도 무리가 아닐 듯하다. 그러나 양형도 현실적으로는 가장 중요한 법적용의 한 과정이라면, 이 영역을 전적으로 법관의 재량에 떠맡긴다는 것은 곧 해석론의 포기를 의미할 것이다.[31] 더 나아가 이런 해석론의 태도는 법관 자신에게도 결코 도움이 되지 못하는데, 왜냐하면 법관의 가장 큰 바람은 자신의 양형을 정당화할 수 있는 세분화된 기준을 법률에 기대할 수 없다면 적어도 해석론에서 발견하는 것이기 때문이다.

이상의 예를 통해 알 수 있는 점은, 일반조항적인 입법방식은 필히 해석의 자의성을 동반하며, 급기야는 법적용자의 재량권의 확대로 연결된다는 것이다.

---

31) 이에 관해서는 김영환/최석윤, 양형의 형벌이론적인 기초 및 개별적인 양형단계에 관한 고찰, 형사정책연구원보고서, 1996, 39면 이하 참조.

다시 말해 일반조항에 의해 구획된 광범위한 개념의 폭은 해석자의 주관적인 가치판단의 폭과 상응할 뿐 아니라, 더 나아가 법관의 재량권의 행사범위와 일치한다. 이러한 일반조항을 그 척도로 삼는 사례해결방식이 과연 법적용에 불과한지 아니면 법관에 의한 입법에 해당하는지의 여부는 여기서 더 이상 논의하지 않겠다. 더 나아가 바로 이와 같은 일반조항을 통해 얼마만큼 일상도덕적인 관념들이 법개념으로 화하게 되고, 그 결과 법이 도덕의 이차적인 수단으로 전락하는지도 이 논문의 직접적인 관심사는 아니다. 그러나 다만 주목해야 될 점은, 이와 같은 현상이 법적용자나 해석자에게는 — 적어도 그가 법치주의의 진정한 의미를 실현시키려고 한다면 — 정신적으로 큰 부담이 될 뿐만 아니라, "법의 지배"라는 이념을 실현하는 데에 더없이 커다란 장애요인이 된다는 것이다.[32]

Ⅳ

그렇다면 이제 개념법학적인 사유형태와 일반조항에로의 도피가 어떤 상관관계에 있는가를 분석해 보기로 하자. 먼저 결론부터 말하자면, 이 양자는 그 역사적인 연원, 논증적인 구조, 그리고 사실적인 기능의 측면에서 대단히 유사한 속성을 지닌다는 것이다. 물론 얼핏 보기에 개념법학적인 사유형태는 일반조항적인 입법 내지 해석방식과 서로 대립되는 듯한 양상을 연출한다. 즉 방법론적인 관점에서 볼 때, 전자가 분석적인 시각을 요구한다면, 후자는 오히려 종합적인 판단을 지향한다. 또한 전자가 법개념의 체계적인 완결성을 전제로 한다면, 이에 반해 후자는 법외적인 규범에로 열려 있다. 더 나아가 전자가 형식논리적인 추론을 중시해서 개념의 정의 등에 치중한다면, 반면 후자는 실질적인 내용을 전면에 내세워 직관적인 법감정에 호소한다. 그러나 이와 같이 서로 상반되는 것처럼 보이는 이 양자는 자세히 살펴보면 다음과 같은 특성을 공유하고 있다.

첫째, 개념법학적인 사유방식과 일반조항에로의 도피는 모두 그 역사적인

32) 뤼터스(Rüthers)는 이와 같은 개괄적인 사유방식이 나치(Nazi)의 불법국가의 온상이 되었다는 주장을 한다. Bernd Rüthers, Unbegrenzte Auslegung, 2. Aufl., 1973, S. 216 ff. 참조.

연원상 서구법의 계수와 연관된다. 이미 헤크가 밝힌 바와 같이, 개념법학적인 방법은 로마법의 계수라는 역사적 사실에 의해 조건지어진다.[33] 즉 역사법학과 달리 개념법학에 대해 부여된 임무는 로마법의 계수 이후 법학을 학문적으로 체계화하는 것이었다. 그런데 로마의 법률가들은 자유롭게 법적 사태를 관념화했는가 하면, 또한 유스티니아누스 법전은 해석에 대해 유보적인 태도를 보였으며, 더 나아가 로마법은 대부분 개별적인 판결의 형태로 전수되었다. 그 결과 로마법을 실제로 적용하기 위해서는 필히 다음과 같은 두 가지 절차, 즉 한편으로는 구체적인 사례로부터 일반적인 원칙을 귀납하고, 다른 한편으로는 이러한 해석원칙으로부터 개별사태에 대한 법규칙을 연역하는 방식을 거쳐야 했다. 이에 따라 생겨난 이원주의, 즉 귀납과 연역을 혼용한 소위 역추론방식(Inversionsmethode)과 법적 구성의 창조성은 단순히 법흠결의 보충을 넘어서서 결국에는 개념법학의 본질적인 속성으로 자리 잡게 된다.

이렇듯 독일에서의 개념법학적인 방법 자체가 로마법의 체계화라는 역사적인 필요성으로부터 발단된 것과 마찬가지로, 우리에게 있어 개념법학적인 사유방식은 서구법의 계수라는 역사적 사실에 의해 지대한 영향을 받는다. 그 이유는 무엇보다도 법이 전제로 하는 생활사실이 서로 다르기 때문이다. 다시 말해 애당초 상이한 법문화권으로부터 전래된 서구법을 해석하기 위해서는, 이해하기 어렵고 또한 접하기도 어려운 그들의 법문화보다는 오히려 법체계 자체의 형식논리적인 맥락으로부터 그 기준을 발견하는 것이 보다 더 손쉽다는 것이다.[34] 더 나아가 동일한 맥락에서 입법자가 일반조항적인 개념을 조문화하든가 혹은 법해석이 일반조항을 통해 사회규범에 손을 내미는 것도 쉽사리 설명될 수 있다. 즉 이미 언급한 바와 같이, 개별적인 법적 요건을 번역함에 있어서 예컨대 외국어에 꼭 들어맞는 말이 없거나 혹은 구문론상의 차이점으로 인해 모호한 일반조항적

---

33) Heck, Die Begirffsjurisprudenz(주 17), S. 196 f. 이에 대해서는 또한 Wieacker, Privatrechtsgeschichte(주 9), S. 367 ff. 참조.

34) 물론 여기에서 반드시 짚고 넘어가야 할 점은, 서구법을 직접 배우고 돌아온 소위 유학파들의 역할이다. 즉 그들이 서구법을 그 문화적인 맥락에서 소개하려고 했는지, 아니면 소위 수입법학에 오히려 더 박차를 가하는 것은 아닌지가 문제가 된다. 이 점에 대해서는 아직까지 적어도 법학의 분야에서는 진지한 문제제기조차 없는 실정인 것 같다.

인 개념을 법조문화하거나 혹은 생활관계의 차이점으로 인해 규율대상을 정확히 기술하지 않음으로써 법외적인 규범이 유입될 수 있는 길을 터놓는다는 것이다.

둘째, 논증구조적인 관점에서 볼 때에도 개념법학적인 사유방식과 일반조항의 원용은 별로 다르지 않다. 즉 개념법학이 법을 생활관계로부터 유리시켜 그 논리적인 틀만 남겨 놓는다면, 이에 반해 일반조항들은 대부분 법개념을 법규칙으로부터 분리시켜 개념의 껍데기만 남겨 놓는다. 또한 개념법학적인 사유방식이 판결의 기준을 형식적으로는 체계의 논리일관성에서 구하되 실질적으로는 그 체계의 정점에 자리잡은 윤리적인 전제들로부터 획득하는 방식이라면, 이에 비해 일반조항에 의한 분쟁해결은 판결의 척도를 표면적으로는 법조문에서 찾되 내용적으로는 법외적인 도덕의 상당성으로부터 얻어 내는 방식을 취한다. 더 나아가 법의 흠결에 대해서도 이 둘은 모두 체계의 완결성을 확보하려는 점에서 부정적인 역할을 담당한다. 그런 점에서 이 양자의 차이점은 다만 방법적인 수단, 즉 개념법학에서는 연역적인 추론이라면, 일반조항에 있어서는 직관적인 법감정에서만 나타날 뿐이다. 그리고 바로 여기에서 이 둘 모두가 사유적으로는 형이상학적인 개념체계나 혹은 이에 근거한 윤리적인 질서체계와 밀접하게 연관되어 있다는 점을 발견하게 된다.[35]

셋째, 법해석자나 법적용자에게 부여된 판단의 폭 혹은 재량에 있어서도 이 둘은 거의 흡사하다. 즉 개념법학적인 사유방식이 대부분 그 법적 결과에서는 거의 차이가 나지 않는 법이론의 구성방법(juristische Konstruktion)들을 선택하는 데 있어서 자유롭다면, 이와 마찬가지로 일반조항을 내용적으로 구체화하는 데에서도 법해석자의 재량의 폭이 지나치게 넓다. 또한 개념법학적인 사유방식이 형식적으로 파악된 개념의 내용을 법관의 주관적인 가치판단으로 채우려 한다면, 일반조항의 소위 가치충전(Wertausfüllung)도 법해석자나 혹은 법적용자의 일상도덕적인 관념에 의해 이루어진다. 요컨대 이 둘 모두 법개념이라는 미명하에 은폐사회학(Kryptosoziologie)적인 사실들을 감추고 있는 셈이다. 특히 개념법학

35) 독일형법의 계수가 우리의 형이상학적 혹은 관념적인 성향과 밀접한 관계를 맺고 있다는 점에 대해서는 Young-Whan Kim, Festschrift für Arthur Kaufmann(주 1), S. 701 ff. 참조.

과 일반조항의 이런 특성이 가장 잘 어우러진 경우를 형법의 이론적인 체계와 그 운영방식에서 찾아볼 수 있는데, 왜냐하면 표면적으로는 형식적인 개념을 가지고 범죄의 개별요건들을 세분화하지만, 이런 이론적인 체계의 실질적인 운영은 대부분 일반조항에 의해 수행되기 때문이다. 즉 구성요건의 해당성 여부는 대부분 사회상당성에 의해 판단되며, 위법성은 사회상규 등에 의해 개괄적으로 조각될 수 있고, 책임은 행위자의 기대가능성에 따라 판단되며, 그리고 양형은 정상참작을 기준으로 정해진다는 것이다. 이런 상황에서 다음과 같은 지적, 즉 법과대학의 이론교육이 고답적인 개념의 암기에 그친다거나 혹은 우리의 법실무가 합리적인 법적 논거보다는 오히려 일상적인 도덕을 중시한다는 비판은 전혀 근거가 없는 것이 아닐 것이다. 더 나아가 이와 같은 방식에 의해 형법해석의 길잡이가 되는 법치국가의 여러 원칙들이 침해된다는 지적도 결코 과장된 주장이 아닐 것이다.

V

그렇다면 이런 방식의 해석방법에 대해 '응용법철학'은 무엇을 할 수 있으며 또한 무엇을 해야만 하는가? 사실상 이 주제는 그 자체 별도의 논문을 요할 만큼 복잡하므로, 여기서는 다만 그 기본방향만을 간략하게 암시함으로써 이 논문의 결론에 대신하고자 한다.

첫째, 현재의 해석방법이 지니는 문제점을 지양하기 위해서는 무엇보다도 "개념법학적인 사유방식"의 본질적인 징표가 되는 연결고리, 즉 개념과 법체계와의 상관관계를 지금의 상태로 방치해서는 안 된다. 달리 말해, 개념법학적인 발상법에 의해 서로 분리된 법개념과 생활사태를 다시금 연결지음으로써, 법개념 및 법적 결정의 정당성이 형식적인 개념의 체계성으로부터 확보되는 것이 아니라는 점이 밝혀져야 한다. 그렇게 되어야만 아무런 실천적인 의미도 가지지 않는 개념법학적인 논의의 허구성이 드러날 수 있으며, 이와 함께 법개념 혹은 법적 논거의 정당성은 체계적인 논리가 아니라 바로 개별적인 사태의 규범적인 타당성에 의해 주어진다는 점이 밝혀질 수 있다. 더 나아가 이런 전제조건이 마련될 때, 형법해석학의 법개념들은 – 자연법론자들의 주장과 같이 – 실정법상 규정된 법규칙(Rule)의 영역을 넘어서서 법원리(Principle)와 서로 연관지어질 수 있다.[36] 요컨대 법문의 해석과 해석학적 체계의 준수는 판결의 정당성을 확보하기 위한 하나의 필요조건에 불과하다. 즉 판결의 정당성에 대한 충분조건은 개별사태가 지니는 규범적인 의미를 법원리적으로 구체화시킨 법적 논거에 의해 마련될 뿐이다.[37] 이런 의미에서 해석학적 개념 혹은 체계들이 정당한 판결을 이끌어내기 위한 하나의 보조수단에 불과하다는 점은 아무리 강조해도 지나치지 않다. 그것은 특히 우리의 이론과 실무와 같이 해석학적 지식들만을 마치 성서와 같이 떠받드는 풍토에서는 더더욱 그러하다.

둘째, 가능한 한 형법의 영역으로부터 일반조항적인 개념을 배제하는 것이 필요하며, 만약 그것이 불가능하다면 일반조항적인 개념이 형법에 대해 지니는 기능이 올바로 파악되어야 할 것이다. 다시 말해 일반조항적인 개념은 그 특성상 법적 판단을 도덕적인 판단으로 변질시킬 성향을 지니고 있기 때문에, 이러한 개념의 사용은 단지 세분화된 해석학적 규칙이 발견되지 않는 경우에만 보충적으로 적용되어야 한다. 사실상 그렇게 되면 일반조항적인 개념들은 법외적인 영역으로 편성될 것이며, 그 결과 – 법실증주의자들이 주장하는 바와 같이 – 법적 판단은 개괄적인 도덕적인 판단과 서로 구별될 수 있을 뿐만 아니라, 또한 법관의 법률에의 구속이라는 법치국가의 원칙도 어느 정도 실현될 수 있을 것이다. 달리 말해 일반조항의 원용은 다양한 법적 사태를 개념화하기 어렵다는 점에서 수긍이 가며, 또한 사회상규 등의 법외적인 척도를 법적 체계 안의 기준과 서로 연결시킨다는 점에서 형법해석에 대해 순기능도 지니기는 하지만, 그럼에도 일반조항이 제시하는 기준들은 추상적이고, 모호하며, 세분화되기 힘들기 때문에, "일반조항에로의 도피"는 곧 법해석학의 포기로 귀결될 소지가 많다. 요컨대 법원리를 무시하는 형식주의적인 개념법학적 발상법도 문제이지만, 이와 마찬가지로 세분화

36) 법규칙(Rule)과 법원리(Principle)의 구별에 대해서는 특히 Dworkin, Taking Rights Seriously, 2. ed., 1978, pp.22; Alexy, Zum Begriff des Rechtsprinzips, Rechtstheorie, Beiheft Bd. 1, 1979, 59 ff. 참조.

37) 이에 대해서는 특히 Neumann, Juristische Argumentationslehre, 1986, S. 3 ff.; 김영환, 법적 논증이론의 전개과정(주 1), 130면 이하 참조.

된 법규칙 대신 개괄적인 윤리기준만을 들이미는 일반조항의 원용도 방법론상 결코 바람직하지 않다. 그러므로 일반조항적인 개념들은 형법해석에 대해 단지 최후보충적인 원칙(ultima ratio)으로서의 의미만을 지닌다고 보아야 한다.

이런 관점에서 바라볼 때, 개념법학적인 사유방식과 일반조항적인 개념의 원용은 법치국가의 시험대라고 말할 수 있다. 요컨대 형법의 해석이 형법에 내재한 법원리로부터 획득되기 위해서는, 이 양자 모두가 형법의 영역에서 축출되어야 하고, 그럴수록 한층 더 법치국가적인 형법해석학에 다다르게 될 것이다. 물론 논문 서두에서 언급한 응용법철학의 임무가 바로 이런 목적을 실현시키기 위해 현행 형법해석학이 지니는 위와 같은 두 가지 문제점을 밝히는 데에만 국한되지는 않을 것이다.

법을 통한 과거청산?
—형법의 법치국가적 의미(1998)—

I

아마도 심재우 교수님의 강의나 논문을 한 번쯤이라도 접해 본 사람이라면, 법에 관한 그분의 생각이 결국 어디로 귀결되는가를 쉽사리 짐작할 수 있다. 심 교수님에 따르면, 법의 궁극적인 임무는 법에 앞서 존재하는 가치구조, 즉 인간 실존의 가능조건을 보장하는 데에 있으며,[1] 따라서 법은 인간이 인간답게 살 수 있도록 '인간의 존엄성'을 그 최고원리로 삼아야 한다.[2] 이와 같은 법철학적 관점을 취할 때, 형법의 임무도 별다른 곳에 있는 것이 아니다. 왜냐하면 법이 인간의 자기실현의 수단에 불과하다면, 또한 형법도 사람의 내적 자유를 위해 그것의 전제가 되는 생명, 신체, 재산, 그리고 명예 등의 '외적 자유'를 수호하는 도구에 지나지 않기 때문이다. 이에 상응해서 형법에 대해 법치국가원리가 지니는 의미

---

1) 주지하다시피 심 교수님께서는 스승이신 마이호퍼(Werner Maihofer) 교수의 영향을 받아 인간실존의 가능조건을 '로서의 존재(Als-Sein)'라는 개념에 의해 구체화시키고 있다. 이 점에 대해서는 심재우, 현대의 독일법철학의 경향 — 특히 W. Maihofer 교수의 Alssein의 법철학에 관하여, 한국법학원월보 제28호, 1974.10, 1면 이하 참조. 또한 Maihofer 교수의 실존철학적인 법이론에 관해 자세한 점은 심재우(역), 베르너 마이호퍼, 법과 존재—법존재론 서설, 삼영사, 1996 참조.

2) 심 교수님께서는 특히 칸트의 도덕철학에 힘입어 인간의 존엄성에 관한 철학적 기초를 근거짓는다. 이에 관해서는 무엇보다도 심재우, 인간의 존엄과 법질서, 고려대 법학연구소, 법학논집, 제12집, 1974, 103면 이하; 심재우(역), 베르너 마이호퍼, 법치국가와 인간의 존엄, 삼영사, 1994 참조.

도 단순히 법률에 규정된 요건만 충족되면 법을 적용하는 식의 형식적인 것이 될 수 없다. 오히려 형법상 법치국가의 원리는 인간이 인간답게 살 수 있도록 국가형벌권을 제한하는 실질적인 내용을 지니게 된다. 국가형벌권의 자의적인 행사는 비록 그것이 법률에 의한 것이라도 인간의 실존조건을 해칠 수가 있는데, 이를 방지하고 법이 그 본연의 임무에 충실할 수 있도록 국가권력을 억제하는 것이 바로 형법상 법치국가원리의 의미라는 것이다.[3)]

이렇듯 형법, 특히 국가형벌권에 대한 심 교수님의 근본생각은 한마디로 실질적인 법치국가원리이다. 즉 국가형벌권이 단순히 법률에 근거해서 무제한적으로 행사될 수는 없고, 오히려 법률에 내재한 법원리에 의해 내용적으로 제한되어야 한다는 것이다. 그리고 이러한 법원리 중 인간의 존엄성은 가장 중요한 위치를 차지한다.[4)] 아마도 필자가 제대로 보았다면, 비록 형법상 법치국가원리의 구체적인 적용범위나 그 철학적 근거에서는 다소 차이가 있을지라도, 적어도 형법에 대해 이 원리가 지니는 의미에 대해서는 대부분 학자들의 의견이 일치하는 것 같다. 그러나 문제는 이와 같은 실질적인 법치국가원리가 법을 통한 과거청산에도 그대로 적용될 수 있는가이다. 왜냐하면 일상적인 경우 법률의 내용적인 정당성을 비판하고 국가형벌권을 제한하는 것과는 대조적으로, 법을 통한 과거청산이라는 비상사태의 경우 이 원리는 종종 실정법을 대신해서 정치범의 처벌을 아

---

3) 또한 형법상 법치국가원리는 심 교수님에 의해 다시금 다음과 같은 네 가지 원칙 — 즉 '필요 없으면 형벌 없다', '법률 없으면 형벌 없다', '불법 없으면 형벌 없다', 그리고 '책임 없으면 형벌 없다' — 으로 세분화된다. '필요 없으면 형벌 없다'라는 '법익보호원칙'은 형법이 반드시 법익보호를 위한 최후의 수단(ultima ratio)으로서 행사되어야 한다는 것을 의미하고, '법률 없으면 형벌 없다'는 죄형법정주의를 가리키는 것이고, '불법 없으면 형벌 없다'는 원칙은 범죄구성요건이 항상 실질적인 불법개념에 근거해야 된다는 것을 말하며, 마지막으로 '책임 없으면 형벌 없다'는 책임원칙을 의미하는 것으로서 행위자에게 형벌을 가하려면 책임능력, 고의 혹은 과실, 그리고 기대가능성 등의 책임조건을 두루 갖추어야 한다는 것이다. 이에 대해 자세한 점은 심재우, 형벌권의 제한, 한국형사법학회(편), 형사법강좌 I, 박영사, 1981, 81면 이하 참조.

4) 그러므로 만약 국가가 인간실존의 가능조건을 무제한 침해하면 이에 대해서는 인간의 존엄성을 근거로 저항권을 행사할 수 있다. 이렇듯 인간의 존엄성은 불법국가에 대한 저항권의 정당성 원리가 되는데 이에 대해 자세한 점은 Zai-Woo Shim, Widerstandsrecht und Menschenwürde, 1973(독일 Bielefeld대학 박사학위논문); 심재우, 저항권, 고려대 법학연구소, 법학논집, 제26집, 1991, 47면 이하 참조.

예 실정법적으로 기초지으려 들기 때문이다. 달리 말해, 실정법이 지니는 불법적인 내용, 즉 '국가 내에서의 불법(Unrecht im Staat)'을 도덕적으로 비판하는 대신, 실질적인 법치국가원리는 법을 통한 과거청산에서와 같이 국가 자체가 불법적인 경우, 즉 국가에 의한 만행(Untaten des Staates)시 이에 가담했던 자들을 처벌하는 법적 근거로서 작용할 소지가 많다.[5] 우리는 여기서 형식적인 법치국가에 대립하는 실질적인 법치국가라는 법원리를 넘어서서 이제 자유주의적 법치국가라는 또 다른 개념과 만나게 된다. 그리고 이 개념의 올바른 이해는, 그것의 계몽사적 연원이 이미 말해 주듯이, 과연 형법상 법치국가원리가 개인의 자유를 보장하기 위해 신뢰보호를 우선할 것인가 아니면 불법을 청산하기 위해 정의를 앞세울 것인가에 달려 있다. 만약 정의의 실현이 형법상 법치국가원리의 주된 내용이라고 한다면, 비록 실정법이라는 형식적인 틀에 반한다고 하더라도, 불법정부를 처벌하는 것은 아마도 당연한 일이 될 것이다. 이에 반해 이 원리의 일차적인 의미가, 자유주의라는 말이 이미 암시하듯이, 국가형벌권의 자의적인 행사에 대한 개인의 자유보장이라면 아무리 불법정부에 가담했던 자들이라도 실정법에 따라 처벌해야 할 것이고, 그렇게 된다면 형법상 법치국가원리는 법을 통한 과거청산에 대해 커다란 장애물로 변모하게 된다. 요컨대 법을 통한 과거청산의 경우 형법상 법치국가원리의 문제는 그것이 정의를 앞세워 과거청산의 실정법적 기초로 봉사할 것인가 아니면 신뢰보호를 중시해 오히려 법적 과거청산의 제한원리로 작용해야만 하는가이다.[6]

생각건대 심재우 교수님의 법철학 및 형법은 오랫동안 독재정권하에서 자행된 형식적 의미의 법치주의를 도덕적으로 비판하는 데에 기여한 바 크다. 즉 심 교수님은 항상 정치적으로 이용되는 법률만능주의를 겨냥해서, 법은 무엇보다도 인간의 자유실현에 대한 보장적인 의미를 지니는 것으로, 국가형벌권은 반드시 인간의 공동생활에 필요한 최소한에 그칠 것을 역설한다. 그러나 이와 같은 실질

5) '국가 내에서의 불법'과 '국가에 의한 만행'이라는 개념의 구별에 대해서는 특히 G. Jakobs, Untaten des Staates—Unrecht im Staat, GA 1994, 1 ff. 참조.

6) 소급효금지와 관련해서 형법상 법치국가원리가 지니는 이런 문제점에 대해서는 특히 Arndt, JZ 1965, 146, 149; Grünwald, ZStW 1964, 17 f.; H.-L. Schreiber, ZStW 1968, 348 ff.; Böckenförde, ZStW 1979, 888 ff.; Jakobs, Strafrecht, AT, 2. Aufl., S. 68 f. Anm. 23.

적인 법치국가원리가 법을 통한 과거청산 문제에서 과연 얼마만큼 자유주의적 법치국가원리와 조우할 수 있는 것인가? 우리 헌법재판소의 입장과 같이[7] 불법정부의 법적 청산이라는 예외적인 경우 정의의 실현이 형법상 법치국가의 주된 내용이 될 것인가, 아니면 이 원리는 신뢰보호라는 자유주의적인 의미와 직결되는 것으로서 아무리 반법치주의적인 유산이더라도 법치주의에 따라 처리될 것을 요청하는가? 이하에서는 이 문제를 특히 독일에서의 과거청산의 예를 들어 보다 자세히 다루고자 한다. 그렇게 함으로써 심 교수님으로부터 많은 가르침을 받았던 제자의 한 사람으로서 그분의 무한한 학문적인 은혜에 대해 조금이라도 보답하고자 한다.

II

과거를 돌이켜 볼 때, 우리는 항상 현재를 과도기라고 칭해 왔고, 기회가 있을 때마다 권위주의적인 과거 법제도의 청산을 요구해 왔다. 그러나 자세히 들여다 보면, 법을 통한 과거청산이란 개념은 두 가지 서로 상이한 의미를 지닌다. 즉 한편으로는 일상적인 司法의 권위주의적 관행을 겨냥해서 이 말을 쓰는가 하면, 다른 한편 이 말은 불법정부하에서 이루어진 일련의 문제들에 대한 사후의 법적 대응책을 지칭하기도 한다. 여기서 말하는 법을 통한 과거청산이란 바로 후자를 의미하며, 독일의 학자들은 이런 사정을 분명히 하기 위해 정부범죄, 국가적으로 강화된 범죄 혹은 거시범죄(Makrokriminalität)라는 개념을 사용한다.[8] 필자의 생각으로도 이런 구별방식은 설득력이 있는데, 왜냐하면 일반적인 관행을 고치는 것은 청산이 아니라 단순한 개선에 불과하며, 더 나아가 청산의 경우에는 항상 법의 일상적인 귀속원리에 대한 예외가 필히 주장되기 때문이다.

---

7) 헌재 1995.12.15. 결정 95헌마221, 95헌마233, 95헌마297. 또한 이 결정에 대한 비판적인 견해로서는 김영환, 공소시효와 형벌불소급의 원칙, 형사판례연구 5, 박영사, 1997, 1면 이하 참조.

8) Naucke, Die strafjuristische Privilegierung staatsverstärkter Kriminalität, 1996, S. 19 ff.; H. Jäger, Makrokriminalität, Studien zur Kriminologie kollektiver Gewalt, 1989, S. 11 ff.

이렇듯 과거청산이라는 개념을 불법정부 혹은 거시범죄와 연관지어 이해할 때, 이것의 특징 혹은 문제점은 적어도 법적으로는 다음과 같은 두 가지이다. 첫째, 과거청산에서 문제되는 범죄들을 해결함에 있어 형법은 일정한 한계를 지닌다는 점이다. 달리 말해 형법은 정상적인 사회를 그 전제로 하기 때문에, 이렇듯 불법정부에 의해 획책된 국가범죄에 대해 형법의 귀속원리들은 그대로 적용될 수 없다는 것이다. 대단히 흥미 있는 사실은 일반적인 형법의 귀속원리를 적용하게 되면, 오히려 처벌받아야 할 자가 바로 그 법에 의해 가장 많이 보호받는 모순이 생긴다는 점이다. 둘째, 이렇듯 일상적인 형법은 한계적일 수밖에 없는데도 불구하고, 이 문제를 법적으로 처리해야 하는 진퇴양난의 처지에 있다는 점이다. 법사회학적 기능주의의 말을 빌린다면, 이와 같은 사회분쟁은 시간이 지남에 따라 그 실망된 기대가 사라지는 소위 "인식적인 해결방식"에 의해서는 결코 이루어질 수 없다는 것이다. 즉 사람들은 '규범적인 차원'에서 자신의 기대를 실망시킨 원인제공자를 처벌하기 바라며, 그렇게 함으로써 세월이 아니라 법이라는 규범에 의해 과거의 사실을 최소한 잘못된 것으로 고쳐 놓기를 고집한다.[9]

그렇다면 과거청산은 일상적인 형법에 의해 과연 이루어질 수 있는가? 또한 그것이 가능하다면, 어떤 방식으로 진행되어야 할 것인가? 필자가 제대로 보았다면, 독일의 재통합 후 이에 관한 논의는 다음과 같이 재구성될 수 있다. 우선, 그 결론에 있어서는 서로 상반되는 두 가지 입장들은 다음과 같은 점에서는 모두 의견이 일치된다. 즉 과거에 범해진 행위들은 적어도 도덕적으로는 전혀 용납될 수 없는 잘못된 짓 혹은 만행(Untaten)이라는 것이다. 그러나 이렇듯 사회윤리적으로 비난받을 행위가 과연 형법적인 불법인가에 대해서는 서로 대립되는 주장이 제시된다. 즉 법치국가의 신뢰보호를 중시하는 입장에 따르면, 도덕적인 비난과 형법적인 반가치판단은 별개의 것이며, 그러므로 형법 이외의 기준을 들이대어 처벌을 근거짓는다는 것은 헌법상 법치국가원리에 정면으로 배치된다는 것이다. 이에 반해 정의의 구현이라는 실질적인 법치국가 개념을 전면에 내세우는 입장들은 이와 같은 국가범죄의 경우 그 불법성은 명백하며, 따라서 이를 예외적으로

9) 광주민주화운동을 둘러싸고 논의되었던 소위 '역사적 책임'과 '법적 책임'은 바로 이와 같은 인식적인 해결방식과 규범적인 해결방식의 차이점에 관한 것이다.

처벌한다고 해서 형법의 법치국가적인 의미가 침해되지는 않는다고 역설한다.[10)]

이렇게 본다면, 과거청산을 둘러싼 논의의 핵심은 처벌인가 아니면 불처벌인가라는 논의의 결과가 아니라, 오히려 법치국가의 개념, 특히 형법상 소급효 원칙을 어떻게 이해할 것인가이다. 즉 법치국가라는 개념하에서 국가의 자의로부터 개인의 신뢰보호를 중시하는 견해들은 법적인 판단과 도덕적인 평가를 구별해서 형법적인 처벌을 부인하는 반면, 실질적인 정의를 법치국가의 핵심으로 보는 입장들은 법과 도덕의 연관성을 인정하고 정부범죄의 형법적 처벌을 요구하게 된다. 그리고 바로 여기서 과거청산의 법철학적 문제들은 바로 법의 개념 및 효력과 직결된다는 점이 분명해진다. 사실상 이 점은 우리의 경우 5 · 18의 법적 해결방안에 대한 논의에서도 이미 잘 드러난 바 있지만,[11)] 여하튼 이하에서는 이와 같은 관점에서 과거 동독의 국경수비대 사건을 그 예로 서로 상반되는 의견들의 논증구조를 보다 자세히 알아보기로 하자.

Ⅲ

주지하다시피 법개념에 관한 최근의 논의는 두 가지 서로 대립되는 입장으로 나뉘어서 진행된다. 즉 자연법론의 연장선상에 있는 소위 결합설은 법과 도덕의 내용적인 연관성을 주장하는 반면, 법실증주의의 진영에 속하는 소위 분리설은 법과 도덕을 서로 구별함으로써 실정법의 제정이라는 사실에 주목하거나 아니면 인간행위의 경험적인 법칙성을 전면에 내세운다.[12)] 구동독의 국경수비대

---

10) 특히 법치국가원리의 이와 같은 두 가지 구성요소에 대해서는 J. Arnold, Die "Bewältigung" der DDR-Vergangenheit vor den Schranken des rechtsstaatlichen Strafrechts, in: Institut für Kriminalwissenschaften(Hrsg.), Vom unmöglichen Zustand des Strafrechts, 1995, S. 283 f.

11) 즉 정의를 앞세우는 입장에서는 광주항쟁의 관련자들을 처벌하는 것이 곧 법치주의를 실현하는 것이라고 주장하는 반면, 신뢰보호를 강조하는 입장에서는 도덕적인 비난과 사법적 처리는 별개의 것이라고 역설한다. 이에 관해 보다 자세한 점은 박은정/한인섭(편저), 5 · 18, 법적 책임, 역사적 책임, 1995 참조.

사건과 관련해서 이러한 법개념의 상이한 이해방식이 중요한 이유는 바로 이에 따라 형법상 법치국가원리의 내용이 달라지며 또한 그 법적 판단도 정반대의 결론에 이르기 때문이다.

구동독의 국경수비병들의 처벌을 주장하는 사람들은 대부분 결합설의 입장을 취한다.[13] 즉 이들은 실정법에 만족하지 않고, 항상 이를 넘어서 있는 초실정적인 법을 주장한다. 독일의 국경수비대 문제와 연관지어 구체적으로 말한다면, 이미 이 사건이 벌어질 당시 이와 같은 사살행위는 그 당시 동독의 국경법 제27조 제2항 제1문에[14] 의해 위법성이 조각되는 것으로 해석되었다. 그럼에도 불구하고 결합설의 주장자들은 이와 같은 실정법적 논거는 충분하지 않다고 말하는데, 왜냐하면 여기에는 법개념의 핵심인 도덕성이 결여되어 있기 때문이라는 것이다.

물론 결합설은 다시금 실정법을 초월해 있는 것이 과연 무엇인가에 따라 여러 형태로 주장되기도 한다. 즉 혹자는 초실정법적인 인권을 그와 같은 것으로 이해하는가 하면,[15] 예컨대 후르시카(Hruschka) 등은 국제인권협약(IPBDR)을 바로 실정법에 앞서 있는 자연법적인 명제로 파악한다.[16] 또한 이런 논의의 연장선상에서 "라드브루흐의 공식"은 독일연방법원의 판례에 의해 원용되기도 한다.[17]

---

12) 법의 개념에 대한 최근의 논의에 대해서는 특히 R. Dreier, Der Begriff des Rechts, NJW 1986, 890 ff.; Alexy, Begriff und Geltung des Rechts, 1992, S. 27 ff.

13) 예컨대 Dreier, Gesetzliches Unrecht im SED-Staat? Am Beispiel des DDR- Grenzgesetzes, in: Festschrift für Arthur Kaufmann, 1993, S. 57, 58, 63; Frommel, Die Mauerschützenprozesse—eine unerwartete Aktualität der Radbruchschen Formel, in: Festschrift für Arthur Kaufmann, S. 81 ff. ; Herzog, Zur strafrechtlichen Verantwortlichkeit von Todesschützen an der innerdeutschen Grenze, NJW 1993, 1 ff.; Maiwald, Rechtsbeugung im SED-Staat, NJW 1993, 1888 ff.; F.-Ch. Schroeder, Die Rechtswidrigkeit der Flüchtlingserschießungen zwischen Tranzendenz und Immanenz, JR 1993, 45 ff.; Wassermann, Unrecht durch DDR-Rechtsprechung, Festschrift für G. Spendel, 1992, S. 629, 634 f.

14) 이 법에 따르면 만약 도주자가 범죄를 범했다는 혐의가 있다면 사살이 허용되는데, 구동독의 형법에 의하면 이미 국경을 넘으려는 행위 자체가 중범죄에 해당된다.

15) BGHSt zur Strafbarkeit von Mauerschützen, NJW 1993, 145 ff.

16) Hruschka, Die Todesschüsse an der Berliner Mauer vor Gericht, JZ 1992, 665 ff.

그러나 이와 같은 초실정적인 것이 과연 무엇이며, 그것은 어떻게 인식가능한지의 여부는 여기서 부차적인 문제에 불과하다. 오히려 더 중요한 것은 어떤 방식으로 이와 같은 초실정적인 것이 실정법안으로 유입되는가이다. 그리고 바로 이 점에서 결합설은 다음과 같이 두 가지의 상이한 입장으로 세분화된다.

결합설의 첫 번째 형태는 – 예컨대 알렉시(Alexy) 등이 주장하는 바와 같이 – 초실정적인 것에 의해 실정법의 효력 자체를 부인한다.[18] 즉 동독 국경법 제27조 제2항 제1문은 극단적인 불법이기 때문에 이미 행위 당시 법이 아니라는 것이다. 따라서 소급적으로 법이 변경되는 것이 아니라, 이미 행위 당시의 상황을 단순히 확인한 것에 불과하다는 것이다. 이런 관점에서 그는 극단적인 불법을 인정하지 않는 것은 죄형법정주의의 소급효 원칙에도 반하지 않는다고 주장한다. 왜냐하면 이 원칙은 단지 법관의 자의를 방지하는 데에 그 목적이 있는데, 이것은 해당 사안의 경우 문제되지 않기 때문이라는 것이다.[19]

결합설의 첫 번째 형태가 실정법과 초실정적인 것을 서로 구별하고 그 결과 형법의 소급효 문제를 정면으로 해결하려고 든다면, 결합설의 두 번째 형태는 애당초 사후해석에 의해 형법상 소급효문제를 제거해 버린다. 즉 이 견해를 취하는 사람들은 동독의 실정법을 지금의 관점에서 재해석함으로써 형사처벌을 근거짓고 있다. 그리고 이런 입장은 드라이어(R. Dreier),[20] 쉬뢰더(F.-Ch. Schroeder)[21] 등에 의해 대표된다. 요컨대 결합설의 첫 번째 형태가 초실정적인 것을 근거로 해서 실정법의 효력을 애당초 박탈한다면, 그 두 번째 형태는 실정법의 효력은

17) 이에 관해 자세한 점은 Arthur Kaufmann, Die Radbruchsche Formel vom gesetzlichen Unrecht und vom übergestzlichen Recht in der Diskussion um das im Namen der DDR begangene Unrecht, NJW 1995, 81 ff. 카우프만 교수는 이 논문에서 라드브루흐의 공식을 원용해서 구동독의 문제를 해결하려는 것에 대해 부정적인 입장을 취한다.

18) Alexy, Mauerschützen. Zum Verhältnis von Recht, Moral und Strafbarkeit, 1993, S. 33 ff.

19) Alexy, Mauerschützen(주 18), S. 34 ff.

20) Dreier, Gesetzliches Unrecht im SED-Staat? Am Beispiel des DDR-Grenzgesetzes, in: Festschrift für Arthur Kaufmann(주 13), S. 57 ff.

21) F.-Ch. Schroeder, Die Rechtswidrigkeit der Flüchtlingserschießungen zwischen Transzendenz und Immanenz, JR 1993, 45 ff.

그대로 두고, 단지 사후적으로 법해석에 의해 그 내용만을 달리 파악할 뿐이다. 소위 "보다 인간적인 해석(menschenfreundliche Auslegung)"을 주장하는 독일연방법원의 판결도 이 범주 안에 들어간다.[22]

이와 같은 결합설에 대해서는 특히 다음과 같은 두 가지 비판이 제기된다. 첫째, 두 번째 형태의 결합설에 대한 이의제기는 사후해석에 의한 소급효 금지문제의 해결방식에 관해서이다. 즉 이 견해들은 초실정적인 기준을 마치 해석의 척도로 삼고 이에 따라 구동독의 법을 재구성함으로써 결국 "잘못된 현실(faule Wirklichkeit)"을 규범적으로 고친다는 것이다.[23] 그러나 이런 방식은 구동독시절의 해석방식을 지금의 것으로 은밀하게 바꿈으로써 결국 존재하지도 않은 해석적인 실무를 법해석의 기초로 삼는다는 것이다. 사실상 국경수비대원의 사살행위가 그 당시의 법해석에 의해서도 처벌된다는 가정은 하나의 의제에 불과할 뿐이다.[24]

두 번째의 비판은 자연법적 논거의 기능에 관해서이다. 즉 야콥스(Jakobs)도 적절히 지적하는 바와 같이, 라드브루흐의 공식에 따른 해결방안은 결국 자연법적인 가벌성을 근거짓게 된다는 것이다.[25] 그러나 현대의 자연법은 이와 같은 자연법적인 가벌성을 근거지을 수 없다. 달리 말해 결합설들은 실정법의 한계를 밝히는 것이 아니라 오히려 실정법 자체를 치환하는 데 자연법적인 논거들을 사용한다는 것이다.[26] 물론 이에 대해 결합설의 대변자들은 다음과 같이 주장할 수 있을 것이다. 즉 형식적인 법치국가이념을 고수하게 되면 결국 실질적인 정의에 반한다고 말이다. 이런 사정을 염두에 두고 나우케(Naucke)는 다음과 같이 비판한다. 즉 "왜 하필이면 법치국가원칙의 고수가 여태까지는 그다지 진지하게 주장

---

22) BGHSt, NJW 1993, 148. 이에 대한 비판은 K. Günther, StV 1993, 2 f. 참조.

23) 무엇보다도 G. Jakobs, GA 1994, 7 ff.

24) 이런 관점에서 Günther는 이것은 다름 아닌 '해석의 탈을 쓴 자연법'이라고 비판하고 있다 (K. Günther, StV 1993, 23).

25) 그러나 주지하는 바와 같이, 라드브루흐 자신은 이 공식을 통해 이미 실정법상 존재하는 가벌성을 '제한'하려 했지, 결코 실정법으로 존재하지 않는 가벌성을 새로 '근거'지은 것은 결코 아니다.

26) Jakobs, GA 1994, 12 ff.

되지 않다가 유독 국가범죄의 경우 그렇게 강조되어 범죄자들을 보호하는 원칙으로 변질되어야만 하는가"라고 말이다.[27)]

물론 이 두 가지 비판 이외에도 결합설에 대해서는 많은 이의가 제기될 수 있다. 그러나 여하튼 분명한 사실은, 결합설은 신뢰보호라는 법치국가의 이념과 배치된다는 것이다. 왜냐하면 법을 통한 과거청산에서 관건이 되는 것은 해당 법률이나 그 당시의 법해석의 관행이 초실정적인 것에 반하는가의 여부가 아니기 때문이다. 즉 여기서 핵심적인 문제란 단지 그 당시의 법해석에 의할 때 과연 형사상의 처벌이 실정법적으로 가능한가일 뿐이다.[28)] 이런 관점에서 필자가 생각하기에, 결합설의 첫 번째 형태가 그 두 번째 형태보다는 훨씬 논리일관적이다. 그 이유는 적어도 첫 번째 형태는 자연법적인 논거와 실정법적인 요건을 서로 분리하고 있을 뿐만 아니라, 더 나아가 실정법의 효력 그 자체를 부정하고 있기 때문이다. 달리 말해, 결합설의 두 번째 형태와 같이 초실정적인 기준이 사후해석에 의해 실정법안으로 유입된다면, 자연법적 논거의 기능이 지나치게 확장되고 만다.[29)] 그러나 자연법적 논거의 기능은 실정법을 비판하는 데에 있지, 결코 실정법을 대체하는 데에 있는 것은 아니다.

Ⅳ

결합설과는 정반대로 분리설은 형식적인 법치국가의 개념이해로부터 출발해서 그 실정법적인 근거들을 모색한다. 즉 그들에게 있어서는 초실정적인 측면

---

27) Naucke, Die strafjuristische Privilegierung staatsverstärkter Kriminalität, 1996, S. 23, 65 f.

28) 이런 비판적인 입장에 대해서는 Dencker, Vergangenheitsbewältigug durch Strafrecht?, KritV 1990, 299 ff.; Isensee, Nachwort. Der deutsche Rechtsstaat vor seinem unrechtsstaatlichen Erbe, in: ders.(Hrsg.), Vergangeheitsbewältigung durch Recht, 1992, S. 91 ff.; Pieroth, Der Rechtsstaat und die Aufarbeitung der vor-rechtsstaatlichen Vergangenheit, in: VVDStRL 51, S. 91 f.; Jakobs, GA 1994, 16 f.; Pawlik, GA 1994, 475 ff.; R. Merkel, Politik und Kriminalität, in: Unseld(Hrsg.), Politik ohne Projekt?, 1993, S. 317 ff. 참조.

29) 이 점에 관한 자세한 분석으로는 K. Günther, StV 1993, 21 f.

에서의 정법이 문제되는 것이 아니라, 오히려 실정법적인 토대 위에서의 가벌성 요건의 확인이 더 중요하다. 물론 분리설도 다시금 두 가지로 나뉘어지는데, 그 하나는 초실정적인 것 혹은 존재론적인 근거를 전적으로 부정하고 법적인 청산의 불가능성을 주장하며, 그 다른 하나는 초실정적인 기준을 인정하되 단지 이를 실정법적인 틀 안에서 구현할 수 있는 구체적인 방법을 모색한다.

주지하듯이, 야콥스는 분리설의 첫 번째 형태를 취한다.[30] 즉 그는 "국가에 의한 만행(Untaten des Staates)"과 "국가 내에서의 불법(Unrecht im Staat)"을 서로 구별하고, 이에 근거해서 국경수비대의 문제를 형법적인 차원의 문제가 아니라 오히려 국가체계 자체의 문제로 파악한다. 그런데 정상적인 국가체계를 전제로 하는 형법은 바로 이러한 국가체계에 의한 만행에 대해서는 어찌할 수 없는데, 왜냐하면 이에 대한 형법적인 귀속원칙이 존재하지 않기 때문이다. 그의 말을 빌린다면, "근본적인 원인은 잘못된 정치이며, 따라서 개별적인 행위자를 그 원인으로 만드는 것은 실질적인 처벌근거를 은폐할 뿐이다"[31]라고 한다. 이런 관점에서 그는 전적으로 실증주의적인 노선을 취하는데, 그 이유는 실증주의의 이론적인 우월성 때문이 아니라 오히려 그것의 법치국가적인 의미 때문이라고 말한다.[32] 요컨대 법치국가는 초실정적인 것을 관철시키는 데 걸림돌이 될지는 모르지만, 그러나 적어도 개인의 자유보호라는 더 중요한 의의를 지닌다는 것이다.

분리설의 두 번째 형태는 그와 같이 극단적이지는 않다. 물론 이 의견의 옹호자들도 법과 도덕을 분리하고, 더 나아가 초실정적인 것을 원용하게 되면 형법상 소급효 원칙에 저촉된다는 것은 인정한다. 그럼에도 불구하고 이들은 초실정적인 것을 부인하지 않고, 오히려 초실정적인 것들의 실정법적인 토대를 마련하려고 든다. 그리고 이런 관점에서 예컨대 피로트(Pieroth)는 독일기본법 제103조

30) Jakobs, GA 1994, 1 ff.; Vergangenheitsbewältigung durch Strafrecht? Zur Leistungsfähigkeit des Strafrechts nach einem politischen Umbruch, in: Isensee(Hrsg.), Vergangenheitsbewältigung durch Recht, 1992, S. 37 ff.; Pawlik, GA 1994, 472 ff.; Rechtstheorie 1994, 101 ff.

31) Jakobs, Vergangenheitsbewältigung durch Strafrecht?(주 30), S. 56 f.

32) Jakobs, Vergangenheitsbewältigung durch Strafrecht?(주 30), S. 53 f.

제2항의 개정을 제안한다.[33] 또한 뎅커(Dencker)도 마찬가지의 입장에서, 하필 이면 법치국가원칙이 법치국가에 반하는 행위를 정당화시켜야 하는가라고 반문 하면서, 이런 현상을 막기 위해 이제는 실정법적으로 이 문제를 해결해야 된다고 주장한다.[34]

물론 결합설과 마찬가지로 분리설에 대해서도 다음과 같은 비판이 가해진다. 필자가 생각하기에 그중 중요한 것은 특히 두 가지인데, 그 하나는 구체적인 법적용에 관한 것이고 그 다른 하나는 법치국가의 개념이해에 대해서이다. 우선 구체적인 법적용과 관련해서 제기되는 이의는, 구동독 당시의 국가적인 범죄와 일상적인 범죄는 적어도 서로 구별되어야 한다는 것이다. 그런데 야콥스와 같이 이 문제를 형법으로부터 떼어 내어 정치적인 문제영역으로 이양시킨다면, 결국 국가적인 범죄와 일상범죄가 모두 형법적인 규율대상으로부터 벗어나게 된다. 요컨대 결합설이 라드브루흐 공식에서 말하는 실정적인 불법의 명증성을 결코 확인할 수 없는 것과 마찬가지로, 분리설은 극단적인 국가범죄와 일상적인 범죄를 서로 분리시킬 수 없는 것이다.[35]

두 번째의 비판은 법치국가 혹은 형법상 소급효 금지원칙에 대해서이다. 주지하듯이 법치국가원리로부터 도출되는 형법상 소급효금지 원칙은 한편으로는 개인의 신뢰보호라는 주관적인 측면과 다른 한편으로는 국가권력의 자의방지 혹은 법적 안정성이라는 의미에서의 객관적인 측면을 포함한다. 또한 신뢰보호나 법적 안정성 모두 헌법이 허용하는 범위 안에서만 보장된다는 점에서도 이의가

33) 피로트에 의하면, 독일의 입법자는 나치 전범의 처벌이 지나치게 자의적으로 흐를 것을 우려하여 반인륜적인 범죄에 관한 공소시효의 폐지를 헌법상 규정하지 않았다고 한다. 그러나 이제는 헌법이 이 점을 받아들여 구동독의 법적 청산을 해야 한다고 역설한다. Pieroth, Der Rechtsstaat und die Aufarbeitung der vorrechtsstaatlichen Vergangenheit, in: VVDStRL 51, S. 99 ff. 또한 이 제안에 관한 독일 공법학계의 토론 내용에 대해서는 Isensee(Hrsg.), Vergangenheitsbewältigung durch Recht(주 30), S. 116 ff. 참조.

34) Dencker, Vergangenheitsbewältigung durch Strafrecht?, KritV 1990, 299 ff.

35) 이와 같은 비판에 대해서는 무엇보다도 Lüderssen, Kontinuität und Grenzen des Gesetzlichkeitsprinzips bei grundsätzlichem Wandel der politischen Verhältnisse, ZStW 1992, 740 ff.; Schulz, Der nulla-poena-Grundsatz—ein Fundament des Rechtsstaats?, ARSP Beiheft 65, 1996, 184 ff..

없다. 그리고 이런 까닭에 초실정적인 것을 원용하게 되면 법치국가원리와 배치될 소지가 많다는 것도 자명하다. 그러나 문제는 분리설이 주장하는 바와 같이 법치국가의 개념을 단지 형식적으로만 파악해야만 하는가이다. 달리 말해 법치국가의 합법성은 궁극적으로 무엇에 봉사하는가가 의문시된다. 아르놀트(Jörg Arnold)가 지적한 바와 같이,[36] 법치국가의 개념이해는 다양할 뿐만 아니라, 더 나아가 자유주의적 법치국가의 전통은 다시금 자연법적인 법치국가 개념이해와 서로 연결된다. 이렇게 본다면 합법성의 요구는 그 자체 목적이 될 수 없고, 오히려 국가권력의 자의적인 행사를 방지하고 또한 이를 통해 개인의 정치적 자유를 보장하는 데 봉사한다. 요컨대 만약 분리설이 법치국가의 형식적인 측면만을 고집하려 든다면, 그러한 개념이해는 설득력을 잃고 말 것이다. 또한 필자가 생각하기에 이와 같은 법치국가 혹은 형법상 소급효 금지의 문제는 우리나라의 경우 이미 확인된 바 있다. 왜냐하면 독일과 달리, 우리는 개별적인 법률을 통해 소급효 금지라는 걸림돌을 걷어 내고 이에 대해 합법성의 근거도 이미 마련해 놓았기 때문이다. 그러나 과연 이것에 의해 처벌을 위한 법적 근거들이 실질적으로도 마련된 것인가? 아니면 법관은 이러한 형식적인 법률의 위헌성을 주장하고 이의 적용을 거부해야 하는 것은 아닌가? 이에 대해서는 이미 필자가 헌법재판소 결정을 평석한 바 있으니 이를 참조하기 바란다.[37] 다만 여기서 언급하고 싶은 점은, 법률에 의해 형식적인 기초를 마련한다고 해서 문제가 해결되는 것은 결코 아닐 뿐만 아니라, 필자는 이 법률들이 위헌의 소지가 많다고 생각한다는 것이다.

V

이상에서 고찰한 바와 같이, 법을 통한 과거청산의 논의는 만족스럽지 못하다. 즉 초실정적인 것을 원용해서 처벌을 주장하는 입장은 "승자의 사법"이라는 오명을 벗어나기가 힘들며, 반면 형식적인 법치주의를 앞세우는 견해도 법치국가의 실질적인 측면을 간과하게 된다. 그렇다면 이를 해결할 수 있는 방법이 있

---

36) J. Arnold, Die "Bewältigung" der DDR-Vergangeneheit(주 10), S. 283 ff.

37) 김영환, 공소시효와 형벌불소급의 원칙, 형사판례연구 5, 1997, 1면 이하 참조.

는가? 달리 말해 "자연법인가 아니면 법실증주의인가"라는 양자택일을 극복할 수 있는 가능성은 없는 것인가?[38] 요컨대 과거청산의 법철학적 과제는 어디서 찾아야 할 것이며, 더 나아가 형법상 법치국가의 원리는 어떤 내용을 지녀야 하는가?

우선 분명한 사실은, 자연법 혹은 법실증주의라는 말로도 표현되는 결합설과 분리설의 양자택일은 의견의 차이를 제대로 부각시키지 못한다는 것이다. 왜냐하면 이 공식은 자연법과 법실증주의가 지니는 각각의 긍정적인 측면과 부정적인 측면을 담아내지 못하기 때문이다. 그 결과 이 공식에 따라 논의를 재구성한다면 쓸데없는 오해가 생길 뿐만 아니라, 아예 논쟁 자체가 공전하게 될 소지도 많다.[39] 따라서 이제 관건이 되는 것은 자연법과 법실증주의의 적극적인 측면과 소극적인 측면을 서로 세분화해서 이의 기능을 분명히 하는 데에 있다.

결합설의 적극적인 측면은 법과 도덕의 상호연관성을 중시해서 실정법의 효력을 비판하는 데에 있다. 다시 말해, 자연법적 논거는 실정법을 대신할 수 없지만, 그럼에도 불구하고 실정법의 내용을 한계짓는 데는 여전히 유효하다는 것이다.[40] 그리고 바로 이 점에서 자연법적 논거의 논리적 위치, 요컨대 초실정적인 것이라는 점이 분명해진다. 물론 그렇다고 이와 같은 초실정적인 것의 내용까지도 모두 해명된 것은 결코 아니다. 그럼에도 불구하고 확실한 점은, 만약 실정법이 이러한 자연법적 관련점을 무시한다면 항상 그 정당성을 확보하기 어렵다는 것이다. 그러나 자연법 논거가 단순히 실정법의 내용적인 비판에 그치지 않고 이를 넘어서서 실정법 자체를 대체하려 든다면, 그것은 필연적으로 법치국가원리와 대치하게 될 뿐만 아니라, 실정법을 정치적으로 수단화하는 결과를 가져온다. 더 나아가 이렇듯 자연법에 의해 행위의 가벌성을 근거지을 수 있다면, 사실상

---

38) 자연법과 법실증주의의 문제점에 대해서는 무엇보다도 Kaufmann/Hassemer, Grundprobleme der zeitgenössischen Rechtsphilosophie und Rechtstheorie, 1971, S. 10 ff. 참조.

39) 이에 대해 자세한 점은 특히 Neumann, Rechtsphilosophie in Deutschland seit 1945, in: D. Simon(Hrsg.), Rechtswissenschaft in der Bonner Republik, 1994, S. 147 f. 참조.

40) 분리설에 대항해서 결합설이 주장하는 불법논거(Unrechtsargument)와 원리논거(Prinzipienargument)의 진정한 의미는 바로 이에 관한 것이다. 위의 두 가지 논거에 대해서는 Dreier, NJW 1986, 891 ff. 참조.

실정법은 별도로 필요하지도 않다.[41] 왜냐하면 자연법에 반하는 실정법은 언제나 자연법에 의해 무효화될 수 있기 때문이다. 바로 이 점이 결합설의 부정적인 측면이다.

결합설과 마찬가지로 분리설도 긍정적인 측면과 부정적인 측면을 지닌다. 그것의 긍정적인 측면은 합법성 요구의 궁극적인 목적을 살펴보면 분명해진다. 즉 실정법적 근거를 요구하는 것은 그 자체가 목적이 아니라, 단지 국가권력의 자의적인 행사에 대한 보루라는 자유주의적인 전통과 연관을 맺고 있다. 따라서 아무리 반인륜적인 범죄라고 하더라도 이를 실정법적 근거에 의해 해결해야 한다는 점에는 다른 대안이 있을 수 없다. 요컨대 합법성의 요구는 계몽주의 시대의 자유주의적인 법치국가사상과 직결된다. 그러나 분리설의 부정적인 측면은 바로 형식주의적인 관점에서 실정법의 조문에만 얽매일 때 발견된다. 즉 나우케가 적절히 지적한 바와 같이, 실정법을 하나의 빈 그릇으로 보고 이 안의 내용을 정치적인 강령에 의해 채우려고 할 때[42] 분리설은 설 지반을 잃게 된다. 요컨대 "규정은 규정이다"라는 구호를 내세워 정의와 법적 안정성을 서로 대립시킬 때, 분리설의 소극적인 측면은 분명해진다.

자연법과 법실증주의라는 양자택일적인 사고의 문제점은 여기에만 머물지 않는다. 즉 일반인들이 무심코 추측하는 것과 달리, 이 두 견해는 다음과 같은 친밀성도 공유한다. 한편으로 자연법과 법실증주의의 연관성은 다음과 같은 점, 즉 합법성의 요구가 궁극적으로는 계몽주의의 자유주의적 법치국가개념으로 환원된다는 것을 보면 잘 알 수 있다. 즉 법실증주의는 "악법도 법이다"라는 불법논거를 주장하는 것이 아니라, 오히려 국가에 대해 개인의 자유를 보호하기 위해 실정법적 근거를 요구할 뿐이다. 그리고 이와 같은 법실증주의의 자유주의적 경향은 바로 근대 자연법론의 맥락과 연결되는 것이다. 그러나 다른 한편 자연법과

---

41) 자연법에 의해 형사처벌을 직접 근거짓는 것은 역사상 그 유례가 없었다는 야콥스의 주장은 바로 이런 사정을 염두에 두고 하는 말이다.

42) Naucke, Die Aushöhlung der strafrechtlichen Gesetzlichkeit durch den relativistischen, politisch aufgeladenen strafrechtlichen Positivismus, in: Vom unmöglichen Zustand des Strafrechts, 1995, S. 488 ff.

법실증주의의 또 다른 소극적인 의미에서의 공통점은 – 그리고 이 점이 대단히 중요한 것인데 – 실정법을 단순히 형식적인 틀로 바라봄으로써 정치적인 것에 대해 독자적인 기능을 인정하지 않을 때에 발견된다. 그렇게 되면 실정법은 어떤 정치적인 내용도 – 그것이 정의라는 이름의 것이거나 아니면 법적 안정성의 이름의 것이거나 – 수용할 수 있는 것으로 전락해 버린다. 사실상 법과 정치의 관련 및 실정법의 개념을 이렇게 파악한다면, 사실상 자연법과 법실증주의의 차이란 단지 다음과 같은 점뿐이다. 즉 전자는 실정법에 윤리적인 내용을 들이민다면 이에 반해 후자는 이것과 대립되는 내용도 첨가할 수 있다는 점뿐이다.[43] 사실상 이런 문제는 우리의 경우 5 · 18을 둘러싼 논의에서도 잘 드러나는데, 검찰의 불기소처분이나 헌법재판소의 5 · 18특별법에 대한 합헌판정은 모두 실정법을 형식적인 틀로 이해한다는 점에서는 차이가 없다는 것이다. 다만 검찰의 불기소 처분이 실정법의 윤리적인 토대를 무시한다면, 거꾸로 헌법재판소의 합헌결정은 자연법적 논거를 통해 실정법적 토대를 대체하려는 것이다. 요컨대 이 양자는 정치적 혹은 윤리적인 것에 대해 실정법의 독자적인 기능을 인정하지 않는다는 점에서는 별로 차이가 없다.[44]

VI

그렇다면 법을 통한 과거청산은 어떻게 이루어져야 할 것인가? 더 나아가 형법상 법치국가원리는 어떤 의미를 지니는 것인가? 마지막으로 이에 대한 필자 자신의 견해를 그 윤곽이나마 밝힘으로써 이 논문을 마무리하고자 한다.

먼저 이론적인 측면에서 제안하자면 형법상 법치국가원리가 지니는 의미를 제대로 파악하기 위해서는 자연법 아니면 법실증주의라는 낡고 잘못된 양자택일

---

43) 이와 같은 이유 때문에 노이만(Neumann)은 자연법과 법실증주의라는 양자택일적인 공식은 다음과 같은 대립적인 견해들의 차이점들, 즉 권위주의적인 법률관과 자유주의적인 법률관, 개인주의적인 법이해와 집단적인 법개념 등의 구별점을 오히려 은폐한다고 한다. 이에 관해서는 Neumann, Rechtsphilosophie in Deutschland seit 1945, S. 145 ff. 참조.

44) 이에 대해 보다 자세한 점은 김영환, 공소시효(주 37) 참조.

적인 사유의 틀을 걷어 내야 한다는 것이다. 최근의 법개념과 효력에 대한 논쟁을 살펴보면, 법의 개념은 다음과 같이 세 가지 요소로 구성됨을 알 수 있다. 즉 도덕성, 실정성, 사실성이 그것이다. 그리고 이 세 가지의 요소 가운데 어느 것을 중시해서 법개념을 파악하는가에 따라 각각의 견해들은 법도덕주의, 법실증주의, 법현실주의로 나누어진다.[45] 물론 가장 이상적인 경우, 이 세 가지 요소는 서로 합일된다. 즉 형식적으로 헌법에 합치된 절차에 따라 법률이 제정되고 적용되며, 또한 그것의 내용은 정의에 부합하고, 더 나아가 일반인들에 의해서 사실적인 실효성도 담보되는 경우를 말한다. 그러나 과거청산의 경우와 같이 두 개의 상이한 규범체계가 서로 충돌하는 경우 법의 효력은 사실상 입장에 따라 달리 결정된다. 즉 결합설과 같이 도덕성을 강조하게 되면 실정성과 사실성이 경시될 여지가 있고, 이에 반해 분리설과 같이 실정성을 강조하게 되면 도덕성과 사실성을 간과하게 된다. 그러나 문제해결의 단서는 이 세 가지 요소 중 어느 것이 더 중요한 것인가가 결코 아니다. 오히려 이 세 가지 요소가 그 행위시점에 어떻게 서로 연결되어 있었는가라는 소위 상호관계의 사실확정이다. 그리고 바로 이 점에서 법적 과거청산의 경우 사실성 요소를 성찰하는 것이 더 없이 절실하다. 구동독의 국경수비대 사건을 그 예로 해서 설명한다면, 가장 핵심적인 문제는 구동독의 국경법 제27조 제2항 제1문이 그 당시의 해석실무에 따를 때 어떻게 적용될 수 있는가이다. 바로 이런 관점에서 볼 때 결합설과 분리설은 법이상주의(Rechtsidealismus)에 지나지 않는다는 점이 분명해지는데, 왜냐하면 양자는 모두 사실성과는 다른 요소를 가지고 행위당시의 법해석의 실무를 재구성하기 때문이다. 즉 결합설이 법의 도덕성을 가지고 잘못된 과거를 고치려 한다면, 분리설은 법의 실정성을 가지고 과거의 잘못를 법적으로는 덮어 두려고 한다. 그러나 다시 강조하건대, 문제의 관건은 그 당시 동독의 법해석의 실무가 어떤가를 사실적으로 확인하는 것이며, 따라서 이를 피해 가려는 어떤 시도도 적어도 법이론적으로는 법의 개념 혹은 효력에 충실하다고 말할 수 없다. 그리고 바로 이에 의해 형법상 법치국가원리, 특히 소급효 금지의 문제도 함께 결정되는 것이다.

---

45) 이에 관해 보다 자세한 사항은 특히 Neumann, Rechtspositivismus, Rechtsrealismus und Rechtsmoralismus in der Diskussion zur "Regierungskriminalität" in der ehemaligen DDR, 1996(미출판 강연원고), S. 2 ff. 참조(이 논문은 현재 ders., Recht als Struktur und Argumentation, 2008, S. 163 ff.에 실려 있다).

더 나아가 법을 통한 과거청산에 대한 필자의 실천적인 제안은 헌법개정이다. 그리고 이 점은 구동독의 국경수비대 사건에 대해서는 문제의 여지가 많지만, 우리의 경우에는 절실했던 것 같다. 법치국가를 보지하기 위해서는 – 이젠제(Isensee)가 적절히 지적한 바와 같이 – 아무리 반법치국가적인 유산이라 할지라도 법치국가적인 방식에 의해 해결되어야 한다.[46] 그것은 무엇보다도 법치국가의 자유주의적인 의미, 즉 정치적인 것에 대한 법의 독자성을 확보하기 위해서 더욱 그렇다. 그런데 법의 도덕성을 전면에 내세우든가 혹은 법의 실정성만을 고집한다면, 이 양자는 자신들의 주장이 기초한 법의 요소 즉 정의나 법적 안정성은 그나마 확보할 수 있을지 모르나, 궁극적으로는 법의 정치적인 기능화를 가져오고 만다. 따라서 올바른 방법이란 실정법의 현실적인 기초로부터 출발해서, 만약 그것이 한계가 있다면 이를 고칠 수 있는 방법이 무엇인가를 궁리해야 한다. 달리 말해 실정법이 법의 도덕적인 기초를 상실해서 전혀 설득력이 없다면, 이제는 우리의 헌법재판소와 같이 이를 해석에 의해 피해 갈 것이 아니라 오히려 정면으로 돌파해서 이 문제를 헌법개정의 차원에서 논의했어야 한다. 이런 관점에서 볼 때, 자연법적 논거의 역할이란 실정법의 윤리적인 기초를 비판하는 데에 국한되어야 하며, 이에 반해 법실증주의의 논거란 실정법적 토대를 국가의 자의에 대한 자유주의적인 보루로 해석할 때에만 그 진가가 발휘된다. 그러므로 필자의 생각으로는 불법을 청산한다는 명목하에 자연법을 동원한다든가 혹은 그 반대로 실정법을 고수한다는 핑계하에 과거청산을 거부하려는 이 두 입장 모두가 대단히 문제가 많다. 그 이유는 무엇보다도 이들은 결국 정치에 대한 한계로서의 법이라는 지유주의적인 법치국가의 이념과 배치되고, 그 결과, 그 방향은 서로 상반되지만, 법의 정치적 기능화에 봉사한다는 데 있다. 또한 이에 따라 형법상 법치국가원리도 정치적인 편의에 따라 정의나 신뢰보호를 그것의 일차적인 이념으로 들고 나오게 되며, 이것은 어느 경우에나 위에서 말한 형법상 법치국가원리의 자유주의적 의미, 즉 국가형벌권의 한계를 법률에 의해 명확히 정함으로써 개인의 자유를 보장한다는 내용과 상치될 수밖에 없게 된다.

물론 5 · 18을 둘러싸고 진행된 소위 "역사적 책임인가 아니면 법적 책임인

---

46) Isensee, Nachwort, in: Vergangenheitsbewältigung durch Recht, S. 98 f.

가?"의 문제는 이제 돌이킬 수 없는 길로 들어섰지만, 이에 대한 필자의 소감은 대단히 참담하기만 하다. 그것은 무엇보다도 법치주의는 이론이 아니라 오히려 실천이라고 생각하기 때문이며, 따라서 법치주의 문화는 적어도 우리와 같은 대다수 법학자들의 무관심과 패배주의를 가지고는 진보하기보다는 오히려 쇠퇴할 소지가 많다고 염려되기 때문이다. 그리고 바로 이런 점에서 심 교수님이 제자들에게 언제나 강조하시던 법치주의의 원리는, 위 문제에 대해 그 구체적인 결론이 어디로 다다르든 간에, 법에 관한 보다 근원적인 성찰이 메마르고 그 대신 실정법의 해석론을 법에 관한 '학문(?)'으로 혼동하는 우리와 같은 척박한 풍토에서는 더없이 좋은 길잡이가 되어 왔다. 그분의 조그만 연구실 한 모퉁이에서 법존재론, 사물의 본성, 사회적 행위론 등을 배우던 때가 바로 엊그제 같은데, 벌써 한 학기만 있으면 강단을 떠나신다니 못내 아쉽고 서운하기만 하다. 부디 심 교수님이 역설하시던 실질적인 법치국가원리가 이 땅에 뿌리를 내리고 이제는 개인의 자유보장을 위한 자유주의적인 의미와 결합됨으로써 그 값진 열매를 맺기를 간절히 바랄 뿐이다.

1960-70년대의 한국 법철학에 관한 연구(2010)

I

주지하듯이 법철학의 주제는 정당한 법, 즉 정의이다. 그리고 이 주제는 다시금 두 가지로 나누어진다. 그 하나는 객관적인 관점에서 올바른 법(正法)이 존재하는가라는 "법의 내용(was)"에 관한 것이고, 그 다른 하나는 주관적인 측면에서 그것을 "어떻게 인식할 수 있는가(wie)"에 관한 것이다. 엄밀히 살펴보면 이 두 가지 질문은 밀접하게 관련되는데 그 이유는 무엇보다도 正法의 객관적인 존재를 전제하지 않고 이를 주관적으로 인식하려는 것은 무모하다는 데 있다. 그러므로 항상 법의 내용에 관한 질문이 우선할 수밖에 없었으며 서양의 법철학사를 돌아보아도 이런 사정은 마찬가지이다. 요컨대 서양법철학의 기나긴 역사는 자연법에 관한 오래된 점철과정이라고 할 수 있으며 고대에는 자연, 중세에는 신, 근대에는 권리 그리고 현대에는 사물의 본성을 중심으로 올바른 법이 모색된다. 물론 오늘날에는 이러한 자연법의 존재 여부가 불투명하지만 그럼에도 불구하고 여전히 이러한 正法에의 갈구는 여러 개별적인 분야에서 시도되고 있다.

이러한 사정은 우리에게도 마찬가지이다. 다시 말해 우리의 법철학도 正法이라는 최종목표를 끊임없이 추구해 왔다는 점에서는 다름이 없다. 다만 주목할 것은 이러한 영원한 법철학적 문제를 표현하는 방식과 이것이 나타난 시대를 확인하는 것이다. 돌이켜 보면 해방 후 오늘날까지의 한국의 법철학은 시대상황이나 연구자들의 학문적인 경력과 그 성향을 고려해 볼 때 크게 4단계의 시기로 구별될 수 있을 것이다. 제1세대는 해방 후 1960년대에 이르는 시기이며 이 기간 중 왕성한 활동을 한 학자들은 일제시대에 일본교수들로부터 법철학을 배운 분들이라 할 수 있다. 여기에는 유진오, 황산덕, 이항녕 교수 등이 속한다. 제2세대는 1960년대에서 70년대에 이르는 기간으로서 제1세대 분들의 제자들로 구성되며, 대부분 독일에서 유학하며 법철학을 배운 독일유학파들이다. 여기에는 권영백 박사, 김지수, 정종욱, 심재우, 심헌섭 교수 등이 속한다고 할 수 있다. 제3세대는 1980년대에서 90년대에 이르는 기간으로 다시금 대학에서 이들로부터 법철학을 배운 사람들로 이루어지는데 그 대부분은 독일로 유학을 했지만 일부는 영미권에서 유학하며 법철학을 배운 사람들이다. 그리고 제4세대는 1990년대 이후 오늘날까지 지속되는 기간으로 여기에는 그 후의 젊은 학자들이 속한다.

제목에서도 알 수 있듯이 필자에게 부과된 과제는 이 중 제2세대의 법철학이므로 이하의 설명은 이에 관해 전개될 것이다. 다만 반드시 언급할 것은 필자는 이분들의 후학으로서 우리 선생님들의 법철학 사상을 다만 소개할 뿐이지 그것을 비판하거나 평가하려는 것은 결코 아니라는 점이다. 무엇보다도 이러한 평가적인 시도는 이분들의 몇몇 논문들을 검토하는 것으로는 애당초 가능하지도 않다. 그러므로 이하에서 이분들의 법철학 사상을 소개함에 있어서 이분들의 생각을 곡해한 부분이 없기를 바랄 뿐이다.

II

아르투어 카우프만은 정종욱 박사 회고 논문집에 발표한 "라드브루흐와 한국의 법철학 – 3편의 박사학위 논문에 대한 스케치"[1]라는 논문에서 다음과 같이 적고 있다.

"라드브루흐만큼이나 그의 이름이 위의 세 나라(한국, 일본, 타이완)에 널리 알려진 법학자는 없다. 이것은 결코 우연이 아니다. 라드브루흐가 동아시아 – 특히 일본과 한국의 – 법문화에 큰 영향력을 미쳤고 아직까지도 그것이 줄어들지 않는다는 것

1) Arthur Kaufmann, Gustav Radbruch und die koreanische Rechtsphilosophie, Gedächtnisschrift für Zong Uk Tjong, 1985, S. 112 ff.

은 아마도 라드브루흐의 인격 및 법철학과 동아시아 국민의 성향과 사유 사이의 상호적인 관련성에 그 이유가 있는 것 같다. 한국인과 일본인이 라드브루흐만큼이나 이해를 잘 했던 독일법철학자는 없으며 그가 다루었던 문제들, 예컨대 '사물의 본성'은 그들에게 친숙하다. 라드브루흐는 그들의 사유방식에 적합한 방식으로 문제에 접근하며 그들은 그의 언어에 감탄하며 그것을 사랑하기조차 한다. 저 먼 동방에서 사람들은 라드브루흐의 책을 가지고 독일어를 배운다….”[2)]

카우프만이 여기서 다룬 학위논문은 권영백, 김지수, 정종욱 교수의 것인데 이것들은 모두 라드브루흐의 법철학 사상을 그 연구주제로 하고 있다. 시기적으로 보면 이분들이 독일에 유학한 시기는 1950년대 말 60년대 초쯤으로 이 시기는 이승만의 자유당정권 말기이고 아마도 한국의 생활은 상당히 궁핍했으리라 추측이 된다. 그렇다면 보다 풍요로운 독일에 가서 어떤 이유로 이분들이 모두 라드브루흐를 연구하게 되었는가가 궁금해진다. 혹시 그들에게는 가난한 나라에서 올바른 법을 세워야만 한다는 자연법에 대한 막연한 꿈은 없었을까? 카우프만의 추측과 같이 라드브루흐의 인격과 그의 법철학적 태도 때문일까? 필자의 추측으로는 라드브루흐를 연구하게 된 동기는 아마도 이분들 자신의 학문적 기호 및 편의가 그 원인이 되지 않았는가 한다. 다시 말해 라드브루흐의 법사상에는 文을 숭상하는 동양적인 정서가 깊이 각인되어 있을 뿐만 아니라 더 나아가 그 당시 독일의 법철학에서 라드브루흐는 반드시 거쳐야 할 사람으로 인식되었기 때문이리라.

1. 권영백 박사는 고려대 정외과를 졸업하고 독일로 가서 아르투어 카우프만 교수의 지도하에 자르브뤼켄(Saarbrücken)대학에서 “라드브루흐 법철학에서의 '사물의 본성'이론의 발전과 의미(Entwicklung und Bedeutung der Lehre von der 'Natur der Sache' in der Rchtsphilosophie bei Gustav Radbruch)”라는 제목의 학위논문으로 1963년 박사학위를 받았다. 그는 귀국해서 대학에 자리를 잡으려고 노력

2) Arthur Kaufmann, die koreanische Rechtsphilosophie(주 1), S. 112. 또한 다음의 논문도 참조. Kaufmann, ARSP, Bd. 56, 1970, 597. 그는 여기서 사물의 본성 이외에도 상대주의, 관용, 양극성 개념 등이 극동의 철학자들에게도 발견되기에 일본인, 한국인들은 라드브루흐의 작품에서 자기자신을 재발견한다고 주장한다.

했지만 뜻을 이루지 못했고 그래서 동아일보 논설위원을 거쳐 중앙정보부에서 일하다가 불운하게 생을 마쳤다. 귀국 후 그는 고려대에서 강사생활을 했는데 논문의 대부분은 그 당시 독일에서 유행했던 목적적 행위론에 관한 것이어서,[3] 그의 법철학 사상은 유일하게 남아 있는 그의 박사학위논문을 중심으로 설명될 수밖에 없다.

그는 박사학위 논문의 서문에서 고려대 재학시절에 이미 그의 원전을 통해 라드브루흐를 알게 되었고 그 당시부터 다음의 문제, 즉 라드브루흐는 어떻게 실정법과 사물의 본성의 관계를 보고 있는가에 관심을 가졌으며 그가 진정으로 법률실증주의를 극복하는가의 여부를 중국의 고전철학을 통해 논하고자 했다고 밝히고 있다. 권영백 박사는 서양의 철학을 통해 새로운 자극을 얻기 위해 라드브루흐 자신이 가르쳤던 독일에서 '사물의 본성'이라는 사고에 대해 연구하기로 결심했다는 것이다. 그리고 서문의 말미에 그에게 독일법과 중국의 법철학을 가르쳐 준 김상협 교수와 이상윤 교수에 대해 감사한다고 적고 있다.

주지하듯이 라드브루흐는 신칸트학파에 의해 존재와 당위를 준별하는 방법이원론을 주장했고 이에 따르면 당위는 존재로부터가 아니라 반드시 보다 상위의 당위에 의해서만 근거지어진다는 것이다. 그런데 그는 사물에 내재하는 당위적인 것을 사물의 본성이라고 주장함으로써 이 존재와 당위의 이원적인 구별을 지양하려 했던 것이다. 즉 사물의 본성은 형식적인 법적 사고를 극복하고 구체적인 법질료를 파악하려는 시도이다. 그렇다면 존재와 당위를 서로 결합시키는 중국의 고전철학을 통해 라드브루흐가 이 둘의 관계를 어떻게 보았는가를 재조명해 보는 것은 대단히 흥미로울 것이다. 사실상 이런 의도로부터 권영백 박사의 연구는 시작된다.

---

3) 그 당시 발표된 논문은 다음과 같다. 서독의 언론 증언 거부권, 입법조사월보 7호(66. 4.), 116-121; 최근서독형법의 사상동향, 법률신문 649호(65. 10.), 3-3; 한미행협형사특별법의 문제점. 법정(구) 22권 6호(67. 6.), 21-23; 형법학에 있어서의 목적적 행위론의 문제점, 상, 법정(구) 22권 1호(199호)(67. 1.), 41-45; 형법학에 있어서 목적적 행위론의 문제점 하, 법정(구) 22권 2호(200호)(67. 2.), 43-49.

그는 우선 라드브루흐 법철학의 중심이 되는 사실과 가치를 고찰하는 네 가지 방식의 설명으로부터 출발한다. 즉 일정한 所與에서는 사실과 가치는 원래 구별되지 않고 혼돈상태에 있으나 인간의 정신을 통해 이 둘은 서로 구별된다는 것이다. 그런데 여기에는 우선 자연과학과 같이 가치를 전혀 고려하지 않는 가치맹목적인 입장과 가치철학과 같이 가치판단을 하는 가치평가적인 입장이라는 두 가지 근본태도가 있고 그 사이에 법학과 같은 가치관계적인 태도와 존재하는 모든 것을 인정하는 종교와 같은 가치초월적인 태도가 있다. 요약해서 말한다면 "자연의 왕국", "가치의 왕국", "종교의 왕국", 그 중간 형태로서 "문화의 왕국"이 존재하고, 각각에 대해 가치맹목적, 가치평가적, 가치초월적, 가치관계적인 태도가 대치한다는 것이다.

그리고 여기서 중요한 것은 라드브루흐는 법을 존재와 당위가 서로 관련을 맺는 가치관계적인 것으로 파악함으로써 그것은 한편으로는 존재에 속하지만 다른 한편 정의라는 당위에 지향되어진, 요컨대 존재와 당위가 서로 결합하는 문화현상이라고 설명한다는 것이다. 그의 정의에 따른다면 "법은 정의라는 이념에 봉사하는 현상이다."[4] 그런데 문화는 가치관련적인 현실, 구체화되고 실현된 가치규정이므로 여기서 질료가 지향하는 이념은 그것이 실질화되기 위해서는 반드시 질료자체에 적합해야만 한다.[5] 라드브루흐에 따르면 이러한 "이념의 소재규정성(Stoffbestimmtheit der Idee)"[6]이 사물의 본성이고, 이것은 마치 예술가의 이념이 질료를 통해 실현되듯이 – 예를 들면 예술가의 표상이 청동과 대리석에 조각할 때 각각 다르게 되듯이 – 법이념도 법적 질료에서의 그것의 실현을 통해서만 법이 된다는 의미이다. 달리 말한다면 "이념의 소재규정성"으로 인해 법은 법이념만이 아니라 오히려 그에 기초한 법적 질료에서의 의미관련성에 의해 규정된

4) Radbruch, Rechtsphilosophie, 6. Aufl., 1963, S. 95.

5) 라드브루흐의 말을 빌리면, "이념은 질료를 지배하려는 요청을 가지고 있는데, 그것이 의미하는 바는 이념은 특정한 질료에 대한 것으로서 이 질료에 지향되어 있으며 이를 통해 다시금 그 질료에 의해 재규정된다". Radbruch, Rechtsidee und Rechtsstoff, in: ARWP 17, 1923/24, 343.

6) 라드브루흐는 초기에는 사물에 본성에 의한 인식을 "직관의 우연(Glücksfall der Intuition)"이라고 생각했으나 그 후 이런 입장을 바꿨다. 이에 관해서는 Radbruch, Die Natur der Sache als juristische Denkform, 1960, S. 14. Fn. 24 참조.

다는 것이다.

이렇듯 라드브루흐는 이념의 소재규정성을 통해 준엄한 방법이원론으로부터 사물의 본성에 의한, 구체적인 사태의 의미관련성에 의한 사물을 중시하는 법철학으로의 첫발을 내딛었다. 그것은 마치 노자에 있어서의 직관에 의한 자연에로의 몰입과도 같은 것이었다. 그렇다면 과연 라드브루흐는 이러한 사안을 중심으로 하는 소위 구체적인 자연법에로의 길을 걸어갔는가? 다시 말해 사물의 본성을 독자적인 법원으로 인정했는가?

권영백 박사의 주장에 따르면, 라드브루흐는 사물의 본성에 의해 그의 법철학의 실질화를 가져오기는 했지만 결국에는 방법이원론을 극복하지 못하였다. 다시 라드브루흐의 말의 빌린다면, "사물의 본성은 존재와 당위, 사실과 가치의 엄격한 이원론을 완화하는 구호"[7]에 불과하다는 것이다. 따라서 사물의 본성은 그 자체로 효력이 있는 *法源*이 아니라 법에 보충적으로 봉사하는 해석 내지 흠결 보충의 수단에 불과하다.[8] 그렇지만 분명한 것은 라드브루흐는 사물의 본성을 통해 신칸트학파의 방법이원론으로부터 벗어난다는 것이다. 물론 그는 여전히 합리주의의 그늘에 남아 있어 형식적인 법이념을 실현하는 인간의 본성을 신임하고 그 결과, 권 박사의 주장에 따르면, 라드브루흐는 아직까지 신칸트학파의 굴레에 얽매인다고 한다. 결론적으로 말하면 라드브루흐의 공헌은 역사적인 실제적인 것, 살아 있는 것으로 시야를 넓힘으로써 법철학을 한편으로는 추상적이고 절대적인 이성법이라는 자연법이론과 다른 한편 현실만을 중시하는 엄격한 실증주의로부터 해방시킨다는 점에 있다는 것이다. 요컨대 그는 무익한 "자연법론 아니면 법실증주의의 양자택일"을 넘어서서 제3의 길을 주장함으로써[9] 방법이원론을 극복하고 새로운 의미에서의 법존재론이 근거할 수 있는 토대를 마련했다는 것이다.[10]

7) Radbruch, Die Natur der Sache(주 6), S. 5.

8) 그것은 법률의 흠결 시 법을 완성시키는 "보충적인 원칙(ultima ratio)"일 뿐이라고 한다. Radbruch, Die Natur der Sache(주 6). S. 15.

9) 김영환(역), 아르투어 카우프만, 법철학, 2007, 118면 이하.

10) Yungback Kwun, Entwicklung der Lehre von der 'Natur der Sache' in der

대단히 흥미로운 것은 권영백 박사의 학위논문의 후기인데 왜냐하면 그는 여기에서 중국고대철학에서 발견되는 "사물의 본성"에 관한 내용들을 서술하기 때문이다.[11] 그에 따르면, 理는 윤리로서 그것은 실정법이나 자연법을 의미하는 것이 아니라 이 둘을 모두 내포한다. 물론 理를 개념정의하기는 대단히 어려운데 왜냐하면 동양철학은 서양철학과 달리 개념을 직접적으로 정의하기보다는 비유적으로 서술하기 때문이다. 따라서 우리들은 理를 개념정의하기보다는 단지 서술할 뿐이다.[12] 무엇보다 중국철학에 있어서 理는 불변의 법칙이며 또 이것은 실천적인 행위의 기준으로서도 중요한데 고대 중국과 한국에서는 실정된 규범이 없었고 그 대신 윤리인 理에 따라 행위를 평가했다고 한다. 더 나아가 理에는 필연적으로 척도의 원칙도 들어 있다. 이러한 의미에서의 理에는 교육, 국가의 법, 정치에 있어서 행위의 규율이 속한다. 요컨대 理는 다름이 아니라 모든 규범의 최상의 표현이라는 것이다. 권영백 박사는 理 이외에도 그것에 이르는 방법인 道에 대해서 언급하며 이러한 인식방식에서 正名이 중요하다고 강조한다. 正名이란 말 그대로 올바른 개념형성을 의미하는데 이것은 사물의 본성으로부터의 인식을 말하며 그것은 인식능력인 知를 사물 자체에 매몰시켜 사물 자체로부터 그 본성을 묘사하는 것을 의미한다. 이런 인식방법을 중국과 한국에서는 고대로부터 윤리법칙인 理에 적용했다는 것이다. 이렇듯 중국철학은 이미 오래전부터 사물의 본성으로부터 도움받아 공동체의 규율인 理를 올바른 행위의 기준으로 인식하고 있다고 한다. 그리고 사물의 본성은 서양철학과 달리 중국에서는 구체적이고 사안에 적합한 질서로 관념했다는 것이다.[13] 결론적으로 말한다면, 사물의 본성은 중국의 고대철학에서는 존재와 당위, 현실과 가치를 서로 연결하는 구체적인 존재 속의 당위로 개념화된 반면, 라드브루흐는 이와는 달리 사물의 본성이라는 개념을 통해 비록 방법이원론은 벗어났지만 그러나 합리주의 방식을 고집

Rechtsphilosophie bei Gustav Radbruch, 1964, S. 47.

11) Yungback Kwun, Natur der Sache(Fn 10), S. 49 ff.

12) 이 개념은 순자의 철학에서 잘 나타나는데 그에 따르면 그것은 다음과 같은 세 가지 근본원칙들을 지닌다고 한다. 즉 생명의 근원으로서의 하늘과 땅, 세대의 근본으로서의 조상, 그리고 교육의 근거로서의 임금과 신하가 그것이다. 어떻게 하늘과 땅 없이 살 수 있고, 조상 없이 살 수 있고, 임금과 선생 없이 가르칠 수 있는가? 그러므로 理는 하늘과 땅, 조상, 임금과 신하를 지향하고 있으며 그런 한에서 불변의 법칙이라고 한다.

13) Yungback Kwun, Natur der Sache(주 10), S. 52 ff.

한 결과 존재 속에서 당위를 바라보는 법존재론에는 이르지 못했다는 것이다.

2. 권영백 박사가 1963년에 라드브루흐의 사물의 본성에 관한 논문으로 박사학위를 받은 지 3년 후에 김지수 교수는 독일의 프라이부르크(Freiburg)에서 에릭 볼프(Erik Wolf) 교수의 지도하에 "라드브루흐 사상에서의 '방법삼원주의'와 '사물의 본성'('Methodentrialismus' und 'Naur der Sache' im Denken Gustav Radbruchs)"이라는 논문으로 박사학위를 취득했다. 김지수 교수는 권영백 박사와 마찬가지로 고려대 정외과를 졸업하고 1960년에 독일유학길에 올라 6년 만에 우수한 성적으로 박사학위를 취득 후 귀국하여 2002년 퇴임할 때까지 한국외국어대학에서 근무했다. 그는 한국외국어대학 재직 시 대학원장과 부총장을 역임했으며 더 나아가 1992년부터 1994년까지 한국법철학회 회장직을 맡은 바 있다. 김 교수는 귀국 후 법철학에 관해서도 여러 편의 논문을 발표했으나 그 이외에도 국제상사법과 관련한 논문이 비교적 더 많다.[14] 특기할 것은 그가 해박한 외국어 실력을 가지고 있다는 점이며 최근에는 그에 못지 않게 컴퓨터 프로그램도 소화하고 있다. 정년퇴임 후에는 태국에서 거주하면서 그곳 대학에도 출강한다. 그러면 이하에서 그의 박사학위논문을 소개하면 다음과 같다.

이미 언급한 바와 같이, 권 박사에게는 라드브루흐의 사물의 본성에 관한 이론을 중국철학과의 비교를 통해 고찰해 보는 것이 주된 목적이었다면, 김지수 교수의 관심사는 라드브루흐의 법철학 사상을 독일의 정신사적 맥락에서 본격적으로 추적하는 것이었다. 그러므로 그는 서문에서 그의 관심이 다음에 있다는 것을 밝히고 있다. 즉 1945년 이후의 라드브루흐의 법철학이 결정적인 전향을 경험했는가 아니면 애초의 사상의 지속적인 발전으로 볼 수 있는가의 문제는 라드브루흐의 방법이원론과 상대주의의 해석과 밀접하게 연관되며 이것은 다시금 방법이원적인 칸트의 선험철학과 사물의 본성에 근거한 괴테의 일원적인 철학이 얼마

---

14) 필자가 아는 그의 법철학 논문을 열거하면 다음과 같다. Max Weber의 몰가치이론, 현승종박사화갑기념논문집, 1979, 29면 이하; 법해석학의 존재론적 전환, 장경학박사고희기념논문집, 1987, 573면 이하; 법현실주의와 법리의 발견, 인권과 정의 214호, 1994, 103면 이하; Dworkin의 정의론과 二價値論의 전환, 인권과 정의 217호, 1994, 117면 이하; 법의 부정과 법긍정의 二價値論, 한국외대법학논집 제3집, 1996, 27면 이하 등이 있다.

만큼 그의 법사상에 영향을 주었는가에 달려 있다는 것이다. 그러나 어쨌든 전후 라드브루흐의 자연법론에의 회귀 여부는 칸트와 연관을 맺지 않고는 설명할 수 없다는 견해이다. 그러므로 김 교수는 라드브루흐와 칸트와의 사상적인 관계를 탐구하기 시작한다. 그런데 자세히 보면 라드브루흐는 그의 사상이 근거했던 서남독일의 신칸트학파의 대표자인 빈델반트(Windelband), 리케르트(Rickert), 라스크(Lask)를 통해 간접적으로 칸트를 경험했기 때문에 우선 그는 서남독일학파와 칸트와 관계를 분석하기 시작한다.[15]

김 교수에 따르면 비록 서남독일학파도 칸트의 선험철학으로부터 출발하지만 이 둘 사이에는 다음과 같은 차이가 있다. 즉 칸트의 선험철학은 인식의 범주에 관한 이론이고 이로부터 인식은 객관성을 얻는다고 주장한다. 그리고 칸트의 가치철학도 이러한 인식론에 근거하기 때문에 단지 일반적인 것만이 초경험적인 가치로서 파악될 뿐 구체적이고 개별적인 것들은 가치가 없는 것으로 여겨진다. 이에 반해 서남독일학파에서는 수학과 같이 경험과 무관한 순수한 이론적인 인식이 중요한 것이 아니라 오히려 경험에서 주어지는 것, 문화적인 것이 체화된 비이론적인 것이 철학의 본래적인 대상이 된다고 주장한다. 그러므로 칸트가 일반적인 것, 비역사적인 것, 초경험적인 것을 중시한다면, 이에 반해 서남독일학파는 개별적인 것, 역사적인 것의 경험적인 것에 초점을 맞춘다. 그리고 특이한 것은 다음과 같은 김 교수의 시도인데, 즉 그는 피히테를 칸트의 본래적인 의미를 발전시킨 사람으로 파악한다.[16] 다시 말해 비록 논리적으로는 확실히 파악되지 않았지만 피히테에서 역사적인 것과 가치를 연결하는 "개별적인 가치(Wertindividualität)"라는 개념이 등장한다는 것이다.[17]

---

15) 그러므로 김 교수의 관심은 존재와 당위를 준별했던 칸트와 달리 어떻게 서남독일의 신칸트학파가 존재와 당위를 결합시키는 문화개념에 도달했는가를 밝히는 데에 있다. 그리고 이 점은 그의 학위논문 제1장에서 다루어진다.

16) 이러한 입장에 대해서는 Arthur Kaufmann, die koreanische Rechtsphilosophie(주 1), S. 114.

17) 이런 의미에서 라스크는 다음과 같이 말한다. "그러므로 칸트로부터 벗어난 … 문화철학은 다시금 칸트 철학의 무진무궁한 심연으로부터 유래한다. 그러므로 가치철학에서도 피히테는 스승의 업적을 지키면서 그를 넘어서는 칸트철학의 계승자처럼 보인다." 이에 관해서는 Lask, Fichtes Idealismus und die Geschichte, in: ders., Gesammlte Schriften, Bd. 1,

제2장의 목적은 역사적·문화과학적인 방법의 도움을 받아 라드브루흐의 방법이원론을 자세히 설명하고 그것을 그 밖의 방법이원론과 구별짓는 것이다. 김 교수는 여기서 라드브루흐의 잘 알려진 4가지 고찰방식으로부터 출발한다. 즉 가치맹목적인 존재, 평가적인 당위, 그리고 그 사이에 위치하는 중간적인 고찰로서 가치관계적인 문화와 그것들을 넘어서는 가치초월적인 종교. 그리고 이 네 가지에는 각각 자연(Natur), 이상(Ideal), 문화(Kultur), 종교(Glauben)가 대치된다. 그런데 라드브루흐는 법을 존재와 당위가 결합하는 문화에 위치시킴으로써 사실상 방법이원론을 슈탐러(Stammler)와 같이 존재와 당위를 준별하는 것으로 이해하는 것이 아니라 오히려 이 둘을 서로 결부시키는 방법삼원론(Methodentrialismus)으로 이해한다. 다시 말하면 라드브루흐는 법을 존재와 당위 모두에 관련을 맺는, 즉 가치가 실현된 문화현상으로 파악한다. 그런데 이 장에서도 주목할 것은 김 교수가 문화를 제대로 파악할 수 있는 방법삼원론의 세 가지 방법론적 특성을 자세히 설명한다는 점이다.[18] 물론 이렇게 이해된 방법삼원론이 어떤 인식가치를 지니는지는 확실하지 않지만,[19] 그러나 분명한 것은 이이 언급한 바와 같이 라드부르흐의 방법이원론은 존재와 당위를 서로 결합시키는 방법삼원론의 도움 없이는 제대로 이해될 수 없다는 것이다.

김 교수 박사학위논문의 마지막 장은 가장 중요한 부분으로서 여기서는 "사물의 본성"이 다루어진다. 우선 김 교수에 따르면 오늘날의 독일의 법철학은 모두 구체적인 것, 존재적인 것을 지향하고 있고, 그것의 구체적이고 내재적인 생활질서는 이미 데른부르크가 말한 바와 같이 "사물의 본성"으로 표현될 수 있다.[20] 그런데 그

1923, S. 174.

18) 그것의 첫 번째 개념적인 표지는 "이해할 수 있는 것"이라는 것으로서 문화현상은 지각할 수 있는 것을 넘어서지만 경험적으로 파악될 수 있는 것으로까지 확장되어야 한다는 것이다. 두 번째의 개념표지는 "개별화하는 것"으로서 문화현상을 이해하기 위해서는 현상을 일반화시키는 자연과학적인 방법이 아니라 문화현상들의 구체적인 특성을 파악할 수 있도록 개별화해야 한다는 것이다. 세 번째 개념표지는 "가치관계적인 것"인데 김 교수는 리케르트를 따라 실천적인 평가와 이론적인 가치관계적인 태도를 다음과 같이 서로 구별한다. 즉 평가적인 입장에서 보면 긍정적인 가치와 부정적인 가치는 서로 다른 것이지만 이론적인 입장에서 고찰한다면 이 둘 모두 가치관련적인 것이라는 점에서 동일선상에 놓여 있다고 한다.

19) 마찬가지의 입장으로 Arthur Kaufmann, die koreanische Rechtsphilosophie(주 1), S. 114.

것의 내용은 사람에 따라 모두 다르게 파악되기 때문에 라드브루흐에서의 이것의 의미를 제대로 파악하기 위해서는 먼저 所與(Gegebenheit)와 현실(Wirklichkeit)의 개념부터 파악해야 한다. 이러한 분석 위에 김 교수는 이러한 존재적인 것과 가치판단이 서로 결합되는 논리적인 구조를 광범위하게 탐구한다.[21] 그리고 이를 기초로 "이념의 소재규정성"과 "사물의 본성"이 어떻게 관련을 맺는지를 분석한다. 그에 따르면 라드브루흐의 "사물의 소재규정성"은 다음의 두 가지, 즉 "이념의 소재규정화(Stoffbestimmung)"와 "소재의 이념규정화(Stoffbestimmtheit)"[22]를 의미하며 사물의 본성도 라드브루흐에 따라 차례대로 세분화될 수 있다. 그 이후 법적 사유형식으로서의 사물의 본성이 "異種法(Heterothetik)"[23]인가 아니면 "변증법(Dialektik)"인가를 다룬다. 대단히 중요한 것은 이 논문의 결론부분인데 왜냐하면 김 교수는 라드브루흐 사상의 변천과 관련해서 사물의 본성개념과 방법이원론이 그에게 있어서 사실상 다음과 같이 변천되었다고 설명하기 때문이다. 즉 사물의 본성은 3가지 의미를 지니는데, 첫 번째는 아무런 의미를 가지지 않는 칸트적인 의미에서의 단순한 존재로 파악된 초기사상이고, 두 번째는 질료에 있어서 이념이 미리 규정되었다는 것을 의미하지만 아직도 그것은 비학문적인 의미를 지는 것으로서 그것을 아는 것은 단순한 "직관의 요행(Glücksfall der Intuition)"에 불과하다는 생각이며 마지막에는 사물의 본성은 학문적인 개념으로서 존재와 당위의 긴장을 완화하지만 그것을 완전히 극복하지는 못한다는 사상으로 바뀐다는 것이다. 이

---

20) 데른부르크(Dernburg)는 이에 대해 다음과 같이 말했다. "생활질서는 그 발전에 있어서는 다소 차이가 있지만 그 자체 척도와 질서를 지닌다. 이러한 사물에 내재한 질서를 사물의 본성이라고 부른다." 이에 관해서는 H. Dernburg, Panekten, Bd. 1, 5. Aufl., 1896, S. 87.

21) 간단히 설명을 하면 이 구조는 다음과 같다. 칸트의 인식론에 따르면 논리적 타당성이 대상에 의해 정해지는 것이 아니라 오히려 거꾸로 대상이 논리적 효력에 의해 결정된다. 이렇듯 칸트에서는 대상성과 이론적인 효력의 분리는 지양되고 논리적 내용은 대상성을 규정하는 구성적인 것으로 파악된다. 그러므로 존재의 객체에 대해 대상성과 논리적인 효력내용은 서로 일치하게 된다. 이에 관해서는 Ji-Su Kim, "Methodentrialismus" und "Natur der Sache" im Denken Gustav Radbruchs, 1966, S. 158 f.

22) 이 말이 의미하는 것은 일정한 소재에로(für) 규정되기 때문에 소재에 의해(durch) 규정된다는 것이다.

23) 異種法은 이념과 질료가 서로 다른 것으로 남아 있지만 하나로 합일화되어 가는 반면 변증법은 이미 그 둘의 차이가 없어져서 하나로 되었다는 것을 의미한다고 한다. 이에 관해 자세한 것은 Ji-Su Kim, "Methodentrialismus"(주 21), S. 217 ff.

와 함께 방법이원론도 변화하여 처음에는 당위와 존재는 서로 준별되기 때문에 존재로부터 당위를 이끌어낼 수 없다는 주장을 했는데 점차 이러한 생각은 가치관련적인 방법과 함께 변모해서 가치와 현실의 상호작용을 인정하게 되었다는 것이다. 그리고 마지막으로 김 교수는 라드브루흐에 있어서 사물의 본성과 인간의 본성 간의 관계를 다음과 같이 설명하는 것으로 논문을 마무리한다. 즉 사물의 본성은 주어진 법소재를 의미 있게 형성하라는 요구를 통해 법의 이념에 봉사하지만 최종적인 결정은 인간의 본성이라는 법이념으로 돌아간다는 것이다. 이렇게 본다면 괴테적인 의미에서의 사물의 본성과 칸트적인 의미에서의 인간의 본성은 서로 대립하는 것이 아니라 서로 보충적인 관계에 있는 것이 된다고 주장하면서 그는 논문의 서문에서 말했던 자신의 관심사에 대한 답을 찾는다.[24)25)]

3. 정종욱 교수는 김지수 교수의 학위논문이 출간된 지 1년 뒤 독일 본(Bonn)에서 목적적 행위론의 주창자인 한스 벨첼(Hans Welzel) 교수의 지도하에 "라드브루흐에 있어서 법철학적 상대주의의 길(Der Weg des rechtsphilosophischen Relativismus bei Gustav Radbruch)"이라는 논문으로 박사학위를 취득했다. 그는 1956년 서울대학교를 졸업하고 1958년부터 독일 본대학에서 법학공부를 시작하여 석사과정을 마친 후 1960년부터 본격적으로 벨첼 교수의 지도하에 학위논문을 쓰기 시작해서 1967년에 마쳤다. 1965년부터는 벨첼 교수의 조교로도 활동하였고 박사학위 취득 후 귀국해서는 1968년부터 1년간 부산대에 봉직하다가 1969년 중앙대로 자리를 옮겼다. 그러나 그의 독일 부인이 독일로 돌아갈 것을 강력

24) 여기서 반드시 언급할 점은 김 교수의 지도교수인 에릭 볼프 교수의 다음과 같은 말이다. 즉 그는 문헌의 이상은 다름 아니라 사유자의 정신이고 이 둘은 서로 다른 것이 아니기 때문에 그는 라드브루흐를 항상 그의 내심, 인격으로부터 이해하려고 시도한다는 것이다. 이에 대해서는 Ji-Su Kim, "Methodentrialismus"(주 21), S. 256, Anm. 471 참조.

25) 그 후 1994년 한국법철학회 추계학술대회에서 김 교수는 다시금 라드브루흐 법철학에 대해 다음과 같이 말한다.
"법철학의 관계성, 상대성의 무한함을 끈기와 집념을 가지고 주장하면서도, '자연법'이라는 이름까지도 붙이기가 두려워, 소리 없이 묵묵히 실천에 옮기기만 했지만, 라드브루흐에게는 법 안에서의 참다운 경외의 믿음이 있었으니 이것이 곧 각자의 인간존엄이다. 이념으로 현실을 유리하고, 현실을 이념으로 위장하는 가식의 질서, 자의의 질서를 혐오하면서 라드브루흐는 인간의 존엄을 근본으로 하는 믿음, 박애, 성실, 겸허, 인내, 실천이 법철학의 열린 마당을 우리 각자가 모여 이야기를 나눌 수 있도록 마련해 놓았다."

하게 요구하여 다시 돌아갔으며 독일 보쿰(Bochum)대학을 거쳐 독일 프라이부르크의 막스 프랑크(Max Planck) 국제형법연구소의 극동담당연구관을 지내다가 위암으로 인해 안타깝게도 1982년 너무 일찍 세상을 떠났다. 그는 황산덕 교수의 제자로서 그와 각별한 인연(?)[26]도 지니고 있다. 비교적 짧은 인생을 살았기에 많은 논문을 남기지 못했을 뿐만 아니라 귀국해서는 독일에서의 지도교수인 벨첼 교수의 형법사상인 목적적 행위론을 널리 알리는 데 주력했기 때문에 그의 법철학 논문은 박사학위논문이 전부인 것 같다.[27] 이하에서는 그의 박사학위논문부터 소개하려고 한다.

아르투어 카우프만이 3편의 한국인 논문 중 가장 뛰어나다고 평가하는 정 교수의 논문은 김지수 교수와 마찬가지로 라드브루흐의 법사상을 그의 정신사적 맥락에서 다루고 있다. 여기서 그의 관심은 라드브루흐의 법철학의 두 기둥인 방법이원론과 법철학적 상대주의이다.[28] 방법이원론을 다룬 제1장의 분석에 따르

---

26) 정종욱 교수와 황산덕 교수와의 인연에 대해 자세한 점은 정종욱박사유고집 간행위원회, 한독법학논고, 정종욱박사유고집, 1983, 311면 참조.

27) 다만 벨첼 교수의 철학적 사상의 원류를 다룬 논문들도 법철학적 내용이 있기 때문에 그것들도 법철학에 포함시킬 수 있을 것 같다. 그의 논문들을 열거하면 다음과 같다. Der Ursprung und die philosophische Grundlage der Lehre von den sachlogischen Strukuren im Strafrecht, ARSP(1968), 411 ff.; 형법에 있어서 '사물논리적 구조론'의 기원과 그 철학적 기초, 부산대 법학연구 제10권(68. 6.), 140면 이하; 한스 벨첼의 생애와 학문, 정종욱박사유고집, 1983, 92면 이하; 손해목 외, 한독법학논고, 정종욱박사유고집, 1983.

28) 정 교수는 우선 19세기 중반 독일에서 풍미했던 실증주의적인 사고, 즉 형이상학을 배제하고 모든 현상을 인과성에 의해 기계적으로만 설명하려 들었던 사조를 극복한 신칸트학파의 서남독일학파의 사상을 소개한다. 여기에는 빈델반트, 리케르트, 라스크가 속해 있었는데, 그들 중 특히 리케르트는 인지되는 현실 말고도 가치와 같이 경험되는 비현실적인 것이 존재한다고 주장하고, 더 나아가 대상은 인식범주에 의해 규정된다는 칸트의 선험철학에 따라 대상을 바라보는 관점에 따라 동일한 대상은 달리 파악된다고 설명한다. 그리고 보편적인 고찰방식을 중시하는 자연과학과 개별적인 것을 중시하는 역사학을 서로 구별한다. 그러나 인식을 궁극적으로 규정하는 것은 방법이 아니라 대상이기 때문에 리케르트는 그의 형식적인 개념론을 가치관련성이라는 원칙을 통해 실질화하려고 했으며 이를 통해 이제 대상은 의미를 지니는 문화와 의미와 무관한 자연으로 구별된다. 요컨대 문화과학은 개별화할 뿐만 아니라 가치관련적인 반면, 자연과학은 일반화할 뿐만 아니라 가치와 무관한 절차에 의해 구성된다. 이렇게 보면 가치관련성이라는 원칙은 문화과학에 있어서 지도적인 원칙이 되는데 이러한 생각은 라스크에 이어지며 그는 이러한 생각을 법학에 적용하였다. 모든 문화현

면 라드브루흐는 초기에는 다음과 같이 생각하였다.[29] 즉 처음에는 현실과 가치가 혼돈된 所與만이 주어져 있는데 이것은 인간의 정신활동을 통해 서로 구별되며 여기서 현실은 그 자체 의미와 가치로부터 벗어난 所與이고 그러므로 필연적으로 가치원칙에 의한 구성을 필요로 한다는 것이다. 이러한 인식론적인 태도는 라드브루흐에게 결정적으로 영향을 미치며 이에 따라 존재로부터 당위를 추론할 수 없다는 그의 방법이원론이 성립하게 된다. 그러나 그 후 라드브루흐는 다시금 문화를 강조하는 신칸트학파의 영향 아래 존재와 당위를 준별하는 슈탐러식의 방법이원론을 극복하고 법을 존재와 당위 모두와 관련을 맺는 문화현상으로 파악하기에 이른다. 다시 말해 법은 자연과 가치 사이에 존재하는 현실과 가치의 중간영역인 것이다. 정 교수는 라드브루흐의 법철학의 공적은 실증주의가 소홀히 다룬 법이념을 법학의 구성적인 부분으로 고양시켰다는 데에 있으며 바로 여기에 또한 문화철학적인 방법삼원론과 그것의 목적론적이고 가치관련적인 개념형성의 의미가 존재한다고 평가한다.[30]

그는 제2장에서 법철학적 상대주의의 사상적 연원을 제공한 짐멜(Simmel), 리케르트, 막스 베버(Max Weber)를 자세히 설명하면서 이들 중 특히 막스 베버의 학문이론이 라드브루흐에게 많은 영향을 미쳤다고 밝히고 있다. 사실상 법철학적 상대주의는 모든 것을 이성에 의해 남김없이 파악하려는 합리주의의 한계를 뜻하기 때문에 이것은 다음의 두 가지 생각 위에 기초한다. 그 하나는 학문은 가

상은 객관적인 현실이 문화가치에 관련을 맺는 것을 통해 성립한다는 리케르트의 생각에 따라 라스크도 법학을 경험적인 문화과학에 속하는 것으로 파악하고 이러한 생각은 라드브루흐에 그대로 침전된다고 한다. 이에 관해 자세히는 Zong Uk Tjong, Der Weg des rechtsphilosophischen Relativismus bei Gustav Radbruch, 1967, S. 17 ff. 참조.

29) 정 교수에 따르면, 방법이원론과 관련해서 라드브루흐는 여러 곳에서 칸트를 원용하지만 사실 이것은 칸트보다는 오히려 신칸트주의의 서남독일학파와 관련을 맺고 있다고 한다. 이에 관해서는 앞의 책(주 28), S. 29 참조.

30) 그러나 그는 라드브루흐의 법철학의 결정적인 잘못은 존재와 당위의 구별을 준수함으로써 법이념과 관련이 없는 법개념을 형성한다는 데에 있다는 것이다. 물론 그는 이러한 문제점을 사물의 본성이라는 개념을 통해 해결하려고 시도하지만 이것도 그의 방법이원론에 의해 성공하지 못하는데 왜냐하면 법적 결정은 궁극적으로 사물의 본성이 아니라 법이념에 의해 정해진다고 파악하기 때문이다. 이에 관해서는 Zong Uk Tjong, Relativismus bei Gustav Radbruch(주 28), S. 40 f.

치판단에 대해 말할 수 없으며 그러므로 그것에 관해서는 인식이 아니라 단지 고백될 수 있을 뿐이라는 것이고, 그 다른 하나는 그러한 가치판단에 관한 결정은 개인의 양심에 맡길 수밖에 없다는 것이다.[31] 법철학이 궁극적인 가치를 인식하지 못한다면 그것의 임무는 무엇인가? 이에 대해 라드브루흐는 일종의 "가치체계들의 체계"를 제시하는 것에 국한된다는 입장이다. 요컨대 생각 가능한 가치평가들을 체계적으로 발전시킴과 동시에 그 실현을 위한 수단과 그에 의해 조건지어지는 결과들을 기술함으로써 각각의 가치평가적 태도들의 세계관적 전제조건들을 발견한다는 것이다. 여기서 그는 개인적 가치를 중시하는 개인주의적 가치세계, 전체적 가치를 중시하는 집단주의적 가치세계, 그리고 문화작품을 중시하는 초인격적 가치세계를 제시한다. 정 교수의 말에 의하면 그러나 중요한 것은 법철학적 상대주의는 이러한 이론적인 차원에서의 객관적인 인식에 머무르는 것이 아니라 실천적인 차원에까지 나간다는 점이다. 그리고 여기서 가치상대주의는 궁극적 인식은 단념하지만 태도결정 자체를 단념하는 것은 아니며 오히려 자기의 생각만큼이나 다른 이의 생각도 마찬가지로 존중하는 가운데 배제가 아니라 대결을 통해 궁극적인 가치에 도달하려는 실천적인 토론의 관용을 의미한다는 것이다.

정 교수는 제3장에서 법철학의 핵심문제인 법의 효력을 다룬다. 법의 효력은 존재와 당위, 사실적인 것과 규범적인 것이 서로 결합하는 것인데, 이제 방법이원론과 법철학적 상대주의라는 방법론적 기초하에 라드브루흐가 이 문제를 어떻게 파악하는지가 분석된다. 라드브루흐에 따르면 우선 법률적 효력이론은 법체계 내에서 효력을 설명하는 것이기 때문에 법효력 자체를 설명할 수 없는 단점이 있을 뿐만 아니라 법규범과 다른 사회규범과의 충돌 시 속수무책이 될 수밖에 없다고 한다. 사회적인 효력이론의 하나인 실력설은 이러한 문제를 해결할 수 있

31) 라드브루흐는 이에 대해 다음과 같이 말한다. "상대주의적 법철학은 서로 대립하는 궁극적 전제들로부터 체계적으로 발전된 여러 법률관들에 대한 선택을 각 개인으로부터 빼앗을 수 없다. 법철학은 그의 임무를 태도결정의 가능성 전부를 각 개인들에게 제시하는 데에 한정시키며, 각 개인들의 태도결정 자체는 그의 인격의 깊은 곳 — 그의 恣意가 아니라 그의 양심 — 에서 형성된 결단에 위임한다." 이에 관해서는 Radbruch, Rechtsphilosophie, 8. Aufl., 1973, S. 98 참조.

지만 그러나 결정적인 문제점은 힘은 강제만을 가져올 뿐 당위를 의무지우지는 못한다는 점이다. 또 다른 사회적인 효력이론인 승인설은 강제의 궁극적인 근거를 법수호자의 승인에 둠으로써 이러한 문제점은 어느 정도 해결할 수 있지만 심리적인 것으로서 파악된 승인은 사실성을 넘어서는 무언가를 전제할 필요가 있다는 점이 지적된다. 왜냐하면 승인설에 의하면 무엇 때문에 다른 사람이 승인을 했다고 해서 승인하지 않는 사람에게도 효력이 있는가를 제대로 설명할 수 없기 때문이다. 그리하여 라드브루흐는 철학적 효력이론에 도달하게 되는데 그렇다면 법의 효력은 이념적이고 규범적인 법이념에만 근거할 수 있는가? 여기서 라드브루흐는 전통적인 자연법적인 이념과 그의 법이념론을 다음과 같이 구별한다. 즉 전통적인 자연법론은 실정적인 규정 없이도 타당하지만 그에게서 법이념은 법철학적 상대주의로 인해 객관적인 인식이 확보되지 않기 때문에 반드시 실정성을 필요로 한다는 것이다. 이렇게 본다면 법의 효력은 한편으로는 가치적인 요소와 다른 한편으로는 힘의 요소가 서로 결합될 수밖에 없고[32] 그러므로 법의 이념이 개별적인 규정을 통해 체화될 수밖에 없게 된다. 이런 생각하에 그는 법의 세 가지 이념인 정의, 합목적성, 법적 안정성을 차례대로 설명해 나간다.

마지막 장은 전후 라드브루흐의 자연법으로의 회귀를 다루는데 여기서는 다음의 세 가지 논점, 즉 1) 실증주의의 무력과 자연법의 부활, 2) 실정적 불법과 초실정적인 법, 3) 실질적인 정의로의 길이 중심이 된다. 정 교수는 우선 라드브루흐가 나치지배하에서의 불법을 경험한 후 법실증주의의 문제점을 지적하고 여러 논문에서 자연법에로의 회귀를 주장했다고 설명한다. 즉 법실증주의는 자신의 힘만으로 법을 근거지을 수 없으며 "법률은 법률이다"라는 구호로써 나치의 불법을 초래했다고 주장한다. 라드브루흐는 이러한 실증주의를 극복할 길을 모색하는 가운데 초실정적인 법을 알게 되었고 이러한 초실정적인 법은 2차대전 후 발표된 그의 논문인 "실정적인 불법과 초실정적인 법"에 잘 나타나 있다는 것이다. 그는 여기서 소위 "라드브루흐 공식"을 통해 초실정적인 법을 암시하지만 그것의 구체적인 내용은 밝히지 않는다. 다만 분명한 것은 초실정적인 법은 전통적인 자

32) 정 교수는, 라드브루흐는 법의 효력을 규범적인 철학적 이념에서 모색했지만 결과적으로는 사회학적인 이론으로 낙착되었다고 비판한다. 이에 관해 자세한 점은 Zong Uk Tjong, Relativismus bei Gustav Radbruch(주 28), S. 73 ff.

연법과는 분명히 다른 것으로서 정의라는 형식적인 이념을 의미하며 불법을 불법으로 규정하는 척도이기는 하지만 내용적인 규율을 할 수는 없다는 것이다.[33] 정 교수가 실질적인 정의로의 길에 대한 예로 다음의 세 가지, 즉 1) 인권사상, 2) 사물의 본성, 3) 일반적 승인이론, 4) 법률가 집단을 언급한다. 즉 인권이라는 외적인 자유 없이 윤리적인 목적 실현이라는 내적 자유는 성립할 수 없기 때문에 인권의 보장은 법치국가의 핵심적인 내용이 된다는 것이고, 또한 사물의 본성은 규율대상인 법률관계 자체에 내재되어 있는 의미를 뜻하기 때문에 입법자는 반드시 이것을 고려하여야 된다는 것이고, 더 나아가 법이 효력은 반드시 법수호자들 전반의 승인을 필요로 한다는 것이고 마지막으로 초법률적인 법의 실현은 법률가 집단에 맡겨져 있으므로 초실정적인 법이 실현될 수 있도록 법관에게 창조적인 활동을 할 수 있는 여지를 남겨 두어야 한다는 것이다. 그리고 결론으로 정 교수는 위의 4가지 요구들은 하나의 체계로 발전되지 못하고 부분적인 것으로 머물러 있다는 점을 지적하면서 다음의 두 가지 문제는 아직 해결되지 않은 채 남아 있다고 강조한다. 그 하나는 초실정적인 법과 실질적인 규율과의 관계이고 그 다른 하나는 어떻게 초실정적인 법이 그의 법철학적 상대주의에 접합될 수 있는가라는 것이다.

III

1960년대 독일에서 구스타프 라드브루흐의 법철학에 관한 학위논문들이 발표된 후 심재우 교수는 베르너 마이호퍼(Werner Maihofer) 교수의 지도하에 빌레펠트(Bielefeld)대학에서 "저항권과 인간의 존엄(Widerstandsrecht und Menschenwürde)"이라는 논문으로 1973년 박사학위를 취득하고 귀국해서 정년퇴임까지 줄곧 고려대학교에서 법철학과 형법을 가르쳤다. 그는 필자의 스승으로 고려대에서 이

33) 사정이 그러하다면 이러한 초실정적인 법과 법철학적 상대주의와의 관계는 어떠한가라는 질문이 제기되는데 정 교수에 따르면 초실정적인 법이 법철학적 상대주의의 전제라고 생각하면 이 둘은 서로 배제하는 것은 아니라고 한다. 다시 말해 궁극적인 정의자체를 전제하지 않는 절대적인 상대주의는 그 자체 모순이라고 한다. Zong Uk Tjong, Relativismus bei Gustav Radbruch(주 28), S. 80.

항녕 교수로부터 법철학을 배웠으며 한국형사법학회 회장직과 1990년 1992년까지 한국법철학회 회장직을 수행한 바 있다. 고려대에서 정년퇴임한 후 강릉에 살고 있으며 강릉대학에서 대학원생들을 지도하고 있다. 심 교수님의 저작은 비단 법철학뿐만 아니라 다수의 형법논문들이 있고 또한 1990년부터는 동양철학에 관한 법철학논문도 다수 발표하고 계시다.[34)]

심 교수의 법의 갈구는 언제나 암울한 시대상을 그 배경으로 하고 있다. 본인 스스로도 고백하듯이, "우리는 권력국가에서 살아온 경험만 가지고 있을 뿐 법치국가에서 살아 본 경험은 거의 없다. 500년에 걸친 조선왕조의 권위주의국가, 36년에 걸친 일제식민지하의 군국주의국가, 그 후 30년에 걸친 군사독재국가 등 권력국가의 질곡에서 벗어나 본 적이 거의 없다."[35)] 이렇듯 법이 자유의 보장책이 아니라 단순히 권력의 시녀가 된 현실로부터 투영된 법철학의 임무는 단순히 현학적인 지식만을 논리적으로 체계화하는 형식적인 이론이 될 수 없으며, 법이라는 현실태를 초월해서 "법의 본질"을 관조(?)하려는 선험적 혹은 종교적인 법철학은 더더욱 아니다. 이런 의미에서 심 교수님의 법철학을 줄곧 관통했던 문제는 바로 "법의 존재론적, 인간학적 기본구조"라는 물음이었던 것 같다. 요컨대 심 교수님의 궁극적인 관심은 어느 입법자도 거역할 수 없는 사회질서의 원형, 즉 자연법이었다.

---

34) 법철학 업적 중 중요하다고 생각되는 것을 열거하면 다음과 같다. 인간의 존엄과 법질서, 법률행정논집 제12집(1974.10.), 103면 이하; Thomas Hobbes의 법사상, 현승종박사화갑기념논문집(79.12.), 61면 이하; 저항권, 고려대 법학논집 제26집(91.9.), 47면 이하; 유가의 법사상, 안암법학 제1집(93.9.), 1면 이하; 순자의 법사상, 고려대 법학논집 제29집(93.12.), 39면 이하; 역서) 헬라 만트, 폭정론과 저항권, 1994; 역서) 베르너 마이호퍼, 법치국가와 인간의 존엄, 1994; 역서) 베르너 마아호퍼, 법과 존재, 1996; 한비자의 법사상, 고려대 법학논집 제32집(96.12.); 권력자와 법치주의, 동아대 동아법학 제21호(96.12.), 275면 이하; 동양의 법사상의 재조명: 법치주의, 예치주의, 덕치주의를 주심으로, 동아대 동아법학 제23집(97.12.). 345면 이하; 동양의 자연법 사상, 고려대 법학논집 제33집(97.8.), 367면 이하; 법치국가와 계몽적 자연법, 법철학연구 제1권(98.2.), 11면 이하; 사물의 본성과 구체적 자연법, 법철학연구 제2권(99.5.) 21세기 한국법철학의 과제와 전망, 안암법학 제13집(2001.11.), 1면 이하 다수.

35) 심재우, 법치주의와 계몽적 자연법, 법철학연구 제1권, 1998, 28면.

적어도 심 교수님의 서양의 법사상에 국한할 때, 그의 인식관심은 "사회계약", "인간의 존엄", 그리고 "저항권"이라는 세 가지 축에 의해 지탱되는 것 같다.

첫째 문제는 자연상태로부터 법이 지배하는 시민사회로 이전하는 과정, 즉 "사회계약"에 관한 문제이다. 사회계약이란 현실적인 계약을 의미하는 것은 아니라, 국가 혹은 법질서의 정당성을 설명하는 일종의 사유상의 가설이다. 그렇다면 사람들은 공동생활을 위해 사회계약에 의해 만들어진 법을 필요로 하는가? 주지하다시피 이 문제는 심 교수님에 의해 계몽적 자연법을 중심으로 다루어지며, 이런 관점에서 먼저 홉스의 법사상을 다음과 같이 원용한다. 아마도 계몽주의 자연법론자 가운데 법의 지배가 지니는 일차적인 이념인 인간의 생존확보라는 의미에서 법적 안정성 이념을 이론적으로 가장 깊이 있게 천착한 인물이 홉스라는 것이다. 즉 그에 의하면 자연상태에서 "인간은 인간에 대해 늑대이다." 이 상태에서 인간을 보호해 주는 것은 "자연권(ius naturale)"이지만, 이와 달리 자신의 권리를 포기하는 사회계약을 통해 시민상태로 들어선 후 개개인을 보호해 주는 것은 "자연법(lex naturale)"이다. 요컨대 홉스의 자연법은 "만인의 만인에 대한 투쟁상태(bellum omnium in omnes)"로부터 벗어나서 평화스러운 질서상태에 이르는 조건들을 이성의 일반원칙으로 확립해 놓은 것이다.

이렇듯 심 교수님이 홉스의 자연법에서 찾은 것은 법에 의한 지배가 갖는 일차적인 정당성, 즉 개인의 자기보존이라는 측면이다.[36] 그러나 이에 대해 항상 제기되는 문제는 개인의 자기보호라는 법의 현실적인 측면을 절대시함으로써 법의 이념적 가치라는 다른 측면이 경시되는 것은 아닌가라는 점이다. 심 교수님은 이 문제에 대한 해결책을 루소의 사회계약, 특히 "일반의지(volonté géneralé)"라는 개념 가운데서 모색하고 있다. 왜냐하면 그의 일반의지는 단순히 자기생존의 보호를 넘어서서 각자에게 평등한 권리가 보장된 질서의 존재구조를 암시하기 때문이다. 다시 말해 일반의지는 공통의 이익을 기초로 한 사회의 구성원리를 말하는 것이며 인간의 현실적인 개별의지나 집합의지를 말하는 것은 아니다. 왜냐

---

36) 바로 이 점을 가리켜 벨첼도 홉스의 법사상을 "실존적인 자연법론의 가장 이상적인 형태" 혹은 "이념적인 자연법에 대해 가장 중요한 실존적인 보충이론"이라고 평한다. Welzel, Naturrecht und materiale Gerechtigkeit, 4. Aufl., 1962, S. 114, 116.

하면 일반의지란 사회공동체의 결속을 가능케 하는 최소한의 조건으로서 개별적인 이해관계에 존재하는 공통적인 이해관계이기 때문이다.[37] 따라서 일반의지는 언제나 정당한데, 왜냐하면 일반의지는 모든 시민에게 공통된 이해관계를 포함함으로써 각자는 자신의 고유한 이해관계를 추구하는 동시에 곧 공통의 이해관계를 추구하는 것이 되기 때문이다. 이렇게 해서 루소의 일반의지는 지배자와 피지배자의 동일성을 가능케 하는 개념적인 도구가 될 뿐만 아니라 더 나아가 복종할 뿐만 아니라 동시에 자유를 누리게 되는 질서의 구성원리가 된다.

둘째는 사회계약을 통해 시민사회로 이행된 후의 법질서의 정당성에 관한 문제이다. 즉 법의 임무가 단순히 인간 생존의 가능조건을 넘어서서 인간 실존의 실질적 조건을 보장하는 데에 미쳐야 한다면, 이와 같은 법질서의 근본상황은 어떤 것인가? 이 문제는 실질적인 법치국가와 직결되는 문제로서 심 교수님은 법의 궁극적인 임무를 인간의 도덕적 자유와 관련된 "인간의 존엄성"에서 발견한다. 달리 말해 자연상태의 종식과 함께 주어진 시민적 자유는 바로 인간의 도덕적 자유를 가능하게 만드는 필요조건에 불과하며, 따라서 법의 실질적인 정당화는 바로 이러한 인격이라는 인간존엄의 실현에서 찾아야 한다는 것이다. 바로 여기에서 칸트의 실천이성과 사회윤리개념이 그 이론적 토대가 된다. 칸트가 바라본 올바른 질서의 궁극적인 정당화 근거는 다름이 아니라 인간의 존엄성이다. 그리고 심 교수님은 바로 이 점을 다음과 같이 지적하고 있다. "인격권의 존재근거로서의 인간에 대한 존중의무가 자기자신에 관계해서는 도덕적 의무로 나타나고, 타인에 관계하여서는 윤리적 의무 및 권리로 나타나고, 동시에 그것이 법으로 전환되면 법적 의무 및 권리로 되는 것이다. 인간의 존엄으로부터 나온 이 윤리적 의무 및 권리를 전체적인 관계에서 조화할 수 있게끔 조건지어 놓은 것이 이른바 자유의 일반법칙이고, 그 조건의 총체를 보장하여 놓은 것이 이른바 법질서이고, 이러한 법질서에 의하여 구성되고 다스려지는 국가가 법치국가라는 것이다."[38]

---

37) 보다 자세히 말한다면, "일반의지"는 먼저 "특수의지(volonté particulière)"와 대립된다. "특수의지"가 개개인들이 추구하는 사적 이해관계를 의미한다면, 이에 반해 "일반의지"란 개별적인 이해관계 속에서 추출되는 공통적인 이해관계이다. 그러므로 "특수의지"를 단순히 모아 놓은 "집합의지(volonté de tous)"와 "일반의지"는 그 성격이 본질적으로 다르다. 이에 관해서는 Welzel, Naturrecht(주 36), S. 158 f.

이렇게 해서 심 교수님이 구상하시는 법의 존재론적, 인간학적 기본구조는 일단 그 형태가 마무리된다. 그와 같은 질서형태가 전제하는 근본상황(Grundsituation)이란 비단 인간의 생존을 법에 의해 보호할 뿐만 아니라, 더 나아가 그 속에서 만인이 평등하고 자유로울 수 있도록 보장하는 법적 상태를 의미한다.

셋째는 올바른 질서를 확보하기 위한 최후의 수단(ultima ratio)으로서의 "저항권"[39]에 관한 문제이다. 만약 법이 권력의 수단으로 전락하여 한계상황을 야기했다면, 법은 자신의 정당화 근거를 토대로 이를 다시 회복해야 한다는 것이다. 다른 말로 말한다면 위에서 설명한 법의 존재론적, 인간학적 기본구조란 "지금 있는 상태"가 아니라 "있어야 할 상태"를 이론적으로 개념화한 것이므로 이와 같은 이념적인 구조가 현실적으로 실현된다는 보장은 어디에서도 찾을 수 없고 오히려 우리는 역사를 통해 그 반대의 예를 더 많이 접하게 된다. 바로 여기에서 저항권은 심 교수님이 제시하시는 현실적인 부정의에 대한 법철학적 처방책이다. 법철학의 임무가 단순히 이상적인 질서의 원형을 구상하는 데 그칠 것이 아니라 실천적인 미래의 설계도로 현실을 개조하기 위해서는 한계상황(Grenzsituation)을 바로잡는 치유책이 법철학의 마지막 보루가 되어야 한다는 것이다.[40]

---

38) 심재우, 인간의 존엄과 법질서, 법률행정논집 제12집, 1974, 117면 이하.

39) 주지하다시피 "저항권"의 문제는 심 선생님의 박사학위의 논문주제이며, 이것은 마치 잘못된 현실에 대한 일종의 법철학적 처방으로서 그 후에도 줄곧 논의주제가 되어 왔다.

40) 유의할 점은 심 교수님의 "저항권" 개념의 특징은 그것의 실천적 의의를 헌법상 제도화된 저항보다는 오히려 제도화되지 않은 저항에서 찾는다는 데 있다는 것이다. 예컨대 일마 타멜로(Ilma Tammelo)나 필자의 독일에서의 은사이신 아르투어 카우프만(Arthur Kaufmann) 등과 같은 학자는 저항권의 발동을 "불법국가"에 한정시키는 것에 반대하고 그것을 법치국가 내로 끌어들일 것을 역설한다. 왜냐하면 독재정권이 확립되기 이전에 이를 방지하는 "일상적이고, 작은, 그리고 부분적인" 소위 "예방적 저항권"이 보다 더 효과적이고 실효성이 있다고 생각하기 때문이다. 그러나 심 교수님의 생각은 이와 다르다. 왜냐하면 이와 같은 저항권은 헌법상 제도적으로 보장된 비판권이나 반대권에 불과하다고 보기 때문이다. 달리 말해 저항권의 진정한 의미는 반대하고 비판할 자유가 없는 곳에서 그러한 자유를 획득하기 위해 쟁취하는 데에 있다는 것이다. 반대와 비판을 할 수 있는 곳에서 구태여 저항을 할 필요는 없으며, 따라서 "저항권"이 전제하는 상황은 인간의 존엄과 인간의 기본권이 직접적으로 침해되는 "한계상황"이라는 것이다. 이런 관점에서 심 교수님은 "저항상황은 형식적으로는 법치국가의 기능이 완전히 제거된 곳에서, 그리고 실질적으로는 인간의 존엄과 가치 그리고 인권이 침해되는 곳에서 발견되는 것이다"라고 말한다.

이렇듯 심 교수님의 법철학은 우리 법현실에서 존재와 당위의 간격을 일관되게 있어야 할 법에 의해 규정함으로써 강력한 실천적인 힘을 발휘하고 있다. 그리고 바로 여기에 그것이 지니는 매력이 있는데 왜냐하면 법철학은 올바른 법에 관한 학문이고 이것은 바로 인간이 인간답게 사는 사회질서 이외에 다름 아니기 때문이다.[41]

Ⅳ

심헌섭 교수는 독일 프라이부르크(Freiburg)대학에서 에릭 볼프 교수의 지도하에 박사학위 논문을 준비하다가 지병으로 인해 귀국하여 서울대학교에서 1976년 "존재와 당위의 관계에 관한 연구"라는 논문으로 박사학위를 취득했다. 그는 황산덕 교수의 제자로서 오랫동안 한국법철학의 대들보 역할을 맡았으며 또한 그는 1993년 말부터 1995년 말까지 한국법철학회 회장직을 수행한 바 있다. 정년퇴임 후에는 서울대 명예교수로서 재직하고 있다. 그는 초기에는 형법에도 관심을 가졌지만 만년에는 법철학에만 전념함으로써 아마도 현존하는 법철학자 중 가장 많은 법철학 저서[42]와 논문을 발표했다.[43]

---

41) 이러한 법철학사상 이외에도 심 교수님의 관심은 본인의 스승이신 마이호퍼류의 실존적 자연법에도 있었다는 점을 밝혀 둔다.

42) 그의 저서 및 역서를 열거하면 다음과 같다. 역서) 아르투어 카우프만/빈프리트 하스머, 현대법철학과 법이론의 근본문제, 1974; 법철학 1, 1983; 역서) 한스 켈젠, 켈젠법이론 선집, 1990; 분석과 비판의 법철학, 2001 등.

43) 심 교수의 대표적인 법철학논문들을 열거하면 다음과 같다. 법과 도덕과의 관계, 서울대 법학 제18권 1호, 1977, 226면 이하; 법으로부터 자유로운 영역, 서울대 법학 제19권 2호, 1979, 61면 이하; 존재당위 이원론의 논리와 현대논리학, 서울대 법학 제20권 1호, 1979, 155면 이하; 법의 효력에 관한 연구, 서울대 법학 제21권 1호, 1980, 141면 이하; 법과 힘, 서울대 법학 제22권 3호, 1981, 174면 이하; 법획득방법의 기본구조에서 본 법학과 법실무, 서울대 법학 제23권 1호, 1982, 35면 이하; 법학의 학문성, 상, 서울대 법학 제23권 3호, 1982, 17면 이하; 법철학적 법학방법론 : 법철학과 합리적 법학방법, 서울대 법학 제24권 1호, 1983, 1면 이하; 법적안정성에 관한 연구, 서울대 법학 제25권 2 · 3호, 1984, 133면 이하; 정의에 관한 연구: 其一, 정의의 기본개념과 기본원리, 서울대 법학 제29권 2호, 1988, 77면 이하; 일반조항 소고, 서울대 법학 제30권 1 · 2호, 1989, 107면 이하; 법개념에 관한 논의 : Dreier, Hoerster, Krawietz 사이의 논쟁을 보고, 서울대 법학 제31권 1 · 2호, 1990, 61면 이

단적으로 말해 심재우 교수가 자연법론자라면 심헌섭 교수는 분석적 법률실증주의자라고 볼 수 있다. 다시 말해 심재우 교수가 법이념에 합치하는 올바른 내용의 법을 내용적으로 근거지으려 한다면 심헌섭 교수는 법현실에 존재하는 실정법을 전제로 그것의 논리적인 구조를 분석해 가는 데에 주안점을 두고 있다. 그리고 그 자신도 말한 바와 같이 이러한 "분석적 법률실증주의의 특색은 법현상을 사회학적이나 심리학적 관점에서 탐구하는 것보다 법제정행위를 통해 주어진 실정법을 하나의 실증적 사실로 받아들이고, 이를 우선 개념적이고 '언어로 이루어진 의미체계로서' 다룬다는 점이다. 그리고 이러한 실정법과 기본적인 법개념의 분석을 통해 법질서의 일반적 윤곽을 해명"[44] 하려고 한다.

무엇보다 그의 법철학적 관심은 대단히 광범위하다. 즉 법학의 학문성을 위시하여 법학의 방법에 대해서뿐만 아니라 자유, 정의 등의 법이념, 법효력, 그리고 법원리에까지 이른다. 그는 특히 서양의 법철학자들 — 예컨대 칼 엥기쉬, 한스 벨첼, 한스 켈젠, 하트 등 — 의 이론들을 우리나라에 소개했을 뿐만 아니라 외국의 서적에 대해서도 서평을 자주 썼다. 더 나아가 그의 법철학 책은 아마도 우리나라에서 발간된 최초의 법철학 체계서일 것이다. 아직까지도 국내의 법철학 책들은 대부분 사상사를 중심으로 구성되지만 그의 책은 이와는 달리 법의 개념, 이념, 효력 등 고전적인 법철학적 주제들을 그것도 대단히 높은 수준에서 다루고 있다. 더 나아가 최근에 발간된 "분석과 비판의 법철학"은 그가 얼마나 꾸준히 법

하; 독일 철학 및 법철학에서의 정의론의 동향, 서울대 법학 제34권 3·4호, 1993, 39면 이하; Ota Weinberger의 제도적 법실증주의, 서울대 법학 제35권 1호, 1994, 146면 이하; 석우 황산덕 박사에 있어서의 자연법론과 법실증주의: 그의 5주기 추모에 부쳐, 서울대 법학 제35권 3·4호, 1994, 72면 이하; 정의의 실질적 규준에 관한 연구, 서울대 법학 제36권 1호, 1995, 85면 이하; 규범의 일반이론에 관한 연구: 서론적 고찰, 서울대 법학 제37권 3·4호, 1996, 1면 이하; 법철학·혁명·쿠데타 : 검찰의 5·18 불기소 처분을 계기로, 5·18, 박은정/한인섭(편), 법적 책임과 역사적 책임, 1999, 40면 이하; 한스 켈젠의 법이론, 서울대 법학 제40권 1호, 1999, 333면 이하; 권위에 관하여: 배제적 법실증주의에서 포용적 법실증주의에로, 서울대 법학 제39권 2호, 1998, 103면 이하; 근본규범 이론 소고, 서울대 법학 제40권 3호, 1999, 50면 이하; 법과 인도성 : 과학적 인도주의를 바탕으로, 서울대 법학 제41권 4호, 2001, 7면 이하; 법과 자유: 법가치로서의 자유에 관한 한 고찰, 서울대 법학 제42권 4호, 2001, 1면 이하 등.

44) 심헌섭, 분석과 비판의 법철학(주 42), 563면.

철학적 문제에 대해 연구를 해 왔는가를 여실히 증명한다. 여기에 실린 논문들은 그의 30년간의 연구들을 집대성하는 것으로서 여기에는 법의 본질, 법학의 방법, 법원리와 법실천 등 주옥같은 논문들이 실려 있다. 이런 사정을 감안하면 그가 왜 독일의 저명한 법철학자이자 형법학자인 칼 엥기쉬를 좋아하는지를 잘 알 수 있다. 그것은 무엇보다도, 비록 이해하기는 힘이 들지만, 엥기쉬만큼 법철학의 모든 문제에 대해 해박한 지식을 가지고 철저하게 분석하여 그 연구결과들을 발표한 학자는 드물기 때문이다. 여하튼 그의 법철학적 업적은 대단히 많기 때문에 여기서는 그의 박사학위논문만을 중심으로 그의 사상적 경향 및 특색을 살펴보기로 하겠다.

그의 학위논문의 중심주제는 존재에서 당위가 이끌어 내어지는가이다. 그는 먼저 이 질문을 긍정하는 입장을 "일원론적인 논거"로 포괄한다. 그리고 이것을 다시금 1) 당위의 규준을 자연이나 혹은 존재적 所與에서 찾으려는 자연법론, 사물의 본성론, 사물의 논리적 구조 등의 존재론적 논의, 2) 당위는 현실적 가능성에서 제약하고 있다는 실현성의 논의, 3) 법은 목적적 욕구나 사실적 이익이라는 그것의 목적을 추구한다는 목적론적 논의, 4) 법을 사실적 질서메커니즘으로 파악하는 사회학적 논의, 5) 법은 역사현실의 발전을 외면할 수 없다는 역사적 논의, 6) 법은 현실적인 지배적 평가에 입각해야 된다는 지배적 평가의 논의 등으로 세분화한다. 그러나 그는 이러한 논거들이 다음과 같은 3가지 오류에 빠져 있다는 점을 분석해 낸다. 1) 존재는 곧 당위라는 형이상학적 본질존재론을 논거로 삼거나(존재론적 논의), 2) 존재에서 당위로의 비약적 추론을 감행하거나(생략추론: 이 점은 대부분의 목적론적 논의에서 발견된다), 3) 가치와 당위명제를 "사물의 본성" 등의 "수사학적 관점"을 빌려 존재 안으로 잠입시킨다는 것이다. 요컨대 존재로부터 당위를 이끌어 내려는 일원론적인 논의는 그 논증이 잘못된 전제로부터 출발했거나, 아니면 애당초 아무런 전제 없이 이루어져 논리적으로는 설득력이 없다는 것이다.

이에 반해 존재에서 당위를 추론하는 것을 부정하는 입장은 그에 의해 "이원론적 논의"라고 불린다. 그리고 다시금 이러한 존재와 당위의 구별은 다음과 같은 세분화된 논의 — 1) 인간의식에 직접적으로 주어져 있는 직각적 사실이라는 직각적 논의, 2) 가치는 존재와 다른 독자적인 세계를 형성한다는 가치철학적 논의, 3) 언어적 차원에서 볼 때 그 기능적 의미가 다르다는 의미론적 논의, 4) 존재명제만으로 된 전제로부터 당위명제가 추론되지 않는 것은 연역추론의 분석성에 따라 명백하다는 논리학적 논의 — 등에 의해 근거지어진다는 것이다. 심 교수의 견해에 따르면 이러한 이원론은 제기된 질문에 대한 적절한 답이 된다. 다만 1) 존재와 당위는 직각적일 만큼 그렇게 단순한 개념은 아니며, 2) 가치자체도 플라톤의 이데아처럼 독립적인 존재자는 아니고, 3) 의미도 실용론의 차원에서가 아니라 오히려 의미론적인 관점에서 고찰할 때 비로소 존재와 당위의 구별이 주어진다는 점이 지적되어야 한다고 강조한다. 그럼에도 불구하고 이 가운데 가장 중요한 것은 논리적인 논의인데, 이에 따르면 존재명제에서 당위명제가 추론될 수 없다는 것은 "전제에 내포되어 있는 것을 결론에 명시할 뿐이라는 연역추론의 분석적 성격에 비추어 명백하기 때문에 이원론의 근본취지는 옹호된다는 것이다. 이렇듯 존재와 당위, 현실과 가치, 사실과 명령은 구별되지만 존재에서 당위가, 사실에서 가치가 추론되고 근거지어지지 않는다는 주장은 현대 분석철학과 형식기호논리학에 의해서도 그 타당성이 입증된다고 한다.

그러나 심 교수는 이러한 이원론에 대해 다음의 점이 언급되어야 한다고 주장한다. 즉 존재에서 당위가 추론될 수 없다는 것은 이 둘의 논리적 관계만을 의미할 뿐이지 이 둘의 사실적 분리까지 의미하는 것은 아니라는 것이다. 그러므로 가치판단이 사실의 언명에서 논리적으로 추론될 수 없다고 해도 가치판단은 사실에 관한 지식을 고려할 수 없다고 주장될 수는 없다. 더 나아가 당위는 眞, 僞의 대상일 수는 없지만 합리적이거나 비합리적일 수 있고 정당하거나 부당할 수도 있다. 그러므로 이원론은 당위란 어떠한 임의적인 내용도 함의할 수 있다는 극단적인 실증주의의 견해로까지 발전할 수는 없다. 달리 말해 당위는 그 내용이 제한될 수 있다는 견해와 이원론은 서로 모순되는 것은 아니라는 것이다. 요컨대 법적 당위는 사회의 규제를 위한 규범의 체계이고 그 규제는 인간생활의 존속을 위해 적합하고 필요한 것이어야 한다. 그리고 이것이 법개념의 최소한의 조건이다. 더 나아가 법은 사회구성원의 생존을 위한 필요의 요구를 충족해야 하며 특히 인간의 본성과 행위의 구조에 대한 인식은 목적달성에 적합한 수단을 제공하는 데에 큰 도움이 될 것이라는 말로 그는 논문을 맺는다.

심헌섭 교수는 노령이고 지금은 청력까지 좋지 않음에도 불구하고 아직도 학문활동을 계속하시면서 노장의 투지를 여지없이 보여 주고 있다. 그의 사상이 어떻게 완숙되어 갈지는 알 수 없으나 분명한 것은 끈질기게 파고드는 그의 학문적 태도는 앞으로도 우리를 끊임없이 긴장케 할 것이라는 점이다. 그리고 우리 후학들은 그로부터 값진 자양분을 공급받게 되리라!

위험사회에서의 책임구조: 자연재해에 대한 법적 담론(2013)

Ⅰ. 머리말

1. 오늘날의 소위 "위험사회"[1]는 다음과 같이 특징지어진다. 한편으로 객관적인 측면에서 볼 때 우리들은 지난 세기의 기술발전이 가져온 커다란 위험과 사회체계의 복잡성과 함께 점점 증가하는 자기파괴의 잠재력에 대처하게 된다. 다른 한편 주관적인 측면에서 우리들은 이러한 위험에 처하여 일상적으로 불안감을 갖게 된다. 이러한 문제현상을 해결하기 위해서는 먼저 어떤 종류의 위험이 관건이 되는가부터 파악해야 할 것이다.

첫 번째 위험원은 첨단기술과 관련을 맺는데, 왜냐하면 그것이 작동하지 않게 되면 단순히 현 상태가 멈추는 것이 아니라 예기할 수 없는 결과현상들을 유발하며 이것들은 규칙적으로 저지될 수 없기 때문이다. 특정의 첨단기술이 지니는 큰 위험원으로 말미암아 민감한 정치영역에서는 위험에 대한 담론이 시작되

---

1) 주지하듯이 이 개념은 독일의 사회학자 울리히 벡(Ulrich Beck)에 의해 만들어졌다. 이에 대해서는 U. Beck, Risikogesellschaft, Auf dem Weg in eine andere Moderne, 1986, S. 35 f. 또한 형법에서의 이 개념의 수용에 대해서는 C. Prittwitz, Strafrecht und Risiko, Untersuchungen zur Krise von Strafrecht und Kriminalpolitik in der Risikogesellschaft, 1991 참조. 프리트비츠(Prittwitz)에 따르면, 이 개념은 최소한 세 가지 의미를 지닌다고 한다. 즉 불안전한, 발전회의적인, 그리고 위험사회학적인 의미 등. 이에 대해서는 그의 Risiken des Risikostrafrechts, in: D. Frehsee(Hrsg.), Konstruktion der Wirklichkeit durch Kriminalität und Strafe, 1997, S. 51 f. 참조.

는데, 우리는 이런 사정을 이미 지난해 일본의 후쿠시마 원전사고에서 경험한 바 있다.[2] 두 번째 위험원은 유전공학의 발전과 함께 등장한 생명공학이다. 모종의 새로운 생명체가 생겨날 수도 있다는 두려움과 함께 인간과 환경과의 관계에 대해 유전적 조작이 지니는 예견할 수 없는 결과현상 등이 문제된다. 만약 인간이 근본적으로 조작될 수 있다면 우리 문화의 기본적인 전제인 인간의 존엄 자체가 의문시될 것이다. 세 번째 위험원은 현시대의 무분별한 행동방식이 가져오는 인간의 자기위태화이다. 구체적으로 말해 지표와 물의 점차적인 오염, 공기 중의 유해물질로 인한 오존층의 파괴 등. 이 세 번째의 위험원이 다른 것들과 구별되는 점은 그것에 의한 침해를 지각적으로 감지할 수 없지만 그러한 현상들은 일상적인 생활영역에 속하기 때문에 그 잠재력은 복잡한 생태체계를 고려해서만 발견할 수 있다는 것에 있다. 예를 들어 자동차 운전은 공기오염을 야기하지만 그러한 행위를 문제시할 수 있는 것은 전체 교통체계를 고려해서만 가능하다.

2. 현대의 도덕철학에서 책임개념이 지니는 중요성을 감안할 때, 그 개념이 비교적 최근에야 비로소 널리 확립되었다는 것은 놀랄 만하다. 사실상 아리스토텔레스나 칸트의 철학에서 이 개념은 찾기가 쉽지 않다. 19세기 후반에 이르러서야 이 개념은 널리 퍼졌으며, 20세기에 들어와서는 윤리적인 핵심개념으로 자리한다.[3] 이런 현상은 이 세기의 산업혁명과 밀접하게 관련되며, 이러한 역사적 맥락에서 사회학이 등장한다.[4]

---

2) 후쿠시마에서의 이 일련의 사고는 동북지역의 지진과 함께 2011년 3월 11일 오후 2시 47분부터 4개 내지 6개의 원자력 발전소가 폭발한 것이다. 3월 20일 일본정부의 발표에 의하면, 원자력 발전소는 곧 완전히 폐쇄된다고 한다. 그러나 그것의 후유증과 부작용은 30년 내지 40년 후까지 지속된다고 한다.

3) 역사적으로 보면 "책임"이라는 말은 더 오래되었다고 한다. 그림(Grimm)의 사전에 따르면, 이 말은 15세기 후반까지 거슬러 올라간다. 그렇지만 이 말은 명사가 아니라 형용사로 사용되었다고 전해진다. 19세기 후반에 이르러서야 비로소 이 말의 사용은 빈번해지고 주어로서의 사용이 점차 전면에 드러난다는 것이다. 이와 동시에 이 개념은 도덕적인 담론과 윤리적인 사고의 중심에 서게 된다는 것이다. 이에 대해서는 K. Bayertz, Eine kurze Geschichte der Herkunft der Verantwortung, in: ders.(Hrsg.), Verantwortung—Prinzip oder Problem, 1995, S. 3.

4) 이러한 지적에 관해서는 Neumann, Zur Veränderung von Verantwortungsstrukturen unter den Bedingungen des wissenschaftlich-technischen Fortschritts, Rechtstheorie

이러한 역사적 발전과정과는 상관없이 책임개념의 가장 우선적인 의미는 행위결과의 귀속에 있다. 이 문제는 모든 인간의 공동생활에 근본적이기 때문에 우리들이 이 문제를 이미 오래전부터 다루어 왔다는 사실은 결코 놀랄 만한 것이 아니다. 그러나 이러한 점은 다음과 같은 잘못된 견해, 즉 도덕적인 사고의 유럽적인 전통에서 형성된 특별한 해결책, 즉 책임의 전통적인 모델이 자명하거나 최소한 유일한 것이라는 생각을 불러일으키게 된다. 그러나 책임은 인간행위의 본질이건 혹은 사태의 구조이건 사물의 본성상 자명한 것처럼 생각되어서는 안 된다. 요컨대 책임의 주체와 객체 사이의 연결은 이미 사물의 본성상 자동적으로 이루어지는 것이 아니라, 오히려 비로소 만들어져야 하는 것이다. 이런 의미에서 책임의 이념이 "구성(Konstruktion)"의 결과라면,[5] 이에 관한 상이한 해결책이 가능할 뿐만 아니라, 상이한 조건하에서는 서로 다른 착상(Konzept)들이 필연적이다.[6] 책임개념의 역사적 발전과정을 돌이켜 볼 때, 특히 두 개의 귀속모델이 규범적 구조나 사회적인 조건에서 명백히 구별된다: 즉 전통적인 책임모델과 이에 뒤따르는 현대적 모델이 그것이다.

3. 책임은 현대사회의 특별한 현상이 아니다. 왜냐하면 어느 사회도 책임구

2005, S. 436 참조.

5) 이러한 사정은 책임개념의 어원에서도 발견된다. 어원적으로 볼때 책임을 의미하는 독일어 "Verantwortung"은 "대답을 하다(Antwort geben)"로부터 연유하고, 이에 해당하는 불어와 영어는 라틴어 동사 "대답하다(respondere)"로부터 나온다. 이와 같은 어원은 이 개념에 대한 두 가지 점을 시사한다. 즉 첫째, 사람들은 상대방의 물음에 대해서만 대답할 수 있다는 것이다. 즉 책임이라는 말은 항상 다른 사람의 發意에로 귀착되는 반응행위라는 것이다. 따라서 책임은 수동적인 상태를 말하는 것이 아니라 반드시 타인에 의해 만들어지는 능동적인 상태를 의미한다. 요컨대 책임은 대답을 하도록 요청됨으로써 성립한다. 둘째, 이것과 함께 분명해지는 것은 책임개념의 대화적 성격이다. 즉 말하고 대답하고, 책임을 묻고 이에 대해 변명하고 등. 이를 통해 책임은 둘 또는 그 이상의 당사자들 간의 의사소통적 논란임이 밝혀지고, 여기서 한 당사자는 그의 행위에 대해 책임을 추궁받고 자신을 변호할 기회를 가진다. K. Bayertz, Eine kurze Geschichte(주 3), S. 16.

6) 여기서 결정적인 조건은 그때그때마다의 서로 다른 행위의 구조이다. 그러므로 지난 200년 동안의 책임개념의 변화는 인간행위의 구조와 영향력의 변화에로 소급된다. 그러나 귀속문제의 특수한 해결을 결정짓는 것은 경험적인 조건 이외에도 특정한 철학적인 가정, 그 중에서도 특히 인간의 자유와 자율의 이념이다. 이에 관해 자세히는 K. Bayertz, Eine kurze Geschichte(주 3), S. 20 ff.

조들로 가득 차 있기 때문이다. 그러나 위에서 언급한 여러 모든 현상의 위험원들이 현대사회의 위기를 가져왔다면, 학문이 어떤 방식으로 이 지구상의 생존에 기여할 것인가를 물어보는 것은 자명할 것이다. 이런 상황에서 그 해결책이란 바로 이하에서 자세히 논의하게 될 책임개념 자체에서 찾을 수밖에 없다. 그리고 여기서 불가피하게 다음의 질문이 제기된다. 즉 책임개념의 핵심인 전통적인 귀속원칙이 얼마나 유효할 것인가 아니면 보충되거나 새로운 현상에 맞춰 변해야 하는 것은 아닌가? 이 경우 어떤 새로운 특성들이 나타나며 그것의 규범논리적 구조는 무엇인가? 그리고 새로운 책임모델은 어떤 문제를 내포하고 있는가? 이하에서 이러한 문제들이 관건이 된다. 물론 이 논문의 목적은 이에 대한 해답을 모색하는 것은 결코 아니고, 오히려 이 문제 자체만을 명확히 밝히는 것이다.

이를 위해 우선 전래적인 책임모델과 현대의 새로운 모델을 비교 분석한 후(이하의 II), 이에 근거해서 오늘날의 책임모델의 세 가지 특성, 즉 결과중심주의(III), 범세계화(IV), 존재론화(V)를 차례로 설명하고자 한다. 마지막으로 이러한 책임의 현대적 모델에 대한 비판으로써 결론을 대신하고자 한다(VI).

Ⅱ. 전통적인 책임모델과 위험사회에서의 귀속모델의 비교

주지하듯이 책임이념은 다음의 시도, 즉 일련의 도덕적 판단들을 통해 행위의 주체와 평가의 대상 간의 관계를 정립하고 이를 통해 특정문제를 해결하려는 시도로부터 성립된다. 이에 의해 책임의 전형적인 형태는 다음의 3가지 요소로 구성된다. 즉 누가 타인에 대한 무엇에 대해 책임을 진다. 다시 말해 책임개념은 1) 책임의 주체, 2) 귀속의 객체, 3) 주체에게 귀속되는 책임의 대상이라는 세 가지 변수를 지닌다.[7] 예를 든다면 부모가 피해자에 대한 자식의 손괴행위에 대해

7) 그 외에도 책임개념은 다음과 같이 5가지 요소. 즉 1) 누가: 책임의 담당자, 2) 무엇에 대해: 행위나 그것의 결과, 3) 누구에 대해: 수신인, 4) 무엇 앞에서: (제재 혹은 판결의) 심급, 5) 어떤 책임이나 행위의 범주로 구성되기도 한다. 이에 관해서는 Lenk/Maring, Verantwortung—Notmatives Interpretationskonstrukt und empirische Beschreibung, in: Eckenberger/Gähde(Hrsg.), Ethische und empirische Hypothese, 1993, S. 229.

책임을 지거나 혹은 주식회사의 대표이사가 회사의 다른 구성원들에 대한 그의 경영활동에 대해 책임을 지는 등.

소위 책임의 "전통적인 모델"은 바로 그것이 "의무론적인 도덕체계(deontologisches Moralsystem)"에 근거하고 있다는 점에 의해 특징지어진다. 그에 따르면 하나의 행위는 그것이 유효한 규범과 합치될 때에만 선한 것이 된다. 다시 말해 이러한 도덕체계들은 "관할(Zustandigkeit)", "의무", "규범준수"라는 범주 속에서 파악되는 것이다.[8] 그중 관할은 다시금 세 가지 요소로 구성된다. 그것의 첫째 요소는 행위결과의 귀속에 대한 기초로서 인과관계(Kausalität)이다. 그런데 법익침해라는 적나라한 객관적 사실만으로는 그것을 원인제공자에게 귀속시키기에는 충분하지 않고, 여기에 특정한 주관적인 요소들이 덧붙여져야 한다. 그러므로 둘째 요소로서 행위의 의도, 결과의 예견가능성, 달리 행위할 수 있는 自由 등이 필요하다. 물론 여기서 말하는 행위자유는 결코 경험적으로 확인할 수 있는 사실이 아니라 오히려 개별적인 주체들에 규범적으로 가정되는 특성이다.[9] 마지막으로 세 번째 요소로서 규범과 가치와의 연관성이 요구된다. 책임문제에 필연적으로 내재하는 이러한 규범적 차원은 행위자나 피해자가 개인적으로 소유하는 것이 아니라 오히려 그들이 속하는 공동체에 속한다.[10]

전통적인 책임의 모델은 늦어도 기술적인 발전이 생산하는 잠재적인 위험이 발생하게 되면 위기에 처한다. 왜냐하면 이러한 잠재적인 위험은 개별적으로가 아니라 단지 일반적으로만 회피할 수 있기 때문이다. 즉 여기서는 기술을 개인적

---

8) 이에 대해 자세히는 Neumann, Zur Veränderung von Verantwortungsstrukturen(주 4), S. 441.

9) 이것은 人格이라는 개념을 지시한다. 칸트는 이 점을 다음과 같이 주장한다. 즉 "人格은 그의 행위가 歸屬될 수 있는 主體이다." I. Kant, Metaphysik der Sitten, in: Akademie mit Textaufgabe Bd. IV, 1968, S. 329.

10) 책임의 전래적인 이해방식에서는 자신의 행위를 정당화하기 위해 개인이 전면에 나서는 점이 특히 눈에 띈다. 즉 양심이 자율적으로 자기 스스로 창조한 규범의 척도에 따라 판단한다는 것이다. 이와 밀접한 관계에 있는 것이 도덕적이나 법적 책임을 귀속시킬 때 언제나 전제되는 개별적인 주체들의 자유이다. 이에 대해서는 K. Bayertz, Eine kurze Geschichte(주 3), S. 18 ff.

으로 조심스럽게 취급한다고 해도 손해는 발생한다. 그러므로 전통적인 모델에서는 다음과 같은 양자택일만이 존재한다. 즉 피해자 스스로가 침해결과를 떠맡거나 아니면 기술사용을 일반적으로 위법한 것으로 설명하든가. 그러나 이 두 방식은 모두 실현될 수 없는데, 왜냐하면 전자는 피해자에 대한 부정의를 의미하며, 이에 반해 후자는 기술발전의 후퇴를 초래하기 때문이다. 그러므로 사람들은 책임을 행위의 위법성으로부터 분리한다. 노이만(Neumann)이 적절히 지적한 바와 같이, "사회적으로 허용되었지만 위험한 기술의 사용은 합법적인 행위의 원치 않은 결과에 대한 책임으로서의 위험책임을 성립시킨다. 요컨대 한편으로는 전통적인 의미에서의 위법적인 행위와 다른 편으로는 피해자에 의해 감수되어야만 하는 우연 사이에 제3의 "*사고(Unfall)*"라는 범주가 들어서는 것이다. 즉 이것은 사회적인 이익 때문에 허용되는 일반적인 위험을 말한다."[11]

여기서 또한 상기할 점은 현대의 기술이 많은 위험을 내포하기 때문에 개인의 책임과 무관한 결과귀속이 19세기에 독자적인 법제도로 성립했다는 사실이다. 다시 말해 기술적인 시설의 설치 및 운영이 특별한 위험을 지니고 있는 경우 그러한 위험책임이 요구된다. 그리고 이런 착안점이 근거하고 있는 생각은 위험원을 유지하고 이로부터 이윤을 얻는 자는 그것으로부터 발생하는 위험에 대해, 비록 그것이 자신의 비난받을 만한 행위에로 귀결되는 것과는 무관하게, 책임을 져야 한다는 것이다. 책임도식이 이런 방식으로 이전과는 다르게 정립된다는 것은 명백하다. 즉 합법적인 행위의 결과에 대한 책임의 도입은 책임의 새로운 모델의 출발이며, 이를 통해 행해진 것에 관한 관할은 전통적인 모델로부터 벗어나 널리 확장된다. 비록 규범에 합치해서 행위했더라도 그 결과가 중대하다면 그것은 그것을 야기한 행위에로 귀속되어야 한다는 것이다. 여기서 소위 사고라는 새로운 범주는 책임의 중요한 근거점이 된다.

11) Neumann, Zur Veränderung von Verantwortungsstrukturen(주 4), S. 437 f.

Ⅲ. 결과지향주의(Konsequentialismus)

책임의 이와 같은 상이한 관련점 이외에도 규범논리적인 관점에서 볼 때 현대적인 귀속모델은 다음과 같은 속성을 지닌다.

1. 주지하다시피 전통적인 이해방식에서는 책임은 단지 사후적(ex post)으로만 처리된다. 다시 말해 책임문제는 부정적으로 평가되는 사건에 의해 제기되며 이것의 원인제공자를 그 대상으로 한다. 해당 사건은 이미 발생했기 때문에 책임문제는 과거지향적이다. 물론 오늘날 위험사회에서 발생하는 새로운 종류의 위험들에 있어서도 이와 같은 과거지향적인 문제제기가 결코 쓸모없는 것은 아니다. 즉 위험이 발생하게 되면, 책임 있는 자를 찾아내는 것은 여전히 중요하다. 그러나 보다 더 중요한 것은 그와 같은 위험을 어떻게 피할 수 있는가이다. 따라서 시선은 더 이상 과거지향적이 아니라 오히려 미래지향적으로 바뀐다. 책임개념이 오늘날 중요하게 된 것은 이러한 시선의 전환과 밀접하게 연결된다. 요컨대 전통적인 책임개념이 *과거지향적*이라면, 오늘날의 책임개념은 *미래지향적*이다.

이러한 시선의 변화는 책임의 내용도 영향을 미친다. 다시 말해 과거지향적인 책임이 부정적으로 평가되는 결과와 관계를 맺는다면, 이에 반해 미래지향적인 책임은 긍정적인 상태를 목표로 한다. 사람들은 이러한 새로운 의미에서 더 이상 이미 발생한 손해에 대해서가 아니라, 오히려 원하는 상태를 유지하거나 만들기 위해 미래의 손해를 피하는 것에 대해 책임을 묻는 것이다. 그리고 이와 함께 *규범지향적인 책임*은 *결과지향적인 책임*으로 전환하게 된다. 즉 규범지향적인 책임에서는 단지 행위와 규범 간의 합치만이 관건이 되었다면, 결과주의적인 모델은 이와는 전혀 다르다.[12] 구체적으로 말한다면, 행위의 도덕적 속성은 이제 전적으로 그 행위의 결과에 의해 결정되는 것이다. 따라서 책임의 영역은 더 이상 오로지 기존의 명령이나 금지가 아니라, 오히려 미래의 사건을 감행하든가 혹

12) 규범지향적인 윤리학과 결과지향적인 윤리학에 대해 근본적인 것은 W. K. Frankena, Analytische Ethik, 1972, S. 32 ff.

은 피하는 임무에 의해 확정된다.[13] 그러나 이러한 변화는 행위자에게는 커다란 부담이 되는데, 왜냐하면 이제는 규범과의 합치만으로 족하지 않고 그 결과까지 고려해야 하기 때문이다.

사실상 위험사회에서는 위험이 존재하는 곳에서 그에 대한 불안정성을 감소시킬 필요가 있다. 그리고 이러한 요구는 점차 특정한 위험을 그 발생초기부터 배제시키는 경향을 강화시킨다. 이러한 변화는 특히 형법에서 잘 나타나는데, 즉 무엇보다 관심의 중점이 *침해범에서 위험범으로 바뀌는 결과*를 가져온다. 즉 위험사회에서는 타인의 침해 대신에 과도한 위태화의 금지가 더 중요해진다. 즉 사람들은 위험을 근거지을 수 있는 행위를 그 초기단계에서 예방하려고 하는 것이다. 이를 위해 인과성과 침해의 결과라는 요청을 다음의 방식으로 축소시킨다. 즉 경험상 위험할 수 있는 행위를 그 결과와 상관없이 범죄화한다. 예컨대 환경을 침해하기에 적합한 행위라면 이미 법률로 금지하기에 충분하다는 것이다. 그러므로 쓰레기의 경우 물, 공기, 지반에 해를 끼치는 방식으로 영향을 준다면 그것으로 가벌성 조건은 이미 충족된다는 것이다. 여기서는 소위 잠재적 혹은 추상적 구체적인 위험범이 관건이 된다. 형법에서의 이러한 발전, 즉 "선행단계에서의 범죄화(Vorfeldkriminalisierung)"[14]가 법치주의적인 관점에서 얼마나 정당화될 수 있는가는 여기서 다루지 않기로 한다.[15] 다만 분명한 것은, 기술시대의 도덕

13) 오늘날 많이 논의되는 생태학적 책임은 이러한 새로운 책임이해에 특징적이다.

14) 젤만(K. Seelmann)에 의하면 이러한 "이전단계의 범죄화"는 다음과 같은 두 가지 방식에 의해 이루어진다고 한다. 즉 그 하나는 법익의 前置(즉 보편적 법익)을 통해서이고, 그 다른 하나는 다른 범죄유형(추상적 위험범 등)의 구성화를 통해서 말이다. 이에 관해서는 Seelmann, KritV 1992, S. 453 ff.

15) 여태껏 제시된 해결책들은 다음의 세 가지로 나누어 볼 수 있다. 첫 번째 견해는 기능주의적인 형법을 주장하는 것으로서 이 경우 전래적인 귀속원칙들은 대부분 소홀히 다루어진다(D. Kratsch, Verhakltenssteurung und Organiation im Strafrecht, 1985). 두 번째 견해는 소위 프랑크푸르트 학파의 견해인데 이 경우 핵심적인 형법은 그대로 놔두고 위험사회의 문제는 "조정법(Interventionrecht)"에 의해 해결하자는 것이다[W. Hassemer, ZRP 1992, S. 378 ff.; F. Herzog, Gesellschaftliche Unsicherheit und strafrechtliche Daseinsvorsorge, 1991, S. 70 ff.; P. A. Albecht, KritV 1988, S. 182 ff.; C. Prittwitz, 앞의 책(주 1), S. 364 ff.] 세 번째의 견해는 오늘날 대부분의 형법학자들이 취하는 견해이다. 그 가운데 법익개념을 부인하고 행태규범(Verhaltensnorm)을 전면에 내세우거나[G. Stratenwerth, ZStW 1993, S. 680 ff.; ders., Kriminalisierung bei Delikten gegen Kollelktivrechtsgüter, in: Hefendehl/

철학은 결과주의(Konsequentialismus)이고 이를 통해 책임의 영역은 확장된다는 것이다.

2. 전통적인 과거지향적 의미에서 사람들은 보통 자신의 행위의 결과에 대해서만 책임을 진다. 그런데 책임이 이제 원하는 상태를 유지하거나 만드는 데에 있게 되면, 이러한 책임을 지기 위해서 반드시 행위를 전제할 필요는 없다. 즉 행위를 하지 않아도 족한 것이다. 물론 많은 문제들에 있어서 그것들이 작위의 결과인가 아니면 부작위의 결과인가는 관점의 문제이기는 하다. 예컨대 공해는 의심할 여지 없이 인간행위의 결과이지만, 그러나 동시에 그러한 결과는 특정의 다른 사람들이 전혀 행위를 하지 않고 그대로 놔두어서 존재하는 것이다. 요컨대 행위결과는 어떤 사람의 작위와 동시에 다른 사람의 부작위에 의해 발생한다. 물론 이렇게 된다면 각 개인은 근본적으로 자신의 행위와 그것의 결과에 대해서만 책임을 진다는 근본원칙이 허물어지는 동시에 작위와 부작위 간의 구별이 지니는 도덕적인 중요성[16]도 상대화된다. 요컨대 행위와 결과와의 사실적인 연관성 이외에도 부작위와 결과 사이의 "잠재적 연관성(der virtuelle Zusammenhang)"도 도덕적 혹은 부분적으로는 법적 책임을 근거짓는다.

이런 이유로 방금 언급한 책임개념의 변화와 병행하여 *작위와 부작위 간의 차별*을 근본적으로 없애려는 윤리적인 이론이 등장하는 것은 결코 우연이 아니다. 왜냐하면 결과론적인 관점에서 본다면, 특정한 사건이 작위의 결과이건 부작위의 결과이건 별로 중요하지 않기 때문이다. 물론 그러한 입장은 전통적인 사고방식에 대해서는 완전히 설득력이 없기는 하다. 다만 그와 같은 견해는 부작위도 작위와 마찬가지의 중요성을 지니는 사회적인 조건에서는 자명할 것이다. 여기서 또한 분명해지는 것은 행위, 귀속, 책임과 같은 개념에서는 사회적인 구성

Wohlers (Hrsg.), Rechtsgutstheorie, 2003, S. 255 ff.] 혹은 규범의 안정화기능을 강조하거나 (G. Jakobs) 혹은 추상적 위험범을 새롭게 해석(Hefendehl, Wohlers)하는 입장도 있지만, 대부분은 이전과 마찬가지로 법익원칙을 고수한다[이에 관해서는 C. Roxin, Strafrecht AT, 3. Aufl., 1997, S. 22; Hirsch, Strafrecht als Mittel zur Bekämpfung über Kriminalitätsformen, in: Kühne/Miyazawa(Hrsg.), Neue Strafrechtsentwicklung im deutschen-japanischen Vergleich, 1995, S. 15 ff.]

16) 이에 관해서는 D. Birnbacher, Tun und Unterlassen, 1995 참조.

(soziale Konstruktion)이 관건이 된다는 점이다. 왜냐하면 부작위는 명백히 현실세계에 존재하는 것이 아니라, 발생되는 결과들에 의해 재구성되는 것이기 때문이다.

Ⅳ. 책임의 범세계화(Globalisierung)

주지하듯이 책임은 우리들이 인과적으로 지배할 수 있는 한 가능하다. 따라서 우리 행위의 영향 밖에 있는 것에 대해서는 책임을 질 수 없다. 그러나 기술의 역사가 보여 주듯이 인간행위의 인과적인 작동범위는 고정된 것이 아니라 점차 확장된다. 요컨대 우리가 알면 알수록 책임의 영역은 늘어나게 된다.

인간은 항상 위험에 처해 있기 때문에 점차 그러한 위험을 발견하고 이를 통제하는 것을 배운다. 이를 통해 이러한 위험의 특성도 변하게 된다. 즉 객관적인 위험(Gefahr)이 의식적으로 감수되고 그러므로 이에 대해 책임을 지는 주관적인 위험(Risiko)으로 변하게 된다.[17] 루만(Luhmann)에 따르면, 객관적인 위험과 주관적인 위험의 공통점은 이들이 모두 미래의 손해와 관련을 맺는다는 것이다. 이에 대한 귀속과 관련해서 두 가지 가능성이 존재한다. 한편으로 미래의 손해를 결정의 결과로서 파악하고 이를 인간의 결정에 귀속시키는 것이다. 그렇게 되면 주관적 위험이 된다. 다른 한편 그러한 손해를 외부로부터 연유한 것으로 보고 이를 자연환경에로 귀속시킬 수 있는데, 이 경우를 객관적 위험이라고 부른다.[18] 간략하게 말한다면, 사람들은 객관적 위험에 처하게 되는 반면, 주관적 위험은 감수하는 것이다.

---

17) 바이에르츠(Bayertz)에 의하면, 주관적인 위험(risk)이라는 개념은 이탈리아 상선의 초기시대에 모험(rischiare)이라는 동사로부터 연유하는데, 이것은 인간의 결정으로부터 생기는 불안정성을 표현하기 위한 것이라고 한다. 상선의 예를 들면, 상인이 배의 난파와 이와 관련되는 손해를 예측하고 항해가 자신에게 얼마나 이득이 되는가를 계산해서 이를 감행하는 것을 말한다. 이에 대해서는 Bayertz, Eine kurze Geschichte(주 3), S. 49.

18) 이에 관해서는 N. Luhmann, Soziologie des Risikos, 1991, S. 30 f. 물론 이 양자 사이에는 엄격한 경계선은 없으므로 이 둘의 구별은 결국 일정한 관점의 차이에 기인한다.

그러나 이 둘의 경계는 명백하지 않다. 왜냐하면 무엇이 객관적인 위험인지 아니면 주관적 위험인지는 관찰자의 관점에 달려 있고 여기서 상이한 인지 및 해석방식이 중요한 역할을 하기 때문이다. 이렇듯 동일한 사건에 대한 상이한 해석방식의 대표적인 예는 스페인 리스본에 있었던 지진에 대한 루소(Rousseau)와 볼테르(Voltaire) 간의 논쟁이다. 여기서 볼테르는 이 지진을 자연현상으로 보고 환경에 귀속시키는 반면, 루소는 지진의 결과를 부주의한 인간 결정의 소산이라고 보고 그것을 인간에게 귀속시켰던 것이다.

더욱 중요한 사실은 사회발전과 함께 불안정이 지니는 주관적인 위험의 성격이 점차 전면에 등장한다는 것이다. 자연에 대한 명백한 표상이 사라지는 반면 사회적 결정에 대한 의존성이 증가될수록 주관적인 위험개념의 중요성은 증가한다. 자연에 대한 지식이 포괄적일수록 그리고 이에 대한 통제가 체계적일수록, 예상치 않은 자연현상은 자연발생적인 성격 대신 점차 인간관련적인 성격을 지니게 된다. 다시 말해 자연적인 재앙은, 그것을 인간의 간섭으로 피할 수 있거나 그 영향력을 감소시킬 수 있는 한, 더 이상 자연적인 재앙은 아니다. 이런 방식으로 운명적인 객관적 위험은 예측할 수 있는 주관적 위험으로 바뀐다. 이렇듯 단순한 간섭의 가능성을 통해 발생된 사건에 대한 관할 혹은 책임이 근거지어지면서 책임의 영역은 범세계화되면서 확장된다. 요컨대 객관적인 위험이 주관적인 위험으로 전환하는 것은 책임의 범세계화의 단초인 것이다. 잘못될 수 있다는 일상생활에서의 불안정성은 급속하게 증가하고 그와 함께 인간의 결정에로 귀속되는 주관적 위험도 확장된다. 현대사회에서의 책임이 일상적이라는 점은 주관적인 위험이 일상적이라는 사실로부터 연유한다.

V. 존재론화(Ontologisierung)

책임의 규범적인 구조는 차치하고서라도, 책임의 주체라는 요소와 관련해서 중대한 변화가 일어난다. 책임의 전통적인 모델에 따른다면 개인이 귀속의 주체가 된다. 그러나 그와 같은 개인주의적인 해결방식은 조직이나 제도가 결정적인 행위자가 된다면 어려움에 처하게 된다. 그러므로 책임의 주체가 자연인으로부터 법인으로 바뀌는 것은 자명하다. 이러한 것은 귀속을 가능하게 하기 위해 책임의 관할 영역이 조직체 내에서 명백히 배분되는 경우라면 가능하지만 이에 대해서는 독일에서는 논란이 많다.[19] 즉 이런 해결방식은 다수 혹은 여러 조직들이 비조직적으로 공동작업을 하는 경우에는 가능하지 않은 것이다. 그런데 오늘날 생태에 관한 논쟁에서는 이러한 종류의 협동작업의 결과가 핵심이 된다. 즉 숲의 멸종, 오존층 파괴 혹은 온실효과 등은 이러한 효과를 목표로 하는 개인들의 조직적인 공동작업이 아니라, 서로 다른 목적을 추구하는 여러 개인들의 수많은 행위들의 집적의 결과이다. 이와 같은 효과가 여러 개별적인 행위들의 집적으로부터 생겨나는 것이라면, 그와 같은 범세계적인 효과를 개별적인 행위에 인과적으로 귀속시키지 못한다는 것은 자명하다.[20]

이제 이러한 문제를 해결하기 위해 개인에 대한 귀속으로부터 벗어나서 집단적인 책임의 형태를 근거짓는 방안이 제안된다. 즉 특정한 현상이 개별적인 행위들의 자발적인 집합으로서 생겨난 것이라면, 이러한 전체를 책임의 주체로 확인하는 것은 자명할 것이다. 개인들 집합이 원인제공자이기 때문에 그것의 전체가 되는 *인류*가 책임의 주체로 고찰되어야 한다는 것이다.[21] 다만 인과적인 원인

19) 형법이 법인에게로 확장되어야 한다면 그것의 구성방법이 논의되어야 할 것이다. 독일의 경우 법인의 가벌성에 대해서는 네 가지 상이한 견해가 제시된다. 첫 번째 견해는 "보안처분모델"이다(이에 대해서는 무엇보다도 G. Stratenwerth, Strafrechtliche Unternehmenshaftung, Festschrift für R. Schmitt, 1992, S. 209 ff.). 이에 반해 두 번째 견해는 법인의 직접적인 처벌을 주장한다(예컨대 Hirsch, ZStW 1995, S. 285 ff.). 이에 대해서는 법인의 행위는 귀속될 수 없다는 이의가 제기된다. 그리고 세 번째 견해는 "소위 책임과 유사한 모델"을 주장하는데, 이에 의하면 법인에게는 고유한 책임이 귀속될 수 없다는 것이다(K. Tiedemann, NJW 1988, S. 1169). 그런데 조직상의 결함은 법인이 아니라 그 법인의 운영자에 의해 이루어지며 법인의 책임은 의제에 불과하기 때문에 네 번째 견해로서 "특수모델"이 주장되는데, 개인적인 형법과 다른 독자적인 법인형법을 설치해야 된다는 입장이다(G. Heine, Die strafrechtliche Verantwortlichkeit von Unternehmen, 1998, S. 271 ff.).

20) 형법에서 이 문제는 "중첩범죄(Kumulationsdelikt)"라는 개념으로 다루어진다. 이에 대해서는 L. Kuhlen, GA 1986, S. 386 ff.; Hefendehl, Kollektive Rechtsgüter im Strafrecht, 2002. 이에 대해 비판적인 입장은 Roxin, Strafrecht AT, 4. Aufl., 2006, S. 38; Hassemer/Neumann, in: Nomos-Kommentar zum StGB, 2. Aufl., 2006, vor §1, Rn. 137 참조.

21) 이런 시각에 대해서는 H. Jonas, Das Prinzip Verantwortung. Versuch einer Ethik für die technologische Zivilisation, 1979.

제공자는 의심할 바 없이 인류이지만, 이 개념은 내적인 구조를 지니지 않기 때문에 행위의 주체가 될 수 없으므로 이러한 난점에 직면해서 책임의 주체에 대한 문제는 원인야기의 문제와 분리되고 만다. 그리고 책임주체의 확장은 책임의 객체의 문제와 결합하게 된다. 사실 생태론자들은 과거의 책임이 아니라 인류에 대한 "예방적인 책임(Fürsorge-Verantwortung)"을 귀속시키기 위해 재앙에 대한 인간적인 원인을 원용하는 것이다.

그런데 그와 같은 예방적인 책임을 근거짓기 위해서는 두 가지 전제조건이 필요하다. 그 하나는 객체에 대한 주체의 인과적인 영향가능성으로서, 이 점은 생태학적인 영역에서는 기본적으로는 인정된다. 그 다른 하나는 주체와 객체 사이의 규범적인 관련성인데, 이것은 근거짓기가 쉽지 않다. 여기서 분명한 점은 인간중심적인 관점은 포기되어야 한다는 것인데, 왜냐하면 환경파괴는 자연을 자신의 필요에 따라 이용하려는 인간에로 귀결되기 때문이다. 그러므로 객체에 고유한 가치를 인정함으로써 양자 사이의 규범적인 관련성을 인정할 수밖에 없게 되며, 이러한 "*존재론화(Ontologisierung)*"를 통해 특정개체에 대한 책임은 그 객체에 내재한 고유한 가치로부터 생겨나게 된다. 근본적으로 이러한 시도는 사실상 행위객체에 규범적인 특성을 부여하는 것을 통해서 사태의 규범적인 구조와 사실적인 구조를 일치시키려는 것이다. 요컨대 책임이 객체 자체로부터 생겨나야 한다는 의미에서 존재론이 목적론보다 앞선다.[22)]

VI. 결 어

이미 언급한 바와 같이, 책임개념의 의미와 목적은 도덕적인 주체와 객체의

22) 환경에 대해 고유한 가치를 인정하는 것은 인간친화적인 환경의 보호보다 훨씬 더 가혹한 규율에로 이른다는 것은 분명하다. 이러한 문제는 환경형법에서의 법익에 관한 논의에서 분명히 나타난다. 혹자는 인간의 생명이나 건강 등의 개인적인 법익의 보호를 중시하는 반면 혹자는 물 등과 같이 환경 자체라는 보편적 법익을 중요하게 여긴다. 그러므로 물의 오염과 관련해서 범죄행위가 인간의 침해인가 아니면 물의 오염인가가 논의된다. 이에 대해서는 K. Seelmann, NJW 1990, S. 1258 f.

관련성을 정립하는 것이다. 그리고 이것은 일정한 대상이 주체에 귀속될 때 항상 이루어진다. 이때 그 대상이 행위의 결과(과거지향적인 귀속)이건 혹은 유지되거나 만들어져야 할 상태(미래지향적인 귀속)이건 간에 별 상관이 없다. 여하튼 책임이론의 과제는 그와 같은 귀속의 기준을 근거짓는 것이다. 우리는 위에서 그러한 귀속의 기준들이 맥락에 따라 상이하다는 점을 보았다. 단지 유일한 공통점은 그것들이 근거하고 있는 귀속이다. 오늘날의 책임모델과 관련해서는 위험사회라는 조건하에서 책임의 새로운 현상들이 전면에 등장한다. 즉 기술적인 사고이건 아니면 자연의 보존에 대한 책임이건 간에 그러한 사례들에서는 많은 사람들과 관련을 맺고 또한 공적으로 인지되는 문제가 관건이 된다는 것이다. 여기서 책임은 개인의 직접적인 연관성을 벗어나서 점차 공공의 법익을 보호하기 위해 동원된다.[23] 이를 통해 일반적으로는 책임의 범세계화가 그리고 개별적으로는 효율적이고 기능적인 형법이 주장된다는 것은 자명하다. 이런 관점에서 새로운 모델에 대해 다음과 같이 이의를 제기할 수 있다.

우선 책임의 주관적인 표지와 관련해서 도덕적 책임이라는 전통적인 책임요소가 점차 설득력을 잃고 만다는 것이다. 즉 주관주의 철학에서 도덕적 책임은 내적인 일로 파악되었고 인간의 자율적인 자아가 중심점이 되었었다. 그러나 현대의 기능적으로 세분화된 사회로의 이전과 함께 점차 지배적인 새로운 사회문제에서는 이와 같은 내적인 관심사라는 생각은 더 이상 만족스러운 것이 못 되는 것이다. 다시 말해 행위결과를 주체에게 귀속시키기 위해 행위주체와 행위결과와의 사이에 수많은 중간단계의 요소들이 개입하는 오늘날에 있어서 개인적인 양심은 정당화의 심급으로 인정되기에는 지나치게 사적으로 보인다. 그렇게 때문에 관할의 영역은 개인으로부터 집단으로 옮겨진다.

---

23) 이러한 현상은 생산체계가 무엇보다도 강력한 분업화에 의해 붕괴되는 산업화의 과정과 밀접하게 연관된다. 이를 통해 행위를 하는 주체와 그에 의해 야기되는 효과와의 사이에 이것들을 중재하는 심급들이 들어서게 되며 그 결과 일정한 효과를 특정한 개인에게 귀속시키는 것은 어렵거나 불가능해진다. 요컨대 행위자와 그에 의해 야기된 결과와의 직접적인 관련성은 더 이상 존재하지 않는다. 이에 대해 자세히는 K. Bayertz, Eine kurze Geschichte (주 3), S. 25 f.

그런데 사람들이 이러한 새로운 귀속의 해석도식들을 따르게 되면 그 결과는 다음과 같다. 즉 공적인 절차로서의 책임이라는 표상이 도덕적으로 더 이상 파악될 수 없는 경우에는 극복하기 어려운 위험에 처하게 된다. 이러한 경우란 책임의 주체가 지나치게 범위가 넓어 책임을 지게 될 사람이나 심급에 대해 하등의 여지를 남겨 놓지 않을 때에 존재한다. 더 나아가 책임주체라는 확실한 형태가 심지어 인류라는 식으로 불특정화된다면 도처에 불확실성이 출현하게 된다. 왜냐하면 어떤 의미에서 인류가 책임의 주체로서 파악될 수 있는 것인가? 사실상 주체라는 개념은 인과적인 행위지배력을 전제로 하고, 더 나아가 여기에 목적성, 예견가능성, 결정능력과 행위자유 등이 덧붙여진다. 이러한 모든 요소들은 단지 인간적인 개체들에만 존재할 뿐만 아니라 더 나아가 간접적인 의미에서 제도나 조직에도 부여될 수는 있다. 그러나 인류는 결코 그러하지 못하다. 즉 인류는 결코 개인이나 다수의 개인들의 구조화된 통일성도 아니며, 자신들의 상이한 목적들을 추구하는 인간들의 집합체에 불과하다. 모든 개인적인 행위들이 합쳐져 단체의 결과를 만든다는 사실은 결코 이러한 결과들이 귀속될 수 있는 독립된 주체를 만들지는 못하는 것이다. 요컨대 인류는 실천적으로가 아니라 단지 문법적으로만 주체로 기능할 뿐이다. 그런데 이를 통해 동시에 도덕적 책임요소들 중 하나가 점점 더 설득력을 잃고 만다.[24)]

책임개념의 실천적 기능과도 관련해서 이러한 사고모델에 대해 중대한 이의가 제기된다. 즉 책임개념은 유책한 者와 그렇지 않은 자를 서로 구별함으로써 책임경감기능을 수행한다. 그리고 이러한 구별을 위해 전통적인 모델은 행위결과에 대한 책임을 위해 인과성, 예견가능성, 회피가능성 등의 기준들을 발전시켰다. 그러나 이러한 새로운 모델이 근거하는 예방적인 책임에 있어서는 이에 비교할 만한 어떤 기준도 발견되지 않는다. 이 점은 특히 추상적 위험범이나 보편적 법익을 통한 선행단계에서의 범죄화에서 잘 드러난다. 물론 법적인 보호의 대상

24) 즉 모두가 책임이 있다면, 원칙적으로 유책한 자와 그렇지 않은 자를 구별할 수 없는 것이다. 그리고 사실상 이를 통해 책임이라는 말은 분명한 의미를 상실하게 된다. 즉 그것은 단순한 수사학적인 상투어가 되고 마는 것이다. 이렇듯 책임주체의 배제는 도처에서 발견되는 책임담론의 자의성(恣意性)에 대한 원인이 된다. 요컨대 모두에게 말해졌다면, 어느 누구에게도 말해진 것이 아니다. 즉 그것은 한낱 어떤 수신자도 없는 요구에 불과하다.

인 법익은 개인적인 것뿐만 아니라 보편적인 것일 수 있다. 그러나 문제는 이러한 보편적 법익이 과연 얼마만큼 구체화될 수 있는가이다. 만약 환경 자체를 새로운 법익으로 파악한다면 법익이 지니는 근본적인 의미는 거의 소멸되는데, 왜냐하면 어느 누구도 구체적으로 환경에 무엇이 속하는가를 말할 수 없기 때문이다. 더 나아가 그렇게 되면 형법적인 보호 혹은 금지의 범위도 정할 수 없다는 것은 자명하다. 추상적인 위험범과 관련해서 전통적인 귀속모델의 기본이 되는 행위와 결과와의 인과관계가 위험으로 희석될 뿐만 아니라 그러한 과정은 또한 잠정적 혹은 가설적 위험을 통해 더 가속화된다. 그러므로 형법을 위험범으로 확장시키는 것은 형법의 법치국가성을 위해서는 대단히 문제가 많다. 이 점은 파악하기 힘든 법익과 함께 선행단계에서의 범죄화를 추구하는 경우에는 더욱 그러하다.

이상에서 언급한 바와 같이, 책임주체의 범세계화를 통해 도덕적 그리고 형법적 비난은 위태롭게 되고, 이와 함께 무엇보다도 형법적 귀속의 진지함이 사라지게 된다.[25] 그러나 계몽주의시대 이래의 다음과 같은 사고, 즉 도덕적 의무와 책임의 주체는 인격으로서의 인간 개체라는 생각은 견지되어야 하는 것이다. 그래야만 존재론화의 경향에 대해 책임주체의 자율성과 자연의 중립성이 복원되고 책임의 객체를 명확히 확정하는 것이 가능하다. 만약 이러한 전제들이 포기된다면, 책임개념의 혼돈은 필연적인 결과이다.[26]

---

25) 여기서 언급해야 될 점은 기능주의적인 형법이 제안하는 개인적인 귀속에 의한 분쟁해결로부터 벗어나는 것은 위험한 것처럼 보인다는 것이다. 사회분쟁을 효율성의 관점에서 계획적으로 조정하는 것은 전통적인 자유주의적인 귀속의 전제요건들을 생략시키는 위험형법의 특징이다. 여기에 바로 잠재적인 자유위태화의 가능성이 존재한다. 이런 이유 때문에 파악할 수 없는 법익개념과 함께 포괄적인 "선행단계에서의 범죄화"를 통해 형법을 위험의 영역으로 확장하는 것은 대단히 우려할 만하다. 다른 한편 현대형법의 확장에 대한 비판은 그것이 사회문제를 적합하지도 않은 형법으로 해결하려는 경향에 반대하는 한 정당하다. 이에 대해서는 Seelmann, KritV(주 14), S. 453 ff.; Hassemer, ZRP 1992, S. 378 ff.

26) 이러한 원칙의 포기와 함께 책임의 자유주의적인 원리도 사라지게 되며 이것은 후견주의적인 사고방식에 도움을 받아 간섭주의의 경향을 강화시킨다. 예컨대 안락사의 금지가 인간생명이라는 보호법익의 내재적인 가치에 의해 근거지어지는 것과 같이, 자연의 내재적 가치 때문에 국가의 간섭도 가능하다고 생각될 수 있는 것이다. Neumann, Zur Veränderung von Verantwortungsstrukturen(주 4), S. 448.

법학방법론

형법해석의 한계
—허용된 해석과 금지된 유추와의 상관관계(1996)—

대법원 1994.12.20. 선고, 94모32 결정(전원합의체 결정)

1. 사실관계

피고인 박옥례는 1993.3.23. 16:00경 대전 대덕구 송촌동 129의 1 피해자 민병숙 등 소유의 사과나무 밭에서 바람이 세게 불어 그냥 담뱃불을 붙이기가 어렵자 마른 풀을 모아 놓고 성냥불을 켜 담배불을 붙인 뒤, 그 불이 완전히 소화되었는지 여부를 확인하지 않은 채 자리를 이탈한 과실로, 남은 불씨가 주변에 있는 마른 풀과 잔디에 옮겨붙고, 계속하여 피해자들 소유의 사과나무에 옮겨붙어 사과나무 217주 등 시가 671만 원 상당을 소훼하였다.

2. 재판의 진행과정

(1) 검사는 피고인 박옥례를 형법 제170조 제2항, 제167조를 적용법조로 하여 공소를 하였다. 이에 대해 제1심법원은 형법 제170조 제2항은 타인의 소유에 속하는 제167조에 기재한 물건(일반물건)을 소훼한 경우에는 적용될 수 없고, 형법상 그러한 물건을 과실로 소훼한 경우에 처벌하도록 하고 있는 규정이 없으므로 결국 공소장에 기재된 사실이 진실하다고 하더라도 범죄가 될 만한 사실이 포함되어 있지 아니한 때에 해당된다는 이유로 공소기각의 결정을 하였다.

(2) 이 결정에 대해 검사가 즉시 항고하였다. 이에 대해 원심법원은 형법 제170조 제2항의 "자기의 소유에 속하는 제166조 또는 제167조에 기재한 물건"을 "자기의 소유에 속하는 제166조에 기재한 물건 또는 자기나 타인의 소유에 속하는 제167조에 기재한 물건"으로 해석하는 것은 죄형법정주의의 원칙, 특히 유추해석금지 또는 확장해석금지의 원칙에 반한다는 이유로 즉시항고를 기각하여 제1심결정을 유지하였다.

(3) 원심의 결정에 대해 검사는 대법원에 재항고하였다. 대법원은 검사의 재항고를 인용하여 제1심결정 및 원심결정을 모두 취소하고 사건을 제1심법원에 환송하였다. 이와 같은 전원합의체의 결정을 내리는 가운데 대법관들의 견해가 서로 나뉘었는데, 13인의 대법관 가운데 9인은 원심결정의 취소를 주장했고, 나머지 4인은 원심결정을 지지하는 의견을 제시했다.

3. 판결요지

(1) 대법원 다수의견

형법 제170조 제2항의 "자기의 소유에 속하는 제166조 또는 제167조에 기재한 물건을 소훼하여 공공의 위험을 발생하게 한 자"를 "자기의 소유에 속하는 제166조에 기재한 물건 또는 자기의 소유에 속하는 제167조에 기재한 물건을 소훼하여 공공의 위험을 발생하게 한 자"로 해석하여 "타인의 소유에 속하는 제167조에 기재한 물건을 소훼화여 공공의 위험을 발생하게 한 자"를 제외함으로써 타인의 물건을 과실로 소훼하여 공공의 위험을 발행하게 한 경우에는 처벌하지 아니한다면, 우리 형법이 제166조에서 타인의 소유에 속하는 일반건조물 등을 방화한 경우에는 자기의 소유에 속하는 일반건조물 등을 방화한 경우(이 경우 공공의 위험을 발생하게 함을 요건으로 하고 있다)보다 더 무겁게 처벌하고 있고, 제167조에 기재한 물건(일반건조물 등)을 소훼한 경우에는 공공의 위험발생을 그 요건으로 하지 아니하고 있음에 반하여 자기의 소유에 속하는 제166조에 기재한 물건을 소훼한 경우에는 공공의 위험발생을 그 요건으로 하고 있음에 비추어, 명백히 불합리하다고 하지 않을 수 없다.

(2) 대법원 소수의견

다수의견은 형법 제170조 제2항의 "자기의 소유에 속하는 제166조 또는 제167조에 기재한 물건"이라는 표현을, 먼저, "자기의 소유에 속하는 제166조에 기재한 물건 또는 제167조에 기재한 물건"을 축약한 것으로 보고, 나아가 이를 "자기의 소유에 속하는 제166조에 기재한 물건, 또는, 자기의 소유에 속하는 이라는 수식어가 걸리지 아니하는, 다시 말하여, 자기나 타인의 소유에 속하는 제167조에 기재한 물건"으로 해석하여야 한다는 것이다.

그러나 형벌법규의 해석은 문언해석으로부터 출발하여야 하고, 문언상 해석 가능한 의미의 범위를 넘어서는 것은 법창조 내지 새로운 입법행위 바로 그것이라 하지 않을 수 없으며, 이는 죄형법정주의의 중요한 내용인 유추해석의 금지원칙상 쉽게 허용되어서는 안 될 것이다.

과실로 인하여 타인의 소유에 속하는 일반물건을 소훼하여 공공의 위험을 발생하게 한 경우 그 처벌의 필요성이 있다는 점에는 의견을 같이할 수 있으나, 그 처벌의 필요성은 법의 개정을 통하여 이를 충족시켜야 할 것이고 법의 개정에 의하지 아니한 채 형법의 처벌규정을 우리말의 보통의 표현방법으로는 도저히 해석할 수 없는 다른 의미로 해석하는 것에 의하여 그 목적을 달성하려고 한다면 그것은 죄형법정주의의 정신을 훼손할 염려가 크다고 아니할 수 없다.

[연 구]

1. 머리말

이 판례의 의의는 다음의 두 가지 점에서 찾을 수 있을 것이다. 그 하나는 이 판례에 의해 형법 제170조 제2항의 적용범위가 확실해졌다는 것이고, 그 다른 하나는 우리 대법원이 허용되는 해석과 금지되는 유추의 관계를 어떻게 파악하고 있는가가 명시적으로 밝혀졌다는 것이다. 그러나 이미 소수의견도 지적한 바와 같이, 제170조를 중심으로 한 대법원의 해석방법이 문제가 없는 것은 결코 아니다. 우선, 법이론적인 차원에서 볼 때 대법원의 개념사용법은 법학방법론에서 일반적으로 인정되고 있는 견해들과 일치하지 않을 뿐만 아니라, 더 나아가 형법 제170조 제2항에 관한 대법원의 결정이 과연 죄형법정주의의 한 파생원칙인 유추금지를 위반하지 않았는가에 대해서는 논란의 여지가 여전히 남아 있기 때문이다. 이와 같은 문제점을 분명히 밝히기 위해서 대법원의 다수의견과 소수의견의 공통점과 차이점부터 먼저 분석하여 문제의 실마리를 찾아보기로 하자.

2. 논의의 재구성

우선 대법원의 다수의견과 소수의견은 모두 피고인의 해당 행위가 형법적인 당벌성을 지닌다는 점에서는 견해를 같이한다. 다만 그 논증방식에 관해서 양자는 차이를 보이고 있다. 즉 소수의견은 일반적인 법감정을 그 근거로 내세우는 반면, 다수의견은 형법규범들의 체계적, 논리적 연관성을 들어 가치평가상의 모순을 역설한다. 구체적으로 말해, 다수의견은 제164조 이하의 방화죄의 조문들이 타인소유의 물건에 대한 방화를 자기소유의 물건에 비하여 보다 완화된 요건으로, 그리고 보다 중한 법정형으로 벌하고 있기 때문에 자기소유의 물건에 대한 실화죄를 벌하면서 타인소유의 물건에 대한 실화죄를 처벌하지 않는다면 그것은 명백히 불합리하다고 주장하고 있다.

양자의 두 번째의 공통점은 형법의 해석이 "법문의 가능한 의미" 안에 있어야 한다는 것이다. 그러나 대법원의 다수의견과 소수의견은 법문의 가능한 의미를 확정하는 기준에서 서로 차이를 보일 뿐만 아니라, 법문의 가능한 의미의 범위에 대해서도 서로 견해를 달리한다. 다시 말해, 다수의견은 제170조 제2항의 경우 법문의 가능한 의미를 구체화하는 기준에는 법문의 문리적 해석 이외에 논리, 체계적인 기준도 포함된다고 역설하는 반면, 소수의견은 법문의 가능한 의미는 "우리말의 보통의 표현방법"에 의해서 결정되어야 한다는 입장이다. 따라서 다수의견이 법문의 가능한 의미의 범위를 논리, 체계적인 해석기준에 힘입어 우리말의 보통의 표현방법에 의한 범위보다 넓게 잡고 있다면, 소수의견은 그 범위를 단지 "일상적인 의미"의 범위로 제한하고 있다.

세 번째의 공통점은, 대법원의 다수의견이나 소수의견이나 모두 형식적으로는 죄형법정주의의 원칙을 지지해서 그 파생원칙인 유추에 의한 법창조행위를 배격하고 있다는 점이다. 그러나 내용적인 관점에서 볼 때, 이 둘이 이해하고 있는 바의 죄형법정주의 및 유추의 개념은 상이하다. 즉 소수의견은 법문의 일상적인 의미에 머물러야만 입법과 사법의 역할분담이 이루어질 수 있으며, 따라서 이를 넘어서는 경우에는 금지된 유추이고 이는 법관의 입법행위라고 주장한다. 이에 반해 다수의견에 따르면, 가치평가상의 모순은 해석에 의해 해소될 수 있으며, 이 경우 해석의 결과가 법문의 일상적인 표현방식을 넘어선다고 해도 이것은 법문의 가능한 의미 안에서 이루어지는 올바른 해석이지 확장해석이나 유추는 결코 아니라는 것이다.

이러한 양 견해의 차이점과 공통점은 다음과 같이 요약된다.

① 대법원의 다수의견과 소수의견이나 모두 피고인의 행위가 처벌받을 필요성이 있으나, 해당 사례를 규율할 형법 제170조 제2항이 명확하게 규정되어 있지 않다고 여기는 점에 서로 견해를 같이한다.

② 법조문의 모호성과 처벌의 필요성 간의 갈등관계를 해결하는 데에 있어서 제170조 제2항의 해석은 법문의 가능한 의미 안에 머물러 있어야 한다는 데에서도 서로 견해를 같이한다.

③ 다만, 법문의 가능한 의미에 대한 기준과 그 범위에 대해서 양자는 의견을 달리하고, 그 결과 죄형법정주의의 파생원칙인 유추금지도 상이한 내용을 지니게 된다.

이상을 종합해 볼 때, 문제의 실마리는 바로 죄형법정주의의 원칙 때문에 형법해석이 넘어서는 안 될 "법문의 가능한 의미"라는 개념에 달려 있다. 그러므로 이제 핵심적인 문제는 다음과 같이 세분화될 수 있다.

① 법문의 가능한 의미는 도대체 확정될 수 있는 개념인가? 왜냐하면 법문의 가능한 의미가 확정될 수 없는 것이라면 대법원의 다수의견과 소수의견 중 어느 것이 더 올바른가에 대해서 판정할 수 없을 뿐만 아니라, 더 나아가 해석과 유추와의 구별도 사실상 불가능하기 때문이다.

② 그러나 만약 법문의 가능한 의미가 확정될 수 있다면, 그것을 구체화할 수 있는 해석기준들은 어떤 것이고, 또한 그 기준들은 어떤 상관관계에 놓여 있는가?

③ 그리고 이 판례에서 문제된 제170조 제2항의 경우, 그와 같은 해석기준들에 의해 확정된 법문의 가능한 의미란 과연 어떤 것인가?

3. 소위 법문의 가능한 의미(möglicher Wortsinn)

통설과 판례에 따르면 해석과 유추는 법문의 가능한 의미에 의해 결정된다고 한다.[1] 즉, 법문의 가능한 의미 안에서 법문의 의미를 발견하는 것은 허용된는 해석이고, 이를 벗어난 범위에서(praeter legem) 그 의미를 창출하는 것은 허용되지 않는 유추라는 것이다. 그러나 문제의 핵심은 이러한 법문의 가능한 의미가 과연 어떤 성질의 것인가이다. 다시 말해 법문의 가능한 의미가 법관의 법해석 이전에 미리 확정되어 있어 법관은 이를 단지 발견만 하면 되는 것인지, 아니면 법관의 법해석을 통해 비로소 형성되는 것인지가 아직 분명하지 않다는 것이다. 그런데 이와 같은 점이 밝혀지지 않는 한, 해석과 유추의 한계점으로서의 법문의 가능한 의미는 대단히 형식적인 기준에 불과하다. 왜냐하면 어디서부터 어디까지가 가능한 의미 안에 있는지가 입장에 따라 달리 규정될 수 있으므로 결국 법문의 가능한 의미라는 개념은 모호한 척도가 될 수밖에 없기 때문이다. 대법원의 다수의견과 소수의견의 차이점도 바로 여기에서 발단된다. 즉 양자는 모두 법문의 가능한 의미라는 형식적인 기준에는 동의하나 그것의 실질적인 내용에 대해서는 서로 상이한 주장을 하고 있는 것이다.

최근의 법이론의 연구결과에 따르면, 법문의 가능한 의미라는 기준은 결코 법해석 이전에 미리 확정되어 있는 것이 아니라, 법의 해석과정을 통해 비로소 형성되는 것이라고 한다. 물론 이 점은 다음과 같이 다양한 방식으로 근거지어지며, 또한 법문의 가능한 의미라는 기준의 타당성에 대해서도 상이한 견해들이 주장된다.

① 형법해석학에서 이 문제를 본격적으로 제기한 학자는 작스(W. Sax)이다.

---

1) 엥기쉬(Engisch)에 따르면, 이 규칙은 헤크(Ph. Heck)의 다음과 같은 견해에 의해 명시화되었다고 한다. 즉 그는 "해석적인 가설의 한계는 '가능한 문언'(möglicher Wortlaut)이다"라고 주장하였다(Engisch, Einführung in das juristische Denken, 8. Aufl., 1983, S. 150).

그에 따르면, 법문의 가능한 의미는 형식적인 기준으로서 해석과 유추를 서로 구별짓는 데 별로 도움이 못된다고 한다. 따라서 이러한 형식적인 기준은 해석의 과정 가운데 법문의 목적과 관련될 때만 그 실질적인 내용을 갖게 된다는 것이다.[2] 그런데 목적론적인 해석과 유추는 서로 일치하므로 결국 해석과 유추의 형식적인 구별은 불가능하며, 다만 허용되는 해석(혹은 유추)과 허용되지 않는 해석(혹은 유추)만이 "가치침해의 유형(Wertverletzungstypus)"이라는 기준에 의해 서로 구별될 수 있을 뿐이라고 한다.[3]

② 아르투어 카우프만(Arthur Kaufmann)은 이보다 더 나아가 해석과 유추의 엄격한 한계는 이미 존재론적으로 가능하지 않다고 한다.[4] 즉 유추는 모든 해석에 내재하는 필연적인 논리적 구조이고, 그러므로 해석과 유추의 구별이란 단지 허용되는 유추와 허용되지 않는 유추를 서로 구별하는 것에 불과하다고 한다. 또한 이것을 서로 한계짓는 기준은 법문의 가능한 의미가 아니라 바로 "불법유형(Unrechtstypus)"일 수밖에 없다고 주장한다.

③ 카우프만의 이와 같은 의견에 동조하여 하세머(W. Hassemer)도 유추와 해석을 서로 구별지을 수 없다고 한다. 그러나 그는 여기에서 더 나아가 양자의 한계는 법해석 이전에 미리 확정될 수 있는 것이 아니라, 오히려 해석의 과정 가운데 단지 해석자의 성찰에 의해 확인될 수밖에 없다고 주장한다.[5] 다시 말해 카우프만이 제시한 불법유형도 법해석의 과정에서 비로소 구성되는 것이므로, 결국 유추금지라는 죄형법정주의의 요구는 법적용의 절차 가운데서 과도한 확장해석을 해석자가 방지함으로써만 고려될 수 있을 뿐이라는 것이다.

④ 이렇듯 해석과 유추의 한계를 부인하는 입장은 슈미트 호이저(Schmidhäuser),[6] 슈트라텐베르트(Stratenwerth),[7] 후루시카(Hruschka)[8] 등에 의해 지지

2) Sax, Das strafrechtliche Analogieverbot, S. 81 ff.
3) Sax, Analogieverbot(주 2), S. 147 f.
4) 이런 관점에서 카우프만은 "형법에서 그와 같이 엄격한 유추금지는 여태껏 도대체 있지도 않았다"고 주장한다(Arthur Kaufmann, Analogie und 'Natur der Sache', 1965, S. 41).
5) Hassemer, Tatbestand und Typus, 1968, S. 162 ff.

되고 있으며,[9] 또한 노이만(U. Neumann)은 독일연방법원의 판례를 예로 해서 법문의 가능한 의미라는 기준이 얼마나 형식적이고 유동적인 내용을 지니는가를 경험적으로 입증하고 있다.[10]

이와 같이 법해석과정의 분석에 근거해서 법문의 가능한 의미의 내용적인 공허성을 비판하고 그 대신 대부분 목적론적인 기준을 제시하는 입장에 대해서는 다시금 죄형법정주의라는 헌법적인 요청을 전면에 내세워 이러한 이론들을 비판하는 견해들이 등장한다. 그중 가장 주목받는 것은 록신(C. Roxin)의 입장인데, 이에 따르면 해석과 유추를 허용되는 유추와 허용되지 않는 유추로 대체시키는 것은 단지 용어상의 문제에 불과하다고 한다. 비록 유추와 해석의 논리적 구조가 같다고 하더라도, 이것과 죄형법정주의의 헌법상의 요청과는 별개의 것이라는 것이다. 그러므로 문제의 핵심은 법문의 가능한 의미가 이와 같은 유추금지의 요구를 얼마만큼 충족할 수 있는가의 여부인데, 이에 대해 록신은 긍정적인 견해를 취한다. 즉 법문의 가능한 의미란 "일상적인 의미내용"을 말하는 것으로서, 이것의 범주(Rahmen)는 확정될 수 있다는 것이다. 그리고 이러한 기준이 있어야만 형법은 모든 사람들에게 자신의 행위를 법문에 맞게 조정하도록 만드는 일반예방적인 기능을 수행할 수 있다는 것이다.

생각건대 이상에서 언급한 견해들은 다음과 같이 정리될 수 있을 것이다.

우선 법문의 가능한 의미는 형식적인 기준으로서, 법해석에 앞서 미리 확정되는 것은 아니라는 것이다. 왜냐하면 법문의 의미는 다의적일 뿐만 아니라, 더 나아가 생활의 변화에 따라 항상 다른 의미를 지닐 수가 있기 때문이다. 바로 이런 점에서 새로운 법이론적 분석은 설득력이 있다.

---

6) Schmidhäuser, Strafrecht, AT, S. 112 ff.

7) Stratenwerth, Strafrecht, AT, 3. Aufl., Rn 99 ff.

8) Hruschka, Das Verstehen von Texten, 1972, S. 102 f.

9) 또한 야콥스(G. Jakobs)도 이런 입장을 취하고 있다(ders., AT, 2. Aufl., 1991, S. 73 ff.).

10) Neumann, Der 'mögliche Wortsinn' als Auslegungsgrenze, in: Savigny/Rahlf/Neumann, Juristische Dogmatik und Wissenschaftstheorie, 1976, S. 42 ff.

둘째, 그러나 이런 사정으로부터 법문의 가능한 의미라는 개념이 전혀 유용하지 않다고 추론하는 것은 타당하지 않다. 왜냐하면 법문의 가능한 의미가 법해석의 과정을 통해 비로소 형성되는 것이기는 하나, 그 경우 여전히 해석과 유추를 — 이것을 허용되는 유추와 허용되지 않는 유추라고 부르든 간에 상관없이 — 서로 한계짓고 있기 때문이다. 그리고 이 점에서 록신의 헌법적인 접근방식은 타당성을 지닌다.

셋째, 만약 사정이 이러하다면, 통설과 판례의 입장은 긍정적인 측면과 부정적인 측면을 모두 지닌다. 긍정적인 측면은 법문의 가능한 의미를 척도로 해서 허용되는 해석과 금지되는 유추를 구분하려는 데 있으며, 부정적인 측면은 그 기준이 형식적인 기준이고 따라서 법해석과정에 의해 비로소 형성된다는 점을 보다 명백하게 밝히지 못했다는 데에 있다.

넷째, 또한 이것과 관련해서 본 판례의 용어사용법은 모호한 점이 없지 않다. 용어사용을 일관되게 하려면, 법문의 가능한 의미 안에서의 법형성은, 그것이 확장해석이건 아니면 축소해석이건 간에, 허용된 해석으로, 그리고 그 범위를 넘어서는 법창조는 허용되지 않는 유추라고 해야 할 것이다. 이에 반해 해석이 유추라는 논리적 구조를 지닌다는 점을 강조하려면, 그 용어를 허용되는 유추해석과 허용되지 않는 유추해석으로 하는 것이 보다 체계적일 것이다. 요컨대 판례와 통설을 따라 본 판례가 유추 "해석"이라는 개념을 사용하는 것은 대단히 오해의 소지가 많다는 것이다. 더 나아가 이런 오해는 확장해석과 유추해석을 똑같이 허용되지 않는 것으로 규정할 때 더욱 깊어진다.[11)]

---

11) '확장해석'도 유추해석과 같이 허용되지 않는 것으로 보는 견해는 적어도 현재 독일에서는 주장되지 않는다. 그 이유는 무엇보다도 모든 법해석은 결국 법해석과정을 통한 법형성이므로, 이 경우 법문의 가능한 의미 안에 있을 때는 — 그것이 확장해석이건 제한해석이건 간에 상관없이 — 허용되는 해석이 되기 때문이다. 이 점에 대해 자세한 것은 특히 Engisch, Einführung(주 1), S. 100 ff., 249 f.(Anm. 106b) 참조.

4. 법문의 가능한 의미의 구체화

이상에서 언급한 바와 같이, 법문의 가능한 의미가 형식적인 기준이라면 이것에 의해 해석과 유추는 법해석에 앞서 미리 구별될 수는 없다. 그러므로 양자의 구별은 법문의 가능한 의미가 구체화되는 과정을 분석함에 의해서 비로소 가능하게 된다. 그렇다면 이와 같은 구체화과정은 어떤 구조를 지니는가?

주지하듯이, 법학방법론에서 법문의 가능한 의미를 구체화하기 위한 척도로 들고 있는 것은 해석의 기준이다. 주관적인 해석을 강조했던 사비니(F. K. v. Savigny)는 이에 대해 4가지의 기준을 제시한다.[12] 즉 ① 문리해석, ② 체계해석, ③ 역사적 해석, ④ 목적론적 해석으로 나누는 통상의 분류방식이 바로 그것이다. 그러나 이와 같은 해석기준에 대해서는 특히 다음과 같은 두 가지 점에서 비판이 행해진다. 그 하나는 이러한 해석기준은 개별적인 기준들을 단지 나열한 것에 불과하기 때문에 그 해석기준들 간의 선후관계가 모호하다는 것이고, 그 다른 하나는 판례를 분석해 보면 이러한 기준 이외에도 다른 해석기준들이 발견된다는 것이다. 요컨대 통상적인 4가지 해석기준은 완결된 것이 아닐 뿐만 아니라, 또한 그 기준들 간의 체계적인 연관성도 전혀 밝혀져 있지 않다.[13]

이런 상황에서 한계적인 법사례를 올바로 해결하기 위한 기준을 중심으로 전개된 논의가 소위 주관적 해석론과 객관적 해석론 간의 논쟁이다.[14] 이 둘은 모두 해석의 출발점으로서 법문의 의미를 들고 있다는 점에서는 공통되지만, 주관적 해석론은 입법자의 의사를 중심으로 이를 구체화하려는 반면, 객관적 해석론은 법의 목적에 초점을 맞춰 법문의 의미를 확정하려고 든다. 그 결과 이 양자

---

12) 사비니는 주관적 해석이론을 취했으므로 그는 다음의 네 가지 기준, 문리, 논리, 체계, 입법자의 의사를 해석기준으로 주장한다. 이에 관해서는 Savigny, System des heutigen Römischen Rechts, Bd. 1, 1840, S. 32 ff., 207 ff. 그 후 19세기 말에 객관적 해석이론이 등장하면서 법의 목적이라는 새로운 기준이 주장되었으며, 논리와 체계는 체계기준으로 통합되었다.

13) 이 점에 대해서는 특히 Alexy, Theorie der juristischen Argumentation, 1978, S. 19 ff.

14) 해석의 목표에 관한 주관적 해석이론과 객관적 해석이론 간의 논쟁에 대해서는 무엇보다도 Koch/Rüßmann, Juristische Begründungslehre, 1982, S. 176 ff. 참조.

의 구조는 다음과 같이 도표화된다.

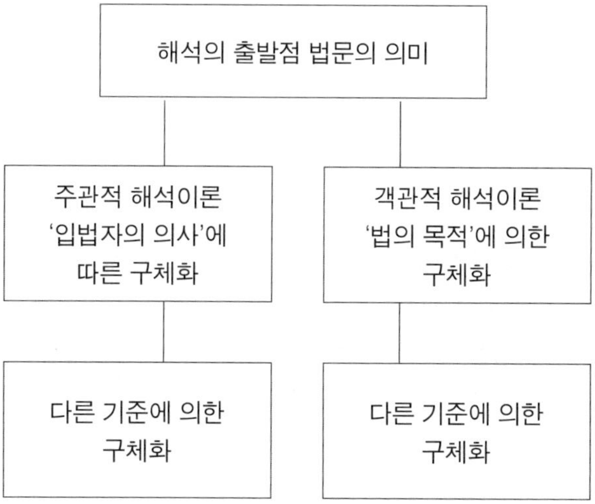

이렇듯 구체화의 기준이 서로 다르기 때문에 이 양자에 따른 해석의 결과가 다를 수 있다는 점은 자명하다. 이에 대해 주관적 해석론은 "법관의 법률에의 구속"이라는 법치국가적 요청을 전면에 내세워 자신의 입장을 옹호한다. 즉 헌법으로부터 부여된 司法의 임무는 가능하면 입법자의 의사에 따라 법률의 의미를 발견하라는 것이지 이를 넘어서서 입법자의 역할을 대신할 수는 없다는 것이다. 이에 반해 객관적 해석론은 "법적용의 구체적 타당성"이라는 정의의 요청을 보다 우위에 둔다. 그리하여 법률 안에서의 법의 발견은 개별적인 사례에서 발견되는 규범성을 법률과 상호일치시켜 해당 사례에 적합한 법의 의미를 법률 안에서 형성하는 데 있다고 역설한다. 그 결과 이 두 이론의 약점은 동시에 대립되는 상대이론의 강점이 된다. 다시 말해, 주관적 해석론의 약점은 항상 변화하는 생활관계에 따른 법문의 의미폭을 제대로 파악하지 못한다는 데에 있는 반면, 객관적 해석론의 약점은 언제나 법문의 의미를 넘어서서 법창조를 할 수 있다는 위험이 내재한다는 데에 있다.[15] 그러므로 주관적 해석론의 입장만을 극단적으로 주장

15) 물론 주관적 해석론과 객관적 해석론을 양자택일식으로 대비시키는 것은 논점을 상당히 단순화시키는데, 왜냐하면 입법자와 법률 이외에도 입법 시와 적용 시라는 시간적인 요소도 같이 고려해야 하기 때문이다. 이에 대해서는 Koch/Rüßmann, Juristische Begründungslehre

하게 되면 법치국가적인 요청은 어느 정도 실현될 수 있지만, 그 대신 해석의 범위는 축소되고 법률의 흠결의 범위는 지나치게 넓어져 항상 법의 개정의 필요성이 대두되게 된다. 반면 객관적인 해석론을 일면적으로 고수하게 되면 판결의 구체적인 타당성은 얻을 수 있지만, 그 대신 해석의 범위가 지나치게 넓어짐으로써 해석과 입법의 한계가 불분명하게 된다. 이런 이유에서 오늘날 대부분의 해석론들은 이 양자를 상호보완함으로써 이와 같은 난점을 해결하려고 든다. 즉 이에 따르면, 해석의 출발점은 비록 법문이기는 하지만 그것의 가능한 의미는 입법자의 의사에 의해서만 구체화될 수 없으며, 그렇다고 해서 법문의 가능한 의미의 범위가 법의 목적에 따라서 해당 사례마다 달라질 수도 없다는 것이다. 달리 말해 해석의 출발점은 법문의 일상적인 의미의 폭이며, 이 폭은 다시금 입법자의 의사 및 법의 목적에 의해 그 가능한 의미의 범위가 확정된다는 것이다.

이상에서 언급한 것을 종합해 본다면 우리는 본 판례의 다음과 같은 문제점을 알 수 있게 된다.

첫째, 법문의 일상적인 의미는 해석의 출발점이지 결코 그 결과가 아니므로, 대법원의 소수의견과 같이 보통의 표현방식에만 집착하는 것은 너무 형식적이라는 점이다. 다시 말해 이와 같은 일상적인 의미의 구체화가 과연 가능한지, 또한 그렇지 않을 경우 발생하는 법의 흠결(Lücken)은 얼마만큼 해석에 의해 보충될 수 있는지가 보다 자세히 검토되었어야 했다.

둘째, 이에 반해 체계적, 논리적인 기준과 결부된 객관적인 해석론을 전면에 내세우는 대법원의 다수의견은 이에 앞서 해석의 출발점이 되는 법문의 일상적인 의미부터 확인했어야 했다. 이 사례의 경우 처벌의 필요성은 비단 체계적인 연관성을 들지 않더라도 자명한 것이므로, 해결의 실마리는 이 사례가 법문의 일상적인 의미 안에 포섭될 수 있는가에서부터 풀어 나갔어야 했다.

셋째, 법문의 가능한 의미의 확정은 법의 해석을 통해서 비로소 형성되는 것이므로, 법형성과 법창조행위를 동일시하는 다수의견의 개념사용법은 타당하지 않다. 그 이유는 다수의견과 같이 객관적인 해석론에 힙입어 법문의 가능한 의미

(주 14), S. 179 ff. 참조.

를 구체화하려는 것을 바로 일반적으로는 법형성행위라고 칭하며, 또한 이것은 법문의 가능한 의미 밖에서 이루어지는 법창조행위와는 다른 성질의 것이기 때문이다.[16)]

5. 형법 제170조 제2항에 대한 필자의 견해

이상에서 우리는 법해석과정의 체계적인 구조를 오늘날 일반적으로 인정되고 있는 법학방법론에 의해 설명하고, 이에 기초해서 대법원의 다수의견과 소수의견의 법이론상의 문제점을 지적하였다. 그렇다면 이제 마지막 남아 있는 문제는 결국 대법원의 다수의견과 소수의견의 결론 중 어느 것이 더 설득력이 있는가이다. 우선 결론부터 말하자면, 필자는 대법원의 소수의견이 훨씬 더 설득력이 있다고 생각한다. 그 구체적인 이유는 다음과 같다.

1) 이미 언급한 바와 같이, 대법원의 소수의견이 해석의 출발점인 법문의 가능한 의미에만 집착한다는 점에서는 아쉬움이 남아 있기는 하다. 그러나 이 사례의 경우 그 이상의 구체화는 사실상 소득이 별로 없다. 그것은 무엇보다도 여기에서 관건이 되는 것은 "또는"이라는 접속어의 의미인데, 이것은 어느 누가 보아도 "연결어(Konjunktion)"로 이해할 뿐이지 결코 "분리어(Disjunktion)"로는 해석하지 않기 때문이다. 그러므로 제170조 제2항의 "자기의 소유에 속하는 제166조 또는 제167조에 기재한 물건"이란 당연히 문리상으로는 "자기의 소유에 속하는 제166조에 기재한 물건 또는 자기의 소유에 속하는 제167조에 기재한 물건"으로 해석된다. 이렇듯 이 사례의 경우 해석의 출발점인 법문의 가능한 의미가 분명하므로, 이를 다수의견과 같이 다른 해석기준에 의해 더 이상 구체화시키려는 것은 오히려 "금지되는 유추"의 혐의만을 짙게 할 뿐이다. 따라서 이 경우 법의 흠결을

16) 물론 해석과 유추의 한계가 모호한 것처럼 법발견, 법형성, 법창조행위의 상호관계도 분명하지는 않다. 그러나 대다수의 법학방법론의 견해들이 취하는 이들의 관계는 다음과 같이 도표화될 수 있다.

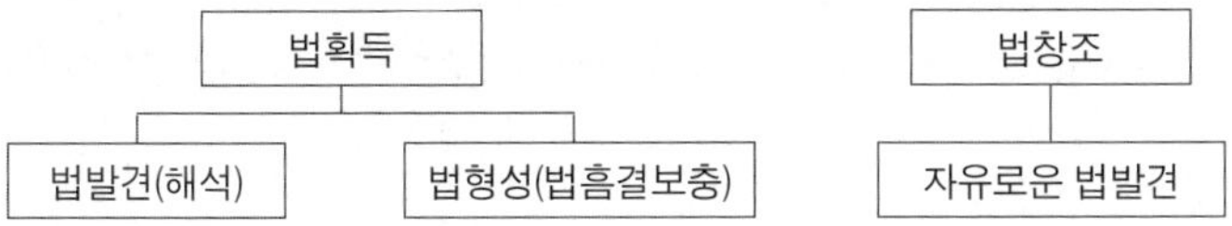

솔직히 시인하고, 다만 그러한 흠결의 보충가능성을 다른 방식으로 추구하는 것이 보다 효과적일 것이다.

2) 사실상 해석에 의한 이와 같은 법의 흠결의 보충이 이론상 전혀 불가능한 것은 아니다. 소위 "법전편찬상의 과오(Redaktionsfehler)"라는 개념에 의한 법의 흠결의 보충이 그것인데, 이에 따르면 예컨대 입법자의 의사가 명백히 오기되었거나 잘못 표현된 경우 이를 해석에 의해 보충할 수 있다는 것이다.[17] 신동운 교수의 판례평석은 바로 이런 입장에서 문제를 서술하고 있다.[18] 즉 그는 다수의견과 달리 형법 제170조 제2항이 입법상의 결함[19]이라고 전제한 후, 이런 결함이 해석에 의해 얼마만큼 보충될 수 있는가를 탐지한다. 그리고 그 결론으로서 다음과 같은 견해를 편다. 즉 입법자가 지나치게 좁은 의미의 표현을 사용한 바와 같은 법전편찬상의 중대한 과오는 해석에 의해 교정될 수 있다는 것이다.[20] 생각건대 신동운 교수는 법문의 해석과 법흠결 보충 간의 차이를 의식하지 않은 것 같다. 따라서 대법원의 다수의견이 제시한 소위 "전체적, 종합적 방법"은 이 경우 설득력이 있다는 것이다.

그러나 이에 대해서는 다음과 같은 점이 지적되어야 할 것이다. 우선, 신 교수가 형법 제170조 제2항의 연혁을 추적해서 법전편찬상의 과오가 왜 성립했는가를 자세히 분석한 것은 대단히 높이 살 만하다. 그러나 이와 같은 연혁적인 고찰은 해석의 보충자료에 불과하지, 해석의 기준 내지 보정의 당위성과는 무관한 것이다. 다시 말해 유감스럽게도 입법자료가 완전하게 보존되지 않은 현 실정에서 신 교수의 재구성이 얼마나 사실과 부합하는 것인지는 미지수로 남아 있으며,

---

17) 예컨대 Jescheck, Lehrbuch des Strafrechts, AT, 4. Aufl., 1988, S. 142 f.

18) 신동운, '형벌법규의 흠결과 해석에 의한 보정의 한계', 판례월보, 1995.3, 21면 이하.

19) 엥기쉬는 법의 흠결(Lücke)과 법의 결함(Fehler)을 세분하여, 전자는 입법자가 자신의 계획을 불충분하게 실현시킨 것을 의미하는 반면, 후자는 법질서의 통일성 원칙에 비추어 볼 때 서로 모순이 발견되는 것이라고 한다. 그러나 이런 구별은 사실상 엥기쉬에 있어서도 별로 실익이 없는데, 왜냐하면 그에 따르면 "법흠결의 보충(Lückenerfüllung)"이나 "법결함의 보정(Berichtigung fehlerhaften Rechts)"은 서로 경합할 수 있는 것이기 때문이다. 이에 대해서는 Engisch, Einführung(주 1), S. 138 f. 160 ff. 참조.

20) 신동운, 형벌법규의 흠결(주 18), 29면.

따라서 이에 근거해서 법전편찬상의 과오를 과연 인정할 수 있는지도 의문시된다. 더 나아가 십분양보해서 이 사례의 경우 중대한 법전편찬상의 과오가 존재한다고 해도 이를 해석에 의해 보정할 수 있는가는 또 다른 문제이다. 왜냐하면 이에 대해서는 다음과 같은 강력한 반론, 즉 해석과 입법론을 서로 혼동한다는 비판이 제기되기 때문이다. 그러므로 신 교수의 판례평석이 설득력을 지니기 위해서는 이상에서 언급한 두 가지의 문제점에 대한 보다 분명한 설명이 필요하다. 즉 법전편찬상의 과오가 어느 정도까지 존재하는가를 더 면밀히 조사했어야 하며, 더 나아가 이와는 별도로 해석에 의해 법전편찬상의 과오를 보정하는 것이 과연 죄형법정주의의 원칙과 부합하는가의 여부도 상세히 논의했어야 한다. 그러나 이러한 점이 밝혀지지 않은 이상, 필자가 다음과 같은 인상을 갖게 된 것은 결코 우연이 아닐 것이다. 즉 신 교수의 평석은 대법원 다수의견이 취한 객관적 해석론의 문제점을 오히려 법전편찬상의 과오라는 주관적 해석론의 개념을 빌려 해소하는 것 같이 보인다는 것이다.

3) 대법원의 다수의견에 대해 마지막으로 지적하고 싶은 점은 다음과 같다. 즉 어차피 체계적, 논리적 기준을 빌려 객관적 해석론을 전개하는 이상, 법문의 의미를 더 자세히 분석했더라면 그 논거가 한층 더 설득력을 지닐 수도 있었다는 것이다. 다시 말해 방화죄의 규정을 살펴보면, 행위의 객체가 물건인 규정과 기타의 행위객체들로 구성되는 규정들과는 이미 구성요건의 형식에서 구별된다. 즉 전자의 경우에는 – 타인의 소유이건 자기의 소유이건 상관없이 – 공공의 위험을 별도로 요구하고 있는 반면에, 후자의 경우에는 자기 소유에 속하는 일반건조물인 경우에만 이 요건을 규정하고 있다. 그런데 제170조 제1항과 달리 제2항에서는 공공의 위험발생을 그 요건으로 규정하고 있으므로, 제2항의 규율범위는 이미 체계적인 관점으로부터 자기의 소유에 속하는 제166조 또는 제167조에 기재한 물건뿐만 아니라, 타인의 소유에 속하는 일반물건도 포함된다고 추론할 수도 있었을 것이다. 물론 다수의견은 그 근거로서 공공발생의 요건을 들고 있기는 하지만, 그것은 단지 타인의 소유에 대한 방화의 요건이 보다 완화되어 있을 뿐만 아니라, 그 법정형이 더 무겁다는 점을 뒷받침하기 위한 것일 뿐이다. 논리적으로 말한다면 소위 "물론해석(argumentum a fortiori)"의 형태, 즉 보다 완화되고 중한 법정형으로 처벌된다면 당연히(erst recht) 그 행위들은 처벌의 범위 안에 있

다는 형식을 취할 뿐이다.

결론적으로 말해 대법원의 다수의견의 추론형태는 우선 "반대해석(argumentum ad absurdum)"에 의해 법문의 가능한 의미를 넓히고 난 후, 물론해석에 의해 타인의 소유에 속하는 물건을 형법 제170조 제2항에 편입시키는 것이다. 그 결과 '법문의 가능한 의미'의 범위는 일상적인 언어의 폭을 초월하게 되지만, 이는 목적론적 해석기준에 따른 해석에 불과한 것으로 파악되며, 그 결과 법의 흠결도, 또한 흠결의 보충이라는 법창조행위도 존재하지 않는다고 주장하게 된다. 이렇듯 목적론적 해석기준에 의해 법문의 가능한 의미를 지나치게 확장하는 것이 객관적 해석론에 내재한 문제점이라는 것은 이미 언급한 바 있으며, 바로 이런 근거에서 필자는 대법원의 소수의견이 그 논리전개에서 명료할 뿐만 아니라, 죄형법정주의라는 헌법상의 요청에도 보다 더 부합한다고 생각하는 것이다. 다시 말해 법률의 흠결과 법의 해석은 서로를 배제시키는 관계에 있기 때문에, 법의 해석을 통한 흠결의 보충이란 필히 허용되지 않은 유추를 무의식적으로 동반하게 되며, 그 결과 법관의 해석은 입법의 영역으로 발을 내딛는다는 것이다. 요컨대 대법원의 다수의견은 목적론적인 해석의 형태로 금지된 유추에 의한 법흠결의 보충을 행하는 것이다.

범행발각 후의 자수: 축소해석인가 아니면 목적론적 축소의 대상인가?(2006)

I

필자는 올해로 환갑을 맞으시는 김일수 교수님과 각별한 인연을 가지고 있다. 무엇보다도 우리 둘은 함께 심재우 교수님 밑에서 공부했을 뿐만 아니라 더 나아가 독일 뮌헨대학에 유학해서 거의 같은 시기에 법학박사학위를 취득하고(김 교수님은 1984년 초, 필자는 1986년 여름) 귀국했다. 이러한 깊은 인연에 보답하고자 필자의 선배이신 김 교수님의 회갑기념논문집의 주제를 찾는 과정에서 대부분의 학자들이 잊고 있는 문제에 대한 필자의 논문을 김 교수님께서 매우 친절하게 조목조목 비판한 글을 발견할 수 있었다.[1] 그런데 반가운 나머지 그 글을 자세히 읽어 본 결과 필자는 감사함과 동시에 당혹스러움을 느낄 수밖에 없었다. 우선 김 교수님께 감사한 점은 필자가 간과한 부분을 다시 일목요연하게 제시해주었기 때문이며, 반면 당혹스러웠던 이유는 김 교수님의 이론적 전개과정에 결코 문제가 없지 않다는 점도 동시에 깨달았기 때문이다. 따라서 이하에서는 이렇듯 상반된 결과를 가져온 주제를 연구대상으로 김 교수님에 대한 경축의 글을 헌정하고자 한다. 그럼 우선 문제 되는 사안과 이에 대한 대법원의 판시내용을 소개하고(이하의 II), 이에 대한 필자의 평석을 정리한 후(III) 이에 대한 김 교수님의 지적을 비판적으로 검토하고자 한다(IV). 그리고 마지막으로 이 사안에 대해 지금까지 제시된 입장들을 요약정리한 후, 필자 자신의 견해를 밝히려 한다(V). 그

1) 김일수, 형법해석의 한계－허용된 해석과 금지된 유추와의 상관관계, 이재상교수화갑기념논문집, 2002, 42면 이하.

렇게 함으로써 줄곧 형법학연구에만 몰두해 온 한 건실한 학자와의 진지한 학문적 대화를 계속 이어 나가고자 한다.

II

먼저 이 논문의 대상이 된 대법원 판례[2]의 내용을 소개하면 다음과 같다.

1. 사건개요

피고인 甲은 안양시의회 의원으로 출마를 예정하고 있다가 실제로 출마한 공소외 乙을 당선되게 할 목적으로 1995년 3월 25일부터 같은 해 6월 14일까지 乙의 선거사무장인 공소외 丙으로부터 세 차례에 걸쳐 활동비 명목으로 금 780만 원을 교부받았다. 피고인 甲에 대해서 매수 및 유도죄 혐의로 구속영장이 발부되었으나 피고인 甲의 도피로 영장을 집행하지 못하고 같은 해 9월 25일 기소중지되었다. 그 후 같은 해 10월 23일 피고인 甲은 검찰청에 자진출두하여 범죄사실을 자백하였다.

2. 소송의 경과과정

1) 제1심은 피고인에 대해 「공직선거 및 선거부정방지법」(이하 "공직선거법"이라 칭한다) 제262조에 의해 형의 면제를 선고하였다.

2) 원심은 제1심이 공직선거법 제262조에 따라 형의 면제를 선고한 조치는 다음과 같은 이유로 법리를 오해한 것이라고 하여, 제1심 판결을 파기하고 피고인에 대해 형을 선고하였다. 즉 공직선거법 제262조의 "자수"를 범행발각 전의 시점으로 "축소해석"하지 않게 되면 수사기관의 지명수배를 받아 피고인에 대한 구속영장까지 발부되었음에도 불구하고 상당기간 도피하였다가 뒤늦게 수사기

---

2) 대법원 1997.3.20, 96도1167 전원합의체 판결.

관에 자진출두한 경우에도 피고인의 형을 무조건 면제해야 하는 부당한 결과가 발생한다는 것이다. 이것은 공직선거법이 자수라는 일반개념을 제한 없이 사용함으로써 야기된 "법률의 흠결"이라고 할 것이므로, 법원이 자수에 내재한 국가적 유용성의 한계에 따라 자수개념을 "목적론적으로 축소해석"할 수 있다는 것이다.

3) 대법원은 다시금 원심판결을 파기하였다. 그러나 이 사건의 주심인 박만호 대법관은 이에 대해 반대의견을 제시하고 있다.

3. 대법원의 판결요지

1) 형법이나 국가보안법 등이 자수에 대하여 형을 감면하는 정도를 그 입법취지에 따라 달리 정하고 자수의 요건인 자수시기에 관하여도 각각 달리 정하고 있는 점으로 미루어 보면, 어느 죄에 관한 자수의 요건과 효과가 어떠한가 하는 문제는 논리필연적으로 도출되는 문제가 아니라, 그 입법취지가 자수의 두 가지 측면 즉 범죄를 스스로 뉘우치고 개전의 정을 표시하는 것으로 보아 비난가능성이 약하다는 점과 자수를 하면 수사를 하는 데 용이할 뿐만 아니라 형벌권을 정확하게 행사할 수 있어 죄 없는 자에 대한 처벌을 방지할 수 있다는 점 중 어느 한쪽을 얼마만큼 중시하는지 또는 양자를 모두 동등하게 고려하는지에 따라 입법정책적으로 결정되는 것이다.

2) 공직선거법 제262조가 제230조(매수 및 이해유도죄) 제1항 등 금품이나 이익 등의 수수에 의한 선거부정관련 범죄에 대하여 자수한 경우에 필요적 형면제를 규정한 주된 입법취지는, 이러한 범죄유형은 당사자 사이에 은밀히 이루어져 그 범행발견이 어렵다는 점을 고려하여 금품 등을 제공받은 사람으로 하여금 사실상 신고를 유도함으로써 금품 등의 제공자를 효과적으로 처벌하려는 데 있다.

3) 〈다수의견〉 형벌법규의 해석에 있어서 법규정 문언의 가능한 의미를 벗어나는 경우에는 유추해석으로서 죄형법정주의에 위반하게 된다. 그리고 유추해석금지의 원칙은 모든 형벌법규의 구성요건과 가벌성에 관한 규정에 준용되는

데, 위법성 및 책임의 조각사유나 소추조건, 또는 처벌조각사유인 형면제 사유에 관하여 그 범위를 제한적으로 유추적용하게 되면 행위자의 가벌성의 범위는 확대되어 행위자에게 불리하게 되는바, 이는 가능한 문언의 의미를 넘어 범죄구성요건을 유추적용하는 것과 같은 결과가 초래되므로 죄형법정주의의 파생원칙인 유추해석금지의 원칙에 위반하여 허용될 수 없다. 한편 형법 제52조나 국가보안법 제16조 제1호에서도 공직선거법 제262조에서와 같이 모두 '범행발각전'이라는 제한 문언 없이 "자수"라는 단어를 사용하고 있는데 형법 제52조나 국가보안법 제16조 제1호의 "자수"에는 범행이 발각되고 지명수배된 후의 자진출두도 포함되는 것으로 판례가 해석하고 있으므로 이것이 "자수"라는 단어의 관용적 용례라고 할 것인바, 공직선거법 제262조의 자수를 '범행발각 전에 자수한 경우'로 한정하는 풀이는 "자수"라는 단어가 통상 관용적으로 사용되는 용례에서 갖는 개념 외에 '범행발각 전'이라는 또 다른 개념을 추가하는 것으로서 결국의 '언어의 가능한 의미'를 넘어 공직선거법 제262조의 "자수"의 범위를 그 문언보다 제한함으로써 공직선거법 제230조 제1항 등의 처벌범위를 실정법 이상으로 확대한 것이 되고, 따라서 이는 단순한 목적론적 축소해석에 그치는 것이 아니라, 형면제 사유에 대한 제한적 유추를 통하여 처벌범위를 실정법 이상으로 확대한 것으로서 죄형법정주의의 파생원칙인 유추해석금지의 원칙에 위반된다.

〈반대의견〉 공직선거법 제262조의 자수를 선거법위반행위의 발견 전에 행하여진 것에 한정된다고 해석하지 아니하고 그 시기에 있어서 제한 없이 체포 전에만 하면 이에 해당하여 형이 필요적으로 면제된다고 해석하게 되면, 첫째 범행발견에 아무런 기여를 한 바가 없음에도 불구하고 같은 법 제262조의 특혜를 주는 것이 되어 같은 법 제262조가 자수에 대하여 형의 필요적 면제를 규정한 입법취지에 반하고, 둘째 범죄와 형벌의 균형에 관한 국민 일반의 법감정에 맞지 않아 정의와 형평에도 현저히 반하며, 셋째 형법 제52조에 의하여 형이 임의적으로 감경되는 다른 범죄의 자수자, 특히 공직선거법 제230조 제1항 등 3개 죄의 금품 등의 제공 범행을 한 후 자수한 자와는 달리 위 3개 범죄의 범행을 하고 범행발각 후에 자수한 자는 아무런 합리적 이유도 없이 필요적 형면제라는 차별적 특혜를 받게 되어 헌법 제11조 제1항의 평등위반이라는 위헌의 소지도 있게 된다. 그러므로 공직선거법 제262조의 자수를 그 입법취지와 목적에 비추어 위 규정과 형의 필요적 면제의 대상이 되지 아니하는 같은 법상의 다른 처벌규정 등을 전체적, 종합적으로 헌법에 합치되게 해석하려면 범행발각 전에 수사기관에 자진출두하여 자백한 경우만을 의미하는 것으로 해석하여야 되는 것이다. 그리고 유추해석이란 법률에 규정이 없는 사항에 대하여 그것과 유사한 성질을 가지는 사항에 관한 법률을 적용하는 것을 뜻하는 것인바, 공직선거법 제262조의 자수를 위와 같이 "범행발각 전의 자수"로 축소해석하는 것은 같은 법 제262조의 자수가 형법 제90조 제1항 단서나 제101조 제1항 단서의 자수와 유사하다고 하여 공직선거법상의 자수에 위 형법 각 조항을 적용 또는 준용하려는 것이 아니라, 공직선거법 제26조의 "자수"라는 문언에 포함될 수 있는 여러 경우(즉 '범행발각 전의 자진출두', '범행발각후의 자진출두' 등) 중에서 같은 법 제262조가 그 조항의 입법취지와 목적, 다른 처벌규정과의 체계적 관련성에 의하여 내재적으로 한계지어져 있는 것을 풀이함으로써 "범행발각 전의 자진출두"로 제한한 것에 불과하여 이는 다수의견이 주장하는 것처럼 제한적 유추해석이 아니라 목적론적 축소해석에 불과하므로 죄형법정주의의 파생원칙인 유추해석금지의 원칙에 위반되지 아니하는 것이다.

III

필자는 법학방법론의 전반적인 구도에 따라 이 판례를 다음과 같이 평석하였다.

1. 법학방법론의 전반적인 체계: 법발견과 법형성 — 허용되는 해석과 금지되는 유추

전통적으로 법학방법론의 두 기둥은 "법발견(Rechtsfindung)"과 "법형성(Rechtsfortbildung)"이고, 이 둘의 상호관계는 다음과 같다. 즉 법관에 의한 법률"해석"은 법문언의 가능한 의미 안에 머물러 있으면서 법률로부터 해당되는 사안에 대한 법을 찾아내는 법발견에 불과하다. 이에 반해 해당 사안에 대한 법적 결정이 법문언의 가능한 의미를 넘어선 것이라면, 이것은 바로 규율되어야 할 사안에 대해 적합한 법규정이 존재하지 않는 소위 "법의 흠결"[3]의 경우이며, 여기서 예컨대 유추 및 목적론적 축소 등의 추론방식에 의한 법흠결의 보충은 법관의 법형성을 의미한다. 요컨대 허용되는 해석이 법문의 가능한 의미 안에서의 법발견을 의미한다면, 예컨대 금지되는 유추(Analogie)는 법의 흠결을 인정한 후 이에 대한 결정을 법문언의 가능한 의미를 초월(überschreiten)해서 근거짓는 법형성인 반면, 목적론적 축소(teleologische Reduktion)는 법문의 가능한 의미를 축소(unterschreiten)하는 법형성을 말한다. 이렇게 본다면 형법교과서상의 通說이 말하는 법문의 가능한 의미는 법발견과 법형성의 한계점인 동시에 법의 흠결의 시작점이기도 하다.[4]

그리고 법의 흠결이란 "법률의 계획에 반하는 불완전성(planwidrige Unvoll-

---

3) 혹자는 "법의 흠결"과 "법률의 흠결"을 서로 구별해서 전자는 전체 법질서의 관점에서 발견되는 불완전성을 의미하는 반면, 후자는 개별법조문에 내재한 목적이 실현되지 않은 것이라고 한다. 그러나 "법의 흠결"을 "법률의 계획에 반하는 불완전성"으로 이해한다면, 이러한 개념이해는 "법의 흠결"이라는 개념과 잘 어울리지 않는다. 왜냐하면 계획 혹은 특정한 규율의도라는 말은 단지 개별법률에 대해서만 쓸 뿐이지 전체 법질서에 대해서는 말하기 어렵기 때문이다. 이런 이유에서 필자는 "법의 흠결"이라는 개념을 사용하지 않는 것이 바람직하다고 생각하며, 그러므로 이하에서 "법의 흠결"은 "법률의 흠결"을 의미한다.

4) "법발견"과 "법형성"을 이렇듯 "법문의 가능한 의미"를 기준으로 서로 구별하는 것은 매우 형식적이다. 왜냐하면 숫자 등과 같이 그 개념이 일의적인 경우를 제외하고는 법문이 사용하는 일상용어는 항상 다의적이므로 법관의 법적용은 항상 필연적으로 그 개념을 형성하는 요소를 지니기 때문이다. 그러므로 법발견과 법형성은 그 구조에 있어서는 차이가 나지 않지만 다만 그 기준에 있어서는 서로 구별되는 것으로 파악하는 것이 타당할 것이다. 이런 입장에서 라렌츠(K. Larenz)는 법발견과 법형성은 본질적으로 상이한 것이 아니며, 동일한 사고과정의 다른 단계일 뿐이라고 한다. 즉 법발견도 법문의 의미가 확정된 것이 아니기 때문에 법관은 항상 규범적인 내용을 확정해 나가야 한다는 것이다. 더 나아가 법관의 법형성이 해석의 한계를 넘어 항상 광의의 해석방법을 사용하는 것과 같이 법률의 단순한 해석도 법원에 의해 의식되지 못하는 법형성일 수 있다는 것이다. 그러므로 이런 생각에 근거해서 그는 다음과 같은 세 가지 단계를 구별한다. 첫째 단계로서 법문의 가능한 의미 안에 있는 "법발견", 둘째 단계로서 문언의 가능한 의미의 한계를 벗어나지만 아직 법률의 본래의 구상의 범위 안에 있을 뿐만 아니라, 심지어 법률의 목적론적 범위 내에서조차 방법론적으로 도출된 "법률내재적 법형성", 셋째 단계로서 법언의 가능한 의미의 한계를 벗어났지만 전체법질서의 지도적 법원리에 근거하고 있는 "법률초월적 법형성". 그리고 이들 세 단계에는 각각의 전형적인 방법이 있으며, 이들 세 단계들의 한계를 엄격히 확정할 수 없다 하더라도 이 세 종류를 구별하는 것은 바람직하다고 한다. 이에 관해서 자세히는 Larenz/Canaris, Methoden der Rechtswissenschaft, 3. Aufl., 1995, S. 187 f. 참조.

ständigkeit)"을 말한다.[5] 법의 흠결의 확정은 사실상 법의 해석과 동시에 이루어지게 되며, 또한 카나리스(Canaris)가 적절히 지적한 바와 같이 법의 흠결의 확정과 흠결의 보충은 함께 이루어진다.[6] 왜냐하면 법률이 과연 입법자의 의도와는 달리 불완전한가의 여부와 그 보충방식은 법문언의 가능한 의미의 폭을 구체화하는 법의 해석에 따라 동시에 결정되기 때문이다. 그런데 법의 흠결에는 두 가지 종류가 있다.[7] 그 하나는 "명시적인 흠결(offene Lücke)"로서 누가 보아도 해당 사안에 대해 이를 규율할 법규정이 명백히 존재하지 않는 경우이다. 이에 반해 "은폐된 흠결(verdeckte Lücke)"이란 해당 사안을 규율할 법규정은 존재하나 이를 그대로 적용할 경우 불합리한 결과가 나타나는 경우이다.

이상에서 알 수 있듯이, 법의 흠결은 명시적인 흠결에만 국한되지 않고 은폐된 흠결도 존재한다. 그렇다면 법의 흠결은 어떤 방식으로 보충되는가? 법학방법론에 따르면 이에 대해서는 대체로 세 가지 방식 – 즉 유추, 목적론적 축소, 그리고 사물의 본성 등의 법원리에 의한 보충 – 이 존재한다고 한다.[8] 각각의 논증구조는 다음과 같은 특징을 지닌다. 첫째, 유추에 의한 법의 흠결의 보충은 해당 사안과 유사한 사안을 찾아내어 이를 규율하는 법규범을 문제 된 사안에도 확대, 적용하는 방식으로 이루어진다.[9] 둘째, 유추가 "같은 것은 같게!"라는 원칙에 따라 법적용의 범위를 확대시키는 것이라면, 이에 반해 목적론적 축소는 "다른 것은 다르게!"라는 원칙에 따라 해당 규범의 적용범위를 축소시키는 것을 의미한다. 다시 말해 이 둘은 모두 정의원칙을 구현하는 것이지만 유추는 "평등대우(Gelichheit)"를 강조하는 것임에 반해, 목적론적 축소는 "차별적 취급(Differenzierung)"을 중시한다. 유추와 목적론적 축소는 모두 법흠결을 보충하는 법형성의 일종인데, 대부분 유추가 이루어지는 법흠결은 명시적인 흠결인 데 반해, 목적론적 축소가 전제

---

5) Larenz/Canaris, 앞의 책(주 4), S. 191 ff.; Engisch, Einführung in das juristische Denken, 8. Aufl., 1989, S. 141 ff. 참조.

6) Larenz/Canaris, Methoden der Rechtswissenschaft(주 4), S. 220.

7) Larenz/Canaris, Methoden der Rechtswissenschaft(주 4), S. 198 ff.

8) 이에 대해서는 Engisch, Einführung in das juristische Denken(주 5), 146면 이하; Larenz/Canaris, Methoden der Rechtswissenschaft(주 4), S. 191 ff.

9) 예컨대 형법 제297조의 강간죄의 행위객체인 "부녀"를 비단 여자에게만 적용하는 것이 아니라 남성에게도 적용하는 것을 말한다.

하는 법흠결은 은폐된 흠결이 될 수밖에 없다. 왜냐하면 목적론적 축소는 지나치게 넓게 파악된 법문의 범위를 해당 법률의 목적에 따라 다시 축소하는 것이기 때문이다.[10)]

그렇다면 한편으로 축소해석과 확장해석, 다른 편으로 유추와 목적론적 축소는 어떻게 서로 구별되는 것인가? 얼핏 보기에는 확장해석과 유추, 그리고 축소해석과 목적론적 축소는 서로 구별되지 않는다. 왜냐하면 전자의 경우는 모두 법문의 의미를 확장한 것인 반면, 후자의 경우는 그 범위를 축소했기 때문이다. 그러나 분명한 점은, 축소 혹은 확장해석은 모두 법문언의 가능한 의미 안에 들어가는(secundum legem) 해석, 즉 법발견이므로 항상 허용되는 반면, 유추나 목적론적 축소는 법의 흠결을 전제하고 법문언의 범위를 넘어서는 법형성이므로 이에 대해서는 별도로 그 정당성 여부가 반드시 확인되어야 한다는 것이다. 왜냐하면 법관은 법률에 구속되어야 하므로 법률에 반하거나(contra legem) 혹은 법이외의 기준에 의한(praeter legem) 법적 결정은 항상 그 정당성을 의심받기 때문이다.[11)]

2. 해당 판결평석의 기본적인 틀

a) 법흠결의 존재

필자의 견해에 따르면 이 사안에서는 법률의 계획에 반하는 불완전성, 즉 "법률의 흠결"이 관건이 된다. 다시 말해 범행발각 후 수사기관에 자수하는 것과 같이 입법자의 의사나 혹은 법의 목적과는 일치하지 않는 예외적인 상황이 발생

---

10) 이에 대한 예로서 형법 제251조 영아살해죄를 들 수 있는데, 이 경우 소수설은 이 법에서 규정하는 형량이 살인죄보다 감경되는 것은 산모가 출산 후 책임능력이 감소되기 때문이라고 생각해서 "직계존속"의 범위 안에 단지 산모만을 포함하고 그 이외의 직계존속을 배제시킨다. 이렇듯 목적론적 축소는 유추와는 정반대로 법의 목적에 부합되지 않는 예외적인 상황을 전제로 하고, 이에 대해 법규범의 적용을 배제하는 것이다.

11) 사정이 이러하다면 우리 대법원과 같이 확대해석과 유추를 형법상 모두 금지된 것으로 여기거나 — 대법원 1978.9.26, 75도3255(공보 597-11096); 대법원 1992.4.23, 90도1287(공보 91, 1549) 참조 — 혹은 이 사안에서와 같이 축소해석과 목적론적 축소를 동일한 것으로 간주하는 것은 법학방법적인 측면에서 대단히 잘못된 것이다.

한 것이 문제가 된다. 왜냐하면 공직선거법 제262조가 자수에 대해 필요적으로 형을 면제하는 것은 무엇보다도 범행발견에 대한 범죄자의 기여를 법적으로 보상하려는 것인데, 이 사안에서와 같이 이미 범행이 수사기관에 의해 발각된 경우에까지 단순히 범행을 스스로 밝혔다는 사실만을 가지고 형을 필요적으로 면제하는 것은 부당하기 때문이다. 여기서 법의 흠결의 존재 여부를 확인하는 것은 대단히 중요한데, 왜냐하면 그것은 비단 법발견과 법형성을 서로 구분짓는 한계점일 뿐만 아니라, 더 나아가 그것을 중심으로 애당초 허용되는 법발견과 다시금 그 정당화 근거를 제시해야만 하는 법형성이 분명히 드러나기 때문이다.[12)]

법의 흠결을 인정한다면, 그것은 명시적인 흠결인가 아니면 은폐된 흠결인가? 먼저 공직선거법 제262조는 자수라는 넓은 개념을 사용함으로써 범행발각 후의 자수에 대해서도 규율을 하고 있기 때문에 명시된 흠결은 될 수 없을 것이다.[13)] 그러므로 여기서의 흠결은 다음과 같은 점에서 은폐된 흠결로 보는 것이 타당하다. 먼저 법의 목적을 고려할 때, 공직선거법은 범행발각 후의 자수에 대해서도 반드시 형을 필요적으로 면제하자는 것은 아닐 것이다. 왜냐하면 그렇게 되면 범행발견에 아무런 기여를 한 바가 없음에도 불구하고 반드시 형을 면제해 주어야 하기 때문이다. 더 나아가 만약 자수가 단순히 입법정책상의 문제라고 하더라도, 이렇듯 불공평한 법적 대응책은 후술하는 바와 같이 전체 법질서의 체계적인 연관성과도 별로 부합되지 않는다. 이런 사정을 고려할 때 이 사안에서는

12) 필자가 제대로 보았다면, 원심과 대법원의 다수의견 그리고 반대의견 모두 법의 흠결을 인정하고 있는 것 같은데, 왜냐하면 어느 입장에 따르건 간에 공직선거법 제262조의 “자수”를 범행발각 전으로 한정하지 않게 되면 법의 본래적인 목적과는 달리 범죄자를 유리하게 만드는 결과를 가져온다고 생각하기 때문이다. 다만 각 의견의 차이점은 다음과 같은 개념적인 차원에 놓여 있다. 즉 원심판결이 이를 명시적으로 “법률의 흠결”이라고 명명하는 반면, 대법원의 다수의견은 이를 법률의 흠결은 아니지만 “바람직한 입법”은 아니라고 하고 또한 반대의견은 이에 대해 아예 언급조차 하지 않는다. 그런데 원심판결과 같이 “법의 흠결”을 정면으로 인정하는 것이 법학방법론상 바람직하며, 이에 반해 대법원의 다수의견이나 소수의견과 같이 “법의 흠결”을 명시적으로 인정하지 않으면 논의가 불투명해질 위험이 존재한다.

13) 아마도 이런 이유에서 대법원의 다수의견은 원심판결이 법률의 흠결을 “단정적”으로 인정한 것은 잘못된 것이라고 하는 것 같다. 그러나 만약 원심판결에 잘못이 있다면 그것은 “은폐된 흠결”을 보다 자세히 설명하지 못한 데에 있는 것이지, 법률의 흠결을 “단정적”으로 인정한 데에 있는 것은 결코 아닐 것이다.

범행 전의 발각과는 다른 예외적인 상황이 발생한 것이고, 이 점은 바로 법률의 계획과는 어긋나는 불완전성, 즉 법의 흠결에 해당한다. 그러나 법률의 규정 자체 혹은 법문언의 가능한 의미는 이와 같은 예외적인 사안에 대해서도 명시적으로 규율하고 있으므로 여기서는 바로 "은폐된 흠결"이 문제가 된다.

b) 법흠결의 보충방법으로서의 목적론적 축소와 그 정당화

법의 흠결이 존재한다면, 법관은 이 사안을 어떤 방식으로 보충하는가? 여기에서는 목적론적 축소(teleologische Reduktion)[14]에 의한 흠결보충이 문제가 된다. 구체적으로 말해, 이 사안과 같이 범행발각 후에 수사기관에 범행을 자수하는 경우는 입법자의 의사나 법의 목적과는 일치되지 않는 예외적인 상황이 문제가 된다. 왜냐하면 공직선거법 제262조가 자수에 대해 필요적으로 형을 면제하는 것은 무엇보다도 범행발견에 대한 범죄자의 기여를 법적으로 보상하려는 것이기 때문이다. 그러나 이 사안과 같이 이미 범행이 수사기관에 의해 발각된 경우에까지 단순히 범행을 스스로 밝혔다는 사실만을 가지고 형을 필요적으로 면제하는 것은 부당하므로 "다른 것은 다르게!"라는 원칙에 의해 공직선거법 제262조의 적용범위를 법의 목적에 따라 축소시키는 것, 즉 "목적론적 축소"가 여기서는 문제가 된다.

이제 마지막 남은 방법론상의 문제는 목적론적 축소를 통해 법의 흠결을 보충하는 법형성이 형법상 과연 정당화될 수 있는가이다. 그런데 이미 언급한 바와 같이 죄형법정주의의 파생원칙인 유추금지는 피고인에게 불리한 법형성을 금지하고 있다. 왜냐하면 형법상의 유추금지는 법치국가의 신뢰보호원칙에 그 근거를 두고 있는데, 국가형벌권의 확장은 이 원칙에 저촉되기 때문이다. 그렇다면 이제 자수개념을 범행발각 전에 한정하는 목적론적 축소에 의한 법형성은 형법상 정당화될 수 있는가? 필자의 생각에 따르면 그것은 법치국가적으로는 불가능

14) 김일수 교수는 예리하게도 법발견에 속하는 "목적론적 기준에 의한 축소해석"과 법형성에 해당하는 "목적론적 축소"를 엄밀히 서로 구별하고 있다. 이에 관해서는 김일수, 형법해석의 한계(주 1), 65면. 이에 반해 필자와 장영민 교수는 이 둘을 엄밀하게 서로 구분하지 않는다. 이에 관해서는 김영환, 법의 흠결과 목적론적 축소해석, 판례월보 334호, 1998, 36면 이하; 장영민, 유추금지와 목적론적 축소해석, 형사판례연구 7, 1999, 1면 이하 참조.

하다.

그런데 문제는 원심과 대법원의 다수의견과 소수의견이 법의 흠결을 직간접적으로 모두 인정하는 것 같아 보이지만 그것의 해결방식은 서로 다르게 전개된다는 점이다. 무엇보다도 세 견해 모두 문제의 해결을 법흠결의 보충, 즉 법형성의 차원이 아니라 목적론적 기준에 따르는 축소해석, 요컨대 법발견의 차원에서 모색한다는 것이 특징적이다.

우선 이러한 차원에서 대법원의 반대의견은 "자수를 범행발각 전으로 축소해석하는 것은 법문의 가능한 의미를 목적론적 기준에 의해 좁히는 허용되는 해석"이라고 생각한다. 물론 얼핏 보기에 자수개념을 범행발각 전으로 국한시키는 것은 자수라는 언어의 가능한 의미 안에 있기 때문에 축소해석처럼 보일 수도 있다. 그러나 이와 같이 자수개념을 파악하는 것은 단순히 법의 목적이나 입법자의 의사 등을 전체적, 종합적으로 고려해서 언어의 가능한 의미를 구체화한 것 이상의 것이다. 달리 말해, 이 사안의 경우는 전형적인 은폐된 흠결이 존재하고 따라서 법형성에 의한 법의 흠결의 보충이 정당화될 수 있는가의 문제는 아직도 남아있다. 그러므로 법형성이 지니는 정당화의 문제를 마치 법발견인 양 은폐시키는 것은 방법론적으로 대단히 잘못된 것이다. 그리고 바로 이 점이 대법원의 반대의견이 지니는 치명적인 방법론상의 결함이라고 생각된다.

이에 반해 원심에 따르면 "법률의 흠결은 법원이 해석에 의해 보충할 수 있다"는 것이다. 다시 말해 원심은 목적론적 축소라는 법형성의 일종을 마치 허용되는 법발견, 즉 축소해석으로 간주하는 듯하다. 그러나 이에 대해서는 특히 다음과 같은 비판이 뒤따른다. 즉 민사법과는 달리 형법에 대해서는 유추금지라는 죄형법정주의의 파생원칙이 있기 때문에, 적어도 피고인에게 불리한 국가형벌권의 확장은 정당화되기 힘들다는 것이다. 다시 말해 이 사례의 경우 자수라는 개념을 법의 목적에 맞게 축소시킴으로써 결국 가벌성의 범위가 확대되는데 이와 같이 피고인에게 불리한 법형성은 형법상 죄형법정주의 원칙에 위배된다는 것이다. 요컨대 원심판결의 방법론상 중대한 문제점은 별다른 근거를 제시하지 않은 채 목적론적 축소라는 법형성을 법원이 해석에 의해 당연히 감행할 수 있는 법발견으로 혼동한다는 것이다.

마지막으로 대법원 다수의견의 주안점은 "법문언의 가능한 의미를 넘어서는 법형성이 형법상 유추금지 원칙에 위배된다고 점"을 밝히는 데에 있다. 필자도 이와 마찬가지의 견해를 취하기 때문에 결론에 있어서는 대법원의 다수의견에 동조하지만 이 결론을 근거짓는 논증방식에 대해서는 다음과 같은 이의를 지닌다. 우선 대법원의 다수의견도 반대의견과 같이 목적론적 축소를 일종의 허용되는 축소해석으로 간주하나 양자는 그 논증구조뿐만 아니라 그 정당성 여부에 관해서도 현저하게 다르다는 것이다. 다시 한 번 강조하자면, 축소해석은 법문언의 가능한 의미 안에서의 법발견으로서 항상 허용되는 반면, 목적론적 축소는 법의 흠결의 보충방법으로서 이는 법문언의 가능한 의미를 벗어나는 법형성이고 따라서 이에 대해서는 별도로 그 정당성 여부를 심사해야 한다는 것이다. 더 나아가, 자수를 범행발각 전으로 축소시키는 것을 "제한적 유추"라고 명명한다는 점이다. 생각건대 목적론적 축소가 형법상 유추금지에 반한다는 점을 강조하기 위해 이런 개념을 사용했다는 사정을 이해 못할 바는 아니다. 그러나 제한적 유추라는 개념은 법학방법론상 사용되지 않는 개념일 뿐만 아니라 또한 유추와 목적론적 축소는 그 논증구조가 서로 대칭적이다. 즉 유추는 유사성을 중심으로 해당 법규범의 적용범위를 확대시키는 것인 반면, 목적론적 축소는 차별성을 기준으로 해서 예외적 사례를 해당 법규범으로부터 배제시키는 논증구조를 지닌다. 셋째로 대법원의 다수의견은 정작 자신의 의견을 명백히 밝히지 않는다는 것이다. 즉 이 사례의 경우 형의 면제를 선고하는 이유가 무엇인지, 즉 범행발각 후도 포함하는 것이 자수의 통상적인 관용례에 의한 것인지, 아니면 법치국가적인 관점에서 가벌성을 확대하는 것이 허용될 수 없기 때문인지가 불분명하다.

Ⅳ

이와 같은 필자의 판례평석에 대한 김일수 교수의 지적은 크게 두 가지로 나뉜다. 그 하나는 제한적 유추라는 개념에 관한 것이고, 그리고 나머지 한 가지는 필자의 방법론적 접근방식에 관한 것이다.

1. 제한적 유추라는 개념의 문제점

필자는 김 교수께서 이 개념이 이미 형법상 통용된다고 지적한 점에 대해서는 감사를 표한다. 왜냐하면 필자는 이러한 지적 이후에야 비로소 김 교수가 제한적 유추라는 개념에 대해 자신의 형법교과서에서 자세히 다루고 있다는 것을 확인할 수 있었기 때문이다. 그러나 물론 이러한 개념을 누군가가 이미 사용했다고 해서 반드시 그것을 받아들여야 할 당위성이 존재하지는 않는다. 즉 이러한 개념의 현실적인 사용과 그러한 개념사용방식의 정당성 여부는 별개의 문제이다. 더 나아가 이러한 개념사용방식의 허용 여부와 상관없이 김 교수가 과연 자신의 주장을 논리일관되게 펼치는가는 대단히 의심스럽기조차 하다. 마지막으로 엄밀하게 고찰한다면, 이 개념은 이 사안과 직접적인 상관성도 존재하지 않는다.

a) 이러한 개념사용법의 정당성 여부

김 교수가 자신의 견해에 대한 典據로 들고 있는 독일의 히르쉬(Hirsch)교수의 논문은 형법적인 논문[15]이고 따라서 그가 사용한 개념은 법학방법론적으로는 매우 문제점이 많아 보인다. 그는 제한적 유추라는 개념을 "확장적 유추"라는 개념과 반대어로서 사용하고 있다.[16] 그런데 대부분은 확장적 유추라고 부르는 대신 그냥 단순히 유추라고 명명할 뿐이다. 그렇다면 히르쉬 교수가 유추를 굳이 확장적 우추라고 부른 이유는 어디에 있는가? 필자가 생각하기에 그는 여기서의 유추를 "유사성에 근거한 확장적인 논리적 추론방식"으로 좁게 파악하는 대신 보다 넓게 "피고인에게 불리한 법형성"으로 이해하고 있다는 것이다.[17] 그러므로 확장적 유추란 유사성을 근거로 한 피고인에게 불리한 법형성을 의미하며, 이와 마찬가지로 제한유추라는 개념에서의 유추도 피고인에게 불리한 법형성이며 여기서 제한이라는 말은 해당 조문의 가능한 의미를 줄이는 목적론적 축소를 의미

---

15) Hirsch, Rechtfertigungsgründe und Analogieverbot, in: Gedächtnisschrift für Zong Uk Tjong, 1985, S. 50 ff.

16) Hirsch, Rechtfertigungsgründe und Analogieverbot(주 15), S. 53.

17) 특히 Hirsch, Rechtfertigungsgründe und Analogieverbot(주 15), S. 53, Anm. 18 참조. 김 교수도 적절히 지적한 것처럼 독일에서도 유추라는 개념은 좁은 기술적 의미로만 사용되지 않고 형법해석의 범주를 벗어난 법형성을 통틀어 말하기도 한다. 이에 대해서는 김일수, 형법해석의 한계(주 1), 67면, 주 47; Sch/Sch/Eser, StGB, 26. Aufl., 2001, § 1 Rn. 25 참조.

한다. 요컨대 이 두 개념에서 확장, 제한이라는 말은 법학방법론상의 추론방식을 의미하는 반면, 유추는 그 추론의 결과가 피고인에게 불리한 법형성임을 의미하는 것이다. 그런데 이렇듯 서로 다른 맥락에서 만들어진 두 단어를 결합시킨다는 것은 문제의 논의를 쓸데없이 복잡하게 만들 뿐만 아니라, 더 나아가 오해의 소지를 불러 일으킨다는 점은 두 말할 나위가 없다. 왜냐하면 확장적 유추라는 말은 동어반복일 뿐만 아니라, 더 나아가 제한적 유추라는 말은 그 의미가 서로 상반되는 두 단어를 무리하게 합성했기 때문에 그 의미가 분명하지 않다. 그러므로 필자가 이러한 용어사용이 법학방법론상 통용되지 않는다고 지적한 것은, 비록 그러한 개념사용이 사실상 이루어졌다는 점을 간과했다고 하더라도, 그다지 틀린 말은 아닐 것이다.[18]

b) 김 교수 입장의 논리일관성

그런데 이러한 개념방식의 잘못을 차치하고서라도 김 교수가 과연 자신의 입장을 일관되게 고수하는가의 여부는 대단히 의심스럽다. 왜냐하면 히르쉬 교수가 제한유추라는 개념을 사용해서 명백히 하려는 것은 소위 "정당방위의 사회윤리적 한계"라는 사례로 많이 언급되는 정당방위라는 위법성조각사유 범위의 축소가 부당하다는 점이다. 여기서 문제가 되는 것은 다음과 같은 사례이다. 예컨대 어린아이나 정신병자 등의 위법한 공격, 목적적인 도발적 정당방위, 친족관계 등의 긴밀한 가족들 간에서의 정당방위 등이다. 그런데 독일의 통설은 이러한 경우들에 대해 보통의 정당방위를 모두 인정하는 것은 정당방위권을 마치 "살인의 도덕(Totschlagsmoral)"으로 정당화하기 위한 것으로 사용한다고 비판하고, 따라서 이러한 경우들에 있어서는 정당방위가 사회윤리적으로 제한되기 때문에 보통의 형태로 정당방위를 수행한 자는 형사상 처벌되어야 한다고 주장한다.

반면 히르쉬 교수에 따르면 이러한 생각은 정당방위라는 위법성조각사유를 제한적 유추를 통해 부당하게 축소시키기 때문에 거부되어야 한다는 것이다. 왜

---

18) 사실상 히르쉬 교수의 이러한 언어사용방식은 형법도그마틱의 문제점을 해결하기 위해 고안된 매우 독창적인 것이기 때문에 그 이외에는 어느 누구도 이를 따르지 않는다. 사실상 독일에서는 "제한적 유추"라는 개념 대신 일반적으로 "목적론적 축소"라는 말을 사용한다. 이에 대해서는 Sch/Sch/Eser, StGB(주 17), § 1 Rn. 14a 참조.

냐하면 법관이 형법구성요건의 범위를 법문의 가능한 의미를 초월해서 확장하거나 아니면 위법성조각사유를 그것의 법문의 가능한 의미를 축소시켜 적용시키지 않거나 이 두 경우 모두 가벌성의 범위가 확장되는 것은 마찬가지이기 때문이다. 그런데 이러한 가벌성의 확장은 법관의 恣意로부터 개인의 자유를 보장하려는 형법상의 유추금지에 반하며, 그러므로 독일기본법 제103조 제2항의 죄형법정주의에 정면으로 저촉된다는 것이다. 또한 이와 같은 생각에서 크라취(Kratsch)도 정당방위를 규정하는 구독일형법 제53조의 문언을 축소해서 어린아이와 정신병자의 위법한 공격에 대한 회피의무(Ausweichpflicht)를 정립하는 것은 독일기본법 제103조 제2항에 위배되는 허용될 수 없는 가벌성의 확장이라고 주장한다.[19]

사실상 독일의 경우 형법상 유추금지는 책임조각사유나 인적 처벌조각사유 등의 제한적 사유들과는 달리 위법성조각사유에는 적용되지 않는다는 견해가 지배적이다. 그 이유는 무엇보다도 다음의 두 가지이다. 우선 형사입법자는 금지의 영역을 구성요건을 통해 종국적으로 확정지을 수 있는 반면에 위법성조각사유는 다양한 사회현실과 관련을 맺고 있기 때문에 명확하게 한계지을 수 없다는 것이다. 그러므로 이러한 상황에 대처하기 위해서는 법관의 법형성이 필연적이라는 것이다.[20] 더 나아가 만약 민법이나 헌법에서는 유추금지가 적용되지 않고 단지 형법에서만 이것이 적용되게 되면 이것은 법질서의 통일성의 원칙에 어긋나게 된다.[21] 그러므로 독일의 통설은 형법상 유추금지를 위법성조각사유에는 적용되지 않는 것으로 본다. 다시 말해 형법상 유추금지는 위법성조각사유를 배제한 형법총론의 분야, 예컨대 책임조각사유나 인적 처벌조각사유와 처벌소멸사유, 그리고 형법각론에 적용되는 것으로 파악된다.

그런데 김 교수의 형법총론 책을 자세히 살펴보면, 그는 한편으로는 형법상 유추해석과 관련된 제한적 유추의 부분에서는 이를 단호히 배격한다. 즉 그는 주

19) Kratsch, Grenzen der Strafbarkeit im Notwehrreht, 1968; GA 1971, 72 ff. 그 이외에도 이런 입장을 주장하는 것에 대해서는 Hirsch, Rechtfertigungsgründe und Analogieverbot(주 15), S. 63, 주 48.

20) Roxin, Krimianlpolitik und Strafrechtssystem, 1973, S. 29 ff.

21) Krey, Studien zum Gesetzes vorbehalt im Strafrecht, 1976, S. 236 f.

장하기를, "정당화사유의 범위를 제한적으로 유추적용하게 되면 … 행위자의 가벌성의 범위는 확대되며 결국 행위자에게 불리한 유추적용이 되어 법치국가적으로 문제되지 않을 수 없다. 이 점은 가능한 문언의 의미를 넘어 범죄구성요건을 유추적용하는 것과 결과에 있어서는 다를 바 없다. 따라서 형법전에서 규율하고 있는 정당화 사유를 가능한 문언의 범위를 넘어 제한적으로 유추적용하는 것은 허용될 수 없다고 본다."[22) 그러나 다른 한편 김 교수는 정당윤리의 사회윤리적인 한계와 관련되는 사례에 직면해서는 이러한 입장과는 상관없이 정당방위라는 위법성조각사유를 축소한다. 그런데 이렇게 정당방위사유를 제한적으로 파악한다면 자신의 입장과는 논리적인 모순에 처하게 된다.[23)]

c) 이 사례와 제한적 유추라는 개념의 상관성

마지막으로 제한적 유추라는 개념은 주로 정당방위라는 위법성조각사유의 범위를 축소하는 것이 형법상 유추금지에 위반되는가의 문제와 관련되기 때문에 이 개념은 이 사안과도 직접적으로 관련이 없다. 왜냐하면 주지하듯이 이 사안에서 문제가 된 것은 위법성조각사유가 아니라 인적 처벌조각사유이기 때문이다.[24)] 물론 김 교수도 이 사례의 경우를 유추라고 단정한 것은 적절치 못하다고 한다. 왜냐하면 일상용어적인 의미에 따르면, 범행발각 전이나 발각 후의 자진출두 모두 해석의 범위에 들어가기 때문이라는 것이다.[25)] 그러므로 관건이 되는 것은 제한적 유추라는 개념이 아니라 오히려 어떤 방식으로 이 사안의 경우 범행발각 전의 자수에 대해서만 필요적 형의 면제를 할 수 있는가이다.

2. 필자의 접근방식에 대한 비판

제한적 유추라는 개념을 알게 해 준 것 이외에도 김 교수에게 또한 감사하는

---

22) 이에 대해서는 김일수, 형법학원론, 1988, 160면 참조,

23) 김일수, 형법학원론(주 22), 529면 이하. 아마도 이러한 논리적인 모순은 유감스럽게도 김 교수가 대부분 동조하는 Roxin의 "정당방위의 사회윤리적 제한"을 인정하기 때문이라고 추측된다.

24) 그러나 "제한적 유추"라는 개념을 비단 위법성조각사유에 한정하지 않고, 책임조각사유, 인적 처벌조각사유 등까지 확대할 경우에는 이 개념은 아직도 사안해결에 유용할 것이다.

25) 김일수, 형법해석의 한계(주 1), 67면 이하.

것은 이 문제를 법의 흠결의 차원에서가 아니라 법의 해석의 차원에서도 풀어 나갈 수 있다는 점을 일깨워 주었다는 것 때문이다. 물론 이런 발상법은 법학방법론적으로 김 교수가 대법원의 다수의견의 입장을 따르기 때문이라고 추측된다. 그러나 그는 이런 착상에 근거해서 필자가 이 문제를 법의 흠결의 보충으로 몰고 간 의도는 그래야만 복잡한 논증을 생략하고서도 행위자에게 불리한 목적론적 축소를 막을 수 있다고 생각했기 때문이라고 한다. 다시 말해 법발견 쪽으로 기울어지면 해석론상 행위자에게 불리한 목적론적 축소해석을 막는 데에 훨씬 더 복잡한 논증을 전개해야 하는 수고를 피하기 어려워 보인다는 것이다. 요컨대 김 교수의 견해에 따르면 필자의 이러한 시도는 굳이 행위자에게 불리한 법형성의 금지요청이 아니라도 충족시킬 수 있다는 것이다.[26]

이렇듯 김 교수는 이 사안을 법흠결로 보아 법형성의 차원에서 해결하려는 것이 아니라 오히려 법문의 가능한 의미 안에서의 법해석의 문제로 파악한다. 그러므로 핵심적인 문제란 자수의 요건을 목적론적으로 축소해석함으로써 결과의 부당성을 제거할 수 있는가라는 점이다. 그런데 김 교수에 따르면, 공직선거법상의 자수규정이 비록 경직된 법효과규율을 담고 있지만,[27] 법치국가형법의 자유보장책의 혜택은 더 많은 기회에 더 많은 사람이 누려야 한다는 것이다. 따라서 비록 범행발각 후에 자수한 자라고 하더라도 그러한 형면제를 기대할 수 있다는 것이다. 이렇듯 김 교수는 헌법규범의 자유제한과 자유확대라는 법치국가적인 관점에서 대법원의 반대의견처럼 자수요건을 임시방편적으로 변통하여 문제를 해결하기를 거부한 대법원의 다수의견이 형사정책적으로는 비록 불만족스러운 결과임에도 불구하고 법치국가원리를 확립하는 쪽으로 나아갔기 때문에 더 올바르다는 것이다.[28]

---

26) 김일수, 형법해석의 한계(주 1), 66면 이하.

27) 김 교수에 따르면, 공직선거법 제262조의 형사정책적 불합리성은 자수라는 법률요건보다 "필요적 형면제"만을 규정한 법률효과의 경직성 때문이라고 한다. 이에 관해서는 김일수, 형법해석의 한계(주 1), 67면.

28) 김 교수는 입법자가 2000.2.16. 공직선거법개정에서 제262조의 자수요건을 시간적으로 제한하는 대신 법률효과규정을 필요적 면제로부터 필요적 감면으로 고친 사실을 들면서 마치 다수의견이 올바른 것처럼 주장한다. 그러나 대법원의 다수의견처럼 법의 해석을 통해 문제를 해결할 수 있다면 법의 개정은 무엇 때문에 필요한가? 오히려 법관이 법의 해석에 의

그러나 이러한 김 교수의 논증방식에 대해서는 다음과 같이 이의가 제기될 수 있다.

우선 필자가 이 사안을 법형성의 문제로 파악한 것은 보다 복잡한 논증을 피하고 문제를 간단하게 처리하기 위한 것이 아니라, 오히려 사안의 구조적 특성 때문이다. 즉 사안의 성격상 "다른 것은 다르게!"라는 원칙이 적용되어야 할 예외적인 상황이 등장했다면, 그것을 굳이 정상적인 상황을 전제로 하는 법해석의 문제로 파악하는 것은 쓸데없이 문제를 복잡하게 만든다는 것이다. 왜냐하면 법학방법론상 법문의 가능한 범위 안에서 이루어지는 법해석은 항상 허용되는 것인데, 김 교수는 이렇듯 허용되는 법해석을 다시금 법치국가적인 관점에서 둘로 나누어 그중 하나는 법문의 가능한 의미 안에 들어왔음에도 불구하고 허용되지 않는다는 쓸데없이 복잡한(?) 논리를 전개하기 때문이다.

더 나아가 자세히 들여다보면 김 교수가 주장하는 "목적론적 축소해석을 막기에 복잡한 논증"이라는 것도 궁극적으로는 피해자의 자유를 보장한다는 법치국가적인 생각을 그 근간으로 하고 있을 뿐이다. 만약 그렇지 않다면 그 "복잡한 논증"은 구체적으로 무엇을 의미하는가? 필자기 생각하기에 그것은 허용되는 해석의 범주 안에 다시금 허용되지 않는 부분을 설정하려는 논리적인 착종현상 이외에 다른 것이 아닐 것이다.

마지막으로 김 교수에게 묻고 싶은 것은 다음과 같은 주장이 법학방법론적으로 어떻게 가능한가이다. 즉 김 교수에 따르면 심지어 은폐된 법의 흠결조차도 반드시 법형성만으로 그 보정이 가능한 것이라기보다 해석론으로도 충분히 그 치유가 가능한 토픽이라는 것이다.[29] 그러나 법발견과 법형성이 법문의 가능한 의미를 한계로 서로 구별되기 때문에 이 둘의 융합은 결국 법학방법론의 이론적

해 문제를 해결할 수 없기 때문에 입법자가 법의 흠결을 보충하기 위해 법을 개정하는 것은 아닌가? 더 나아가 자수의 구성요건과 법률효과 중 어느 것을 고칠 것인가는 입법자에게 달려 있는 문제이기는 하다. 다만 언급되어야 할 점은, 우리 입법자는 명확하고 예리한 개념보다는 법관의 재량을 허용하는 유동적인 개념을 입법기술상 자주 사용한다는 것이다.

29) 김일수, 형법해석의 한계(주 1), 66면.

기초를 송두리째 뒤흔들게 된다.

필자가 추측하기에 김 교수의 법학방법론적인 과오는 무엇보다도 제한적 유추라는 개념을 "목적론적 축소에 따르는 허용되지 않는 법형성"으로 파악하지 않고 "목적론적 축소해석에 의한 행위자에게 불리한 허용되지 않는 법발견"으로 이해한 데 있는 것 같다. 그러나 이미 지적한 것처럼 법문의 가능한 의미에 들어가는 해석은 항상 허용되기 때문에, 만약 김 교수처럼 이 문제를 해석의 문제로 파악한다면 대법원의 반대의견이, 형사정책적인 측면에서는 그렇지 않겠지만, 적어도 법학방법론상으로는 다수의견보다 더욱 설득력이 있다고 생각된다.

V

이상에서 우리는 자수와 관련된 다양한 문제해결책을 알아보았다. 이제 그 내용을 요약하면서 이 논문을 마무리하려고 한다. 이 문제와 관련해서 지금까지 제시된 의견은 모두 4가지이다. 2개는 해석이라는 법발견의 관점에서, 그리고 2개는 법흠결의 보충이라는 법형성의 관점에서 근거지어진다.

첫 번째 법해석의 관점에서 자수를 범행발각 전으로 해석하는 것은 법문의 가능한 의미를 법조문의 목적에 따라 축소해석하는 것으로서 당연히 허용되는 해석에 속한다는 견해이다. 이러한 견해는 대법원의 반대의견과 이재상 교수[30]가 취하는 입장이다.

둘째는 법해석의 관점에서 자수를 범행발각 전으로 해석하는 것은 법문의 가능한 의미 안에서의 목적론적인 축소해석임에도 불구하고 형법상 유추금지의 법치국가적인 의미에 비추어 이렇듯 행위자에게 불리한 해석은 허용되지 않는다는 것이다. 그러나 이 견해는 위에서 언급한 것처럼 이 사안에 대해 형의 면제를 선고하는 것이 범행발각 전뿐만 아니라 발각후도 자수로 파악하는 관용적 용어 때문인지 아니면 법치국가적인 관점에서 허용될 수 없는 가벌성의 확대 때문인

30) 이재상, 1997년 형사판례회고, 형사판례연구 6, 1998, 448면 이하.

지가 불분명하다. 어쨌든 이 견해는 대법원의 다수의견, 강용현 변호사,[31] 김일수 교수가 취한다.

셋째는 법의 흠결을 인정하지만 그것의 보충은 해석에 의해 가능하다는 견해로서 원심이 취하는 입장이다.

마지막으로 법의 흠결을 인정하고 그것의 보충은 목적론적 축소에 의해 이루어지지만 이러한 행위자에게 불리한 법형성은 형법상 유추금지에 반한다는 입장으로서 필자와 장영민 교수가 취하는 견해이다.

이 네 가지 견해 중 어느 것이 가장 타당한 것인가를 결정하는 데 있어서는 법치국가라는 형사정책적인 관점과 논리적 일관성이라는 법학방법론적인 관점이 모두 중요할 것이다. 생각건대 이 사안에서 선택의 기로는 다음에 있는 것 같다. 즉 김 교수도 정확하게 지적한 것처럼, 문제의 핵심은 자수의 요건을 목적론적으로 축소해석함으로써 결과의 부당성을 제거할 수 있는가? 아니면 이 사안을 목적론적 축소에 의해 해결하는 것이 보다 더 사리에 부합할 것인가? 이미 언급했듯이 법치국가적인 관점에서는 그것이 해석의 차원에서의 축소해석이든 아니면 법흠결의 보충인 목적론적 축소이든 간에 모두 허용될 수 없다는 것이 밝혀졌다. 이렇듯 법치국가적인 관점에서는 이미 해답이 주어졌다면 이제 해결책은 법학방법론적인 관점에서 모색될 수밖에 없다. 그런데 법학방법론적인 관점에서는 법문의 가능한 의미 안에서 이루어지는 해석은 항상 허용되기 때문에 축소해석에 의한 결론은 다시 그 정당성을 물어 거부할 수 없다. 그렇다면 목적론적 축소에 의한 법형성은 다시금 그 정당성을 재확인할 필요가 있고, 이 단계에서 그 결과의 부당성을 제거할 수 있을 것이다. 이렇게 해서 이 논문의 제목이 제시했던 질문, 즉 범행발각 후의 자수가 축소해석인가 아니면 목적론적 축소의 대상인가에 대해서는 결국 그 답이 주어진 셈이다.

---

31) 강용현, 형이 필요적으로 감면되는 공직선거 및 선거부정방지법상 자수의 범위, 법조 46권 7호, 1997, 139면 이하.

법학방법론의 관점에서 본 유추와 목적론적 축소(2009)

I

법률해석이 법실무로 지향된 법학의 우선적인 과제라고 하더라도 법학은 그에서 멈출 수는 없다. 왜냐하면 아무리 세심하게 만들어진 법률이라고 하더라도 발생가능한 모든 사안에 대해 해결책을 포함하고 있지는 않기 때문이다. 물론 법과 법률을 동일시하거나 혹은 정의보다 법적 안정성과 결정의 예측가능성을 우선시하는 법실증주의자들은 이와 생각이 전혀 다르다. 즉 그들은 개념적인 사고를 과대평가하거나 논리적인 완결성을 가정함으로써 법질서의 무흠결성을 주장한다.[1] 그리고 이런 생각에 근거해서 법률해석에 대한 법관의 권한을 대폭 축소시킬 뿐만 아니라 법형성의 가능성조차 부인한다. 역사적으로 고찰할 때 19세기에는 "법거부금지"라는 관점하에서 법관에 의한 법흠결보충의 필요성은 근본적으로 인정되었다. 더 나아가 이러한 생각은 20세기 초 자유법운동과 이익법학에 의해 지지되었고 오늘날에는 법관의 법형성에 대한 권한은 점차 폭넓게 인정된다.[2] 그러므로 오늘날 법흠결과 그것의 보충이 법학방법론적으로 널리 인정된다

---

1) 예컨대 법률실증주의의 대표자인 베르그봄(Bergbohm)은 다음과 같이 주장한다. "…실정법은 전혀 흠결을 지니지 않는다. 누군가 법에서 흠결을 보았다고 주장할 때 그 흠결은 단지 법이 아니라 법을 탐구하는 자의 머릿속에 있는 것이다." 이에 대해서는 Bergbohm, Jurisprudenz und Rechtsphilsophie, Bd. 1, 1892, S. 382 참조.

2) 법학방법론의 이와 같은 발전과정에 대한 간략하지만 유용한 소개에 대해서는 Pawlowski, Einführung in die juristische Methodenlehre, 1986, S. 53 ff., 68 ff. 참조.

고 말하는 것은 그리 틀린 말은 아닐 것이다. 독일연방헌법재판소는 이에 대해 다음과 같이 판시하고 있다. "법은 제정된 법률의 전체와 동일한 것이 아니다. 경우에 따라서는 국가권력의 실정적인 제정에 대해 그 이상의 법이 존재하고 그것은 그 연원을 의미전체로서의 헌법적인 법질서 가운데 지니고 있으며 실정적인 법률에 대해 수정수단으로 영향을 미칠 수 있다. 그러한 법을 발견하고 결정에서 실현시키는 것은 사법의 임무이다."[3]

전통적으로 법학방법론의 두 기둥은 "법발견(Rechtsfindung)"과 "법형성(Rechtsfortbildung)"이라고 하며, 이 둘의 관계는 다음과 같이 설명된다. 즉 법발견이란 법관에 의한 법률"해석"이 "법문언의 가능한 의미" 안에 머물러 있으면서 법률로부터 해당되는 사안에 대한 법을 찾아내는 것에 불과한 반면, 해당 사안에 대한 법적 결정이 법문언의 가능한 의미를 넘어선 것이라면, 이것은 바로 규율되어야 할 사안에 대해 적합한 법규정이 존재하지 않는 소위 "법의 흠결"의 경우이며, 여기서 예컨대 유추, 목적론적 축소 등의 추론방식에 의한 "법흠결의 보충"이라는 법관의 법형성(Rechtsfortbildung)이 이루어진다는 것이다.

그런데 법발견과 법형성이 이와 같이 구별된다고 하더라도 구조적으로는 매우 흡사하다는 점이 지적되어야 한다. 라렌츠(Karl Larenz)는 법이 흠결을 지니고 법관이 이것을 형성할 권한이 있다는 자명한 사실로부터 출발한다면, 법발견과 법형성은 본질적으로 상이한 것이 아니고 오히려 동일한 사고과정의 다른 단계일 뿐이라고 한다. 왜냐하면 법발견도 법문의 의미가 미리 확정된 것이 아니기 때문에 법관은 항상 규범적인 내용을 확정해 나가야 할 뿐만 아니라, 더 나아가 법관의 법형성이 해석의 한계를 넘어 항상 광의의 해석방법을 사용하는 것과 같이 법률의 단순한 해석도 법원에 의해 의식되지 못하는 법형성일 수 있다는 것이다.[4] 즉 모든 해석이 어느 정도 이해하는 주체의 창조적인 업적이라면, 법형성에서는 주체의 창조적 부분이 단지 증가할 뿐이고 그런 한에서 단지 단계적인 정도의 차이만이 관건이 된다는 것이다. 그러므로 해석 시에 중요한 역할을 했던 기

---

3) BVerfGE 34, 269.

4) Larenz, Richterliche Rechtsfortbildung als methodisches Problem, NJW 1965 Heft 1/2, 1 참조.

준들, 특히 입법자의 규율의도와 객관적 목적론적인 척도들이 흠결의 보충에도 결정적인 의미를 지닌다는 것은 새삼 놀라운 일이 아니다. 이와 같은 방식으로 해석은 마치 아무런 중단 없이 법형성에서 지속된다.[5] 물론 법발견과 마찬가지로 법형성의 결과가 현행의 법질서 안에서 법으로서 정당화되려면 이것들은 방법적으로 이루어진 근거를 필요로 한다. 법관은 그것을 필요로 하는데, 왜냐하면 그것 없이는 법원은 자신에게 부여되지 않은 권력을 찬탈하게 되기 때문이다.

물론 법발견과 법형성의 구조를 어떻게 보든 법문의 가능한 의미는 비단 해석과 유추의 경계선일 뿐만 아니라 전통적인 의미에서의 법발견과 법형성의 한계점이며, 또한 동시에 법의 흠결의 시작점이기도 하다. 그리고 이러한 이론상의 구별은 실천적인 관점에서 매우 중요한데, 왜냐하면 법문의 가능한 의미 안에서의 해석(소위 법발견)은 언제나 허용되지만 법흠결의 보충(소위 법형성)은 "법관의 법률에의 구속의 원칙"과 상충될 소지가 있기에 법치국가적인 관점에서 항상 그 정당성이 문제 되기 때문이다. 그러나 문제의 핵심은 이러한 법문의 가능한 의미가 과연 어떤 성질의 것인가이다. 다시 말해 법문의 가능한 의미가 법관의 법해석 이전에 미리 확정되어 있어 법관은 이를 단지 발견만 하면 되는 것인지, 아니면 법관의 법해석을 통해 비로소 형성되는 것인지가 아직 분명하지 않다는 것이다.[6] 그러나 이와 같은 점이 밝혀지지 않는 한, 무엇보다도 한편으로는 해석과

---

5) 이에 관해 자세히는 Larenz/Canaris, Methoden der Rechtswissenschaft, 3. Aufl., 1995, S. 187 f. 참조. 그리고 이런 생각에 근거해서 그는 다음과 같은 세 가지 단계를 구별한다. 첫째단계로서 "법문의 가능한 의미" 안에 있는 "법발견(해석)", 둘째 단계로서 문언의 가능한 의미의 한계를 벗어나지만 아직 법률의 본래의 구상의 범위 안에 있을 뿐만 아니라, 심지어 법률의 목적론적 범위 내에서조차 방법론적으로 도출된 "법률내재적 법형성", 셋째 단계로서 법언의 가능한 의미의 한계를 벗어났지만 전체법질서의 지도적 법원리에 근거하고 있는 "법률초월적 법형성". 물론 이들 세 단계에는 각각의 전형적인 방법이 있으며, 그러므로 이들 세 단계들의 한계를 엄격히 확정할 수 없다 하더라도 이 세 종류를 구별하는 것은 법관의 법획득 과정을 합리적으로 만들기 위해 필요하다고 한다.

6) 예를 들어 실화죄에 관한 대법원의 다수의견과 소수의견의 차이점도 바로 여기에서 발단된다. 즉 양자는 모두 법문의 가능한 의미라는 형식적인 기준에는 동의하나 그것의 실질적인 내용에 대해서는 상이한 입장을 주장하고 있는 것이다(대법원 1994.12.20, 선고, 94모32 전원합의체 결정). 그리고 이에 대해서는 신동운 외 4인, 법률해석의 한계, 2000에 실린 개별논문들 참조.

다른 한편 유추 및 목적론적 축소의 한계점으로서의 법문의 가능한 의미란 대단히 형식적인 기준에 불과하다. 즉 어디서부터 어디까지가 가능한 의미 안에 있는지가 입장에 따라 달리 규정될 수 있으므로 결국 법문의 가능한 의미라는 개념은 모호한 척도가 될 수밖에 없다. 특히 이 점은 후술하는 형법상 유추금지와 관련해서 중요한데 왜냐하면 일반적으로 유추는 법문의 가능한 의미를 넘어서 규범의 적용범위를 확장한 것이기 때문에 죄형법정주의상 허용되지 않는다고 여겨지기 때문이다. 더 나아가 이러한 법문의 가능한 의미는 목적론적 축소에서도 중요한데 왜냐하면 여기서는 이제 그것에 의한 법적용에서 법문의 가능한 의미가 축소됨으로써 결국 해당 규범의 적용범위가 좁혀지게 되어 금지된 유추의 혐의[7]가 생기기 때문이다. 그러나 목적론적 축소에서 법문의 가능한 의미는 형법상 유추에서와 같이 그렇게 심각하게 논의되는 것은 아니고, 오히려 대부분 일상적인 용어와 동일시된다.

이 논문은 이와 같은 법형성의 구조 및 그것의 정당화에 대한 합리적인 기준을 그 대상으로 한다. 그러므로 이를 위해 우선 법형성의 전제요건으로서의 법흠결이 무엇인가를 밝힌 후(이하의 II), 소위 내재적인 법형성의 두 가지 방식인 유추(III)와 목적론적인 축소의 개념(IV) 및 그에 관한 관련사례들을 소개하고, 마지막으로 이에 대한 결론으로서 법학방법론의 궁극적인 목표 및 그 한계를 논하고자 한다(V).

II

1. 이미 언급한 바와 같이, 법문의 가능한 의미는 허용되는 법발견의 한계점인 동시에 법형성의 출발점이다. 그런데 대부분의 법학방법론자들이 주장하는

7) 후술하는 바와 같이 유추는 두 가지 의미를 지닌다. 즉 그 하나는 "같은 것은 같게"라는 법학방법론상의 추론방식을 의미하고, 그 다른 하나는 피고인에게 불리한 — 그것이 유추에 의하든 아니면 목적론적 축소에 의하든 간에 상관없이 — 피고인에게 불리한 법형성금지원칙을 뜻한다. 목적론적 형성에 의한 법형성을 "제한유추"라는 개념으로 부정한, 범행발각 후 자수에 관한 대법원의 판례에 대해서는 후술하는 IV 3 참조.

바와 같이, 법형성이 시작되는 법의 흠결이란 "법률의 계획에 반하는 불완전성(planwidrige Unvollständigkeit)"을 말한다.[8)]

이렇듯 "흠결"이라는 말은 우선 불완전성을 지시하므로 법률이 특정한 영역에 대해 어느 정도 완전한 규율을 추구할 때 법률의 흠결이라고 말한다. 또한 흠결개념의 강조는 18세기에 시작되어 19세기에 정점에 달했던 포괄적인 법전편찬의 추구와 밀접하게 관련된다. 비록 전체 법질서가 완전하다고 가정하더라도, 해당 문제를 법질서가 규율하지 않은 채 방치한 영역에 속하면 안 된다. 다시 말해 그 문제가 도대체 법적인 규율영역 안에 놓여 있고 또 그에 대한 규율이 필요하다고 인정되는 한, 그 법질서는 흠결이 있는 것이다. 그러므로 법흠결은 19세기의 법이론이 주장했던 법적인 규율로부터 벗어난 소위 "법으로부터 자유로운 영역(rechtsfreier Raum)"[9)]과는 엄밀히 구별되어야 한다.[10)]

더 나아가 흠결개념은 그 두 번째 요소로서 "법률의 계획위반성"을 내포한다. 그런데 흠결은 법률의 규율맥락에서의 흠결을 의미하므로 그러한 흠결이 존재하는가의 여부는 입법자의 계획과 법률 자체의 규율의도의 관점으로부터 판단된다. 요컨대 법률에 기초된 규율의 계획은 법률 자체로부터 역사적, 목적론적 해석을 통해 밝혀져야 한다. 그리고 이 맥락에서 법률의 "내재적 목적"은 좁게 이해되어서는 안 된다. 다시 말해 입법자의 의도, 법률의 객관적인 법의 목적, 일반적인 법원리들도 함께 고려되어야 한다. 이미 언급한 바와 같이 이러한 일반적 법원리에는 예컨대 동일한 것의 동등한 취급이 속한다. 그러므로 법률이 특정사

---

8) 이에 관해서는 Canaris, Die Feststellung von Lücken im Gesetz, 2. Aufl., 1983, S. 39; Canaris/Larenz, Methoden der Rechtswissenschaft(주 5), S. 191 ff.; Engisch, Einführung in das juristische Denken, 9. Aufl., 1997, S. 180 ff.; Bydlinski, Juristische Methodenlehre und Rechtsbegriff, 1982, S. 472 f.; Kramer, Juristische Methodenlehre, 1998, S. 137 ff.

9) 이에 대해서는 "법적으로 공허한 영역"이라는 표현이 보다 적절하다. 왜냐하면 "법으로부터 자유로운 영역"은 입법자가 해당인들을 모두 만족시킬 수 없는 한계상황을 전제하기 때문이다. 예컨대 병원에 실려 온 두 명의 환자에 대해 단지 한 개의 산소마스크만 있는 경우 혹은 인공임신중절의 경우 태아나 임산부 중 하나의 생명만을 구조할 수 있는 경우 등이 이러한 사례들이다. 이에 대해 자세한 것은 Arthur Kaufmann, Rechtsphilosophie, 1997, S. 226 ff. 참조.

10) Engisch, Einführung in das juristische Denken(주 8), S. 148 f.

례 A를 특정한 방식으로 규율하고 가치 판단적으로 동일한 사례 B에 대해 어떤 규칙도 포함하지 않는다면 그러한 규율의 부재는 법률의 흠결로 보아야 한다.

2. 그런데 법흠결과 구별되는 것으로 법정책적인 결함이 있다.[11] 그리고 양자의 구별은 법률이 자신의 규율의도에 비추어 불완전한가 혹은 법률에 따라 내려진 결정이 법정책적 비판을 견디는가를 검토하는 가운데 이루어진다. 예컨대 독일의 경우 타이프가 널리 사용됨에도 불구하고 상속인의 동일성을 확인하기 위해 자필증서를 고집하는 것이 이에 속한다. 자세히 살펴보면 이 두 경우 모두 법률이 포함했어야 할 규범을 포함하지 않았다고 판단되기 때문에 여기서는 사실의 판단이나 논리적인 추론이 아니라 가치판단이 관건이 된다. 그러나 이를 판단하는 척도는 각각 다르다. 즉 전자의 경우에는 법률 자체의 규율의도와 내재적인 목적이 척도가 되는 반면, 후자의 경우에는 법률에 대한 법정책적으로 근거지어진 비판이 그러한 기준이 된다. 따라서 법률이 불완전하지 않고 단지 법정책적으로만 결함이 있다면, 흠결의 보충이 아니라 법률초월적인 법형성이 고려될 것이다. 언제 법원이 그러한 법정책적인 결함을 해석을 통해 고칠 수 있는가는 후에 관련되는 사례[12]에서 자세히 살펴보겠다.

3. 또한 법흠결과 관련해서 설명되어야 할 개념으로는 규범흠결과 규율흠결이 있다.[13] 예컨대 법률이 이자지급을 명하면서도 그 구체적인 기준은 규정하지 않은 경우와 같이, 법률의 적용상 필요한 다른 규정들이 없어서 그 법규정이 도대체 적용될 수 없을 때 사람들은 법률흠결이 존재한다고 생각한다. 이러한 경우는 개별적인 규범 그 자체가 불완전한 것이므로 "규범흠결(Normlücke)"이라고 불린다. 이에 반해 우리가 규율흠결이라고 말하는 대부분의 사례는 개별적인 법문이 아니라 특정한 규율전체가 불완전한 경우이다. 즉 여기서는 규율의도에 따른다면 규율을 필요로 하는 문제에 대해 해당 규율이 어떤 규칙도 포함하지 않기

11) Larenz/Canaris, Methoden der Rechtswissenschaft(주 5), S. 195; Engisch, Einführung in das juristische Denken(주 8), S. 149 f.

12) 이와 관련해서는 후에서 설명하는 발행지 기재 없는 국내어음과 관련된 판례(IV 5)를 참조하라.

13) Pawlowski, Einführung, in die juristische Methodenlehre(주 2), S. 111 f.

때문에 "규율흠결(Regelungslücke)"이라고 말해진다. 예를 들면 특정된 법적인 근거가 없는 경우 요구된 청구권은 기각되어야 하는데, 만약 그렇게 된다면 그것은 비록 재판거부는 아니더라도 동일한 것은 동일하게 다루라는 요청에 대한 위반이 된다. 이 경우 법관은 이러한 평등한 처리요청에 구속되기 때문에 그러한 규율의 흠결을 법률의 규율의도와 일치시켜 보충해야 한다. 일반적으로 말하는 법흠결은 대부분 이러한 규율흠결을 의미한다.[14)]

4. 혹자는 법률흠결과 법흠결을 서로 구별하고 있다. 이에 따르면 법률흠결(Gesetzeslücke)은 개별법률이 규율계획에 비춰볼 때 불완전한 것을 의미하는 반면, 법흠결(Rechtslücke)은 법질서 전체가 불완전한 것을 뜻한다. 다시 말해 이 경우에는 법질서 전체가 규율을 필요로 하는 전 영역을 법률적으로 규율하지 않거나 혹은 거래의 필요 및 일반적인 법의식에 의해 승인된 법원칙을 고려해서 당연히 포함했어야 할 법제도를 포함하지 않은 것이다. 그런데 이와 같은 법흠결이라는 개념에 대해서는 다음과 같은 이의가 있다. 우선 이미 언급한 바와 같이 법흠결이 법으로부터 자유로운 영역과 법정책적 결함을 제외한 나머지 영역과 관련된 문제라면, 그러한 것으로서는 현대의 기술발달로 인해 등장한 새로운 현상들만이 남게 된다. 그런데 이러한 영역에 대해 법적 규율이 없다면 이것은 입법자에 의해 보충될 것이지 법관이 해석에 의해 보충할 수 없다는 것이다. 다른 말로 한다면 삼권분립요청에 근거해서 법관이 아니라 입법자가 법흠결을 보충해야 한다는 것이다. 더 나아가 이 개념은 "계획에 반하는 불완전성"이라는 사고에도 적합하지 않은데, 왜냐하면 법질서 전체는 세분화되어 있기 때문에 이것의 통일적인 전체계획을 파악하기 힘들기 때문이다. 그러므로 법흠결이라는 개념은 정확하지도 않을 뿐만 아리라 오해의 소지가 많다.[15)] 그러므로 이하에서 법흠결이라고 말할 때 법률흠결을 의미한다.

5. 법흠결의 종류와 관련해서는 다양한 개념뿐만 아니라 많은 분류기준이 있다.[16)] 여기서는 그중 가장 중요하다고 생각되는 두 가지 흠결기준만을 언급하

---

14) Larenz는 규율흠결에 대한 예로 적극적 채권침해를 들고 있다, 이에 대해서는 Canaris/Larenz, Methoden der Rechtswissenschaft(주 5), S. 193 참조.

15) Canaris/Larenz, Methoden der Rechtswissenschaft(주 5), S. 196 f.

도록 하겠다. 우선 그 첫 번째로 언급될 것이 "명시적 흠결(offene Lücke)"과 "은폐된 흠결(verdeckte Lücke)"이다. 전자는 법률이 그의 목적에 따르면 일정한 규율을 포함했어야 함에도 불구하고 특정한 사례군에 대해 적용되어야 할 규율을 포함하지 않은 경우이다. 이에 반해 후자는 해당 사안을 규율할 법규정은 존재하나 이를 그대로 적용할 경우 불합리한 결과가 나타나는 경우이다. 이것을 은폐된 흠결이라고 부르는 이유는 여기에 적용될 수 있는 규칙이 없는 것은 아니기 때문이다. 요컨대 이 경우 흠결은 한계설정의 不在에 있다. 이에 대한 대표적인 예로 영아살해죄를 들 수 있다. 사실상 영아살해죄를 살인죄보다 경미하게 처벌하는 이유는 출산 후 산모의 책임능력이 저하되기 때문이다. 그러나 형법은 그것의 행위주체를 직계존속이라고만 규정하고 있으므로 여기에는 그 영아의 夫도 포함된다. 그러나 만약 이 규정을 그 영아의 父에게까지 적용하면 이 법의 목적은 제대로 실현될 수 없다. 다시 말해 "은폐된 흠결"이 발생한다. 일반적으로 "명시적 흠결"은 유추에 의해, "은폐된 흠결"은 목적론적 축소에 의해 보충된다.

더 나아가 법률내재적인 흠결과 법률초월적인 흠결을 서로 구별할 필요가 있다.17) 전자는 개별규정에 흠결이 있는 경우를 의미한다면 후자는 전체 법질서의 관점에서 흠결이 인정된 것이다. 사법상 대부분의 경우 법률내재적인 흠결보충은 거의 문제가 없지만18) 법률초월적인 흠결에 대해서는 많은 이의가 제기되는데 그것은 무엇보다도 전자와는 달리 법형성의 기준이 그다지 명료하지 않을 뿐만 아니라, 관련규정들의 목적에 반할 수 있으며, 무엇보다도 법문에 반하기 때문이다. 예컨대 라렌츠는 법률초월적인 법형성의 기준으로 "거래상의 필요", "사물의 본성", "법윤리적 원칙" 등을 든다.19)

---

16) Canaris는 다양한 분류기준의 문제성을 지적한다. Canaris, Die Feststellung von Lücken im Gesetz(주 8), S. 196 f. 참조. 또한 Kramer에 따르면 법흠결은 입법상의 흠결과 해석상의 흠결로 나누어지고, 전자에는 권한위임흠결, 명시적인 흠결, 제한흠결이 속한다고 한다. 이에 대해서는 Kramer, Juristische Methodenlehre(주 8), S. 139 참조.

17) 이 분류는 Larenz와 Canaris의 중요한 분류기준이다. 이에 대해서는 Larenz/Canaris, Methoden der Rechtswissenschaft(주 5), S. 187 f., 191 ff., 232 ff. 참조.

18) 이하에서 서술되는 바와 같이, 형법의 경우에는 피고인에게 불리한 법형성을 금지하는 유추금지가 있어 사정이 다르다.

19) Larenz/Canaris, Methoden der Rechtswissenschaft(주 5), S. 232 ff. 참조.

6. 법흠결의 확정은 사실상 법의 해석과 동시에 이루어지게 되며, 또한 법흠결의 보충과도 함께 이루어진다. 왜냐하면 법률이 입법자의 의도와는 달리 불완전한가의 여부와 그 보충방식은 동시에 결정되기 때문이다.[20] 예컨대 우리 형법이 불능범의 중지미수를 규정하지 않은 것은 중지미수의 규정이 이에 적용된다는 것을 명시적으로 규정하지 않았기 때문이다. 이 경우 "유사한 것은 유사하게"라는 유추의 사고방식을 가지고 법흠결이 확정될 뿐만 아니라 그 흠결보충도 이루어진다. 물론 규범흠결의 경우는 그러하지 않은데, 왜냐하면 이 경우에는 요구되는 규율의 부존재가 확정된 후 그것의 보충이 논해지기 때문이다. 그러므로 법적 분쟁을 특수한 법원에서 처리할 것을 규정했음에도 불구하고 그러한 특수법원의 설치여부에 대한 법규정이 없는 경우에는 우선 해당규범의 흠결은 확정되지만 그 문제를 어떻게 해결할지는 미지수로 남는다.

Ⅲ

1. 법률내재적인 흠결로서 명시적인 흠결이 관건이 된다면, 그것의 보충은 대부분 유추의 방식을 통해 이루어진다. 구체적으로 말해 이 경우 유추는 법률의 특정구성요건 A나 혹은 다수의 비슷한 구성요건들에 주어진 규칙을 법률에 의해 규율되지 않았지만 그것과 비슷한 구성요건 B에로 이전하는 것을 말한다. 이렇듯 특정구성요건을 A에서 B로 이전시키는 것은 법적인 가치평가의 관점에서 볼 때 두 사례의 유사성으로 인해 두 구성요건들이 동일하게 가치평가되어야만 한다는 것, 즉 "동일한 것은 동일하게 처리하라"는 정의의 요청에 근거한다.[21] 두 가지 사태가 서로 "비슷하다"는 것은 부분적으로는 동일하지만 부분적으로는 그렇지 않다는 것을 의미하는데, 그것들은 법적인 가치평가의 관점에서 고찰할 때에는 반드시 결정적인 점에서 동일한 것이어야 한다. 물론 어떤 것이, 언제 그러한 경우인가는 단지 논리적인 범주로 결정할 수는 없고 오히려 법적인 규칙에 표

20) Canaris, Die Feststellung von Lücken im Gesetz(주 8), S. 144 ff.

21) Larenz/Canaris, Methoden der Rechtswissenschaft(주 5), S. 202 ff.; Engisch, Einführung in das juristische Denken(주 8), S. 185 ff.; Bydlinski, Juristische Methodenlehre(주 8), S.475f; Kramenr, Juristische Methodenlehre(주 8), S. 146 f.

현되는 가치평가를 통해 확정되어야 한다. 그리고 이를 위해서는 법률의 목적에 대한 검토가 필요하다.

독일에서 유추에 대한 예로 자주 언급되는 것은 다음의 사례이다. 즉 예컨대 독일 구민법상 매매계약에서 매도인이 악의를 가지고 물건의 속성을 매수인에게 소극적으로 알리지 않은 채 매매계약을 체결하는 것은 매도인이 악의로 있지도 않은 물건의 속성이 존재한다고 매수인을 적극적으로 속이는 것과 그 실질적인 내용의 측면에서는 서로 비슷하다. 그러므로 학설상 독일에서는 전자의 경우만을 규율하는 독일민법 제463조 2문을 후자에 대해서도 유추적용한다. 왜냐하면 이 두 가지 모두 매매계약의 성립에 대해 매도인이 매매목적인 물건의 속성에 대한 매수인의 착오를 악의적으로 – 한편은 소극적인 침묵에 의하는 반면, 다른 한편은 적극적인 기망행위에 의해 – 이용한다는 점에서 차이가 없기 때문이다. 물론 보통인의 법감정에 따르면 적극적인 기망행위가 소극적인 침묵보다 훨씬 더 문제가 있기는 하다.[22]

2. 통상적으로 유추에는 법률유추와 법유추가 속한다. 그리고 이 둘은 다음과 같이 설명된다. 즉 어떤 구성요건에 주어진 규칙을 가치평가적으로 동등하다고 볼 수 있는 다른 구성요건으로 이전하는 것이 法律類推인 반면, 상이한 구성요건에 동등한 법률효과를 부과하는 다수의 법규정으로부터 일반적인 法原則을 발췌한 후, 이 일반적인 법원칙을 법률에 규율되어 있는 구성요건뿐만 아니라 법률에 규율되어 있지 않은 구성요건에도 마찬가지로 적용하는 것이 法類推이다. 그런데 개념사용과 관련해서 법률유추는 개별적인 법률규범이 그것에 의해 규율되어 있지 않은 사태에 상응하게 적용되는 것이기 때문에 이에 대해서는"個別類推"라고 하는 표현이 더 적절한 반면, 법유추는 "全體類推"라고 표현하는 것이 더 올바른 것처럼 보인다. 그리고 이러한 법유추에 대한 예는 상이한 종류의 지속적 채권관계에 대해 각 당사자의 중대한 사유에 의한 무조건적인 해지권을 규정하고 있는 일련의 법률규정으로부터 예를 들면 이와 같은 해지권은 모든 지속적 채권관계에 대해서도 마찬가지로 주어진다는 것을 유추추론하는 경우이다.[23]

---

22) Larenz/Canari, Methoden der Rechtswissenschaft(주 5), S. 203.

3. 지금까지 언급한 논리적 절차를 유추로서 특징짓는 것에 대해 다음과 같은 이의가 제기된다. 즉 여기서는 특수한 것으로부터 특수한 것을 추론하는 것이 아니라, 특수한 것으로부터 보편적인 것을 추론하는 귀납이 관건이 된다는 것이다. 물론 여기에 대해서는 다음과 같이 대답할 수 있다. 즉 개별적 유추의 경우 특수한 것으로부터 또 다른 특수한 것으로 추론되지만, 직접적으로가 아니라 가치평가에 있어 결정적인 것으로 인식된 두 개의 구성요건에 공통적인 것의 매개를 통해 추론된다고 말이다. 다시 말해 귀납과 연역이 관건이 된다.[24] 그리고 개별 유추에서 중요한 것은 귀납에 의한 일반적인 근본원칙의 획득이 아니라 새로운 사안에 대한 하나의 규칙을 정립하는 것이다. 전체유추의 방식으로 일반적인 근본원칙을 획득하는 것은 다음의 인식, 즉 연관된 개별규정들의 공통적인 법률의 목적이 특정 전제조건하에서는 항상 들어맞는다는 생각에 의거한다. 다시 말해 개별규정들의 법률목적으로 소급하는 것은 일반적인 법적 근본원칙을 공식화하는 것을 가능하게 만들고, 이러한 법원칙은 그것에 내재하는 실체적 정의의 내용을 통해서 "명백해지며" 이 정의의 내용과 일치하여 법률에 규율되어 있는 사례들을 통해 실정법적으로 확정된다. 따라서 소위 전체유추는 종종 개별유추보다는 일반적인 원칙을 연역적으로 획득하는 것과 가깝다.[25] 그러나 일반적으로 법원은 전체유추보다는 개별유추를 사용하게 되는데 그 이유는 전체유추에 해당하는 모든 사례들을 개관할 수 없기 때문이다.[26]

4. 유추의 특수한 형태로서 "대에서 소로의 추론(argumentum a maiore ad minus)"이 언급된다. 이것이 의미하는 것은 다음과 같다. "대에서 소로의 추론"의 정당성은 유추추론의 경우와 마찬가지로, 그것들의 불평등한 취급이 법률에 의해 명령되거나 혹은 특별한 이유로 정당화될 수 없는 한, 가치평가적으로 동일한 구성요건들을 동일하게 취급하라는 정의의 요구에 있다. 쉽게 말한다면 두 명이 함께 자전거를 타는 것이 금지된다면, 세 명이 함께 타는 것은 당연히 금지된다

23) 이에 대해 자세히는 Larenz/Canaris, Methoden der Rechtswissenschaft(주 5), S. 204 f.
24) Kaufmann, Rechtsphilosophie, 1997, S. 80 ff.; Engisch, Einführung in das juristische Denken(주 8), S. 186 f.
25) 이에 대해서는 Larenz/Canaris, Methoden der Rechtswissenschaft(주 5), S. 205 f.
26) Larenz/Canaris, Methoden der Rechtswissenschaft(주 5), S. 206.

는 것이다.[27] 이에 대한 예로 독일민법 제904조 긴급피난이 제시된다. 즉 이 법에 따르면, 긴급피난 행위는 형법상 위법하지 않지만 그 물건의 소유권자는 그에게 발생한 손해에 대한 민사상의 배상을 요구할 수 있다. 그런데 만약 물건이 아니라 사람에 대해 긴급피난행위를 했다면 손해배상은 당연히 허용되어야 하는데 왜냐하면 손해배상청구권을 인정하는 근거가 여기에서는 더 강하기 때문이다. 또한 이에 대한 예로 실화죄에 대한 대법원판례를 언급할 수 있다. 여기서 대법원의 다수의견은 보통의 일상적인 용어사용법과는 달리 이 사례를 다음과 같은 관점에서 판단했다. 즉 자기소유의 물건에 대한 실화가 처벌된다면 타인의 물건에 대한 실화는 당연히 처벌되어야 한다는 것이다.[28] 물론 이 점을 대법원은 "전체적 종합적 고찰"에 의한 법적용이라고 부르고 있지만 필자가 생각하기에 이 결정은 법문의 가능한 의미를 넘어선 금지된 유추라고 보아야 할 것 같다.[29] 왜냐하면 이 결정에서 관건이 된 "자기소유의 제166조 또는 제167조에 속하는 물건"이라는 구성요건은 어느 누구라도 자기 소유에 속하는 제166조와 자기소유에 속하는 제167조에 속하는 물건으로 해석하기 때문이다. 누가 "내 민법책과 형법책"이라는 말을 내 민법책과 나와 타인이 가지고 있는 형법책이라고 이해하겠는가?

더 나아가 추론방식에서는 유추와 구별되지만 법적용의 범위를 확장한다는 점에서 유추와 흡사한 것으로서 "목적론적 확대(teleologische Extension)"가 있다. 물론 이것은 유사성이 아니라 법의 목적에 의해 법적용의 범위를 확장한다는 점에서 그 독자성이 인정된다.[30] 이에 대한 예로는 남편을 자동차사고로 잃은 어느 미망인이 가해자에 대한 손해배상청구 시 남편의 추정생존기간을 넘어서서 남편이 살아있었다면 그녀를 위해 지불했을 사회보장연금까지 포함해서 연금을 청구한 사건이다. 이와 관련해 독일민법 제844조 제2항은 사망으로 인해 제3자가 부양청구권을 상실한 때에 배상의무자는 그 제3자에 대해 사망인의 추정생존기간

---

27) Koch/Rüßmann, Juristische Begründungslehre, 1982, S. 259 f.

28) 대법원 1994.12.20. 선고 94모32 전원합의체 결정 참조.

29) 김영환, 형법해석의 한계와 허용된 해석과 금지된 유추의 상관관계, 신동운 외 4인, 앞의 책(주 6), 21면 이하 참조.

30) 다른 의견으로서는 Bydlinski, Juristische Methodenlehre(주 8), S. 475. 이에 대해서는 Larenz/Canaris, Methoden der Rechtswissenschaft(주 5), S. 216 f.

중에 한해 손해를 배상해야 한다고 규정한다. 그러나 독일연방법원은 이 미망인의 사회보장연금도 인정했는데, 왜냐하면 그녀의 남편이 살아 있었더라면 사회보장연금에 대한 매월 급부액을 지급했을 것이고 그 미망인은 그것을 지급받을 수 있었기 때문이다. 이 경우는 유추가 적용될 수 없는데, 왜냐하면 법률로 규율된 추정생존기간까지의 손해배상에 대한 청구권과 사회보장연금에 대한 청구권은 서로 유사하지 않기 때문이다. 그러므로 독일연방법원은 생계보장의 확보라는 독일민법 제844조의 목적을 고려하여 목적론적 확대에 의해 서로 다른 구성요건에 대해서도 미망인의 청구권을 인정하였다.[31)]

5. 유추 및 "대에서 소를 추론"하는 것에 대해서는 "반대추론(Umkehrschluß)"이 대립한다.[32)] 이것은 다음을 의미한다. 즉 법률이 법률효과 R을 단지 구성요건 A에만 결부시켰기 때문에, 만일 다른 구성요건들이 A와 유사하더라도 법률효과 R은 A 이외의 다른 구성요건에는 적용되지 않는다는 것이다. 즉 유사성에 의해 법문의 적용범위를 확장하는 것이 유추라면, 역추론은 반드시 해당 규정에 적합한 요건을 갖추어야 한다는 것을 의미한다. 그러므로 예컨대 "네발 가진 짐승의 소유자는 그 동물의 야생성으로 인해 야기된 손해를 배상할 책임이 있다"는 규정을 단지 네발 달린 짐승에게만 적용하는 것은 역추론인 반면, 유사성에 근거해서 두 발 가진 짐승에게도 적용하는 것은 유추라 할 수 있다. 이렇듯 유추와 역추론은 서로를 배제한다. 그러나 법률규정이 반대추론을 허용하는지 혹은 유추추론이나 "대로부터 소로의 추론"을 위한 기초를 제공하는지의 여부는 형식논리의 문제가 아니라, 법문에 표현된 가치평가, 즉 법률목적의 문제이다. 그러므로 이에 대한 결정은 가치지향적인 목적론적 사고를 통해 이루어져야 한다.

6. 이러한 논리적인 한계 이외에 유추는 법적 안정성을 중시하는 규범적인 관점에서도 제약을 받는다. 다시 말해 국민의 사적 영역을 침해하는 공법, 특히 형법에 있어서는 사법과는 달리 유추가 법치국가의 한 원칙인 죄형법정주의에

31) BGHZ 32, 246.

32) Larenzs/Canaris, Methoden der Rechtswissenschaft(주 5), S. 2089 f.; Engisch, Einführung in das juristische Denken(주 8), S. 189 ff.; Kramer, Juristische Methodenlehre (주 8), S. 152 f.; Bydlinski, Juristische Methodenlehre(주 8), S. 475 ff.

의해 허용되지 않는다. 그러므로 유추는 이미 언급한 바와 같이 두 가지 의미를 지닌다. 즉 논리적인 관점에서는 유사성을 중심으로 A라는 구성요건에 해당하는 법적 효과를 이와 유사한 B라는 구성요건에 확대 적용하는 추론절차를 의미하지만, 특히 형사정책적인 관점에서는 피고인에게 불리한 — 그것이 유추에 의한 것이든 목적론적 축소에 의한 것이든 간에[33] — 법형성금지를 의미한다. 이 문제는 형법상 유추금지로 불리는 것으로서 이에 대해서는 논란이 많다.

7. 최근의 법이론의 연구결과에 따르면, 법문의 가능한 의미라는 기준은 결코 법해석 이전에 미리 확정되어 있는 것이 아니라, 법의 해석과정을 통해 비로소 형성되는 것이라고 한다.[34] 그런데 이렇듯 법문의 가능한 의미가 형식적인 기준이라면 이것에 의해 해석과 유추가 법해석에 앞서 미리 구별될 수는 없다. 그러므로 양자의 구별은 '법문의 가능한 의미'가 구체화되는 과정을 분석함에 의해서 비로소 가능하게 된다. 그렇다면 이것은 어떻게 구체화되는가? 법학방법론에서 법문의 가능한 의미를 구체화하기 위한 척도로 들고 있는 것은 해석의 기준이고 이것의 구체화를 위해 소위 주관적 해석론과 객관적 해석론 간의 논쟁이 이루어진다.[35] 즉 이 둘은 모두 해석의 출발점으로 법문의 의미를 들고 있다는 점에서는 공통되지만, 주관적 해석론은 '입법자의 의사'를 중심으로 이를 구체화하려는 반면, '객관적 해석론은 법의 목적'에 초점을 맞춰 법문의 의미를 확정하려고 한다.[36] 그런데 객관적 해석이 얼마나 쉽사리 유추혐의를 지니는가는 다음의 판

---

33) 이 점은 후술하는 "범행발각 후 자수"에 관한 판례(이하의 IV 3)을 참조하라.

34) 물론 이 점은 다양한 방식으로 근거지어지며, 법문의 가능한 의미라는 기준의 타당성에 대해서도 상이한 견해들이 주장된다. 이러한 견해들의 요지를 정리하면 다음과 같다. 법문의 가능한 의미는 형식적인 기준으로서, 법해석에 앞서 미리 확정되는 것은 아니지만 그러나 이런 사정으로부터 법문의 가능한 의미라는 개념이 전혀 유용하지 않다고 추론하는 것은 타당하지 않다는 것이다. 왜냐하면 비록 법문의 가능한 의미가 법해석의 과정을 통해 비로소 형성되는 것이기는 하나, 여전히 해석과 유추를 — 이것을 허용되는 유추라고 부르든 허용되지 않는 유추라고 부르든 — 서로 한계짓고 있기 때문이다. 이에 대해서는 김영환, 형법해석의 한계(주 29), 29면 이하 참조.

35) 이상돈 교수는 해석기준은 모두 모호하기 때문에 해석이 아니라 법적 논증에 의해 법문의 가능한 의미가 구체화되어야 한다고 한다. 이상돈, 형법해석의 한계, 신동운 외 4인, 법률해석의 한계(6), 41면 이하. 이것의 문제점에 대해서는 김영환, 형법상 해석과 유추의 한계— 이상돈 교수의 반론에 대하여, 법률해석의 한계(주 6), 91면 참조.

례를 살펴보면 된다. 여기서 관건이 된 것은 자동차로 사람을 친 경우 과연 흉기를 "휴대"하여 범행을 저지른 것인가였는데 우리 대법원은 이 점을 긍정한다.[37] 그런데 아무리 특가법의 의미를 중시해서 처벌의 필요성을 감안했더라도 자동차를 가지고 사람을 해치는 것을 흉기를 "휴대"해서 사람을 해친 것이라고 해석하는 것은 금지된 유추의 혐의가 짙다.

8. 또한 이것과 관련해서 유추해석이라는 판례의 용어사용법은 모호한 점이 없지 않다. 왜냐하면 그것은 유추가 마치 허용되는 해석인 듯한 인상을 풍기기 때문이다. 생각건대 용어사용을 일관되게 하려면, 법문의 가능한 의미 안에서의 법형성은 — 그것이 확장해석이건 아니면 축소해석이건 간에 — "허용된 해석"으로, 그리고 그 범위를 넘어서는 법형성은 경우에 따라서는 "금지되는 유추"라고 해야 할 것이다. 이에 반해 해석이 유추라는 논리적 구조를 지닌다는 점을 강조하려면, 그 용어를 "허용되는 유추해석"과 "허용되지 않는 유추해석"으로 하는 것이 보다 체계적일 것이다. 요컨대 판례와 통설을 따라 본 판례가 유추해석이라는 개념을 사용하는 것은 대단히 오해의 소지가 많다는 것이다. 더 나아가 이런 오해는 확장해석과 유추해석을 똑같이 허용되지 않는 것으로 규정할 때 더욱 깊어진다. 그런데 확장해석도 유추해석과 같이 허용되지 않는 것으로 보는 견해는 적어도 현재 독일에서는 주장되지 않는다. 그 이유는 무엇보다도 모든 법해석은 법문의 가능한 의미 안에 있는 법발견이므로, 그것이 확장해석이건 제한해석이건 간에, 모두 허용되기 때문이다.

어쨌든 간에 법문의 가능한 의미는 법의 해석에 앞서 미리 확정되어 있지 않기 때문에 해석자는 법의 해석과정을 통해 그 범위를 비로소 구성할 수 있을 것이다. 다시 말해 해석의 출발점은 일상용어이지만 그것의 범위는 해석과정을 통해 재구성된다. 그리고 이를 통해 법문의 가능한 의미의 범위가 확정되는 동시에 금지되는 유추인가의 여부도 확인된다.

---

36) 이에 대해 자세히는 김영환, 법철학의 근본문제, 2006, 284면 이하 참조.

37) 대법원 1997.5.30. 선고, 97도597판결 참조. 이에 대한 비판적인 판례평석으로는 강용현, 자동차를 이용한 폭행과 "위험한 물건의 휴대", 형사판례연구 7, 1999, 238면 이하.

Ⅳ

1. 유추와 목적론적 축소(teleologische Reduktion)는 모두 법흠결을 보충하는 법형성의 일종이다. 그런데 목적론적 축소는 법문의 목적을 고려해 볼 때 지나치게 넓게 파악된 법문을 그 목적에 맞게 축소적용하는 것을 말한다.[38] 즉 유추가 "같은 것은 같게!"라는 원칙에 따라 법적용의 범위를 확대시키는 것이라면, 이에 반해 목적론적 축소는 "다른 것은 다르게!"라는 원칙에 따라 해당 규범의 적용범위를 축소시키는 것을 의미한다. 다시 말해 이 둘 다 모두 정의원칙을 구현하는 것이지만, 유추는 "평등대우(Gleichheit)"를 강조하는 것임에 반해 목적론적 축소는 "차별적 취급(Differenzierung)"을 중시한다. 물론 이러한 차별취급은 제한되어야 할 규범자체의 의미나 목적 혹은 그렇지 않으면 도달할 수 없는 다른 규범의 목적, 사물의 본성, 혹은 특정사례군에 우선하는 법률에 내재하는 원리를 통해 요구될 수 있다. 유추가 이루어지는 법흠결은 대부분 명시적인 흠결인 데 반해, 목적론적 축소가 전제하는 법흠결은 은폐된 흠결이 될 수밖에 없다. 왜냐하면 목적론적 축소는 해당법률의 목적에 따라 지나치게 넓게 파악된 법문의 범위를 축소하는 것이기 때문이다. 그러므로 혹자는 이 흠결을 "예외흠결(Ausnahmelücke)"이라고 부른다.[39]

독일에서 논의된 목적론적 축소에 대한 전형적인 예는 독일민법 제181조의 자기대리 금지이다. 즉 이 규정에 따르면 대리인은 대리인으로서 자기자신과 거래를 하지 못하게 되어 있는데 이 규정의 목적은 그에게 불리한 효과를 지니는 법률행위를 하는 것으로부터 피대리인을 보호하려는 데에 있다. 그러므로 문언상으로는 그러한 종류의 법률행위의 효력은 부인된다. 그런데 만약 피대리인에게 이익만을 가져다주는 자기대리라면 그에 대해서도 이 규정을 적용할 것인가? 이 경우에도 자기대리를 무효화하는 것은 피대리인을 보호하려는 독일민법 제181조의 입법목적에 반한다. 그러므로 이러한 자기대리에 대해 독일민법 제181

---

38) Larenz/Canaris, Methoden der Rechtswissenschaft(주 5), S. 210 ff.; Kramer, Juristische Methodenlehre(주 8), S. 161 ff.; Bydlinski, Juristische Methodenlehre(주 8), S. 480 f.

39) Kramer, Juristische Methodenlehre(주 8), S. 143.

조를 목적론적으로 축소적용하는 것은 허용될 뿐만 아니라 또한 이 규정의 목적에 반하는 결과를 피하기 위해서도 요구된다. 그러므로 독일연방법원은 독일민법 제181조를 그 성질상 피대리인에게 법적 이익만을 가져오는 법정대리인의 자기대리, 예컨대 대리인이 법률행위무능력자인 피대리인에게 증여하고 피대리인을 위해 그가 승인하는 경우에는 제한적용한다.[40)]

2. 법학방법론상 가장 해결하기 어려운 사례에 속하는 것은 목적론적 축소를 통한 법흠결의 보충일 것이다. 왜냐하면 목적론적 축소는 규범의 적용범위를 법의 목적에 따라 축소하는 것을 말하는데, 이러한 방식으로 해당 사례에 대해 법규범이 적용되지 않게 구성함으로써 실제로는 법문과 정반대의 결과를 이끌어내기 때문이다. 그 결과 목적론적 축소에 의한 법형성은 대부분 법률에 반하는 법해석(contra legem)으로 보이기도 한다. 이에 대한 좋은 예가 독일연방법원의 연금청구권의 양도사례일 것이다.[41)] 여기서는 자동차사고에 의해 사망한 자의 미망인이 이에 대한 손해배상으로 자동차사고 연금청구권을 갖게 되었는데 그 청구권을 제3자에게 양도할 수 있는가가 문제 되었다. 왜냐하면 독일민법 제400조는 "압류할 수 없는 청구권은 양도할 수 없다"고 규정하고 있는 바, 연금청구권이 바로 압류할 수 없는 것이기 때문이다. 그러므로 문리를 중시하는 해석을 하게 되면 양도는 결코 허용될 수 없다. 그런데 이 사례의 경우에는 미망인이 그녀를 돕고자 정기적으로 지급되었던 일정액의 생계비를 제3자로부터 받았고 그 이유때문에 자신의 연금청구권을 그에게 양도하려는 것이었다. 더군다나 이 민법

---

40) BGHZ 59, 239. 우리나라에도 이와 비슷한 판례가 있어 소개한다. 즉 이 판례에 의하면 민법 제124조의 자기계약 또는 쌍방대리라고 하더라도 법정대리인인 친권자가 부동산을 매수하여 그 아들에게 증여하는 행위와 같이 친권에 복종하는 미성년자에게 이익만이 있는 경우에는 유효하다고 한다.(대법원 1981.10.13. 선고 81다649 판결). 또한 그 외에도 목적론적 축소의 예로서 1) 민법 제200조의 점유자의 권리추정의 규정은 특별한 사정이 없는 한 부동산물권에 대하여는 적용되지 아니하고 다만 그 등기에 대하여서만 추정력이 부여된다는 판례(대법원 1982.4.13. 선고, 81다780 판결), 2) 국가공무원법 제66조 제1항에서 말하는 '공무 이외의 일을 위한 집단적 행위'는 공무가 아닌 어떤 일을 위하여 공무원들이 하는 모든 집단적 행위를 의미하는 것은 아니고 '공익에 반하는 목적을 위하여 직무전념의무를 해태하는 등의 영향을 가져오는 집단적 행위'라고 축소하여야 한다는 판례(대법원 1992.2.14. 선고, 90도2310 판결) 등이 있다.

41) BGHZ 4, 153.

규정의 목적은 청구권자의 생계를 보장하려는 것이기 때문에 만약 양도를 허용하지 않게 되면 위 법률의 목적과는 정반대의 결과를 낳게 된다. 왜냐하면 어느 누구도 타인을 아무런 보상 없이 도우려 하지 않기 때문이다. 그러므로 독일연방법원은 은폐된 흠결을 인정하고 목적론적 축소에 의해 민법 제400조의 적용범위로부터 이 사례를 배제함으로써 양도를 허용하였다. 전체적으로 보면 이 판결은 언뜻 법문에 정면으로 반하는 듯 보이지만 입법자의 의사를 중시해서 법문의 문리를 달리 해석한다는 점에서 크게 문제가 되지 않는다.[42]

3. 반대추론이 정당화되는 경우와 피고인에게 불리한 법형성이 금지된 경우

유추가 금지되듯이, 목적론적 축소도 일정한 조건하에서는 금지될 수 있다. 우선 그것은 형법에서 목적론적 축소에 의해 가벌성의 범위가 확장되는 경우 소위 "유추금지"의 형태로 나타난다. 이에 대한 예는 대법원의 범행발각 후 자수에 대한 판례이다.[43] 여기서는 선거법을 위반한 자가 자신의 범행이 발각된 후 경찰에 자수한 것이 문제 되었다. 왜냐하면 공직선거및선거부정방지법이 자수에 대해 형의 면제를 규정한 것은 행위자의 비난가능성이 적다는 것과 그것을 통해 형벌권을 정확히 행사하고 수사를 용이하게 할 수 있다는 것인데, 그렇다면 그러한 경우에 해당하는 것은 범행발각 전의 자수뿐이기 때문이다. 그러므로 여기서는 은폐된 흠결이 발생한 것이고 그러한 흠결은 "다른 것은 다르게"라는 원칙에 따라 범행발각 전과 범행발각 후를 서로 구별하는 목적론적 축소에 의해 보충될 수밖에 없다. 사실상 방법론적으로 고찰해 볼 때 이 사례에 대해서는 네 가지 상이한 의견이 제시될 수 있을 것이다. 그 중 두 가지 입장은 법발견의 차원에서, 그리고 또 다른 두 입장은 법형성의 차원에서 논거를 편다. 전자는 법문의 가능한 의미 안에서 해석을 통해 문제를 해결할 수 있다는 견해인 반면, 후자는 법의 흠결을 인정하고 목적론적 축소에 의해 이 사례를 해결해야 한다는 견해이다. 구체적으로 말한다면, 첫 번째 입장은 자수를 범행발각 전으로 축소해석할 수 있다는 견해인 데 반해, 두 번째 입장은 그렇게 범행발각 전으로 축소해석하면 범행발각 후 자수한 자의 가벌성의 범위가 확대되기 때문에 죄형법정주의상 허용될 수 없

---

42) 이에 대해서는 Engisch, Einführung in das juristische Denken(주 8), S. 230 f. 참조.
43) 대법원 1997.3.20. 선고, 96도1167 판결.

다는 입장이다. 그리고 세 번째 의견은 범행발각 전과 발각 후는 서로 다르기 때문에 목적론적인 축소를 할 수 있다는 견해이고 네 번째 견해는 그러한 목적론적 축소는 죄형법정주의 원칙에 반하기 때문에 허용될 수 없다는 견해이다. 필자는 이 사례를 해석이 아니라 법흠결의 보충을 통해 해결해야 한다고 생각하는데, 왜냐하면 범행발각 전과 발각 후가 모두 법문의 가능한 의미 안에 있다면 이 두 경우 모두 허용되는 해석인 것이지 하나는 허용되고 다른 하나는 허용되지 않는다고 주장할 수 없기 때문이다. 다만 법흠결을 인정하고 목적론적 축소에 의해 문제를 해결하는 경우 그러한 흠결보충이 죄형법정주의 원칙에 반하는가의 여부가 다시 검토되어야 할 것이므로 네 번째 의견이 방법론적으로 가장 적합한 것 같다.[44)]

4. 더 나아가 목적론적 축소를 허용하지 않는 것은 법적 안정성 때문에 규범을 엄격히 준수할 것을 요구하는 예컨대 형식적인 "질서규정(Ordnungsvorschrift)"에서도 발견된다. 왜냐하면 법적 안정성은 독자적인 법이념이기 때문에 이를 위해 구체적인 형평성을 고려하는 것이 허용되지 않기 때문이다. 물론 어떤 경우가 그러한가는 다시금 해석을 통해 확인해야 하기는 한다.[45)]

물론 이러한 형식적인 규정이 내용과 부합할 때에는 문제가 없다. 그러나 그것이 내용과 부합하지 않거나 더 나아가 모순될 경우에는 논란의 소지가 대단히

---

44) 김영환, 법의 흠결과 목적론적 축소해석, 판례월보 제334호, 1998, 36면 이하; 장영민, 유추금지와 목적론적 축소, 형사판례연구 7, 1999, 1면 이하. 이 사례에 대해 대법원은 두 번째의 입장을 취하면서 "제한유추"라는 개념을 사용해서 필자와 동일한 결론에 도달한다. 그런데 이 개념에 대해서는 Hirsch, Rechtfertigungsgründe und Analogieverbot, in Gedächtnisschrift für Zong Uk Tjong, 1985, S. 50 ff.; 김일수, 형법해석의 한계-허용된 해석과 금지된 유추의 상관관계, 이재상교수화갑기념논문집 제1권, 2002, 42면 이하 참조. 그런데 필자는 이 개념이 문제가 많다고 생각한다. 왜냐하면 여기서 말하는 "제한"은 목적론적 축소라는 추론방식을, 그리고 "유추"는 "피고인에게 불리한 법형성"이라는 서로 다른 차원의 두 가지 요소를 의미하기 때문이다.

45) 예컨대 자기대리를 금지한 독일민법 제181조는 이와 같은 질서규정에 속하기는 하지만 이 경우에는 자기대리가 이익만을 가져오는 것이 쉽사리 확정될 수 있기 때문에 법적 안정성의 법이념은 이 경우 후퇴된다고 한다. 이에 대해서는 Larenz/Canaris, Methoden der Rechtswissenschaft(주 5), S. 211 f. 참조.

많다. 만약 이 경우 개별적인 사례를 고려하지 않고 형식적인 도식적 규정만을 준수한다면 결국에는 법감정에 위배된다. 그러므로 엄격법(ius strictum)과 형평법(jus aequum) 간의 충돌, 요컨대 한편으로는 정의 및 합목적성과 다른 한편으로는 법적 안정성이 서로 대결한다. 생각건대 이에 대해서는 다음과 같은 세 가지 해결방식이 있을 것이다. 우선 실무에서 빈번히 행해지는 바와 같이 법실증주의적인 관점에서 만들어진 법을 충실하게 적용한 후 이 문제에 대한 책임은 입법자에게 전가하는 방식이다. 두 번째는, 이와는 정반대의 입장에서, 만들어진 법적용을 정면으로 거부하고 개별상황에 맞는 법감정을 따르는 방식이다. 세 번째는 법적용을 목적론적 축소라는 방식으로 은밀하게 회피해서 결국은 개별사례의 형평에 이르는 경우이다. 이 세 가지 방식 중 어느 것을 따를 것인가에 대한 정답은 없다. 그러나 여기서 분명히 밝힐 것은 적법절차를 중시하는 법적 안정성도 정의만큼이나 중요한 독자적인 법이념이라는 것이다. 다시 말해 "질서를 위한 질서(Ordnung um Ordnung)"는 어느 법질서도 포기할 수 없는 근본원리이며 이것은 그 자체로 법의 지속성에 대한 신뢰보호라는 사회윤리적인 가치를 지닌다.[46] 그렇다면 법관은 비록 개별적인 사례에 적합하지는 않더라도 이러한 질서규정에 침묵하면서 복종하는 것이 올바른 것은 아닌가 생각되기도 한다.[47]

5. 방법론적인 관점에서 이와 관련된 사례로서 어음면상에 발행지가 기재되지 않은 국내어음의 효력을 인정한 대법원의 판결을 들 수 있다.[48]

비록 유감스럽게도 대법원은 자신의 판결에 대한 방법론적 성찰에 이르지

---

46) 이에 대해서는 Boehmer, Grundlagen der bürgerlichen Rechtordnung, 1952, S. 74 f.

47) 이와 관련하여 독일의 경우에는 자필증서를 요구하는 상속규정이 문제가 된다. 즉 이 규정을 지키지 않은 상속을 유효하다고 볼 것인가가 관건이 된다. 이에 관해서는 v. Hippel, Rechtsformalismus und Rechtsdogmatik, S. 19 ff.; Boehmer, Grundlagen(주 46), 82 ff. 우리나라에도 이와 비슷한 사례가 얼마 전에 발생했다. 즉 상속 시 날인을 하지 않고 서명을 한 유서를 유효라고 보아야 할 것인가가 문제가 되었다. 우리 법원은 민법상 상속규정을 어긴 이 유서를 무효라고 판시했고 따라서 이 문제는 급기야는 헌법재판소까지 가게 되었는데, 엄격성을 요구하는 상속규정은 합헌이라고 판시된 바 있다(단 1명의 반대의견). 이에 대해서는 대법원 2006다25103; 헌법재판소 2006헌바82 전원재판부 참조.

48) 대법원 1998.4.23. 선고 95다36466 판결.

못한 것 같지만, 방법론적으로 고찰할 때 이 판결은 우선 법의 흠결을 인정하고, 목적론적 축소에 의해 법흠결을 보충하고 있다. 그 판시내용을 정리하면 다음과 같다. 우선 첫 번째 단계는 법흠결의 확정단계이다. 어음법이 발행지 기재를 엄격히 요구하는 것은 준거법을 발견하기 위함이다. 그런데 사실상 이러한 형식적인 질서조항의 목적은 어음을 해석하기 위한 기준을 마련하는 데에 있다. 이 사례에서는 어음법의 해당 조항이 어음의 발행지 기재를 요구하기 때문에 발행지를 기재하지 않은 어음은 그 조항을 단순히 문리에 따라 적용할 경우 효력을 가질 수 없지만, 이렇듯 해당 조항을 형식적으로 적용하는 것은 무엇보다도 일반적인 관행에 어긋난다. 따라서 여기에는 "은폐된 흠결"이 존재한다는 것이다. 그 두 번째 단계에서는 다른 것은 다르게라는 원칙에 의해 국내어음과 국제어음을 서로 구별한 후, 법의 목적에 따라 국내어음은 해당 조문의 적용범위에서 배제하는 방식으로 다루어져야 한다. 다시 말해 해당 조항을 그 법의 목적에 따라 해석한다면 발행지의 기재를 요구하는 것은 국외어음에만 적용하는 것이 합리적이라는 것이다(목적론적 축소). 그렇게 된다면 국내어음은 이제 해당 조항의 적용범위로부터 벗어나고 그 결과 발행지 기재가 없어도 유효한 어음으로 통용될 수 있다는 것이다.

그런데 이에 대해서는 논란이 많다. 혹자는 이러한 법흠결의 보충은 법률에 반하는 해석(contra legem)으로 파악하는데, 왜냐하면 명시적으로 존재하는 해당 조항을 국내어음에는 적용하지 않기 때문이다. 그러므로 이러한 문제의 해결은 법관이 아니라 입법자가 해결해야 한다고 주장한다.[49)]

---

49) 필자도 점차 이러한 견해로 기운다. 그것은 무엇보다도 여기서 관건이 되는 것이 법흠결이 아니라 법정책적 결함으로 보이기 때문이다. 그리고 만약 그것이 법흠결이라고 하더라도 그것은 대법원의 다수의견과 같이 법률내재적인 흠결이 아니라 법률초월적인 흠결에 불과하다고 생각되기 때문이다. 그러므로 이러한 현상을 법률내재적인 흠결로 보고 거래상의 필요라는 관행에 힘입어 목적론적 축소에 의해 소위 "질서규정"의 적용을 배제하는 것은 신뢰보호라는 법적 안정성에 반하기 때문에 용인되기 힘들 것 같다. 다시 말해 이러한 흠결보충은 "법률에 반하는 해석"이라는 혐의가 짙은 것 같다. 그러므로 이 문제는 독일에서의 양도담보와 같이 입법자 스스로가 새로운 법을 제정해서 해결해야 할 것 같다. 그리고 그런 해결방식이 목적론적 축소를 금지하는 "질서규정"의 의미에 부합한다고 생각된다.

V

이제 결론적으로 유추와 목적론적 축소의 공통점과 차이점을 정리해 보도록 하자.

1. 얼핏 보기에 확장해석과 유추, 그리고 축소해석과 목적론적 축소는 서로 구별되지 않는데, 왜냐하면 전자의 경우는 모두 법문의 의미를 확장한 것인 반면, 후자의 경우는 그 범위를 축소했기 때문이다. 그러나 분명한 점은, 축소 혹은 확대해석은 모두 법문언의 가능한 의미 안에 들어가는(secundum legem) 해석, 즉 법발견이므로 항상 허용되는 반면, 유추나 목적론적 축소는 법의 흠결을 전제하고 법문언의 범위를 — 유추는 확대하는 방식인 반면, 목적론적 축소는 줄이는 방식으로 — 넘어서는 법형성이므로 이에 대해서는 별도로 그 정당성 여부가 반드시 확인되어야 한다는 것이다. 왜냐하면 법관은 법률에 구속되어야 하므로 법률에 반하거나(contra legem) 혹은 법을 통하는(praeter legem) 법적 결정은 항상 그 정당성을 의심받게 되기 때문이다.

2. 유추와 목적론적 축소는 모두 법문의 목적을 중시해서 이루어진다. 그러므로 두 경우 모두 객관적인 해석기준이 중요하다. 양자 모두 정의의 이념을 실현하지만 다만 유추는 "같은 것은 같게"라는 평등원칙을, 목적론적 축소는 "다른 것은 다르게"라는 차등원칙을 중시한다는 점에서 서로 구별된다.

3. 유추와 목적론적 축소는 모두 법적 안정성을 위해 제한을 받는다. 다시 말해 유추는 국가형벌권의 객관적인 범위에 대한 신뢰보호라는 법적 안정성을 위해 죄형법정주의라는 법치국가원칙에 의해 금지되고, 목적론적 축소는 법적 거래의 예측가능성이라는 신뢰를 보호하기 위해 제한된다는 것이다.

4. 유추는 명시적인 흠결을, 목적론적 축소는 은폐된 흠결을 전제로 하기 때문에 법문을 중심으로 고찰할 때 그 결과가 상이하게 나타난다. 즉 유추는 해당 규정의 적용범위를 확대하는 것이므로 그 결과는 "법률을 통한(praeter legem)"

법획득으로 나타나지만, 목적론적 축소는 해당 규정의 적용을 배재한 것이므로 때때로 "법률에 반하는(contra legem)" 법형성으로 나타나기도 한다.

이것을 도표로 그리면 다음과 같다.

	근거	이념	제한	전제	결과
유추	법의 목적	같은 것은 같게라는 평등대우	반대추론 유추금지	명시적 흠결	법률을 통하여
목적론적 축소	법의 목적	다른 것은 다르게라는 차별취급	질서규정 유추금지	은폐된 흠결	법률에 반하여

여하튼 위에서 언급한 유추와 목적론적 축소에 의한 법형성을 고찰한다면, 법의 문리와 그 목적이 서로 긴장관계에 있다는 것을 알 수 있다. 그러한 한 아직도 "법의 목적이 없어지면 법률도 사라진다(cessante ratione legis cessat lex ipsa)"는 법언이 얼마나 유효한가를 짐작할 수 있다. 달리 말해 법의 목적 – 그것이 입법자의 의도이건 아니면 전체 법질서의 목적이건 간에 – 에 따라서 법문의 가능한 의미가 상이하게 결정된다는 것이다. 그런데 엥기쉬의 말과 같이 법형성은 입법자의 의도를 중시할 경우에는 허용될 수 있지만 법의 이념 등을 원용해서 이루어질 경우에는 허용될 수 없는 것은 아닌가? 그것은 무엇보다도 이러한 경우에는 해석자가 거의 입법자의 역할을 수행하는 것처럼 보이고 이것은 명백히 삼권분립에 위배될 소지가 농후하기 때문이다. 따라서 법률에 내재한 목적에 따른 법흠결의 보충은 허용된다고 볼 수 있다 해도 입법자의 의사에는 반하지만 법이념에 부합하는 법흠결의 보충은 허용될 수 없다고 보아야 할 것이다. 마지막으로 법이념만을 중시하는 태도에 대한 엥기쉬의 경고를 인용하면서 이제 발표를 마치고자 한다.

"물론 우리의 최고법원의 판결은 명백히 '법률에 반한' 판단을 회피하려는 경향을 보이고 있다. … 혁신적 판결에서조차 최고법원의 주류적 판결은 해석 또는 유추를 수단으로 언뜻 보기에 입법자와는 아주 멀리 떨어진 목표에 도달하기 위한 노력을 보인다. 법관의 법률에의 구속을 고수하는 보수적 관점에서도 이러한 노력은 바람직하다고 여길 것이다. 하지만 이 판례들에서는 은연중에 법률을 사실상 무시하고 지나쳐 버렸다는 점을 인정해야만 한다. 그럼에도 불구하고 법감정에 비추어 볼 때 자명하거나 혹은 법이념에 적합해 보이는 판결의 목표에 도달하고자 한다면 우리는 '진보적 법발견'의 새로운 국면을 맞이하게 된다. 이 단계에서 우리는 특별한 법적 정당화를 필요로 하는 새롭고 극히 급진적인 방식으로 법을 다루려고 할 뿐만 아니라 법이념과 법률을 서로 대립된 것으로 파악함으로써 비옥한 경험의 지반을 잃어버릴 위험에 처하게 된다. 그리하여 칸트의 표현에 따르면 형이상학이라는 강한 바람이 몰아치는 드높은 탑 꼭대기에 다가서게 된다. 과연 우리는 이것을 감행해도 좋은가?"[50]

---

50) Engisch, Einführung in das juristische Denken(주 8), S. 235 ff.

법학방법론의 이론적 체계와 실천적 의의*

―소위 GS 칼텍스 사건을 중심으로(2014)―

Ⅰ. 법학방법론의 전반적인 구도

1. 법관의 법획득(Rechtsgewinnung)은 두 가지 방법, 즉 법발견(Rechtsfindung)과 법형성(Rechtsfortbildung)에 의해 이루어진다. "법발견"이란 "법문언의 가능한 의미" 안에서 법률로부터 해당되는 사안에 대한 법을 찾아내는 것인 반면, 법형성이란 규율되어야 할 사안에 대한 적합한 법규정이 존재하지 않는 "법의 흠결"을 "법문언의 가능한 의미"를 넘어서서 보충하는 것이다.[1] 그런데 이 둘을 구별하는 기준인 "법문의 가능한 의미"에 대해서는 논란이 많고 그것의 문제점은 크게 두 가지로 나타난다. 한편으로 법발견과 법형성에서는 동일한 기준들이 작동할 뿐만 아니라 해석에는 법관의 가치관련적이고 창조적인 활동이 개입할 수밖에 없어 과연 어느 범위까지가 가능한 의미의 폭인가를 구체적으로 확정할 수 없다는 것이고, 다른 한편 이와 같은 기준의 모호성 때문에 법발견과 법형성의 범위가 확인되지 않는다는 것이다.[2] 그러나 그렇다고 해서 이 기준의 효용성은 의심할 수 없는데, 왜냐하면 최소한 핵심영역에서 이 둘은 명백히 구별되기 때문이

---

* 이 논문은 원래 동일한 제목으로 법철학연구 제17권 제3호, 2014에 실렸던 것을 필자가 2017년 10월 14일 제13회 법학방법론 연구회에서 축약해서 다시 발표한 것이다.

1) Heck, Gesetzesauslegung und Interessenjurisprudenz, 1914, S. 33; Larenz/Canaris, Methodenlehre, 3. Aufl., 1995, S. 143 f.; 안법영/윤재왕(역), Engisch, 법학방법론, 2011, 301면; Canaris, Die Feststellung von Lücken im Gesetz, 2. Aufl., 1983, S. 23; Kramer, Juristische Methodenlehre, 1998, S.137 f.

2) 이에 관해서는 Canaris, Die Feststellung von Lücken(주 1), S. 23 f.

다. 그리고 법형성이 법발견의 지속이라면 사실상 그 이상의 기준을 요구할 수는 없기 때문이다.

2. "법의 흠결"이란 "계획에 반하는 법률의 불완전성(planwidrige Unvollständigkeit des Gesetzes)"을 말한다.[3] "흠결"이라는 말은 우선 불완전성을 지시하므로 법률이 특정한 영역에 대해 어느 정도 완전한 규율을 추구할 때 법률의 "흠결"이라고 말한다. 더 나아가 흠결개념은 그 두 번째 요소로서 "계획 위반성"을 내포한다. 그런데 흠결은 법률의 규율맥락에서의 흠결을 의미하므로 그러한 흠결이 존재하는가의 여부는 법률자체, 규율의도, 목적, 즉 입법자의 "계획"의 관점으로부터 판단된다. 요컨대 법률에 기초된 규율의 계획은 법률 자체로부터 역사적, 목적론적 해석을 통해 밝혀져야 한다. 그리고 이 맥락에서 법률의 "내재적 목적"은 좁게 이해되어서는 안 된다. 다시 말해 입법자의 의도, 법률의 객관적인 법의 목적, 일반적인 법원리들도 함께 고려되어야 한다. 따라서 법률흠결의 개념이 입법자의 계획을 중심으로 하는지 아니면 법률 자체의 계획을 기준으로 하는지는 불분명하다. 명시적인 흠결이 관건이 된다면, 그것의 보충은 대부분 유추의 방식을 통해 이루어지는데, 유추는 법률의 특정구성요건 A 혹은 다수의 비슷한 구성요건들에

도표 1: 법학방법론의 전반적인 체계

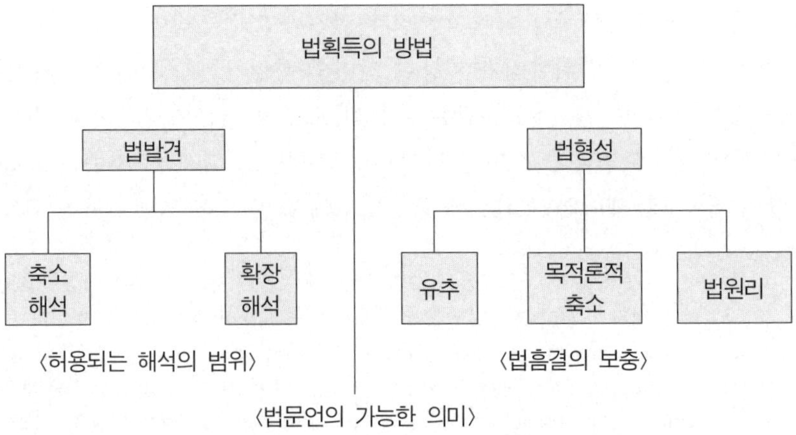

3) 이 개념에 관해서는 특히 Larenz/Canaris, Methodenlehre(주 1), 주 17, S. 194 참조.

주어진 규칙을 법률에 의해 규율되지 않았지만 그것에 비슷한 구성요건 B에로 이전하는 것을 말한다. 목적론적 축소가 전제하는 법흠결은 은폐된 흠결인데, 왜냐하면 목적론적 축소는 법률의 목적에 비추어 볼 때 지나치게 넓게 파악된 법문의 범위를 그 목적에 맞게 축소하는 것이기 때문이다. 법흠결은 유추와 목적론적 축소 이외에 법원리에 의해서도 보충된다.

지금까지 설명한 법학방법론의 전반적인 구도를 도표로 그리면 위와 같다.

Ⅱ. 적용례: 소위 "GS 칼텍스" 사건

이하에서는 이와 같은 법학방법론의 전반적인 구도에 근거해서 소위 GS 칼텍스의 조세감면법에 의한 법인세 부과사건을 평석하려고 한다. 먼저 결론부터 말한다면 다음과 같다. 이 사건에서 대법원은 부칙 제23조가 전면개정으로 삭제되었지만 "특별한 사정"으로 인해 아직까지 그 효력을 유지하기 때문에 그러한 과세처분은 정당하다고 판시한 반면, 헌법재판소는 실효된 규정을 대법원과 같이 아직까지 효력이 있다고 해석하는 한 부칙 제23조는 국회의 입법권을 침해하고 조세법률주의에 위반하여 위헌이라고 결정하였다(한정위헌). 그러나 필자는 다음과 같은 제3의 방식을 제안한다.[4] 1) 헌법재판소의 주장과 달리, 법흠결의 보충인 법형성은 입법의 영역에 속하는 것이 아니라, 법원의 법획득 영역에 속한다는 점이다. 2) 비록 이 사안에서 발견되는 법흠결의 보충이 법원에 속하기는 하지만, 법형성에 의해 이루어지는 법관법은 항상 그 정당성이 의문시되므로 법형성이 올바로 이루어진 경우에만 정당화될 수 있다는 것이다. 요컨대 법흠결 보충에 의해 이루어진 과세부과처분은 조세법률주의라는 법치국가의 원칙에 반하기 때문에 정당화될 수 없다는 것이다.

---

4) 같은 의견으로는 임미원, 법관의 법형성에 관한 일고찰 – (구 조세감면규제법) – 한정위헌과 관련하여, 공법연구 제41집 제1호, 2012, 165면 이하 참조. 임 교수는 이 논문에서 법관의 법형성에 대한 역사적 발전과정을 아주 자세히 언급한 후, 대법원과 헌법재판소의 입장을 상세히 비판한다. 다만 임 교수는 이 사건에 대한 구체적인 법형성 방법에 대해서는 논하지 않았다.

1. 사실관계

이 사건을 이해하기 위해서는 조세감면규제법의 개정추이를 먼저 알아야 한다.

a) 1987년 말 개정된 조세감면규제법에서는 제56의2에 자산재평가에 관한 특례를 두어 상장을 하려는 기업들에게 유리하게 하는 한편, 재평가를 하고 소정 기간 내에 상장하지 않을 경우 이를 임의평가로 보아 과세하는 규정을 두었다.[5)]

b) 1990년 말에 이 특례(제56조의2)는 폐지되었으나 재평가를 하고 아직 상장하지 않은 기업들을 관리하기 위해 부칙 제23조에 재평가특례에 대한 경과조치를 두었다.[6)] 더 나아가 시행령 제66조에는 이 경과조치에 대한 기간을 대통령령으로 정하고 그 기간을 5년으로 정했다.[7)]

---

5) [구 조세감면규제법](1987.11.28. 법률 제3939호로 개정되어 1990.12.31. 법률 제4285호로 개정되기 전의 것) 제56조의2(기업공개시의 재평가특례)
① 증권거래법 제88조 제1항의 규정에 의하여 한국증권거래소에 처음으로 주식을 상장하고자 하는 법인은 자산재평가법 제4조 및 제38조의 규정에 불구하고 매월 1일을 재평가일로 하여 자산재평가법에 의한 재평가를 할 수 있다. 다만, 재평가를 한 법인이 재평가일로부터 2년 이내에 한국증권거래소에 주식을 상장하지 아니하는 경우에는 이미 행한 재평가는 자산재평가법에 의한 재평가로 보지 아니한다.

6) 구 조세감면규제법(1990.12.31. 법률 제4285호로 개정된 것): 자산재평가 특례규정인 구 조세감면규제법 제56조의2 규정(1987.11.28. 신설)은 구 조세감면규제법이 1990.12.31. 법률 제4285호로 개정되면서 삭제되었고, 구 조세감면규제법 부칙 제23조에 이미 시행된 자산재평가를 규율하기 위하여 아래와 같이 그에 대한 경과조치를 규정하였다.
부칙 제23조(기업공개시의 재평가특례에 관한 경과조치 등)
① 이 법 시행 전에 종전의 제56조의2 제1항 본문의 규정에 의하여 재평가를 한 법인에 대하여는 종전의 동조 동항 단서의 규정에 불구하고 재평가일로부터 대통령령이 정하는 기간 이내에 한국증권거래소에 주식을 상장하지 아니하는 경우에 한하여 이미 행한 재평가를 자산재평가법에 의한 재평가로 보지 아니한다.
② 제1항의 규정에 의한 재평가를 한 법인이 당해 자산재평가적립금의 일부 또는 전부를 자본에 전입하지 아니한 경우에는 재평가일로부터 제1항의 규정에 의한 기간 이내에 그 재평가를 취소할 수 있으며, 이 경우 당해 법인은 각 사업연도소득에 대한 법인세(가산세와 당해 법인세에 부가하여 과세되는 방위세를 포함한다)를 재계산하여 재평가를 취소한 날이 속하는 사업연도분 법인세 과세표준신고와 함께 신고, 납부하여야 한다.

	1987.11.28.	1990.12.31.	1993.12.31.	1996.12.31.	1998.12.31.	2000.1.10.	2001.12.31.
법률	구 조감법[8] 第56조의2 신설	동 규정 삭제 부칙 제23조 신설	구 조감법 전문개정 부칙 제23조 삭제		조감법 폐지/ 조세특례 제한법 제정		
시행령		제66조 상장기한 연장(5년)	제109조 상장기한 연장(8년)	제109조 상장기한 연장(10년)	제138조 상장기한 연장 (11년)	제138조 상장기한 연장(13년)	제138조 상장기한 (2003년 12월 31일)

c) 1993년 12월 31일에는 조세감면법 전문이 개정되면서 부칙 제23조가 삭제되었다.[9] 비록 모법은 삭제되었지만 그 시행령만은 존속되어 1993년에는 시행령 제109조에 의해 그 기간이 8년으로, 1996년에는 10년으로, 1998년에는 제138조에서 11년으로, 2000년에는 13년으로 2003년에는 2003년 12월 31일로 규정되었다.[10] 참조로 동법과 시행령의 개정추이를 도표화하면 위와 같다.

---

7) 구 조세감면규제법 시행령(1990.12.31. 대통령령 제13202호로 개정된 것)
第66조(기업공개시 자산재평가에 관한 특례) 법률 제4285호 조세감면규제법 중 개정법률 부칙 제23조 제1항에서 "대통령령이 정하는 기간"이라 함은 5년을 말한다.

8) 조세감면규제법을 말한다.

9) 구 조세감면규제법(1993.12.31. 법률 제4666호로 전문 개정된 것)은 전문 개정되었는데 "전문 개정된 조세감면규제법"에는 종전의 조세감면규제법 제56조의2 및 이 사건 부칙 규정과 관련하여 아무런 경과조치에 관한 조항도 두지 않았다.

10) 구 조세감면규제법 시행령(1993.12.31. 대통령령 제14084호로 전문 개정된 것) 제109조(기업공개시자산재평가에 관한 특례) 법률 제4285호 … 8년을 말한다.
구 조세감면규제법 시행령(1996.12.31. 대통령령 제15197호로 개정된 것) 제109조(기업공개시 자산재평가에 관한 특례) 법률 제4285호 … 10년을 말한다.
구 조세특례제한법 시행령(1998.12.31. 대통령령 제15976호로 법령명이 조세특례제한법 시행령으로 변경되어 전문 개정된 것) 제138조(기업공개시 자산재평가에 관한 특례) 법률 제4285호 … 11년을 말한다.
구 조세특례제한법 시행령(2000.1.10. 대통령령 제16693호로 개정된 것)
제138조(기업공개시 자산재평가에 관한 특례) 법률 제4285호 … 13년을 말한다.
구 조세특례제한법 시행령(2001.12.31. 대통령령 제17458호로 개정된 것)

그런데 GS 칼텍스는 1990년 1월 1일에 자산재평가를 실시하였으나 2003년까지 상장을 하지 못한 결과 과세관청으로부터 재평가일이 속한 사업연도의 소득에 대한 법인세를 경정하는 처분을 받았다. 이에 대해 GS 칼텍스는 이 사건 부칙규정은 전문 개정된 조세감면규제법에 의해 그 효력을 상실하였고 이와 같이 법률의 위임근거규정이 실효된 이상, 그에 터잡은 위 조세감면규제법 시행령 제138조는 모법의 위임이 없는 무효의 규정이라는 것이므로 이에 근거한 이 사건 처분은 조세법률주의에 위배된다고 주장한다. 이에 청구인은 2005.12.20. 서울행정법원에 이 사건 부과처분의 취소를 구하는 행정소송을 제기하였으나 기각되었고(2005구합19764), 2006.10.12. 서울고등법원에 항소를 제기하여 청구인용 판결(2006누4297)을 받았으나, 2008.12.11. 대법원은 원심판결을 파기하여 서울고등법원에 위 사건을 환송하였다(대법원 2006두17550). 위 사건이 파기환송심(서울고등법원 2008누37574)에 계속 중 청구인은 구 조세감면규제법(1990.12.31. 법률 제4285호) 부칙 제23조에 대하여 위헌법률심판제청신청을 하였고(서울고등법원 2009아105), 2009.5.13. 위 신청이 기각되어(같은 날 항소도 기각되어 6.4. 판결이 확정되었다) 2009.5.25. 그 기각결정이 위 청구인에게 송달되자, 2009.6.22. 헌법재판소법 제68조 제2항에 의한 이 사건 헌법소원심판을 청구하였다.

2. 소송의 진행과정

a) 대법원이 이에 대한 근거로 제시한 주된 이유는 다음과 같다. 즉 전문 개정인 경우에는 종전의 법률 부칙의 경과규정도 실효된다고 보는 것이 원칙이지만, **특별한 사정이 있는 경우에는** 그 효력이 상실되지 않는다는 것이다. 그런데 이 사례의 경우에 부칙 제23조를 계속 적용하지 않으면 법적 공백이 생기므로 조세형평을 위해 특별사정이 존재한다는 것이다. 판결문을 그대로 옮기면 다음과 같다.

"법률의 개정시에 종전 법률 부칙의 경과규정을 개정하거나 삭제하는 명시

제138조(기업공개시 자산재평가에 관한 특례) 법률 제4285호 … 2003년 12월 31일까지의 기간을 말한다.

적인 조치가 없다면 개정 법률에 다시 경과규정을 두지 않았다고 하여도 부칙의 경과규정이 당연히 실효되는 것은 아니지만, 개정 법률이 전문 개정인 경우에는 기존 법률을 폐지하고 새로운 법률을 제정하는 것과 마찬가지여서 종전의 본칙은 물론, 부칙 규정도 모두 소멸하는 것으로 보아야 하므로 종전의 법률 부칙의 경과규정도 실효된다고 보는 것이 원칙이지만, ***특별한 사정이 있는 경우***에는 그 효력이 상실되지 않는다고 보아야 할 것인바(대법원 2002.7.26. 선고 2001두11168 판결 등 참조), 여기에서 말하는 '특별한 사정'이라 함은 전문 개정된 법률에서 종전의 법률 부칙의 경과규정에 관하여 계속 적용한다는 별도의 규정을 둔 경우뿐만 아니라, 그러한 규정을 두지 않았다고 하더라도 종전의 경과규정이 실효되지 않고 계속 적용된다고 보아야 할 만한 예외적인 특별한 사정이 있는 경우도 포함된다고 할 것이고, 이 경우 예외적인 '특별한 사정'이 있는지 여부를 판단함에 있어서는 종전 경과규정의 입법 경위 및 취지, 전문 개정된 법령의 입법취지 및 전반적 체계, 종전의 경과규정이 실효된다고 볼 경우 법률상 공백상태가 발생하는지 여부, 기타 제반 사정 등을 종합적으로 고려하여 개별적 · 구체적으로 판단하여야 한다.

그런데 이 사건 부칙규정은 자산재평가 특례제도 규정인 종전의 제56조의2가 삭제되면서 위 규정에 의하여 이미 자산재평가를 실시한 법인만을 사후적으로 규율하기 위하여 당해 법인의 상장기한 및 미상장시 기존의 자산재평가의 효력(제1항), 법인이 자산재평가를 취소한 경우의 효력(제2항) 등을 정하는 한편, 그 상장기한에 대하여만 대통령령에 구체적으로 위임하였으므로, 전문 개정된 조세감면규제법에서 이 사건 부칙규정을 계속하여 적용한다는 내용의 경과규정 등을 두지 않더라도 이미 폐지된 자산재평가특례제도와 관련된 사항을 충분히 규율할 수 있다고 보아 전문 개정된 조세감면규제법은 이에 대한 별도의 경과규정을 두지 않은 것으로 보이는 점, 전문 개정된 조세감면규제법의 시행으로 인하여 이 사건 부칙규정의 효력이 1994.1.1.자로 상실되는 것으로 본다면 종전의 제56조의2에 따라 자산재평가를 실시한 법인에 대하여는 사후관리가 불가능하게 되는 ***법률상 공백상태에 이르게 되는 점***, 이에 따라 상장기한 내에 상장을 하지 않은 법인에 대하여는 이미 실시한 자산재평가를 자산재평가법에 의한 재평가로 보지 않게 됨에도 불구하고, 그 재평가차액을 당해 재평가일이 속하는 사업연도의 소득금액계산상 익금에 산입하지 못하거나(이 사건 부칙규정 제1항의 실효) 재평가를 취소한 법인에 대하여는 재평가된 자산가액을 기초로 계상한 감가상각비나 양도차익 등을 재계산하지 못한다면(이 사건 부칙규정 제2항의 실효), 이는 종전의 제56조의2에 따른 자산재평가를 실시하지 아니한 채 원가주의에 입각하여 법인세 등을 신고 · 납부하여 온 법인이나 상장기한 내에 상장을 실시한 법인에 비하여 합리적인 이유 없이 우대하는 결과가 되어 ***조세공평주의 이념에 반하게 되는 점***, 반면에 종전의 제56조의2에 의하여 이미 자산재평가를 한 법인에 대하여 이 사건 부칙규정을 적용하여 과세를 하더라도 이를 두고 그 법인에게 예측하지 못한 부담을 지우는 것으로서 ***법적 안정성을 해친다고 보기는 어려운 점*** 등을 종합하여 보면, 이 사건 부칙규정은 전문 개정된 조세감면규제법의 시행에도 불구하고, 실효되지 않았다고 볼 '특별한 사정'이 있다고 보아야 할 것이다."[11]

b) 이에 대해 헌법재판소의 의견은 다음과 같이 요약된다. 즉 구조세감면법이 전면개정되었는데도 불구하고 대법원과 같이 특별한 사정으로 실효되지 않았다고 해석하는 한 부칙 제23조는 국회의 입법권을 침해하고 조세법률주의에 위반하여 위헌이라는 것이다(소위 "한정 위헌"). 헌법재판소의 결정요지를 옮기면 다음과 같다.

"가. 이 사건 헌법소원심판에서 청구인들이 다투는 취지는, 이 사건 각 부과처분에 있어서 '법원이 한 부과처분의 근거법률에 대한 해석 · 적용'에 관한 것이 아니라, 이 사건 전부개정법의 시행으로 말미암아 이 사건 부칙조항은 '실효된' 것으로 보아야 함에도 당해 사건 법원이 이를 '유효한' 법률조항이라고 잘못 판단한 후 당해 사건에 적용한 것을 문제삼고 있는 것이므로, 이 사건 심판청구는 '이 사건 부칙조항 그 자체의 위헌성'을 다투고 있다고 봄이 상당하다.

나. (1) 형벌조항이나 조세법의 해석에 있어서는 헌법상의 죄형법정주의, 조세법률주의의 원칙상 엄격하게 법문을 해석하여야 하고 합리적인 이유 없이 확장해석하거나 유추해석할 수는 없는바, '유효한' 법률조항의 불명확한 의미를 논

11) 대법원 2008.11.27. 2006두19419(밑줄 친 부분과 이탤릭체 강조는 필자에 의한 것임).

리적 · 체계적 해석을 통해 합리적으로 보충하는 데에서 더 나아가, 해석을 통하여 전혀 새로운 법률상의 근거를 만들어 내거나, 기존에는 존재하였으나 실효되어 더 이상 존재한다고 볼 수 없는 법률조항을 여전히 '유효한' 것으로 해석한다면, 이는 법률해석의 한계를 벗어나 '법률의 부존재'로 말미암아 형벌의 부과나 과세의 근거가 될 수 없는 것을 법률해석을 통하여 창설해 내는 일종의 '입법행위'로서 헌법상의 권력분립원칙, 죄형법정주의, 조세법률주의의 원칙에 반한다.

(2) 이 사건 부칙조항은 과세근거조항이자 주식상장기한을 대통령령에 위임하는 근거조항이므로 이 사건 전문개정법의 시행에도 불구하고 존속하려면 반드시 위 전문개정법에 그 적용이나 시행의 유예에 관한 명문의 근거가 있었어야 할 것이나, 입법자의 실수 기타의 이유로 이 사건 부칙조항이 이 사건 전문개정법에 반영되지 못한 이상, 위 전문개정법 시행 이후에는 전문개정법률의 일반적 효력에 의하여 더 이상 유효하지 않게 된 것으로 보아야 한다. 비록 이 사건 전문개정법이 시행된 1994.1.1. 이후 제정된 조세감면규제법(조세특례제한법) 시행령들에서 이 사건 부칙조항을 위임근거로 명시한 후 주식상장기한을 연장해 왔고, 조세특례제한법 중 개정법률(2002.12.11. 법률 제6762호로 개정된 것)에서 이 사건 부칙조항의 문구를 변경하는 입법을 한 사실이 있으나, 이는 이미 실효된 이 사건 부칙조항을 위임의 근거 또는 변경대상으로 한 것으로서 아무런 의미가 없을 뿐만 아니라, 이 사건 부칙조항과 같은 내용의 과세근거조항을 재입법한 것으로 볼 수도 없다.

(3) 다만, 이 사건 부칙조항이 실효되지 않고 여전히 존재한다는 전제 하에 과세하더라도, 청구인들을 비롯하여 주식상장을 전제로 자산재평가를 실시한 후 정해진 주식상장기한 내에 상장하지 못하였거나 자산재평가를 취소한 법인들로서는 부당하게 이익을 침해당한 것으로 볼 수 없는데다가, 이 사건 부칙조항이 실효되었다고 해석하면, 이미 상장을 전제로 자산재평가를 실시한 법인에 대한 사후관리가 불가능하게 되는 법률의 공백상태가 발생하고, 종래 자산재평가를 실시하지 아니한 채 원가주의에 입각하여 성실하게 법인세 등을 신고 · 납부한 법인이나 상장기간을 준수한 법인들과 비교하여 볼 때 청구인들을 비롯한 위 해당 법인들이 부당한 이익을 얻게 되어 과세형평에 어긋나는 결과에 이를 수도 있

다. 그러나 과세요건법정주의 및 과세요건명확주의를 포함하는 조세법률주의가 지배하는 조세법의 영역에서는 경과규정의 미비라는 명백한 입법의 공백을 방지하고 형평성의 왜곡을 시정하는 것은 원칙적으로 입법자의 권한이고 책임이지 법문의 한계 안에서 법률을 해석·적용하는 법원이나 과세관청의 몫은 아니다. 뿐만 아니라 구체적 타당성을 이유로 법률에 대한 유추해석 내지 보충적 해석을 하는 것도 어디까지나 '유효한' 법률조항을 대상으로 할 수 있는 것이지 이미 '실효된' 법률조항은 그러한 해석의 대상이 될 수 없다. 따라서 관련 당사자가 공평에 반하는 이익을 얻을 가능성이 있다 하여 이미 실효된 법률조항을 유효한 것으로 해석하여 과세의 근거로 삼는 것은 과세근거의 창설을 국회가 제정하는 법률에 맡기고 있는 헌법상 권력분립원칙과 조세법률주의의 원칙에 반한다.

(4) 따라서, 이 사건 전부개정법의 시행에도 불구하고 이 사건 부칙조항이 실효되지 않은 것으로 해석하는 것은 헌법상의 권력분립원칙과 조세법률주의의 원칙에 위배되어 헌법에 위반된다."[12]

요약하자면 대법원은 부칙 제23조가 전면개정으로 삭제되었지만 "특별한 사정"으로 인해 아직까지 그 효력을 유지하기 때문에 그러한 과세처분은 정당하다고 판시한 반면, 헌법재판소는 실효된 규정을 대법원과 같이 아직까지 효력이 있다고 해석하는 한 부칙 제23조는 국회의 입법권을 침해하고 조세법률주의에 위반하여 위헌이라고 결정하였다(한정위헌). 요컨대 대법원은 법률의 전문개정 – 특별한 사정 – 예외의 인정 – 부칙규정의 유효를 주장하는 반면, 헌법재판소의 논증은 법률의 전문개정 – 부칙규정의 실효 – 규율불가능성 – 입법적 해결로 이루어진다.

3. 평 석

법학방법론의 관점에서 볼 때, 여기서는 특히 다음과 같은 두 가지 측면이

12) 구 조세감면규제법 부칙 제23조 위헌소원[2012.5.31. 2009헌바123·126(병합)]. 밑줄 친 부분은 필자에 의한 것임.

중요한 것 같다.

우선, 이 문제를 처리할 수 있는 권한이 종국적으로 법원에 있는가 아니면 헌법재판소에 있는가? 다시 말해 법발견 이외에도 법형성을 할 수 있는 법원의 영역에 속하는 것인가 아니면 입법자의 소관사항인 법률의 위헌여부를 담당하는 헌법재판소의 영역에 속하는 것인가? 둘째, 만약 법원의 소관사항이라면 이 사안에 대한 대법원의 결정은 과연 올바른 것인가? 아니면 다른 대안이 있지는 않은가? 또한 이와 관련해서 비록 대법원은 그 효력을 부인하지만, 헌법재판소의 변형결정인 소위 "한정위헌"은 이 경우 정당화될 수 있는가?

a) 첫째 쟁점과 관련해서 관건이 되는 것은 법에 규정되어 있지 않은데도 법원이 그 법에 근거해서 과세를 할 수 있는가이다. 구체적으로 말한다면, 1993년 전문개정된 조세감면규제법이 1990년의 구 조세감면규제법상의 기업공개 시의 재평가특례제도를 두지 않았을 뿐만 아니라 부칙규정에서 기업공개 시의 재평가특례에 관한 경과규정조차 두지 않았는데도 불구하고 구 조세감면법의 부칙이 전문개정된 조세감면규제법에서도 여전히 효력을 상실하지 않을 뿐만 아니라 조세감면규제법 시행령의 상장기간규정의 근거가 될 수 있는가의 여부이다.

대부분 사람들은 적용될 법규정이 없으면 헌법재판소의 견해와 같이 이것을 곧 입법의 불비라고 쉽게 단정짓고 이 문제는 법원의 소관사항이 아니라 법률의 위헌여부를 관장하는 헌법재판소의 권한영역에 속하는 것이라고 속단할 수 있다.[13] 그러나 법이 침묵하는 이 사안에서는, 대법원도 적절히 지적하는 바와 같이,

---

13) 헌법재판소의 심판청구의 적법성에 대해 찬반논의가 있다. 부칙 제23조가 실효되었는데도 불구하고 실질적으로 효력이 있다고 해석되는 상태를 부칙 제23조의 규범내용이라고 보아 헌법소원 청구의 적법성을 인정하는 견해로는 이명웅, 위헌법률심판제도에서 법규범과 법해석의 연관성, 법률신문 2012.6.21, 제4041호. 반면 청구인의 주장은 신법우선의 원칙에 따라 구법의 효력상실로서 법률의 위헌성과 관련이 없으므로 적법한 청구가 아니라는 의견으로는 김시철, 위헌법률심판절차에서 사법작용의 당부를 심사할 수 있는지 여부, 법률신문 2012.6.28, 제4043호. 이철송 교수는 청구의 적법성에서는 부칙 제23조의 위헌성에 관한 문제로 받아들이면서 결정 자체는 해석의 위헌성에 대한 판단의 형식을 취한다는 점을 지적한다. 이철송, 폐지된 세법규정이 해석을 통해 흠결의 효력을 유지할 수 있는가?, 세법연구

입법자의 의도는 적어도 확인 가능하다. 즉 비록 모법의 근거조항은 없지만 그에 근거하는 과세의 경과규정은 존재한다는 점에서 자산재평가를 하고 상장을 하지 않은 기업에 대해 과세를 하려는 입법자의 의도는 분명히 추론가능하다. 그러므로 모법에 해당 조항이 없는데도 불구하고 그것이 실질적으로 아직 유효하다고 해석되는 상태를 부칙 제23조의 규범내용이라고 보아 그 위헌여부를 판정하는 것은 헌법재판소의 소관사항이 아니라 법의 흠결을 보충하는 법원의 관할영역에 속하는 문제가 아닌가를 검토할 필요가 있다.[14] 그런데 위에서 상술한 바와 같이, "법의 흠결"이 "실정법의 계획에 반하는 불완전성(planwidrige Unvollständigkeit)"을 말한다면,[15] 이 사안에서는 과세의 근거에 관한 규정이 없는 "명시적인 흠결(offene Lücke)"이 존재한다는 것이다. 즉 법률이 그의 목적에 따르면 일정한 규율을 포함했어야 함에도 불구하고 특정한 사례군에 대해 적용되어야 할 규율을 포함하지 않은 경우라는 것이다.

물론 관련조항이 없다고 해서 모두 흠결은 아니다.[16] 따라서 전면개정된 조세감면구제법이 재평가특례에 관한 경과규정을 두지 않은 것은 "의사표현적 침묵(das beredte Schweigen)"[17]으로 볼 수 있지 않는가를 검토해 볼 수 있다. 다시 말해 침묵하고 있지만 입법자는 일정한 견해를 표방하고 있지는 않는가이다. 사실상 서울 고등법원 2005누30213 판결과 대법원 2006두19419 판결은 경과규정을 별도로 제정할 필요가 없었다고 주장한다. 경과규정이 필요했던 이유는 자산재평가를 이미 실시한 법인만을 사후적으로 규율하려는 데 있는데, 재평가특례제도 자체가 이미 폐지되었고 그 상장기간에 대해서는 대통령령에 위임했기 때

XVIII-3, 2012, 700면.

14) 법학방법론의 입장에서 이 사안의 결정이 대법원의 권한에 속한다는 이 논문의 입장과 같은 것으로 임미원, 법관의 법형성(주 4), 165면 이하 참조.

15) 이에 대해서는 Larenz/Canaris, Methode der Rechtswissenschaft(주 1), S. 194 참조.

16) Larenz/Canaris, Methodenlehre(주 1), S. 191.

17) 이 경우는 법흠결과 다른데, 왜냐하면 입법자가 특별한 이유 때문에 해당 조문을 규정하지 않기 때문이다. Larenz는 이에 대한 예로 주택소유권에 관한 규정이 독일 민법전에 없었던 것은 독일 민법의 입법자가 건물에 대한 물권적 법률관계를 용이하게 하려는 목적을 지녔다는 데 기인한다고 한다. 여기서는 이러한 입법자의 의사가 명백히 존재하므로 이러한 "의사표현적 침묵"은 법흠결이 아니라고 한다. 이에 대해서는 Larenz/Canaris, Methodenlehre(주 1), S. 191.

문에 구 조세감면규제법의 부칙규정을 계속 적용한다는 경과규정을 두지 않는다 하더라도 해당 사안을 해결할 수 있으리라 믿었기 때문이라는 것이다. 더 나아가 별도의 경과규정을 두지 않은 경우에는 납세의무가 성립한 당시에 시행되는 법령을 적용해야 한다는 논거도 이러한 주장을 뒷받침할 수 있을 것 같다. 대부분 해석에 의한 법적용은 법흠결의 보충보다 더 강력한 논거이기 때문에 대법원은 지속적으로 이러한 논증방식을 취하는 것 같다.[18] 그러나 이러한 논증은 논리적으로도 모순될 뿐만 아니라 적절하지도 않은데, 왜냐하면 이미 1990년에 조세감면특례제도를 폐지할 때 부칙 제23조에 재평가특례에 대한 경과조차를 두었으나 1993년 조세감면법 전문개정 시 이 부칙도 함께 삭제되었기 때문이다. 그렇다면 이 사안은 "의사표현적 침묵(das beredte Schweigen)"이 아니라, 헌법재판소가 인정한 바 있는 "편집상의 과오"라고 볼 수 있을 것이다. 즉 입법자가 실수로 과세의 근거조항을 규정하지 않았다는 것이다.[19]

b) 이렇듯 이 사안에서는 명시적인 흠결, 즉 해당 사안을 규율할 법규정이 명백히 존재하지 않는 것 같다. 대법원 판결에서 찾을 수 있는 법흠결에 대한 근거는 다음의 네 가지 논거이다. 1) 규율의도 논거: 입법자의 의사가 바뀌었다고 볼 만한 특별한 사정이 없는 한 법률개정을 통해서도 입법자의 규율 의사는 지속된 것으로 볼 수 있다는 주장. 2) 법률공백 논거: 이 사건 부칙규정의 효력이 1994.1.1.자로 상실되는 것으로 본다면 종전의 제56조의2에 따라 자산재평가를 실시한 법인에 대하여는 사후관리가 불가능하게 되는 법률상 공백상태에 이른다는 논거, 3) 공평의 논거: 재평가를 취소한 법인에 대해 재평가된 자산가액을 기초로 계상한 감가상각비나 양도차익 등을 재계산하지 못한다면, 이는 원가주의에 입각하여 법인세 등을 신고·납부하여 온 법인이나 상장기한 내에 상장을 실시한 법인에 비하여 합리적인 이유 없이 우대하는 결과가 되어 조세공평주의 이

18) 임미원 교수는 대법원이 이 사안을 특별한 경우에 관한 법해석의 문제로 봄으로써 논리적 비약이라는 비판을 받아야 한다는 점을 지적한다. 이에 대해서는 임미원, 법관의 법형성(주 4), 185면 이하 참조.

19) 그러나 협의의 편집상의 과오인 "인쇄상의 과오"는 입법상의 착오로 간과했던 규정을 그대로 적용할 수 있지만 이 사안과 같이 광의의 편집상의 과오는 그와는 전혀 다르다. 이 경우의 법의 흠결보충은 별도의 정당화가 필요하다. 이에 관해 자세히는 김영환, 형법해석과 유추의 한계, 신동운 외, 법률해석의 한계, 2000, 105면 이하 참조.

념에 반한다는 점, 4) 법적 안정성의 불침해 논거: 종전의 제56조의2에 의하여 이미 자산재평가를 한 법인에 대하여 이 사건 부칙규정을 적용하여 과세를 하더라도 이를 두고 그 법인에게 예측하지 못한 부담을 지우는 것으로서 법적 안정성을 해친다고 보기는 어렵다는 점 등.[20)]

c) 이렇듯 이 사안에서는 명시적인 흠결, 즉 해당 사안을 규율할 법규정이 명백히 존재하지 않는다면 이것은 어떻게 보충되어야 할까? 대부분의 경우와 마찬가지로 이를 보충하는 방법, 즉 법형성은 유추에 의해서 이루어질 수밖에 없을 것이다. 즉 이것은 법적인 가치평가의 관점에서 볼 때 두 사례의 유사성으로 인해 두 구성요건들이 동일하게 가치평가되어야만 한다는 것, 즉 "동일한 것은 동일하게 처리하라"는 정의의 요청에 근거한다. 대법원이 조세의 공평을 언급하는 것은 바로 이 점을 의미하는 것 같다. 다시 말해 재평가를 했지만 주어진 기간 안에 상장하지 않은 법인은 자산평가를 실시하지 아니하고 원가주의에 입각해 법인세를 신고 납부해 온 법인과 유사하기 때문에 법인세를 부과할 수밖에 없다는 것이다.[21)]

그렇다면 법형성에 의한 과세처분은 곧 정당화될 수 있는가? 이미 언급한 바와 같이, 이러한 법형성은 신뢰보호라는 법적 안정성으로 인해 해당인에게 불리하게 이루어질 수는 없다.[22)] 즉 형법상 죄형법정주의가 피고인에게 불리한 법

---

20) 이에 대해 자세히는 임미원, 법관의 법형성(주 4), 181면 이하.

21) 이 사안은 다음과 같이 재구성할 수도 있을 것 같다. 즉 여기서의 흠결을 "은폐된 흠결"로 보는 것이다. 그 이유는 1993년 전문개정된 조세감면법인 조세특례제한법은 그 적용범위가 지나치게 넓기 때문에 이 법은 입법자의 의사에 따라 축소되어야 한다는 것이다("목적론적 축소"). 즉 구법상의 부칙규정이 전문개정된 조세감면법에 대한 예외규정으로서 계속 적용되어야 하며 따라서 전문개정된 조세감면법의 적용범위는 그만큼 줄어든다는 것이다. 이렇게 이 사안을 구성하는 것은 아마도 대법원의 "특별사정론 — 법률의 공백방지와 조세공평주의 — 에 따르는 예외"에 보다 부합하는 것처럼 보인다.

22) 특히 조세에서의 유추금지론에 대해서는 Friauf, Moglichkeiten und Grenzen der Rechtsfortbildung im Steuerrecht, in: Klaus Tipke(Hrsg.), Grenzen der Rechtsfortbildung durch Rechtsprechung und Verwaltungsvorschriften im Steuerrecht, 1982, S. 53 ff., 60 참조. 그러나 일정한 경우에는 제한적으로 유추가 허용된다는 입장도 있다. 이에 대해서는 Woerner, Die Steuerrechtsprechung zwischen Gesetzeskonkretisierung, Gesetzesfortbildung und

형성을 허용하지 않는다면, 마찬가지로 조세법률주의도 납세자에게 불리한 법형성을 용납할 수 없을 것이다. 그리고 죄형법정주의가 죄를 받지 않을 것이라는 범죄인 개인의 주관적인 신뢰를 보호하는 것이 아니라 국가형벌권의 객관적인 한계와 관련을 가지는 것과 마찬가지로,[23] 조세법률주의도 세금을 안 내도 된다는 납세인의 주관적인 신뢰보호가 아니라 국가조세권의 객관적인 범위를 규정하는 것이다. 이런 근거에서 대법원이 "과세처분은 납세자에게 예측하지 못한 부담을 지우는 것으로서 법적 안정성을 해친다고 보기 어렵다"고 설시한 점은 조세법률주의의 의미를 주관적으로만 파악하기 때문에 타당하지 않은 것 같다. 그러므로 납세자에게 불리한 과세처분을 하려면 입법자가 새로운 법을 만들어 할 수밖에 없고, 그렇게 이 문제를 해결하는 것이 사법과 입법을 구별하는 삼권분립원칙에 부합할 것이다.

결국 헌법재판소의 결정과 같이 이 문제의 해결책은 입법의 차원과 연결되지만, 그 논증 방식은 전혀 다르다. 요컨대 이 사안에 대한 해결책은 법원의 법형성 차원에서 모색해야지 처음부터 입법의 차원에서 찾는 것은 옳지 않다는 것이다.[24] 그러한 입장은 특히 오늘날의 법원의 법획득 권한, 즉 법발견 이외에도 법흠결을 보충할 수 있는 법형성 권한을 잘못 파악하는 것이다.[25]

Gesetzeskorrektur, in: Tipke(Hrsg.), ebenda, S. 23 ff., 26 ff.

23) 형법상 공소시효와 관련해서 신뢰보호의 주관적 의미의 문제점을 지적하고 이를 객관적으로 이해하는 관점에 대해서는 Böckenförde, ZStW 1979, S. 888 ff.; Grunwald, ZStW 1964, S. 1 ff.; Jakobs, Strafrecht, AT, S. 68 f. 이와는 대조적으로 Pfohler는 주관적, 심리적인 입장을 견지하고 있다. Ders., Zur Unanwendbarkeit des Rückwirkungsverbots im Strafprozeßrecht, S. 288 ff.

24) 헌법재판소의 입장이 옳다는 견해로는 방승주, 조세법률주의와 헌법재판, 한양대 법학논총 제29권 제4집, 2012, 199면 이하; 남복현, 법률해석과 관련한 헌법재판소와 대법원의 갈등, 그 원인과 해법, 경북대학교, 법학논고 제45집, 2014, 97면 이하 참조. 대법원의 입장을 자세히 소개하는 논문으로는 홍용건, 법률이 전부 개정된 경우 개정된 법률부칙의 경과규정도 실효되는지 여부(원칙적 예외) 및 예외적으로 실효되지 않는다고 보기 위한 요건으로서 '특별한 사정'의 의미와 판단방법, 대법원판례해설 제78호, 2008.

25) 임미원 교수에 따르면, "조세법률주의가 지배하는 조세법 영역에서 입법의 공백을 방지하고 형평성의 왜곡을 시정하는 것은 원칙적으로 입법자의 권한이고 책임이지, 법문의 한계 안에서 법률을 해석, 적용하는 법원이나 과세관청의 몫은 아니라"는 헌법재판소의 편협한 입장을 비판한다. 임미원, 법관의 법형성(주 4), 189면 이하 참조.

d) 보도에 따르면 GS 칼텍스는 헌재의 한정위헌결정이 내려지자 서울고법에 법인세 등 707억 원을 돌려 달라는 재심을 청구했으나(2012재누110), 대법원은 헌재의 한정위헌 결정에는 위헌이나 헌법불합치 결정과는 달리 기속력을 인정하지 않는 입장이어서 이를 다시 각하했다.[26] 따라서 GS 칼텍스는 헌법재판소에 대법원의 재심청구 기각 판결과 과세처분의 취소를 각각 구하는 헌법소원심판을 청구한 상태이다. 물론 대법원의 결정이 종국적이라 이를 거부할 수 없다면 헌법재판소의 결정은 단지 대법원에게 경종을 울렸다는 의미만을 지닐 뿐이다. 그렇다면 해당인의 법적 권리구제는 어디서 이루어질 것인가?

그러나 양 기관의 권한분쟁에 앞서 법학방법론적으로 다음과 같은 점은 확실히 해 둘 필요가 있어 보인다. 우선 법형성은 법원의 권한영역에 속한다는 점이다.[27] 다시 말해 헌법재판소가 주장하는 바와 같이 법흠결의 보충은 입법의 영역에 속하는 것이 아니라는 점이다. 더 나아가 법흠결의 보충이 법원에 속하기는 하지만 법형성에 의해 이루어지는 법관법은 항상 그 정당성이 의문시되므로 법형성이 올바로 이루어진 경우에만 정당화될 수 있다는 것이다. 구체적으로 말해 법흠결 보충에 의해 이루어진 과세부과처분은 조세법률주의라는 법치국가의 원칙에 반하기 때문에 정당화될 수 없다는 것이다.[28] 그리고 이런 관점에서만 이 문제를 입법차원의 문제로 파악하려는 헌법재판소의 입장은 설득력이 있다는 것이다. 다시 말해 법학방법론적으로 볼 때 이 사안에 대한 궁극적인 해결을 위해

---

26) 대법원 2013.3.28, 2012재두299. 이 판시내용은 특히 두 부분으로 구성된다. 그 하나는 헌법재판소가 법률 조항 자체는 그대로 둔 채 그 법률 조항에 관한 특정한 내용의 해석 · 적용만을 위헌으로 선언하는 이른바 한정위헌결정에 관하여는 헌법재판소법 제47조가 규정하는 위헌결정의 효력을 부여할 수 없으며, 그 결과 한정위헌결정은 법원을 기속할 수 없고 재심사유가 될 수 없다는 것이다. 그 다른 하나는 대법원의 기존 입장을 계속 고집하는 것이다. 즉 법령을 전부 개정하는 경우에 종전의 본칙은 물론 부칙 규정도 모두 소멸한다고 해석하는 것이 원칙이겠지만, 그 경우에도 종전 경과규정의 입법 경위와 취지, 그리고 개정 전후 법령의 전반적인 체계나 내용 등에 비추어 신법의 효력발생 이후에도 종전의 경과규정을 계속 적용하는 것이 입법자의 의사에 부합하고, 그 결과가 수범자인 국민에게 예측할 수 없는 부담을 지우는 것이 아니라면 별도의 규정이 없더라도 종전의 경과규정이 실효되지 않고 계속 적용된다고 해석할 수 있다는 것이다.

27) 같은 의견으로 이철송, 세법규정(주 13), 700면; 임미원, 법관의 법형성(주 4), 181면 이하.

28) 이 점에 관해서는 특히 이철송, 세법규정(주 13), 701면 참조.

서는 대법원이 한 발자국 물러서는 것이 바람직해 보인다. 사정이 이렇다면 헌법불합치결정의 문제를 대법원과 헌법재판소 간의 권한분쟁의 문제로 몰고 가는 것은 너무 성급해 보인다. 이런 관점에서 김능환 대법관이 퇴임식에서 헌재 결정을 비판한 주장[29]을 아무런 이의제기 없이 그대로 받아들일 수만은 없을 것 같다. 물론 양 기관의 권한분쟁을 제대로 해결하기 위해서는[30] 헌법재판소의 재판소원과 한정위헌문제가 먼저 해결되어야 하는데,[31] 이 문제는 워낙 이론적으로 방대할 뿐만 아니라 중요한 헌법입법과 관련된 문제이기 때문에 이것은 추후에 다루기로 한다.[32]

29) "헌법재판소는 헌법재판소법이 법원의 재판을 헌법소원의 대상에서 명시적으로 제외하고 있음에도 불구하고, … 이상한 논리로, 끊임없이 법원의 재판을 헌법소원의 대상으로 삼아 재판이 헌법에 위반된다고 선언하려고 합니다.", 법률신문, 2012.7.11.

30) 이에 관해서는 특히 허영, 헌법재판제도의 바람직한 개선방향, 김용준화갑기념논문집, 1998, 26면 이하 참조.

31) 우리와 달리 독일의 경우 연방헌법재판소를 통해 재판소원이 가능하지만 헌법재판소는 제4심이 되지 않으려고 법원의 재판 자체는 심리하지 않고 단지 그것의 헌법위반 여부를 검토한다고 한다.

32) 법학방법론의 관점에서 헌법재판소와 법원의 역할분배에 대해서는 특히 Wank, Die verfassungsgerichterliche Kontrolle der Gesetzesauslegung und Rechtsfortbildung durch die Fachgerichte, JuS 1980, 545 ff.; ders., Grenzen richterlicher Rechtsfortbildung, 1978; Vosskuhle, Theorie und Praxis des verfassungskonformern Auslegung von Gesetzen durch Fachgerichte, AöR 125, 2000, 180 ff. 참조.

한국에서의 법학방법론의 문제점
—법발견과 법형성: 확장해석과 유추, 축소해석과 목적론적 축소 간의 관계를 중심으로(2015)—

Ⅰ. 문제제기

1. 학문의 방법론이란 자신에게 고유한 처리절차, 사고방식, 그리고 인식수단에 대한 성찰을 의미한다. 그것이 필요한 이유는 무엇보다도 그가 대상으로 하는 질료를 처리하는 인식을 확실시해야 한다는 데 있다. 그러나 이러한 절차에 대한 성찰은 절차의 적용과 분리된 것이 아니라 오히려 그 적용 뒤에 직접적으로 이루어지며 그러한 한 해당학문과 밀접한 관련을 맺는다. 이러한 법률에 관한 "적용론(Anwendungslehre)"으로서의 법학방법론은 독일의 경우 사비니(Friedrich Karl von Savigny)에 의해 근거지어진 "법의 해석과 적용에 관한 이론"으로부터 출발한다.[1)][2)] 다시 말해 영미법계는 판례로부터 출발해서 해당 판례와 선례와의 유

---

1) 이에 관해서는 Savigny, System des heutigen römischen Rechts, Bd. 1, S. 206 ff. 참조.

2) 독일의 대표적인 법학방법론 책으로는 Engisch, Einführung in das juristische Denken, 11. Aufl., 2010; Larenz, Methodenlehre der Rechtswissenschaft, 4. Aufl., 1979; Larenz/Canaris, Methodenlehre der Rechtswissenschaft, 3. Aufl., 1995; Bydlinski, Juristische Methodenlehre und Rechtsbegriff, 2 Aufl., 1991; Pawlowski, Methodenlehre für Juristen, 2. Aufl., 1991; Esser, Vorverständnis und Methodenwahl in der Rechtsfindung, 1970, 2. Aufl., 1972; Zippelius, Juristische Methodenlehre, 1971; Raisch, Vom Nutzen der überkommenen Auslegungskanones für die praktische Rechtsanwendung, 1988; Kaufmann, Das Verfahren der Rechtsgewinnung, 1999; Koch/Rüßmann, Juristische Begründungslehre, 1982; Kramer, Juristische Methodenlehre, 1998; Wank, Die juristische Begriffsbildung, 1985 등을 들 수 있다.

사성이 본질적인 경우 선례를 그대로 적용하는 데 반해,[3] 대륙법계는 법률에 초점을 맞춰 이를 해석하고 적용한다.

물론 이러한 법학방법론이 법률적용에 관한 성찰이라고 해서 그것이 단순히 법률적인 "형식논리학"이나 혹은 사례해결을 위한 기술에 불과한 것이 아니라는 점은 아무리 강조해도 지나치지 않을 것이다. 다시 말해 법학방법론에서 관건이 되는 것은 그대로 따르기만 하면 되는 고정된 규칙을 미리 정립하려는 것이 아니라 오히려 자신의 처리방식을 통제하기 위한 방법적인 지침을 마련해 준다는 데 있다. 사실상 법학방법론은 법적용과 일정한 거리를 둠으로써 자신의 행위를 바라볼 뿐만 아니라 다음과 같은 문제를 제기한다. 즉 구체적인 법률해석과 그의 기준이 된 가치척도가 적합한 것인가, 그것을 넘어서서 법률을 해석하고 흠결을 보충할 때 과연 어떤 일이 벌어지는지, 요컨대 언제 그리고 어떤 조건하에서 그러한 해석과 법흠결보충의 기준이 된 가치척도가 올바른 것인지를 묻게 된다. 따라서 법학방법론이 단순히 법률의 적용에 머무르는 것이 아니라 항상 그 배후에 있는 법철학과 밀접하게 관련을 맺는다는 점은 놀랄 만한 것이 아니다. 왜냐하면 올바른 법적용의 궁극적인 목적은 다름 아니라 "법이라는 사안(Sache Recht)"을 제대로 파악하는 것이기 때문이다.[4]

2. 법학방법론에 따르면 법관의 법획득(Rechtsgewinnung)은 두 가지 방법, 즉 법발견(Rechtsfindung)과 법형성(Rechtsfortbildung)에 의해 이루어진다. 법관에 의한 법률"해석"이 "법문언의 가능한 의미" 안에 머물러 있으면서 법률로부터 해당되는 사안에 대한 법을 찾아내는 것은 "법발견(Rechtsfindung)"에 해당한다. 이에 반해 해당 사안에 대한 법적 결정이 "법문언의 가능한 의미"를 넘어선 것이라면, 이것은 바로 규율되어야 할 사안에 대해 적합한 법규정이 존재하지 않는 소위

---

3) 피켄처(Fikentscher)에 의하면, 영국 방법론의 핵심은 "선례구속(stare decisis)"이고, 이는 선례의 "결정근거(ratio decidendi)"가 영향을 미칠 수 있는 한 선례에 따라야 한다는 원칙이다. 이에 반해 "방론(obiter dictum)"이란 결정에 대한 부수적 언급이며, 또한 두 사례 사이에서 법적으로 중요한 의미의 차이를 발견하는 "구별(distinguishing)"과 선결례를 명백히 거부하는 "번복(overruling)"이라는 것이 있다. 이에 관해서는 안법영/윤재왕(역), Engisch, 법학방법론, 세창출판사, 2011, 308면 이하 참조.

4) Larenz/Canaris, Methodenlehre(주 2), S. 65 f.

"법의 흠결"의 경우이며, 이것의 보충은 법관의 "법형성(Rechtsfortbildung)"을 의미한다.[5] 이론적으로는 법학방법론상 법발견과 법형성을 서로 명쾌하게 구별하고 있지는 않지만 한국에서도 이 둘의 구별은 대부분의 형법 교과서에 언급되어 있으며, 실무에서도 특히 형법상 유추문제와 관련해서는 이러한 태도가 잘 드러난다.[6] 물론 이 둘을 구별하는 기준인 "법문의 가능한 의미"에 대해서는 후술하는 바와 같이 논란이 대단히 많다.

일상적인 용어에 따르면, 해석은 문헌에 담긴 의미를 세분화(Auseinanderlegung)해서 서술(Darlegung)하는 것을 말한다. 법학적 해석의 대상은 개별적인 의미를 지니는 법문이고 해석 과정에서 해석자는 법 문언에 들어 있는 내용을 찾아내어 그것을 다른 말로 표현한다. 즉 해석을 통해 입법자가 생각했던 내용들이 밝혀지고 전달된다. 이런 법의 해석이 해석자의 자의(恣意)에 맡겨지지 않고 검증할 수 있는 방식으로 진행되어야 한다면, 해석자가 따라야 하는 일정한 해석기준이 존재해야 할 것이다. 법학방법론은 이러한 해석기준을 마련해 놓고 있는데, 이미 언급한 바와 같이 통상적으로는 문리, 체계, 입법자의 의도, 법의 목적 등의 네 가지 기준이 언급된다. 네 가지 해석의 기준을 정립한 사비니에서는 목적론적 해석기준이 들어 있지 않다. 이는 과거에는 대부분 입법자의 의도를 중시하는 주관주의적 해석론을 취했고, 19세기 말에서야 비로소 객관주의적 해석이론이 관철되기 시작했다는 점과도 밀접하게 연관되어 있다.[7]

---

5) "법문의 가능한 의미"를 기준으로 법발견과 법형성을 구별하는 것에 대해서는 Heck, Gesetzesauslegung und Interessenjurisprudenz, 1914, S. 33; Larenz/Canaris, Methodenlehre(주 2), 143 f.; 안법영/윤재왕(역), Engisch, 법학방법론(주 3), 25, 301면; Canaris, Die Feststellung von Lücken im Gesetz, 2. Aufl., 1983, S. 23; Kramer, Juristische Methodenlehre(주 2), S. 137 f.; Bydlinski, Methodenlehre(주 2), S. 467 ff.

6) 물론 법발견과 법형성의 구별에 대해 회의론도 존재한다. 이에 대해서는 김형배, 법률의 해석과 흠결의 보충—민사법을 중심으로, 민법학 연구, 1986, 41면; 심헌섭, 법철학적 법학방법론, 법학(서울대), 제24권 1호, 1983, 10면 이하; 오세혁, 한국에서의 법령해석, 한국법철학회, 한국 법질서와 법해석론, 2013, 20면 이하.

7) 법률이 제정되었기 때문이 아니라 이성적이기에 효력이 있다면, 이제는 입법자의 경험적인 의사가 아니라 이성적인 의사, 요컨대 법이성이 관건이 된다. 역사주의보다 합리주의에 역점을 둔 이런 생각을 객관적 해석론이라고 부르고, 이런 입장은 1885년과 1886년 사이에 3명의 법학자, 즉 Wach, Kohler, Binding에 의해 주장되었다. 서로 다른 법분야에서 동일한

법률해석이 법실무로 지향된 법학의 우선적인 과제라고 하더라도 법학은 단지 해석에만 멈출 수는 없는데 왜냐하면 아무리 세심하게 만들어진 법률이라고 하더라도 발생가능한 모든 사안에 대해 해결책을 포함하고 있지는 않기 때문이다. 즉 모든 법률은 필연적으로 흠결이 있고 따라서 법학은 이에 대한 법획득의 방법, 즉 법형성에 대한 방법을 마련해야 한다. 달리 말하면 해당 사안에 대한 법적 결정이 "법문언의 가능한 의미"를 넘어선 것이라면, 이것은 바로 규율되어야 할 사안에 대해 적합한 법규정이 존재하지 않는 소위 "법의 흠결"[8]의 경우이며, 여기서 예컨대 유추, 목적론적 축소 등의 추론방식에 의한 법흠결 보충[9]인 법관의 법형성(Rechtsfortbildung)이 법발견과 함께 법학의 주요한 과제가 된다.

라렌츠/카나리스에 의하면 법률의 해석과 법관의 법형성은 본질적으로 상이한 것이 아니라 오히려 동일한 사고절차의 다른 단계라고 보아야 한다. 즉 판결을 통해 변경된 해석도 법형성이라는 것이다. 법원을 통한 개별규정의 최초의 해석은 이미 법률규범의 법형성인데 왜냐하면 그 해석은 다양한 법문의 가능한 의미 중 하나를 적합한 것으로 특징짓고 그렇게 함으로써 그때까지의 불확실성을 배제하는 것이기 때문이다. 이론적 근거차원에서 법획득과정은 다음과 같이 네 가지로 나뉜다. 즉 첫째, 법원에 의한 법률의 단순한 "해석"(secundum 혹은 intra legem)도 아직 법원 자체는 의식하지 못한 법형성이다. 이때 협의의 해석의 한계는 가능한 문언의 의미이다. 둘째, 이러한 한계를 넘어섰지만 법률의 원래계획인 목적의 범위 안에서 방법론적으로 이루어진 법형성은 협의의 흠결의 보충, 다시 말해 "법률내재적인 법형성" 혹은 법률을 통한 법형성(praeter legem)이다. 셋째, 이러

생각이 나타났다는 것은 이러한 학문적인 착안점이 그 시대에 지배적이었다는 것을 입증하는 것이라고 한다. 이에 관해 자세히는 Larenz, Methodenlehre(주 2), S. 34 ff. 참조.

8) "법의 흠결"이란 "법률의 계획에 반하는 불완전성(planwidrige Unvollständigkeit)"을 의미하며 이것은 "불완전성(Planwidrigkeit)"이라는 요소와 "계획위반성(Unvollständigkeit)"이라는 요소로 구성된다. Larenz/Canaris에 의하면 이 개념은 Elze, Lücke im Gesetz, 1916, S. 3 ff.로부터 연유한다고 한다. 또한 법흠결 개념에 관해서는 Larenz/Canaris, Methodenlehre(주 2), S. 194 f.; Canaris, Die Feststellung(주 5), S. 65 f.; 안법영/윤재왕(역), Engisch, 법학방법론(주 3), 229면; Bydlinski, Methodenlehre(주 2), S. 472 ff.; Kramer, Methodenlehre(주 2), S. 137 f. 참조.

9) 김영환, 방법론적 관점에서 본 유추와 목적론적 축소, 법철학연구 제12권 제2호, 2009, 15면 이하.

한 한계를 넘어서지만 전체 법질서의 범주와 그 지도적인 원리 안에서의 법형성은 "법률초월적인 법형성"(extra legem)이다. 물론 이 각각의 세 단계에 대해서는 특정의 방법이 전형적이며, 비록 세 단계 간에 명확한 구별을 할 수 없다고 하더라도 그 한계를 구별하는 것은 각각의 행위를 합리적으로 견제하기 위해 필요하다.[10] 그리고 이러한 초법률적 법형성의 저편에 법률에 반하는 법획득(contra legem)의 영역이 있다. 요컨대 법획득과정은 "법률 안에서의 법획득", "법률을 통한", "법률 이외의", "법률에 반하는" 법획득으로 구분되어야 한다는 것이다.[11]

3. 필자는 지난해 말 독일 Freiburg 대학의 국제경제법 교수인 얀시 부(Yuanshi Bu)라는 중국인 여교수로부터 "동아시아에서의 방법론"이라는 제목의 책에 수록될 한국의 법학방법론에 관한 논문집필의 청탁을 의뢰받고 이론과 실무에서의 법학방법론을 검토할 수 있는 기회를 가졌다. 이 연구 결과 필자는 한국의 법학방법론은 다음과 같은 문제가 있다는 것을 알게 되었다.

1) 법발견과 법형성의 혼동: 우선 학계에서는 판례평석의 일환으로 개별법학 영역별로 상이한 해석방법론이 전개되었을 뿐이고 이것이 법학일반의 차원에서 아직 이론적으로 체계화되지는 못했다.[12] 그 결과 아직도 법학계에서는 무엇이 법발견이고 무엇이 법형성인지 서로 구분되지 않으며 어떤 법획득 과정이 관건이 되었는지도 명백히 밝혀지지 않고 있다. 필자가 보기에 학설은 판결의 추론과정 혹은 실질적인 논증구조보다는 개별적인 판결에서의 문구와 판결의 결과를 중심으로 판례의 법획득과정을 이론적으로 분류할 뿐인 것 같다.[13] 이런 문제점

---

10) Larenz/Canaris, Methodenlehre(주 2), 187f.

11) Larenz/Canaris, Methodenlehre(주 2), S, 252. 또한 Kramer, Methodenlehre(주 2), S. 39, 131 f. 참조.

12) 그 결과 개별적인 법 문제에 관한 해석을 다루는 논문을 제외하고는 이 분야를 대표할 이렇다 할 책이 전무하다는 것이다. 다만 단행본으로는 다음의 번역서만 출판되어 있을 뿐이다. 김형배(역), R. Zippelius, 법학방법론, 삼영사, 1976; 허일태(역), K. Larenz, 법학방법론, 동아대학교 출판부, 2000; 홍성방(역), M. Kriele, 법발견의 이론, 유로서적, 2013; 안법영/윤재왕 (역), Engisch, 법학방법론(주 3), 2011.

13) 그러므로 예컨대 범행발각 후의 자수에 관한 대법원의 판례를 자수에 관한 "문리해석"에 관한 예로, 타인의 물건을 불태운 실화죄에 관한 대법원 판례를 조문 간의 "체계적 해석"이 적용된 사례로, 그리고 발행지 기재가 없는 어음의 효력을 인정한 대법원 판례를 "목적론적

은 실무에서의 법획득방법에서도 다를 바 없어 법학계와 마찬가지로 법학방법론의 전반적인 체계를 따르지도 않을 뿐더러 법발견과 법형성을 면밀히 구별하고 있지도 않다.[14]

2) 법발견인 해석과 관련해서 먼저 언급할 것은 학계에서는 해석의 목표와 관련된 논쟁이 거의 없고[15] 그 대신 판례는 "입법취지"라는 모호한 개념을 사용한다는 것이다. 또한 실무에서는 해당 판결에서 어떤 기준이 사용되었는지를 확인하기 힘들며 또한 해석기준과 관련해서 전체적, 종합적 해석이라는 이름으로 객관적 해석기준이 과도하게 사용된다.[16] 더 나아가 여러 해석기준의 충돌 시 어떤 근거에서 그리고 어떤 해석기준에 의해 결정이 이루어지는지를 분명히 밝히는 대신 문리나 역사적인 해석을 대신해서 개별적인 사안에서의 형평에 합치하는 목적론적 해석 기준만이 언급될 뿐이다.[17]

3) 그러나 이보다 더욱 문제가 되는 것은 한국에서의 법실무는 법흠결조차 해석을 통해 해결하려고 든다는 점이다.[18] 다시 말해 법흠결이 명백한데도 불구하고 흠결이 아니라는 것을 전제로 전체조문을 고려해서 보정해석을 시도한다는 점이다. 더 나아가 법의 해석기준뿐만 아니라 법형성과 관련해서도 법흠결을 언급조차 않을 뿐더러 법흠결의 보충방식이 유추나 목적론적 축소인지 아니면 그 밖의 것인지도 제대로 밝히지 않는다. 그 결과 이미 언급한 바와 같이 학설은 법

해석"의 일환으로 파악한다. 이것의 문제점에 관해서는 후술 참조.

14) 예컨대 대법원 판례를 소개하는 자료인 법고을을 자세히 살펴보면, 형사사건과 조세사건의 경우 확장해석과 유추는 같은 종류의 것으로, 그리고 목적론적 축소에 관한 판례는 축소해석에 관한 것으로 분류되어 있다.

15) 예외적으로 다음 논문이 있다. 김형배, 법률의 해석과 흠결의 보충(주 6), 7면 이하; 심헌섭, 법철학적 법학방법론(주 6), 5면 이하; 김영환, 법철학의 근본문제, 제3판, 2012, 292면 이하; 김명재, 헌법해석방법론에 대한 비판적 고찰, 법률행정논총(전남대), 제21집 제1호, 2001, 61면 이하 참조.

16) 이에 대해서는 오세혁, 한국에서의 법령해석, 한국법철학회, 한국 법질서와 법해석론, 2013, 18면 이하.

17) 이러한 문제점에 대해서는 이하에서 설명하는 해석기준의 선호관계 참조, 대부분은 해석자가 추구하는 결과에 따라 해석기준의 순위가 정해지는 것 같다.

18) 같은 의견으로는 오세혁, 한국에서의 법령해석(주 16), 21면 참조.

원의 판례를 그 문구에 따라 거의 해석차원에서만 이해하고 있다. 이런 법실무에서의 사정은 아마도 법흠결을 인정할 경우 법흠결보충이 불가피해지고 이것은 법치국가적인 측면에서 논란의 여지가 많다는 점 때문이 아닌가 추측된다.

법학방법론이 법 분야에서 이루어지는 작업을 비판적으로 성찰하는 것이라면, 방법론적인 연구 성과는 비단 법의 해석에 관한 이론적인 기초를 제공함으로써 개별 실정법학을 선도할 뿐만 아니라, 법 실무와 관련해서도 많은 실천적인 지침을 제공할 수 있을 것이다. 따라서 이렇듯 바람직하지 못한 사정은 법관의 법률에의 구속이라는 의미에서의 법치주의 구현을 위해서뿐만 아니라 사법의 신뢰를 위해서도 가급적 조속히 개선되어야 할 것이다. 다시 말해 법을 해석하고 적용하려는 사람은 자기가 하는 일이 과연 무엇이고, 그것은 어떤 이론적 구조를 갖고 있으며, 더 나아가 그것을 통제하는 합리적 기준은 무엇인가를 반드시 한번쯤은 생각해 보아야 한다는 것이다. 그래야만 비로소 법의 해석과 적용은 일정한 절차에 따라 이루어질 뿐만 아니라 이에 대한 규범적 통제도 검증된 기준에 의해 가능하다는 점을 알게 될 것이다. 이하의 논문은 위에서 언급한 세 가지 문제, 즉 첫째 법발견과 법형성의 혼동문제(II), 둘째 법발견에서의 문제점(III), 셋째 법흠결 보충인 법형성의 문제를 순서대로 자세히 다루려고 한다(IV).

II. 법발견과 법형성의 혼동

1, 이미 언급한 바와 같이 법발견과 법형성은 "법문의 가능한 의미"를 중심으로 서로 구별된다. 물론 이 둘을 구별하는 기준인 법문의 가능한 의미에 대해서는 의견이 분분한데, 왜냐하면 동일한 사안에 대해 법문의 가능한 의미라는 기준을 서로 다르게 파악하고 있기 때문이다.[19] 독일에서는 형법상 유추금지와 관련된 논의를 제외하고[20] 법문의 가능한 의미라는 기준의 문제점은 크게 두 가지

19) 후술하는 실화죄에서의 다수의견과 소수의견 참조.

20) 작스(Sax)와 아르투어 카우프만은 모두 전통적인 의미에서의 유추금지는 존재하지 않는다고 한다. 작스에 따르면 목적론적 해석과 유추는 일치하므로 해석과 유추를 형식적으로 구별하는 것은 불가능하며 이 둘은 "가치침해의 유형(Wetverletzungstypen)"에서만 서로 구

로 나타나는 것 같다. 한편으로 법발견과 법형성에서는 동일한 기준들이 작동할 뿐만 아니라 해석에는 법관의 가치관련적이고 창조적인 활동이 개입할 수밖에 없어 과연 어느 범위까지가 가능한 의미의 폭인가를 구체적으로 확정할 수 없다는 것이고, 다른 한편 이와 같은 기준의 모호성 때문에 법발견과 법형성의 범위가 확인되지 않는다는 것이다.[21] 그러나 법형성이 법발견의 지속이라면 사실상 그 이상의 기준을 요구할 수는 없을 것 같다. 비록 법문언의 가능한 범위라는 규범적 기준이 개별사례에서 구체적으로 확정되기는 어렵다고 할지라도 이 기준 자체의 효용성은 의심할 수 없는데 왜냐하면 최소한 핵심영역에서 이 둘은 명백히 구별될 뿐만 아니라[22] 무엇보다도 중요한 것은 이러한 척도 없이는 법형성이 일종의 법발견과 같이 쉽사리 정당화될 여지가 있기 때문이다.[23] 그리고 죄형법정주의상 유추금지를 천명하는 형법과 달리 사법에서 이 구별은 그다지 의미도 없다.

2. 명시적인 흠결 — 즉 법률이 그의 목적에 따르면 일정한 규율을 포함했어야 함에도 불구하고 특정한 사례군에 대해 적용되어야 할 규율을 포함하지 않은 경우 — 이 관건이 된다면, 그것의 보충은 대부분 유추의 방식을 통해 이루어진다. 구체적으로 말해 이 경우 유추는 법률의 특정구성요건 A 혹은 다수의 비슷한 구성요건들에 주어진 규칙을 법률에 의해 규율되지 않았지만 그것에 비슷한 구성요건 B에로 이전하는 것을 말한다. 이렇듯 특정구성요건을 A에서 B로 이전시

별될 뿐이라고 한다. 아르투어 카우프만은 이보다 한발 더 나아가 형법에서의 엄격한 유추금지는 도대체 없었다고 한다. 유추는 모든 해석에 내재하는 필연적인 논리구조라는 점으로부터 출발하여 그는 유추가 법적 구성요건에 근거하는 불법유형으로부터만 그 한계를 지닌다고 한다. 이러한 생각에는 하세머(Hassemer), 슈트라텐베르트(Stratenwerth), 후루시카(Hruscha) 등이 동조한다. 독일에서의 형법상 유추금지에 대해서는 김영환, 형법상 해석과 유추의 한계, 신동운 외, 법률해석(주 18), 29면 이하 참조.

21) 이에 관해서는 Canaris, Die Feststellung von Lücken, 2. Aufl., 1983, S. 23 f.(특히 주 22에 인용된 반대견해에 관한 문헌 참조).

22) 이 기준에 대한 회의적 입장으로는 최봉철, 문언중심적 법해석론 비판, 한국법철학회, 한국 법질서와 법해석론, 2013, 42, 47, 54면 참조. 최 교수는 법문언 대신 법목적을 척도로 제시한다.

23) Kramer, Methodenlehre(주 2), S.40 f.; Bydkinski, Methodenlehre(주 2), S. 467 ff.; F. Müller, Juritische Methode, 6. Aufl., S. 184 ff.

키는 것은 법적인 가치평가의 관점에서 볼 때 두 사례의 유사성으로 인해 두 구성요건들이 동일하게 가치평가 되어야만 한다는 것, 즉 "동일한 것은 동일하게 처리하라"는 정의의 요청에 근거한다.24)

유추의 논리적 특성에 대해서는 논란이 많으며25) 또한 유추의 특수한 형태로서 "대에서 소로의 추론(argumentum a maiore ad minus)"26)도 언급된다. 이것이 의미하는 것은 다음과 같다. 즉 구성요건 A에 대해 법률효과 R이 적용될 경우, 법률규정의 법률목적이 구성요건 B에 심지어 보다 높다면 법률효과 R은 A와 유사한 구성요건 B에도 "일응" 적용되어야 한다는 것이다. 쉽게 말한다면 두 명이 함께 자전거를 타는 것이 금지된다면, 세 명이 함께 타는 것은 당연히 금지된다는 것이다. 이에 대한 예로 실화죄에 대한 대법원판례를 언급할 수 있다. 이 사안에서는 타인 소유의 사과나무 밭에서 마른 풀을 모아 놓고 성냥불을 켜 담뱃불을 붙인 뒤 그 불이 완전히 소화되지 않은 상태에서 자리를 이탈한 과실로 남은 불씨가 사과나무에 옮겨 붙어 상당한 재산상의 손실을 야기한 것이 문제가 되었는데, 대법원의 다수의견은 보통의 일상적인 용어사용법과는 달리 이 사례를 다음과 같은 관점에서 판단한다. 즉 전체적 종합적인 관점에서 고찰한다면 자기소유의 물건에 대한 실화가 처벌된다면 당연히 타인의 물건에 대한 실화는 처벌되어야 한다는 것이다.27) 대법원은 이 점을 "전체적 종합적 고찰"에 의한 법적용이라

24) Larenz/Canaris, Methodenlehre(주 2), S. 202 f.; 안법영/윤재왕(역), Engisch, 법학방법론(주 3), 241면 이하; Bydlinski, Methodenlehre(주 2), S. 475 f; Kramer, Methodenlehre(주 2), S.146 ff.; 김영환, 유추와 목적론적 축소(주 9), 15면 이하.

25) 즉 유추에 의해 특수한 것으로부터 특수한 것을 추론하는 것이 아니라, 특수한 것으로부터 보편적인 것을 추론하는 "귀납"이 관건이 된다는 이의가 제기된다. 물론 개별적 유추의 경우 특수한 것으로부터 또 다른 특수한 것으로 직접 추론되는 것이 아니라, 가치평가에 있어 결정적인 것으로 인식된 두 개의 구성요건에 공통적인 것의 매개를 통해 이루어지기는 한다. 다시 말해 귀납과 연역이 관건이 된다는 것이다. 그러나 개별 유추에서 중요한 것은 귀납에 의한 일반적인 근본원칙의 획득이 아니라 오히려 새로운 사안에 대한 하나의 규칙을 정립하는 것이라는 주장도 있다. 이에 관해서는 Larenz/Canaris, Methodenlehre(주 2), S. 205; Kaufmann, Rechtsphilosophie, 1997, S. 80 f.

26) Larenz/Canaris, Methodenlehre(주 2), S. 208; Kramer, Methodenlehre(주 2), S. 151 f.; Bydlinski, Methodenlehre(주 2), S. 479 f.

27) 대법원 1994.12.20, 94모32. 신동운 외, 법률해석(주 18)에 실린 신동운 형벌법규의 흠결과 해석에 의한 보정의 한계; 김영환, 형법해석의 한계: 허용된 해석과 금지된 유추와의 상

고 부르기는 하지만, 사실 이 결정은 법문의 가능한 의미를 넘어선 유추라고 보아야 할 것 같다. 물론 한국에서는 아직까지 "대에서 소로의 추론"을 유추로 파악하지 않으며 학설은 그것을 판결문구에 따라 체계적 해석의 일종으로 보고 있다.[28]

유추 및 "대에서 소를 추론"하는 것에 대해서는 "반대추론(Umkehrschluss)"[29] 이 대립한다. 이것은 다음을 의미한다. 즉 법률이 법률효과 R을 단지 구성요건 A에만 결부지었기 때문에, 다른 구성요건들이 A와 유사하더라도 법률효과 R은 A 이외의 다른 구성요건에는 적용되지 않는다는 것이다. 즉 유사성에 의해 법문의 적용범위를 확장하는 것이 유추라면, 역추론은 반드시 해당규정에 적합한 요건을 갖추어야 한다는 것을 의미한다. 그러므로 독일에서 많이 거론되는 로마법상의 예를 든다면 "네발 가진 짐승의 소유자는 그 동물의 야생성으로 인해 야기된 손해를 배상할 책임이 있다"는 규정을 단지 네발 달린 짐승에게만 적용하는 것은 역추론인 반면, 유사성에 근거해서 두발 가진 짐승에게도 적용하는 것은 유추라 할 수 있다. 유추와 역추론의 관계는 구임대주택법 제15조 제1항의 임차인의 의미에 관한 판례에 잘 나타난다. "아름다운 판결"로 알려진 대전고등법원의 판결[30]과 달리 대법원은 이에 대해 다음과 같이 판시했다. 즉 "법해석의 목표는 어디까지나 법적 안정성을 저해하지 않는 범위 내에서 구체적 타당성을 찾는 데 두어야 한다. 그리고 그 과정에서 가능한 한 법률에 사용된 문언의 통상적인 의미에 충실하게 해석하는 것을 원칙으로 하고, 나아가 법률의 입법 취지와 목적, 그

관관계; 김영환, 형법상 해석과 유추의 한계; 이상돈, 형법해석의 한계–김영환 교수와 신동운 교수의 법학방법론에 대한 비평; 김대휘, 형법해석의 한계와 법방법론. 그 외에도 김일수, 형법 해석의 한계: 허용된 해석과 금지된 유추의 상관관계, 이재상교수화갑기념논문집 제1권, 2002, 42면 이하도 참조.

28) 대법원의 다수의견은 해당조문 간의 연관성을 언급하면서 형법 제170조의 "자기 소유에 속하는 제166조 또는 제167조에 기재된 물건"을 "자기 소유에 속하는 제166조에 기재된 물건 또는 자기나 타인의 소유에 속하는 제167조에 기재된 물건"이라고 해석한다. 이에 대해서는 해당 판례의 다수의견 참조. 또한 오세혁, 한국에서의 법령해석(주 16), 15면 이하.

29) Larenz/Canaris, Methodenlehre(주 2), S. 209; Kramer, Methodenlehre(주 2), S. 152 f.; Bydlinski, Methodenlehre(wn 2), S. 475: 안법영/윤재왕(역), Engisch, 법학방법론(주 3), 246면.

30) 대전고법 2006.11.1. 2006나1846.

제·개정 연혁, 법질서 전체와의 조화, 다른 법령과의 관계 등을 고려하는 체계적·논리적 해석방법을 추가적으로 동원함으로써, 앞서 본 법해석의 요청에 부응하는 타당한 해석이 되도록 하여야 한다"는 것이다. 이에 따라 "구 임대주택법 제15조 제1항에서 규정하는 '임차인'이란 어디까지나 그 법률이 정한 요건과 절차에 따라 임대주택에 관하여 임대사업자와 임대차계약을 체결한 당사자 본인으로서의 임차인을 의미하고, … '실질적 의미의 임차인'까지 포함한다고 변경, 확장 해석하는 것은 법률 해석의 원칙과 기준에 어긋나는 것으로서 받아들일 수 없다"는 것이다.[31] 이에 관해서는 아직 학계의 평석이 알려진 바 없는데, 필자의 바람은 반대추론방식에 의거한 이 판례를 단순히 "문리에 관한 해석"으로는 파악하지 말아야 한다는 것이다.

3. 더 나아가 대법원의 판례는 축소해석과 목적론적 축소도 서로 구별하지 못한다.[32] 유추와 목적론적 축소(teleologische Reduktion)는 모두 법흠결을 보충하는 법형성의 일종이다. 그런데 목적론적 축소는 법문의 목적을 고려해 볼 때 지나치게 넓게 파악된 법문을 그 목적에 맞게 축소 적용하는 것을 말한다. 즉 유추가 "같은 것은 같게!"라는 원칙에 따라 법적용의 범위를 확대시키는 것이라면, 목적론적 축소는 "다른 것은 다르게!"라는 원칙에 따라 해당 규범의 적용범위를 축소시키는 것을 의미한다. 다시 말해 이 둘 다 모두 정의원칙을 구현하는 것이지만, 유추는 평등대우(Gleichheit)를 강조하는 것임에 반해 목적론적 축소는 차별적 취급(Differenzierung)을 중시한다. 그러므로 목적론적 축소가 전제하는 법흠결은 은폐된 흠결인데, 왜냐하면 목적론적 축소는 법률의 목적에 비추어 볼 때 지나치게 넓게 파악된 법문의 범위를 축소하는 것이기 때문이다.[33] 법학방법론

31) 대법원 2009.4.23. 선고 2006다81035. 이에 대해서는 김재형, 황금들녘의 아름다움: 법해석의 한 단면—임대주택법상의 임차인에 관한 해석문제; 문광섭, 임대주택법상 '임차인'에 관한 법률의 해석 및 법률행위의 해석, 대법원판례해설 제79호, 2009, 472면 이하; 김영호, 법해석의 원칙으로서 구체적 타당성과 법적 안정성의 관계에 대하여, 계룡법조 통권 제6호, 2010, 259면 이하; 이재경, 부동산 임대차계약상 형식적 임차인과 실질적 임차: 대법원 2009.4.23. 선고 2006다81035 판결에 대한 검토, 일감법학 제19호, 2011, 191면 이하 참조.

32) Larenz는 독일에서도 독일연방법원이 저작물의 복제허용과 관련해서 이 둘을 제대로 구별하지 못한다는 점을 지적하고 있다. Larenz/Canaris, Methodenlehre (주 2), S. 200 f.

33) Larenz/Canaris, Methodnelehre(주 2), S. 210 ff.; 안법영/윤재왕(역), Engisch, 법학방법

상 가장 해결하기 어려운 사례에 속하는 것은 목적론적 축소를 통한 법흠결의 보충일 것이다. 왜냐하면 목적론적 축소는 규범의 적용범위를 법의 목적에 따라 축소하는 방식을 취하고 이것에 의해 법규범이 해당 사례에 적용되지 않게 구성함으로써 사실은 법문과 정반대의 결과를 가져오기 때문이다. 그 결과 목적론적 축소에 의한 법형성은 대부분 법률에 반하는 법해석(contra legem)으로 나타나기도 한다.[34]

형법에서는 유추가 금지되는 것과 같이 목적론적 축소도 허용되지 않을 수 있다. 우선 그것은 형법에서 목적론적 축소에 의해 가벌성의 범위가 확장되는 경우 소위 유추금지의 형태로 나타난다. 이에 대한 대표적인 예는 범행발각 후 자수에 대한 대법원의 판례이다. 해당 사안에서는 선거법을 위반한 자가 그 범행이 발각된 후 경찰에 자수한 것이 문제되었다. 공직선거및선거부정방지법이 자수에 대해 형의 면제를 규정한 이유는 행위자의 비난가능성이 작다는 것과 그것을 통해 형벌권을 정확히 행사하고 수사를 용이하게 할 수 있다는 것 때문인데 그렇다면 범행 발각 후의 자수에 대해 형면제를 선고할 수 있는가의 여부가 관건이다. 여기서 대법원의 소수의견은 자수의 범위를 범행발각 전으로 한정하는 것은 단순한 "목적론적 축소해석"이라고 주장하는 데 반해 다수의견은 이것은 가벌성의 범위를 확장하기 때문에 허용될 수 없다고 판시한다.[35] 즉 이것은 피고인에게 불리한 법형성이라는 의미에서 "제한유추"라는 것이다.[36] 무엇보다 이 판례를 단

론(주 3), 298면 이하; Bydlinski, Methodenlehre(주 2), S. 480 f.; Kramer, Methodenlehre (주 2), S. 161 f.

34) 그러므로 이를 "법률정정"으로 보며 이에 대해서는 논란이 많다. 즉 이러한 법획득은 사법이 아니라 입법의 영역에 속하기 때문에 예외적으로만 허용될 수 있다는 것이다. 이에 관해서는 Kramer, Methodenlehre(주 2), S. 164, 166 ff. 또한 윤진수, 1장 총칙, 김용담(편저), 주석민법총칙 1, 2010, 90면 이하 참조.

35) 대법원 1997.3.20. 96도1167. 이 판결에 대해서는 강용현, 형이 필요적으로 면제되는 공직선거및선거부정방지법상 자수의 범위, 재판실무연구 제2권, 1997, 129면 이하; 김영환, 법의 흠결과 목적론적 축소해석, 판례월보 제334호, 1998, 36면 이하; 장영민, 유추금지와 목적론적 축소해석, 형사판례연구 제7호, 1999, 1면 이하; 김일수, 형법 해석의 한계: 허용된 해석과 금지된 유추의 상관관계, 이재상교수화갑기념논문집 제1권, 2002, 42면 이하; 김영환, 범행발각 후의 자수: 축소해석인가, 아니면 목적론적 축소의 대상인가?, 김일수교수화갑기념논문집, 2006, 655면 이하; 오세혁, 한국에서의 법령해석(주 16), 12면 참조.

순히 자수에 관한 문리해석이라고 파악함으로써 실질적인 논증구조를 무시하는 것은 문제가 없지 않는 이해방식일 것이다.

더 나아가 목적론적 축소를 허용하지 않는 경우 그 근거는 법적 안정성 때문에 규범을 엄격히 준수할 것을 요구하는 예컨대 형식적인 "질서규정(Ordnungsvorschrift)"에서 발견된다. 왜냐하면 법적 안정성은 독자적인 법이념이기 때문에 이를 위해 구체적인 형평성을 고려하는 것은 허용되지 않기 때문이다. 다시 말해 "질서를 위한 질서(Ordnung um Ordnung)"는 어느 법질서도 포기할 수 없는 근본원리이며 이것은 그 자체 법의 지속성에 대한 신뢰보호라는 사회윤리적인 가치를 지닌다.[37] 물론 어떤 경우가 그러한가는 다시금 해석을 통해 확인해야만 한다. 이것과 관련된 것이 발행지가 기재되지 않은 국내어음의 효력을 인정할 수 있는지에 관한 판례[38]이다. 여기서 대법원의 소수의견은 어음법이 발행지 기재를 어음의 효력요건으로 요구하는데도 불구하고 이 법의 적용 범위를 목적론적으로 "축소해석"하는 것은 법원의 법률해석권의 범위를 명백하게 일탈한 것이라

36) 대법원의 다수의견은 독일형법학자 Hans Joahim Hirsch가 처음 주장한 이 개념을 사용하여 자신의 입장을 근거짓는다. 이 개념에 대해서는 Hirsch, Rechtfertigungsgründe und Analogieverbot, in; Gedächtnisschrift für Zong Uk Tjong, 1985, S. 50 ff. 그러나 이러한 개념사용법이 과연 용인될 수 있는가는 검토를 요하는데 왜냐하면 여기서 말하는 "제한"은 "목적론적 축소"라는 추론방식을, 그리고 "유추"는 "피고인에게 불리한 법형성"이라는 서로 다른 차원의 두 개념을 결합시킨 것이기 때문이다. 이에 대해서는 김영환, 범행발각후의 자수(주 35), 665면 이하.

37) 이 문제는 자필증서를 요구하는 독일의 상속규정과 관련해서 논의된 바 있다. 이에 관해서는 v. Hippel, Rechtsformalismus und Rechtsdogmatik, S. 19 ff.; Boehmer, Grundlagen der bürgerlichen Rechtsordnung, S, 82 ff. 또한 김영환, 유추와 목적론적 축소(주 9), 26면 이하. 또한 한국에도 이와 비슷한 사례가 얼마 전에 발생했는데 상속 시 날인을 하지 않고 서명을 한 유서를 유효라고 보아야 할 것인가가 문제가 된 것이다. 대법원은 민법상 상속규정을 어긴 이 유서를 무효라고 판시했고(대법원 2006.9.8. 2006다25103) 이 문제는 급기야는 헌법재판소까지 가게 되었는데, 엄격성을 요구하는 상속규정은 합헌이라고 판시된 바 있다(단 1명의 반대의견: 헌법재판소 2008.3.27. 2006헌바82 전원재판부).

38) 대법원 1998.4.23. 95다 36466. 이 판결을 지지하는 견해로는 최준선, 상법: 1998년도 판례회고 및 1999년도 학계전망, 고시연구 26권 1호, 1998.12, 85면 이하; 정찬형, 발행지의 기재없는 어음(수표)의 효력: 기업구조의 재편과 상사법, 박길준교수화갑기념논문집 II, 1998. 711면 이하. 반대의견으로는 최기원, 발행지 기재의 흠결과 어음 · 수표의 효력, 상사판례연구 V, 2000년, 48면 이하; 윤진수, 주석민법총칙(주 34), 90면 이하 참조.

고 보았다. 대법원의 소수의견은 이 판결을 축소해석으로 보고 있지만,[39] 법학방법론적으로 고찰할 때 이 판결의 핵심은 축소해석이 아니라 목적론적 축소이다. 왜냐하면 "다른 것은 다르게"라는 원칙에 의해 국내어음과 국제어음을 서로 구별한 후, 발행지 기재는 국제어음에만 중요하다는 법의 목적에 따라 국내어음을 해당 조문의 적용범위에서 배제하기 때문이다. 사실상 어음이라는 개념하에는 국내어음과 국제어음이 모두 포함되기 때문에 문리상으로는 국제어음만을 여기에 속하는 것으로 축소해석할 수는 없는 것이다.[40]

법학방법론상 확장해석과 유추뿐만 아니라 축소해석과 목적론적 축소를 구별해야 하는 이유는 무엇보다도 그에 따른 법적 처리방식이 전혀 다르다는 데 있다. 즉 축소해석과 확장해석은 법문의 가능한 의미 안에 들어가는 법발견이기 때문에 당연히 허용되지만 유추와 목적론적 축소라는 법형성은 법문의 가능한 의미를 넘어가는 법형성의 영역에 속하기 때문에 이에 대해서는 법치국가적 관점에서 그 정당성을 별도로 심사해야 한다. 사실상 바로 이러한 이유, 즉 판결의 정당성을 더 쉽게 획득하기 위해 법실무는 목적론적 축소를 축소해석으로 판시하는 것으로 보인다.[41] 그러나 아무리 이런 사정을 고려하더라도 대법원이 지속적으로 유추와 확장해석을 동일한 부류로 파악하는 것은 과연 법관의 법률에의 구속이라는 법치국가적 임무를 중시했기 때문만일까 하는 의심이 들 수밖에 없다.

---

39) 발행지를 기재하지 않은 수표에 관해서도 이와 동일한 판례가 있다. 대법원 1999.8.19. 99다 23383.

40) 유감스럽게도 대법원의 다수의견은 자신의 논증 구도조차 파악하지 못한 것 같다. 왜냐하면 이 판결은 "목적론적 축소"라는 법률내재적인 법형성뿐만 아니라 "법적 거래의 필요성"이라는 법률초월적인 법형성을 모두 포함하고 있기 때문이다. 그러나 이 둘의 정당화 근거는 서로 다르다. 즉 "목적론적 축소"는 개별 법률의 목적인 반면, "법적 거래의 필요성"은 전체 법질서이므로 양자는 해당판결의 정당화를 위해서는 서로 구별되어야 할 것이다.

41) 이러한 판례의 입장에 대해서는 오세혁, 한국에서의 법령해석(주 16). 21면 이하 참조. 또한 오세혁 교수에 따르면, 형사사건의 경우 법흠결로 보게 되면 무죄나 공소기각의 결정을 해야 하는데 그렇게 되면 처벌이 불가능해질 염려가 있어 이를 꺼린다고 한다.

Ⅲ. 법발견(해석)과 관련된 문제점

1. 법발견의 차원에서 고찰할 때 눈에 띄는 것은 해석의 목표와 관련해서 예전에는 이에 관한 논의가 있었으나 최근에는 헌법에서의 몇 논문 이외에 다른 분야에서는 이에 관한 논쟁이 거의 없다는 점이다.[42] 주지하듯이 주관적 해석론은 입법자의 의사를 탐구하는 것을 해석의 목표로 보는 반면, 객관적 해석론은 법률에 내재된 의미를 중시한다.[43] 이 두 이론 간의 논쟁은 원래 해석의 목적이 무엇이어야 하는가에 관한 것이었지만 오늘날 이 문제는 오히려 상이한 해석기준 간의 선호문제로 바뀐 것 같다. 다시 말해 주관적 해석론과 객관적 해석론 간의 논쟁은 법문으로부터 해당 사례에 대해 명백한 의미를 발견할 수 없을 경우 이러한 한계적인 법사례를 올바로 해결하기 위한 기준을 중심으로 전개되는 것이다.[44] 여기서 이 둘은 모두 해석의 출발점으로서 법문의 의미를 든다는 점에서는 공통되지만, 주관적 해석론은 "입법자의 의사"를 중심으로 이를 구체화하려는 반면, 객관적 해석론은 "법의 목적"에 초점을 맞춰 법문의 의미를 확정하려고 든다. 이렇듯 구체화의 기준이 서로 다르기 때문에 이 양자에 따른 해석의 결과가 다를 수 있다는 점은 자명하다. 이에 대해 주관적 해석론은 "법관의 법률의 구속"이라는 법치국가적 요청을 전면에 내세워 자신의 입장을 옹호한다. 즉 헌법으로부터

---

42) 주 15 참조.

43) 객관적 해석론은 법률이 제정되면, 그 법률은 입법자가 미처 생각하지 못했던 의미를 지닐 수 있을 뿐만 아니라, 더 나아가 이러한 입법자의 생각이 아니라 그것과 독립해서 확인된 법률에 내재된 객관적 의미가 법적으로 결정적이라고 주장한다. 그러므로 입법자의 의도나 법제정 참여자의 의도들은 단지 부차적인 의미만을 지닐 뿐인데 법은 입법자보다 현명하기 때문이라고 한다[Larenz, Methodenlehre(주 2), S. 34 ff. 참조]. 이에 반해 주관적인 해석론은 해석의 척도는 법률 속에 표현된 입법자의 의사이며 올바른 해석방법은 입법자의 의사를 재발견하는 것이라고 주장한다[안법영/윤재왕(역), Engisch, 법학방법론(주 3), 148면 이하]. 또한 양 이론에 대해서는 안법영/윤재왕(역), Engisch, 법학방법론(주 3), 141면 이하; Larenz/Canaris, Methodenlehre(주 2), S. 137 f.; Kramer, Methodenlehre(주 2), S. 90 f.; Bydlinski, Methodenlehre(주 2), S. 497 ff.

44) 물론 주관적 해석론과 객관적 해석론의 이러한 대비는 상당히 단순화시킨 것이다. 이 양자의 관계와 논점의 변화에 대해서는 무엇보다도 Koch/Rüßmann, Juristische Begründungslehre(주 2), S. 176 ff. 참조.

부여된 司法의 임무는 가능하면 입법자의 의사에 따라 법률의 의미를 발견하라는 것이지 이를 넘어서서 입법자의 역할을 대신할 수는 없다는 것이다. 이에 반해 객관적 해석론은 "법적용의 구체적 타당성"이라는 정의의 요청을 보다 우위에 둔다. 그리하여 법률 안에서의 법의 발견은 개별적인 사례에서 발견되는 규범성을 법률과 상호 일치시켜 해당 사례에 적합한 법의 의미를 법률 안에서 형성하는 것이라고 역설한다.

주관적 해석론에 대한 비판은 무엇보다도 이 이론이 말하는 입법자가 과연 누구인가가 대단히 모호하며 항상 변화하는 생활관계에 따른 법문의 폭을 제대로 파악하지 못한다는 것이다. 이러한 비판에 대해 주관적 해석론은 여기서 말하는 입법자란 법의 제정에 직접 참여한 사람들을 의미하는 것이 아니라 진정한 입법자가 그 문언에 부여했을 의미를 의회가 받아들인 것[협정설(Pakttheorie)]이며, 또한 입법자의 의사는 법문에 표현된 한에서만 고려될 수 있다고 주장한다[암시이론(Andeutungstheorie)]. 이에 반해 객관적 해석론의 약점은 언제나 법문의 의미를 넘어서서 법창조를 할 수 있는 위험이 내재한다는 데에 있는데 왜냐하면 이 이론은 법률은 입법자보다 현명하다는 전제 위에 서 있기 때문이다.[45] 그러므로 주관적 해석론의 입장만을 극단적으로 주장하게 되면 법치국가적인 요청은 어느 정도 실현될 수 있지만, 그 대신 해석의 범위는 축소되고 법률의 흠결의 범위는 지나치게 넓어져 항상 법의 개정의 필요성이 대두될 수밖에 없다. 반면 객관적인 해석론을 일면적으로 고수하게 되면 판결의 구체적인 타당성은 얻을 수 있지만, 그 대신 해석의 범위가 지나치게 넓어져 해석과 입법의 한계가 불분명해진다. 즉

---

45) 이러한 위험은 예컨대 자동차로 사람을 친 행위를 "흉기"를 "휴대"한 것으로 해석하는 경우 잘 드러난다(대법원 1997.5.30. 선고 97도597). 이렇듯 객관적 해석론은 법률의 목적을 중시해서 해당 사례에 적용될 법문을 지나치게 확장해석할 수 있다. 이런 관점에서 목적론적 해석론에 입각한 독일연방법원의 다음과 같은 주장은 강도 높게 비판받는다. "어떤 법률도 자신의 적용범위를 입법자가 의도했던 사례에만 국한시키는 것을 허용하지 않는다. 왜냐하면 법률은 죽은 문자가 아니라 살아서 항상 발전하는 정신이라서 이것은 생활사태와 함께 전진할 뿐만 아니라, 만약 생활사태의 변화가 법률의 정신의 표현된 형식을 넘어선다면 이제 그 변화에 유의미하게 대처함으로써 계속 적용되려고 하기 때문이다."(BGHSt 10, 159 f.). 위의 사례에 대한 비판으로는 강용현, 자동차를 이용한 폭행과 "위험한 물건의 휴대", 형사판례연구 7권, 1999, 238면 이하.

해석자가 입법자를 대신하게 되어 삼권분립에 정면으로 위배될 소지가 항상 존재한다. 이런 이유에서 오늘날 대부분의 해석론들은 이 양자를 상호 보완함으로써 이와 같은 난점을 해결하려고 한다. 즉 이에 따르면, 해석의 출발점은 비록 법문이기는 하지만 그것의 가능한 의미는 입법자의 의사에 의해서만 구체화될 수는 없으며, 그렇다고 해서 법문의 가능한 의미의 범위가 법의 목적에 따라서 해당 사례마다 달라질 수도 없다는 것이다.[46] 해석의 목표와 관련해서 특히 문제가 되는 점은 판례가 "입법취지"라는 기준을 지속적으로 사용한다는 것이다. 그런데 입법취지가 무엇인지는 분명하지 않다. 즉 그것이 법의 목적을 염두에 두고 있다는 것은 확실하지만 그러한 입법취지가 사실적인 입법자의 의사를 말하는지(역사적인 기준) 아니면 해석자가 법적용 시 상정하는 법의 목적(객관적 목적)을 의미하는지는 불분명하다. 여하튼 한국에서 해석목표에 대한 논쟁은 입법취지라는 개념을 통해 유명무실해지는 것 같다. 그러므로 해석에 목표에 관한 논쟁이 활성화되기 위해서는 무엇보다도 개별법의 제정에 관한 입법이유서를 작성하는 것이 필요하다고 여겨진다.

2. 해당 판결에서 어떤 해석기준을 사용했는가를 실무에서는 확인하기가 힘들며 또한 해석기준과 관련해서 전체적, 종합적 해석이라는 이름으로 객관적 해석기준이 과도하게 사용된다는 것이 문제이다.[47] 더 나아가 여러 해석기준의 충돌 시 어떤 근거에서 그리고 어떤 해석기준에 의해 결정이 이루어지는지를 분명히 밝히는 대신 문리나 역사적인 해석을 대신해서 개별적인 사안에서의 형평에 합치하는 목적론적 해석기준만이 언급될 뿐이다.

또한 판례에서는 해석기준 간의 순위가 불분명하다는 점이 언급되어야 한다. 해석기준의 순위가 중요한 것은 이것에 의해 판결의 결과가 달라질 수 있기 때문이다. 원래 사비니는 이에 대해 다음과 같이 말한다. 즉 이 네 가지 해석기준은 사람들이 선택할 수 있는 독립적인 기준이 아니라, 올바른 결과가 도출되기 위해 함께 작용해야 할 서로 상이한 행위일 뿐이라는 것이다.[48] 물론 엥기쉬의

46) 안법영/윤재왕(역), Engisch, 법학방법론(주 3), 161면; 김영환, 법철학의 근본문제, 제3판, 2012, 360면 이하.

47) 이에 대해서는 오세혁, 한국에서의 법령해석(주 7), 18면 이하.

다음과 같은 반론, 그가 실무를 관찰한 결과 해석기준 간의 우선순위는 존재하지 않고 오히려 법관은 사안에 합당한 결정을 하기 위해 자의적으로 해석기준을 선택한다는 주장[49]은 경청할 만하다. 그러나 해석기준의 우선순위에 관한 그의 주장은 받아들이기가 힘든데 왜냐하면 그것은 우선 실무에 관한 경험적 주장에 불과하고, 더 나아가 그 자신도 우선순위에 관한 일정한 모델을 제시하고 있기 때문이다. 이에 따르면 해석은 문언에서 출발해서 체계적인 해석기준의 도움을 받지만, 그럼에도 불구하고 법문의 가능한 의미가 확정되지 않을 경우에는 우선 역사적 해석기준에 따라 법문을 구체화하고 그럼에도 불구하고 그 의미가 확정되지 않는다면 목적론적 해석기준을 이용한다고 한다.[50] 우리나라의 경우 해석기준의 우선순위는 자세히 언급되지 않는다. 물론 판례는 법의 해석방법을 다음과 같이 주장한다. 즉 "법해석의 목표는 어디까지나 법적 안정성을 저해하지 않는 범위 내에서 구체적 타당성을 찾는 데 두어야 한다. 그리고 그 과정에서 가능한 한 법률에 사용된 문언의 통상적인 의미에 충실하게 해석하는 것을 원칙으로 하고, 나아가 법률의 입법 취지와 목적, 그 제·개정 연혁, 법질서 전체와의 조화, 다른 법령과의 관계 등을 고려하는 체계적·논리적 해석방법을 추가적으로 동원함으로써, 위와 같은 법해석의 요청에 부응하는 타당한 해석이 되도록 하여야 한다."[51] 그러나 이 원칙은 대단히 형식적이어서 사안의 특성에 따라 수시로 변하는데 이러한 사정은 확장해석과 유추, 그리고 축소해석에 대한 판례의 입장을 자세히 살펴보면 분명하다. 한편으로는 문언상 해석 가능한 의미의 범위를 넘어서는 것은 유추해석의 금지원칙상 쉽게 허용되어서는 안 된다라고 주장하면서 다른 한편 문언이 가지는 가능한 의미의 범위 안에서 규정의 입법 취지와 목적 등을 고려하여 문언의 논리적 의미를 분명히 밝히는 체계적 해석 및 목적론적 해석을 하는 것은 죄형법정주의 원칙에 어긋나지 않는다고 한다. 이렇듯 모든 해석기준이 동원될 뿐만 아니라 그것들의 관계에 관한 어떤 원칙도 없이 제시된다면, 해석기준의 선호관계는 없고 그 대신 원하는 결과를 고려해서 개별사례에 따라

48) F. K. v. Savigny, System des heutigen römischen Rechts, Bd, I, 1840, S. 215.

49) 안법영/윤재왕(역), Engisch, 법학방법론(주 3), 131면.

50) 안법영/윤재왕(역), Engisch, 법학방법론(주 3), 161면.

51) 대법원 판례 2009.4.23. 2006다81035; 대법원 판례 2010.12.23. 2010다81254; 대법원 판례 2013.1.17. 2011다 83431.

결정할 뿐이라는 인상을 줄 수밖에 없다. 그리고 이 점은 후술하는 유추에 관한 판례[52]를 보면 알 수 있다.

Ⅳ. 법형성의 문제점: 확장해석과 유추, 축소해석과 목적론적 축소의 관계

1. 먼저 대법원이 "유추해석"이라는 개념을 사용한다는 것은 거의 모든 판례에서 예외 없이 발견되며[53] 그 결과 유추가 해석의 일종인지 아니면 법흠결보충에 속하는지조차 구별되지 않는다. 그런데 이렇듯 법학방법론의 기초적인 개념조차 알지 못한다는 것은 대단히 유감스러운 일인데, 왜냐하면 법학방법론상 법문의 가능한 문언을 중심으로 허용되는 해석인 법발견과 법흠결의 보충인 법형성이 구별된다는 것은 너무나 자명한 원칙이기 때문이다. 허용되는 해석과 금지되는 유추가 서로 구별된다는 점은 무엇보다도 그 말의 기원인 독일어를 살펴보면 분명하다. 즉 해석은 "Auslegung", 유추는 "Analogie"이지, 어느 누구도 이 두 단어를 결합해서 "auslegende Analogie(해석적 유추)"라든가 혹은 "analogisierende Auslegung(유추해석)"이라고 부르지는 않기 때문이다. 비록 법문의 가능한 의미라는 분명하지 않은 개념을 통해 양자가 구별되기는 하지만, 이 둘이 서로 다르다는 것은 부인할 수 없는 사실이다. 그런데도 대법원은 유추해석과 확장해석을 유감스럽게도 비슷한 부류로 파악하고 이 둘을 모두 금지되는 것으로 보고 있

52) 주 54 참조.

53) 대법원 판례는 이미 1965년부터 유추해석이라는 표현을 사용한다(대법원 1954.5.5. 4287민상271). 이 개념은 대부분 다음의 같은 원칙과 예외의 논증방식으로 판시된다. 1. 원칙: "형벌법규는 문언에 따라 엄격하게 해석 · 적용하여야 하고 함부로 지나치게 확장해석하거나 유추해석하여서는 안 된다." 2. 예외: "형벌법규의 해석에서도 법률 문언의 통상적인 의미를 벗어나지 아니하는 한 그 법률의 입법 취지와 목적, 입법연혁 등을 고려한 목적론적 해석이 배제되는 것은 아니고"(대법원 2006.5.12. 2005도6525; 대법원 2007.6.14. 2007도2162; 대법원 2011.10.27. 2009도2629) "형벌법규의 해석에 있어서도 가능한 문언의 의미 내에서 당해 규정의 입법 취지와 목적 등을 고려한 법률체계적 연관성에 따라 그 문언의 논리적 의미를 분명히 밝히는 체계적 · 논리적 해석방법은 그 규정의 본질적 내용에 가장 접근한 해석을 위한 것으로서 죄형법정주의의 원칙에 부합한다"(대법원 2003.1.10. 2002도2363; 대법원 2007.6.14. 2007도2162; 대법원 2011.10.13. 2011도6287).

다.[54] 아마도 이런 사정은 과거 일본의 영향을 받아 대단히 잘못된 관행적인 어법이 만들어진 후, 그대로 굳어진 데에 기인하는 것 같다.

2. 이미 지적한 바와 같이 한국에서의 법실무는 법의 해석기준뿐만 아니라 법형성과 관련해서도 법흠결을 언급조차 않을 뿐더러, 법흠결의 보충방식이 유추나 목적론적 축소인지 아니면 그 밖의 것인지도 제대로 밝히지 않는다. 그리고 가장 문제인 것은 법흠결조차 해석을 통해 해결하려고 든다는 점이다. 다시 말해 법흠결이 명백한데도 불구하고 흠결이 아니라는 것을 전제로 전체조문을 고려해서 보정해석을 시도한다. 그 결과 확장해석과 유추, 그리고 축소해석과 목적론적 축소의 구별이 불가능하게 된다. 이하에서는 이 양자를 서로 구별하는 도식을 먼저 설명한 후 이에 따라 이 사례들을 구별하고자 한다.

1) 확장해석과 유추, 축소해석과 목적론적 축소 간의 개념적인 구별에 대해서는 오늘날 법학방법론에서 통용되는 "세 가지 영역이론(Drei-Bereiche-Model)"[55] — 적극적 후보자(positive Kandidat), 중립적 후보자(neutrale Kandidat), 소극적 후보자(negative Kandidat)라는 개념 — 이 명쾌한 분석적인 개념의 틀을 제시한다. 여기서 적극적 후보자란 한 단어가 의심 없이 적용될 수 있는 대상을 말하는 데 반해, 소극적 후보자는 이와는 정반대로 한 단어가 적용될 수 없는 대상을 지시한다. 그리고 중립적 후보자는 앞의 두 부류에 속하지 않는 대상들이다. 그러므로 헤크(Phillipp Heck)의 "개념의 핵"과 "개념의 뜰"이라는 개념을 빌려 이를 다시 설명하면, 적극적 후보자가 개념의 핵에 속하고 중립적 후보자는 개념의 뜰에 해당하는 것이라고 볼 수 있다. 물론 이에 대해 세 가지 요소, 즉 적극적 후보자, 중립적 후보자, 소극적 후보자 간의 경계가 불분명하다는 비판이 제기되기는 한다. 그러나 그렇다고 해서 이 도식이 실천적으로 무용하다고 주장할 수는 없는데, 왜

---

54) 대법원 1973.2.13. 72누126 판결부터 시작해서 지속적으로 양자를 동일한 것으로 판시한다.

55) 이에 관해서는 Koch/Rüßmann, Juristische Begründungslehre(주 2), S. 195 f.; Koch, Das Postulat der Gesetzesbindung im Lichte sprachphilosophischer Überlegungen, in: ARSP 1975, S, 34 f.; Kramer, Methodenlehre(주 2), S. 45, 이 모델을 형법상 유추금지에 적용한 논문으로는 Priester, Zum Analogieverbot im Strafrecht, in: Koch(Hrsg.), Juristische Methodenlehre und analytische Philosophie, 1976, S. 158 ff.

냐하면 대부분의 사례가 이 도식에 의해 설명될 수 있기 때문이다.[56)]

이러한 도식에 따라 확장해석과 유추를 구별하기 위해서는 먼저 법문의 가능한 의미의 범위가 확정되어야 한다. 특히 이 점은 형법상 유추금지와 관련해서 중요한데, 유추는 법문의 가능한 의미를 넘어서 규범의 적용범위를 확장한 것이기 때문이다. 그러나 문제의 핵심은 이러한 법문의 가능한 의미가 과연 어떤 성질의 것인가이다. 물론 확장해석과 유추의 구별점으로서의 법문의 가능한 의미란 해석 전에는 대단히 형식적인 기준에 불과하다. 즉 어디서부터 어디까지가 가능한 의미 안에 있는 것인지가 입장에 따라 달리 규정될 수 있으므로 결국 법문의 가능한 의미라는 개념은 모호한 척도가 될 수밖에 없다. 따라서 해석자는 법의 해석과정을 통해 이것의 범위를 구성하게 된다. 다시 말해 해석의 출발점은 일상용어이지만 그것의 범위는 해석과정을 통해 재구성된다는 것이다. 이렇게 법문의 가능한 의미의 범위가 확정되는 동시에 금지되는 유추도 확인된다. 즉 이러한 방식으로 법문의 가능한 의미가 확정되었다면, 확장해석과 유추는 상술한 구별기준에 의해 다음과 같이 설명된다. 즉 확장해석은 법문의 가능한 의미 내에서 하나의 적극적인 후보자에 적용되는 의미규칙을 중립적인 후보자에까지 넓히는 것인 반면, 유추는 법적 평가의 유사성에 근거해서 소극적인 후보자를 중립적인 후보자 혹은 적극적인 후보자로 재규정(포함)하는 것이다(이하의 도표 3-1, 3-2 참조).

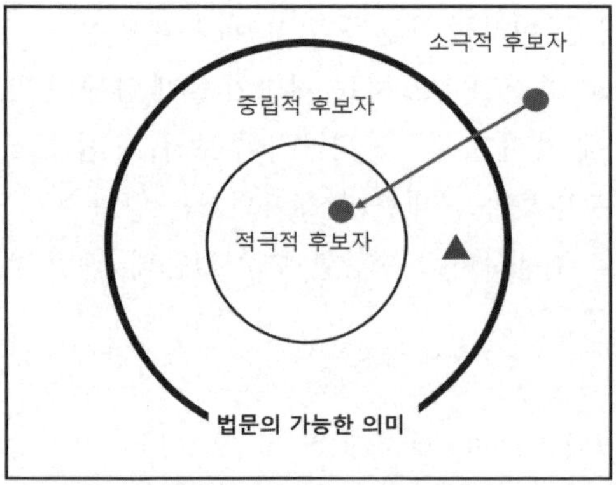

도표 3-1 유추

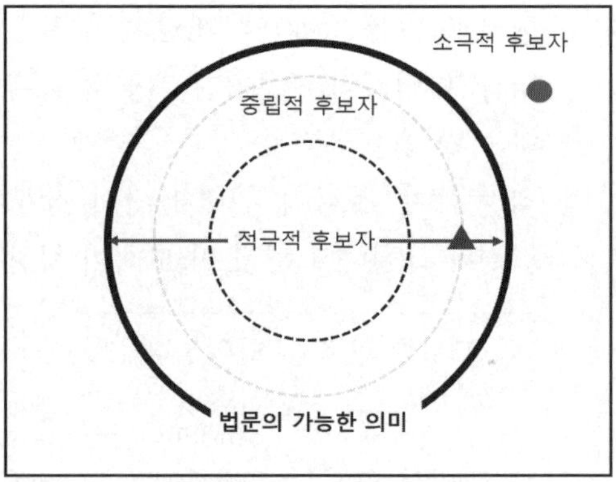

도표 3-2 확장해석

56) Kramer, Methodenlehre(주 2), S. 47.

물론 이러한 법문의 가능한 의미라는 기준은 목적론적 축소에서도 중요한데, 왜냐하면 여기서는 이제 그것에 의한 법획득과정에서 “법문의 가능한 의미”가 축소됨으로써 결국 해당 규범의 적용범위가 좁혀지게 되어 금지된 유추의 혐의가 생겨나기 때문이다. 그러나 목적론적 축소에서 법문의 가능한 의미는 형법상 유추에서와 같이 그렇게 심각하게 논의되지는 않으며 대부분 일상적인 용어와 동일시되며 손쉽게 확정된다. 오히려 여기서 관건이 되는 것은 이미 그 윤곽이 확실한 법문의 가능한 의미 안에 들어가는 하나의 적극적인 후보자를 소극적인 후보자로 규정한다는 것이다. 따라서 위의 도식에 따르면, 축소해석은 법문의 적용범위를 중립적인 후보자로부터 적극적인 후보자 또는 그 이상(예컨대 “법률의 핵”)으로 한정하는 데 반해, 목적론적 축소는 하나의 적극적인 후보자에 속하는 대상을 해당 법률의 목적에 따라 소극적인 후보자로 만들어 법적용으로부터 배제하는 것이다(이하의 도표 4-1, 4-2).

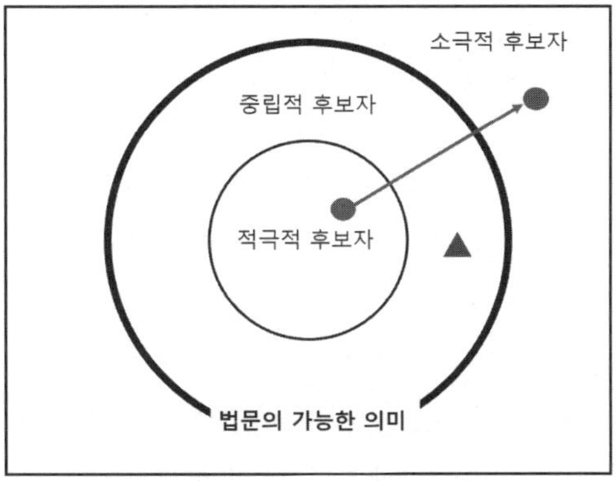

도표 4-1 목적론적 축소

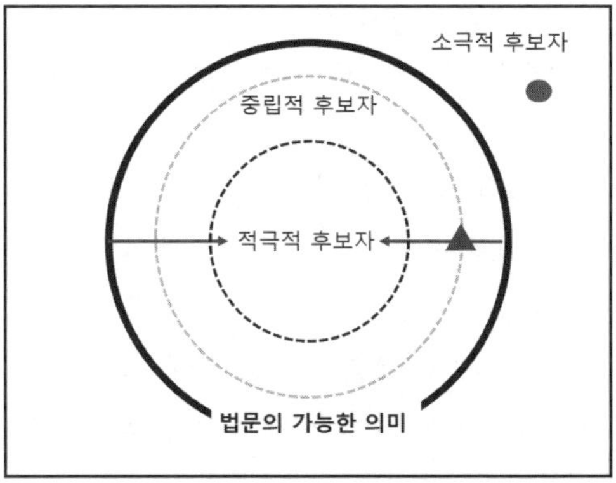

도표 4-2 축소해석

도표 3과 4에서 눈에 띄는 점은 유추와 확장해석, 목적론적 축소와 축소해석의 경우 법획득의 과정에서 각각 화살표의 방향이 정반대로 나타난다는 점이다. 즉 유추에서는 소극적 후보자에서 적극적인 후보자로 이동하는 데 반해, 확장해석에서는 적극적 후보자가 중립적 후보자로 넓혀진다. 그리고 목적론적 축소에서는 적극적 후보자에서 소극적 후보자의 방향으로 변하는 데 반해, 축소해석에서는 중립적 후보자가 적극적 후보자로 좁혀진다는 것이다. 이렇듯 법획득과정

에서 화살표가 반대방향으로 진행된다는 점은 법학방법론상 양자를 구별하는 데 결정적 기준이 될 수 있다.

2) 축소해석과 목적론적 축소 간의 관계를 자기 집 앞에 주차공간을 확보하기 위해 설치한 "주차금지"라는 팻말을 예로 해서 설명하면 다음과 같다.[57] 집주인은, 비록 자신의 차도 이 금지규범에서 말하는 차에 해당하지만, 이 규범의 적용범위로부터 자신의 차는 당연히 배제된다는 생각에서 이러한 금지규범을 고지했을 것이다. 즉 적극적 후보자인 자신의 차가 규범의 목적에 따라 이 규범에 포섭되지 않는 소극적 후보자로 된 것이다(목적론적 축소). 이에 반해 이 사례에 있어 축소해석은 집주인이 "차"라는 개념 안에 단지 승용차(개념의 핵)만을 포함하는 것으로 여기는 경우에 해당한다. 더 나아가 이 사례의 경우 유추와 확장해석도 다음과 같이 생각해 볼 수 있다. 즉 집주인이 여기서 말하는 차의 개념 안에 자전거도 포함되는 것으로 생각한다면 일상적으로 차의 개념에 속하지 않는 소극적 후보자가 적극적 후보자가 되는 유추가 되는 반면, 적극적 후보자 안에 오토바이라는 중립적인 후보자를 포함시키는 것은 확장해석일 것이다.

3) 또한 위에서 언급한 실화죄와 범행발각 후의 자수를 예로 해서 이 점을 설명하면 다음과 같다. 실화죄 사안에서 관건이 된 제170조 2항의 "자기소유의 제166조 또는 제167조에 속하는 물건"이라는 구성요건은 대부분 자기 소유에 속하는 제166조와 자기소유에 속하는 제167조에 속하는 물건으로 해석될 것이다. 어느 누가 "내 민법책과 형법책"이라는 말을 내가 가지고 있는 민법책과 나 또는 타인이 가지고 있는 형법책이라고 이해할까? 그러므로 타인의 물건은 형법 제170조 2항의 소극적인 후보자이다(명시적인 흠결). 그러나 대법원의 다수의견은 일상적인 용어이해와는 달리 이러한 흠결을 "대에서 소로의 추론"을 통해 보충한다. 다시 말해 자기소유의 물건에 대한 실화가 처벌된다면 당연히 타인의 물건에 대한 실화도 처벌되어야 한다는 것이다.[58] 결국 이러한 추론에 의해 소극적인 후보자는 해당 조문의 적극적 후보자가 되어 행위자는 처벌된다.

---

57) 이 예는 Bydlinski의 책에서 빌려온 것이다. Bydlinski, Methodenlehre(주 2), S. 481.

58) 대법원 1994.12.20. 선고 94모32 전원합의체 결정 참조.

마지막으로 범행발각 후의 자수에 관한 판례[59]에서는 자수에 대해 형의 면제를 규정한 구 공직선거법 제262조가 문제 되었다. 대법원 판시에서도 지적한 것처럼 이 법이 자수에 대해 형의 면제를 규정하는 이유는 피고인이 죄를 뉘우쳐 그에 대한 비난가능성이 적고, 또한 자수를 통해 수사를 용이하게 할 수 있어 범행발견에 도움이 되기 때문이다. 그러므로 이 법률의 목적에 충실하기 위해서는 자수를 범행발각 전으로 한정했어야 하는데 이 법에는 그러한 제한규정이 없다(은폐된 흠결).[60] 그렇다면 이 사안에서 이미 범행이 발각된 경우까지 단순히 범죄를 스스로 밝혔다는 사실만을 이유로 해서 형을 면제하는 것은 부당할 것이다. 그러므로 대법원의 소수의견은 "다른 것은 다르게"라는 원칙에 의해 이 법에서 말하는 자수의 범위를 형면제를 규정한 법의 목적에 따라 제한하는, 즉 목적론적 축소를 주장한다. 다시 말해 자수라는 법문의 가능한 의미 안에는 범행발각 전의 자수와 범행발각 후의 자수가 모두 포함되는데(적극적인 후보자), 유독 범행발각 후의 자수라는 적극적인 후보자를 이 법의 목적에 따라 소극적인 후보자로 만들어 이 법의 적용범위에서 배제하는 것이다. 물론 대법원의 반대의견은 목적론적 축소를 목적론적 축소해석으로 잘못 파악하고 있지만, 다행이라 할 수 있는 것은 대법원의 다수의견이 논증상으로는 문제가 있음에도[61] 반대의견을 제대로 비판한다는 점이다. 생각건대 이 사례에서 축소해석으로 볼 수 있는 경우는 예컨대 자수의 적용범위를 타인의 권고나 혹은 피고인이 형벌을 두려워해서가 아니라 진심으로 자신의 죄를 뉘우치고 자발적으로 경찰에 출두한 경우(개념의 핵)로만 한정하는 경우일 것이다.

이렇듯 세 가지 영역이론을 통해 특히 축소해석과 목적론적 축소는 분명히 구별된다. 그러므로 이 둘을 단지 용어상의 차이로 보는 것은 문제가 없지 않으며,[62] 특히 이러한 생각은 사법의 경우에도 질서규정에 의해 목적론적 축소가 제

59) 대법원 1997.3.20. 96도1167 전원합의체 결정 참조.

60) 이 사례에서 법흠결을 부인하는 견해로는 강용현, 형이 필요적으로 감면되는 공직선거 및 선거부정방지법상 자수의 범위, 법조 제46권 7호, 1997, 140면 참조.

61) 대법원의 다수의견은 자신의 견해를 적극적으로 근거짓는 대신 반대의견을 비판하는 데에 주안점을 두고 있다. 자세히 살펴보면 대법원의 다수의견은 "자수" 안에 범행발각 전뿐만 아니라 발각 후도 포함되는 것으로 새기는 것 같은데 이러한 입장은 해당 법률이 입법론상 바람직하지 않다는 자신의 견해와 모순된다.

한될 수 있기 때문에 더욱 그러하다. 여하튼 법발견과 법형성을 구별해야 하는 이유는 법관에 의한 법흠결보충은 법치국가적인 측면에서 논란의 여지가 많기 때문이다. 구체적으로 말하면 우선 법발견은 항상 허용되지만 법형성은 별도의 정당화를 요구하며, 더 나아가 이러한 법획득 방식은 무엇보다도 사법이 입법영역을 침범하는 위험을 초래할 수 있기 때문이다.

V. 맺음말: 하나의 제안

이 논문에서는 우리나라에서의 법학방법론의 문제점을 분석했다. 결론적으로 말한다면, 이러한 문제점들의 궁극적인 원인은 법발견과 법형성을 서로 분리하지 않고 양자를 결합시킴으로써 그러한 법획득방식이 정당화되는 절차를 모호하게 만드는 데 있다는 것이다. 그 결과 법학방법론의 개념적 체계와 세분화된 개념들은 무용지물이 되고 만다. 필자가 바라는 바는 앞으로 이러한 이중적인 개념 대신에 해당 개념을 법학방법론적으로 정확히 사용하자는 것이다. 즉 해석이면 해석, 유추는 유추, 목적론적 축소는 목적론적 축소라는 식으로 제대로 사용해야 한다. 그래야만 축소해석과 확장해석인 법발견과 유추와 목적론적 축소라는 법형성이 두 가지 상이한 법획득과정으로서 서로 다른 기준에 의해 정당화된다는 점이 분명해지기 때문이다. 그리고 바로 이러한 올바른 개념사용은 법관의 법률에의 구속이라는 법치국가적 원칙을 실현하는 데에도 기여할 수 있을 것이다. 물론 이렇듯 엄밀한 개념사용을 위해서는 이론적인 뒷받침이 필요하기에, 필자는 올바른 법학방법론 수립을 위한 소규모의 법학방법론 모임을 제안하면서 이 발표를 마치고자 한다.*

62) 윤진수, 주석민법총칙(주 39), 99면.

* 다행히도 2016년 2월 13일 법학방법론 연구회가 발족되어 정기적으로 모임이 개최된다.

형 법

형법 제20조 정당행위에 관한 비판적 고찰(1991)

I

형법 제20조는 "법령에 의한 행위 또는 업무로 인한 행위, 기타 사회상규에 위배되지 아니하는 행위는 벌하지 아니한다"고 규정하고 있다. 이 조문에 관한 대다수의 해석론은 다음과 같은 공통점을 지니고 있다. 첫째, 형법 제20조는 모든 위법성조각사유에 우선하는 가장 일반적이고 기본적인 위법성조각사유라고 설명하고,[1] 둘째, 사회상규는 위법성조각사유의 근본원리이기 때문에 법령에 의한 행위, 업무로 인한 행위는 그의 '예시'에 불과한 것으로 파악하며,[2] 이런 관점에 입각해서 개별적인 항목 – 즉 법령에 의한 행위, 업무로 인한 행위, 사회상규에 위배되지 않는 행위 – 하에서 이와 관련되는 구체적인 사례군(Fallgruppe)을 서술한다.

물론 자세히 살펴보면 이러한 공통점을 넘어선 학설상의 논란 혹은 비판이 없는 것은 아니다. 우선 사회상규라는 개념은 포괄적, 추상적이기 때문에 위법성조각사유의 기준으로서는 불명확하다는 점이 지적되며,[3] 체계론적 위치와 관련해서 사회상규와 사회상당성(soziale Adäquanz)의 구별을 꾀하기도 한다.[4] 나아

1) 특히 이재상, 형법총론, 1990, 280면; 이형국, 제20조 정당행위, 주석형법총칙 上(김종원 편저), 사법행정학회, 1988, 412면 참조.
2) 이형국, 형법총론연구, 1988, 412면 참조.
3) 이재상, 사회상규, 월간고시, 1990.7, 15면.
4) 김일수, 형법총론, 335면; 이재상, 형법총론(주 1), 290면; 이형국, 형법총론연구(주 2), 290면.

가 제20조의 구조에 관해서 법령에 의한 행위, 업무로 인한 행위는 사회상규의 예시가 아니라 서로 독립적인 '병존요소'라고 주장되기도 하며,[5] 마지막으로 개별적인 사례군에서도 — 예컨대 안락사, 의사의 치료행위, 의무의 충돌 등과 같이 — 정당행위의 범위 및 그 설명방법이 서로 다른 경우도 발견된다.[6]

그러나 형법 제20조에 관한 해석론들은 그 개념적인 세밀함과 형식적인 완결성에도 불구하고 다음과 같은 실질적인 질문에 대해서는 납득할 만한 대답을 제시하고 있지 않는 것 같다. 즉 1) 왜 우리형법은 제20조와 같은 일반적인 위법성조각사유를 필요로 하는가? 2) 만약 필요하다면, 그것의 이론적인 근거는 무엇인가? 이 점에 관해 우리가 발견할 수 있는 논거들은 특히 사회상규와 관련해서 제20조의 사회상규는 위법성평가의 "적극적인 개입원리"가 아니라 "소극적인 배제원리"라든가[7] 혹은 위법성조각사유의 기준으로 불명확한 개념을 사용할 수는 있으나 그 판단기준은 명백히 해야 한다거나[8] 나아가 제20조의 개별항목들은 이론적으로 서로 정리되어야 할 필요가 있다는 견해뿐이다.[9] 요컨대 형법 제20조의 해석론은 예컨대 정당방위, 피해자의 승낙, 긴급피난 등의 개별적인 위법성조각사유의 근본원리로서 파악되는 법수호의 원칙, 이익형량의 원칙, 수단의 합목적성 등과 같은 실질적인 불법배제(Unrechtsausschluß)의 근거에 관해서 사회상규라는 일반조항(Generalklausel)적인 개념 이외에는 별로 제시하는 바가 없다. 이렇듯 제20조의 실질적인 근거가 모호하다는 의심은 제20조와 관련된 사례들이 사실상 위법성조각사유의 모든 영역에 걸쳐 있다는 점을 알게 되면 더욱 짙어지는데, 왜냐하면 형법 제20조는 그렇다면 독립적인 위법성조각사유라기보다는 오히려 다양한 사례군들의 집합개념(Sammelsurium)에 불과하기 때문이다.

이러한 사정은 학설뿐만 아니라 판례에서도 마찬가지이다. 예컨대 판례가 사회상규를 구체화하는 기준으로 제시한 내용들은 — 1) 행위의 동기와 목적의

5) 김일수, 형법총론(주 4), 335면 이하.
6) 차용석, 형법총론 강의 I, 고시연구사, 1984, 464면 이하 참조.
7) 김일수, 형법총론(주 4), 335면 이하.
8) 이재상, 월간고시(주 3), 15면.
9) 형사법개정 특별심의위원회 회의록, 제2권, 1987, 163면 이하 참조.

정당성, 2) 행위의 수단이나 방법의 상당성, 3) 보호법익과 침해법익과의 법익균형성, 4) 긴급성, 5) 보충성 – 위법성조각사유 전반과 관련되는 것으로서[10] 그중의 대부분은 특히 위법성을 조각하는 긴급피난의 원리들과 중첩된다. 나아가 우리 판례는 피해자의 승낙, 긴급피난 등과 관련된 대다수의 사례들을 정당행위로서 파악함으로써 개별적인 위법성조각사유를 모두 포괄하려는 경향을 띠며, 그 결과 피해자의 승낙, 긴급피난 등에 관한 해석이론이 공허화된 것도 사실이다. 그런데 이렇듯 제20조의 정당행위가 서로 다른 이론적인 맥락에서 발달된 개별적인 위법성조각사유들을 그 자체 내에 모두 포섭하고 있다면 다음과 같은 의문, 즉 제20조를 지탱하는 기본원리는 존재하지 않으며 따라서 일반적인 위법성조각사유로서의 독자적인 기능도 불분명한 것 같다는 생각은 아마도 논리필연적일 것이다.

이런 사정에 직면해서 이 논문은 형법 제20조에 관한 해석론을 전개하는 것이 아니라 오히려 그 이론적인 문제점을 확인하려고 한다. 즉 제20조에 해당되는 개별적인 사례군들을 설명하는 것이 아니라 일반적인 위법성조각사유로서의 제20조의 필요성 여부를 분석하려고 한다. 먼저 결론부터 말하자면 형법 제20조의 해석론상 문제점은 체계화하기 거의 불가능한 다양한 위법성조각사유들을 한 조문 안에 포괄한 입법상의 잘못에서 비롯되며, 그것도 또한 논란의 소지가 많은 사회상당성이라는 개념과 연관지워 이론을 전개했다는 점에 기인하는 것 같다. 그 결과 구체적으로는 다음과 같은 법이론적, 체계론적, 해석론적인 문제점이 발생한다.

II

1. 법이론적인 문제

최근의 법적 논증이론(Juristische Argumentationstheorie)에 의하면, 판결의 정

10) 대판 1983.3.8, 82도3248(공보 703-696); 대판 1986.9.23, 86도1547(공보 788-3011); 대판 1986.10.28, 86도1764(공보 790-3159) 참조.

당성은 그러한 결정으로 이끈 논거의 설득력(Plausibilität) 혹은 합의가능성(Konsensfähigkeit)에 있다고 한다. 즉 판결의 수준(Qualität)은 바로 판결의 정당성의 수준과 상응하며, 그리고 이러한 판결의 수준은 얼마만큼 논거가 검증되는가에 의존된다고 한다.[11] 구체적으로 말해 형법 제20조와 관련해서 제기되는 법이론적인 질문은 왜 형법 제20조의 정당행위가 정당화되는가, 즉 "정당행위의 실질적인 불법배제의 논거는 무엇인가"이다.

1) 우선 이 질문에 대해 형법 제20조의 개별적인 항목들이 제시하는 해답들은 통일적이지 못하며, 그것도 자명한 것이거나 모호한 내용뿐이다.

첫째, 법령에 의한 행위가 정당화되는 것은 "법질서의 통일성(Einheit der Rechtsordnung)"이라는 형식적인 원칙, 즉 법질서는 그 자체 모순적일 수 없다는 기본원리에 의한 당연한 귀결이다.[12] 형법 이외의 법률과 형법이 서로 모순된다면 해석에 의해 어느 법이 우선할 것인가를 밝혀야 할 것이고, 또 개개의 법령에 의한 요구규범과 명령규범이 서로 모순되는 경우에는 구체적인 상황을 고려해서 의무충돌(Pflichtenkollision)이라는 법이론에 의해 문제가 해결될 뿐이다.[13] 여하튼 우리는 정당성의 근거로서 법질서의 통일성이라는 ─ 필자가 생각하기에는 굳이 명문화할 필요가 없는 ─ 너무나 자명한 형식적인 논거만을 찾을 수 있을 뿐이다.

둘째, 업무로 인한 행위는 이와는 달리 그 정당성 근거를 더욱 발견하기 어렵다. 왜냐하면 타인의 법익에 대한 침해가 단순히 일정한 업무를 수행한다는 사실로부터는 결코 그 규범적인 정당성이 추론될 수 없기 때문이다. 그리고 이러한 사정은 업무라는 사실적인 개념[14]을 달리 규정한다고 해서 해결될 수 있는 것도 아

11) 무엇보다도 Neumann, Juristische Argumentationstheorie, 1986, S. 6 ff. 참조.

12) Engisch, Einheit der Rechtsordnung, 1935, S. 55 f., 58 참조.

13) 의무충돌조차도 제20조 사회상규에 위배되지 않는 행위로 새기는 견해가 있다. 이에 관해서는 김일수, 형법총론(주 4), 337면 이하; 차용석, 형법총론(주 6), 470면 이하.

14) 주지하다시피 다수설은 업무를 "사회생활에 있어서 계속, 반복의 의사로서 행하는 사무(영업 혹은 직업)"라고 새긴다.

니다. 자세히 살펴보면 형법 제20조의 업무는 독일어의 공무(Amt)와 직업(Beruf)이라는 개념을 모두 포괄하는 번역어이며,[15] 이와 같은 공무의무(Amtspflicht)와 직업의무(Berufspflicht)에 의한 업무행위가 정당화될 수 있다는 생각은 권위주의적인 국가관 혹은 사고방식에서 연유되는 것이다.[16] 왜냐하면 법률이 아니라 단순한 직무규정(Dienstvorschrift)에 의한 공무원의 행위는 만약 그로 인해 법익침해가 발생했을 경우 침해권(Eingriffsrecht) 혹은 업무행위에 의해 그 정당성이 확보되는 것이 아니라 긴급피난 등 개별적인 위법성조각사유에 의해서만 정당화될 수 있기 때문이다.[17] 또한 의사의 치료행위도 업무행위이기 때문에 그 위법성이 조각되는 것이 아니라 법익침해자의 승낙이 있었기에 형법상 문제되지 않거나 혹은 정당화된다.[18] 요컨대 업무에 의한 행위는 왜 그것이 정당화되는지가 불분명하며, 사실상 이런 근거에서 이와 비슷한 규정을 두고 있는 스위스에서는 이 조문의 폐지가 권고되고 있다.[19]

셋째, 사회상규에 위배되지 않는 행위가 형법상 정당화되는 근거는 사회상규의 개념이 일반적이고 포괄적인 만큼 다양할 수 있을 뿐만 아니라 모호하다는 데 있다. 물론 사회상규라는 추상적인 말이 지향하고 있는 개념의 내연(Intension)을 모르는 바는 결코 아니다. 주지하는 바와 같이 사회상규는 법 이전의 일반인의 도덕감 혹은 사회윤리와 연관되는 것으로서, 단순히 사실적인 관행(Gebräuchlichkeit)을 넘어서서 이미 사회적으로 승인된 행위모델(ein anerkanntes Verhaltensmodell)을 의미한다. 다시 말해서 사회상규는 법질서가 기초하고 있는 사회학적인 배후와 법질서를 서로 매개하는 접합점(Nahtstelle)으로서 법에 앞서 개개행위를 평가하는 사회윤리적 가치구조(sozialethische Wertgefüge)이다.[20] 따라서 사회상규에

---

15) 이 점에 관해서는 특히 스위스 형법 제32조를 참조. 이 조문은 우리 형법 제20조와 유사한 것으로서 "법률이나 공무의무(Amtspflicht) 혹은 직업의무(Berufspflicht)가 명하는 행위는 … 범죄가 아니다"라고 규정되어 있다. 이에 관한 자세한 내용은 특히 Stratenwerth, Schweizerisches Strafrecht, AT. I, 1982, S. 223 f. 참조.

16) 이 점은 이와 같은 요건 하에 열거되는 사례군(Fallgruppe)들을 보면 더욱 명료해진다.

17) Stratenwerth, Schweizerisches Strafrecht(주 15)., S. 223 f. 참조.

18) 이 점에 관해서는 후술하는 II. 3. 2) 참조.

19) Stratenwerth, Schweizerisches Strafrecht(주 15), S. 223 f.

20) Zipf, Rechtsconformes und sozialadäquates Verhalten im Strafrecht, ZStW 82, 1970, 653

위배되지 않은 행위를 형법이 반가치적인 것으로 평가한다면 이제는 가치판단척도로서의 형법의 정당성 여부가 문제될 것이다.

이렇듯 사회상규가 형법상 정당화되는 이유를 이해한다고 해서 사회상규의 개념이 구체화되는 것은 결코 아니다. 요컨대 사회상규의 논리적인 체계와 그 개념의 확정은 별개의 문제이다. 즉 문제는 이와 같이 광범위한 사회적 사실에 기초하는 사회상규의 개념을 어떻게 "법적용 개념(Rechtsanwendungsbegriff)"으로 구체화하는가이다. 그리고 이러한 난제를 해결할 수 없기에 우리는 사회상규를 법적용 개념 혹은 법기술적인 개념(ein rechtstechnischer Begriff)으로서는 인정하기 어려운 것이다. 이러한 결론은 오늘날의 분석적 법이론에 의해서도 뒷받침된다. 이에 따르면 개념의 정당성은 개념의 검증(Verifikation)에 있다고 하며, 이런 관점에서 이 이론은 법개념들을 그 검증방법이 서로 다른 경험적, 규범적, 개념적 개념으로 분류한다.[21] 그런데 사회상규라는 개념은 그 검증에 있어서도 문제점이 많다. 왜냐하면 이 개념을 경험적 개념으로 파악해서 경험조사에 의해 검증하기에는 사회라는 개념이 너무 광범위하며, 규범적 개념으로 특징을 짓기에는 그 가치판단의 기준이 구체화될 수 없으며, 개념적인 범주로 확인하기에는 그 의미가 다의적이다. 이와 같이 개념이 모호하다면 결국 그 개념의 의미는 인식되는 것이 아니라 결정될 수밖에 없다. 즉 사회상규라는 개념의 구체화는 전적으로 법관의 주관적인 판단에 맡겨질 수밖에 없고, 따라서 사회상규와 관련된 판결의 정당성은 법관의 권위라는 믿음 이외에는 어디에서도 찾을 수 없으며, 가치판단의 자의성 혹은 불안정성은 그러한 믿음과 함께 같이 자라난다.

물론 입법자가 이와 같이 불확정 개념(ein unbestimmter Begriff)[22]을 형법에 규정하게 된 이유를 이해하지 못하는 것은 아니다. 즉 위법성조각사유는 매우 다양하기 때문에 그것을 포괄하려면 그러한 개념을 사용할 수밖에 없으며, 더 나아

---

ff.

21) Hoerster, Grundthesen analytischer Rechtstheorie, in: Jahrbuch für Rechtssoziologie und Rechtstheorie, Bd. 2, S. 155 ff. 참조.

22) 특히 Lenckner, Wertausfüllungsbedürtige Begriffe im Strarfrecht und der Satz "nullum crimen sine lege", JZ 1968, 251 ff. 참조.

가 위법성조각의 개별요건을 열거하는 대신 이렇듯 불특정 개념을 사용하면 개별사례의 구체적인 형평에도 기여할 수 있는 것이다. 그러나 입법자가 이와 같이 개괄적인 방식을 취했다는 점은 죄형법정주의를 기본원칙으로 하는 형법에서는 특히 명확성(Bestimmtheit)의 원칙과 관련해서 그리 환영할 만한 일은 아니며, 그로 인한 법적 판단의 자의성 내지 불안정성은 우리를 해석의 미궁으로 몰아간다. 요컨대 형법상 정당화의 근거로서의 사회상규는 적어도 법적용개념으로서 이해될 수 없으며, 따라서 그것은 단지 "법률외적인 집합개념"에 불과하다.

2) 이렇듯 정당행위의 정당화 근거에 대해 제20조의 개별항목들이 제시하는 내용들이 서로 통일적이지 못하다면, 이제는 정당행위의 통일적인 법원칙을 제20조를 초월하는 영역에서 찾으려고 시도할 수도 있을 것이다. 필자가 추측하기에는 바로 이런 이유에서 형법 제20조의 해석에 벨첼(Welzel)이 제창했고 샤프슈타인(Schaffstein) 등이 동조했던 소위 "사회상당성(soziale Adäquanz)"의 개념이 도입되는 것 같다.[23] 이렇게 해서 사회상당성은 위법성조각의 일반적인 원리로서 제20조뿐만 아니라 정당방위, 긴급피난 등에까지 적용되는 포괄적인 법원칙이 된다. 그런데 이렇듯 제20조의 통일적인 정당화원리를 사회상당성에서 찾으려 하자 제20조는 필연적으로 독일에서 진행된 사회상당성에 관한 논쟁 및 그 문제점을 답습하게 될 수밖에 없었으며, 나아가 우리 형법 해석론에도 사회상규와 사회상당성의 구별이라는 문제를 안겨 주었다. 사회상당성의 문제는 구성요건의 개념과 관련된 문제로서 우선적으로는 범죄론 체계와 관련된 문제이다. 다시 말해 제20조의 통일적 원리를 사회상당성에서 구하려 들자, 제20조의 법이론적 문제는 사회상당성의 범죄론적 체계의 문제로 바뀌게 되며, 바로 이것이 제20조의 해석이 안고 있는 두 번째 문제이다.

2. 범죄체계론적인 문제

"구성요건을 충족한 행위는 원칙적으로 위법성을 징표하나 예외적인 경우 법질서 전체에 의해 허용될 수 있다." 구성요건 – 위법성 – 책임의 3단계 범죄

23) 이와 같은 해석론에 관해서는 특히 황산덕, 형법총론, 1989, 145, 154면 이하 참조.

론을 취하는 입장에서는 이와 같은 원칙-예외(Regel-Ausnahme)의 도식에 의해 위법성조각사유를 설명하는 것이 지배적이다. 그리고 이렇듯 다소 복잡하게 이론을 구성하는 이유를 구성요건과 위법성이라는 범죄론적 범주는 서로 다른 가치평가의 단계라는 점에서 찾는다. 얼핏 보기에 형법 제20조의 정당행위를 위법성조각사유로 해석하는 통설은 이러한 범죄론 체계를 따르는 것 같이 보인다. 그러나 이미 언급한 바와 같이 제20조의 해석에 사회상당성의 개념을 연관시키자마자 이 문제는 복잡하게 되었다. 왜냐하면 사회상당한 행위, 즉 그 사회에서 인정된 지배적인 행위모델에 합치된 행위라면 애당초 구성요건에서 배제되는 것이지, 단지 그 위법성만 조각되는 것은 아니기 때문이다. 구체적으로 형법 제20조와 관련된 범죄론적 체계의 문제는 "제20조의 개별항목의 행위들이 단순히 위법성만 조각하는 것인지 아니면 구성요건해당성 자체를 배제하는 것인지?"에 관한 것이다.

1) 제20조의 정당성 근거가 다양한 것과 마찬가지로 제20조 개별항목들의 범죄론적 체계도 서로 다르다.

첫째, 법령에 의한 행위가 구성요건에 해당할 경우 그 위법성만 조각된다는 점에는 이의가 없는 것 같다. 왜냐하면 아무리 법령에 의한 행위일지라도 그것이 타인의 법익을 침해했을 경우는 법령에 의해서 단지 그 위법성만 조각될 수 있기 때문이다. 따라서 법령에 의한 행위에 관한 논의는 단지 구체적인 정당화의 개별요건에 대한 것이다.[24] 참고로 이 점과 관련해서 독일에서는 공무집행행위가 착오에 의한 경우 독립적인 형법상의 위법성개념을 인정할 것인가에 관해 논란이 많다.[25]

---

24) 만약 법령에 의한 행위를 다시 세분해서 "법령상 요구된 행위"와 "법령상 허용된 행위"로 구별한다면[김일수, 형법총론(주 4), 324면; 차용석, 형법총론(주 6), 453면], 이 문제는 주로 전자에 관한 것이 될 것이다.

25) 이에 관해서는 특히 Roxin, Der strafrechtliche Rechtswidrigkeitsbegriff beim Handeln von Amtsträgern—eine überholte Konstruktion, in: Festschrift für Pfeiffert, 1988, S. 47 ff. 참조.

둘째, 이와는 달리 업무에 의한 행위의 정당화는 범죄체계론상 문제의 소지가 많다. 특히 의료행위의 경우 만약 그것의 위법성만 조각된다면 어떤 구성요건에 해당되는가가 문제가 된다. 왜냐하면 의사의 치료행위는 — 그것의 정당화 근거가 정당행위이건 피해자의 승낙이건 간에 — 환자의 건강을 증진시키려는데 있는 것이지 손상시키는 것이 아니기 때문이다. 그리고 이렇듯 환자의 건강을 회복시킬 뿐만 아니라, 이미 사회적으로 인정된 행위모델에 부합한다면 위법성만 조각하는 것이 아니라 처음부터 구성요건에서 배제되어야 하기 때문이다.[26] 이에 반해 피해자의 승낙 없는 전단적인 의료행위(die eigenmächtige Heilbehandlung)는 구성요건에 당연히 해당되며, 단지 그 위법성만 추정적 승낙 혹은 긴급피난 등에 의해 조각될 수 있을 뿐이다.[27] 요컨대 의사의 치료행위와 같은 업무행위의 경우 일반적으로 정당화될 수 있는 것이 아니라, 오히려 애당초 구성요건을 배제하는 경우 그 위법성만 조각하는 경우 등 세분화하여 형법적 평가를 하는 것이다.

셋째, 사회상당성의 개념을 빌려 제20조를 해석하는 견해는 그 개념의 주창자인 벨첼의 행보가 보여준 바와 같이 범죄론 체계상의 위상이 명확하지 않다. 사실상 그의 사회상당성은 그의 구성요건개념과 밀접하게 연관되어 발전되어 온 개념이다. 록신(Roxin)이 정확하게 지적했듯이,[28] 벨첼은 처음에 구성요건을 형법적인 불법의 유형화(Vertypung strafrechtlichen Unrechts)로 파악했으며 따라서 "역사적으로 생성된 사회윤리적 공동생활의 범주 안에 있는 행위(Handlungen, die sich innerhalb des Rahmens der geschichtlich gewordenen sozialethischen Ordnungen des Gemeinschaftslebens)",[29] 즉 사회상당한 행위는 애당초 "구성요건

---

26) 독일에서 해석론은 이러한 입장을 취하지만, 판례는 아직 구성요건에 해당하나 그 위법성만 조각한다는 입장을 고수하고 있다.

27) 독일에서는 전단적인 의료행위를 상해죄 혹은 강요죄에 의해서가 아니라, 자유를 침해하는 독자적인 구성요건에 따라 처벌하자는 논의가 오래전부터 진행되어 왔다. 이 점에 관해서는 특히 Arthur Kaufmann, Die eigenmächtige Heilbehandlung, in: ders., Schuld und Strafe, 2. Aufl., S. 190 ff. 참조

28) Roxin, Bemerkungen zur sozialen Adäquanz im Strafrecht, in: Festschrift für Klug, 1983, S. 304 f.

29) Welzel, Das Deutsche Strafrecht, 1947, S. 35. 이와 유사한 개념정의는 제11판에서도 발견된다(이에 관해서는 11. Aufl., 1969, S. 55 f. 참조).

에서 배제된 것"으로 파악했었다.[30] 이런 의미에서 예컨대 우편배달원에게 신년 선물을 건네주는 증뢰행위, 가벼운 돈을 건 도박행위, 대중교통수단의 운전자가 승객을 하차시키지 않고 다음 정류장까지 운행하는 감금행위 등은 범죄유형(Deliktstypus)에 해당되지 않으므로 애당초 구성요건에 해당하지 않는다고 한다. 그러나 개방적인 구성요건(offene Tatbestandsmerkmale)을 인정하면서부터 벨첼의 구성요건개념은 가치중립화되었으며 이에 따라 사회상당성도 구성요건의 한정사유로부터 단순히 "관습법적 정당화사유"로 전락했던 것이다.[31] 그가 대표적인 사례로서 드는 것은 예컨대 오늘날의 기술분야 및 대중교통에 있어서의 평상적인 위험행위 등이다. 물론 벨첼은 그 후에 다시금 사회상당성을 "일반적인 해석의 원칙(allgemeines Auslegungsprinzip)"으로 파악함으로써 처음의 입장으로 회귀했지만,[32] 여하튼 벨첼의 사회상당성 개념은 너무 포괄적이어서 구성요건 해당 범위의 한정뿐만 아니라 위법성의 조각도 가능하게 만들며 그 결과 그 범죄론상의 위상이 명백하지 않다.[33]

물론 범죄론적 체계상의 위상이 불투명하다고 해서 사회상당성의 개념이 지향하는 올바른 의도조차 부인하는 것은 결코 아니다. 즉 이 개념은 법률외적인 가치표상을 형법 안에 수용함으로써 사회적인 현실과 추상적인 형법규범의 조화를 꾀한다. 그렇게 함으로써 구성요건의 개념을 사회적으로 상당하지 않은 불법유형에 국한시키는 적극적인 기능을 수행한다. 그리고 이러한 구성요건의 제한기능은 과실범의 영역뿐만 아니라 고의범에까지 미친다. 왜냐하면 사회생활상 상당한 위험은 그로 인해 결과가 발생하였다고 하더라도 과실범으로 귀속될 수 없으며, 또 사회상당한 법익침해행위 역시 고의범의 구성요건을 충족한 것으로 평가될 수는 없기 때문이다.[34] 그러나 문제는 그와 같은 목적을 위해 이렇듯 일반조항과 같은 개념을 굳이 사용해서 구성요건과 위법성이라는 서로 다른 범죄

30) Welzel, Das Deutsche Strafrecht(주 19), S. 35.

31) Welzel이 그의 교과서 4판(1954년)에서 8판(1963년)까지 취한 견해이다.

32) Welzel, Das Deutsche Strafrecht, 11. Aufl., 1969, S. 56; ders., Erinnerungsausgabe für Grünhut, 1964, S. 179, Anm. 7 참조.

33) 사회상당성의 범죄체계론적 논쟁에 관한 개관으로서는 Roxin, Bemerkungen zur sozialen Adäquanz im Strafrecht(주 28), S. 303 f. 참조.

34) Zipf, Rechtsconformes und sozialäquates Verhalten im Strafrecht(주 20), 635 f. 참조.

론적 체계를 혼동시킬 필요가 있는가이다. 이미 록신이 말한 바와 같이 오늘날의 형법해석학은 예컨대 개별구성요건의 보호영역에 따른 목적론적 제한(eine am Schutzbereich des betreffenden Tatbetandes orientierte teleologische Reduktion) 및 허용된 위험(erlaubtes Risiko) 등과 같이 그러한 불특정 개념을 대신해서 보다 세밀하게 구성요건을 한정할 법개념을 모색하고 있다.[35] 그리고 간과되어서는 안 될 점은 벨첼의 사회상당성 개념에 따라 우리 형법 제20조의 사회상규에 위배되지 않는 행위를 해석할 경우, 사회상당성의 포괄성 및 체계론적 문제점으로 인해 제20조 사회상규의 범죄론적 체계는 구성요건과 위법성조각 사이의 어중간한 상태에 놓이게 된다는 사실이다.

2) 이렇듯 제20조의 범죄론적 체계가 불분명하다면 이제는 형법 제20조를 전적으로 위법성조각사유로 이해하고 벨첼식의 사회상당성과 사회상규의 개념을 엄격하게 구별해 볼 수 있다. 그렇게 된다면 사회상규는 구성요건에는 해당하나 그 행위의 사회윤리적인 관련성 때문에 위법성이 조각되는 사례들의 집합명칭으로 해석할 수 있게 된다. 추측건대 이런 발상으로부터 우리 형법의 해석론은 사회상규와 사회상당성의 구별을 꾀하는 것 같다.[36] 이러한 시도는 물론 형법 제20조를 통설과 같이 위법성 조각사유라고 파악하는 한 논리필연적이다. 그리고 독일형법에서도 대다수가 사회상당성을 구성요건과 관련된 이론 – "구성요건의 해석원칙"이건 혹은 "구성요건 배제사유"이건 간에 – 으로 파악한다는 점에서[37] 위와 같은 시도는 제20조의 범죄론적 체계와 관련해서 중요한 의미를 지닌다. 그

35) Roxin, Bemerkungen zur sozialen Adäquanz im Strafrecht(주 28), S. 301 f. 참조.

36) 앞의 주 4 참조.

37) 구성요건의 해석원칙으로 파악하는 견해는 Hirsch, Sozialadäquanz und Unrechtslehre, ZStW 74, 1962, 78 ff; Jescheck, LK 10. Aufl., Rn. 45 vor § 13; Kienapfel, Körperliche Züchtigung und soziale Adäquanz im Strafrecht, 1961, S. 87 ff., 98; Schönke/Schröder/Lenckner, StGB, 21 Aufl., 1982, Rn. 68 ff. vor § 13 참조. 그에 반해 구성요건배제사유로서 파악하는 견해는 Jescheck, AT, 4. Aufl., 1988, § 25 IV; Krauß, Erfolgsunwert und Handlungswert im Unrecht, ZStW 76, 1964, 48; Maurach/Zipf, AT. Teil b, 1, 1987, § 17 II B; Peters, Festschrift für Welzel, 1974, S. 415 ff., 425 f.; Schaffstein, Soziale Adäquanz und Tatbestandslehre, ZStW 72, 1960, 369 ff.; Stratenwerth, Strafrecht AT 3. Aufl., 1981, Rn. 337 ff; Zipf, Rechtsconformes und sozialäquates Verhalten im Strafrecht(주 20), 633 등이다.

러나 문제는 사회상규와 사회상당성 간의 구별이 과연 실질적으로 가능한가이다. 왜냐하면 이 두 개념은 모두 형법 이전의 사회윤리적인 가치구조와 관련을 맺는 개념이고, 단지 차이가 있다면, 사회상규는 행위의 가치판단의 척도(Maßstab)인 반면에 사회상당성은 가치판단의 결과(Ergebnis)에 불과하기 때문이다. 즉 이 두 개념의 구별이 가능하다면 그것은 단지 어휘상으로만, 즉 형식적인 차원에서만 가능하다. 자세히 살펴보면 이 두 개념의 구별은 마치 벨첼에 있어서의 두 가지의 서로 다른 사회상당성개념 — 즉 하나는 구성요건배제사유, 그리고 다른 하나는 관습법상의 위법성조각사유 — 을 서로 다르게 이름붙이는 것이 아닌가 하는 인상만을 풍길 뿐이다. 아무튼 사회상규의 범죄론적 체계상의 위상을 분명히 한다는 점은 곧 형법 제20조의 개별항목들의 내재적 연관성을 어떻게 파악하는가와 직결된 문제이고, 그리고 이것이 바로 형법 제20조가 지니는 세 번째의 문제차원, 즉 형법해석론적 문제이다.

3. 형법해석학적인 문제

1) 이미 언급한 바와 같이 형법해석론상의 세 번째 문제는 사회상규와 관련해서 "형법 제20조의 구조, 즉 각 개별항목들 간의 내재적인 연관성"에 관한 것이다.

주지하다시피 대부분의 해석론은 형법 제20조를 "일반적인 위법성조각사유"로서 이해하며, 그 근거를 바로 사회상규라는 포괄적인 개념에서 찾는다.[38] 그런데 이렇듯 제20조의 논리적인 체계에 관해 실마리를 쥐고 있는 사회상규라는 개념이 형법 제20조 안에서 차지하는 체계적 위치는 — 이 점은 대부분이 간과하고 있지만 — 이중적인 성격을 띠고 있다. 즉 한편으로 사회상규는 "법초월적인(meta-juristisch)" 개념으로 파악될 수 있으나 다른 한편 "법률외적인(außergesetzlich)" 개념으로 확인될 수도 있다. 그리고 이 개념을 어느 것으로 특징짓는가에 따라 형법 제20조의 체계적인 연관성이 달라진다.

---

38) 이재상, 형법총론(주 1), 280면 이하; 이형국, 형법총론연구(주 2), 267면 이하; 김일수, 형법총론(주 4), 333면 이하 참조.

사회상규를 법초월적인 개념으로 인정하게 되면, 형법 제20조는 이러한 기본원칙의 법률화를 뜻할 것이고 따라서 제20조의 법률, 혹은 업무에 의한 행위는 단지 이러한 사회상규의 예시에 불과하게 된다. 이러한 법초월적인 개념은 마치 책임원칙등과 같이 형법의 귀속체계를 포괄하는 법원리로서 비단 위법성에만 한정되지 않고 실질적인 불법에도 관계를 맺을 것이고, 그 결과 구성요건의 개념 및 그 해석에도 당연히 영향을 미치게 될 것이다. 벨첼의 사회상당성을 빌려 사회상규라는 개념을 해석하는 이론들은 바로 이와 같은 입장을 취한 것 같고, 그 결과 사회상규를 구성요건의 배제뿐 아니라 정당화의 근거로도 기능하는 일반적 법원리로 새긴다. 요컨대 형법 제20조의 정당화사유는 단순히 집합개념이 아니라 개별적인 위법성조각사유를 지배하는 초법규적인 규정이 된다.[39)]

그러나 이미 언급한 바와 같이 사회상규라는 불특정 개념은 법적용 개념으로서 부적합하기 때문에 구성요건의 일반적 해석원칙은 될 수 있을지 몰라도, 독자적인 위법성조각사유로서는 아무리 초법규적인 것이라 할지라도 파악되기 어렵다. 나아가 그와 같은 추상적인 가치판단척도를 – 그것도 사회윤리 등에 근거한 – 원용해서 위법성조각사유를 해석하는 경우 극단적으로는 형법 해석론의 포기까지를 의미하게 된다. 왜냐하면 사회상규에 합치되는 행위는 애당초 구성요건에 해당되지 않으며, 설사 구성요건에 해당한다 해도 사회상규 등에 의해 위법하지 않는다는 개괄적이고 동어반복적인 가치판단만 할 수 있기 때문이다.[40)] 그렇게 된다면 또한 법률, 업무에 의한 행위뿐만 아니라, 정당방위 혹은 긴급피난 등의 개별적인 위법성 조각사유도 사회상규의 구체적인 발현으로서 그 독자적인 존재가치를 잃게 될 것이다.

이러한 논리적인 귀결들은 단순히 이론상의 추측에 불과한 것은 아니다. 다시 말해 사회상규를 법초월적 개념으로 파악하려는 착안점은 이렇듯 많은 이론상의 문제점에도 불구하고 우리형법 제20조의 해석이론과 실무에 지대한 영향을 미친 것이 사실이다. 그 결과 형법 제20조의 개별항목들이 서로 세분되어야 하

39) 특히 황산덕, 형법총론(주 23), 145면 참조.

40) 여기에 대한 비판은 김일수, 형법총론(주 4), 335면 주 1) 참조.

고, 더 나아가 정당행위와 다른 위법성 조각사유의 관련성이 밝혀져야 한다는 점은 항상 해석상의 첫 번째 문제로 대두되었던 것이다.[41] 우리 형법의 피해자의 승낙이나 긴급피난이 활용되지 못하는 근본적인 이유도 바로 여기에 있는 것이다. 왜냐하면 어차피 형법 제20조에 의해 개별적인 위법성조각사유가 중첩적으로 파악될 것이라면 개별요건이 거의 명시되지 않은 제20조를 취하자는 것은 실무의 당연한 논리이기 때문이다. 물론 그 대가로 정당행위가 지니는 실무상의 중요성은 증대한 반면, 이에 비례해서 개별적인 위법성조각사유들, 특히 긴급피난과 피해자의 승낙 등에 관한 논쟁은 점차 이론상의 문제로만 머물게 된 것이다. 마지막으로 형법 제20조의 구조 자체도 해석하기가 매우 어려운데, 그것은 왜 하필 법령, 업무에 의한 행위만을 입법자가 사회상규의 예시로 규정했는가가 분명하지 않을 뿐만 아니라, 언어의 단계구조상 추상성의 정도가 다른 개념들을 함께 규정하는 것은 마치 유개념과 종개념을 같은 위치에 놓는 것과 같기 때문이다.

이러한 문제점을 해결하기 위해서는 사회상규를 법초월적인 개념이 아니라, 법률외적인 개념으로 파악할 수밖에 없다. 그렇게 된다면 사회상규에 위배되지 않은 행위란 다른 개별적인 위법성조각사유에 해당되지 않지만 허용되어야 할 사례를 총괄한 – 예컨대 독일형법 상해죄에 있어서의 공서양속(die guten Sitten)이나 강요죄에 있어서의 비난성(Verwerflichkeit) 등과 같은 – 집합개념이 될 것이다. 형법 제20조에 있어서도 사회상규에 위배되지 않은 행위는 법령, 업무에 의한 행위의 병존요소로서 일종의 관습법적 정당화사유처럼 기능할 것이다.[42] 그렇다면 이제 해석상의 문제는 왜 형법 제20조가 그와 같은 일반조항적인 개념을 필요로 하는가로 압축될 것이다. 개별적 위법성조각사유에 의해서가 아니라 이렇듯 개괄적인 규정을 통해 정당화될 사유란 대체 어떤 것들이며, 입법자가 그것을 굳이 형법각칙이나 개별법규가 아니라 형법총칙에 규정한 이유는 무엇인가? 그리고 일반조항적인 개념에 의할 경우 개별적인 형평성을 기할 수 있으나 가치판단의 자의성과 법적 불안정성은 어떻게 제거할 것인가? 일반조항에 의하지 않고 소위 결의론적(kasuistisch) 방식[43]을 통하는 해결책은 어느 정도 타당성

---

41) 형사법개정 특별심의위원회 회의록, 제2권, 164면 이하 참조.

42) 이러한 견해로는 김일수, 형법총론(주 4), 323면; 이재상, 월간고시(주 3), 21면 참조.

43) 결의적인 방식이란 일반조항적인 개념을 사용하는 대신 개별적인 사례군을 형성해서 문제

이 있는가? 그런데 자세히 살펴보면 이러한 문제는 해석론의 차원을 넘어 입법론상의 차원에 연결되었음을 알게 된다. 여하튼 사회상규를 법률외적인 개념으로 파악하는 한, 이 개념의 초법규적인 성격이 아니라 단순히 집합적인 성격을 명시하기 위해 제20조는 개별적인 위법성 조각사유의 맨 마지막으로 가야 할 것이다.

2) 해석론과 관련된 두 번째 문제는 특히 업무행위와 관련해서 형법 제20조 규정 자체의 모호성에 있다. 다시 말해 왜 업무로 인한 행위가 정당화되는가에 관한 개별요건이 전혀 명시되어 있지 않다. 일반적으로 정당방위, 긴급피난의 개별요건은 크게 세 가지로 나뉜다. 즉 1) 객관적인 상황(방어 혹은 피난상황), 2) 긴급행위(방어행위, 피난행위), 3) 주관적인 요건(방어의사, 피난의사) 등이 그것이며 우리 해석론은 독일해석론에 힘입어 2)와 3)의 요소를 상당한 이유에서 검토한다. 이에 비해 업무로 인한 행위는 해석론상으로도 업무라는 막연한 개념 이외에는 그 개별적인 정당화 요건들이 발견되지 않는다.[44]

이렇듯 위법성조각의 개별요건이 정확하지 않다는 점은 형법해석상 다른 문제점을 야기한다. 왜냐하면 의사의 치료행위와 같이 다른 정당화사유에 의해 해결되어야 할 사례가 이 항목에 포함될 수 있기 때문이다. 사실상 의사의 치료행위에 있어서 법익을 침해받는 자는 환자이며, 의사는 단순히 환자의 자기결정권에 힘입어 환자를 도와주는 것에 불과하다. 그러므로 이 문제는 피해자의 승낙에 의해 해결하는 것이 보다 현실에 적합하다.[45] 이 문제를 의사의 직업의무(Berufspflicht)와 연결시켜 보려는 착상은 법제사적으로도 구시대적인 발상이었다는 점을 이미 에저(Eser)가 밝힌 바 있고,[46] 따라서 그는 의사를 중심으로 파악한 의사형법(Arztstafrecht)이란 명칭 대신에 의료형법(Medizinstrafrecht)이라는 보다 민주적인 개념을 제안한다.

3) 마지막으로 법령에 의한 행위는 법질서의 통일성에 관한 동어반복적이거

를 해결하는 방법을 말한다.

44) 이 점은 형법 제20조의 해석론이 지니는 치명적인 결함으로 생각된다.

45) 이와 마찬가지의 비판으로는 특히 이재상, 형법총론(주 1), 262면 참조.

46) Eser, Recht und Medizin, 1990, S. 5 ff. 참조.

나 아니면 형법과 다른 법과의 관계에 아무런 세부적인 내용을 제시하지 못하는 단지 형식적인 요건에 불과하다. 사실상 이 규정은 독일형법 초안에서도 지속적으로 등장했었는데,[47] 필자의 생각으로는 이 규정을 명문화하거나 해석에 맡기거나 그다지 문제가 없을 것 같다. 다만 간과되어서 안 될 점은, 이 요건을 명문화하는 경우 법령에 근거하지 않는 공무원의 직무상 행해진 행위가, 즉 엄밀한 의미에선 우리 형법상 업무로 인한 행위조차 법령에 의한 행위로 파악될 소지가 많다는 점이다. 아무리 공무의무(Amtspflicht)에 의한 행위라도 그 정당성 여부는 당연히 정당방위 혹은 긴급피난 등의 개별적인 정당화사유에 의해 검토되어야 할 것이다. 만약 그러한 해석이 직무집행행위의 성격상 비현실적이라면 개괄적인 위법성조각사유를 만들 것이 아니라 개별법률에 정당화 요건을 세분되게 규정하는 것이 보다 합리적일 것이다.[48] 이렇듯 해석론의 문제가 입법상의 문제로 귀결된다는 점은 여기에서도 다시 한 번 확인된다.

Ⅲ

이상에서 본 바와 같이 형법 제20조 정당행위는 그 정당성 근거에서, 범죄론적 체계에서, 그리고 해석론상 많은 문제점을 지니고 있다. 그나마 이와 같은 일반적인 정당화사유가 갖는 독자적인 기능이 있다면 그것은 구성요건에는 해당하나 위법성이 조각되어야 할 소위 관습법적인 위법성조각사유를 입법적으로 개괄한다는 기능뿐이다. 그러나 단지 이와 같은 목적을 위해 그러한 일반조항적인 위법성조각사유를 두는 것은 이익보다는 손해가 더 많다. 무엇보다도 정당화의 근거가 불분명하며, 구성요건과 위법성의 체계가 혼동되며, 그리고 개별적인 위법

47) 독일형법초안 § 26(1913), §20(1919), §20(1925), §23(1927), §23(1930)을 참조. 대개는 "위법성의 배제"라는 제목하에 "개별적인 행위는 그 행위의 위법성이 공법이나 민법에 의해 배제될 경우에는 존재하지 않는다"는 식으로 규정되어 있다.

48) 직무행위의 효율성을 위해서는 일정한 경우 예컨대 혐의구성요건(Verdachtstatbestände), 위험구성요건(Gefahrtatbestände) 등에 의해 직무행위의 법적 관련성을 상세하게 규정하고 이에 따라 정당화근거를 명백하게 만드는 입법적인 기술이 필요하다. 특히 직무행위와 관련된 착오 및 정당화 문제에 관해서는 Roxin, Festschrift für Pfeiffer-Festschrift(주 25), S. 50 f. 참조.

성조각사유들이 공허화된다. 특히 이러한 현상은 벨첼의 사회상당성 개념을 원용하면서부터 더욱 가속화된 것 같다. 그러므로 필자는 이러한 제20조의 해석론 문제를 해결하기 위해선 입법적으로 제20조를 폐지하는 것이 현명하다고 생각한다. 그 이유는 무엇보다도 우리 형법의 이론 및 실무가 "사회상당한 행위는 위법하지 않다"는 일반적인 가치판단을 넘어서서 구체적이고 합리적인 개별적 정당화사유를 발전시켜야 된다고 믿기 때문이다. 그리고 이 점은 바로 형법에 있어서의 법치주의 실현과 직결되는 것이다.

형법상 "방법(혹은 타격)의 착오"의 문제점(1993)

I

이론과 실천[1]의 상관관계는 특히 법학에서는 오래된 문제일 뿐 아니라 대단히 중요한 문제이다. 다른 순수학문과 달리 법학은 판결이라는 일정한 사회적인 행위로 지향된 것이므로, 단순히 논리일관성만으로 만족할 수 없고 더 나아가 판결로 이르는 논증과정 자체가 현실적으로 정당화되어야 하기 때문이다.[2] 따라서 아무리 정교하더라도 일반인의 법감정에 호소하지 못하는 이론도 문제가 되지만, 그 반대로 대다수의 법의식 수준을 핑계로 이론적인 타당성을 무시하는 실무도 결코 바람직하지 않다. 그러나 외국법, 특히 일본을 통한 독일법을 대부분 받아들인 우리의 법문화에 있어서 법문제에 대한 이론과 실천, 법해석과 법적용이 항상 조화롭게 협력하는 것은 결코 아니다. 오히려 우리는 이 양자의 괴리현상을 더 자주 직면하게 된다. 아마도 형법상 착오의 분야는 이러한 이론과 실무간의

---

1) 형법에 있어서 이론과 실천의 상관관계는 주로 형법도그마틱과 형사정책 간의 문제로 논의된다. 이 점에 관해서는 특히 W. Hassemer, Strafrechtsdogmatik und Kriminalpolitik, 1974, S. 23 ff.; ders., Theorie und Soziologie des Verbrechens, 1973, S. 12 f. 참조. 법철학에 있어서 이론과 실천의 상관관계는 무엇보다도 비판이론(kritische Theorie)의 등장과 함께 광범위하게 논의되었다. 이에 대해서는 Kaufmann(Hrsg.), Rechtstheorie: Ansätze zu einem kritischen Rechtsverständnis, 1971, S. 1 f., 5 ff. 참조.

2) 오늘날의 법적 논증이론(juristische Argumentationstheorie)에 의하면, 판결의 수준은 두 가지 척도, 즉 내적 정당화(interne Rechtfertigung)와 외적 정당화(externe Rechtsfertigung) 기준에 의해 가늠할 수 있다고 한다. 후자가 주로 판결이 근거하고 있는 기본적인 원칙의 현실적인 타당성과 연관을 맺는다면, 전자는 그 기본적인 원칙으로부터의 논리적인 합치성과 관계하고 있다. 이에 관해서는 Alexy, Die logische Analyse juristischer Entscheidung, in: ARSP, Beiheft N.F. Nr. 14, 1980, S. 185 ff. 참조.

괴리현상이 가장 잘 드러나는 영역일 것이다.[3] 특히 사실의 착오에 관해서는 더더욱 그러한 느낌을 감출 수가 없는데, 왜냐하면 이에 관한 판례를 찾기란 매우 어려운 반면에, 학설은 아직까지도 난해하고도 도식적인 해석에만 집착하고 있기 때문이다.[4]

물론 이러한 현상은 여러 가지로 설명될 수 있다. 우선 이론 자체에서 그 원인을 찾아 예컨대 이론이 복잡하여 실무에 아무런 소용이 없다거나, 혹은 대부분의 학설들이 공리공론에 치우쳐 쓸데없는 논쟁만을 일삼는다고 주장할 수 있다. 또는 그 반대로 실무의 잘못된 관행을 꼬집어 예컨대 아직까지 우리의 법원은 논리적인 일관성보다는 직관적인 법감정에 의존해서 판결을 한다든가, 혹은 실무수준이 지금 그 정도의 발전상태밖에 와 있지 않다는 주장을 펼 수도 있다. 아니면 애당초 도식적인 법해석학과 타성적인 실무관행 모두에 책임을 물어 이 둘을 전면적으로 비판할 수도 있을 것이다.

이 논문에서는 형법상 소위 "방법의 착오"의 문제를 중심으로 이론과 실천의 괴리현상에 대한 해답을 모색하고자 한다. 결론부터 말한다면, 방법의 착오문제에 관해서는 위에서 언급한 이론과 실무의 결함이 모두 발견된다. 즉 이론은 실제적인 사안과는 상관없이 개념법학의 논리를 전개하고 있는 반면, 실무는 이론적인 타당성과는 무관하게 일반적인 법감정에 입각하여 판결을 하는 것으로 보인다. 이와 같은 가설을 뒷받침하기 위해 먼저 방법의 착오에 관한 대법원의 판례가 얼마나 논리적인 체계를 무시하고 있는가를 밝히고자 한다(이하의 II). 또한 이에 대해 형법해석학은 얼마나 현실적인 이론들을 제시했는가를 알기 위해서 방법의 착오에 관한 학설상의 문제점을 언급하기로 한다(III). 그리고 난 후 방법

---

3) 추측건대 이 문제는 우리 형법의 실무가 아직도 행위자의 주관적인 측면보다는 행위의 객관적인 결과를 중시하는 반면, 형법이론은 독일해석학을 따라 법익침해의 결과보다는 행위자의 책임을 중심으로 문제를 풀어 나가는 데에 기인하는 것 같다.

4) 독일에서도 이러한 사정은 마찬가지인 것 같다. 따라서 놀(Peter Noll)은 Rose-Rosahl사건에 대한 학설의 입장을 다음과 같이 비판한다. "형법적으로 개념을 형성하고 이해하는 데는 서로 다를지 몰라도 … 결국 기본적으로는 의견이 일치한다." 요컨대 학설 간의 논쟁은 결국 공리공론에 치우친다는 것이다. 이에 관해서는 Noll Schweizerisches Strafrecht, AT I, 1981, S. 166 참조.

의 착오에 있어서 이론과 실천의 괴리를 좁힐 수 있는 필자 나름의 생각을 제시하고자 한다(IV).

II

1. 대부분의 교과서들이 인용하고 있는 타격(혹은 방법)의 착오의 판례는 1984년 1월 24일 선고된 대판 83도2813이다.[5] 사건개요 및 판례요지는 다음과 같다.

〈사건 개요〉

피고인 A는 먼저 그의 조카 乙을 업고 있는 형수 甲을 향하여 소나무 몽둥이로 내리쳐 피를 흘리며 마당에 쓰러지게 만든 후, 더 나아가 甲과 甲의 등에 업힌 乙의 머리부분에 또 한 차례의 가격을 가함으로써 그 결과 乙이 사망하였다.

〈판결요지〉

"… 피해자(인) 피고인의 형수 甲의 등에 업혀 있던 피고인의 조카 乙에 대하여는 살인의 고의가 없었으니 과실치사죄가 성립할지언정 살인죄가 성립될 수 없다는 주장을 살펴보건대, … 소위 타격의 착오가 있는 경우라 할지라도 행위자의 살인의 범의 성립에 방해가 되지 아니하니 어느 모로 보나 원심판결에 … 살인죄에 관한 법리오해의 위법이 없어 논지는 이유없다 …."

이 판례에 대해서는 다음의 두 가지 의문이 제기된다.

첫째, 甲과 乙 모두를 향하여 가격한 결과, 甲이 아닌 乙의 머리에 치명상을 입힘으로써 乙이 사망한 경우 이를 소위 "타격의 착오"의 문제로 파악하는 것이 올바른 것인가?(사실관계의 모호성)

---

5) 결정문의 밑줄은 필자에 의한 것임. 이 판례의 문제점에 관해서는 허일태 교수도 이미 지적한 바 있다. 허일태, 방법의 착오—대판, 대법원 판례집 제32권 1집, 362쪽, 한국판례형성의 제 문제, 1988, 215면 이하 참조.

둘째, 타격의 착오의 경우라 할지라도, 고의기수의 책임을 인정한 대법원의 입장이 과연 정당한 것인가?(법적 효과의 설득력)

2. 일반적으로 "사실의 착오"[6]는 행위자가 행위 시에 법적 구성요건에 속한 상황을 인식하지 못한 것이라고 정의된다.[7] 이는 바로 우리 형법 제13조가 규정한 犯意와 거의 일치하는 내용이며, 사실의 착오가 바로 고의개념과 표리관계에 있다는 것을 감안한다면 이와 같은 개념정의는 너무나 당연한 것이기도 하다.[8] 즉 죄의 성립요소인 사실에 대한 인식이 있으면 고의가 인정되고, 그렇지 않으면 사실의 착오가 문제 된다.[9] 이렇듯 사실의 착오문제를 고의와 직접 연관지어 풀어간다면, 사실의 착오, 즉 이 사례의 경우 타격의 착오를 인정하기에 앞서 다음과 같은 고의와 관련된 사례유형들의 존재여부를 먼저 검토하는 것이 바람직하다.

첫째, 미필적 고의(dolus eventualis)의 경우이다. 즉 이 사건과 관련지어 말한다면, 예컨대 A는 甲에 대한 살인의 고의가 있을 뿐만 아니라, 더 나아가 乙에 대한 법익침해의 위험성을 진지하게 고려했음에도 불구하고 이를 묵인하고 가격을 한 경우이다. 이 사안이 이와 같은 경우라면 타격의 착오라는 말은 전혀 타당하지 않다.[10]

---

6) 이 논문에서는 사실의 착오와 구성요건적 착오라는 개념정의에 관한 문제는 다루지 않겠다. 다만 언급되어야 할 것은, 배종대 교수의 주장과는 달리 이러한 상이한 개념사용이 단지 용어상의 문제만은 결코 아니라는 점이다(배종대, 형법총론, 1991, 252면 참조). 즉 이것은 규범적 구성요건의 착오에 대한 법적 처리와 밀접하게 관련된 문제이다(김일수, 형법학원론, 383면; 이형국, 형법총론연구 I, 223면 이하). 물론 이러한 해석론상의 논쟁이 얼마만큼 실무에 기여했는가는 별개의 문제이기는 하다.

7) 무엇보다도 김일수, 형법학원론, 1988, 380면 이하; 이재상, 형법총론, 1990, 175면; 이형국, 형법총론연구 I, 1984, 222면 참조.

8) 그러나 대부분 구성요건적 착오(혹은 사실의 착오)이론을 소위 "裏面으로 본 고의론"이라고 주장하기는 하나[이형국, 형법총론연구(주 6), 224면 주 63], 그럼에도 불구하고 형법 제13조와 직접 연결해서 해결하려는 시도는 거의 발견되지 않는다.

9) 그러므로 입법론상으로도 우리 형법과 같이 고의와 사실의 착오규정을 별도로 두는 것은 결코 현명한 것이 못 된다. 물론 형법 제15조의 규정은 사실의 착오에 관련된 특수한 문제를 다루는 것이므로, 예컨대 제13조와 제15조를 사실의 착오규정으로 합치는 것이 바람직하다.

둘째, 소위 택일적 고의(dolus alternativus)의 경우이다. 다시 이 사례와 관련지어 말한다면, A는 甲과 乙, 둘 중에 어느 하나를 살해하려는 경우이다. 이 경우도 타격의 착오와는 구별되는 것으로서, 학설은 乙에 대해 살인고의를 인정하는데 일치하고 있다. 다만 甲에 대한 고의도 별도로 인정하여 처벌할 것인가에 대해서만 학설상 논란이 있을 뿐이다.[11)]

대법원의 판례에서 다뤄진 사안이 위의 두 가지 경우와 어느 정도 구별되는지는 유감스럽게도 알 도리가 없다. 다만 판결의 요지는 명시적으로 소위 타격의 착오라는 말만 언급하고 있으니, 우리는 위 사건을 타격의 착오의 사례, 즉 방법의 잘못으로 행위자가 목표로 했던 객체가 아닌 다른 객체에게 결과가 발생했다고 추측할 뿐이다.[12)] 그러나 이 사안을 타격의 착오로 간주한다고 해도 우리는 다음과 같은 유형들을 구별할 필요가 있다. 그 이유는 이에 대한 법적 효과가 달라질 수 있을 뿐만 아니라, 대법원의 판결요지가 "타격의 착오가 있는 경우라 할지라도"라는 양보적인 문구를 담고 있기 때문이다.

첫째, 학설상 타격의 착오 중 예외적인 사례유형은 행위자가 목표로 한 행위객체에 대해 위법성조각사유가 있는 경우이다. 예컨대 甲이 A에 대해 위법한 공격을 하므로 A가 甲의 공격을 방어하려다 乙을 사망케 한 경우이다. 만약 이렇듯

---

10) 방법의 착오에 있어서 미필적 고의의 성립여부를 검토하는 것은 학설상 일반적으로 인정되어 있는 바이다. 이 점에 관해서는 무엇보다도 이재상, 형법총론(주 7), 181면 참조. 다만 이형국 교수는 타격의 착오와 관련된 미필적 고의를 주로 택일적 고의로 이해하고 있는 것 같다. 이에 관해서는 이형국, 형법총론연구I(주 6), 229면.

11) 이에 대해서는 의견이 세 가지로 나뉜다. 첫째 원칙적으로 객관적으로 실현된 범죄에 의하여 처벌하고, 다만 결과가 발생하지 않은 중한 범죄일 경우에만 두 죄의 관념적 경합을 인정하자는 견해[이재상, 형법총론(주 7), 173 면], 둘째 중한 범죄의 고의만 인정하자는 견해(LK-Schröder, § 16, Rn. 106), 셋째 택일관계에 있는 모든 구성요건에 대해 고의를 인정하자는 견해(김일수, 형법학원론(주 6), 371면 이하]. 참고로 독일의 지배적인 견해는 세 번째 견해를 취하고 있다는 점을 언급해 둔다(이에 관해서는 무엇보다도 Jescheck, Lehrbuch des Strafrechts, 4. Aufl., 1988, S. 273; Roxin, Strafrecht, AT, Bd. 1, 1992, S. 296 참조).

12) 방법 혹은 타격의 착오에 관한 개념정의는 대부분 일치하고 있다. 즉 행위방법이 잘못되어 행위표적이 아닌 다른 객체에 대해 침해의 결과가 발생하는 경우라고 정의된다[김일수, 형법학원론(주 6), 411면; 이재상, 형법총론(주 7), 181면; 이형국, 형법총론연구(주 6), 229면 참조].

정당방위를 하려다 방어행위의 방법상 실패로 乙을 사망케 한 A에게 乙에 대한 살인고의의 책임을 지우는 것은 어느 모로 보나 부당할 것이다.[13]

둘째, 인과관계의 진행이 일반인이 경험칙상 전혀 예견할 수 없는 경우이다. 위의 사례를 변형하면, 예컨대 甲이 A의 공격을 잘 피했으나 그 소나무 몽둥이가 방 밖으로 날아가 마당에서 놀던 乙을 사망케 한 경우이다. 이 경우는 물론 인과관계의 귀속 자체가 문제 될 것이지만, 만약 인과관계가 인정된다고 하더라도 A에게 전혀 예견할 수 없었던 乙에 대한 살인기수의 책임을 지우는 것은 일반인의 법감정과도 일치하지 않을 것이다.[14]

셋째, 행위자가 겨냥한 행위객체가 아닌 제3자에게 법익침해의 결과가 발생했으나 행위자 자신의 의도는 결국 실현되는 경우이다.[15] 예컨대 눈덩이로 (아무나) 사람을 맞추려고 지나가는 행인 甲에게 던졌으나 그 옆에 있던 행인 乙이 맞는 경우, 혹은 데모하는 학생들을 진압할 목적으로 시위학생 甲을 겨냥했으나 그 옆에 있는 乙이 맞는 경우 등이다. 만약 판례에서 문제 된 사안이 이 사례유형과 같다면 다음과 같은 사실관계가 성립할 것이다. 즉 A가 甲, 乙 모두가 미워 살인의 고의를 갖고 몽둥이를 휘두르다 표적으로 삼았던 甲이 아니라 乙이 몽둥이에 맞아 사망한 사건이 될 것이다. 이렇듯 고의의 인식대상인 행위객체가 개별화되지 않았고, 행위의 진행과정도 행위자가 의도한 바와는 다르지만 그럼에도 불구하고 행위자의 목적은 실현된 타격의 착오의 경우, 아무리 구체적 부합설을 주장한다 해도 고의를 부인하기는 어려울 것이다.[16]

이미 언급한 바와 같이, 대법원은 사실관계에 대하여 자세히 언급하지 않고

---

13) 이와 비슷한 사례로는 독일의 RGST 58, 27이 있다. 이에 관해 자세한 것은 Eser, Strafrecht I, 1980, Fall 18 참조.

14) 이와 유사한 사례로는 LG München, NJW 1988, 1860 참조.

15) 이 사례에 관해서는 Roxin, Strafrecht(주 11), S. 324 참조.

16) 이런 측면에서 록신(Roxin)은 다음과 같이 주장한다. "행위자의 계획이 구체화된 대상을 전제할 경우에는 구체화설(Konkretisierungstheorie)이 마땅히 지지를 얻지만, 행위자의 계획이 구체화된 대상을 전제하지 않을 경우에는 동가치설(Gleichwertigkeitstheorie)이 타당하다."[ders., Strafrecht(주 11), S. 324].

있으므로 이 사안이 위와 같은 타격의 착오의 예외적인 유형에 해당하는지 역시 알 수 없다. 다만 우리는 위 사안이 다음과 같은 이유에서 타격의 착오의 전형적인 사례, 즉 A가 甲에 대해서만 살인의 고의를 갖고 가격한 결과, 타격의 실패로 인해 전혀 예상치 못한 乙을 사망케 한 사례라고 추측할 뿐이다. 우선 만약에 이 사안이 위의 첫 번째 혹은 두 번째의 예외적인 사례에 해당했다면 별도의 법적 판단이 있었을 것이고, 세 번째의 경우라면 굳이 "할지라도"라는 양보적인 문구를 사용할 필요는 없다. 더 나아가 대법원의 판시내용은 乙에 대한 과실치사죄의 성립여부를 그 대상으로 하는 것이므로, 이 사안은 결국 타격의 착오의 전형적인 사례를 전제로 한다는 것이다. 이러한 가정들이 얼마나 신빙할 수 있는지는 알 수가 없으나 분명한 점은, 사안을 이렇게 파악한다면 이 판결요지 중 "있는 경우라 할지라도"라는 말은 "범의의 성립여부가 문제 되기는 하나 그럼에도 불구하고 법정적 부합설이 타당하다"라는 의미를 지닐 것이다.

이상에서 우리는 대법원 판례에서 다뤄진 사안의 여러 가지 가능한 사실관계를 살펴보았다. 그 결과 밝혀진 이 판례의 첫 번째 결함은 해당사안의 사실관계가 아주 모호하다는 점이다.[17] 즉 이 사안이 미필적 고의, 택일적 고의의 사례들과 어느 정도 구별되는가가 분명하지 않으며, 나아가 이를 타격의 착오의 사례로 파악한다고 해도 얼마만큼 예외적인 유형들과 다른 것인가도 확실하지 않다. 판례는 이에 관해 아무런 언급도 하고 있지 않기 때문에 우리는 위 사례를 전형적인 타격의 착오의 유형으로 간주하고자 한다. 그래야만 이하에서 언급될 법적으로 관련된 문제점도 선명하게 부각되기 때문이다.

3. 타격(혹은 방법)의 착오의 법적 효과에 대해서는 학설상 구체적 부합설, 법정적 부합설, 추상적 부합설이 주장되고 있다.[18] 대법원은 소위 법정적 부합설을 견지하여 행위객체가 구성요건상 동가치일 경우에는 고의기수를 인정하고 있다. 이러한 입장은 이미 대판 1958.12.24. 4291형상340에 다음과 같이 표현된 바 있다. "적어도 사람의 신체에 대해 폭행을 가할 인식이 있는 이상 행위자가 관련

17) 허일태 교수도 이 판례의 사실관계가 지극히 모호하다는 점을 지적한 바 있다. 이에 관해서는 허일태, 방법의 착오(주 5), 225면 이하 참조.
18) 각 학설의 구체적인 내용에 관해서는 특히 이형국, 형법총론연구(주 6), 234면 이하 참조.

치 아니한 타인에게 그 폭행행위로 인하여 상해를 가한 경우에도 폭행치상죄는 성립한다 할 것이다." 또한 이와 같은 견해는 대판 1975.4.22. 75도727에서도 다음과 같이 재확인된 바 있다. "甲을 살해할 목적으로 총을 발사한 이상, 그것이 목적하지 아니한 乙에게 명중되어 乙이 사망한 경우에 乙에 대한 살인의 고의가 있을 것이다."

그렇다면 이제 법정적 부합설에 따라 제3자에 대해 고의책임을 지우는 대법원의 입장은 과연 설득력이 있는 것인가? 오히려 구체적 부합설과 같이 살인미수와 과실미수의 상상적 경합을 인정하는 견해가 정당한 것은 아닌가? 유감스럽게도 사실관계에 대해서뿐만 아니라, 법적 효과에 관해서도 대법원은 아무런 논거를 제시하고 있지 않다. 즉 타격의 착오의 경우, 왜 침해된 법익을 인식하지 못했음에도 불구하고 그 결과에 대해 고의기수를 인정해야 하는가를 구체적으로 근거짓지 않는다. 그 대신 "타격의 착오의 경우일지라도 범의성립에 방해가 되지 않는다"라는 일반적인 결론만을 제시할 뿐이다. 따라서 우리는 이 점에 대해서도 다음과 같은 추측을 할 수밖에 없다. 즉 대부분의 학설도 대법원과 같이 소위 법정적 부합설을 지지하므로 이에 대한 별다른 논거제시는 필요 없다고 생각했다는 것이다. 그러나 법정적 부합설은 학설상 그리 자명한 이론이 아니며, 이에 대해서는 무엇보다도 다음과 같은 비판이 따른다.

첫째, 고의를 의제한다는 것이다.[19] 살인의 고의를 인정하기 위해서는 최소한 미필적 고의가 있을 것을 요한다. 즉 살해의 대상을 인식할 뿐만 아니라 이에 대한 의사적인 요소도 있어야 한다. 그렇지 않으면 미필적 고의와 인식 있는 과실의 구별이 불가능하기 때문이다. 그런데 이 사례와 같이 전형적인 타격의 착오란 공격대상인 甲에 대해서는 그 객체를 인식하고 살해를 의욕하였지만, 침해대

19) 이러한 비판에 대해서는 Herzberg, ZStW 85, 878; Hillenkamp, Die Bedeutung von Vorsatzkonkretisierungen bei abweichendem Verhalten, 1971, S. 93 f.; Bemman, MDR 58, 817 참조. 한걸음 더 나아가 Binding은 애당초 행위표적에 대해 결과가 발생된 것으로 의제한다는 비판을 한다(ders., Die Normen und ihre Übertretungen, Bd. III, S. 224 f.). 물론 독일에서는 법정적 부합설과 같은 견해는 "동가치설(Gleichwertigkeitsthreorie)"이라는 이름으로 주장되고, 구체적 부합설은 "구체화설(Konkretisierungstheorie)"이라는 명칭으로 대표된다.

상인 乙에 대해서는 위험의 인식을 했으나 위험발생의 가능성이 없음을 신뢰하든가 혹은 이를 전혀 인식하지 못한 경우이다. 이 경우 乙에 대해 살인고의를 인정하는 것은 甲에 대한 고의를 乙에 대해 의제하는 것 이외에 아무 것도 아니다. 그러나 고의를 의제해서 행위자에게 살인기수의 책임을 지우는 것은 행위자의 심정(Gesinnung) 등을 가벌성의 근거로 삼는 "행위자형법(Täterstrafrecht)"에서는 타당할지언정 "행위책임형법(Tatschuldstrafrecht)"에는 타당하지 않다는 것이다.[20]

둘째, 법적 구성요건의 기능을 잘못 파악하고 있다는 것이다. 고의를 의제한다는 비판에 대해서 법정적 부합설은 구성요건에서 요구하는 행위객체는, 예컨대 살인의 경우 사람(혹은 타인)이라는 종(Gattung)의 개념이지 결코 구체화된 甲 혹은 乙이 아니라고 주장할지 모른다. 따라서 고의를 의제하는 것이 아니라 법적 구성요건상의 고의개념을 달리 파악할 뿐이라고 주장한다.[21] 그러나 법적 구성요건이란 추상적으로 가벌성의 한계를 규정해 놓은 것에 불과하며, 구체적으로 어떤 개별적인 사태가 그 구성요건 안에 포섭되는가의 문제까지 미리 모두 확정해 놓은 것은 결코 아니다. 다시 말해서 개별적인 법적용은 법적 구성요건의 추상적인 범주 안에서 구체적인 가치척도에 의해 이루어지는 것일 뿐이다.[22] 그리고 타격의 착오의 경우 그 구체적인 척도란 다름 아닌 고의라는 평가개념이다. 따라서 타격의 착오의 문제에서는, 우선 고의라는 평가개념이 어디까지 구체화되어야 하는가, 또한 그러한 고의의 구체화[23]가 개별적인 사례에서 얼마나 일반

20) 이러한 비판에 대해서는 Hettinger, Die Bewertung der "aberratio ictus" beim Alleintäter, GA 1990, 537 f. 이런 관점에서 폰 바아(v. Bar)가 aberratio ictus가 versari in re illicita와 관련지어 논의되어 왔다는 점을 지적한 것은 대단히 흥미롭다(ders., Gesetz und Schuld im Strafrecht II: Die Schuld nach dem Strafgesetze, 1907, S. 369 f.).

21) 이러한 논증방식에 관해서는 예컨대 Puppe, Zur Revision der Lehre vom "konkreten" Vorsatz und der Beachtlichkeit der aberratio ictus, GA 1981, 3 f. 참조.

22) Hettinger는 법정적 부합설의 입장이 다음과 같이 구성요건의 기능을 잘못 파악하고 있다고 비판한다. 즉 구성요건이란 입법자의 관점에서 가벌성의 윤곽만을 규정한 것에 불과한데, 법정적 부합설은 이를 마치 법적용자의 입장에서 모든 개별사태까지 확정해 놓은 것처럼 오해한다는 것이다. 이에 대해 자세한 것은 Hettinger, GA 1990(주 20), 540 f. 참조.

23) 이런 관점에서 구체화설, 동가치설의 일면성을 지적하고 소위 "실질적인 동가치설"을 주장한 학자는 힐렌캄프(Hillenkamp)이다(ders., Die Bedetung vom Vorsatzkonkretisierungen

화될 수 있는가가 관건이 된다. 이 점에 대해 어떤 입장을 취하건 분명한 점은, 여하튼 고의를 구성요건실현의 인식과 의욕이라고 정의한다면, 단순히 법익침해가 발생했다는 사실만으로 위험발생을 예견하지 못했거나 전혀 의욕하지 않은 대상에 대해서까지 고의기수로 처벌하는 것은 타당하지 않다는 것이다. 여기서 우리는 이 판례의 두 번째 결함을 알게 된다. 그것은 개별적인 사태에 근거해서 구체적인 법적 평가를 내리는 대신에, 막연히 통설의 입장을 빌려 자명하지도 않은 법적 논거를 원용한다는 점이다. 그 결과 고의개념의 체계적인 논리일관성과 부합하지 않을 뿐만 아니라,[24] 소위 타격(혹은 방법)의 착오의 문제가 지니는 형법이론의 특수성[25]도 전혀 밝혀지지 않고 있다. 따라서 다음과 같은 생각은 전혀 근거가 없는 것은 아닐 것이다. 즉 이 판례가 설득력을 지닌다면, 그것은 합리적인 논거 때문이 아니라 오히려 "비록 대상은 다르나 사람을 죽인 자는 살인죄로 처벌받아야 마땅하다"는 모호한 직관적인 판단기준이 일반인의 법감정에 호소하기 때문이라는 것이다.

III

이렇듯 대법원 판례의 사실관계가 정확하지 않고 또한 그 법적 효과에 대한 논거도 빈약하다면, 과연 학설은 이에 대해 얼마만큼 구체적이고 합리적인 논거를 제시하고 있는가? 이러한 실무의 현상은 오히려 이론의 공허성, 복잡성, 실천적인 무용성 등에 기인하는 것은 아닌가? 자세히 살펴보면 사실의 착오에 관한 형법해석론상의 논의는 여러 측면에서 독자적인 성격을 지닌다. 우선 형법총론의 다른 부분과는 달리 유달리 일본형법, 그것도 이미 그 이론적인 타당성이 의문시되는 이론들을 아직도 답습하고 있을 뿐만 아니라,[26] 나아가 구체적인 사실

---

bei abweichendem Verhalten, 1971). 또한 Puppe[GA 1981(주 21), 3]에 의하면 동가치설이라는 명칭도 바로 Hillenkamp에 기인한다고 한다.

24) 이 점에 관해 자세한 것은 허일태, 방법의 착오(주 5), 217면 이하 참조.

25) 타격의 착오의 형법적인 특수성은 미처 예상하지도 않은 제3자에게 결과가 발생한 경우에도 고의를 인정할 것인가에 있다. 이 문제는 특히 공범의 문제와 관련해서 발생했고 또한 학설상 광범위하게 논의되었는데, 예컨대 Rose-Rosahl 사건이 바로 이러한 문제이다. 이에 관해서는 후술 IV 참조.

관계와는 무관하게 도식적인 해결방법들이 추구된다는 것이다. 그리고 이에 관한 판례의 수도 지극히 적다. 그러므로 다음과 같은 의심은 결코 지나치지 않을 것이다. 즉 개별적인 사안들을 중심으로 이론이 구성된 것이 아니라, 오히려 이론의 체계화를 위해 비현실적인 사례들이 열거되는 것은 아닌가? 이하에서는 필자가 생각하는 타격의 착오에 관한 학설상의 문제점을 요약하기로 한다.

1. 이미 알려진 바와 같이 "타격(혹은 방법)의 착오"란 "aberratio ictus"란 라틴어를 번역한 것이다. 이 말의 본래 뜻은 "화살의 빗나감"이고, 이러한 법개념은 중세 후기부터 등장한다고 한다.[27] 독일어로는 "행위의 실패(Fehlgehen der Tat)"로 번역되는 이 말이 타격(혹은 방법)의 착오로 번역된 데에는 무엇보다도 다음과 같은 문제점이 있다. 우선 방법 혹은 타격 자체는 착오를 일으킬 수 없다는 점이다.[28] 더 나아가 이러한 번역은 개념법학적인 냄새를 띠고 있다. 즉 타격의 실패를 일종의 착오로서 파악한 이유는, 아마도 사후에 평가적인 관점에서 고찰할 때 행위자가 주관적으로 인식한 범죄사실과 객관적으로 발생한 법익침해의 결과가 일치하지 않기 때문일 것이다. 그러나 인식한 사실과 발생된 결과가 일치하지 않는 것을 모두 착오라고 한다면, 비단 사실의 착오의 사례유형들뿐만 아니라, 예컨대 과실과 미수도 모두 착오의 개념에 포함시켜 다루어야 할 것이다.[29] 마지막으로 이 개념은 목적(혹은 객체)의 착오와는 달리 일상어와도 부합하지 않는다. 왜냐하면 A가 B를 가격한 결과 B가 이를 교묘히 피해 그 뒤에 서 있던 C가 맞았다면, A는 C에 대해 "내가 잘못해서 너를 때렸다"고 변명하지 "착오로 너를 공격했다"는 말을 결코 사용하지 않기 때문이다.

물론 법적인 전문용어가 반드시 일상어와 일치해야 하는 것은 아니다. 그러

26) 예컨대 소위 추상적 부합설이 이러한 이론이다. 이형국 교수에 의하면 이 학설은 일본의 牧野英一에 의해 창시된 견해로서 일본에서조차 지지자가 거의 없다고 한다[이형국, 형법총론연구(주 6), 226면 참조].

27) 이 개념의 역사적인 연원에 대해서는 Hettinger, GA 1990(주 20), S. 532, Anm. 7 참조.

28) 이러한 번역은 타격의 착오를 일종의 인과관계의 착오로 파악하고 있는 인상을 풍긴다. 사실상 이 양자의 상관관계는 아직까지 분명하지 않다. 이에 관해서는 후술 III, 2 참조.

29) Haft, Der doppelte Irrtum, JuS 1980, S. 434 ff. 참조. 물론 Haft는 전산화(Formalisierung)의 관점에서 이러한 입장을 취한다.

나 분명한 사실은 전문용어로서 통용되기 위해서는 적어도 그 개념의 독자적인 기능이 있어야 한다. 그렇다면 과연 타격의 착오가 지니는 형법상 기능이란 무엇인가?

2. 타격(혹은 방법)의 착오가 형법상 지니는 기능은 크게 세 가지로 나누어 볼 수 있다. 그 하나는 일정한 사안들을 지시하는 기능으로서, 예컨대 이미 19세기에 일어난 "Rose-Rosahl 사례"[30] 등 고의의 인정여부가 문제되는 "사실의 착오"의 특수한 유형들을 지칭하는 것이다. 그 다른 하나는 사실의 착오에서 문제되는 사안 중 일정한 사례유형만을 한계짓는 기능이다. 그 결과 타격의 착오는 목적(혹은 객체)의 착오, 인과관계의 착오, 고의의 변경(Vorsatzwechsel)들과 구별되는 개념이 된다. 마지막의 기능은 법적 효과와 관련된 것으로서, 타격의 착오에 해당되는 경우 그에 대한 법적 효과는 매번 새롭게 논증할 필요 없이 개별적인 학설에 따라 자동적으로 추론된다는 것이다. 그러나 최근 독일에서는 뒤의 두 가지 기능, 즉 이른바 한계기능과 법효과 추론기능에 대해 논란이 많으며,[31] 또한 우리나라의 통설과 같이 법정적 부합설을 취하게 되면 사실상 "타격의 착오"를 별도로 논할 실익은 그다지 크지 않을 것이다.[32]

a) 한계기능과 관련해서는 특히 타격의 착오와 목적(혹은 객체)의 착오의 구별에 대해 논란이 많다. 그 논의내용은 다음과 같다.

---

30) 이 사례에 대해 자세한 것은 특히 Alwart, JuS 1979, 351 ff.; Bemman, MDR 1958, 817 ff. 참조.

31) 특히 Herzberg, JA 1981, 369 ff., 470 ff.; Puppe, GA 1981, 1 ff.; Wolter, Objektive und personale Zurechnung zum Unrecht: Zugleich ein Beitrag zur aberratio ictus, in: Schünemann(Hrsg.), Grundfragen des modernen Strafrechtssystems, 1984, S. 103 ff.; Frisch, Tatbestandsmäßiges Verhalten und Zurechnung des Erfolges, 1987, S. 571 ff, 616 f.; Kuhlen, Die Unterscheidung von vorsatzausschließendem und nichtvorsatzausschließendem Irrtum, 1987; Silva-Sanchenz, ZStW 1989, 352 ff.; Hettinger, GA 1990, 531 ff. 또한 Rose-Rosahl 사례와 유사한 사건이 최근에 다시 발생했다. 이 판례에 대해서는 Puppe, NStZ 1991, S. 124 ff.; Roxin, JZ 1991, 680 ff. 참조.

32) 그 이유는 무엇보다도 방법의 착오와 목적(혹은 객체)의 착오에 대한 법적 효과가 동일하게 파악되기 때문이다.

첫째, 전형적인 타격의 착오의 경우 – 즉 행위자가 공격대상을 목전에서 지각하고 공격을 했는데 침해는 예상하지 못했던 다른 대상에게 일어난 경우 – 는 전형적인 목적(혹은 객체)의 착오의 경우 – 즉 행위자가 사후에나 자신의 착오를 알게 되는 – 와는 쉽게 구별될 수 있다. 그러나 행위자가 그 대상을 지각적으로 확인 못하는 경우 – 예컨대 전화를 잘못 걸어 다른 사람에게 모욕을 하는 경우 혹은 우편으로 독약을 전달했으나 다른 사람이 사망한 경우 – 등은 타격의 착오인지 목적(혹은 객체)의 착오인지가 불분명하다. 다시 말해서 소위 구체적 부합설이 타격의 착오와 목적(혹은 객체)의 착오를 구별하는 기준은 지각적으로 확인하는 행위자의 동일성, 즉 범행당시 그 장소에 있는 행위자에 대한 표상인데 이 기준은 그리 명백한 것이 아니라는 것이다.[33)]

둘째, 이와 같은 기준은 평가적인 관점에서 설정한 것에 불과하며, 따라서 그러한 기준은 다른 내용을 가질 수도 있다는 것이다. 즉 타격의 착오나 목적(혹은 객체)의 착오 모두 행위자가 의도한 공격대상과 침해대상이 구성요건상 모두 동등한 성질을 가지는 경우, 이와 같은 동등성(Äqivalenz) 혹은 동가치성(Gleichwertigkeit)을 평가척도로 삼고 이 둘을 똑같이 평가할 수도 있다는 주장이다(소위 "동가치설"의 입장).

셋째, 타격의 착오는 목적(혹은 객체)의 착오와 그 한계설정이 모호할 뿐만 아니라, 인과관계의 착오와도 그다지 분명한 관계에 서 있지 않다. 사실상 이 점에 대해서도 여러 가지 학설이 있다. 혹자는 방법의 착오를 인과관계의 착오로 파악하여 예견가능성(혹은 상당성)을 인정하는가 하면,[34)] 혹자는 인과관계의 착오의 유형으로 파악하여 목적(혹은 객체)의 착오와 구별하기도 한다.[35)] 또한 방법

---

33) Puppe는 타격의 착오와 목적(혹은 객체)의 착오를 구별하는 기준은 장소와 시간에 의한 개별화(Individualisierung durch Ort und Zeit)라고 칭하고, 이러한 기준은 상대적인 것에 불과하다고 주장한다(ders., GA 1981, 4 ff. 참조).

34) Welzel, Das Deutsche Strafrecht, 11. Aufl., 1969, S. 73 ff.; Noll, ZStW 1965, 5 f.

35) 이러한 견해들은 다시 둘로 갈라진다. 그 하나는 타격의 착오를 인과관계의 착오로 파악하나 예견가능성을 부정하는 견해이다. 이에 관해서는 Maurach/Zipf, AT I Teil b. 1, 1977, S. 347; Baumann, AT, 1977, S. 427; Blei AT, S. 113 f.; Schönke/Schröder/Cramer, StGB, § 15, Rn 56; Dreher/Tröndle, StGB, § 16, Rn 6; Lackner, StGB, § 15, Anm. 2a 참조. 그 다른

의 착오를 인과관계의 착오와 엄밀히 구별하여, 고의의 일반원리에 따라 그 착오의 인정여부를 논의하는 견해도 있다.[36]

이상에서 살펴본 바와 같이, 타격의 착오의 한계기능은 전형적인 경우를 제외하고는 그리 명확한 것이 못 된다. 그러므로 어떤 사례가 사실의 착오 중 타격의 착오에 해당되는가의 문제는 상당한 부분 그 해당 사례를 얼마만큼 정확하게 기술하는가에 달려 있을 뿐이다. 요컨대 타격의 착오이기 때문에 고의가 문제되기보다는, 오히려 그 반대로 고의의 인정여부가 문제되기 때문에 타격의 착오로 분류된다는 편이 보다 현실에 가깝다.

b) 그럼에도 불구하고 구체적 부합설과 법정적 부합설이 타격의 착오개념을 고집하는 이유는 이에 따른 법적 효과가 서로 다르기 때문이다. 주지하는 바와 같이, 행위 동가치의 경우 구체적 부합설은 미수와 과실의 상상적 경합을, 그리고 법정적 부합설은 고의기수를 인정한다. 그러나 이렇듯 타격의 착오에 해당되면 각 학설에 따라 자동적으로 법적 판단을 도출하는 논증방식, 즉 타격의 착오의 법효과 추론기능에 대해서는 다음과 같은 비판이 가해진다.

첫째, 구체적 부합설과 법정적 부합설의 논쟁은 극히 제한된 범위에만 한정된다는 것이다.[37] 즉 법적 효과에 대한 학설상의 차이는 다음과 같은 경우에는 나타나지 않는다. ① 행위객체가 동가치가 아닌 경우, ② 미필적 고의 혹은 택일적 고의가 있는 경우, ③ 목표로 한 행위객체에 특별한 사정, 예컨대 위법성조각사유가 존재하는 경우, ④ 인과관계의 진행이 경험칙상 예견불가능한 경우, ⑤ 행위객체가 개별화되지 않았을 경우.

둘째, 양 학설의 차이점을 중시한다고 해도, 개별적인 사례에 적합한 해결방

하나는 타격의 착오를 파악하기 위해서는 인과관계의 착오에 관한 일반적인 법리를 변형해야 한다는 견해이다(Herzberg, ZStW 85, 881 f.; Backmann, JuS 71, 117).

36) Stratenwerth, Strafrecht, AT, 3. Aufl., 1981, S. 103 f.; Roxin, Strafrecht(주 11), S. 320 f. 참조.

37) 이 점에 관해서는 특히 Roxin, Strafrecht(주 11), S. 323 f. 참조.

안은 각 학설에 의해 자동적으로 추론되는 것은 결코 아니라는 것이다. 법정적 부합설에 대해서는, 이미 언급한 바와 같이, 행위책임형법의 차원에서 비판이 가해진다. 즉 고의귀속은 행위자의 "계획실현(Planverwirklichung)"에 그 근거를 두는 것인데, 인식도 하지 않거나 전혀 예견하지도 못한 대상에 대해 단지 행위객체의 동가치란 근거에서 고의귀속을 하는 것은 정당성이 없다는 것이다. 반면에 구체적 부합설에 대해서는 이와 정반대되는 비판이 가해진다. 즉 구체적 부합설은 행위객체의 특정화, 즉 고의의 구체화를 요구함으로써 일반적으로는 행위책임형법의 원칙에 잘 부합된다. 그러나 타격의 착오의 전형적인 사례로 드는 것은 예컨대 생명, 신체, 자유 등과 같이 행위객체의 독자성이 인정되는 구성요건들이 대부분이다. 이 경우에는 행위객체에 대한 특정화가 대체로 행위자의 계획실현의 본질적인 내용이 되기 때문에 구체적 부합설이 타당하다. 그러나 행위자의 계획실현이 개별화된 대상을 전제하지 않는 경우, 예컨대 甲이 乙의 형법총칙 책을 훔치려다 민법총칙을 가져온 경우와 같이 행위대상의 동일성이 문제되지 않는 재산범죄의 경우[38]에는 법정적 부합설의 견해가 구체적 부합설보다 설득력이 있다는 것이다.[39]

이렇듯 타격의 착오의 문제는 개별 사안의 특성에 따라 법적인 효과가 달라지는 것이지, 어느 학설을 인정한다고 해서 그 판단결과가 자동적으로 추론되는 것은 아니다. 즉 문제해결의 실마리는 고의에 관한 일반귀속원리가 쥐고 있는 것이지, 개념법학적인 학설의 도식이 결정적인 영향을 미치는 것은 결코 아니다. 요컨대 올바른 해결책은 구체적 부합설과 법정적 부합설의 중간에 위치한다.

---

38) 물론 재산범죄라고 해서 반드시 행위객체의 개별화가 문제 되지 않는 것은 아니다. 이런 관점에서 Hillenkamp의 "실질적 동가치설"에 대해 비판이 가해진다[Roxin, Strafrecht(주 11), S. 324 f.].

39) 이 점에 대해서는 Roxin, Strafrecht(주 11), S. 324 f.; Hillenkamp, Die Bedeutung von Vorsatzkonkretisierungen(주 23), S. 125 ff.

Ⅳ

이상에서 언급한 바와 같이 타격의 착오는 그 개념이 불확실할 뿐만 아니라 형법상의 실질적 기능의 면에도 문제가 많다. 즉 타격의 착오로 지칭되는 사례유형은 모호하며 그 적용범위도 제한적인 것에 불과하다. 나아가 타격의 착오는 개별적인 경우 상이한 법적 평가를 받는 것이지, 학설에 따라 일정한 결론이 자동적으로 추론되는 것도 결코 아니다. 이렇듯 이 개념에 의해 얻는 논리적인 체계성보다 오히려 잃는 실천적인 유용성이 더 많다면 굳이 이 개념에 연연해야 되는 이유는 무엇인가? 달리 말해 논리적인 일관성뿐만 아니라, 그 현실적인 적용가능성도 담보할 수 있도록 타격의 착오 이론을 구성할 수는 없는가? 이하에서는 이 물음에 대한 필자 나름의 생각을 이 글의 결론으로 대신하고자 한다.

1. 방법론

a) 타격의 착오문제는 추상적인 논리보다는 전적으로 구체적인 사실관계로부터 접근해야 한다. 만약 그렇게 된다면, 우리는 다음과 같은 보다 실천적인 인식을 하게 될 것이다. 우선 타격의 착오는 객관적 구성요건(인과관계)과 주관적 구성요건(고의)간의 한계선상에 존재하는 예외적인 형태이며 그 실질적인 사례도 희귀하다는 점이다. 나아가 타격의 착오를 일정한 법률효과를 부여하는 고정된 법적 유형으로 파악하기에는 무리가 많다는 것이다. 왜냐하면, 이미 대법원 판례의 평석에서도 밝혀졌듯이, 이 개념 안에는 상충하는 법률효과를 가져오는 사례들이 병존하기 때문이다. 이렇듯 사안 자체가 복잡하고 그에 관한 사례도 적은데도 불구하고 대부분의 학설들과 같이 추상적인 이론으로만 체계화하려 든다면, 공리공론에 빠지거나 쓸데없이 복잡한 논쟁만을 일삼게 되는 것은 당연한 귀결일 것이다. 따라서 새로운 해석학적 방법론, 즉 추상적인 논리가 아니라 구체적인 사안으로부터 접근하는 방식은 아무리 강조해도 지나치지 않을 것이다.

b) 구체적인 사실관계로부터 출발할 경우, 타격의 착오의 이론적인 난점은 결국 다음과 같은 양자택일에 있다. 즉 이것을 사후(ex post) 평가적인 관점에서

인과관계의 문제로 보아 예견가능성이라는 척도로 해결할 것인가? 아니면 사전(ex ante) 기술적인 관점으로부터 출발하여 직접 고의의 귀속과 관련된 규범적인 문제로 파악할 것인가? 주지하는 바와 같이, 독일 연방재판소의 견해는 아직까지도 전자의 견해를 취하고 있는 반면에,[40] 학자들은 이에 대해 서로 다른 의견들을 펴고 있는 실정이다.

생각건대 타격의 착오의 문제는 전적으로 사전 기술적인 입장에서 해결하는 것이 합리적일 것이다. 그 이유는 다음과 같다.

첫째, 사후 평가적인 관점에서만 고찰할 경우, 타격의 착오와 목적(혹은 객체)의 착오는 모두 인식대상과 침해대상이 일치하지 않는 것이므로 이 양자를 서로 구별하기 어렵다. 즉 사후 평가적인 관점에 설 때, 타격의 착오의 형법상 독자성은 쉽사리 발견되지 않는다.[41]

둘째, 타격의 착오는 인과관계의 착오와도 엄연히 구별된다. 즉 인과관계의 착오란 동일한 대상에 대한 결과발생이 행위자가 예견했던 것과 다른 과정으로 진행된 것인 반면에, 타격의 착오는 방법의 실패로 인해 행위자가 표적으로 했던 대상 이외의 것에서 결과가 발생한 경우이다. 그러므로 인과관계의 착오는 객관적 귀속의 문제로 분류될 수 있으나[42] 타격의 착오는 그러하지 아니하다. 즉 타격의 착오에 있어서는 인과관계의 문제는 이미 확정되고 난 다음 그것의 고의귀속만이 문제될 뿐이다.

셋째, 이론적인 차원에서도 행위의 객관적 귀속문제와 고의의 귀속문제는 서로 구별된다. 즉 전자는 해당 행위를 행위자의 것으로 보아야 할 것인가의 문제인 반면, 후자는 그러한 행위에 대해 행위자의 고의를 인정할 것인가의 문제이다. 실례를 들어 설명한다면, A가 총을 쏘았다면 그 결과가 어찌되었든 A의 행위로 귀속되는 데는 변함이 없다. 다만 A가 의도한 대로 결과가 발생하지 않은 경

---

40) 이러한 견해는 최근에 BGH, Urteil v. 25.10.1990에서 다시금 확인된 바 있다. 이 판례에 대한 평석에 대해서는 Puppe, NStZ 1991, 124 ff.; Roxin, JZ 1991, 680 ff. 참조.

41) 예컨대 Puppe의 입장이 이와 같다. 즉 그의 논거의 핵심은 평가적인 관점에서는 타격의 착오와 목적(혹은 객체)의 착오가 다를 바가 없으므로, 이에 대한 법적 효과도 달리할 이유가 없다는 것이다. 이에 관해서는 Puppe, GA 1991, 1 ff. 참조.

42) 예컨대 Wolter, ZStW 1977, 670 ff. 참조. 이에 대한 비판으로는 특히 Frisch, Tatbestandsmäßiges Verhalten(주 31), S. 572 ff. 참조.

우, 이 결과에 대해서도 A를 처벌할 것인가의 여부는 A의 고의귀속에 관한 별개의 가치평가의 문제이다.[43)]

c) 이렇듯 구체적인 사안으로부터 출발해서, 고의의 귀속이라는 관점에서 타격의 착오의 문제를 해결할 경우, 이에 대한 법적 근거는 우선 형법 제13조일 것이다. 즉 타격의 착오는 사실의 착오의 한 유형으로서 이에 관한 일반적인 원칙, 즉 "죄의 성립요소인 사실을 인식하지 못한 경우 처벌하지 못한다"는 원칙의 적용을 받는다. 또한 타격의 착오가 지니는 형법상의 독자적인 위치는 바로 사실의 착오의 일반적인 원칙에 대한 예외현상이라는 점에 있다. 즉 타격의 착오란 행위자가 행위 시에 인식하지 못한 대상에 대해서 결과가 발생할 경우 이에 대한 고의의 성립여부가 문제 되는 사례를 말한다. 달리 표현한다면, 행위 시(ex ante) 사실적인 측면에서 고찰할 때 행위자의 의도와는 다른 결과가 발생할 경우, 사후(ex post) 가치평가적인 관점에서 어디까지 고의귀속을 할 수 있는가의 문제이다. 이렇게 본다면 타격의 착오의 문제해결에 있어서는 고의의 사실적인 측면과 평가적인 측면이 얼마만큼 일치하는가가 결정적인 것은 아니다.[44)] 오히려 고의라는 규범적인 개념의 내용을 어떻게 구체적으로 파악하는가가 더 중요할 것이다.

2. 개념정의 및 용어정리

a) 타격의 착오의 개념과 관련된 첫 번째 문제는, 이 개념의 구조가 그다지 자명하지 않다는 점이다. 생각건대 그 이유는 무엇보다도 대부분의 학설들이 다음과 같은 세 가지 대구적인 요소를 서로 구별해서 체계화하지 못한 데에 기인하는 것 같다. 즉 ① 사전(ex ante) 혹은 사후(ex post), ② 행위자의 주관적인 측면 혹은 일반인의 객관적인 측면, ③ 기술적인 관점 혹은 가치평가적인 관점이 그것이다. 이러한 세 가지 변수 모두가 중요하므로, 사실상 타격의 착오의 개념정의의 가능성은 무한히 넓다. 즉 가장 사실적인 기초에 부합하도록 사전(ex ante)의 행위자의 주관적인 측면을 기술하는 방향으로 개념을 정의할 수 있다. 또 사후

---

43) 이에 관해서는 Roxin, Strafrecht(주 11), S. 320 f. 참조.

44) "타격의 착오"와 관련된 고의의 사실적인 측면과 평가적인 측면의 구별에 관해서는 특히 Frisch, Tatbestandsmäßiges Verhalten(주 31), S. 582 ff. 참조.

(ex post) 일반인의 관점에서 가치평가를 하는 식으로 개념정의를 내릴 수도 있다. 나아가 이 양 극단적인 입장 사이에서 위의 세 가지 요소를 나름대로 결부시켜 개념을 정의할 수도 있다. 그렇다면 어떤 개념정의가 가장 이론적으로 타당한가?

필자의 생각으로는, ① 사전적인 측면, ② 행위자의 주관적인 측면, ③ 기술적인 측면을 중심으로 타격의 착오개념을 정의하는 것이 바람직한 것 같다. 그 이유는 다음과 같다.

첫째, 타격의 착오문제는 전적으로 고의귀속에 관한 문제이므로 행위자가 행위 시 어떤 표상을 가졌는가라는 사실적인 측면이 문제해결의 출발점이다. 따라서 범행 시(ex ante) 행위자의 사실적인 측면을 중심으로 개념을 정의해야 한다.

둘째, 가치평가는 반드시 사실을 그 전제로 하므로, 세분된 가치평가는 사실을 얼마만큼 정확하게 기술하는가에 전적으로 달려 있다. 그러므로 평가적인 관점이 아니라 기술적인 관점에서 타격의 착오를 개념정의하는 것이 옳다. 만약 그렇게 된다면, 이미 위의 대법원 판례의 평석에서 밝혀진 바와 같이, 타격의 착오의 사례가 고의의 여러 유형들과도 구별될 뿐만 아니라, 나아가 타격의 착오의 형태들도 때로는 상이한 형태를 취한다는 점을 알 수 있게 된다.

셋째, 이미 반복해서 강조한 바와 같이, 사후 가치평가의 관점에서는 타격의 착오의 형법적인 독자성이 제대로 발견되지 않는다.

이상에서 언급한 바와 같이, ① 범행 시(ex ante), ② 행위자의 주관적 측면, ③ 기술하는 관점을 중시해서 타격(혹은 방법)의 착오를 정의한다면, 그 개념은 아마도 다음과 같이 될 것이다. 즉 타격의 착오란 "범행 시 행위자가 표적으로 삼았던 행위객체가 아니라 미처 예상하지 못했던 제3의 대상에 타격의 실패로 인하여 법익침해의 결과가 발생한 경우"이다.[45)]

---

45) 물론 혹자는 이러한 개념정의와 통설의 견해가 다른 바가 없다고 반박할지 모른다. 그러나 분명한 것은, 이렇듯 사실적인 측면을 중심으로 한 개념정의는 타격의 착오와 객체의 착오를 구별지을 뿐만 아니라, 더 나아가 고의의 사실적인 측면과 평가적인 측면을 서로 분리시

b) 이 논문에서 제안한 바와 같이, 사실을 기술하는 관점에서 개념을 정의하고 그에 대한 법적 평가를 고의의 일반적인 귀속원리에 따라 해결하려고 한다면, 다음과 같이 학설상의 개념들을 다시 정리하는 것은 필연적이다.

첫째, 방법(혹은 타격)의 착오라는 개념은 "타격(혹은 방법)의 실패"라는 개념으로 대치하는 것이 바람직하다. 이미 위에서 언급한 바와 같이, 방법의 착오라는 말은 일상용어와 일치하지 않고, 번역어로서도 정확하지 않으며, 나아가 가치평가적인 요소를 함축하기 때문에 오해의 소지가 많다.[46]

둘째, 구체적 부합, 추상적 부합이라는 개념도 동일 구성요건, 다른 구성요건이라는 말로 치환하는 것이 합리적이다.[47] 타격의 실패의 사례들을 유형화하는 이유는 무엇보다 이에 대한 법적 효과가 서로 다를 수 있기 때문이다. 그런데 이와 같은 법적인 평가에 있어서 소위 "고의의 사실적 기초", 즉 행위자의 주관적인 표상에 행위결과가 얼마만큼 부합하는가라는 측면은 단지 문제해결의 출발점에 불과하다. 즉 형법적 가치판단의 결정적 기준은 고의라는 구성요건과 밀접하게 연관된 규범적 개념이다. 또 형법은 이미 법적인 구성요건에 의해서 개별적 행위유형들을 체계화하고 있으므로, 이에 따라 타격의 실패의 사례들도 유형화하는 것이 당연하다. 그래야만 타격의 실패의 핵심문제, 즉 사실적인 요소와 그에 대한 법적 평가의 상관관계가 명백히 될 것이다.

셋째, 이와 마찬가지의 이유에서 구체적, 법정적, 추상적 부합설이라는 명칭도 변경되는 것이 옳다.[48] 이 점은 주로 타격의 실패의 법적 효과와 관련된 문제이므로 항을 바꿔 자세히 논의하기로 하자.

3. 법적 평가

a) 타격의 실패에 대한 법적 평가의 핵심적인 문제는, 범행 시 행위자의 주

킨다는 점이다.

46) 이런 관점에서 "타격의 착오"라는 말 대신에 "타격의 실패"라는 개념을 사용할 것이다.

47) 이러한 개념들은 일본형법의 이론에서 유래하는 것 같다. 그러나 쓸데없이 복잡할 뿐만 아니라, 또한 그 개념도 정확하지 않다.

48) 참고로 독일에서는 구체적 부합설 대신에 구체화설, 법정적 부합설 대신에 동가치설이라는 개념이 주장된다.

관적인 사실상태와 사후 객관적인 결과발생 간의 괴리를 어떻게 교량하는가에 있다. 이 문제해결의 단서가 고의의 일반적인 귀속원리임은 이미 언급하였다. 그런데 타격의 실패와 관련된 고의개념을 구체화하기에 앞서서 우선 타격의 실패에서 문제 되는 사례유형들을 확인하는 것이 필요하다. 그 이유는, 이미 대법원 판례의 평석에서 밝혀진 바와 같이, 타격의 실패의 형태는 다양할 뿐만 아니라, 학설에서 들고 있는 사례유형들이 너무 모호하기 때문이다. 즉 A가 甲을 쏘려다가 乙을 맞춘 경우, 적어도 A가 甲과 乙을 자기의 면전에서 확인했다면, 대부분 乙에 대해서도 모종의 심리관계가 확인될 수 있기 때문이다. 즉 사례의 세분화는 이미 일정한 법적 평가를 지시하고 있으며, 그렇기 때문에 법적 평가에 앞서서 우선 문제 되는 사례군과 그렇지 않은 것들을 구별하는 것이 옳다.[49] 그리고 바로 이 점이 사실적인 측면으로부터 타격의 실패문제를 해결하는 방법이다.

b) 타격의 실패와 관련해서 그 법적인 평가가 문제 되지 않는 사례는 우선 행위자가 발생된 결과에 대해서까지 일정한 주관적인 심리관계를 확실히 갖고 있는 경우이다. 이 경우는 타격의 실패가 아닌 미필적 고의 혹은 택일적 고의의 사례로서 이에 따라 문제를 해결하면 된다.[50]

또한 타격의 실패 가운데 그 법적 평가가 문제되지 않는 사례는 행위자가 발생된 결과를 미처 예측하지 못한 다음과 같은 경우이다.

첫째, 행위결과가 다른 구성요건에 발생한 경우이다. 예컨대 A가 허수아비를 쏘려다 그 뒤에 숨어 있던 甲을 맞춘 경우 등이다.

둘째, 행위결과가 동일구성요건에 해당하는 경우, ① 목표로 했던 행위객체에 대해 위법성조각사유가 존재하거나, ② 행위의 인과과정이 경험칙상 전혀 예견할 수 없게 진행되었거나, ③ 결과가 발생된 침해대상에 대해 특별한 관계가 성립하는 경우이다. 예컨대 甲을 죽이려다 乙을 죽인 경우에, ① 甲에 대해 정당방위상황이 존재하거나, ② 甲을 빗나간 총탄이 벽을 관통해서 바깥에서 놀던 乙

---

49) 이런 관점에서 "A가 B를 쏘려다가 C를 맞추었다"라는 식의 교과서의 사례들은 현상을 너무 단순화시킨 것에 불과하다.타격의 착오와 관련된 사례의 세분화에 대해서는 Hettinger, GA 1990, 533 참조.

50) 이와 관해서는 앞의 II. 2 참조.

에 맞거나, ③ 피해자 乙이 행위자가 가장 아끼는 자식인 경우 등이다.

이와 같은 사례들은 모두 행위자가 범행 시 의도했던 바와 사후 발생된 결과가 현저하게 차이를 보이는 경우이다. 따라서 이미 사실관계의 특수성으로부터 일정한 법적 효과가 지시된다. 이는 만약 이러한 타격의 착오의 예외적인 경우까지 법정적 부합설을 취한다면, 단순히 고의를 의제하는 행위자형법의 입장이라는 비난을 결코 피할 수 없을 것이다.[51]

나아가 비록 위에서 언급한 예외적인 상황이 존재하지 않는다고 해도 그 법적 평가가 그다지 문제 되지 않는 경우는 다음과 같다. 즉 행위자가 목전에서 행위표적을 확인했지만, 사실상 행위객체의 동질성이 그다지 문제 되지 않는 경우이다. 이 사례는 다시 두 가지로 구별될 수 있는데, 그 하나는 행위자가 애당초 행위대상을 개별화하지 않은 경우이다. 예컨대 눈덩이로 아무 사람이나 맞추려고 던졌는데, 일단 표적으로 삼았던 행인 甲이 아니라 그 옆의 乙이 맞는 경우이다. 다른 하나는 대부분의 재산범죄에서와 같이, 행위객체의 동일성이 문제되지 않는 경우이다. 예컨대 甲의 乙의 창문을 부수려다 대문을 망가뜨린 경우 등이다.

이 두 가지 경우 乙에 대한 고의책임을 묻는 데 별로 이의가 없을 것이다. 왜냐하면 사전 행위자의 목표와 사후 결과발생이 사실적인 측면에서는 차이가 있더라도 행위자의 계획실현(Planverwirklichung)이라는 평가적인 관점에서는 차이가 나지 않기 때문이다. 만약 이러한 경우까지 구체적 부합설을 주장한다면, 법적 평가의 사실적 기초와 이에 대한 가치평가기준을 서로 혼동했다는 비난을 면하기 어려울 것이다. 요컨대 고의의 사실적 기초는 법적 평가의 출발점에 불과한 것이지, 평가기준의 내용 자체가 될 수는 결코 없다.[52]

c) 이렇게 본다면 법적 평가가 문제 되는 타격의 실패의 경우란 극히 제한적

51) 이런 한에서는 고의의 사실적 기초를 중시하는 구체적 부합설이 타당하며, 반면에 평가적 측면만을 중시하는 법정적 부합설은 설득력이 없다.

52) 이런 한에서는 고의의 평가적인 측면을 중시하는 법정적 부합설이 타당하며, 반면 지나치게 고의의 사실적인 기초만을 중시하는 구체적인 부합설은 설득력이 없다.

이다. 다시 말해서 대부분의 경우 애당초 미필적 고의 혹은 택일적 고의의 일반원리에 의해 해결되거나, 아니면 행위상황의 사실적 관계에 이미 그 법적 평가가 함축되어 있다. 나아가 구체적 부합설과 법정적 부합설은 그 구체적인 사실관계에 따라 각기 설득력을 지니고 있다. 그러므로 타격의 실패의 사례로서 이론적 논쟁의 실익이 있는 것은 다음의 경우에 한정된다. 즉 행위자가 목전에서 행위표적을 확인하지 못하는 경우이다. 이는 다시 둘로 나뉠 수 있다.

첫째, 단독범행의 경우, 타격의 실패와 목적(혹은 객체)의 착오의 한계선상에 있는 사례들이 그것이다. 예컨대 甲에게 전화를 걸어 욕을 했는데, 사실은 甲이 아닌 乙이 그 전화를 받은 경우,[53] 혹은 자기 남편 甲을 죽이려고 독약을 보약이라고 속여 우편으로 보냈는데 甲의 친구 乙이 이것을 먹고 사망한 경우 등이 이에 속한다.[54]

둘째, 공범의 경우, 예컨대 Rose-Rosahl 사건과 같이 피교사자가 객체(혹은 목적)의 착오를 일으켜 교사자가 의도한 사람이 아닌 다른 사람이 살해된 경우이다.[55]

이미 수차례 언급한 바와 같이, 이 사례들을 해결하는 데 중심이 되는 것은 고의 개념이다. 이미 록신도 주장한 바와 같이, 형법상 객관적 귀속의 기준이 위험실현(Gefahrverwirklichung)이라면, 고의라는 주관적 귀속의 기준은 계획실현(Planverwirklichung)일 것이다. 물론 계획실현이라는 평가적 개념의 내용이 얼마만큼 구체화될 수 있을지는 미지수이다. 그러나 분명한 사실은, 적어도 다음과 같은 소극적 기준, 즉 "만약 행위자가 그와 같이 예상 밖의 결과를 알았더라도 행위를 계속 했을 것인가?"에 의해 대부분의 사례는 해결될 수 있다는 것이다.[56]

---

53) 이 사례에 관해서는 Hillenkamp, Vorsatzkonkretisierungen(주 23), S. 42 ff.; Puppe, GA 1981, S. 4; Backmann, JuS 1971, S. 119 f. 참조.

54) 이 사례에 관해서는 Jescheck, Lehrbuch des Strafrechts(주 11), S. 281 참조.

55) 또한 이와 유사한 사례에 관해서는 BGHSt 11, 268 참조.

56) 이에 관해서는 Roxin, Strafrecht(주 11), S. 324 참조. 또한 이와 유사하게 Jakobs도 "행위자가 파악한 조건관계(die vom Täter erfaßten Bedingungszusammenhänge)"라는 개념을 제시한다. 다시 말해 행위자가 자기행위로 인해 발생할 수 있는 위험의 특별조건들을 이미 알았다면 그로 인한 결과는 행위자에게 귀속되어야 한다는 것이다(ders., Strafrecht, 2. Aufl.,

또 이러한 기준은 행위책임형법의 이념과도 합치되는 것인데, 왜냐하면 고의를 과실보다 무겁게 처벌하는 근거는 단순히 행위자가 법규범을 어겼기 때문이 아니라, 더 나아가 피해자 스스로도 행위자가 자기의 법익을 침해한다는 점을 알고 있기 때문이다.

이제 이러한 기준에 의해 문제가 되는 두 사례를 해결하면 다음과 같다.

첫째, 행위자가 목전에서 행위표적을 인식하지 못한 단독범행의 경우는 타격의 실패로서 고의성립을 인정하기 어렵다. 그것은 무엇보다도 행위자가 자기가 표적으로 하지 않은 사람에게 결과가 발생하리라는 점을 알았다면 행위를 계속하지 않았으리라고 추측되기 때문이다. 만약에 행위자가 그 이상의 사실도 이미 인식했다면 그것은 미필적 고의의 문제이지 결코 타격의 착오의 경우는 아니다.

둘째, Rose-Rosahl과 같은 공범의 경우, 교사자에게 살인고의의 책임을 지우는 것은 맞지 않다. 그러므로 공범의 미수(Versuch zur Teilnahme) 아니면 살인미수의 공범(Teilnahme am Versuch)의 해결방법만 남게 되는데, 필자의 생각으로는 후자의 견해가 더 설득력이 있다. 왜냐하면 다른 행위목표에 결과가 발생했지만, 그와는 상관없이 이미 정범이 살인의 실행에 착수했기 때문이다.[57]

4. 형법상의 실천적 의미

우리는 이상에서 타격의 실패문제를 사실적인 관점에서 접근하여, 관련사례들을 유형화하고, 고의개념을 중심으로 이에 대한 형법적인 평가를 내렸다. 그 결과 우리가 알게 된 사실은, 대부분의 타격의 실패문제는 이미 그 사실관계의 세분화에 의해 암시되고 다만 극히 제한적인 경우에만 의견이 엇갈린다는 점을 알게 되었다. 결국 사실관계를 세분하지 않는 판례도 문제이지만, 또한 쓸데없이 복잡하게 이론을 구성하는 학설도 문제가 있는 셈이다. 따라서 이론과 실천의 관계를 보다 조화롭게 하기 위해서는 학설 스스로가 먼저 구태의연한 일본식의 명칭과 개념법학적 이론들을 벗어던지고, 그 대신 개별사례들을 통일적으로 해결

1991, S. 240 ff.). 이러한 견해의 비판에 대해서는 Frisch, Tatbestandsmäßiges Verhalten(주 31), S. 585 ff. 참조.

57) 이러한 견해에 관해서는 Stratenwerth, Strafrecht(주 36), S. 104 f. 참조.

할 수 있는 방안을 제시해야 할 것이다. 이미 언급한 바와 같이 이에 대한 필자의 제안은 고의의 일반귀속원리에 따라 이 문제를 해결하자는 것이다. 즉 타격의 실패 사례들을 객관적 귀속과는 다른 주관적 구성요건의 문제영역에 위치시키고, 행위자의 계획실현(Planverwirklichung)이라는 평가기준에 따라 고의기수 여부를 결정하자는 것이다. 이와 같은 방법을 취한다면, 우리학설은 예컨대 추상적 부합설과 같이 그 이론적인 정당성이 매우 의문시되는 일본식의 "신파"이론을 구태여 수험생들에게 암기시킬 필요도 없을 뿐만 아니라, 나아가 실무와는 전혀 무관한 복잡한 도식적 이론에 관해 논쟁을 벌일 필요도 없을 것이다. 그렇게 된다면 실무에서도 막연한 직관적 추론이 아니라, 사례를 더 세분화한 그 각각에 대한 근거 있는 법적 평가를 구체적으로 제시할 수도 있을 것이다. 이렇듯 이론과 실무가 점차 균형있게 자리 잡힌다면, 타격의 실패는 그것의 이론적인 복잡성과는 달리, 형법상 실천적 의미가 그다지 크지 않다는 점도 확연해질 것이다.[58)]

58) 이 점은 미수의 처벌이 필요적 감경이 아니라 임의적 감경이라는 점에서 더욱 분명해진다.

의사의 치료행위에 관한 형법적 고찰(1994)

I

만약 특정 분야에서의 법적 논쟁이 그칠 줄을 모른다면 우리는 그 원인을 다음과 같이 두 가지로 나누어 생각해 볼 수 있다. 그 하나는 문제의 소지를 규율대상인 생활사태로 돌릴 수 있을 것이다. 그리하여 법적 규율이 전제하는 생활사태 자체가 애당초 다양할 뿐만 아니라 복합적인 양상을 지니기 때문에 도무지 획일적인 법개념을 가지고는 제대로 파악할 수 없다고 설명할 수 있을 것이다.[1] 다른 하나는 법적 규율방식에로 눈을 돌려 문제의 궁극적인 원인을 비합리적인 법적 해결방법 가운데서 찾아낼 수 있다. 즉 규율대상이 아니라 오히려 이에 대한 현재의 법적 대응방안이 경직되거나 편파적이어서 문제가 발생한다는 식의 해명방법이다.[2] 생각건대 의사의 치료행위에 대한 법적, 특히 형법적인 논쟁은 바로 이 두 가지 측면이 서로 밀접하게 연관되어 진행되는 것 같다. 왜냐하면 이 문제에 관한 형법적인 논쟁에서는 항상 다음과 같은 서로 엇갈린 견해들이 주장되고 있기 때문이다. 즉 한편으로 의료분야는 의사라는 전문인에게 고유한 영역이고 따라서 형법적인 개입은 적절하지 않다는 이의가 끊임없이 제기되는 반면에, 다른 한편 구태의연한 법적 규제방식이 대립되는 이해관계의 당사자를 모두 형평하게 고려하지 못해서 분쟁이 올바르게 해결되지 못한다는 비난이 거세기 때문이다.

---

1) 의사들은 항상 이런 관점에서 법관들이 의료행위를 법적으로 규율하는 것에 대해 논박하고 나선다. 이 점에 관해서 보다 자세한 것은 Arthur Kaufmann, Die eigenmächtige Heilbehandlung, in: Schuld und Strafe, 2. Aufl., 1983, S. 166 ff. 참조.

2) 유감스럽게도 이런 관점에서 의료행위에 대한 형법적인 문제점들을 다룬 논문은 여태까지 거의 발견되지 않는다.

그렇다면 과연 의사의 치료행위라는 규율대상은 법개념을 가지고는 제대로 파악할 수 없는, 아니 파악해서도 안 될 법 이전의 문제인가? 현행의 형법적인 해결방식은 무슨 문제점이 있기에 이렇듯 논란이 그치지 않는 것인가?[3)]

자세히 살펴보면 의사의 치료행위에 대한 우리 형법의 태도는 그다지 합리적인 것만은 결코 아닌 것 같다. 또한 형법해석론상으로도 적어도 다음과 같은 문제점은 아직 해결되지 못한 채 남아 있는 실정이다.

주지하다시피 통설과[4)] 판례[5)]에 따르면, 의사의 치료행위는 형법 제20조에 규정된 "업무로 인한 행위"이기 때문에 그 위법성이 조각된다고 설명된다. 이러한 해석은 의사의 치료행위가 이미 구성요건에 해당된다는 것을 전제로 하는데, 그렇다면 의사의 치료행위는 어떤 형법적인 구성요건을 충족시키는 것인가? 이에 대해 대다수의 학설은 상해죄의 구성요건해당성을 인정하고 있다.[6)] 그러나 이러한 해석방식이 현실과 동떨어진 것일 뿐만 아니라 형법이론상으로도 납득될 수 없다는 점은 이미 누누이 지적되어 온 바이다. 우선 의사의 치료행위가 타인의 신체의 완전성을 해하는 상해에 해당된다는 설명방식은 일반인의 상식과 전혀 부합하지 않는다. 왜냐하면 의사의 치료행위는 전체적으로 보아 환자의 건강을 증진시키려는 데 있는 것이지 이를 해치려는 것은 결코 아니기 때문이다. 더 나아가 이와 같은 해석은 아무리 형법 구성요건을 가치중립적으로 파악한다 하더라도 긍정되기 힘들 것이다.[7)] 그 이유는 치료행위에 의해 환자의 건강이 회복

3) 주지하다시피 1980년대 후반에는 의료과오의 법적 해결방식에 관해 많은 논란이 있었고, 또한 의료사고처리특례법, 의료사고분쟁조정법 등이 입법안으로 제기되기도 했다. 이 법안의 문제점에 대해서는 특히 추호경, 의료과오론, 1992, 306면 이하 참조.

4) 유기천, 형법학(총론), 1980, 193면; 정성근, 형법총론, 1987, 323면; 정영석, 형법총론, 1987, 145면; 진계호, 신고형법총론, 1984, 205면; 황산덕, 형법총론, 1982, 170면 참조

5) 대판 1974.4.23. 73도714; 대판 1978.11.14. 78도2388 참조.

6) 강구진, 형법강의 각론 I, 1983, 62면; 서일교, 형법각론, 1982, 30면; 정성근, 형법각론(상), 1985, 48면; 황산덕, 형법각론, 1913, 176면. 다만 대다수가 추측하는 바와는 달리, 여태까지 대법원은 상해죄의 구성요건해당성을 명시적으로 인정한 적이 없다. 그 대신 의료행위를 항상 업무상 과실치사상죄의 구성요건에서만 다루고 있다.

7) 의료행위의 구성요건해당성의 문제가 구성요건의 접근방식과 밀접하게 관련된다는 점에 관해서는 무엇보다도 Arthur Kaufmann, Die eigenmächtige Heilbehandlung(주 1), S. 192

된다면 상해죄의 보호법익은 전혀 침해된 바가 없고, 따라서 이 경우에는 단지 위법성만 조각되는 것이 아니라 이미 객관적 구성요건의 해당성조차 배제되어야 하기 때문이다. 이에 반해 물론 치료행위가 성공되지 못해 건강침해가 있는 경우에는 상해죄의 해당 여부를 다툴 수는 있을 것이다. 그러나 이 경우에도 상해죄의 고의는 인정될 수 없기 때문에 단지 형식적인 측면에서 상해죄를 거론하는 것은 문제의 소지가 적지 않다.[8)]

더 나아가 설사 상해죄의 구성요건해당성을 인정한다고 하더라도 통설과 같이 그 위법성조각사유를 형법 제20조 정당행위에서 찾는 것은 그다지 설득력이 있는 것이 아니다.[9)] 그 이유는 무엇보다도, 이미 소수설이 지적한 바와 같이 객관적으로 치료행위가 업무라는 요건만 갖추었으면 정당화된다는 해석이론은 결국에는 환자를 치료행위의 단순한 객체로 전락시킬 소지가 많기 때문이다.[10)] 그러나 치료행위에 의해 법익을 직접적으로 침해당하는 사람은 의사가 아니라 환자이기 때문에 환자의 자기 결정권을 전적으로 무시한 채 의사의 치료행위만을 중심으로 그 해결책을 모색하는 것은 정당화되기 어렵다. 그리고 이와 같은 해석론을 따르게 되면 사실상 의사의 치료행위는 거의 위법성이 조각될 것인데, 왜냐하면 의사의 치료행위는 업무개념의 두 가지 요건, 즉 "사회적인 지위"와 "계속성"을 언제나 구비하기 때문이다. 그러므로 환자가 의료분쟁을 제기할 수 있는 유일한 수단은 의료과실을 확인해서 업무상 과실치사상을 다툴 도리밖에 없을

---

ff. 참조.

8) 특히 이재상, 형법각론 I, 1983, 52면 참조. 또한 목적적 행위론에 따라 과실범의 처벌근거를 결과불법이 아니라 행위불법으로 보게 되면, 이와 같이 수술이 실패한 경우라도 주의의무를 위반하지 않는 한 애당초 과실범의 성립조차도 인정하지 않으려는 견해를 주장하게 된다. 이에 관해서는 Hirsch, LK, 1989, Vor § 223, Rn. 5 참조. 또한 김일수, 형법학원론, 1988, 600면 참조.

9) 이러한 비판에 관해서는 이형국, 형법총론연구 I, 1984, 273면 참조. 예컨대 이재상 교수(형법총론, 1990, 287면)와 김일수 교수(형법학원론, 1988, 600면)는 이 문제를 구성요건해당성에 관한 문제로 보는가 하면, 박동희 교수는 피해자의 승낙에 의해 위법성이 조각되는 것으로 이해한다(정당행위(상), 월간고시, 1976.3). 또한 형법 제20조의 전반적인 문제에 관해서는 김영환, 형법 제20조 정당행위에 관한 비판적 고찰, 김종원교수화갑기념논문집, 1990, 141면 이하 참조.

10) 이에 관해서는 무엇보다도 이재상, 형법총론(주 9), 287면 참조.

것이다. 그러나 이 경우도 환자가 자기의 권리를 관철시킬 수 있는 가능성은 희박할 것인데, 그것은 의료과실의 사실확정은 대부분 전문 의료인에 의해 이루어지기 때문에 감정인인 의사가 같은 집단에 속하는 자기의 동료를 형사소추시킨다는 것은 거의 기대하기 어렵기 때문이다.

이런 상황에서 작금에 벌어지는 의료분쟁에 관한 논의가 올바른 해결책을 찾지 못한 채 표류하고 있음은 아마도 당연한 현상일지 모른다. 즉 의료행위에 의해 피해를 입은 환자들의 집단은 자신들의 권리를 보다 광범위하게 관철시킬 수 있는 법적 해결방법을 요구하는 반면에, 의사들은 의사들대로 자신들의 전문성을 내세워 보다 나은 진료여건을 제도적으로 주장하고 나선다.[11] 그렇다면 과연 이렇듯 상반된 이해관계를 합리적으로 해결할 수 있는 형법적인 방안은 없는 것인가? 이 논문은 이 질문에 대한 대답을 다음과 같이 모색하려고 한다. 우선 형법적인 관점에서 파악할 때, 의료분쟁에서 서로 엇갈리는 의사와 환자의 대립된 이해관계는 무엇인가를 밝히고자 한다(이하의 II). 또한 이런 관점에 입각해서 이미 의료분쟁에 관해 오랜 역사를 지니고 있는 독일해석론이 이와 같은 문제점을 어떻게 해결해 왔는가를 소개하고자 한다(III). 그리고 마지막으로 의료분쟁에 관한 형법적 해결방식에 관한 필자자신의 견해를 결론으로 제시하고자 한다(IV).

II

소위 법제화(Verrechtlichung)를 둘러싼 최근의 법사회학적 논의에 따르면, 사람들이 법에 호소하는 이유는 이 분야를 여태까지 규율해 오던 기존의 비형식적인 사회통제체계, 즉 "도덕" 등에 의한 분쟁해결방식이 더 이상 기능하지 않기 때문이라고 한다. 달리 말해 당사자들 간의 의사소통관계가 더 이상 막연한 도덕(혹은 사회윤리) 등을 통해서는 지탱될 수 없고, 따라서 이제는 제3자인 국가권력

11) 대한의학협회와 한국형사법학회의 공동세미나 자료집 "의료사고의 법적 검토, 1989" 참조. 또한 소위 "의가협" 혹은 "인의협" 등의 단체가 등장하고, 더 나아가 보사부가 의료사고처리에 관한 특별법안을 아직까지 성안시키지 못하는 것도 바로 이러한 사정을 잘 반영하고 있다.

에 의해 자신들의 갈등을 보다 합리적으로 그리고 형식적인 절차에 의해 해결코자 한다는 것이다. 이런 관점에서 법사회학자들은 법제화에로의 요청은 이미 해당 분야의 사회윤리적인 토대가 해체되고 있음을 의미한다고 말한다.[12)]

이러한 도식을 의료분쟁에 적용시킨다면 다음과 같은 설명이 가능하다. 즉 의사와 환자 간의 관계가 대부분 신뢰에 기초했던 예전에는 환자도 의사를 믿었을 뿐만 아니라 의사도 환자가 자신의 치료행위를 법적으로 다투리라고 예상하지 않았을 것이다. 법적인 용어로 풀이한다면, 의사와 환자와의 관계는 대등한 계약당사자의 관계 이상의 것이고, 또한 의사의 치료행위도 형법이 개입해서는 안 될 법 이전의 영역으로 이해되었을 것이다. 그러므로 이미 의사의 치료행위를 형법적으로 개념화한다는 것조차 용인될 수 없었을 것이다. 그러나 의사와 환자와의 관계가 현재와 같이 불신의 늪에 빠져든 후부터는 환자도 의사를 더 이상 자신을 질병으로부터 구해주는 은인으로만 여기지 않을 것이고, 마찬가지로 의사도 이와 같은 환자의 변화된 태도에 대응해서 소위 방어진료(defensive Medizin)를 할 수밖에 없을 것이다. 다시 법적인 용어로 풀이한다면, 의사는 이제 진료라는 계약의 당사자에 불과할 뿐만 아니라[13)] 더 나아가 치료행위에 의해 환자의 건강이 침해됐을 경우에는 심지어 형사책임까지 지게 되는 지위로 전락하게 된 것이다. 이러한 관계의 변화가 의사와 환자 중 누구의 탓인지, 또한 새로운 관계에 따른 법제화의 요구가 과연 바람직한 것인지는 이 논문의 직접적인 대상이 아니다. 다만 여기서 간과되어서 안 될 점은, 소위 의료형법의 문제가 작금에 국내외적으로 논란이 많은 것은 바로 이러한 의사와 환자 간의 새로운 관계정립 때문이고, 이러한 변화는 더 이상 돌이킬 수 없는 역사적인 현실이라는 점이다.[14)]

그렇다면 이제 문제는 의사의 치료행위를 법제화하는 가운데 발견되는 의사

---

12) 이에 관해 자세한 것은 특히 Ellscheid, Die Verrechtlichung sozialer Beziehungen als Problem der praktischen Philosophie, in: Recht und Moral, Neue Hefte für Philosophie Bd. 17, 1979, S. 37 ff. 참조

13) 의사와 환자와의 민사상의 법률관계에 관한 논의에 관해서는 추호경, 의료과오론(주 3), 62면 이하 참조.

14) 이러한 현상의 원인 및 영향에 관해 자세한 것은 추호경, 의료과오론(주 3), 30면 이하 참조.

와 환자의 서로 대립되는 이해관계는 무엇인가일 것이다.[15] 이 문제가 중요한 이유는 올바른 법적 해결방식이란 무엇보다도 관련된 이해관계를 상호 조정하는 데서부터 그 출발점을 찾아야 하기 때문이다. 생각건대 우선 의사 측의 입장은 다음과 같을 것이다. 즉 환자가 의사를 찾을 때는 스스로를 이미 전문가인 자신의 처분에 맡긴 셈이고, 환자는 자신의 병을 효과적으로 고치기 위해서라도 의사를 믿고 가능하면 의사의 진료행위라는 전문적인 영역에 간섭하지 말아야 한다는 것일 것이다.[16] 바로 이런 점으로부터 의사들은 환자에 대한 소위 진료권(Behandlungsrecht)[17]을 주장할 수 있으며, 그 결과 환자들은 의사의 치료행위의 객체로 파악될 것이다. 나아가 법적 차원에서도 의사들의 치료행위라는 독자적인 영역은 가능하면 법적 통제로부터 벗어나야 하는데, 왜냐하면 만약 그렇지 않으면 의사들은 애당초 자신이 법적 책임을 질 수 있는 위험한 치료행위를 기피할 수밖에 없기 때문이다. 그러므로 의사의 치료행위가 형법적으로 문제 되는 경우란 의사의 중대한 과실로 인해 환자의 건강이 심히 침해된 극히 예외적인 경우에만 제한되어야 한다는 것이다.[18] 이에 반해 환자들이 의사들의 치료행위에 거는 이해관계란 다음과 같이 상반된 모습을 지닐 것이다. 즉 환자는 의사에게 자신이 원하는 대로 질병을 고쳐 달라고 의뢰한 것에 불과하므로, 의사는 환자의 병을 고쳐 주기만 하면 되는 의학적 후견인은 결코 될 수 없다는 것이다. 즉 의사는 자신의 임의대로가 아니라 환자의 자기결정권에 따라 치료행위를 할 의무가 있는데, 즉 환자에게 병을 설명하고 이에 근거해서 환자로부터 승낙을 받아 환자가 원하는 바의 결과를 가져와야 한다는 것이다. 바로 이런 관점에서 환자는 치료행위의 객체가 아니라 오히려 대등한 계약당사자이며, 이에 따라 의사의 치료행위가 정당화되는 경우란 환자가 원하는 대로 의사가 진료행위를 한 경우에 제한되어야 할 것이다. 따라서 의사의 치료행위는 대부분 환자의 건강을 침해할 염려가

---

15) 이에 관해서는 Arthur Kaufmann, Die eigenmächtige Heilbehandlung(주 1), S. 173 ff.; Laufs, Arzt und Recht im Wandel der Zeit, in: Eser(Hrsg.), Recht und Medizin, 1990, S. 391 ff. 참조. 또한 에저(Eser)는 의학의 여러 분야에 걸쳐 이러한 문제들을 언급하고 있다(Eser, ZStW 97, 1985, 1 ff.).

16) 소위 의사의 환자에 대한 "이성적인 우위(Vernunfthoheit)"란 개념이 바로 이것을 의미한다.

17) 진료권이란 의사가 후견인적인 입장에서 환자의 병을 고쳐 줄 권리를 의미한다.

18) 대한의학협회가 제시한 가칭 「의료사고처리특별법안」의 중심내용이 바로 이와 같다.

있기 때문에 당연히 형법적인 통제의 범위 안에 포괄되어야 하며, 다만 환자가 요구하는 대로 의사의 치료행위가 종료된 경우에만 형법적으로 정당화될 수 있을 뿐이라고 할 것이다.

이 두 가지의 상반된 요구가 동시에 빠짐없이 충족되는 경우, 즉 환자가 원하는 대로 의사가 치료한 경우란 그다지 많지 않을 것이다. 생각건대 대다수의 경우 상충되는 이해관계의 대립이 경미하기 때문에 당사자들이 이러한 갈등상황을 법적인 문제로까지 비화시키지 않았을 뿐일 것이다. 구체적인 사정이 어찌되었든 간에, 여하튼 이 두 가지의 이해관계가 대체로 맞아떨어지는 경우에는 형법적인 논의의 실익이 별로 없을 것이다.[19] 그러므로 형법적으로 문제 되는 사례군은 다음과 같은 세 가지이다. 1) 의사가 환자의 자기결정권을 중시하고 의술의 법칙에 합치되는 치료행위를 했으나, 치료행위가 성공되지 못해서 환자의 건강이 침해된 경우이다. 2) 이와 반대되는 경우로, 환자의 승낙은 제대로 받지 않았으나 의술의 법칙에 합치한 치료행위를 했을 뿐만 아니라 그 결과도 성공적인 경우이다. 3) 의사가 환자의 자기결정권을 무시하고 의술의 법칙을 어겨 치료행위를 했을 뿐만 아니라 그 결과도 성공하지 못한 경우이다.

대부분 세 번째의 경우는 의료과실(혹은 과오)의 전형적인 사례로 파악되고 있기 때문에 이 경우까지 형법적인 개입을 반대할 수는 없을 것이다.[20] 따라서 형법적으로 논란이 많은 사례유형이란 사실상 첫 번째와 두 번째 경우이다. 구체적으로 말해, 만약 환자측의 입장만을 두둔한 나머지 치료행위의 결과만을 중시해서 첫 번째 경우까지 형사처벌 범위 안에 넣는다면, 항상 의사들은 치료행위를 어떻게 해서든지 성공시켜야만 하는 정신적인 부담 속에서 살아야 할 것이다. 그러므로 환자를 최후의 수단까지 동원해서 살리려는 진지한 의사들은 사라질 것

---

19) 의사의 치료행위를 구성요건해당성 배제의 문제로 보려는 이유가 바로 이것이다. 더 나아가 이것은 피해자의 승낙을 범죄체계론상 구성요건을 배제하는 "양해"로 통일적으로 이해하려는 견해와도 연관된다. 이에 관해서는 특히 Roxin, Strafrecht, AT, 1992, S. 346 f. 참조.

20) 이 경우는 대부분 형법상 업무상 과실치사상의 문제로 다루어진다. 물론 의사의 전단적인 치료행위를 독자적으로 벌하고 있는 예컨대 오스트리아에서는 업무상 과실치상과 전단적인 의료행위의 상상적 경합이 된다. 이에 관해서는 특히 Zipf, Festschrift für Bockelmann, 1979, S. 577 ff. 참조.

이고, 그 대신 대부분의 의사들은 점차 자신들의 치료행위를 단순한 진료행위에만 한정시킬 것이 분명하다. 그렇게 된다면 결국 환자들은 자신들의 이해관계를 표면적으로는 성취했지만 실질적으로는 이를 잃어버린 것과 마찬가지가 될 것이다. 그 반대로 두 번째와 같이 의료행위는 성공했지만 환자의 자기결정권이 침해된 경우까지 모두 형법적으로 정당화시킨다면 의사와 환자 간의 상충된 이해관계가 지나치게 의사 쪽으로 기운 결과가 될 것이다. 그 결과 의사들은 자신의 고유한 전문영역을 확보했을지는 모르지만, 환자의 자기결정권을 의사들의 소위 "전단적인 의료행위"로부터 보호할 가능성은 없게 된다. 이런 해결방식이 형법적으로 의사에게 너무 광범위한 면책특권을 준다는 점은 두말할 나위도 없으려니와, 나아가 이에 의해 의사와 환자 간의 불신의 골이 더욱 깊어질 것 또한 자명하다.

그렇다면 이제 문제되는 첫 번째와 두 번째 사례유형들을 형법이론은 어떻게 해결할 수 있을 것인가? 다시 말해 의사는 "어떤 경우에도 결과를 성공시켜야 한다"는 지나친 부담 없이 치료행위를 하고, 또한 환자의 자기결정권을 존중해서 이를 침해하는 의사의 치료행위는 처벌할 수 있는 형법적 해결방안은 없는 것인가? 요컨대 의사의 치료행위와 환자의 자기결정권을 서로 조화시킬 수 있는 합리적인 대책이란 어떤 것인가?

Ⅲ

이미 위에서 언급한 바와 같이 독일의 학설과 판례는 의사의 치료행위에 관한 형법적 논의에 관해 오랜 역사를 가지고 있을 뿐만 아니라, 나아가 이러한 논쟁을 통해 의사와 환자의 이해관계를 서로 공평하게 고려할 수 있는 해결책을 모색하고 있다.[21] 그러므로 필자가 생각하기에는 지나치게 의사의 치료행위의 적

---

21) 독일의 논쟁에 관한 좋은 개관으로는 Bockelmann, Der ärztliche Heileingriff, in: Beiträgen zur Zeitschrift für die gesamte Strafrechtswissenschaft im ersten Jahrhundert ihres Bestehens, ZStW 93, 1981, 105 ff. 참조. 또한 민사상의 논의과정에 관해서는 Giesen, Wandlungen im Arzthaftungsrecht, JZ 1990, 1053 ff.; Laufs, Die Entwicklung des

정성만을 중심으로 형법적 해결책을 찾는 듯한 우리의 학설과 판례에 직면해서 독일의 논의과정을 소개하는 것은 비단 비교법적인 관점에서만 정당화되는 것은 아닐 것이다. 오히려 이 문제에 관한 외국의 상이한 해결방식들을 개관하는 것은 우리 현실에 맞는 형법적인 해결방안을 구하는 데 있어서 필수적인 전제조건이라고 생각된다.

전반적으로 고찰할 때 독일에서의 논쟁은 "의사 중심적인 관점"으로부터 점차 "환자 지향적인 관점"으로 진행되어 왔다. 이런 관점에서 에저(Eser)는 독일형법이론의 전개과정을 "의사형법(Arztrecht)"으로부터 "의료형법(Medizinrecht)"으로의 개념변화라고 특징짓는다.[22] 즉 처음에는 의사의 치료행위를 의사의 "직업권(Berufsrecht)",[23] "치료목적(ärztlicher Zweck)"[24] 혹은 "관습법(Gewohnheitsrecht)"[25] 등의 근거를 원용해서 정당화시키다가, 1950년대 후반에 즈음해서는 점차 의사의 전단적인 의료행위로부터 환자의 자기결정권을 보호하는 방향에서, 요컨대 의사의 치료행위를 "피해자의 승낙"의 법리를 통해 해결하고 있다. 전자의 시기에는 의사의 치료행위가 대체로 형법적 통제의 밖에 놓여 있었다면, 그 후의 시기에는 의사의 치료행위 자체가 형법적으로 정당화되어야 한다는 점은 자명한 것으로 인식된다. 이하에서는 이 두 단계의 과정을 보다 상세히 설명하기로 하자.

1. 의료행위에 대한 법적, 혹은 형법적인 논의의 출발점은 의료과실에 대해서 의사의 법적 책임을 묻는 것이었다. 전해 오는 바에 따르면, 이미 고대 이집트

Arztrechts 1991/1992, NJW 1992, 1529 ff. 참조

22) Eser, Beobachtungen zum "Wege der Forschung" im Recht der Medizin, in: ders. (Hrsg.), Recht und Medizin(주 15), S. 6.

23) Binding, Handbuch des Strafrechts, Bd. 1, 1885, S. 802; v. Liszt, Lehrbuch des deutschen Strafrechts, 8. Aufl., 1897, S. 150. 최근에 Gallwas도 이런 입장을 취한다.(NJW 1976, 1134 f.)

24) Rotering, GA 30(1882), 179 ff.; v. Lilienthal, Die pflichtmäßige ärztliche Handlung und das Stafrecht, in: Festgabe für Ernst Immanuel Bekker, 1899, S. 1 ff.

25) Oppenheim, Das ärztliche Recht zu körperlichen Eingriffen an Kranken und Gesunden, 1892, S. 19 ff.

와 함무라비 법전에서부터 의료행위는 법의 대상이 되었다고 한다. 로마법도 의술의 법칙에 반하는 수술에 대한 법적 책임을 규정하고 있다고 하며, 이것은 그 후 의료행위에 관한 독일 민법상의 불법행위론의 기초를 이룬다고 한다. 한편 의료과실의 문제가 형법적으로 논의되기 시작한 것은 독일의 카롤리나 형법전이라고 한다. 즉 카롤리나 형법전 제134조는 "태만으로 인하거나 혹은 (의료)기술에 반해" 사람을 사망에 이르게 한 의사는 처벌을 받는다"고 규정하고 있다.[26)]

이렇듯 의료과실에 한정해서 의사를 처벌해야 된다는 실천적인 필요성은 광범위하게 인정되었으나, 처벌의 전제조건인 의료과실의 개념을 구체적으로 확정짓기 어렵다는 점은 이미 독일제국형법의 제정(1871년) 이전에도 널리 알려져 있었다고 한다. 이런 관점에서 예컨대 비르코프(Virchow)는 "의사의 의료과실"이라는 논문에서 다음과 같이 주장한다. 즉 의료과실이 무엇이고 이에 대한 의무위반이 무엇인가에 관해서는 보편타당한 법전이 없고, 또한 의사의 치료행위는 항상 "경과실(leichte Fahrlässigkeit)"에 의한 신체의 침해를 수반하기 때문에 의사에 대한 형사상의 책임은 단지 "중과실(grobe Fahrlässigkeit)"에만 국한되어야 한다는 것이다.[27)] 이런 근거에서 그는 의사의 중과실만을 처벌하는 독자적인 형법규정을 만들어야 한다고 제안하고 있다. 그러나 과실범의 체계 안에서 의료과실이 지니는 특수성을 인정하고 나아가 처벌의 범위를 중과실에만 한정해야 된다는 그의 제안은 독일에서는 받아들여지지 않아 그 후 입법으로 연결되지 않는다. 오히려 독일의 지배적인 해석론은 아직까지도 의료과실도 일반적인 과실개념으로 파악할 수 있다고 생각하며, 따라서 형법이론이 가능하면 이렇듯 불특정한 용어로부터 벗어나기를 권고하고 있다. 요컨대 의료과실(혹은 의료과오)이라는 말은 단지 기술적인 개념으로서 기껏해야 주의의무 위반이라는 형법해석학적인 개념을 대체하는 기능밖에 없다는 것이다.[28)] 그러나 이와는 대조적으로 오스트리아는

---

26) Kehr, Ärztliche Kunstfehler und mißbräuchliche Heilbehandlung. Eine strafrechtliche Untersuchung zu Art. 134 der Carolina, Diss. Marburg, 1972, S. 32; Rabel, Die Haftpflicht des Arztes, 1904, S. 73

27) Virchow, Kunstfehler der Ärzte, in: Eser(Hrsg.), Recht und Medizin, S. 44 ff.

28) 예컨대 H. L. Schreiber, Abschied vom Begriff des ärztlichen Kunstfehlers?, in: Der medizinische Sachverständige, 1976, S. 71 f. 또한 의료과실의 문제에 관해서는 Schwalm, Zum Begriff und Beweis des ärztlichen Kunstfehlers, in: Festschrift für Bockelmann,

이러한 제안을 받아들여 입법화한다. 그 결과 독일과는 달리 의료행위에 관한 독자적인 형법조항이 탄생하였으며, 의료행위의 "중과실(schweres Verschulden)"의 개념도 형법규정에 담기게 된다. 현행 오스트리아 형법 제88조 제2항 이하는 바로 이런 역사적인 연원에서 탄생된 조항이다.[29)]

그러나 의료과실을 처벌해야 한다는 실천적 차원에서가 아니라 이론적인 차원에서 다음과 같은 문제, 즉 "어떤 근거에서 사람의 신체를 침해하게 되는 의사의 치료행위가 정당화되는가?"라는 점에 관해 독일에서 논의가 시작된 것은 천공(Perforation)에 의한 낙태문제와 더불어서이다. 그 이전에는 의술의 법칙에 합치하는 의사의 치료행위를 일반적인 차원에서 정당화시키려는 이론적인 시도들은 거의 발견되지 않으며, 다만 자세한 형법주석서에서만 의사의 "직업권" 등을 원용해서 치료행위를 형법적으로 정당화하고 있을 뿐이었다. 아마도 이런 사정은 일반인들의 다음과 같은 입장, 즉 의사의 치료행위는 대부분 형법적인 통제영역 밖에 놓여 있는 문제라는 생각을 반영한 것이라고 추측된다. 그러나 이와 같은 정황은 천공에 의해 태아를 죽이는 행위에 직면해서는 바뀔 수밖에 없었다. 왜냐하면 그러한 행위는 독일 구형법상의 면책적 긴급피난(제54조)에 의해서 해결될 수 없었으며, 또한 초법규적인 위법성조각사유도 그 당시에는 인정되지 않았으므로 이에 대한 새로운 정당화 사유가 필요했기 때문이다. 그 결과 대다수의 형법학자들은 긴급피난, 긴급구조 그리고 이익형량 등의 법리들을 서로 혼합시킨 "의료목적"이나 혹은 "관습법"을 원용해서 이와 같은 천공에 의한 낙태를 형법적으로 정당화하려고 노력했다.[30)]

그 후 이렇듯 낙태라는 특정분야에 국한되었던 정당화 문제는 드디어 "의사의 치료행위의 형법적 정당화"라는 일반적인 논의로까지 확대된다. 이 당시의 대표적인 논쟁은 오펜하임(Oppenheim)과 슈토스(Stooss) 사이에서 벌어졌는데, 이 두 사람

1979, S. 539 ff.

29) 오스트리아의 입법례에 관해 자세한 설명은 안동준, 치료행위의 본질과 환자의 자기결정권—독일, 오스트리아에서의 논의를 중심으로, 황산덕박사추모논문집, 1989, 417면 이하 참조. 또한 미국과 프랑스의 입법례도 중과실에 한해 의료행위를 처벌하고 있다.

30) Rotering, GA 30(1882), 179 f. 참조.

은 의사의 치료행위의 정당화 사유에 관해 서로 다른 의견을 주장했다. 오펜하임에 따르면, 모든 치료행위는 원칙적으로 상해죄의 구성요건에 해당하지만 다만 관습법에 근거하는 치료목적(den ärztlichen Zweck aufgrund Gewohnheitsrecht)이 있는 경우에는 그 위법성이 조각된다고 한다.[31] 이에 반해 슈토스는 치료행위의 결과에 초점을 맞춰 오펜하임의 견해를 다음과 같이 반박하고 있다. 즉 의사의 치료행위를 정당화한다는 말은 결국 의사의 치료행위가 그 이전에 상해죄의 구성요건에 해당된다는 것을 전제하는데 이는 전혀 합당하지 않다는 것이다. 왜냐하면 상해죄는 신체학대나 건강침해를 가져와야 인정되는데, 수술을 통해 건강을 되찾은 환자는 어느 누구도 의사의 치료행위가 상해에 해당된다고 말하지 않기 때문이라고 한다. 그리고 만약 수술의 결과가 나빠 건강이 침해된 경우에도 그 건강침해는 언제나 위법한 것이기 때문에 의사는 단지 책임조각적 착오에 의해서만 형사처벌을 면할 수 있을 뿐이라고 한다. 그러므로 어떤 경우에도 의사의 치료행위를 별도로 정당화시킬 이론적인 실익은 없다고 한다.[32] 나아가 이 점을 차치하고서라도 오펜하임이 정당화의 사유로 들고 있는 관습법이란 설득력도 없다고 한다. 그것은 의사의 직업권 혹은 치료목적 등의 개념과 마찬가지로 관습법은 모호한 개념이므로 이를 통해 포괄적으로 의사의 치료행위를 형법적으로 정당화시킬 수는 없기 때문이다.[33] 요컨대 아무리 의사의 치료행위라고 할지라도 타인의 신체 혹은 건강을 침해하는 권한은 형법적으로 정당화되지 않으며, 따라서 의사의 치료행위는 그 결과여부에 따라 애당초 형법적으로 문제 되지 않거나 책임조각적 착오를 통해 그 책임만이 조각될 뿐이라는 것이다.

2. 이와 같이 의료분쟁을 의사의 치료행위에 초점을 맞춰 그 가벌성의 범위를 중과실에만 한정해야 한다든지, 그 일반적인 정당화 사유를 직업권, 관습법 혹은 치료목적에서 찾으려는 이론적인 시도들은, 적어도 독일의 해석론에 관한 한 초기의 논의단계에서만 발견될 뿐이다. 다시 말해 1894년 5월 31일의 독일제

---

31) Oppenheim, Das ärztliche Recht zu körperlichen Eingriffen an Kranken und Gesunden, 1892, S. 19 f.

32) Stooss, Operativer Eingriff und Körperverletzung, in: Eser(hrsg.), Recht und Medizin, S. 56 f.

33) Stooss, Operativer Eingriff(주 32), S. 63 f.

국법원의 판결 이후에는[34] 점차 논의의 실마리를 의사의 치료행위라는 관점에서부터 환자의 자기결정권의 보호라는 차원으로 옮겨 모색하게 된다. 그 이유는 무엇보다도 독일제국법원의 판결이 의사의 치료행위는 원칙적으로 상해죄의 구성요건에 해당하고 단지 환자의 승낙에 의해서만 예외적으로 그 위법성이 조각된다고 판시했기 때문이다. 그러나 이 판결을 통해 환자의 승낙이 이미 완전히 독자적인 위법성조각사유로 정립된 것은 아니다. 즉 대다수의 견해들은 비록 의사의 치료행위의 정당화 사유로서 피해자의 승낙을 언급하고 있지만, 그럼에도 불구하고 환자의 승낙은 단지 주변적인 의미만을 지니고 있었을 뿐이었다.[35]

피해자의 승낙이 부차적인 정당화 요건으로 인정되는 상황은 나치를 통해서 더욱 악화되었는데, 그 이유는 무엇보다도 환자의 자기결정권을 강조하는 것은 나치의 지배적인 이념과 배치되었기 때문이다. 즉 민족이라는 집단적인 가치를 전면에 내세우는 나치즘의 관점에서 볼 때 환자의 자기결정권이라는 가치란 단지 개개인의 자의만을 인정하는 것에 불과했기 때문이다.[36]

그럼에도 불구하고 이 시기에도 의사의 전단적인 의료행위로부터 환자의 자기결정권을 보호하려는 이론적인 시도들은 지속적으로 형법개정안에 등장하였다. 물론 "의사의 전단행위"라는 독자적 구성요건을 통해 환자의 자기결정권을 보호하려는 착상은 그 이전에 제안되었던 것이기는 한데,[37] 여하튼 이러한 일련

34) RGSt 25, 375. 이 판결에서는 의사가 수술을 통해 7세 난 어린아이의 다리관절을, 그 부모가 명시적으로 반대했는데도 불구하고, 절단한 사건이 문제 되었다.

35) 이렇듯 피해자의 승낙이 일반적인 위법성조각사유로 파악될 수 없었던 이유로서 에저는 다음과 같은 두 가지 사정을 들고 있다. 그 하나는 독일제국법원이 의사의 치료행위를 제외하고는 어떤 경우에도 상해죄를 피해자의 승낙을 통해 정당화하지 않았기 때문이며, 그 다른 하나는 치텔만(Zitelmann)의 다음과 같은 견해, 즉 피해자의 승낙을 민사상의 법률행위의 일종으로 파악하는 입장이 오랫동안 지배했기 때문이라고 한다[Eser, Beobachtungen zum "Wege der Forschung", in: Recht und Medizin(주 15), S. 17 f.].

36) Eser., Beobachtungen(주 35), S. 18 f.

37) Stooss, Chirurgische Operation und ärztliche Behandlung, 1898, S. 38; v. Lilienthal, Festgabe für Ernst Immanuel Bekker, 1899, S. 57; Heimberger, Arzt und Strafrecht, in: Festgabe für R. v. Frank, 1930, S. 411; Kohlrausch, ZStW 52, 1932, 389; Eb. Schmidt, Der Arzt im Strafrecht, 1939, S. 117 ff.; Schröder, NJW 1961, 951 f. 또한 이 문제에 관해

의 시도들이 지니는 공통적인 생각은 다음과 같다. 즉 판례의 입장과 달리, 질병이라는 사유가 있고 의술의 법칙에 합치하여 취해진 의사의 치료행위는 그 실질적인 의미를 고려할 때 애당초 상해죄의 구성요건에 해당되지 않는다는 것이다. 따라서 환자의 요구에 따라 수술이 성공된 경우에는 이미 형법적으로 정당화할 필요도 없으며, 다만 환자의 승낙 없이 의사의 독단적인 결정에 의해 취해진 의사의 전단적인 의료행위는 단지 환자의 자기결정권만을 침해하는 일종의 자유범의 유형으로 형법적으로 파악하자는 것이다. 그러나 전단적인 의료행위라는 독자적인 구성요건을 신설하려는 입법적 노력은 오스트리아의 경우와 달리[38] 독일에서는 결국 실현되지 못하였다. 이에 큰 몫을 한 것은 독일 판례의 다음과 같은 실천적인 입장이다. 즉 상해죄의 구성요건해당성을 원칙적으로 인정하고 다만 그 위법성조각사유만을 환자의 승낙에 의해 예외적으로 인정하게 되면 환자의 자기결정권을 보다 광범위하게 보호할 수 있다는 것이다.[39]

이와 같은 판례의 견해가 독일에서는 아직까지도 지배적인 학설에 의해 비판을 받고 있다는 사실은 이미 잘 알려진 바이다. 즉 판례의 입장은 "의사와 칼잡이를 동일선상에 놓는 것"과 같으며,[40] 의사에게 쓸데없이 이중적인 처벌의 부담을 준다는 것이다. 왜냐하면 의사가 환자의 자기결정권을 존중하지 않은 채 치료행위를 한 경우에는 그 위법성이 조각되지 않아 문제 되는 반면, 이를 존중해서 치료행위를 하지 않은 경우에도 일반적인 부작위 조항인 독일형법 303조 c에 의해 처벌될 수 있기 때문이다.[41] 이렇듯 의사의 치료행위를 애당초 상해죄의 구성요건으로부터 배제하려는 학설의 입장이 얼마만큼 관철될 수 있는지는 아직도 독일에서는 미지수로 남아 있다. 다만 반드시 짚고 넘어가야 할 점은, 독일판례가 다음과 같은 해석론, 즉 의사의 치료행위는 상해죄의 구성요건에 해당하고 다만 피해자의 승낙에 의해 그 위법성만이 조각된다는 견해를 지금까지 고집하는

서는 Arthur Kaufmann, ZStW 73, 341 ff.; Krauß, Festschrift für Bockelmamm, 1979, S. 557 f.; Zipf, Festschrift für Bockelmam, S. 539 ff. 참조.

38) 오스트리아 형법 제110조.

39) 학설들은 입법론상의 문제점을 잘못된 해석론으로 해결하려는 전형적인 예라고 한다. 이에 관해서는 Hirsch, LK, Vor § 223, Rn. 6 참조.

40) Bockelmann, Strafrecht des Arztes, 1968, S. 62.

41) Eser, Beobachtungen(주 35), S. 20 f.

것은 상해죄의 구성요건을 가치중립적으로 파악하려는 이론적 입장 때문은 결코 아니라는 것이다. 오히려 그 해석이론의 배후에는 바로 다음과 같은 실천적인 의도, 즉 의사의 전단적인 치료행위로부터 환자의 자기결정권을 보호하는 독자적인 구성요건이 없는 현 실정에서는 이와 같은 방식에 의해서라도 간접적으로 환자의 인격권을 보호할 수밖에 없다는 생각이 배수진을 치고 있는 것이다.

3. 이렇듯 의사의 치료행위를 환자의 자기결정권을 중심으로 파악하여, 학설과 같이 애당초 상해죄의 구성요건에서 배제시키든 아니면 판례와 같이 단지 그 위법성만 조각시키는 입장을 취하든 간에, 여하튼 환자의 자기결정권을 중심으로 진행된 논의 중 또 한 가지 주목할 만한 사항은 피해자의 승낙의 요건가운데 의사의 "설명의무(Aufklärungspflicht)"가 점차 독자적인 의미를 띠게 되었다는 점이다.[42] 주지하다시피 의사의 설명의무는 피해자의 승낙의 논리적 전제조건이다. 즉 환자가 유효한 승낙을 하기 위해서는 먼저 의사로부터 자신의 질병, 이에 대한 치료행위의 종류 및 그 성공가능성, 그리고 부작용 등에 대해 미리 설명을 들어야 할 것이다. 따라서 피해자의 승낙에 의해 의사의 치료행위가 정당화된다면, 당연히 설명의무도 치료행위의 중요한 정당화 요건이 된다. 그러나 이렇듯 논리적으로는 자명한 듯한 설명의무가 학설과 판례에 의해 제자리를 찾기까지에는 상당한 시간이 필요했다. 다시 말해 1894년의 독일제국법원의 판결 당시에는 아무런 의미를 부여받지 못했고, 학설도 이 당시에는 몇몇의 예외를 제외하고는[43] 설명의무가 지니는 형법적인 의미에 대해서 알지 못했다.

독일판례에 의해 설명의무의 개념이 처음으로 등장한 것은 1912년이다. 그리고 이 개념이 판례에 의해 원칙적으로 인정되고 점차 그 윤곽을 잡기 시작한 시기는 1930년대 후반과 이차대전 이후이다. 대부분 처음에는 민사상의 손해배상의 전제조건으로 논해졌고, 이러한 경향은 차츰 형법에도 영향을 미쳐서 대부

---

42) 설명의무의 발전과정에 관해서는 Eb. Schmidt, Empfiehlt es sich, daß der Gesetzgeber die Frage der ärztlichen Aufklärungspflicht regelt? Gutachten zum 44. Deutschen Juristentag, 1962, Bd. 2, 4. Teil, Ziff. 15.

43) V. Lilienthal, Festgab für Ernst Immanuel Bekker, S. 41; Radbruch, Geburtshilfe und Strafrecht, 1907, S. 12.

분 형법주석서에서도 설명의무의 문제를 다루기 시작했다. 그러나 이때까지 설명의무의 범위는 전적으로 의사의 재량에 따라 정해질 뿐이었다.

설명의무의 개념이 중요한 형법적인 주제로 부각되고, 그 내용이 오늘날과 같은 형태로 자리 잡기 시작한 것은 일련의 "전기쇼크 사건"에 대한 독일연방법원의 판결 이후이다.[44] 이 사건들을 계기로 학설들은 설명의무의 범위와 한계를 정함에 있어서 의사의 재량이 아니라 형법적 원칙을 요구했던 것이다. 다시 말해 설명의무의 존립과 그 범위가 일차적으로는 의사의 전문영역이라는 점을 인정하지만, 그럼에도 불구하고 그 범위를 의사의 재량에만 일임하여 결정하면 통일적인 법적 기준을 마련할 수 없다는 것이다.[45] 나아가 의사들의 다음과 같은 생각, 즉 환자는 전적으로 치료를 하는 의사를 신뢰해야 하기 때문에 의문이 있을 때는 환자가 의사에게 물어야 한다는 통념은 결국 의사의 설명의무를 "환자의 질문의무"로 변형시킨다는 것이다.[46] 물론 의사들이 이런 생각을 하는 것은 바로 환자의 건강을 중시하기 때문인 것은 분명하다. 그럼에도 불구하고 이와 같은 태도들은 환자를 결국 의사의 치료행위의 단순한 객체로 전락시킬 여지가 많기 때문에, 이제 설명의무의 존립과 범위는 법에 따라 정해져야 한다는 것이다. 요컨대 환자에게 어느 범위까지 설명을 할 것인가의 여부는 의사가 구체적인 정황을 고려해서 판단해야 할 전문영역의 문제이지만, 이와 같은 의사의 결정이 과연 규범적으로 정당화될 수 있는가는 법관이 판단해야 할 법적 영역의 문제라는 것이다.[47]

그러나 법적으로 정해지는 설명의무의 범위와 한계에 대해서는 오늘날까지도 의사들의 반발이 그치지 않고 있다. 즉 비전문가인 법률가가 그것도 획일적이고 도식적인 개념을 가지고 의료인의 가장 전문적인 영역인 의료기술분야에 간

44) BGH NJW 1956, 1106; Roemer, JZ 1960, 137 ff.; Göppinger, Aufklärung und Einwilligung bei der ärztlichen, besonders der psychiatrischen Behandlung, Fortschritte der Neurologiee 1956, S. 53 ff.

45) 이 점에 관해서는 특히 Bockelmann, Rechtliche Grundlagen und rechtliche Grenzen der ärztlichen Aufklärungspflicht, in: Eser(Hrsg.), Recht und Medizin(주 15), 1990, S. 174 f.

46) Bockelmann, Aufklärungspflicht(주 45), S. 175 f.

47) 이에 관해서는 특히 Arthur Kaufmann, Die eigenmächtige Heilbehandlung(주 1), S. 169 참조.

섭한다는 것이다.[48] 그러나 다음과 같은 제반 사정, 즉 이제는 가족의사가 아니라 대규모의 종합병원들이 난립하여 환자가 자신의 치료행위를 선택할 수밖에 없고, 또한 환자의 의식이 높아져서 스스로가 치료행위의 내용을 구체적으로 알고 동참하려고 할 뿐만 아니라, 의사와 환자의 신뢰관계가 더 이상 예전의 형태로 복귀할 수 없다는 점을 고려한다면 설명의무의 내용도 의사가 아니라 법에 의해 확정하는 것이 오히려 의사자신을 위해서도 유리할 것이다.

이와 같이 독일형법상의 설명의무는 피해자의 승낙 가운데 점차 독자적인 위치를 차지하기 시작하여, 그 범위와 한계도 이제는 법적인 기준에 의해 확정되고 있는 실정이다. 그러나 이 논의과정에서 또 하나 중요한 사실은, 의료분쟁의 해결방식이 바뀌고 있다는 점이다. 즉 의사의 치료행위를 중심으로 정당화요건을 구할 때는 의료분쟁은 궁극적으로 "의술의 법칙(lex artis)"과의 적합성 여부에 따라 해결되었다. 그러나 치료행위의 정당화 요건을 환자의 자기결정권에서 구하자마자, 이제 의료분쟁은 더 이상 증명되기 어려운 의술의 법칙과의 합치성이 아니라 오히려 의사의 설명의무의 이행여부에 따라 결정된다는 것이다. 이것은 특히 독일민사소송에서 그러하며, 이러한 분쟁해결방식은 점차 형사소송에도 영향을 미쳐 환자들은 예전보다 훨씬 용이하게 민사상의 손해배상과 형사상의 책임여부를 다툴 수 있게 되었다는 점이다.[49] 물론 이와 같은 해결방식이 얼마나 바람직한가라는 가치평가의 문제는 아직도 숙제로 남아있다.[50] 그러나 의사와 환자 간의 관계가 변한 지금, 의술의 법칙과의 합치성 여부만을, 그것도 같은 의사들의 손으로 가려 의료분쟁을 해결하려는 방식은 지나치게 의사중심적인 발상이라는 점을 아무도 부인하기 힘들 것이다.

이상에서 살펴 본 독일의 논의과정을 요약한다면 다음과 같다.

1) 우리와 마찬가지로 독일에서도 초기에는 대부분 치료행위의 적합성 혹은 그 결과여부에 초점을 맞춰 의사의 치료행위의 정당화 요건을 구했다. 그 결과

---

48) 이런 비판에 관해서는 특히 Göppinger, Aufklärung und Einwilligung, 1956, S. 79 f.

49) 이 점에 관해서는 Ulsenheimer, Arztstrafrecht in der Praxis, 1988, S. 42 f. 참조.

50) 이에 관해서는 Tröndle, MDR 1983, 883 ff. 참조.

의사의 치료행위는 상해죄의 구성요건에 해당하고, 다만 직업권, 관습법 혹은 치료목적 등에 의해서 그 위법성이 조각된다고 설명되었다.

2) 그러나 독일제국법원의 판결(RGSt 25, 375) 이후에는 그 중점이 치료행위의 적합성으로부터 점차 환자의 자기결정권 보호로 이전하게 된다. 그러므로 의사의 치료행위는 궁극적으로 환자의 승낙에 의해 그 정당성이 확보된다. 다만 판례는 이러한 논거를 의사의 치료행위는 상해죄에 해당하고 그 위법성만이 피해자의 승낙에 의해 조각된다는 방식으로 구성하는 반면에, 대부분의 학설은 의사의 치료행위의 실질적인 의미를 중시하여 애당초 상해죄의 구성요건에서 배제시키려고 한다. 그 결과 생겨나는 법의 흠결, 즉 의사의 전단적인 의료행위로부터 환자의 자기결정권을 보호하는 문제는 독자적인 형법구성요건을 마련해서 해결해야 한다고 주장한다.

3) 나아가 민사소송에 영향을 받아 의료분쟁의 형법적 해결방식도 변한다. 즉 초기에는 의술의 법칙과의 합치성이 관건이 되었던 반면에, 지금에는 의사의 설명의무의 이행여부가 분쟁해결의 단서가 된다. 그 결과 초기에는 환자가 의료행위의 과실을 증명할 부담을 안았다면, 현재에는 의사가 환자에게 치료행위의 본질적인 내용을 설명할 의무를 지는 셈이 된다.

Ⅳ

지금까지 언급한 독일해석론의 전개과정이 우리에게 시사하는 바는 다음과 같다.

첫째, 방법적 관점에서 고찰할 때, 우리의 통설과 판례는 지나치게 의사를 중심으로 문제를 해결하고 있는 것처럼 보인다. 그 이유는 분쟁해결의 출발점을 의사의 치료행위의 적합성에서만 찾고 있지, 결코 환자의 자기결정권의 영역과 연결시키고 있지 않기 때문이다.[51)]

둘째, 형법해석론상으로도 현실과 거리과 먼 도식적인 이론구성이 지배적이다. 왜냐하면 의사의 치료행위가 상해죄의 구성요건에 해당한다는 이론구성은 그 행위의 실질적인 의미를 전혀 고려하지 않은 채 자연적인 인과과정만을 중시할 때 가능하기 때문이다. 물론 그렇다고 해서 행위의 사회적 의미를 내세워 의사의 치료행위를 모두 개괄적으로 형법적인 통제밖의 문제라고 말하려는 것은 결코 아니다. 오히려 규율대상인 생활사태가 지니는 구체적인 규범적 의미로부터 형법이론이 출발해야 한다는 점을 주장할 뿐이다. 나아가 구성요건의 문제를 차치하고서라도 위법성조각의 문제도 별로 설득력이 없다. 왜냐하면 실질적인 이해관계의 조정은 도외시한 채 업무의 요건만을 형식적으로 검토함으로써 형법적인 정당화를 꾀하기 때문이다.[52] 의사의 치료행위를 구성요건에서 애당초 배제시키지 않고 위법성의 영역으로까지 갖고 들어온 데에는 그에 상응하는 실질적인 이유, 예컨대 독일판례와 같이 환자의 자기결정권을 보호하려는 목적 등이 있어야 할 것이다.

셋째, 형사정책적 관점에서도 정당화되기 힘들다. 의료분쟁의 해결방안을 의료과실의 확정에 한정시키고, 또한 그 과실 유무의 결정도 다름 아닌 의사에게 맡기는 방식은 결코 공정하지 않기 때문이다. 왜냐하면 감정인으로 의뢰된 의사는 자기의 동료의 잘못을 고발하기 힘들 것이고 그 결과 의사와 환자와의 불신관계는 더욱 깊어지기 때문이다.

그렇다면 이제 문제는 이렇듯 방법론상으로 일면적이고, 형법해석론으로도 도식적이며 그리고 형사정책적으로 정당화되기 힘든 우리 형법의 해석론과 판례의 입장을 어떻게 고쳐야 하는가이다. 이제 이에 대한 필자의 견해를 제시함으로써 이 논문의 결론으로 대신하고자 한다.

---

51) 물론 이러한 비판은 다음과 같은 입장, 즉 치료행위를 피해자의 승낙을 중심으로 애당초 구성요건해당성의 문제로 파악하거나 혹은 피해자의 승낙에 의해 단지 그 위법성만을 조각하려는 소수설에 대해서는 해당되지 않는다.

52) 이와 같은 문제점에 대해서는 김영환, 형법 제20조 정당행위에 대한 비판적 고찰(주 9), 141면 이하 참조.

1. 논의의 출발점

이미 언급한 바와 같이, 의사의 치료행위를 형법적으로 파악하기 힘든 이유는 양 당사자 간의 상반된 이해관계가 첨예하게 대립하고 있기 때문이다. 의사들은 자신들이 의술의 법칙에 따라 치료를 했다면 그 결과의 성패와는 상관없이 형법적인 간섭을 받아야 할 필요가 없다고 생각한다. 반면에 환자들은 계약에 의해 일정한 진료의무를 지는 의사가 건강의 회복과는 정반대로 건강의 침해라는 결과를 가져왔다면 당연히 법적인 통제를 받아야 한다고 생각한다. 그러므로 문제해결의 실마리는 이렇듯 상반된 이해관계가 지나치게 한쪽으로 기우는 것을 막는 데서부터 출발해야 한다. 그래야만 의료행위에 대한 형법적인 규율방식이 체계적인 일관성뿐만 아니라 실천적으로도 설득력을 지닐 수 있게 된다.

이런 관점에서 우선 의사 측으로부터 들어야 할 부분은 의사가 안심하고 치료를 할 수 있도록 그 의료행위의 결과 자체는 직접적으로 고려하지 말아야 한다는 것이다. 또한 치료행위는 행위수행의 前과 後가 판연히 다른 경우가 대부분이기 때문에 반드시 행위 이전의 상황을 중심으로 고찰해야 한다는 것이다. 형법적인 용어로 풀이한다면, 결과불법이 아니라 행위불법에 초점을 맞추어야 하며, 그것도 사전(ex ante)의 상황을 중심으로 해야 한다는 것이다. 이에 반해 의사 측의 다음과 같은 입장은 수긍될 수 없다. 즉 의술에 합치된 치료행위를 했으면 환자의 의사와는 상관없이 또한 아무리 그 결과가 나빠도 정당화된다는 식의 입장이 그것이다. 왜냐하면 만약 그렇게 된다면, 환자의 자기결정권이 그것도 고의로 침해되는 경우조차 형법적으로 정당화될 수 있기 때문이다.

이에 반해 환자 측으로부터 들어야 할 사항은 다음과 같다. 즉 치료행위에 의해서 법익이 침해되는 사람은 의사가 아니라 환자이므로 환자의 자기결정권을 우선순위로 해서 의사의 치료행위를 고찰해야 한다는 것이다. 만약 환자의 자기결정권과 의료행위의 적정성이 서로 충돌하는 경우, 예컨대 의술의 법칙에 충실하게 의료행위를 했지만 환자의 자기결정권을 무시한 경우에는 그 자체를 자유범(Freiheitsdelikte)의 일종으로 처벌할 필요가 있다는 것이다. 그러나 환자가 원하지 않는 치료의 결과가 발생하면 의사는 항상 이에 대해 책임을 져야 한다는 식의 논리는 의료행위 자체를 거의 불가능하게 만들기 때문에 받아들일 수 없다.

결론적으로 말해, 대립된 이해관계를 합리적으로 조정해야 하는 형법은 환자의 자기결정권뿐 아니라, 치료행위의 의술의 법칙과의 합치성을 같이 고찰해야 한다는 것이다. 환자의 승낙과 의술의 법칙과의 합치성이라는 두 가지 요건은 각기 필요조건이기 때문에 반드시 이 둘의 조건이 동시에 존재해야만 의료행위의 정당화의 충분조건이 마련된다. 그러므로 이 두 가지 요건 중 어느 하나가 결여되는 경우 의사의 치료행위는 형법적으로 정당화될 수가 없다. 요컨대 형법적으로 치료행위는 행위불법을 중심으로 파악되지만, 반드시 환자의 승낙이 있는 경우에만 그 정당성이 확보된다. 이 경우 건강침해라는 결과불법은 환자의 승낙의 범위 안에 있는 한 형법적으로 상쇄되는 것으로 된다.

2. 형법해석론상의 문제점들

1) 그렇다면 이제 문제는 우리 형법상 이와 같은 착안점을 범죄체계론상 어떻게 이론화하는가이다. 이런 관점에서 지금까지의 통설과 판례는 위에서 언급한 문제점 이외에도 다음과 같은 이유에서 비판의 대상이 된다.

첫째, 해석론상 쓸데없이 이론이 복잡하다는 것이다. 통설과 같이 의료행위가 구성요건에 해당하고, 업무행위의 요건을 갖추었으면 위법성이 조각된다고 새긴다면, 대부분의 의료행위는 결과적으로 상해죄와는 상관없고 단지 업무상 과실치사상죄의 해당 여부만이 문제될 것이다. 이렇듯 의료행위가 어차피 과실범의 문제로 낙찰된다면, 의료행위를 처음부터 과실범의 범주에서 다루는 것이 더 합리적일 것이다.[53] 그럼에도 불구하고 어떤 근거에서 우리 통설과 판례의 입장은 고의범과 과실범을 형식논리에 따라 그 순서대로 논하게 만드는 것인가?

둘째, 의료행위를 개별적으로 분리, 검토할 뿐만 아니라, 더 나아가 결과불

53) 1960년부터 현재까지 대법원이 다룬 의료행위에 관한 형사사건은 대략 20여 건이 된다. 그런데 이 모두가 업무상 과실치사상의 해당 여부를 다룬 것이고, 따라서 주의의무위반, 예견가능성의 인정 여부가 핵심적인 판시내용이다.

법을 중시하기 때문에 지나치게 의사에게 부담을 안겨 준다. 다시 말해 의사가 환자의 승낙을 얻고 의술의 법칙에 합치한 행위를 다했다면, 비록 그 결과가 실패한 경우라도 형법적인 고찰에서는 애당초 배제되어야 한다. 요컨대 결과불법이 있다는 점으로부터 곧바로 의료과오를 추론하는 것은 문제의 소지가 많다. 그것은 무엇보다도 위험이 항상 따르는 의료행위 자체를 불가능하게 만들기 때문이다. 그럼에도 불구하고 통설과 판례의 입장은 이 경우에서까지 상해죄의 구성요건해당성을 인정하기 때문에 지나치게 가벌성의 범위를 확장시키고 있다. 물론 이 경우 주의의무의 위반이 없으면 과실범도 성립되지 않아 통설의 입장도 같은 결과에 도달한다는 이의를 제기할 수 있으나, 이와 같이 복잡하게 이론을 구성해야 할 이유가 어디에 있는가? 형법적으로 문제 되지 않는 사례들은 애당초 구성요건해당성에서 배제시킬 것이지 쓸데없이 이론적인 우회를 할 필요는 결코 없을 것이다.

셋째, 이미 누누이 지적한 바와 같이, 의료행위의 적정성만을 중심으로 행위불법을 고찰하기 때문에 환자의 자기결정권을 별도로 보호할 가능성이 전혀 없게 된다. 즉 통설과 판례에 의하면, 환자의 승낙을 얻지 않았더라도 의술의 법칙에 따라 치료행위를 하고 그 결과도 성공한 경우에는 형법적으로 문제 되지 않는다. 물론 소수설은 이와 같은 전단적인 의료행위의 경우 강요죄나 감금죄에 의해 환자의 자기결정권을 보호할 수 있다고 주장한다.[54] 그러나 이러한 해결방안이 한계가 있다는 것은 독일의 논쟁에서 이미 밝혀진 바이다. 그렇다면 환자의 자기결정권을 침해하는 의료행위를 형법적으로 파악할 가능성은 없는 것인가?

2) 이와 같이 통설과 판례의 입장은 쓸데없이 이론이 복잡할 뿐만 아니라, 어떤 경우에는 가벌성의 범위를 부당하게 확대하며, 어떤 경우에는 형법상의 흠결도 초래한다. 이러한 결함이 지나치게 의료행위의 적정성만을 중심으로 문제를 고찰했기 때문이라는 점은 두말할 필요가 없을 것이다. 그렇다면 이 문제점을 해결할 방안은 없는 것인가? 의료행위가 환자의 승낙을 얻어 의술의 법칙에 따라 이루어진 것이라면 그 결과의 성공 여부와는 상관없이 애당초 형법적인 고찰에

---

54) 이재상, 형법총론(주 10), 287면 참조.

서 배제하고, 또 다른 한편 결과가 성공했더라도 환자의 자기결정권을 무시한 경우에는 이를 형법적으로 처벌할 방법은 없는 것인가?[55]

혹자는 다음과 같은 주장을 펼 수 있을 것이다. 즉 환자의 자기결정권에 따른 의료행위는 올바른 해석론에 의해서, 그리고 환자의 자기결정권을 무시한 의료행위는 입법론을 통해 해결하자는 것이다. 환자의 자기결정권의 보호는 개인의 신체를 보호하는 상해죄나 업무상 과실치사상죄를 통해서는 이루어질 수 없으므로, 이에 관한 독자적인 "전단적인 의료행위"의 구성요건을 마련하자는 것이다. 그러나 적어도 이와 같은 구성요건이 마련되지 않는 한, 현행법의 해석을 통해 비록 완전하지는 않지만 문제해결을 꾀하는 도리밖에 없을 것이다.

생각건대 해석론적으로 이 문제를 해결하기 위해서는 무엇보다도 "의료행위의 적정성"이 아니라 "피해자의 승낙"을 중심으로 치료행위를 고찰해야 함은 당연할 것이다. 왜냐하면 그렇게 되어야만, 환자의 승낙을 얻은 후 의사가 자기소임을 다한 경우에는 비록 그 결과가 나쁘더라도 형법적인 고찰에서 제외시킬 수 있을 뿐만 아니라, 아무리 치료의 결과가 좋아도 환자의 승낙 없이 한 치료행위는 형법적으로 문제삼을 수 있기 때문이다. 그리고 바로 이런 관점에서 고찰할 때, 우리는 다음과 같은 세 가지의 서로 다른 해석론이 주장되고 있음을 알게 된다.

첫째는 독일판례의 입장과 같이, 문제의 해결점을 위법성의 영역에 위치시키는 방법이다.[56] 즉 의사의 치료행위를, 그것이 의술의 법칙에 합치하든 아니하든 간에, 결과불법이 있든 없든 간에, 그리고 피해자의 양해가 있든 없든 간에 모두 상해죄의 구성요건에 해당시키고, 단지 피해자의 승낙이 있는 경우에만 그 위법성만 조각시키는 입장이다. 이 해결방안이 가지는 장점은 무엇보다도 환자의 자기결정권을 정당화의 실질적인 요건으로 봄으로써 환자의 자기결정권을 광범위하게 보호할 수 있다는 것이다. 그러나 반복해서 지적한 바와 같이, 이 해석론

---

55) 사실상 의료행위에 관한 독일 해석론이 지나치게 복잡한 이유는 바로 이 두 사례를 해석론적으로 해결하기 위한 노력 때문이었다.

56) 이런 입장은 RGSt 25, 375 이후부터 줄곧 확인된다. BGHSt 11, 11; 12, 379; 16, 303 참조. 또한 Baumann, NJW 1958, 2092 등도 이런 입장을 취한다.

은 의사의 치료행위를 그 전반적인 경향에서가 아니라 개별적인 행태로 파악할 때만 가능한 이론이다. 요컨대 의사의 치료행위는 칼잡이들의 상해행위와는 다르며, 따라서 아무리 환자의 자기결정권을 보호하기 위한 이유가 있다고 해도 이론적으로 별로 설득력이 없다.

두 번째의 해석론은 치료행위의 결과를 중심으로 문제를 해결하고자 하는 방법이다.[57] 즉 치료행위를 그 결과에 따라 두 가지로 나누어, 의술의 법칙에 합치하고 환자의 승낙을 얻어 결과도 성공한 치료행위는 애당초 상해죄의 구성요건에서 배제한다. 이에 반해 비록 의술의 법칙에 합치하고 환자의 승낙을 얻은 치료행위라고 하더라도 건강침해의 결과가 발생한 경우에는 상해죄의 구성요건을 일단 인정하고 다만 그 위법성조각 여부만 검토하는 견해이다. 이러한 설명방식이 갖는 장점은 일반인의 상식과 가장 부합할 수 있다는 점일 것이다. 그러나 이 학설 역시 상해죄의 구성요건을 형식적으로 파악했다는 비난을 피하기 어려우며, 더 나아가 의사들에게 항상 치료를 성공시켜야 한다는 정신적인 부담을 지나치게 부여한다. 또한 환자의 자기결정권을 침해하는 일종의 자유범과 개인의 신체를 보호하는 상해죄를 서로 혼동시킨다는 비판이 따르게 된다.

세 번째의 해석론은 치료행위의 "의술의 법칙과의 합치성"을 중심으로 문제해결을 꾀하는 입장이다.[58] 즉 치료행위의 결과와는 상관없이 그 행위가 의술의 법칙에 합치하고 피해자의 양해를 받은 것이라면 그와 같은 치료행위는 모두 상해죄의 구성요건에서 배제된다는 것이다. 이 견해의 장점은 의사의 치료행위의 실질적인 의미를 중시하여 애당초 상해죄의 구성요건에서 배제시킨다는 점이다. 그러나 대다수의 의사의 치료행위가 상해죄와는 무관하게 되므로 결국 환자의 자기결정권을 침해하는 전단적인 의료행위는 예컨대 감금죄나 강요죄 등에 의해 불충분하게 보호된다는 단점이 생긴다.[59] 그 결과 혹자는 이 견해가 결국 의사의

---

57) Bockelmann, Strafrecht des Arztes(주 40), S. 67 ff.; Maurach-Schroeder, Strafrecht, BT, Teilbd. 1, 1978, S. 85; H. Mayer, Das Strafrecht des deutschen Volkes, 1936, S. 170.

58) Engisch, ZStW 58, 5 ff.; Eb. Schmidt, Der Arzt im Strafrecht, S. 69 ff.; Welzel, Das deutsche Strafrecht, 1969, S. 289 f. 우리나라의 경우도 이재상 교수[형법총론(주 10), 287면]와 김일수 교수[형법학 원론(주 8), 599면]가 이런 입장을 취한다.

치료행위를 직업권 등에 의해 전면적으로 정당화시키는 견해와 다를 바 없다고 비판을 한다.[60]

3. 필자의 견해

이상에서 언급한 의사의 치료행위에 대한 세 가지 해석론은 각기 나름대로의 단점을 모두 지니고 있다. 생각건대 그 근본적인 이유는 환자의 자기결정권이라는 법익의 보호는 이를 위한 독자적인 구성요건을 마련하지 않는 한, 아무리 상해죄의 보호법익을 추상화시킨다고 할지라도 그 안에 결코 내포시킬 수 없을 뿐만 아니라,[61] 다른 한편 강요죄 혹은 감금죄 등의 구성요건을 통해서도 충분히 이루어질 수 없다는 데 있다. 사실상 이런 근거에서 입법론적으로 전단적인 의료행위라는 구성요건을 만들어야 한다는 점은 아무리 강조해도 지나치지 않을 것이다. 그럼에도 불구하고 이와 같은 독자적인 구성요건이 없는 현행법상, 우리는 다음과 같이 비록 불완전하나마 해석론을 통해 문제해결을 꾀할 수밖에 없을 것이다. 필자가 생각하기에 가장 합리적인 방안이란 다음과 같이 상해죄의 보호법익과 관련지어 두 가지 사례유형을 구별해서 고찰하는 것이다.

1) 우선 본질적인 신체, 예컨대 신체의 절단이나 기능의 상실 등의 침해가 없고 치료행위의 결과가 성공한 경우에는, 전체적으로 보아 건강의 증진이 있으므로 상해죄의 구성요건에서 제외시킨다. 다만 이 경우에는 행위불법이 충분히 고려되지 않았기 때문에, 문제가 심각한 다음과 같은 예외적인 경우에는 별도로 형사소추한다.

첫째, 의술의 법칙과의 합치성이 지나치게 문제 되는 경우에는 신체학대 등

59) 이재상 교수는 강요죄, 체포죄에 의해 이 문제를 해결하고자 한다[형법총론(주 10), 287면]. 독일형법과 관련해서 이 문제에 관해서는 Maurach-Schroeder, Strafrecht(주 57), S. 85; Schröder, NJW 61, 953 ff. 참조.

60) Sch-Sch-Eser, StGB, 21. Aufl., § 223, Rn. 31.

61) 사실상 이런 관점에서 의료행위와 관련지어 독일의 해석론은 상해죄의 보호법익 안에 다음과 같은 추상적인 개념 — 개인의 신체에 대한 이해관계 등 — 을 통해 개인의 자기결정권을 포괄시키려고 노력해 왔다. 이 점에 관해서는 특히 안동준, 치료행위의 본질(주 29), 429면 이하; Hirsch, LK 1989, Vor § 223, Rn. 1 ff. 참조.

의 요건을 충족하므로 폭행죄 혹은 상해죄의 구성요건 해당성을 검토하거나, 업무상 과실치사상죄의 주의의무의 위반여부를 가려낸다.

둘째, 환자의 승낙과는 무관하게 이루어진 전단적인 의료행위라면 자유 및 명예를 보호하는 구성요건, 예컨대 모욕죄, 강요죄 혹은 감금죄 등을 통해 문제를 해결한다.

2) 이에 반해 본질적인 신체의 침해가 있거나 건강의 침해가 있을 경우에는 다음과 같은 개별적인 요건을 모두 충족시키는 경우에만 상해죄의 구성요건에서 제외한다.

첫째, 치료를 필요로 하는 병이라는 사유, 소위 의학적인 적응사유(medizinische Indikation)가 있어야 한다. 여기서 "치료"는 생명의 유지 및 고통, 기형, 장애요인들의 제거를 의미한다. 또한 직접적인 치료행위뿐만 아니라 이를 준비하는 행위 및 치료 후의 행위도 이에 포함된다. 그러므로 인체실험이나 장기이식의 경우, 실험대상자나 장기제공자에게는 이와 같은 의학적 적응사유가 없기 때문에 상해죄의 구성요건에 해당하고 단지 그 위법성만 피해자의 승낙을 검토해서 조각될 수 있을 뿐이다.[62] 또한 이러한 사정은 순전히 미용의 목적에서만 이루어지는 "미용수술(성형수술)"에서도 마찬가지이다.[63]

둘째, 치료행위는 의술의 법칙(lex artis)과 합치해서 수행되어야 한다. 여기서 말하는 의술의 법칙이란 이미 실험을 거쳐 공인된 치료방법을 의미하나, 그것의 내용은 의학의 발전상 고정불변의 것이 아니며 의과대학에서 가르치는 내용만을 의미하는 것은 아니다(소위"의료방법의 개방성 원칙"). 더 나아가 의술의 법칙이란 병원의 의료시설, 수술의 급박성, 그리고 치료행위의 위험성 정도에 따라 변할 수 있으므로 개별적인 상황에 따라 달리 평가되어야 할 개념이다(소위"의술

62) 이 문제에 관해서는 Deutsch, NJW 1978, 570; Eser, Festschrift für Schröder, 1978, S. 191 ff.; Geilen, JZ 1971, 41 ff.; Grahlmann, Heilbehandlung und Heilversuch, 1977 참조.

63) 이에 관해서는 상반된 의견이 주장된다. Engisch, Die rechtliche Bedeutung der ärztlichen Operation, 1958, S. 6 f.; Bockelmann, Strafrecht des Arztes(주 40), S. 69; Maurach-Schroeder, Strafrecht(주 47), S. 87 f.

의 법칙의 상대성원칙"). 마지막으로 치료를 위한 설명도 환자의 위험한 행위를 방지하고 치료행위에 협조를 구하는 것인 한 의술의 법칙의 개념 안에 포함시켜야 할 것이다.[64] 만약 의술의 법칙에 합치하지 않은 치료행위가 있을 경우에는 원칙적으로 형법상의 구성요건에 해당한다고 보아야 할 것이다. 따라서 의술의 법칙에 위반하는 행위가 고의일 경우에는 상해죄, 과실에 의할 때는 업무상 과실치사상죄의 구성요건 해당 여부를 검토해야 한다. 물론 그리고 난 후 해당 행위의 위법성 조각 여부를 가려내게 된다.

셋째, 의사의 설명의무가 충족되어야 하며, 이에 근거해서 환자의 승낙을 받아야 한다. 설명의무의 범위와 한계에 관해서는 아직까지도 논란이 많다.[65] 그러나 다음과 같은 부분, 즉 수술행위의 기본적인 성격, 치료행위의 종류 및 다른 치료방법의 적용가능성, 그리고 치료행위의 결과 및 그 위험정도에 대해서 의사가 설명을 해야 한다는 점에서는 대체로 이의가 없다. 다만 병의 진단과 관련해서는 환자가 유효한 승낙을 하기 위해 필요한 경우에만 설명의무가 인정된다고 보아야 할 것이다. 또한 설명의무의 범위와 정도도 의술의 법칙과 마찬가지로 개별적인 상황에 따라 다른 내용을 가질 것이다. 그러나 어떠한 경우에도 다음과 같은 원칙, 즉 "치료행위가 급박하지 않고 꼭 필요한 것이 아니면 아닐수록 설명의 내용도 보다 구체적으로 그리고 광범위하게 인정된다는 원칙"은 지켜져야 한다.[66] 다만 의사의 설명이 환자의 건강을 더 위태롭게 할 위험이 있는 경우에는 의사의 설명의무는 소위 "보호원칙(Fürsorgeprinzip)"에 의해 예외적으로 탈락될 수 있다.[67]

이와 같은 의사의 설명에 근거해서 이제 환자는 수술행위에 대해 승낙을 해야만 한다. 의사의 치료행위에 대해서도 피해자의 승낙의 일반적인 요건들, 즉 반드시 자격 있는 자가, 의사의 흠결 없이, 그리고 사회상규(die guten Sitten)의 범위 내에서 승낙을 해야 한다는 점이 그대로 적용된다. 이 경우 피해자의 승낙은

64) 소위 "치료를 위한 설명(therapeutische Aufklärung)"이 그것이다. 이러한 설명의무는 특히 환자에게 위험한 약물을 투여할 것을 권고한 경우에 문제 된다.

65) Sch-Sch-Eser, StGB, § 223, Rn. 41.

66) 예컨대 미용수술의 경우 이러한 원칙이 엄격히 적용된다.

67) 예컨대 Basedow병 환자의 수술의 경우가 이에 해당한다.

구성요건을 배제하는 기능을 가지므로, 엄밀한 의미에서는 "피해자의 양해"라고 함이 올바르다.

그러나 유효한 피해자의 승낙이 없는 소위 전단적인 의료행위는 원칙적으로 상해죄의 구성요건에 해당하기 때문에[68] 위법성 조각적 긴급피난이나 혹은 추정적 승낙 등의 별다른 정당화 사유가 없으면 그 위법성이 조각되지 않는다고 보아야 한다. 다만 의사는 이 경우 피해자의 승낙이 있었다고 믿었다는 점을 원용해서, 즉 오상 피해자의 승낙을 이유로 업무상 과실치사상죄의 책임여부를 가리게 될 것이다.[69]

넷째, 의사가 환자의 건강을 위한다는 목적으로 치료행위를 해야 한다. 요컨대 주관적인 치료의사가 존재해야 한다.

이상에서 언급한 사항을 종합 정리하면 다음과 같다.

a) 의사의 치료행위를 모두 상해죄의 구성요건에 해당시키고 그 위법성만 업무개념에 의해 조각시키는 기존의 판례와 학설의 입장은 그다지 설득력이 없다. 왜냐하면 방법론상 일면적이고, 해석이론도 도식적이며 그리고 형사정책적으로 합리적인 해결방안을 가져오지 않기 때문이다.

b) 따라서 형법해석학이 자기목적이 아니라 오히려 분쟁을 세분하여 해결하기 위해 존재한다면, 다음과 같이 입법론과 해석론을 분리하는 방안이 가장 이상적이다. 즉 우선 입법론적으로 환자의 자기결정권을 침해하는 독자적인 구성요건을 마련한다. 그래야만 아무리 의술의 법칙에 부합하고 그 결과가 성공한 의료행위라도 환자의 승낙이 존재하지 않는 한 자유범(Freiheitsdelikt)의 일종으로 형

---

68) 이 경우 상해죄의 구성요건을 인정하는 것에 대해 이론적인 비판이 따를 수 있다. 그러나 해당 의료행위가 이미 형법상으로도 유의미하다는 점, 그리고 전단적인 의료행위가 기존의 구성요건 — 예컨대 강요죄나 감금죄 등 — 에 의해 충분히 파악될 수 없다는 점을 감안한다면, 이와 같은 해석론은 당분간 불가피할 것 같다.

69) 이런 관점에서 독일연방재판소는 Myom이 문제된 BGHSt 11, 111 판결에서 의사를 과실치상으로 처벌하고 있다. 이에 관해 자세한 점은 Eser, Strafrecht I, 3. Aufl., 1980, S. 85 ff.

사상 처벌할 가능성이 있게 된다. 반면 해석론상으로는 의료행위를 행위불법을 중심으로 사전의 시점(ex ante)에서 전체적, 통일적으로 고찰한다. 그렇게 된다면 환자의 승낙을 받아 의술의 법칙에 합치한 치료행위는 그 결과의 성패와는 상관없이 애당초 상해죄의 구성요건에서 배제된다. 그러므로 대부분의 의료과오의 문제는 그 말이 의미하는 바와 같이 애당초 과실범의 문제가 된다.

c) 그러나 현행법과 같이 전단적인 의료행위를 처벌하는 독자적인 구성요건이 없는 한, 다음과 같이 두 사례유형을 나누어 해결한다.

첫째, 본질적인 신체상의 침해가 없이 성공한 치료행위의 경우는 이미 결과불법이 없으므로 상해죄의 구성요건에서 배제시킨다. 다만 행위불법이 극단적으로 문제 되는 다음과 같은 예외적인 경우, 즉 의술의 법칙과의 합치성이나 피해자의 양해가 없는 경우는 각각의 문제 되는 구성요건해당성 여부부터 검토한다.

둘째, 그러나 본질적인 신체나 건강의 침해가 있는 경우에는 다음과 같은 네 가지 요건 – 즉 의학적 적응사유, 의술의 법칙과의 합치성, 의사의 설명에 따른 유효한 피해자의 승낙, 그리고 의사의 치료목적 – 이 동시에 충족되는 경우에만 상해죄의 구성요건에서 배제한다. 이에 반해 이 중 어떤 요건이라도 충족되지 않은 경우에는 일단은 상해죄 내지 업무상 과실치사상죄의 구성요건해당성을 인정하고, 그 위법성 조각 여부만 가려낸다.

양형의 법적 성격과 양형의 합리화(1996)

Ⅰ. 문제제기

양형의 궁극적인 목표는 피고인이 납득할 수 있는 적정한 형벌을 확정하는 동시에 동질의 혹은 유사한 피고인들에게 균등한 형벌을 부과하는 것이다. 양형실무에서의 최대이념이 형벌의 적정성과 균등성이라면, 양형이론의 최대과제는 이와 같은 양형과정의 합리화일 것이다. 다시 말해서 그 본질상 법관 자신의 사회윤리관 내지 형벌관이 아무런 여과 없이 침투될 수 있는 양형과정을 애당초 법률이나 규범적인 원칙에 의해 정형화(Formalisierung)함으로써, 법관의 양형이라는 형벌귀속과정을 일반인들이 예측하고 통제할 수 있도록 만드는 것이다. 이렇듯 양형의 합리화는 법관이 법률에 기속되어야 한다는 법치국가적 요청으로부터 도출되는 당연한 결론이며, 또한 그렇게 되어야만 형법의 보충성의 원칙 — 즉 가장 가혹한 제재수단인 국가형벌권은 다른 사회통제수단이 사회적 갈등상황을 해결하지 못하는 경우에야 비로소 투입되어야 한다는 이념 — 도 그 의미가 퇴색되지 않을 것이다. 그렇다면 이와 같은 양형이론의 합리화는 어디서부터 시작되어야 할 것인가?

형법의 법치국가적인 정형화가 대부분 입법과 규범적 원칙이라는 두 가지 방법에 의한다는 점을 고려할 때,[1] 우선 법률에 의한 양형 합리화 방안을 생각할

---

1) 형법의 "정형화"는 우선 입법에 의해 이루어진다. 그러나 입법에 의한 정형화는 법률의 추상성으로 인해 항상 일정한 한계를 지니고 있기 때문에, 죄형법정주의 원칙, 책임원칙, 그리고 비례성 원칙 등과 같은 형법의 규범적 원칙에 의한 추가적 정형화를 반드시 필요로 한다. 이에 관해서는 특히 Hassemer/Steinert/Treiber, Soziale Reaktion auf Abweichung und

수 있을 것이다. 그러나 법적 규정에 의해 법관의 개별적인 형의 양정을 규율하려는 합리화 방안에 대해서는 너무나도 많은 이론상의 장벽이 존재한다. 왜냐하면 범죄의 공통적 표지 또는 개별적인 범죄의 불법유형을 세분화된 범죄구성요건표지를 통해 규정할 수 있는 형법의 범죄론 영역과는 달리, 양형의 분야에서는 애당초 고려해야 할 양형사실들이 개별사안에 따라 너무 다양해서 체계화되기 어렵기 때문이다. 나아가 입법기술상 범죄구성요건은 개별 요건의 해당 여부만을 중심으로 구성될 수 있는 반면, 양형에 관한 입법은 항상 개별 인자들의 강도를 수량화할 수 있어야 하기 때문이다. 요컨대 양형에 관한 입법은 양형사실의 다양성으로 인해 체계화되기도 어렵지만, 설사 체계화가 가능하더라도 이를 다시 양적으로 숫자화하는 작업이란 거의 불가능에 가까울 것이다. 따라서 입법에 의해 양형을 정형화할 수 있는 일이란 개별범죄의 법정형의 범위를 추상적으로 규정하거나, 일반화된 양형원칙이나 양형인자들을 법률로 명시하는 일밖에 없을 것이다.

이렇듯 입법에 의한 양형의 정형화가 제한적일 수밖에 없다면, 다음으로 법해석에 의한 합리화 방안을 고려해 볼 수 있다. 그러나 입법에 의한 방식과 마찬가지로 해석을 통한 합리화 방법에도 여러 가지 어려움이 따른다. 우선 법의 해석은 법률을 그 전제로 하는 것인데, 협의의 양형에 관해서는 법정형이나 처단형의 구체화와는 달리 해당 법규정이 별로 존재하지 않는다. 그러므로 해석에 의한 합리화는 형벌에 관한 일반원칙을 중심으로 이루어질 수밖에 없는데, 이것 또한 결코 용이한 일이 아니다. 그 이유는 무엇보다도 형벌의 정당화 근거에 관해서 여러 가지 이념들, 즉 응보, 특별예방, 일반예방이 주장되고 있을 뿐만 아니라, 사실상 국가형벌의 정당화는 이 이론들 중 어느 하나에 의해서만 설명될 수 있는 것이 아니기 때문이다.[2] 나아가 국가의 형벌권이 어느 하나의 형벌이론에 의해

Kriminalisierung durch den Gesetzgeber, in: Hassemer/Lüderssen, Sozialwissenschaften im Studium des Rechts, Bd. III Strafrecht, 1978, S. 54 ff.; 배종대, 형법의 정당화 근거와 형법개정, 94면 이하 참조.

2) 그러므로 형벌의 정당화에 대한 지배적인 입장들은 응보, 특별예방, 일반예방들을 모두 절충하는 소위 합의설(Vereinigungstheorie)을 취한다. 개별 형벌이론들의 장단점 및 절충설에 대해 자세한 점은 무엇보다도 Roxin, Sinn und Grenzen staatlicher Strafe, in: JuS 1966, S. 377 ff. 참조. 또한 김일수, 형법학원론, 46면 이하; 이재상, 형법총론, 45면 이하 참조.

무리 없이 설명된다고 하더라도, 이와 같은 형벌이념들은 매우 추상적인 것이기 때문에 이를 다시 개별사례에 구체화할 수 있도록 만드는 형법해석학적 노력이 별도로 필요하기 때문이다. 또한 범죄학적인 입장에서 볼 때, 책임, 특별예방, 응보예방 등의 개념들은 경험적으로 확인될 수 있는 개념이 아니기 때문에, 이를 중심으로 개별적인 형의 양정을 꾀한다는 것은 이미 그 전제부터 문제가 없는 것이 아니라고 주장되기도 한다.[3)]

이와 같은 이상과 현실의 괴리현상, 즉 법치국가적인 요청에 따라 양형의 합리화는 꾀하여야 하지만, 양형의 속성상 현실적으로 제약이 많다는 딜레마에 직면해서, 양형이론가들은 특히 양형의 법적 성질을 겨냥해 다음과 같은 불만을 표출한다. 즉 양형은 궁극적으로 법적인 문제가 아니라 가치판단의 문제이며,[4)] 따라서 법관의 개별적인 양형에 관한 결과는 숫자적으로 검증될 수 없으며,[5)] 결국 양형의 법적 성질은 법관의 창조적인 법형성행위가 될 수밖에 없다는 것이다.[6)] 또한 이러한 양형이론가들의 회의적인 태도에 가세하여 입법자는 양형의 형벌이론적인 지도원칙조차 아직까지 규정하기를 꺼려 하고 있고 형사실무가들은 양형의 법제화는 곧 자신의 고유한 영역에 대한 부당한 간섭이라고 거세게 저항하고 있다. 그렇다면 과연 양형은 이론적으로 합리화될 수 없는 성역으로 남아 있어야 하는 것인가? 또한 이와 더불어 양형의 법적 성질은 법관의 고유한 재량행위로만

---

3) 이런 관점에서 범죄학적 입장을 견지하는 학자들은 책임개념을 "형이상학적 잔재"라고 비판하고 있다. 이에 반해 일반예방, 특별예방 등의 개념은 경험적인 성격은 지니기는 하지만, 아직까지 형사제재의 실제적 효과에 대한 범죄학적 연구가 미진한 결과, 일반예방 혹은 특별예방이라는 개념도 경험적으로 미확인된 것에 불과하다고 한다. 형벌이론의 이러한 문제점에 대해서는 특히 Hassemer, Einführung in die Grundlagen des Strafrechts, 2. Aufl., 1990, S. 281, 310 ff. 참조.

4) 특히 Würtenberger, Kriminalpolitik im sozialen Rechtsstaat, 1970, S. 157, 175 ff. 참조.

5) 이에 관해서는 Hassemer, Die rechtstheoretische Bedeutung des Strafrahmens, in: Gedächtnisschrift für G. Radbruch, 1968, S, 284, 290. 물론 하세머가 양형의 합리화를 반대하는 것은 아니다. 즉 그는 수학적인 계량화라는 의미에서의 합리화는 문제의 소지가 많으나 규범적 원칙에 의한 합리화는 가능하다고 주장함으로써, 법원칙에 의한 양형의 법제화를 주장한다.

6) Dreher, Zur Spielraumtheorie als der Grundlage der Strafzumessungslehre des Bundesgeichtshofes, in: JZ 1967, 44; Henkel, Die richtige Strafe, 1969, S. 30 ff. 참조.

이해되어야 하는가?

그러나 양형이론가들의 이와 같은 회의적인 태도와 입법자의 소극적인 태도, 더 나아가 양형실무가들의 거센 저항이야말로 양형이론의 후진성의 결정적인 원인이 된다. 또한 이것들은 서로 결합되어 다음과 같은 논거, 즉 입법적으로 양형의 지도원칙조차 천명되지 않고, 형법해석의 관점에서도 규범적 법원칙에 의해 구체화하기 어렵다면, 구태여 개별적인 양형의 부당성을 문제삼아 법관의 고유한 영역에 간섭할 필요는 없다는 주장으로 자주 표현되기도 한다. 그리고 바로 이런 생각에 근거해서 양형의 법적 성질은 여전히 법정형의 범주 안에서의 일종의 행정법적 재량행위로 파악되고 있는 것이다.

이와 같은 고정관념이 속히 사라져야 함은 두말할 나위가 없다. 왜냐하면 입법상 양형의 세부적인 법제화가 불가능하다고 해서 양형의 지도적 원칙조차 규정할 수 없는 것은 아니며, 또한 해석학적 관점에서도 양형의 기준은, 그것이 법의 적용인 한, 법관의 막연한 주관적 정의관념으로 대체될 수 없기 때문이다. 요컨대 법관의 양형은 재량행위가 아니라 법적용으로 파악되어야 하며, 그래야만 양형은 법치국가적인 요청에도 부합할 수 있는 것이다. 바로 이런 관점에서 이하에서는 양형의 합리화를 가장 저해하고 있는 전래적인 관념들, 즉 양형을 법관의 재량행위로 보려는 종래의 이론들을 비판적으로 검토하기로 한다. 그 이유는 이러한 소극적 입장들의 배후에는 사실상 상이한 논거들이 존재하며 이러한 반대논거들을 자세히 밝혀야만 양형을 법적용의 일환으로 보려는 최근의 시도들이 어떤 관점에서 양형의 합리화를 추진하는가도 동시에 분명해진다는 데 있다.

Ⅱ. 양형의 합리화에 대한 저해요인

1. 입법적인 문제점

양형의 합리화를 가로막는 첫째 원인은 입법자의 인색함에 있다. 즉 법관의 개별적인 형의 양정, 즉 협의의 양형에 대해서 법적인 근거가 별로 존재하지 않는다는 것이다. 다만 우리 입법자는 형법전에 다음과 같이 양형조건만을 나열하고 있을 뿐이다.

"형법 제51조(양형의 조건), 형을 정함에 있어서는 다음 사항을 참작하여야 한다. 1. 범인의 연령, 성행, 지능과 환경, 2. 피해자에 대한 관계, 3. 범행의 동기, 수단과 결과, 4. 범행후의 정황."

이 규정 자체에 대해서는 다음과 같은 두 가지 비판이 가해진다.

첫째, 형법 제51조는 법관의 개별적인 양형에 대해 일정한 지침을 줄 수 있는 형벌이론적인 지도원칙을 결하고 있다는 것이다. 다시 말해 이 규정은 개별적인 양형의 사실들이 어떤 관점에서 고려되어야 할 것인가에 대해 아무런 해답을 주지 않고 있다. 따라서 협의의 양형에 있어서 법관은 자신의 개인적 형벌관 내지 형사정책적 견해에 의존할 수밖에 없으며, 그 결과 양형의 결과도 지역과 법관의 성향에 따라 편차가 크게 생긴다. 이와 같이 법적용에 대한 규범적 원칙조차 천명하지 않은 것은 입법의 불비이며,[7] 이것은 양형의 합리화를 위해서 조속히 시정되어야 한다는 것이다.[8]

둘째, 비판은 형법 제51조는 극히 일부의 참작사유만을 예시하고 있으므로 이 규정은 구체적인 양형요소로서도 충분하지 못하다는 것이다. 더 나아가 형법 제51조에 열거된 사항들은 결과책임만을 중시하고, 범인의 개선과 사회복귀 등은 단지 부차적으로만 고려하는 듯한 인상을 준다고 한다.[9]

---

7) 물론 양형의 지도원칙을 형법전에 천명한다고 하더라도, 이것에 의해 수치로 환산되는 구체적인 형량결정에까지 기준이 제공되는 것은 아니다. 그것은 단지 개별적인 법적용에 대한 방향설정에 불과하다. 그럼에도 불구하고 이 점은 매우 중요한데, 그것은 이러한 지도원칙은 양형의 준거점이 될 뿐만 아니라, 동시에 법관의 양형에 대한 규범적인 통제를 가능하게 만들기 때문이다. 참고로 형법제정 당시에 주로 참고했으리라 추측되는 일본의 개정형법준비초안이 책임원칙을 양형의 지도원칙으로 규정하고 있다는 점을 밝혀 둔다. 이에 대해서는 권문택, 형법학연구, 119면 참조.

8) 형법개정안에 의하면, 현행형법 제51조에 해당하는 개정안 제44조(양형의 기준) 제1항에 "형의 양정은 범인의 책임을 기초로 한다"고 규정함으로써, 양형의 지도원칙으로서 책임원칙을 인정하고 있다. 이는 독일형법 제46조 제1항을 원용한 것이라고 추측된다.

9) 김기춘, 형법개정시론, 352면 참조.

2. 입법자의 소극적 태도

그렇다면 이와 같은 입법상의 문제점들은 법률에 의해 치유될 수 있는 입법상의 미비점에 불과한가 아니면 이러한 사정 뒤에는 더 깊은 사유가 있는 것은 아닌가? 1992년 형법개정안에서와 같이 개별적인 형의 양정에 대해 지도적인 법원칙을 마련하기만 하면, 이 문제는 곧바로 해결될 수 있는가? 만약 이렇듯 입법에 의해서 양형의 합리화를 꾀할 수 있다고 믿는다면, 문제를 너무 단순화한 것이다. 왜냐하면 법적으로 양형원칙을 규정한다고 하더라도, 더 중요한 문제들, 즉 양형에 있어서의 책임원칙의 기능과 한계, 형벌목적의 이율배반 등의 해석학적 문제들은 미해결인 채로 남아 있기 때문이다. 따라서 양형을 일종의 재량행위로 여기는 전래적인 고정관념이 불식되지 않는 한, 이러한 규정은 별로 실효성이 없는 강령적인 규정에 불과할 것이다.

사실상 양형이론의 체계화에 공헌한 브룬스(Hans Jürgen Bruns)에 의하면, 입법자가 형법에 그 법적 준거점을 마련하지 않은 이유는 무엇보다도 다음과 같은 사정에 기인한다고 한다. 즉 "적정한 형벌에 이를 수 있는 유일한 방법이란, 법관이 자신의 재량에 따라 개별적 사안을 모두 고려해서 그 범위가 넓은 법정형 가운데 선택하는 것이라고 사람들은 오랫동안 믿어 왔다. 양형이란 체계화될 수도 도식화될 수도 없는 것이며, 그러므로 법적으로 양형의 지도원칙들을 규정하는 것은 마치 증거법이 그러한 것처럼 아무런 소용이 없다고 생각한 것이다. 그리고 바로 이런 근거에서 양형은 법관의 재량에 속한다고 여겼다. 심지어 사람들은 어떤 형량도, 그것이 범정형의 범위 안에 있는 한 주장가능하며(혹은 나름의 타당성을 가지며), 따라서 법적으로 문제 되지 않는다고 생각한다. 우리들은 아직까지도 이와 같이 잘못된 견해의 … 영향 때문에 시달리고 있는 것이다."[10] 다시 말해 브룬스의 견해에 따르면, 입법자가 법적인 규정을 마련하지 않은 것은 단순한 입법상의 미비가 아니라, 오히려 양형이론에 대한 회의적인 태도에 기인한다는 것이다. 즉 입법자의 생각에 따르면, 양형의 속성상 일반적인 법적 기준은 있을 수 없고 따라서 이 문제는 법적용과는 다른 일종의 법관의 창조적 행위이며, 그

---

10) Bruns, Strafzumessungsrecht, 2. Aufl., 1974, S. 15.

러므로 입법적으로 이를 규율할 수도, 규율할 필요도 없다고 믿었다는 것이다.[11)]

이러한 생각에 근거해서 입법자가 법적 지침을 규정하기를 회피하고 그 대신 이 문제를 법해석과 실무에 맡긴 결과, 독일의 경우 일부의 판사들은 예전과 같이 자신의 형벌관에 입각하여 양형을 하는 반면에, 일부는 형법목적의 이율배반성을 해결하지 못한 채 결국 어떠한 형벌이념도 모두 수용할 수 있는 일반조항적인 기준으로 피할 수밖에 없었다고 한다. 나아가 일부는 일반적인 도덕적 판단에 의한 양형기준들을 응보사상에 근거한 양형기준체계에 의해 평준화하려고 노력하기도 했다는 것이다. 독일에서도 이러한 입법자의 생각이 변하고, 그럼으로써 양형에 대한 일반적인 기준이 독일 구형법 제13조에 규정되기까지에는 오랫동안의 세월이 걸렸다고 한다.[12)] 이렇듯 양형의 합리화는 입법에 의해서만 가능한 것은 아니고 이와 병행해서 양형에 대한 입법자의 전래적인 관념이 함께 변해야만 한다. 그리고 바로 여기서 입법에 인색한 입법자들의 이러한 속사정이 사실상 양형의 합리화에 대한 더 큰 장애요인이 된다는 점을 알게 된다.[13)]

3. 실무가들의 거센 저항

양형의 합리화의 걸림돌은 입법자의 소극적인 태도에서만 끝나지 않는다. 즉 양형의 이론이 체계화되면 될수록 이에 대한 양형실무가들의 반발이 더 거세지기 때문이다.[14)] 다시 말해 양형의 합리화에 대한 입법자의 소극적인 태도가 주

---

11) Bruns, Strafzumessungsrecht(주 10), S. 13.

12) Bruns, Strafzumessungsrecht(주 10), S. 15 ff. 이하 참조.

13) 이런 관점에서 책임원칙을 입법화하려는 형법개정시안은 그 입법이유를 보다 철저하게 밝혀야 할 필요가 있다. 왜냐하면 입법자의 태도의 근본적인 변화 없이 양형의 지도원리만을 규정하면, 이와 관련된 외국의 이론, 특히 이 규정의 연원지인 독일의 양형이론들이 실무와는 상관없이 그대로 수용될 길목만을 터 주는 셈이 되기 때문이다. 그렇게 되면 결국 양형의 이론과 실무가 양극단으로 치닫게 되리라는 추측은 단순히 기우에 불과하지만은 아닐 것이다.

14) 물론 양형의 합리화에 대해 양형실무가들 모두가 반발하지는 않을 것이다. 즉 양형기준표와 관련된 논의가 보여 주는 것처럼, 이를 환영하는 입장도 존재할 것이다. 그러나 외국의 경우를 살펴보면, 일반적으로 실무가들은 이론가들에 의한 양형의 체계화를 자신의 영역에 대한 부당한 통제라고 간주하여 이에 비협조적인 태도를 취하고 있는 실정이다. 이에 관해

로 양형의 본질적 속성, 즉 양형인자의 다양성과 이론적인 체계화의 난관으로부터 연유한 것이라면, 체계적 양형이론에 대한 실무가들의 저항은 자신들의 권한 침해라는 보다 현실적 관점으로부터 출발한다. 그러므로 양형 분야의 개혁을 위한 이론적인 시도들은 양형심사에 대해 실무가들의 비판적인 입장에 직면해서 항상 해석학적인 우회 방법에 의해서 이루어질 수밖에 없게 된다.

이러한 실무가들의 주장이란 다음과 같이 요약될 수 있다. 즉 양형의 합리화란 생활관계가 다양하고 범죄자의 내적인 측면까지 알아낼 수 없으므로 불가능하며, 따라서 양형에서는 법규범이 아니라 소송에서의 법관의 인격적 요소가 결정적인 요인이 될 수밖에 없다는 것이다. 그 결과 양형에 대한 이유설시는 단지 정서적으로 적절하다고 느껴지는 형의 정도를 추후에 이론적으로 근거짓는 것에 불과하다는 것이다. 이렇듯 양형에서는 비합리적인 요소가 지배적이며 법관의 직관적인 요소를 배제하지 못하는 데도 이를 이론적으로 체계화함으로써 법적으로 통제하려는 것은 결국 법관의 고유한 영역에 대해 간섭하려는 것으로 귀결된다.[15]

이러한 실무가들의 입장을 "양형의 합리화"를 들어 비난만 할 수는 없을 것이다. 왜냐하면 개별적인 형량에 대해서 일차적인 책임을 지는 것은 형벌이론이 아니라 바로 그 소송을 담당한 법관 자신이며, 그만큼 구체적인 소송과정에 관련된 정황을 잘 아는 사람도 없기 때문이다. 그러나 이와 같은 실무가들의 소극적인 입장들이 여기에 그치지 않고 양형에 대한 재심가능성에 대한 거부로까지 연결된다는 점에 문제의 심각성이 있다. 즉 어차피 개별적인 양형이 이론상 체계화될 수 없는 것이라면, 이것은 당연히 해당 법관의 재량영역에 속하는 문제가 될 것이며, 따라서 이에 대한 재심은 법적으로 근거가 박약하다는 것이다.

서는 특히 Bruns, Strafzumessung(주 10), S. 16 ff.; Streng, Strafzumessung und relative Gerechtigkeit, Vorwort 참조.

15) 이에 대해서는 Jagusch, Löwe.Rosenberg, StPO, 20. Aufl., S. 827 zu § 337 StPO; Bruns, NJW 1956, 241 f.; Sratenwerth, Handlungs- und Erfolgsunwert im Strafrecht, in: SchwZStR 79, 251; Rasehorn, NJW 1972, 83 ff. 참조.

사실 이런 이유에서 대부분의 나라들은 양형에 대한 상급법원의 재심심사에 관하여 명문의 규정을 두고 있지만, 이것은 실무상 많은 제약을 받고 있는 실정이다.[16] 우리나라도 예외가 아닌 것 같다. 즉 현행 형사소송법 제323조 제1항은 유죄판결에 명시될 판결이유로서 범죄 될 사실, 증거의 요지, 법령의 적용을 들고 있고, 제2항은 범죄의 성립을 조각하는 사유, 형의 가중 및 감면에 관해서만 규정하고 있다. 따라서 협의의 양형의 핵심이 되는 양형사실들, 즉 정상에 관한 사실은 이미 법적으로 판결이유에 명시될 필요가 없다고 되어 있으며, 또한 실무에서도 사형과 무기징역 등 특별한 경우에만 임의적으로 양형판단에 관한 판결이유를 명시하고 있을 뿐이다.[17] 그러나 양형의 합리화가 대부분의 나라에서 상급법원의 하급심 통제로부터 시작되었다는 점을 고려할 때 이런 사정은 문제의 소지가 대단히 많다. 왜냐하면 양형의 합리화는 형량의 수량화에 의해서가 아니라, 단지 최종형량에 이르러 가는 과정에 대한 체계화를 통해서만 가능하기 때문에, 실무의 협조가 없으면 양형의 합리화란 애당초 제약을 받기 때문이다. 그러므로 양형의 법적 성질과 재심심사의 가능성 여부 간에 존재하는 연결고리, 즉 양형을 법관의 재량행위로 봄으로써 이에 대한 재심에 대해 회의하는 맥락이 존재하는 한, 양형의 합리화는 요원한 이상에 불과할 것이다.[18]

Ⅲ. 양형의 법적 성질에 대한 전래적인 이론들

체계적 양형이론에 대한 회의적인 태도는 비단 입법자와 양형실무가들만 취

---

16) 양형의 재심가능성에 대해 보다 자세한 것은 특히 이 문제를 직접적으로 연구주제로 삼은 Zipf, Die Strafmaßrevision—Eine strafrechtsdogmatische Untersuchung über den systematischen Aufbau der Strafzumessung und ihre Revisibilität im Erwachsenen- und Jugendstrafrecht, 1969; Frisch, Revisionsrechtliche Probleme der Strafzumessung, 1971 참조.

17) 사실상 이 점은 양형의 합리화에 대한 절차법상의 흠결로서, 지나치게 실무의 입장만을 옹호하는 듯한 인상을 준다. 이에 대해서는 이재상, 형사소송법, 606면; 백형구, 형사소송법강의, 822면 이하 참조.

18) 이런 관점에서 양형실무가들에 의한 최근의 노력들은 대단히 고무적이다. 다만, 그러한 노력들이 결실을 맺기 위해서는 양형의 법적 성질에 대한 보다 근원적인 통찰이 전제되어야 한다는 것이다.

하는 것이 아니다. 양형은 형법학자들에 의해서도 오랫동안 합리화가 불가능한 영역으로 여겨졌으며, 따라서 양형이론가들은 외관상은 양형의 합리화를 표방했으나, 내심으로는 이에 대해 소극적인 입장을 취했던 것이다. 양형에 대한 이러한 전래적인 견해들은 다음과 같이 여러 형태로 표현된다. 이하에서는 각각의 견해들을 그 문제점과 함께 보다 자세히 소개하기로 하자.

1. “가치판단”으로서의 양형

양형의 비합리적 요소들을 강조함으로써 양형을 합리적으로 해결할 수 있는 법적 문제가 아니라 법관의 가치결정의 문제로 파악하는 견해는 특히 독일의 뷔르텐베르거(Würtenberger)에 의해 주장되었다. 즉 그에 따르면, 형량의 결정은 주로 논리적 연역에 의해 이루어지는 순수한 인식행위가 아니라, 대부분 법관의 인격성의 정도 여부에 그 근거를 둔다고 한다.[19] 이렇듯 형의 양정은 법관의 창조적인 법형성 행위이기 때문에, 이것은 인간의 지성의 소산이라기보다는 의지의 결과이며, 그것도 선례를 통해 발견되는 타인의 경험에 따른 행위라고 말한다.[20] 바로 이러한 점으로부터 양형에 있어서는 이성적인 것보다는 비합리적인 것이 우위에 놓이게 되며, 이렇듯 관습적인 것에 근거한 법관의 전통은 항상 현상유지적인 것이 타당하다는 믿음으로 이어진다는 것이다.

그러나 이와 같이 양형을 법적 문제가 아니라, 비합리적인 의지의 행위로 파악하는 견해에 대해서는 다음과 같은 비판이 가해진다. 첫째, 이 견해들은 전래적인 양형의 방식들이 지니는 규범적인 타당성은 검토하지 않은 채, 단지 그 과정만들을 사실적으로 기술한 것에 불과하다는 것이다. 둘째, 이렇듯 전통을 중시하게 되면, 올바른 전통뿐만 아니라 개선되어야 할 전통까지도 타당한 것으로 파

---

19) Würtenberger, Kriminalpolitik(주 4), 157, 175 ff. 참조.

20) 뷔르텐베르거(Würtenberger)와 마찬가지로 헹켈(Henkel)도 적정한 형벌은 법관의 주관적인 가치행위에 의해 결정된다고 주장함으로써, 양형이 논리적인 인식과정이 아니라는 점을 분명히 하고 있다(Henkel, die “richtige” Strafe, 1969, S. 34 ff.). 다만 그는 이러한 양형의 비합리적인 요소를 배제하는 쪽에 초점을 맞춘다는 점에서 뷔르텐베르거와 견해를 달리한다.

악될 위험이 있다는 것이다. 그런데 양형에 관한 지금까지의 전통은 오히려 후자에 속한 것으로 보아야 하기 때문에, 주로 직관에 의해 이루어지는 양형의 비합리적인 요소를 강조할 것이 아니라, 오히려 이와 같은 실무의 관행을 합리적인 통제가 가능하도록 비판하는 것이 더 중요하다는 것이다. 셋째, 이 견해의 치명적인 결함은 양형을 법적인 문제가 아니라고 여기는 데에 있다. 왜냐하면 양형에서의 법의 적용은 일반적인 포섭과정과는 달리 법관의 가치판단이 개입될 소지가 많기는 하지만, 그렇다고 해서 양형이 법관의 가치판단의 문제로 정의될 수는 없기 때문이다. 요컨대 양형을 가치판단의 문제로 여기는 견해들은 양형의 사실적인 과정을 밝히는 데는 공헌을 했으나, 양형의 규범적인 성격을 부당하게도 간과하고 있다.[21)]

2. "법적으로 구속된 재량행위"로서의 양형

양형을 법적으로 기속된 재량행위로 파악하려는 입장은 오늘날 지배적인 학설로 되어 있다. 그러나 여기서 말하는 "법적인 기속"이 구체적으로 무엇을 의미하며, "재량행위"가 어떤 것을 지칭하는지는 아직 분명하지 않다. 왜냐하면 어차피 법정형의 범주 내에서 법관의 재량에 의해 선택되는 양형이 허용된다면 굳이 법적인 기속이란 말을 부가할 필요가 없으며, 법관의 양형이 전적으로 법원칙에 기속되어야 한다면 재량이라는 용어를 사용하는 것은 적합하지 않기 때문이다. 생각건대 이 견해는 법관의 양형이 지니는 이중성, 즉 한편으로는 법원칙에 구속되어야 하지만, 다른 한편으로는 법관의 가치판단적인 요소를 배제할 수도 없는 이율배반성을 적절히 묘사하고 있지만, 어디까지 법관의 개별적인 양형이 법률에 구속되고 또한 어디서부터 법관의 주관적인 판단이 개입되는지를 전혀 밝히

---

21) 사실상 뷔르텐베르거 이외에도 양형이 가치판단에 의해 제약된다는 사실을 언급하는 견해는 헤아릴 수 없이 많다. 그러나 이들 견해의 차이점은 이러한 사실로부터 어떤 규범적인 결론을 도출하는가에 의해 결정된다. 즉 양형의 비합리적인 사실로부터 양형의 전통적인 방식을 강조하는 쪽으로 기울 것인가, 아니면 이와는 정반대로 전래적인 방식의 규범적인 부당성을 비판하는 방향으로 선회하는가에 따라 각각의 의견들은 구별된다. 또한 브룬스에 의하면, 양형의 가치판단적인 성격을 전면에 내세웠던 Würtenberger도 결국에는 이와 같은 양형의 비합리적인 영역을 가능한 한 제한해야 한다는 결론에 이른다고 한다[Bruns, Strafzumessungsrecht(주 10), S. 18].

고 있지 않다.[22]

여기서 우리의 관심을 끄는 것은 슈미트호이저(Schmidthäuser)의 견해인데, 왜냐하면 그도 처음에는 양형을 법적으로 기속된 재량행위로 파악하는 데서 출발하지만, 결국에는 양형이 일상적인 의미에서의 법적인 문제가 아니라 법관 자신의 문제라고 결론짓기 때문이다. 그의 말을 인용하면 다음과 같다. "형사사법의 이 영역(양형)에서 정확한 것이라고는 결코 주장될 수 없다. 양형에서의 가치판단척도와 목적적인 관점들은 의심스러우며 논란거리가 된다. 구체적인 사안에서의 그것들의 의미, 나아가 개별적인 요소들의 비중은 미확인 상태이고, 가치척도들은 부단히 변하며, 따라서 개별적인 상황들이 중요한 역할을 수행한다. 그러므로 범죄행위의 질을 정량적(定量的)으로 전환시킬 수 있는 주술과 같은 해답은 결코 존재하지 않는다. 결국 양형이론과 양형인자에 관한 법규정의 실천적인 기능은 극도로 제한되어 있다. 요컨대 법관이 구체적인 사안에서 얼마만큼의 형벌을 부과해야 될 것인가에 관해 아무런 해답도 제공하지 못하는 것이다."[23]

이렇듯 양형을 우선적으로는 법적인 문제라고 하지만, 궁극적으로는 법관의 재량행위로 귀착시키는 슈미트호이저의 견해가 극명하게 보여 주는 바는, 양형을 법적으로 기속된 재량행위로 파악하는 입장들은 대단히 이중적인 성격을 지닌다는 것이다. 즉 이 이론들은 개념적으로는 양형의 현실과 양형의 이념 모두를 포괄하고 있지만, 실질적으로는 그 어느 하나도 제대로 파악하지 못한다는 것이다.[24] 더 나아가 문제의 핵심은 양형의 현실과 이념 간의 관계를 어떻게 보아야 하는가에 달려 있기 때문에, 이 이론과 같이 이 둘의 관계를 단지 말로만 형식적으로 연결하는 것은 결국 문제의 핵심을 회피하는 것을 의미한다. 다시 말해 양

22) 이런 문제점은 특히 우리나라의 학설에서 두드러지게 나타난다. 대부분의 학설이 표면상으로는 양형을 법적으로 구속된 재량행위라고 표방하지만, 양형, 특히 협의의 양형과정이 어떻게 법(혹은 법원칙)에 구속되는가에 대해서는 거의 언급하지 않기 때문이다. 그러므로 대다수의 학설이 궁극적으로는 전통적인 견해와 마찬가지로 양형을 일종의 행정법의 재량행위로 파악한다는 추측은 전혀 근거가 없는 것이 아니다.

23) Schmidthäuser, Strafrecht, AT, 1970, S. 641 ff.

24) 사실상 이런 관점에서 볼 때, 양형을 법관의 가치판단의 문제로 보는 견해가 오히려 양형의 현실은 더 적절하게 묘사한 이론이라고 말할 수 있다.

형에서 관건이 되는 것은 비합리적인 요소들에 의해 지배되는 양형사실들을 법 혹은 규범적인 원칙을 중심으로 법제화하는 것이다. 그러므로 양형의 현실에 초점을 맞춰 양형을 애당초 재량행위로 파악을 하든가, 아니면 양형의 합리화라는 이념을 중심으로 해서 비합리적인 양형현실에 대한 규범적인 입장을 취하는 것이 훨씬 더 논리적으로 일관성을 갖는다. 이런 관점에서 볼 때, 양형을 법적으로 기속된 재량행위로 이해하는 견해들은 법관의 양형을 비록 형식으로나마 법적인 문제로 이해하는 점에서는 양형을 가치판단으로 규정하는 입장보다는 진일보한 것이나, 양형의 현실과 이념 간의 관계에 대해서 아무런 언급이 없다는 점에서는, 즉 내용적으로는 지극히 공허할 뿐만 아니라 모호하기도 하다.[25]

3. "법관의 창조적인 형성행위"로서의 양형

위에서 언급한 두 가지 입장과 마찬가지로, 양형의 법적 성질을 "법관의 창조적인 형성행위"로 파악하는 입장도 양형의 비합리적인 요소들을 전면에 내세운다. 즉 이 주장이 말하고자 하는 바는 다음과 같다. 양형에서는 정서적 가치판단들, 무의식적 감정이입, 그리고 일반화되기 어려운 양형사실들이 주도하기 때문에, 법해석학적 관점이나 합리적인 성찰들은 뒷전으로 밀려나게 된다는 것이다.[26] 그러나 특기할 만한 점은, 이 견해를 취하는 대부분의 형법학자들은, 위에서 설명한 두 입장의 대변자들과는 대조적으로, 이와 같은 비합리적인 법관의 양형을 다음과 같은 양형의 합리화 방안과 연결짓고 있다는 것이다. 즉 양형은 구조적인 법적용이며, 그러므로 법적인 가치판단과 법의 목적을 개별사안에 대해 구체화하는 것에 불과하다는 것이다. 이렇듯 양형은 비합리적인 요소들에 의해 지배되지만, 그러나 이것을 법원칙에 의해 체계화하는 것이기 때문에, 바로 이 의미에서 양형은 결국 법관의 창조적인 형성행위라고 말할 수 있다는 것이다.

사실상 양형을 법관의 법형성행위, 즉 법적 가치판단의 구체화라고 보게 되

25) 이런 관점에서 브룬스는 이러한 견해가 양형의 합리화에 대해 극단적으로 반대되는 입장에 있다고 말한다. Bruns, Strafzumessungsrecht(주 10), S. 20.

26) 무엇보다도 Dreher, StGB, 33. Aufl., 1972, zu § 13; Henkel, Die "richtige" Strafe(주 20), S. 34 ff.; Jescheck, Strafrecht, 2. Aufl., S. 644, 649 참조.

면, 법적용 시 비합리적인 요소가 많다는 사실은 결코 양형의 분야에만 국한되는 특성은 아닐 것이다. 왜냐하면 그와 같은 현상들은 예컨대 헌법의 기본권 분야나, 형법 혹은 민법에서의 일반조항이나 불확정개념에 있어서도 항상 존재하기 때문이다.[27] 다시 말해 이 분야에서도 법적용자의 주관적 가치관은 법문의 해석 시 주도적인 역할을 수행한다. 그러므로 관건이 되는 것은, 이와 같이 다양하고 체계화되기 어려운 법적 사태들에 대한 법적 결정을 결국 법적용자의 가치관에만 위임할 것인가 아니면 법원칙을 중심으로 재구성할 것인가이다. 이런 관점에서 볼 때, 양형을 법관의 창조적 형성행위로 보는 견해는 양형의 현실과 이념에 대한 상호관계 – 즉 비합리적인 양형사실을 규범적인 원칙으로 전이시키는 과정 – 를 문제 삼는다는 점에서, 앞서 말한 두 가지 견해보다는 훨씬 더 앞선 것이라고 평가할 수 있다.

그러나 이와 같은 주장이 모두 설득력이 있는 것은 아니다. 그 이유는 무엇보다도 법관의 "창조적 형성행위"라는 말은 개별적 양형과정에서의 법관의 심리상태만을 표현한 것에 불과하기 때문이다. 즉 법관이 어떤 규범적 원칙에 따라 적정한 양형에 이르는가라는 법적용의 규범적 구조에 대해서는 아무런 내용적 설명이 없다는 것이다. 그러나 내용적으로 볼 때, 법적용은 대전제인 법규범에 의해 소전제인 해당 사태를 포섭하는 법인식행위를 의미한다. 그리고 이 점에서는 양형에서의 법적용도 그 예외가 될 수 없다. 다만 양형에서의 법적용이 지니는 난점이란, 대전제가 되는 법원칙을 일반조항 혹은 불확정개념들의 해석에서와 마찬가지로 여러 관련법규에 흩어져 있는 법리들을 통해서만 확정할 수 있고, 나아가 그 소전제가 되는 양형사실도 체계화되기 어려울 정도로 다양하다는 데에 기인한다. 이렇듯 내용적 관점에서 고찰할 때, 양형에서의 법적용도 아무리 그 과정이 복잡하더라도 포섭을 통한 법인식이라는 일반적 법적용의 구조를 지니기 때문에, 이를 단지 형식적인 관점에서 법관의 창조적인 "형성행위"라고 이해하는 것은 적절하지 않다.

---

27) 특히 형법상의 일반조항 혹은 불확정개념의 문제점에 대해서는 F. Haft, Generalklauseln und unbestimmte Begriffe im Strafrecht, in: JuS 1975, 477 ff. 또한 김영환, 형법 제20조 정당행위에 관한 비판적 고찰, 김종원교수화갑기념논문집, 1991, 138면 이하 참조.

나아가 양형을 "창조적" 형성행위라고 파악하는 것은 오해의 소지가 많다. 왜냐하면 이 말은 마치 양형에서의 법적용이 법률에 내재한 원칙에 의해서가 아니라, 법률외적인 기준들, 예컨대 법관의 주관적인 가치판단이나 기타 사회의 여론 등에 의해 이루어진다는 인상을 자아내기 때문이다. 그 결과 이 이론은 한편으로는 양형을 법관의 가치판단이라고 보는 견해와 연결될 수도 있고 행정법상의 재량행위로 특징짓는 견해와도 흡사하게 이해될 수 있다.[28] 그러나 양형이 법인식행위, 즉 대전제인 법원칙을 소전제인 개별사태에 구체화하는 과정인 한, "창조적"이라는 말은 다양한 양형사실들을 법원칙에 의해 포섭하는 것을 의미할 뿐이다. 바로 이런 근거에서, 양형을 법관의 법형성행위로 보는 견해는 양형을 법적 문제로 확인하여 이러한 양형의 과정에 초점을 맞춘다는 점에서는 보다 앞선 것이나, 양형의 법적용구조를 도외시한 채 이를 단순히 법관의 창조적 형성행위라고 특징짓는다는 점에서는 많은 문제를 안고 있다.

4. 중간결론

이상에서 우리는 양형의 법적 성격을 규정하고 있는 전통적인 세 견해들을 살펴보았다. 이 이론들의 공통점은, 비합리적이고 체계화되기 어려운 사실들이 주도하는 현실적인 양형의 모습으로부터 출발하고 있다는 것이다. 그 차이점들은, 법적 규율의 전제가 되는 양형의 현실과 합리화된 법적 규율이라는 양형이론간의 상관관계를 어떻게 파악하는가에 의해 결정되고 있다. 즉 양형을 합리적으로 해결될 수 있는 법적 문제라기보다는 법관의 가치결정의 문제로 보든가, 아니면 양형이 법적 문제라는 점에는 동의하지만 여러 가지 법적 결정이 모두 허용될 수 있는 법관의 재량행위라고 파악하든가, 아니면 양형은 법적으로 예정된 어떤 특정한 해답을 목표로 하는 것이지만 이는 법관의 창조적인 형성행위에 의해서

---

28) 바로 이런 이유로 인해, 양형을 "법적 문제"라는 시각에서 법관의 창조적인 형성행위로 보는 입장은 종종 그 반대의 견해, 즉 양형을 "가치판단의 문제"로 동일시하는 견해로 변하기도 한다. 이와 같은 사정을 야구시(Jagusch)는 다음과 같이 묘사하고 있다. "양형에 관한 규칙이 더 많이 명시화되면 될수록, 그 규칙은 필연적으로 더욱더 다양하고, 복잡한 것으로 되며, 그럴수록 더욱더 다음과 같은 위험, 즉 부담이 가중된 법관이 더 이상 개관을 하기 힘들게 되어 … 법적 오류를 자주 범하게 되는 사태가 발생하게 된다"(ders., LK, 8. Aufl., S. 97 ff.).

만 이루어진다고 파악하는 것이다.

사실 양형이론의 가장 큰 난점은, 이와 같은 현실과 이념, 다양한 양형사실과 추상적인 법규정, 요컨대 존재와 당위와의 상관관계를 정확하게 파악할 수 없다는 데에 있다. 그럼에도 불구하고 이 양자의 관계는 – 전통적인 이론들이 주장하는 것처럼 – 단순히 법문제가 아니라 법관의 가치판단 혹은 재량의 문제로만 규정될 수는 없는 것이다. 나아가 법관의 양형도 법의 적용인 한에서는, 이를 법관의 창조적인 형성행위라고 단순화할 수도 없다. 왜냐하면 문제의 핵심은, 이러한 법관의 창조적인 형성행위가 어떤 법원칙에 의해 어떻게 구체화되어야 하는가를 밝히는 데 있기 때문이다. 바로 여기에서 체계적인 양형이론에 대한 전통적인 견해들의 회의적인 입장이 무엇인가도 분명해진다. 즉 이 이론들은 양형의 복잡한 현실에 직면해서, 이것들을 법적으로 규율하는 것에 대해 조금씩은 차이가 있으나 결과적으로는 구체적인 방안을 제시하지 못하고 있다.

Ⅳ. 통계(적) 모델을 통한 양형의 합리화

1. 방법적 착안점

이상에서 언급한 바와 같이, 입법자도 양형의 규정에 인색하고, 실무가들도 비협조적이며, 나아가 양형이론가들도 체계적인 양형이론의 정립에 소극적이라면, 이제 법관의 양형을 합리화할 수 있는 방법이란 양형에 관한 선례들을 도식화함으로써 표준적인 양형지침을 만드는 방법밖에 없다고 생각할 수 있을 것이다. 사실상 이와 같은 착안점으로부터 출발해서, 수학적 혹은 통계적 모델을 양형분야에 도입하려는 시도는 일찍이 독일어권에서도 자주 발견되었다. 최근 미국의 양형개혁도 근본적으로 이러한 발상에 의한 것이며, 우리나라에서 실무가들을 중심으로 행해지는 양형연구도 이와 같은 범주에 속한다.

2. 독일에서의 계량화 모델

1) 방법적이나 시기적으로 볼 때, 독일에서의 계량화 모델은 양형의 법적 성질을 주로 법관의 가치판단이나 재량행위로 보았던 시기에 등장하였다.[29] 즉 양형에서 법관의 주관적 가치판단이 주를 이루며, 따라서 적정한 형벌이 무엇인가가 검증될 수 없다면, 이제는 과거의 양형에 관한 사례들을 통계적으로 체계화해서 법관의 양형에 대한 규범적인 지침을 만들 수밖에 없다는 것이다. 양형을 법적용의 문제로 보고 그 규범적인 구조를 분석하는 대신, 양형에 대한 기존의 관념은 묵시적으로 인정하고, 다만 과거의 경험들에 대한 통계화만을 꾀하자는 것이다. 그렇게 함으로써 개별 사안에 대한 계량화된 양형사유의 목록을 제공함과 동시에, 법정형을 구체화할 수 있는 환산공식을 확정하려고 한다.

2) 수학적(혹은 통계적) 방법을 통해 양형을 합리화하려는 시도들은 간단한 모델에서 매우 복잡한 계산방법에 이르기까지 다양하다. 그 연구목적들 역시 양형의 일반이론을 수립하려는 것뿐만 아니라, 개별구성요건을 중심으로 양형사유를 구체화하려는 목적 등 다양하다.[30]

초기의 계량적 모델 가운데 우리에게 잘 알려진 것은 그라스베르거(Graßberger)의 연구이다.[31] 그는 우선 "기준이 되는 형벌(표준치: Normalstrafe)"을 정하고, 이로부터 출발해서 개별 사안에 따라 상이한 영향을 미치는 양형요소들, 즉 응보의 필요성, 책임의 정도, 피고인의 감화가능성 등을 수학적으로 평가하고 계산을 해낸다. 1963년 둡스(Dubs)의 연구도 이와 크게 다르지 않다. 여기서도 출발점은 표준치이며, 이를 중심으로 중요한 양형사유들의 목록을 만들어, 표준치에 대한 이들의 영향들을 수학적으로 표시된 가중 및 감경의 형식으로 분석한다.[32]

---

29) Bruns, Strafzumessungsrecht(주 10), S. 15. 또한 한국형사정책연구원, 양형의 합리화에 관한 연구, 47, 64면 이하 참조.

30) 예컨대 쇠히(Schöch)는 음주범죄를 중심으로 이러한 모델을 연구했고(ders., Strafzumessungspraxis und Verkehrsdelinquenz, 1973), 또한 폰 린스토프는 교통범죄를 그 중심주제로 삼는다(von Linstowders., Berechenbares Strafmaß, 1974).

31) Graßberger, Die Strafzumessung, 1932.

32) Dubs, Analytische Bewertung als Grundlage richterlicher Strafzumessung, 1963.

이에 반해 학(Haag)과 폰 린스토프(von Linstow)는 양형의 일반이론에 관한 통계적 모델을 제시한다는 점에서 획기적인 것이라고 할 수 있다. 학은 경제학에서 개발된 모델을 양형과 접목시킨다. 즉 경제학에서 제한된 자본을 가지고 경제적 이익을 극대화하는 것이 중요한 것처럼, 양형에서는 법치국가적 원칙에 의해 제약되는 범죄투쟁의 가능성을 통해서 범죄예방을 극대화하는 것이다. 이러한 착안점에 근거해서, 그는 법관에게 평등성과 정의의 원칙을 보다 엄격하게 의무지우는 복잡한 수학적 모델을 제시한다.[33] 한편 폰 린스토프는 교통범죄의 사례에서 양형의 수학적 모델을 구체화하는데, 즉 그는 설문조사를 통해 양형요소의 수치를 구성요건의 특수성에 부합하도록 평가하고 확정함으로써 법관의 개별적인 양형에 대한 통일적인 기준표를 제시하려고 시도한다.[34]

학과 폰 린스토프의 시도 이후, 양형을 통계적인 모델에 의해 수량화하려는 시도는 거의 발견되지 않는다. 그 이유는 무엇보다도 독일의 대부분의 양형이론가들이 이러한 모델 대신에 규범적 원칙에 따른 "법제화"라는 합리화 방식을 취했기 때문이다.[35] 그 결과 독일형법 제46조 이하에서는 이러한 규범적 지도원칙들이 법률로 규정되게 되며, 양형이론은 이 규정의 해석을 중심으로 전개된다.[36]

---

33) Haag, Rationale Strafzumessung, 1970.

34) von Linstow, Berechnebares Strafmaß, 1974, S. 61 ff.

35) 수량화 모델에 대한 비판에 대해서는 특히 Bruns, Leitfaden des Strafzumessungsrechts, S. 3; Hassemer, Die Formalisierung der Strafzumessung, in: ZStW 1978, 64 ff.; Spendel, Zur Entwicklung der Strafzumessungslehre, in: ZStW 1971. 231 ff. 참조.

36) 특히 브룬스는 독일의 양형이론을 형법해석학적인 관점에서 분석하여, 범죄론, 형벌론과는 구별되는 독자적인 법영역으로 발전시킨 독보적인 양형이론가이다. 그의 연구결과는 2종류의 방대한 교과서 — 그 하나는 종합적인 연구이고 다른 하나는 체계서인데 — 에 잘 정리되어 있다. Bruns, Strafzumessungsrecht: Gesamtdarstellung, 1. Aufl., 1967(2. Aufl., 1974)가 양형에 관한 개괄적인 설명서이고 Leitfaden des Strafzumessungsrechts: Eine systematische Darstellung für die strafrechtliche Praxis, 1980가 체계적인 서술이다. 또한 후자의 교과서는 제2판부터 Das Recht der Strafzumessung(1985)이라는 명칭으로 바뀌었다. 그 후 치프(Zipf)와 브룬스의 제자인 프리쉬(Frisch)는 양형의 재심(Revision)문제를 직접적인 "법적용"의 문제로 파악함으로써, 양형이론의 합리화를 한 단계 더 높은 수준으로 발전시켰다(Zipf, Die Strafmaßrevision, 1969; ders., Die Strafzumessung: Eine systematische Darstellung für Strafrechtspraxis und Ausbildung, 1977; Frisch, Revisionsrechtliche Probleme der Strafzumessung, 1971 참조).

3) 독일에서 양형을 수량화하려는 시도들은 다음과 같은 점에서 긍정적인 반응을 얻었다. 우선 이것들은 종래 법관의 직관에 의해서 수행되는 일종의 재량행위와 같은 양형이 지니는 비합리성을 문제 삼았다는 점이다. 나아가 협의의 양형의 마지막 단계인 구체적인 양형사실과 형벌의 양적 관계의 확정을 그 연구주제로 삼았다는 것이다. 그러나 이에 대해서는 다음과 같은 비판이 가해진다.

첫째 비판은 수량화 모델의 이론적 전제에 관한 것이다. 즉 이 모델들은 전통적인 양형이론들의 비합리성은 도외시한 채, 이런 바탕에서 수행된 양형의 결과들만을 체계화한다는 것이다. 법관의 직관적 경험과 주관적 요소가 이미 개입되어 이루어진 과거의 선례들을 아무리 통계적으로 계량화한다고 해도 양형의 규범적인 구조는 결코 밝혀지지 않는다는 것이다.[37] 그러므로 이 모델에 의해서는 기껏해야 양형의 규범적인 통제만 가능할 뿐이고, 양형의 법제화는 결코 달성될 수 없다는 것이다. 궁극적으로 이 문제는 합리성(Rationalität)이라는 개념의 이중성, 즉 한편으로는 설정된 목표에 적합한 수단의 선택과 투입이라는 목적합리성(Zweckrationalität)과, 이러한 목적 · 수단의 고려없이 그 자체의 가치를 위해 선택되어야 한다는 가치합리성(Wertrationalität)[38]과 연관되는 것이지만, 계량화 모델은 이 중 목적합리성만을 추구한 결과 양형의 균등성은 확보할 수 있어도 양형의 적정성이라는 가치합리성은 도외시한다는 것이다. 그런 점에서 통계적 모델은 반쪽짜리 합리화라고 말할 수 있다.

두 번째 비판은 이 모델의 실현가능성에 대한 것이다.[39] 즉 이 시도들의 이론적인 전제를 받아들인다 하더라도, 양형에서의 목적합리화는 애당초 제한적인 범위 안에서만 가능하다는 비판이다. 왜냐하면 다양한 형태로 실현되는 개개의 범죄구성요건에 있어서 당벌성에 대한 객관적인 기준이란 발견하기 어려울 뿐만 아니라, 생각할 수 있는 모든 양형요소를 계산프로그램 안에 수용할 수도 없기 때문이다. 더 나아가 이러한 양형요소들이 책임이나 예방적 관점에서 어떻게 평

---

37) 이에 관해서는 한국형사정책연구원, 양형의 합리화(주 29), 10면, 62면 이하; 박은정, 양형론, 형사법강좌 II, 840면 이하; Hassemer, ZStW 1978, S. 73 ff. 참조.

38) 이러한 합리성의 이중적 의미는 막스 베버(Max Weber)로부터 연유한다.

39) 이에 대해서는 한국형사정책연구원, 양형의 합리화(주 29), 67면 참조.

가되어야 하는지는 더더욱 불분명하다. 이런 이유에서 수량화된 모델은 그 양형 요소들이 정형화될 수 있는 범죄, 예컨대 교통범죄 등에만 가능할 뿐이며, 범행 실현형태가 다양하고 특수성을 갖는 경우에는 전혀 실효성이 없다. 이렇듯 계량화된 모델에는 많은 문제점이 내포되어 있기 때문에, 독일에서는 주로 양형에 관한 법률규정의 보완 및 이에 관한 해석이론의 정립을 통해 양형의 합리화를 추구하게 된다. 따라서 이 모델은 오늘날 기껏해야 법원의 양형실무를 견제하기 위해 검찰에서 이용할 뿐이라고 한다.[40)]

3. 통계적인 모델과 미국에서의 양형개혁

1) 계량화 모델을 거부하고, 그 대신 규범적 원칙의 법제화를 통해 양형의 합리화를 도모하는 독일과는 대조적으로, 최근 미국에서는 통계적 방법에 의해 양형의 합리화를 추구하고 있다. 아마도 이런 사정은 무엇보다도 두 나라의 법제도, 특히 형벌제도의 차이점에 기인하는 것 같다. 즉 미국의 형사법체계는 1970년대까지 의료모델에 근거해서 부정기형 제도를 널리 활용해 왔다. 즉 의료모델은 범죄를 사회적, 심리적 질병의 징후로 보고 범죄인을 진단하고 교정할 것을 형벌의 최대목적으로 하고 있으므로, 이러한 범죄인의 개별적 처우를 위해서는 부정기형 제도가 불가피했던 것이다. 또한 의료모델은 범죄인의 상황과 필요에 따른 판단을 요구하므로, 이에 따라 법관의 재량과 개별화된 양형은 필수적이었다. 그런데 의료모델과 법관의 재량에 따른 양형의 개별화로 연결되었던 양형제도들에 대해서는 1970년 이후 많은 비판이 가해졌다. 그것은 무엇보다도 양형의 불균형성과 불확실성에 대한 불만이 증가했기 때문이며, 이런 불만은 결국 이 제도의 기본이 되는 의료모델과 부정기형 제도에 대한 비판으로까지 연결되었다.[41)] 그 결과 부정기 양형정책은 정기 양형정책으로, 재사회화 모델은 정당한

40) 1994년 10월 한국형사정책연구원을 방문해서 양형의 형벌이론적 기초에 대해 강연을 한 독일 Erlangen 대학의 슈트렝(Streng) 교수는, 바로 이런 이유에서 우리나라의 양형기준표에 대한 높은 관심이 매우 의아스럽다고 답변하고 있다. 요컨대 적정한 양형은 애당초 수량화된 모델과는 거리가 멀다는 것이다. Franz Streng(정현미 역), 양형의 형벌이론적 기초, 형사정책연구 통권 제20호, 1994, 18면 이하 참조.

41) 이에 대해 자세한 점은 한국형사정책연구원, 양형의 합리화(주 29), 15면 이하.

응보와 억제모델로 변화되기 시작했으며, 법관의 재량을 통제함으로써 양형의 불균형을 배제하려는 입법적 노력들이 생겨나기 시작했다. 양형위원회의 발족과 양형결정을 구조화하기 위한 양형지침서의 개발은 바로 이런 노력의 결과였다. 이렇게 해서 미네소타주, 펜실베이니아주, 그리고 워싱턴주에서는 1970년대 말 이미 양형위원회를 발족시켰으며, 더 나아가 이러한 움직임은 연방차원의 개혁운동으로 이어져 1984년 미국의회는 양형개혁법을 제정한다.[42] 그 후 양형개혁법에 의해 발족한 연방양형위원회는 1987년 4월 연방양형지침서를 제정했으며, 이 지침서는 그해 11월부터 시행되고 있다.[43]

2) 이와 같은 양형개혁의 궁극적인 목적은 기존의 부정기형과 재량적 양형절차를 양형위원회가 만든 양형지침서에 의해 통제하는 데에 있다. 양형위원회는 주로 경험적인 방법을 사용하여 양형지침서를 만들었는데,[44] 이것은 10,000개의 최근 판결전조사보고서와 최근사례를 검토해서 작성되었다. 그 결과 연방양형지침서가 제시하는 양형기준표의 원칙적인 모형은 범죄기록을 수직축으로 하고 범죄인기록을 수평축으로 하는 도표의 형태를 취한다. 범죄기록에 관한 양형기준표의 수직축은 43개 수준의 범죄요소로 이루어져 있으며, 수평축은 범죄인의 과거경력을 반영하는 6개의 칼럼으로 이루어져 있다. 또한 범죄에 관한 요소로서는 범죄의 종류와 중대성, 피해정도와 피해자에게 미친 영향, 범죄가 행해진 상황, 지역사회와 일반인의 충격 및 평가 등이 있으며, 범죄인에 관한 요소에

42) 1984년 양형개혁법의 목적은 ① 실제 복역할 기간을 강제하고 가석방을 금지함으로써 양형의 확실성을 증대시키는 것, ② 법관에게 양형이유를 제시하도록 요구하는 것, ③ 양형에서의 비례성을 달성하는 것, ④ 양형의 불균형을 줄이는 것, ⑤ 법관의 재량을 통제할 지침서의 발간을 위해 양형위원회를 설립하는 것 등이라 한다(Gerald W. Heaney, The Reality of Guidelines Sentencing: No End to Disparity, American Criminal Review 1991, pp.162).

43) 초기에는 상당수의 실무가들이 이 지침서에 대해 거부감을 가지고 그 적용를 기피함으로써 연방지침서는 모든 주에서 시행되지 못했다고 한다. 그러나 1989년 Mistretta결정에서 합헌판결이 내려진 후 전국적으로 시행되고 있다고 한다.

44) 그 대신 양형위원회는 형벌과 양형의 목적 간의 대립관계, 즉 범죄통제와 정당한 응보 간의 이율배반에 관해서는 어떤 특정한 관점만을 취하지 않았으며, 또한 양형의 통일성과 비례성을 동시에 달성하기 위해 너무 복잡하지도 않지만 그렇다고 너무 단순화되지도 않은 방식을 취한다고 한다.

는 나이, 직업기술, 교육정도, 취업상황, 전과, 범죄에서의 역할, 가족과 사회에 대한 결속 및 책임, 생계를 유지하기 위해 범죄에 유지하는 정도 등이 있다.[45)]

양형기준표에 따른 형벌의 양정은 범죄수준과 범죄경력점수의 결합에 의해서 산출된다. 수평축과 수직축의 교차에 의해서 258개의 box가 만들어지며, 각각의 box에는 법관이 선고한 특정한 형벌의 범위가 정해져 있다. 양형기준표의 각 열은 앞열과 뒷열에 규정된 범위와 겹친다. 이에 의해 상한이 하한의 25% 또는 6개월 이상을 초과할 수 없다는 법률규정의 요구를 충족시키는 한편, 융통성 있는 양형을 가능케 한다. 그러므로 법관은 피고인의 특성과 범죄의 특성에 근거해서 형을 정할 뿐만 아니라, 범죄에 있어서 피고인의 역할과 범죄발생 후 피고인이 당국에 협조한 것 등을 참작할 수 있다.

연방양형위원회가 작성한 양형지침서에는 이러한 양형기준표 이외에도 양형절차에 관해서도 다음과 같이 규정하고 있다.[46)]

① 판결전조사와 이에 대한 보고절차에 의한 양형준비
② 양형지침서의 적용절차.
③ 범죄수준.
④ 형량조정의 과정.
⑤ 지침서로부터의 이탈.

3) 통계 모델에 근거하고 있는 미국의 양형개혁의 목적은 부정기형에 따른 법관의 재량행사를 구조화하는 데에 있다. 그리고 이것은 다음과 같은 방식에 의해 이루어진다. 즉 일정한 양형원칙과 절차를 규정한 지침서를 마련하고, 법관으로 하여금 이 지침서에 따르게 만드는 동시에 양형이유를 제시하도록 요구함으로써, 법관의 양형이 지침서를 근거로 행해진 것인가의 여부와 그것으로부터 이탈한 경우 그러한 이탈의 정당성 여부를 판단한다. 이와 같이 한편으로는 정당한 근거가 있는 경우에는 개별화된 양형을 허용하지만, 그러한 근거가 없는 경우에

---

45) United States Sentencing Commision, Guidelines Manual, 1991, § 1.11.
46) 이에 관해 자세한 점은 한국형사정책연구원, 양형의 합리화(주 29), 23면 이하 참조.

는 양형지침서를 통해 양형의 불균등성을 제거하고자 한다. 이렇듯 법관의 재량권 행사를 구조화함으로써 양형의 예측가능성과 통제가능성을 담보한다는 점에서 미국의 양형개혁은 긍정적인 평가를 받는다. 그러나 이에 대해서는 다음과 같은 비판이 제기된다.

우선 통계적 방법을 따르는 양형지침서는 그 규범적인 원칙을 결하고 있다는 것이다. 즉 양형위원회의 접근방법은 양형의 지도적인 원칙이라 할 수 있는 형벌이론에 대해서는 천착하지 않은채, 다만 과거에 선고된 평균적 형벌만을 기초로 통계적으로 형벌의 범위를 결정한다는 것이다. 사실상 이 점은, 이미 앞에서도 언급한 바와 같이, 계량화된 모델의 일반적인 문제점이기도 하지만, 여하튼 이런 관점에서 비판가들은 양형의 지도원리를 선택하든가[47] 아니면 최소한 다양한 형벌이론의 우선순위를 정해야 한다고 주장한다.[48]

더 나아가 이러한 이론적 측면의 비판 이외에도, 과연 법관의 재량을 제한하고 형벌의 균등성을 확보하려는 양형지침서가 목적을 달성했는가에 대해 이의가 제기된다. 즉 양형지침서가 제시한 형벌은 지나치게 가혹해서[49] 교도소의 과밀문제를 악화시켰을 뿐만 아니라,[50] 양형의 불균형을 줄이는 데 있어서 적절한 수단도 파악하지 못했다는 것이다.[51] 그 결과 새로운 형태의 불균형, 즉 양형지침서를 따르는 판사와 이를 거부하는 판사들 간의 불균형이 발생한다는 것이다.[52] 또한 양형지침서가 양형에 직접 관여한 사람의 정의감을 도외시한 채 지나치게

47) 특히 Andrew v. Hirsch, Federal Sentencing Guidelines: Do They Provide Principled Guidelines, American Criminal Law Review, 1989, p.367, pp.370 참조.

48) Paul H. Robinson, A Sentencing System for the 21st Century, 66 Texas Law Review 1987, p.6.

49) Lowe, Modern Sentencing Reform: A Preliminary Analysis of the Proposed Sentencing Guidelines, 25 American Criminal Law Review 1987, pp.54.

50) Charles J. Ogletree, The Death of Discretion? Reflections on the Federal Sentencing Guidelines, 101 Harvard Law Review 1988, pp.1952.

51) 특히 양형지침서에는 plea bargaining에 관한 규정이 없다는 점이 지적된다. St. J. Schulhofer/I. H. Nagel, Negotiated Pleas under the Federal Sentencing Guidelines: The First Fifteen Months, 27 American Criminal Review 1989, p.231, pp.286.

52) 한국형사정책연구원, 양형의 합리화(주 29), 41면 이하.

가혹한 제재를 규정하게 되면, 지침서의 적용을 기피하거나 양형을 조정하려는 현상이 빈번하게 되고, 결국 숨겨진 불균형이라는 새로운 문제도 야기된다고 비판된다.

4. 수학적(혹은 통계적) 모델에 대한 평가

이상에서 우리는 독일과 미국에서의 통계적 모델들을 간략히 소개하였다.[53] 양형의 법적 성질과 양형의 합리화라는 관점에서 이 모델들의 특징을 요약하면 다음과 같다.

1) 방법론적으로 이 모델들은 경험적인 방식을 취한다. 즉 과거의 양형자료들을 단지 통계적인 방법을 통해 체계화할 뿐이다. 그런 한에서 양형의 법적 성질은 이미 법관의 재량행위로 전제된다.

2) 또한 그 목적은 통계적 계량화에 의해 법관의 재량의 범위를 제한하는 데에 있다. 따라서 이러한 합리화 방안들은 양형의 적성성보다는 양형의 균등성을, 요컨대 "가치합리성"보다는 "목적합리성"을 전면에 내세운다.

3) 이 모델들에 대한 비판은 크게 두 가지로 나뉜다. 그 하나는 이론적인 근거에 관한 것인데, 즉 양형을 질적 관점에서 법관의 행위로 전제하고 이를 단지 양적인 측면에서만 규제하려는 것은 반쪽짜리 합리화에 불과하다는 것이다. 그 다른 하나는 실효성에 관한 것인데, 즉 이런 방식의 합리화는 다양한 생활관계를 대상으로 하는 양형의 속성 때문에 부분적으로만 실현가능하다는 것이다. 이런 이유에서 대부분 수량화된 모델은, 양형사실이 정형화된 범죄구성요건에만 적용될 수 있는 양형실무의 보조수단에 불과하다고 평가된다.

---

53) 우리나라에서도 김윤행 대법관의 자제인 김성인 교수에 의해 컴퓨터의 전문가시스템을 이용하여 수량적 모델이 시도된 바 있다. 이에 대해서는 김성인/김윤행/이창우/김승권/백두권, 형량정립을 위한 전문가 시스템, 형사법연구 제4호, 1991, 238면 이하 참조.

V. "법제화"란 의미에서의 양형의 합리화

1. 논의의 출발점

우리는 위에서 전통적인 양형이론들과 수량화된 모델을 다음과 같이 비판하였다. 즉 양형을 법관의 가치판단의 문제로 봄으로써 애당초 법제화의 가능성을 막든가, 아니면 법적으로 구속력 있는 재량으로 파악함에도 불구하고 그 규범적인 구조는 전혀 밝히지 않든가, 나아가 양형이 법관의 창조적 형성행위임을 강조함으로써 결국에는 법관의 재량권 행사를 허용할 수 있다는 것이다. 또한 법관의 재량을 제한하기 위해 고안된 수량화된 모델도 이러한 전통적인 관념을 그대로 수용함으로써 결국에는 양형의 규범적인 차원을 도외시한 채 "목적합리성"이라는 한쪽 측면만을 추구한다는 것이다. 이렇듯 기존의 시도들이 모두 결함이 있다면, 올바른 양형의 합리화는 어떤 것이어야 하며, 그렇게 될 경우 양형의 법적 성질은 어떻게 파악되는가?

양형에 관한 최근의 이론들도 전통적인 견해들과 같이 양형의 현실이 다양하고, 이를 법제화하는 데에는 비합리적인 측면이 남게 된다는 점은 인정한다.[54] 그러나 이 시도들은 양형에 대한 법(혹은 규범적) 규율방식에 있어서 전통적인 입장과 견해를 전혀 달리한다. 즉 양형에 관한 최근의 이론들은 지금까지의 견해들의 이론적 기초, 즉 양형을 결국에는 법관의 재량행위로 보는 입장을 단호히 거

54) 양형의 논리적 구조를 밝히는 데 이론적인 기초를 제공했던 엥기쉬(Engisch)는 이 점을 다음과 같이 말한다. "우리가 인정할 수밖에 없는 점은, 아무리 양형에서 정의를 실현시키려고 노력해도, … 이성에 의해 완전히 파악될 수 없는 인격적인 잔재, 즉 결정행위에서의 개인적인 요소는 남게 된다는 것이다. … 그럼에도 불구하고 우리는 이 결정을 비합리적이라고 칭할 수는 없다. 왜냐하면 그 결정은 목적론적으로 구조화되어 있기 때문이다. 즉 제대로 된 경우에는, "형벌의 범주" 안에서 자의적인 선택이 행해지는 것이 아니라, 오히려 개인의 결정을 구속하는 확고한 관점들에 따라 조심스럽게 형량이 이루어질 뿐이다. … 요컨대 양형에서 문제되는 이러한 목적론적인 규칙들은 법적 결정을 내용적으로 세밀하게 결정하지는 않지만, 그럼에도 불구하고 논리적인 골격을 이루는 것이다"(Engisch, Einführung in das juristische Denken, 3. Aufl., S. 119, 129 ff.).

부한다. 그 대신 양형을 입법자가 지시한 법적 가치판단을 구체화하는 것에 불과하며, 그런 면에서 양형은 다수의 법적 결정이 가능한 재량행위가 아니라, 어느 하나의 결론으로 지향된 "법적용"이라고 주장한다. 이에 따라 양형의 합리화도 계량화에 의한 재량권의 제한이 아니라, 형법이론적인 지도원칙에 따른 법제화를 의미하게 된다.

이하에서는 최근의 양형이론의 준거점, 즉 전통적인 견해의 이론적 전제가 되었던 재량행위라는 개념에 대한 비판을 자세히 설명하기로 한다. 그 이유는 무엇보다도, 그래야만 비로소 양형을 법적용의 일환으로 이해하려는 최근의 입장들이 어떤 방향에서 양형의 합리화에 접근하는가를 알 수 있기 때문이다.

2. 행정법과 양형에서의 재량개념

브룬스에 따르면, 전통적인 이론들이 양형의 논리적인 구조를 경시한 이유는 양형에서의 재량개념을 행정법상의 재량개념과 결부시켰기 때문이라고 한다.[55] 그 결과 법정형 안에서는 어떤 형벌이라도 법관의 재량에 따라 허용되는 것으로 파악되었으며, 이와 동시에 사실심에서의 개별적인 양형을 법률심에서 재심사할 가능성도 배제되었다는 것이다. 또한 이렇듯 "잘못된 행정법상의 개념원용(die verfehlte Parallele zum Ermessen im Verwaltungsrecht)"은 아직까지도 영향을 미쳐서, 대부분의 이론들은 명목상으로는 양형이 자유재량이 아니라 기속재량이라고 하면서도, 내용적으로는 양형의 법논리적인 구조에 소홀하다는 것이다.[56]

그러나 특기할 만한 것은, 행정법학자들조차 이와 같은 행정법상의 개념원용에 대해 비판적이라는 점이다. 즉 행정법학자들은 행정법상의 재량과 양형에서의 재량을 구별한다. 예컨대 바흐호프(Bachhof)는 행위재량(Handlungsermessen)과 판단재량(Beurteilungsermssen)을 대비시킨 후, 이 중 판단재량을 다시금 그 재량

55) Bruns, Strafzumessungsrecht(주 10), S. 87 ff.
56) Bruns, Strafzumessungsrecht(주 10), S. 88.

권의 근거에 따라 다음과 같이 두 가지, 즉 한편으로는 법적으로 해당 관청에게 동등한 가치를 지니는 결정 중에서 어느 하나를 자율적으로 선택할 수 있는 권한을 주는 판단재량과, 다른 한편 법적으로는 구속되어야 함에도 불구하고 규율될 사태의 속성상 할 수 없이 판단의 여지를 인정해 주는 판단재량으로 나눈다. 그리고 난 후, 법정형 안에서의 양형은 바로 후자의 영역에 속한다고 말한다.[57] 또한 이에 덧붙여서 예쉬(Jesch)는 형법상에서는 그 관할권이 사법부에 속하는가 아니면 행정부에 속하는가의 문제가 제기되지 않는다는 점을 들어 양형의 재량은 행정법상의 재량과 구별된다고 주장한다.[58]

사실상 이런 인식에 근거해서, 형법학자들도 이미 행정법상의 재량개념을 원용하는 것을 거부한다. 즉 슈뢰더(Schröder)는 행정법상의 재량개념이 양형에서는 이질적인 것이라고 지적하는가 하면,[59] 그륀발트(Grünwald)도 형법상의 양형은 행정법상의 재량과 다르기 때문에 양형에 대한 재심이 가능하다고 결론짓는다.[60] 나아가 형법상의 재량문제를 본격적으로 다룬 바르다(Warda)도 양형은 입법자의 의지에 강력하게 구속된다는 의미에서 법적 효과재량의 독자적인 영역이며, 따라서 그것은 행정법상의 재량개념을 원용할 필요 없이 직접적으로 재심의 대상이 되는 법적용이라고 주장한다.[61] 이런 이유에서 양형과 행정법상의 재량개념을 동일시했던 옐리네크(Jellinek)에 대한 베터만(Bettermann)의 다음의 지적은 반드시 주목되어야 한다. "양형은 행정상의 재량과는 비교될 수 없다. 옐리네크는 양형에서의 자유재량을 독일제국법원이 양형 및 그 이유의 심사에 대해 소극적이라는 사실로부터 도출했다. 그러나 최근에는 재심법원에서 눈에 띄는 변화가 … 이루어졌다. 그러므로 오늘날에도 여전히 사실심법관이 법정형의 범주 내에서 피고인을 이러저러하게 판결내린다고 말할 수는 없을 것이다. 그런데

57) Bachhof, JZ 1955, 98 ff.

58) Jesch, Unbestimmter Rechtsbegriff und Ermessen, AöR 28, 163 ff., 204.

59) Schröder, In welcher Weise empfiehlt es sich, die Grenzen des strafrichterlichen Ermessens im künftigen Strafgesetzbuch zu regeln?, in: Verhandlungen des 41. Deutschen Juristentags 1955, Bd. 1, 2. Halbbd., S. 62.

60) Grünwald, MDR 1959, 716.

61) Warda, Dogmatische Grundlagen des richterlichen Ermessens im Strafrecht, 1962, S. 14 ff. 참조.

이렇듯 법관이 형량에 있어서 선택을 할 수 없다면, 그는 자유재량을 가진 것이 아니다. 왜냐하면 법적인 한계 내에서 법적 결정의 선택을 할 수 있는 가능성이 행정상의 재량의 핵심이기 때문이다."[62]

나아가 형법학자들이 행정법상의 양형개념을 원용하는 것이 타당하지 않다는 점은, 행정법 내에서의 재량개념에 대한 논의의 발전과정을 보면 명백해진다. 즉 법적으로 해당 관청에게 선택의 가능성을 부여함으로써 사법심사의 영역으로부터 벗어나는 행정법상의 재량개념은 그 후 이에 대한 사법적인 통제를 강화하는 방향으로 전개되었다. 이에 따라 재량개념 대신에 불확정개념(unbetimmter Begriff)이 등장하기 시작했으며, 이것은 또 "판단의 여지(Beurteilungsspielraum)"이론과 결부된다.[63] 이렇듯 재량개념을 널리 인정하던 행정법에서조차 그에 대한 사법심사의 영역을 확대시키고 있는 실정을 감안한다면, 행정상의 재량과 원칙적으로 구별되는 형법상의 양형에서 아직도 행정법상의 재량개념을 원용하는 것은 극히 시대착오적인 발상이라 할 것이다.[64]

3. 양형에서의 재량개념의 논리적 구조

그렇다면 행정법상의 재량과 양형의 재량은 구체적으로 어떻게 구별되는가? 최근의 양형이론가 중에서 이 문제를 면밀히 밝혀 양형을 법적용으로 특징짓고, 이에 근거해서 양형의 재심가능성을 주장하는 학자는 다름아닌 치프(Zipf)와 프리쉬(Frisch)이다.[65] 특히 브룬스의 제자인 프리쉬는 양형의 논리적인 구조를 다음과 같이 분석한다.

---

62) Bettermann, Festschrift für Jellinek, 1955, S. 365.

63) 이에 대해 자세한 점은 특히 김도창, 행정법론(상), 1993, 378면 이하 참조.

64) 이런 관점에서 행정법학자인 아이어만(Eyermann)과 프룁러(Fröhler)의 다음과 같은 말은 시사하는 바가 크다. "법치국가적인 생각에 따른다면, 모든 범죄행위에 대해 단지 하나의 형벌만이 올바른 것이다. 이러한 하나의 적정한 형벌은 입법자가 제정한 법정형의 범주 가운데에 있으며, 법관은 이것을 자신의 판결과정에서 발견해야만 한다. 그러므로 법관의 재량적인 결정이라는 것은 곧 (하나의 결론을 향한) 법적용을 의미한다." Eyermann/Fröhler, Verwaltungsgerichtsordnung, 4. Aufl., Rn. 57 zu § 113 참조.

65) Zipf, Die Strafmaßrevision(주 36); Frisch, Revionsrechtliche Probleme(주 36) 참조.

우선 법적 판단의 논리적 구조에 있어서 구성요건상의 불확정개념의 구체화와 양형의 법효과재량(Rechtsfolgeermessen) 간에는 차이가 없다고 한다. 즉 야간이나 음란 등의 불확정개념을 판단할 경우, 먼저 법적 삼단논법의 대전제를 이 개념들의 정의[66]나 입법자의 목적의 구체화[67]를 통해 확정한 다음, 소전제인 해당 사태를 이에 포섭시킨다고 한다. 그러므로 구성요건상의 불확정개념에 대해 상이한 결론이 내려진다면, 그것은 애당초 대전제를 달리 확정했기 때문이라는 것이다. 요컨대 상이한 해석이 서로 다른 대전제를 확정지으며, 이에 따라 결론도 달라진다는 것이다.[68] 그런데 이런 법적용의 구조는 프리쉬에 따르면 양형에서도 마찬가지라고 한다. 즉 개별적인 양정을 하는 경우에도, 법관은 먼저 형벌목적과 양형기준들을 가지고 대전제를 확정한 후, 이 대전제 안에 개별적인 양형인자들, 즉 행위 및 행위자 요소들을 포섭한다는 것이다. 이런 의미에서 법관의 양형은 법규범을 해석에 의해 구체화시킨 대전제로부터 벗어날 수 없으며, 또한 그런 점에서 양형은 행정적인 재량과는 근본적으로 구별된다고 한다.[69]

이렇듯 법관의 양형은, 형벌목적 등에 의해서 구성된 대전제와 소전제인 양형인자들을 서로 결속(Zuordnung)시키는 법적용을 의미한다. 그럼에도 불구하고 전통적인 이론들은 부당하게도 행정법상의 재량개념을 원용해서, 법관은 자신의 가치판단척도에 따라 동등하게 올바른 여러 결정 가능성 가운데서 어느 하나를 선택할 수 있다고 주장한다.[70] 프리쉬에 따르면, 이런 결함은 전래적인 이론들이 "올바르다(Richtigkeit)" 혹은 "동등하다(Gleichwertigkeit)"라는 개념의 이중성을 잘못 파악하는 데 기인한다는 것이다.[71] 즉 전통적인 입장들은 이 말들을 "법적으로 의욕되거나 허용되는 다의성 모델(das Modell einer gesetzlich gewollten oder

66) 따라서 "야간이란 일몰 후를 말한다"라는 개념정의가 대전제가 된다.

67) 이에 따라 "음란"의 경우에는 입법자의 목적이 해석을 통해 다음과 같이 구체화될 수 있다고 한다. 즉 "서로를 보다 잘 알기 위한 목적으로 휴가 중의 시험적인 부부관계는 음란이다(혹은 아니다)". Frisch, NJW 1973, S. 1346 참조.

68) Jesch, AöR 82, 188; Rupp, Grundfragen der heutigen Verwaltungslehre, 1965, S. 212 ff.; Zippelius, Einführung in die juristische Methodenlehre, 1971, S. 106 ff.

69) Frisch, NJW 1973, 1346.

70) 특히 Peters, Strafprozeß, 2. Aufl., 1966, S. 569 ff.

71) Frisch, NJW 1973, 1346.

zumindest gedeckten Mehrdeutigkeit)", 즉 법률 자체가 이미 여러 종류의 대전제를 허용하기 때문에 법적용자가 이 중 어느 것을 선택해도 괜찮다는 방식으로 오해한다는 것이다. 그러나 양형에서 이 말이 의미하는 바는 단지 "사실상의 다의성(faktische Mehrdeutigkeit)", 즉 일정한 경우에는 구체화되어야 할 가치척도가 모호해서 어느 특정한 대전제만 옳다고 하지 못한다는 점을 말할 뿐이라고 한다.[72]

바로 이런 관점에서 프리쉬는 행정법상의 재량행위를 양형에 원용하여 여러 가지 결정이 법적으로 똑같이 용인된다고 주장하는 전래적인 입장을 다음과 같이 비판한다.

첫째, 이 주장은 법관의 결정이 이루어지는 사실상의 구조와 일치하지 않는다는 것이다.[73] 즉 행정상의 재량행위는 이중적인 단계, 즉 먼저 가능한 규범적 기준에 따라 도출된 상이한 결론들이 법적으로 모두 용인된다는 점을 확인한 후, 자신의 판단에 따라 이 중 하나를 선택하는 구조로 되어 있는데, 이는 법관의 양형에는 맞지 않는다는 것이다. 왜냐하면 양형에서 법관은 처음부터 법적 기준에 가장 적합한 한 가지 결론만을 추구하기 때문이며, 이런 사정은 법관의 주관적인 감정이 양형과정에서 개입한다고 해서 변하는 것도 아니기 때문이라고 한다.[74]

둘째, 법이론적 관점에서 볼 때, 여러 결정이 법적으로 모두 허용된다는 전래적인 견해는 법관의 임무를 잘못 파악한 것이라고 한다.[75] 이미 언급한 바와 같이, 양형에 관한 법규정이 법정형의 범주, 작량감경 등을 두고 있는 것은 다양한 생활사태와 가치관의 변화 등에 맞게 개별적인 양형을 하기 위해서이다. 이런 경우에 대비해서 입법자와 법적용자는 서로 역할을 분담한다. 즉 입법자는 일반

72) 슈뢰더(Schröder)와 텔렌(Thelen)도 이런 입장을 취한다. Schröder, Gutachten für die 41. DJT, Verhandlungen Bd. 1, 2. Halbbd., S. 62 ff.; Thelen, Das Tatbestandsermessen des Strafrichters, 1967, S. 68 ff.

73) Frisch, NJW 1973, 1347.

74) 또한 Grünwald, MDR 59, 814 참조.

75) Frisch, NJW 1973, 1347; Bruns, Strafzumessungsrecht(주 10), S. 91.

적인 지도원리만을 규정하고,76) 이것의 내용적인 구체화는 법적용자에게 위임한다. 그러므로 양형에 있어서도 법관은 법적 삼단논법의 대전제를 입법자가 제시한 지도원리를 해석에 의해 세분화함으로써 확정하게 된다. 요컨대 여기서 법관의 임무는 입법자가 제시한 지침을 구체화하는 데에 있으며, 이를 통해서 판례의 통일성을 기하게 된다. 그런데 전래적인 견해와 같이 여러 가지 결정을 모두 법적으로 허용한다고 주장하면, 이것은 법관의 구체화 임무와 전적으로 모순된다.

셋째, 전래적인 이론은 헌법상의 평등원칙과도 부합되지 않는다고 한다.77) 왜냐하면 이 원칙에 따라서 입법자도 동일한 사안을 달리 규율할 수 없으며, 법관의 임무는 바로 이런 입법자의 지침을 구체화하는 것이므로, 특정사안에 대해 법관이 여러 가지 결정을 모두 할 수 있다면, 이것은 헌법상의 평등원칙에 위배되기 때문이다.78)

이렇듯 프리쉬는 양형이 하나의 결론으로 향한 법관의 법적용이라고 본다. 그러므로 양형에 있어서 법관의 재량이란, 이미 브룬스가 적절히 묘사한 것처럼 "법률에 내재한 가치판단을 구체화해서 이를 개별사례에 실현시키는 것"만을 의미할 뿐이다.79) 그러므로 이것은 전통적인 견해들이 취한 행정법상의 재량의 의미, 즉 법적으로 여러 가지의 결정이 허용된다는 생각과는 전혀 다르다. 다만 법관은 하나의 올바른 결정을, 입법자가 정한 법정형의 단계 안에 위치시킨다는 점에서 이를 법관의 창조적 형성행위라고 볼 수 있는 것이다.80) 이런 관점에서 볼 때, 다음과 같은 연결고리, 즉 양형의 법적 성질에 대한 전래적인 입장과 행정법상의 재량개념 간의 상호관계는 법치국가적인 관점에서는 대단히 문제가 많다

76) 형법구성요건상의 불특정개념도 바로 이런 사정에 기인한다.
77) Frisch, Revisionsrechtliche Probleme(주 36), S. 142 ff.
78) 특히 Frisch, NJW 1973, 1347 참조.
79) Bruns, Strafzumessungsrecht(주 10), S. 91.
80) 이 점에 관해서 Frisch, NJW 1975, 1349 ff.; Streng(정현미 역), 양형의 형벌이론적 기초(주 40), 18면 이하 참조.

VI. 결론: 법적용으로서의 양형

이상에서 고찰한 바와 같이, 전통적인 이론들이 주장하던 행정법상의 재량 개념은 법관의 양형을 파악하기에는 전적으로 타당하지 않다. 즉 양형은, 마치 구성요건상의 불특정개념과 같이, 입법자가 제시한 법규범을 법관이 해석에 의해 구체화하는 것에 불과하다. 따라서 양형에서 법관은 여러 가지 결정 가운데 자신의 판단에 의해 어느 하나를 선택할 수 있는 것이 아니라, 입법자가 제시한 가치판단에 적합한 하나의 올바른 결정만을 내릴 수 있을 뿐이다. 이렇듯 양형은 법적용의 구조를 지니므로, 법관은 법규범의 해석을 통해 대전제를 확정한 후, 소전제인 양형사실을 대전제에 포섭함으로써, 결국 법정형의 범주 가운데 하나의 양형을 선택하게 된다. 이와 같이 오로지 하나의 올바른 법적 결정만이 존재할 뿐이기 때문에, 만약 대전제 자체가 여러 가지 방식으로 확정가능해서 상이한 결정이 내려지게 된다면, 이 문제는 바로 법률심의 재심(Revision)에 의해 통제되어야 한다.[81] 이런 관점을 취할 때, 이제 우리는 양형의 법적 성질과 양형의 합리화가 진정한 의미에서 어떤 것인가도 알 수 있게 된다. 즉 양형은 입법자가 마련한 지도원리의 구체화, 즉 "법적용"이며, 양형의 합리화란 다름 아니라 바로 이러한 양형의 논리적인 구조를 입법과 해석을 통해 법제화하는 것에 불과하다. 그러므로 양형에 관한 법규정이 미비하고, 나아가 외관상 양형이 법관의 재량에 의한 것처럼 보일지라도, 이것은 양형의 실질적 구조인 법적용과는 직접적인 상관이 없는 것이다.

또한 바로 여기에서 우리는 현행의 지배적인 양형이론들에 어떤 심각한 문제가 있는가도 분명히 인식하게 된다. 즉 우리나라의 대부분의 해석론은 명목상

81) 양형을 법적용으로 보는 견해와 양형에 대해 광범위하게 재심을 인정하려는 견해는 밀접하게 연관되어 있다. 이는 마치 양형을 재량행위로 보는 것과 양형에 대한 재심을 소극적으로 바라보는 견해가 서로 결합되어 있는 것과 마찬가지이다. 우리의 경우, 협의의 양형, 특히 작량감경에 대한 이유설시가 입법적으로 강제되지 않아 형의 부당을 이유로 한 재심의 범위가 애당초 한정된다는 것은 사실상 양형을 행정상의 재량으로 이해하는 고정관념에 기인한다.

으로는 양형을 법에 기속되는 기속재량행위라고 부르지만, 내용적으로는 양형의 논리적인 구조에 대해서는 거의 언급하고 있지 않다는 점이다. 나아가 양형의 논리적 구조가 아니라 그 시간적인 순서에 따라, 양형과정을 법정형, 처단형, 선고형으로 이루어지는 절차라고 해석하기 때문에, 결국 양형실무가들은 이것과 책임원칙, 예방적 고려, 그리고 범주이론 등의 형벌이론적인 지도원리들이 어떤 상관관계를 갖는가도 정확히 인식하지 못할 수밖에 없다. 이런 상황에서 양형이론의 중심문제들, 즉 양형에서 책임이 어떤 역할을 하고, 책임과 예방의 관점이 양형인자들을 어떤 방향으로 평가해야 하며, 예방적 목적에 의해 책임범주의 한계를 이탈할 수 있는가 등의 문제들이 형사실무가들에게는 형법학자들의 공허한 논쟁거리에 지나지 않는 것으로만 비춰지는 것은 아마도 당연할 것이다. 그러나 양형의 합리화, 다시 말해 양형도 법적용인 한, 이에 대한 규범적인 구조를 밝혀야 한다는 점에 진심으로 동의한다면, 이렇듯 양형을 결국에는 법관의 재량에 일임하는 형법이론과, 그저 소박한 직관 및 경험에만 의존하는 양형실무는 근본적으로 변해야 할 필요가 있다. 그것은 양형에서의 법치국가원칙 때문만이 아니라, 양형에 대해 직접적인 책임을 지는 법관 자신을 위해서도 더욱 그러하다. 바로 이런 의미에서 양형의 법적 성질을 올바로 파악하는 일은 양형의 합리화에 대한 불가결한 논리적 전제이다.

공소시효와 형벌불소급의 원칙(1997)

I

헌법재판소는 1996년 2월 16일 선고된 96헌가2, 96헌바7.13(병합) 결정을 통해서 「5 · 18민주화운동 등에 관한 특별법」[1] 제2조가 헌법에 합치함을 천명하였다. 이 논문의 목적은 이 결정문에서 드러난 헌법재판소의 공소시효와 형벌불소급 간의 관계에 관한 견해를 비판적으로 검토하는 데 있다. 그런데 이와 같은 시도는 다음과 같은 사정으로 인해 그리 간단하지만은 않다. 우선, 심판대상 사실에 대한 사법적 판단이 여러 국면을 거쳐 왔다는 점이다. 주지하다시피, 이 사안과 관련해서는 12 · 12사건에 대한 검찰의 기소유예결정과 이에 대한 헌법재판소의 결정(헌재 1995.1.20. 결정, 94헌마246)이 있었을 뿐만 아니라, 5 · 18에 대한 검찰의 불기소결정과 이에 대한 헌법재판소의 결정(헌재 1995.12.15. 결정, 95헌마221, 95헌마233, 95헌마297)도 뒤따랐다. 따라서 5 · 18특별법 제2조의 위헌여부에 대한 검토는 필히 이에 선행하는 두 결정도 같이 고려해야 한다. 나아가 이 논문이 다루려는 헌법재판소결정은 비단 공소시효와 형벌불소급뿐만 아니라, 다음의 판시사항, 즉 개별사건법률의 위헌성, 소급입법 여부, 법치주의 원칙과의 합치 여부, 진정 소급효와 평등원칙과의 관계 등도 포괄하며, 이들은 내용적인 맥락에서 서로 연결되어 있으므로, 이 중 어느 하나의 문제영역만을 발췌하기에는 무리가 따른다.

이하에서는 이러한 난점, 즉 이 사안에 관한 소송진행의 다양한 국면 및 헌

---

1) 이하에서는 "5 · 18특별법"이라고 약칭하기로 한다.

법적 결정의 내용적인 복잡성을 다음과 같이 해소하려고 한다. 먼저, 판례를 소개하는 부분에서는 헌법재판소 결정의 논증구조를 밝히고, 나아가 이 결정이 지니는 의의를 특히 이에 내재한 법원리를 중심으로 검토하려고 한다(이하의 II). 그리고 난 후, 이 판례를 평석하는 부분에서 이 결정이 지니는 문제점을, 공소시효와 형벌불소급에 초점을 맞춰, 그 방법적, 역사적, 그리고 법이론적 관점에서 분석하고자 한다(이하의 III).

II

1. 헌법결정문의 논증구조

이미 위에서 언급한 바와 같이, 이 결정의 심판대상은 5 · 18특별법 제2조이며, 그 내용은 다음과 같다.

"제2조(공소시효의 정지) ① 1979년 12월 12일과 1980년 5월 18일을 전후하여 발생한 「헌정질서 파괴범죄의 공소시효 등에 관한 특례법」 제2조의 헌정질서 파괴범죄행위에 대하여 국가의 소추권행사에 장애사유가 존재한 기간은 공소시효의 진행이 정지된 것으로 본다.

② 제1항에서 '국가의 소추권행사에 장애사유가 존재한 기간'이라 함은 당해 범죄행위의 종료일로부터 1993.2.24.일까지의 기간을 말한다."

그리고 이에 관한 헌법재판소의 판시내용은 네 가지 논점을 서로 나누어 다루고 있으며, 각 부분의 논증구조는 다음과 같이 요약될 수 있다.

1) 5 · 18특별법 제2조가 "개별사건법률"이기 때문에 위헌인가의 여부

헌법재판소는 이 법률 제2조가 개별사건법률임을 다음과 같은 이유로 인정하고 있다. 즉 5 · 18특별법 제2조 제1항을 통해서 이 "특별법이 이른바 12 · 12 사건과 5 · 18사건에만 적용됨을 명백히 밝히고 있으므로 … 특별법 제정 당시 이미 적용의 인적 범위가 확정되거나 확정될 수 있는 내용의 것이므로 개별사건법률임을 부인할 수 없다"는 것이다.

이렇듯 개별사건법률임을 인정하고 나서, 그것의 위헌성 여부를 다음과 같은 근거를 들어 부정한다.

첫째, 해석학적 근거로서, 헌법상 개별사건법률에 대한 개념정의가 없을 뿐만 아니라, 이를 금지하는 명문의 규정도 없다는 것이다.

둘째, 법원리적인 근거로서, 이는 다음과 같이 정리된다. 우선 개별사건법률의 금지원칙은 헌법상의 평등원칙에 근거하며, 그 의의는 "법률은 일반적 성격을 가져야만 한다는 형식을 요구함으로써 평등원칙위반의 위험성을 입법과정에서 미리 제거하려는 데에 있다"고 한다. 그러나 이 원칙에 대한 예외는 "차별적 규율이 합리적인 이유로 정당화될 수 있는 경우"에는 허용될 수 있다고 한다. 다시 말해 개별사건법률의 위헌 여부는 그 형식에 의해서만 결정되는 것이 아니라, 평등원칙이 추구하는 실질적 내용을 함께 고려해서 판정된다는 것이다. 그런데 해당 사안의 경우, 그와 같은 합리적인 이유가 이 사건과 관련된 "공익"의 차원에서 발견되므로 5·18특별법 제2조는 개별사건법률임에도 불구하고 헌법상 평등원칙에 위배되지 않는다는 것이다.[2)]

2) 5·18특별법은 소급효를 가진 법률인가의 여부

이 법률 제2조는 특정한 범죄행위, 즉 「헌정질서 파괴범죄의 공소시효에 관한 특례법」 제2조가 규정한 "헌정질서파괴범죄행위"에 대해서만 국가의 소추권 행사에 장애가 있다는 이유를 들어, 행위의 종료일로부터 1993.2.24.까지 공소시효의 정지를 규정하고 있다. 그러나 문제는 이 조항이 공소시효제도에 관한 일반원칙 — 즉 국가가 소추권을 행사할 수 없을 때에는 이에 관한 법문의 규정이 없다고 하더라도 공소시효가 정지된다는 원리 — 을 입법을 통해 단지 "확인"한 것에 불과한 것인지(소위 확인적 법률), 아니면 이를 넘어서서 사후에 공소사유의 정지사유를 "창설"한 이른바 소급적 효력을 가진 형성적 법률인가이다. 이 점에

2) 그러나 5.18특별법과 같이 특정 행위자 혹은 범죄행위를 미리 염두에 둔(unter Eindruck der geschehenen Tat) 법률이 과연 헌법상의 평등원칙에 부합할 수 있는가는 대단히 의문의 소지가 많다. 왜냐하면 평등원칙과 직결된 법률의 일반성은 바로 그와 같은 차별적인 대우를 — 비록 그 개별적인 내용이 정당화될 수 있더라도 — 배제하기 위함이고, 더 나아가 법치주의가 보호하려는 신뢰보호도 이런 방식으로 특정범죄를 소급적으로 처벌하는 것을 금지하기 때문이다. 이 점에 대해서는 특히 Arndt, JZ 1965, 146 f.; Böckenförde, ZStW 1979, 894 f.; G. Grünwald, MDR 1965, 523 f. 참조. 또한 이하의 III. 4. 2) 참조.

관해서는 다음과 같이 세 가지 의견이 제시되었다.

a) 유보적인 입장

이 견해의 추론방식은 다음과 같다. 우선 공소시효제도의 구체적 적용은 법원의 전속적인 권한이라고 전제한다. 그러므로 특별법이 확인적 법률인가 아니면 형성적 법률인가의 종국적 판단은 법원이 법률해석에 의해서 내릴 뿐이라고 한다. 그리고 난 후, 이런 근거로 인해 헌법재판소는 단지 법원이 이 법률이 형성적 법률이라고 판단한 경우에만 이 법률의 위헌여부를 판단할 수 있다고 결론짓는다. 요컨대 공소시효제도를 법원의 전속관할로 인정함으로써 이 법률의 위헌성에 대한 헌법재판소의 판단을 일단 보류하는 입장이다.

b) 확인적 법률이라는 견해

이 견해를 취하는 헌법재판관들은 다음과 같이 자신의 입장을 근거짓는다. 첫째, 공소시효란 본래 소추가능기간만을 의미하므로, "공소시효는 소추기관이 유효하게 공소권을 행사하는 데 법적, 제도적 장애가 없을 때에만 진행할 수 있다고 해석하여야 한다." 둘째, 이 사안과 관련해서는 헌법 제84조에 "형사상의 소추를 받지 아니한다"고 규정되어 있기 때문에 법적인 소추장애사유가 존재한다. 나아가 반란 혹은 내란행위자를 이들의 집권 기간에 형사소추하는 것은 사실상 불가능하므로, 법규범 내지 법치국가적 제도 자체에 장애가 있다고 보아야 한다. 셋째, 이렇듯 법적, 현실적 장애가 존재했으므로 이 기간 동안 공소시효가 정지된다고 보는 것이, 비록 이에 관한 명문의 규정이 없다 하더라도, 공소시효의 제도의 본질에 부합하는 해석이다.[3] 그러므로 5 · 18특별법 제2조는 법률에 의해

---

3) 우선 반란 혹은 내란행위자들의 집권 시, 사실상의 장애가 있었다는 점은 일면 수긍이 간다. 그러나 바로 이러한 "사실"로부터 바로 다음과 같은 "규범적 판단", 즉 공소시효의 정지를 추론하는 것은 다음의 점에서 문제의 소지가 많다. 첫째, 그것은 사실과 부합하지 않는다. 이 기간 중 형사소추기관은 여전히 소추활동을 했었고, 또한 이에 대한 법적 권한을 규범적으로는 헌법 및 법률로부터 박탈당하지도 않았기 때문이다. 이 점에서 확인적 법률이라는 견해를 펴는 재판관들이 독일의 공소시효계산법을 운운하는 것은 오해의 소지가 많은데, 왜냐하면 독일의 경우, 독일법원의 형사소추권은 연합군에 의해 법률을 통해 배제 내지 제한되었기 때문이다. 그러나 우리의 경우, 이런 사정은 존재하지 않는다. 더 나아가 독일의 경우 우리 헌법 제84조와는 달리 내란 및 외환죄를 배제하는 규정이 없다. 둘째, 규범적

공소시효의 정지에 관한 일반원칙을 다시 분명히 하는 확인적 법률에 불과하다는 것이다.

c) 소급효를 인정한 형성적 법률이라는 의견

이 견해에 따르면, 공소시효는 법률로써 명문규정을 둔 경우에 한해 정지된다고 한다. 그러나 헌법 제84조는 이와 같은 법률규정으로 볼 수 없고, 따라서 5 · 18특별법 제2조에 의해 비로소 공소시효가 정지되므로 이 법률은 소급효를 지니는 형성적 법률이라는 것이다. 그런데 이 법률이 소급효를 지닌다는 의견은

인 관점에서도 이 견해는 타당하지 않다. 아마도 첫 번째의 비판을 피하기 위해 이 견해의 지지자들은 다음과 같은 옹색한 주장들을 펼 수 있다. 즉 일반형사범에 대해서는 공소시효가 정지되지 않았지만, 이 사안의 경우에는 공소시효가 정지되었다고 말이다. 그러나 법률에 의한 공소시효의 정지사유가 아닌 한, 특정범죄에 대해서만 공소시효의 정지를 사실상의 이유만으로 인정하는 것은 공소시효제도의 법리와도 상충된다. 요컨대, "반란 혹은 내란행위자들에 대해서도 '규범적'으로는 형사소추가 가능했으나, '현실적'으로는 불가능했다"는 대답이 오히려 훨씬 정직할 것이다. 그런데 사정이 그러하다면, 바로 이런 사실상의 장애로부터 공소시효의 정지에 관한 규범적 판단을 해석학적인 우회방법을 통해 도출해서는 안 된다. 더 나아가 헌법 제84조가 적어도 이런 사정을 염두에 두지 못했다는 점에서 입법적인 문제점을 안고 있다는 점도 충분히 수긍이 간다. 그러나 헌법 제84조와 공소시효의 정지에 관한 해석원칙은 소수의견과 같이 서로 구별되어야 할 문제이다. 왜냐하면 헌법 제84조는 집권자의 형사불소추특권을 일반적으로 규정한 것뿐이지, 공소시효의 정지에 관한 개별사유를 구체화한 것이 아니기 때문이다. 또한 이 헌법결정과 같이 공소시효제도를 소송법설에 따라 이해한다면, 이 양자의 연관성은 더욱더 희박해진다. 왜냐하면 대통령의 형사불소추특권은 형법상 소위 인적 처벌조각사유로 분류되는 것으로서, 그것의 기능은 형사소추를 저지하는 절차적인 것이지만, 이에 반해 그것의 법적 성격은 불법과 책임 이외에 부가적으로 인정되는 범죄행위의 가벌성 조건이기 때문이다. 요컨대 공소시효의 정지라는 소송법상의 해석원칙은 헌법 제84조가 규정한 형사불소추특권의 체계적 입장과도 부합하지 않는다. 마지막으로 법체계적인 관점에서도, 형사소송법에 규정된 공소시효제도의 해석원리 혹은 그 정지사유를 그 상위법인 헌법규정이 구체화한다는 해석론은 그다지 설득력이 없는 것 같다.

결론적으로 말해, 헌법 제84조의 흠결문제는 헌법적인 차원에서 입법으로 해결해야지, 일반법인 형법 및 형사소송법의 해석원리를 통해 보충될 수는 결코 없다. 이와는 달리, 신동운 교수는 다수의견과 같이 형법 제84조를 공소시효 정지의 사유로 "충분히" 인정할 수 있다고 주장한다(신동운, 형사소송법 I, 1996, 339면). 그러나 과연 신 교수가 취하는 소위 경합설(혹은 병합설)의 입장에서 이런 추론이 얼마만큼 가능한지는 분명하지 않은 것 같다. 왜냐하면 경합설은 대부분의 경우 공소시효의 기간을 사후 연장하는 소급효조차 부인하기 때문이다. 따라서 이와 같은 사안에 대해 공소시효의 정지에 관한 해석원리를 새삼 논할 필요조차 없게 된다.

단지 2명의 헌법재판관에 의해서만 주장되었기 때문에, 결국 이 문제도 합헌으로 인정된 셈이다.

3) 공소시효와 형벌불소급의 원칙

이렇듯 5·18특별법 제2조는 개별사건법률이지만 합헌이며, 공소시효의 정지를 규정한 것도 소급효를 규정한 형성적인 법률이 아니라면, 이제 헌법적으로 검토될 문제는 이와 같이 공소시효의 정지를 특별법의 형식을 빌려 규정한 것이 과연 헌법 제12조 제1항 후단과 제13조 제1항 전단의 죄형법정주의에 위반하는지의 여부이다. 이 논문의 주제인 이 점에 대해 헌법재판관들은 한결같이 다음과 같은 논거로서 5·18특별법 제2조의 합헌성을 주장한다. 먼저 헌법상 인정된 죄형법정주의와 형벌불소급의 원칙은 행위의 '가벌성', 즉 범죄의 구성요건과 책임에 비례하는 형벌에만 연관을 맺는 것이라고 전제를 한다. 그런데 공소시효에 관한 규정은 '소추가능성'에 관련된 것이므로, 행위의 가벌성에는 영향을 미치지 않는다는 것이다. 그러므로, 공소시효의 기간을 사후에 연장해서 과거에 저질러진 범죄에 적용하는 법률이라도 형벌불소급의 원칙에 위배되지 않는다고 추론을 한다. 요컨대 형벌불소급의 원칙은 가벌성의 "범위"에만 관련되지, 형사소추가능성의 "기간"과는 상관이 없기 때문에 공소시효의 연장에 의한 소급효는 형벌불소급 원칙의 적용범위에서 배제된다는 것이다.[4]

4) 특별법과 법치주의 원칙간의 상관관계

이와 같이 공소시효제도가 죄형법정주의의 파생원리인 형벌불소급의 원칙의 보호범위 안에 속하지 않는다면, 마지막으로 검토할 문제는 이 특별법이 법적 안정성, 특히 신뢰보호를 그 주된 내용으로 하는 법치주의의 일반원칙과 부합하는가의 여부이다. 이 문제는 다시금 다음과 같은 두 가지 유형, 즉 이 법률조항이

4) 후술하는 바와 같이, 놀랍게도 이 논거는 바로 공소시효계산법의 합헌성을 인정한 독일연방헌법재판소가 취했던 견해와 동일하다. 그러나 이 견해에 대해서는 많은 비판이 제기되었다. 이에 관해서는 특히 Arndt, NJW 1961, 14 ff.; ders., JZ 1965, 149 ff.; Baumann, Der Aufstand des schlechten Gewissens, 1965, S. 10 ff.; Grünwald, MDR 1965, 521 ff.; Pawlowski, NJW 1965, 287 ff.; H.-L. Schreiber, ZStW 1968, 348 ff. 참조. 또한 이하의 III. 3. 2) 참조.

이미 시효가 종료된 사실관계(소위 '진정소급효')에 관련된 것인지, 아니면 현재 진행중인 사실관계(소위 '부진정소급효')에 관련되는지에 따라 헌법상 달리 평가될 수 있다. 그런데 여기서 문제 된 사안이 이 두 가지 유형 중 어느 것에 해당하는가는 법원에 의해 판단될 사항이므로, 헌법재판소는 단지 이 두 가지 유형을 가정해서 판단할 수밖에 없다고 한다.

a) **부진정소급효의 경우**

이 헌법재판소 결정에 따르면, 소급효를 갖는 법률이 헌법상 절대로 금지되는 것은 아니고, 단지 법치주의의 원칙에 의해 일정한 제한만을 받을 뿐이라고 한다. 구체적으로 말해, 공소시효제도에 근거한 개인의 신뢰보호와 공소시효의 연장을 통해 달성하려는 공익을 비교형량해 볼 때, 전자가 후자에 우선하는 경우에만 법치주의의 원리에 반한다는 것이다. 그런데 이 사안의 경우, 정의를 회복하려는 중대한 공익에 비해 공소시효에 의해 보호되는 신뢰보호는 대단히 미약하기 때문에, 이와 같은 소급효는 법치주의의 제약원리에도 상충하지 않으며, 따라서 부진정소급효는 위헌이 아니라고 결론짓는다.

b) **진정소급효의 경우**

이에 대해서는 다시금 의견이 두 가지로 갈라진다.

① 합헌의견

이 입장은 다음과 같이 세 가지 논거를 제시한다.

첫째, "진정소급효금지와 법치국가의 원리"에 관한 것인데, 즉 진정소급효를 갖는 법률은 원칙적으로 금지되지만, 예외적으로 공익적 필요가 "심히 중대한" 경우에는 허용될 수 있다는 것이다. 그런데 이 사안의 경우, 공익적 필요는 매우 중대한 반면, 공소시효에 근거한 개인의 신뢰를 보호할 근거는 매우 미약하다는 것이다. 그러므로 진정소급효를 규정한 법률일지라도 헌법상 허용된다고 추론한다. 둘째, 평등원칙과 합치된다는 논거로서, 그 구체적인 내용은 다음과 같다. 즉 5·18특별법은 일반국민과 헌정질서파괴범죄행위자들을 차별적으로 취급하는 것이 아니라, 오히려 위 범죄행위자들이 불처벌로 남을 경우 발생될 불평등을 제거한다는 점에서 헌법상의 평등원칙과 실질적으로 부합한다는 것이다.[5] 셋째,

적법절차의 원리와의 관계에 대한 논거로서, 적법절차의 원리는 국가권력의 행사가 형식적으로 법률에 의해서 이루어질 뿐만 아니라, 더 나아가 그 내용도 합리성과 정당성을 갖춰야 한다는 것을 의미한다는 것이다. 그런데 문제가 된 5 · 18특별법 제2조는 그 자체가 헌법상의 기본권을 제한하지는 않고, 단지 진정소급효만을 공익이라는 차원에서 인정하는 것에 불과하므로, 적법절차의 원리에도 위반되지 않는다고 한다.

② 한정합헌의견

이 견해는 다음과 같은 근거를 제시한다. 첫째, 진정소급효는 새로운 범죄구성요건의 제정과 실질적으로는 차이가 나지 않는다. 둘째, 비록 공소시효제도가 형벌불소급 원칙의 적용범위에서 제외된다고 하더라도, 절차법적 지위도 실체법적 지위와 동일한 보호를 요청할 수 있는데, 진정소급효가 바로 여기에 해당한다는 것이다. 이런 이유에서 진정소급효는 위헌이라고 주장한다. 요컨대 헌정질서 파괴범죄자들을 엄벌해야 할 정의의 요청이 아무리 크다고 하더라도, 이것 또한 헌법의 테두리 안에서 적법절차의 원리에 의해 이루어져야만 허용되며, 따라서 진정소급효를 규정한 5 · 18특별법 제2조는 위헌이라는 것이다.

5) 소 결

이상에서 알 수 있는 바와 같이, 부진정소급효에 대해서는 재판관 전원이 합헌이라는 의견을 제시한다. 반면 진정소급효에 대해서는 4명(재판관 김진우, 이재화, 조승형, 정경식)이 합헌의견을, 5명(재판관 김용준, 김문희, 황도연, 고중석, 신창언)이 한정위헌의견을 제시했으나, 위헌결정의 정족수에 이르지 못해 결국 5 · 18특별법 제2조는 합헌으로 선고되었다.

2. 헌법결정의 의의

특히 공소시효와 형벌불소급의 원칙과 관련지어 이 결정이 지니는 의의는

---

5) 이와 비슷한 논거에 대해서는 BVerfGE 1, 419 ff.; U. Klug, JZ 1965, 149 ff. 참조. 그러나 독일연방헌법재판소는 진정소급효에 관한 합헌성까지 주장하지는 않는다.

다음과 같이 세 가지로 요약될 수 있다.

1) 법치주의 원리의 구체화

그 첫 번째 의의는 법치주의가 다음 두 가지 요소, 즉 법적 안정성과 실질적 정의에 의해 내용적으로 구체화된다는 점을 명시하고 있다는 점이다. 구체적으로 말해, 한편으로 법치주의는 정의의 요청에 부응해야 하기 때문에 헌정질서파괴범죄자를 응징하는 것은 법치주의의 당연한 결론이지만, 다른 한편 법치주의는 법적 안정성의 요구도 충족시켜야 하기 때문에 이와 같은 법적 해결방식은 항상 헌법의 테두리 안에서 적법절차의 원리에 의해 이루어져야 한다는 것이다.

물론 법치주의가 이 두 요소를 모두 필요로 한다는 점에 대해 이 결정은 일관된 입장을 견지하지만, 이와는 대조적으로 이 양자의 관계가 서로 충돌하는 경우 어느 것을 우선시해야 할 것인가에 대해서는 다음과 같은 견해가 제시된다. 즉 일부 의견은 정의를 법적 안정성보다 앞세워서, 중대한 공익이 개인의 신뢰보다 우월한 경우 진정소급효의 법률조차 헌법적으로 정당화된다고 주장하는 반면, 다른 일부의견은 진정소급효의 위헌성은 인정하되 개인의 신뢰보다 중대한 공익이 존재할 경우 개별사건법률은 헌법상 평등원칙과 상응할 뿐만 아니라 부진정소급효를 지닌 법률도 법치주의 원칙에 위배되지 않는다고 역설한다. 요컨대 이 헌법결정은 법치주의의 두 가지 요소를 밝히고 있을 뿐만 아니라, 그 양자간의 선후관계도 다음과 같이 규정하고 있다. 즉 "중대한 공익의 실현"이라는 실질적 정의의 요청이 "법률의 일반성" 혹은 "신뢰보호"라는 형식적인 법적 안정성의 요청보다 앞선다는 것이다.[6)]

---

6) 물론 이와 같이 정의와 법적 안정성을 양자택일식으로 설정하는 방식에 대해서는 의문의 여지가 많다. 왜냐하면 법적 안정성이 지향하는 신뢰보호는, 후술하는 바와 같이 국가형벌권의 자의로부터 개인의 자유를 확보하자는 것이고, 이것은 궁극적으로 정의에 봉사하는 것이기 때문이다. 또한 바로 이런 이유에서 공소시효제도도 단순히 범죄혐의자의 부당한 신뢰를 보호하는 것이 아니라, 국가형벌권 발동의 오류를 방지한다는 의미에서 정의에 봉사하는 것이기 때문이다. 이렇게 본다면, 정의와 법적 안정성이라는 법치주의의 두 요소는 서로 대립되는 것이 아니라, 그 보호방향만이 서로 상이할 뿐이다. 그리고 이러한 상호적인 맥락은 이미 법치주의의 계몽사적 연원에서도 발견된다. 이에 대해 자세한 점은 특히 Arndt, JZ 1965, 146, 149; Grünwald, ZStW 1964, 17 f.; Böckenförde, ZStW 1979, 888 ff. 참조.

2) 공소시효와 소급효 금지와의 관계

헌법재판소 결정의 두 번째 의의는 헌법 및 형법에 명문화된 죄형법정주의의 파생원칙인 형벌불소급 원칙의 적용범위로부터 공소시효의 소급효를 배제시킨다는 것이다. 다시 말해 이 결정은 공소시효의 성격에 관하여 실체법적 성격과 소송법적 성격을 구별한 후, 공소시효제도의 본질을 소위 "소송법설"[7]에 따라 행위의 가벌성(Strafbarkeit)이 아니라 단지 그것의 소추가능성(Verfolgbarkeit)에서만 구하고, 그 결론으로서 형벌불소급 원칙은 행위의 가벌성에만 연관되기 때문에 사후의 시효연장에 따른 소급효는 형벌불소급 원칙에 의해서 제한되지 않는다고 주장한다.[8] 그러나 자세히 들여다보면, 이러한 헌법재판소의 입장은 독일의 지배적인 견해를 따른 것일 뿐만 아니라, 1965년 4월 13일의 공소시효계산법[9]에 관한 독일연방헌법재판소의 결정(BVerfGE 25, 269, 284ff.)을 거의 그대로 요약한 듯한 인상을 자아낸다.[10] 이 문제는 바로 이 논문의 주제이기 때문에, 이하에서 보다 자세히 설명하기로 한다.[11]

---

7) 공소시효의 본질에 관해서는 학설상 세 가지 견해가 주장된다. 이 견해들은 다음의 사항, 즉 공소시효기간을 사후에 연장하는 소급법률이 헌법상의 형벌불소급 원칙의 범위 안에 포괄되는가의 문제에 대해 서로 상이한 입장을 표방한다. 즉 실체법설이나 경합설은 공소시효제도가 행위의 가벌성과 관련을 맺는 실체법상의 성격도 지니므로, 공소기간을 사후 연장하는 법률은 부진정소급효의 경우에도 형벌불소급 원칙에 위배된다고 한다. 그러나 소송법설은 공소시효제도가 단지 소추가능성과 연관된 소송장애사유에 불과하기 때문에, 부진정소급효의 경우 행위의 가벌성만을 규정한 형벌불소급 원칙에 위배되지 않는다고 한다. 이에 관해서는 특히 G. Jakobs, Strafrecht, AT, 2. Aufl., 1991, S. 68 f.; C. Roxin, Strafverfahrensrecht, 20. Aufl., 1987, S. 124 f.; 백형구, 형사소송법강의, 1993, 529면 이하; 이재상, 형사소송법, 1991, 382면 이하; 신동운, 형사소송법(주 3), 332, 338면 이하; 배종대/이상돈, 형사소송법, 1996, 313면 이하 참조.

8) 그 결과 부진정 소급효의 경우, 입법자는, 법치주의의 일반원리에 의해 저촉되지 않는 한, 무제한적으로 소급법을 제정할 수 있는 권한을 갖게 된다. 다네커(Dannecker)는 바로 여기에서 실증주의의 전통이 그대로 답습된다는 점을 지적하고 있다. Ders., Intertemporales Recht, 1995, S. 329.

9) 헌법결정문에서는 이 법률이 "1964년" 4월 13일 제정되었다고 하나, 이 법률은 "1965년" 4월 13일에 제정되었다.

10) 더 나아가 공소시효의 정지에 관한 일반원리에 대해서는 독일연방헌법재판소결정(BVerfGE 1, 418 ff.)을 참조.

11) 다만 여기서 짚고 넘어가야 할 점은, 이 헌법결정이 과연 소송법설에만 근거하고 있는가의 여부이다. 왜냐하면 이 결정은 여러 곳에서 실질적 정의를 내세워 헌정질서파괴범죄의 당벌

3) 부진정소급효와 법치주의의 관계

이 결정이 지니는 마지막 의의는, 비록 진정소급효에 대해서는 의견이 갈리지만 부진정소급효를 지니는 법률도 일정한 요건하에서는 법치주의 일반원칙과 부합한다는 것이다. 사실상 이 결정과 같이 공소시효제도를 형벌불소급 원칙의 적용범위로부터 배제시킨다면, 이제 공소시효의 소급효를 지니는 법률을 제한할 수 있는 방법은 오로지 형벌불소급 원칙보다 일반적인 원리인 법치주의 원칙에 의해서만 가능하게 된다. 그런데 헌법재판소는 이 결정을 통해 부진정소급효의 경우에도 다음과 같은 이익형량의 원칙이 지켜진다면, 즉 이 사안에서와 같이 공소시효제도에 근거한 개인의 이익보다 공소시효기간의 연장을 통해 달성하려는 공공의 이익이 훨씬 우세하게 판정된다면, 법치주의 원칙과도 저촉되지 않는다는 것이다. 바로 이런 근거에서 공소시효의 기간을 사후 연장하는 부진정소급효의 법률도 형벌불소급의 원칙뿐만 아니라, 법치주의의 원칙에 의해서도 제한되지 않는다고 한다.

이상을 종합해 보면, 헌법재판소의 이 결정에 내재한 법원리란 다음과 같이 구체화할 수 있다. 즉 법치국가의 원리는 정의와 법적 안정성이라는 두 요소로 구성되지만, 법적 안정성의 요청보다 정의의 요청이 훨씬 우위에 있다면, 이러한 공익을 실현하는 부진정소급효의 법률은 법치주의의 파생원칙인 형벌불소급 원리에도 위반되지 않을 뿐만 아니라, 법치국가의 일반원칙과도 상충되지 않는다는 것이다. 다만 진정소급효의 경우에만 이러한 가치형량의 우선순위가 다수의 의견에 따르면 달리 결정된다고 한다.

성, 즉 행위의 가벌성을 원용하고 있기 때문이다. 다시 말해, 여기서 문제 된 범죄행위의 불법이 지나치게 크기 때문에, 이에 근거해서 소송절차를 달리 해석하자는 것이다. 사정이 이러하다면, 이 헌법결정은 내용적으로는 실체법설에 의해 공소시효의 연장을 미리 결론짓고, 다만 그 형식논리만 소송법설을 빌려 전개한다는 것이다. 이렇듯 소송법설의 논거가 이와 같이 예외적인 사안의 경우 이중적인 성격을 지닌다는 점은 이미 뵈켄푀르데(Böckenförde)가 예리하게 분석한 바 있다(ders., ZStW 1979, 892 f.).

Ⅲ

1. 연구범위의 제한

먼저 평석에 앞서서, 그 범위부터 제한할 필요가 있다. 이 논문은 진정소급효의 문제를 다음과 같은 이유에서 본격적으로 다루지 않으려고 한다. 우선, 이에 대해서는 다수의견이 그것의 위헌성을 주장하며, 나아가 해석론에 의해서도 진정소급효의 법률은 그 타당성이 의심받을 뿐만 아니라 입법론적으로도 이를 명시적으로 배제하는 경우도 있기 때문이다.[12] 그리고 부진정소급효의 위헌성에 관한 논의는 당연히 진정소급효의 위헌성과 직결되기 때문에 논의의 경제성이라는 관점에서도 이를 다시 검토할 필요는 없기 때문이다. 이런 근거에서 이하에서는 그 대상을 부진정소급효의 위헌성에만 국한하려고 한다. 결론부터 말한다면, 헌법재판소의 이 결정은 공소시효와 형벌불소급의 관계에 초점을 맞출 때 다음과 같은 세 가지 측면에서 문제의 소지가 많다. 첫째, 방법론적인 발상법이 대단히 법률해석에만 편중되어 있고, 둘째, 공소시효와 형벌불소급 원칙에 대한 학설 및 판례의 발전과정과도 부합하지 않으며, 셋째, 공소시효, 형벌불소급 원칙, 법치주의 원리의 상관관계도 지나치게 일면적으로만 파악하고 있다는 것이다.

2. 방법론적인 문제점: 올바른 문제접근방식의 모색

방법론적인 관점에서 볼 때, 이 결정은 해석론에 집착한 나머지 문제의 핵심을 지나치게 "법률적(juristisch)"으로만 파악하고 있다.[13] 다시 말해, 필자가 생각

---

12) 예컨대 1965년 4월 13일 독일의 공소시효계산법 제1조 제2항은 다음과 같이 규정되어 있다. "제1항에서 규정한 것(공소시효의 정지)은 이 법률이 효력을 발할 시점 이전에 이미 시효가 완성된 범죄에 대해서는 적용되지 않는다."

13) 이와 같은 법률적인 접근방법이 지니는 문제점에 대해서는 특히 Naucke, Rechtspolitische Vorentscheidungen bei der Diskussion einer Verlängerung von Verjährungsfristen für NS-Verbrechen, in: Zeitschrift für Rechtspolitik 1969, S. 8 ff. 참조. 더 나아가 야콥스는 이와 같은 문제에 대한 접근방식을 세 가지로 세분화한 후, 이를 모두 비판하고 있다. Jakobs, Strafrecht(주 7), S. 68, Anm. 23 참조.

하기에 문제의 핵심은 법과 정치가 교차하는 헌법입법론의 차원에 있는 것이지, 단순히 헌법해석의 영역에서 찾을 수는 없다. 그럼에도 불구하고 이 결정은 이 점을 소홀히 한 법외적인 법정책적 과오는 별로 시인하지 않은 채, 오히려 공소시효에 관한 헌법 및 형법해석론에만 매달려 법내재적으로 해결의 실마리를 풀려고 한다. 물론 추상적인 규범통제는 항상 개별법의 해석을 전제로 하며, 이러한 법해석에 관한 논의가 위헌판결의 중심과제이기 때문에, 헌법에 내재한 해석원리로부터 출발해야만 하는 헌법재판소의 고충은 이해가 되기는 한다. 그렇다고 하더라도 이렇듯 법내재적으로 해석에만 연연하는 해결방법은 문제의 논리적인 위치를 잘못 파악한 결과, 그 논증과정에 많은 무리가 따를 수밖에 없다. 예컨대 법정책적인 요소를 무리한 해석을 통해 법체계 안으로 유입시킨다든지, 특정한 법정책적 목적을 위해 헌법 및 형법상의 원칙과 개념들, 예컨대 법치주의의 원칙 및 평등의 원칙 등을 과도하게 확장해석하거나 그 반대로, 예컨대 형벌불소급의 원칙이나 소급효의 개념 등에서 볼 수 있는 바와 같이 지나치게 축소해석하는 현상 등이 그 대가로 지불된다. 결국 이런 현상이 다시금 헌법해석에 영향을 미쳐, 헌법상의 법치주의 원리에 손상을 입히고, 급기야는 헌법의 불신으로까지 연결될 수 있다는 것은 단순히 기우만은 아닐 것이다. 그렇다면 문제의 올바른 실마리는 어디에서 찾아야 하는가?

주지하다시피 이 결정의 전제가 된 사안은 일반적인 형사범과는 근본적으로 구별된다. 즉 독일의 재통합 후 새로 등장한 소위 "국가범죄(Regierungskriminalität)" 혹은 "거시범죄(Makrokriminalität)"의 개념이 의미하는 것과 마찬가지로,[14] 국가의 체제 자체가 불법을 저지른 것에 법적으로 어떻게 대응할 것인가가 그 핵심문제가 된다. 그리고 이에 대한 법적 해결책은 항상 다음과 같은 이율배반적인 입장에 처해 있다. 즉 한편으로 이러한 행위가 반윤리적인 행위(Untat)이고 도덕적으로 비난받아 마땅하다는 점에는 거의 의견이 일치한다. 그러나 이와 같은 반윤리적인 행위가 곧바로 범죄행위, 즉 형법상의 불법(Unrecht)으로 파악될 수 있는가에 대해서는 다음과 같은 법이론상의 문제점이 따른다. 우선, 형법은 정상적인 국

14) 이 개념에 대해서는 특히 W. Naucke, Die strafjuristische Privilegierung staatsverstärkter Kriminalität, 1996, S. 19; Jäger, KritV 1993, 259 ff. 참조.

가체제를 전제로 한 것이므로 이와 같은 정치적 사건을 형법 스스로가 해결할 수 있는가에 대해서는 많은 의문이 따른다(소위 형법기능의 한계성).15) 나아가 형법을 통해서 이를 해결하기에는 너무나 중대한 헌법상의 제약원리, 즉 평등원칙, 법치국가 원칙, 비례성 원칙, 규범의 명확성 원칙 등이 존재한다.16) 더군다나 우리와 같이 정상적으로 지킬 수 있었던 공소시효조차 적기를 놓쳐 한계선상에 도달한 지경에는 형법이나 특별법을 통한 해결책은 그 법이론적 지반이 매우 허약하다.

추측건대 이런 상황을 법률적으로 해결하기 위해서, 그것도 위정자의 정치적 결단에 의해 시발된 특별법 발상은 적어도 법이론상으로는 문제의 소지가 적지 않다. 법률에 의해 헌법상의 원칙을 재해석 내지 제한하려는 법체계상의 모순을 범할 수 있을 뿐만 아니라, 정의라는 추상적인 기준을 내세워 헌법상 보장된 국가권력의 제한이라는 의미에서의 자유주의적 법치국가이념을 희생시킬 수도 있기 때문이다.17) 그러나 이미 야콥스(Jakobs)도 적절히 지적한 바와 같이, 소위 정의를 앞세우는 자연법적 논거들은 실정법의 이데올로기를 비판하는 점에서는 설득력이 있지만(자연법의 적극적인 기능), 실정법을 대신해서 소위 "자연법적 가벌성"을 가지고 사람을 처벌할 수는 없다(자연법의 소극적 기능).18) 물론 검찰의

---

15) 이에 관한 자세한 내용은 특히 Jakobs, Vergangenheitsbewältigung durch Strafrecht? Zur Leistungsfähigkeit des Strafrechts nach einem politischen Umbruch, in: Isensee(Hrsg.), Vergangenheitsbewältigung durch Recht, 1992, S. 37 ff.: ders., GA 1994, 1 ff.: M. Pawlik, GA 1994, 472 ff. 참조.

16) 이 결정문에서는 법규범의 명확성원칙과 형사제재의 비례성원칙에 대해서는 언급하고 있지 않다. 그러나 헌정질서파괴범이란 구성요건은 그 내용을 구체화하기가 어려워 죄형법정주의의 명확성원칙에 반할 소지가 많다. 또한 형사제재의 비례성 여부도 형벌의 목적에 비추어 검토할 것이 필요하다. 이러한 헌법상의 문제점에 대해 보다 자세한 것은 Böckenförde, ZStW 1979, 897 ff. 참조.

17) 대단히 유감스러운 현상은, 바로 이런 입장을 취하고 있었던 검찰의 12 · 12 기소유예결정에 대해 합헌결정을 내렸던 헌법재판소가 얼마 후 동일한 입장에서 취해진 5 · 18 불기소처분에 대해서는 위헌판정을 하고 있다는 점이다. 물론 검찰의 불기소처분은 형식적인 법개념만을 앞세운다는 점에서, 헌법재판소와는 정반대의 방향에서, 또 다른 일면적인 법치국가이념을 고집한다. 이런 입장이 실질적인 법치국가이념에 큰 위험이 된다는 것은 재론의 여지가 없을 것이다. 이에 대해서는, 박은정/한인섭(편), 5 · 18, 법적 책임, 역사적 책임, 1995 참조.

18) Jakobs, GA 1994, 13 ff. 또한 M. Pawlik, Das positive Recht und seine Grenzen, in:

5 · 18 불기소 결정과 같이 단지 도구적으로만 이해된 법률개념도 형식적 의미의 법치주의에 불과할 뿐이지(법실증주의의 소극적 기능), "국가권력의 자의로부터 개인의 자유보호"라는 의미에서의 자유주의적 법치국가개념(법실증주의의 적극적 기능)과는 거리가 멀다. 이렇게 본다면, 정의와 법적 안정성의 충돌은 곧 헌법에 체화된 법치국가 원리 자체의 모순이다. 그러므로 이러한 모순은 특별법의 형식이 아니라, 헌법차원에서 그 해결책이 모색되어야 한다.[19] 그런데도 이 결정에서와 같이 특별법에 의한 해결방식을 헌법의 해석만으로 설명하려 들면, 검찰의 5 · 18 불기소결정에서도 여실히 드러난 바와 같이 법률을 단지 일정한 정치적 결단을 위해 도구적으로 사용하는 위험을 잉태하게 된다.[20] 다시 말해서 검찰은 이러한 '국가범죄'를 처벌하지 않으려는 정치적 목적하에 형식적인 법률개념을 취했다면, 이제 그 반대로 헌법재판소는 이를 처벌하기 위해 제정된 소급입법의 개념을 형식적으로 이해함으로써 공소시효연장에 관한 법률을 결국 입법자의 고유한 권한에 속하는, 즉 합헌적인 법률로 해석하고 있는 것이다. 요컨대 문제의 핵심은 법해석이 아니라 법정책이며, 이 점을 간과하는 한 헌법의 법치국가원리는 소위 "勝者의 司法(Siegerjustiz)"의 희생양이 될 수밖에 없을 것이다.

3. 이론적인 맥락의 문제점: 공소시효의 소급효의 역사적 발전과정

이렇듯 헌법재판소의 결정은 이 문제를 편협한 관점에서 접근할 뿐만 아니라, 공소시효와 형벌불소급 원칙 간의 관계에 대한 이론 및 입법의 역사적 맥락도 올바로 파악하지 못하는 것 같다. 왜냐하면 이 결정과 같이 공소시효를 소추

Rechtsphilosophische Hefte II, 1993, S. 95 ff. 참조.

19) 독일의 통일 이후, 동독의 형법적 과거청산을 이와 같은 방식으로 처리해야 한다는 견해에 대해서는 Dencker, KritV 1990, 299 ff.; Isensee, Der deutsche Rechtsstaat vor seinem unrechtsstaatlichen Erbe, in: ders.(Hrsg.), Vergangenheitsbewältigung durch Recht, 1992, S. 92 ff.; Pieroth, Der Rechtsstaat und die Aufarbeitung der vor-rechtsstaatlichen Vergangenheit, in: VVDStRL 51, S. 91 ff. 이에 대한 반대의견에 대해서는 VVDStRL 51에 수록된 토론내용 참조. 또한 공소시효의 문제해결에 대해 이런 입장을 취하는 것으로는 Jakobs, Strafrecht(주 7), S. 68, Anm. 23 참조.

20) 이런 문제점에 대해서는 특히 심헌섭, 법철학 · 혁명 · 쿠테타—검찰의 5 · 18불기소 처분을 계기로, 박은정/한인섭(편), 5.18(주 17), 40면 이하 참조.

가능성과 관련된 소송법적인 제도로만 이해하고, 이에 따라 행위의 가벌성에 관한 형벌불소급의 적용범위로부터 제외하는 소위 소송법설은, 이 결정이 언급할 뿐만 아니라, 그 내용도 대부분 수용하고 있는 독일의 경우 비교적 근자에야 비로소 지배적인 견해로 되었고,[21] 그것도 최근에는 많은 이론적인 비판을 받아 그 지지기반이 점차 약화되고 있기 때문이다.[22] 이 문제는 독일 해석이론의 역사적 발전과정에 관한 것이지만, 이 결정이 독일의 판례를 원용하고 있을 뿐만 아니라 공소시효에 관한 학설 자체가 독일의 영향을 많이 받고 있으므로 이를 언급한 후 국내의 학설동향을 검토해 보기로 하자.[23]

1) 독일에서의 이론과 입법의 발전과정

a) 슈라이버(H.-L. Schreiber)에 따르면, 공소시효와 형벌의 소급효가 밀접한 관련이 있다는 점에 대해서는 대단히 놀랍게도 이미 18세기 말 형법이 본격적으로 법전화되기 시작했을 때부터 많은 논란이 있었다고 한다. 입법적 발전과정을 고찰할 때, 공소시효의 소급효를 법률에 의해 명시적으로 인정한 것은 1813년의 바이에른 형법전뿐이며, 그 이외의 입법에서는 다음과 같은 두 가지 방식을 통해 공소시효의 소급효를 금지한다고 한다. 그 하나는 형벌불소급의 일반원칙을 받아들여, 행위자에게 불리한 공소시효는 그 적용을 배제하는 대신, 유리한 공소시효는 허용된다는 점을 법률에 명문화하는 방식이다. 다른 하나는 공소시효를 입법적으로 명시하지는 않지만, 소급효에 관한 일반규칙을 규정해서 행위자에게 불리한 시효의 소급효를 배제하는 방식이다. 이와 같이 형벌불소급 원칙에 의해 시효의 소급효를 인정하지 않는 것은 프랑스의 입법에서도 발견된다고 한다. 그러나 독일의 경우, 이와 같이 입법에 의해 명시된 공소시효의 소급효 금지는 제국형법전에는 들어 있지 않다고 한다. 즉 1871년의 독일제국형법은 이 조문에 관한 프로이센형법전(1851년) 시행령 제5조와 같은 조항을 규정하고 있지 않았기

---

21) 다네커에 의하면 "소송법설"은 1941년 Nazi에 의해 경미범죄의 시효를 소급적으로 적용하기 위해 도입되었다고 한다. 이에 관해 자세한 것은 Dannecker, Intertemporales Strafrecht (주 8), S. 322 ff. 참조.

22) 특히 Jakobs, Strafrecht(주 7), S. 67 ff., Anm 20 ff. 참조.

23) 이하의 설명은 주로 H.-L. Schreiber, ZStW 1968, 348 ff.와 Dannecker, Intertemporales Strafrecht(주 8), S. 316 ff.를 참고한 것이다.

때문에, 단지 학설에 의해서만 이에 관한 일반원리, 즉 행위자에게 불리한 공소시효의 소급효는 형벌불소급 원칙에 반한다는 생각만이 주장되었다고 한다. 또한 이 당시에는 공소시효에 관해 경합설(혹은 병합설)이 주장되고 있었으므로 사실상 이에 관한 명문의 규정도 필요하지 않았다고 한다.24)

b) 입법과 달리, 학계에서는 이미 이 규정에 대해 다음과 같이 세분화된 논의가 있었다고 한다. 우선 진정소급효는 형벌불소급 원칙에 위반되기 때문에 금지된다는 데에 학설이 일치했다고 한다.25) 이에 반해 부진정소급효에 대해서는 의견이 두 가지로 나뉘었다고 한다. 즉 차카리아에(Zachariae)와 제거(Seeger)는 부진정소급효를 인정하는 반면, 특히 베르너(Berner)는 부진정소급효도 형벌불소급의 원칙에 반한다고 주장한다. 이 중 특히 제거는 이를 인정하는 이유를 다음과 같이 설명하고 있다. 공소시효에 대한 범죄인의 신뢰는 범인의 형사소추불가능에 대한 신뢰와 마찬가지이며, 따라서 이를 보호할 필요가 없다고 주장한다.26) 나아가 차카리아에는 부진정소급효에 의해 범죄인에게 가해진 해악은 마땅히 그가 받을 해악이기 때문에 이에 의해 국가형벌권이 확장되지는 않는다고 역설한다.27) 이에 반해 베르너는 형벌불소급 원칙을 그것의 법치주의적인 연원을 들어 다음과 같이 주장한다. 즉 형벌불소급 원칙은 국가형벌권의 제한에 봉사한다는 것이다. 그런데 부진정소급효는 결국 국가형벌권에 더 많은 권리를 부여하는 것이므로 이를 금지하는 형벌불소급 원칙에 반한다는 것이다.28) 그 후 양 이론 간의 대립은 결국 "경합설(혹은 병합설)"에 의해 중재됨으로써 공소시효는 실체법적 성격뿐만 아니라, 절차법적 성격도 지니는 것으로 파악된다.29) 이에 따

---

24) 뵈켄푀르데에 의하면, 형벌소급효 원칙이 헌법이 아니라 형법에서만 논의되었던 것은 죄형법정주의에 관한 규정이 바이마르시대에 와서야 비로소 헌법전에 들어왔기 때문이라고 한다(Böckenförde, ZStW 1979, 891 f.).

25) H.-L. Schreiber, ZStW 1968, 355 f.

26) Seeger, Über die rückwirkende Kraft neuer Strafgesetze, 1862, S. 166 ff.

27) Zachariae, Über die rückwirkende Kraft neuer Strafgesetze, 1834, S. 47 ff.

28) Berner, Wirkungskreis des Strafgesetzes, 1853, S. 57 ff.

29) H.- L. Schreiber에 따르면, 이미 1906년에 폰 바(von Bar)는 "공소시효법률이 소송법적 성격을 갖는다는 이론은 독일법학에서 더 이상 주장되지 않는다"라고 천명하고 있다고 한다 (von Bar, Das Strafgesetz, 1906, S. 87, Anm. 65a).

라 공소시효의 부진정소급효도 행위자에게 불리한 경우에는 형벌불소급 원칙에 반한다는 해석론이 지배적이 된다.

2) 독일판례의 전개과정[30)]

이와 같은 경합설이 오늘날 주장되는 소송법설에 통설의 지위를 양보하게 된 것은 1942년의 Nazi의 판례에 의해서이다.[31)] 즉 경미범죄를 소급적으로 형사소추하기 위해서, 이미 3개월의 공소시효가 지났음에도 불구하고 Nazi의 법원은 그 시효를 사후연장한다는 것이다. 그리고 이를 근거짓기 위해서, 공소시효를 행위의 가벌성과는 관련이 없는 소송법상의 소추조건으로만 파악한다는 것이다. 그 결과 공소시효의 소급효는 이제 형벌불소급 원칙의 적용범위로부터 배제된다.

그 후 이와 같은 소송법설은 제2차대전 후 Nazi 전범자를 재판하는 데에서도 결정적인 역할을 수행한다. 우선 이 소송법설에 근거해서, 전범자 처벌에 관한 연합국의 칙령들이 합헌이라는 점이 독일연방헌법재판소에 의해 천명되었고 (BVerfGE 1, 423), 나아가 1965년 4월 13일 제정된 공소시효계산법의 합헌성도 바로 이 학설에 의해 근거지어진다. 바로 이런 방향에서 그 후 謀殺 및 반인륜범죄에 대한 시효기간의 연장(1969년) 및 폐지(1979년)도 이루어진다.[32)]

3) 최근의 이론적 동향[33)]

위의 논의에서 알 수 있는 바와 같이, 소송법설은 애당초 일정한 법정책적 목적을 위해 도입되었으며, 비교적 근자에 이르러서야 지배적인 학설과 판례의 입장으로 된 것이다. 그러나 이에 대해서는 최근에 많은 비판이 가해지고 있다.

---

30) 이에 대해서는 또한 Böckenförde, ZStW 1979, 890 ff. 참조.

31) RGSt 79, 159.

32) Dannecker, Intertemporales Strafrecht(주 8), S. 329 ff. 참조.

33) 우리나라의 경우 소송법설이 마치 최근의 이론인 양 소개되고 있는데, 이는 이미 언급한 바와 같이 대단히 잘못된 것이다. 즉 독일의 경우, 이 이론은 이미 19세기부터 주장되었다가 그 지지기반을 상실했고, 1942년 이후 다시 지배적인 학설로 등장한다. 그러므로 공소시효에 관한 최근의 이론이란 공소시효계산법의 위헌성 여부를 둘러싼 논의 이후 새로 등장한 이론들을 의미하며, 신양균 교수는 이 이론을 일본의 예에 따라 "신소송법설"이라고 칭하고 있다. 이에 관해서는 신양균, 형사소송법, 1996, 205면 참조.

특히 이 학설의 도식적인 설명방식은 결코 공소시효제도와 형벌불소급 원칙이 지니는 실질적인 측면을 근거짓지 못한다는 이의가 강력하게 제기된다. 즉 다음과 같은 개념적인 구분법, 즉 실체법과 소송법을 개념상 구별하고,[34] 형벌불소급 원칙은 전자에 배치하는 대신 공소시효는 후자에 배치함으로써 양자의 관계를 처음부터 절단하는 방식은 동어반복에 불과하며, 따라서 이 제도들에 내재한 법원리를 제대로 파악하지 못한다는 것이다. 즉 공소시효제도가 소송법적 성질을 지니기 때문에 형벌불소급 원칙과 상관없다는 "사실"이 아니라, 어떤 이유에서 그렇게 파악해야만 하는가라는 "법적 근거"가 중요한 것이다.[35] 그러므로 이제는 형벌불소급 원칙이라는 법치주의의 파생원리가 근거하는 법이념으로부터 출발해서, 이 문제에 대한 해답을 모색해 보기로 한다.[36] 그 결과 이 이론은 다음과 같은 내용을 지니게 된다. 즉 형벌불소급 원칙의 법치주의적 의미는 국가형벌권의 제한이며, 따라서 공소시효의 소급효는 그것이 부진정 소급효일지라도 국가형벌권을 확장한다는 점에서 형벌불소급 원칙에 위배된다는 것이다. 이런 관점에서 볼 때 실체법과 소송법의 도식적인 개념구별은 이 문제해결과 아무런 상관이 없는데, 왜냐하면 소송법적 제도도, 비록 행위의 가벌성과 관련이 없더라도, 국가형벌권의 범위에 충분히 영향을 미치기 때문이다.[37] 그러나 독일의 경우 소송법설은 아직까지 통설적 지위를 유지하고 있다.[38]

---

34) 이 개념구별의 문제점에 대해서는 C. Roxin, Strafverfahrensrecht, 20. Aufl., S. 127 f.; Jakobs, Strafrecht(주 7), S. 68 f.; K. Volk, Prozeßvoraussetzungen im Strafrecht. Zum Verhältnis vom materiellen Recht und Prozeßrecht, 1978, S. 54 f. 참조.

35) 특히 K. Volk, Prozeßvoraussetzungen im Strafrecht(주 34), S. 58.

36) 이런 경향에 속하는 것으로는 H.-L. Schreiber, ZStW 1968, 362 ff.; Grünwald, MDR 1965, 521 ff.; Arndt, JZ 1965, 142 ff.; R. Schmidt, NJW 1965, 1952 f.; Pawlowski, NJW 1965, 287 ff.; Jakobs, Strafrecht(주 7), S. 67 f.; Dannecker, Intertemporales Recht(주 8), 321 ff. 참조.

37) 이에 대해 자세한 점은 Jakobs, Strafrecht(주 7), S. 67 ff. 참조.

38) 이에 관해서는 C. Roxin, Strafverfahrensrecht(주 34), S. 124; Bemman, JuS 1965, 333 ff.; Klug, JZ 1965, 149 ff.; Dürig, in: Maunz/Dürig/Herzog/Scholz, Art. 103 Abs. 2 Rn. 109; Maurach/Zipf, Strafrecht, AT, Teilbd. 1, S. 164; Pföhler, Zur Anwendbarkeit des strafrechtlichen Rückwirkungsverbots im Strafprozeßrecht in dogmenhistorischer Sicht, 1988, Rn. 1008 f. 참조.

4) 국내의 학설동향

우리나라의 경우, 공소시효와 형벌불소급 원칙의 상관관계를 법이론적으로 본격적으로 다룬 연구논문은 헌법과 형법의 분야에서 아직 찾아보기 힘들다.[39] 그 대신 공소시효에 대한 해석론에 대해 거의 유사한 내용의 교과서식 서술방식만이 발견될 뿐이다. 다만 여기서 언급해야 될 점은 다음과 같다. 우선 우리나라의 통설은 이 헌법결정과는 달리 실체법설을 취한다는 점이다. 더 나아가, 이런 사정 때문에 소수설인 소송법설은 근자에야 비로소 주장되기 시작했다.[40] 그러나 최근에는 병합설의 입장도 제시된다.[41]

이상에서 본 바와 같이, 이 헌법결정이 근거하고 있는 소송법설은 독일에서는 역사적으로도 근자에야 비로소 통설적인 견해가 되었으며, 그것도 특정한 법정책적 목적하에 판례에 의해 도입된 이론이다. 나아가 내용적으로도 이 학설은 특히 형벌불소급 원칙 간의 관계에 대해 개념적인 도식이 주된 내용을 이루고 있을 뿐만 아니라, 현재 우리나라의 통설적인 입장과도 일치하지 않는다.[42]

4. 법체계상의 문제점: 공소시효제도 — 형벌불소급 — 법치주의의 상관관계

이 논문의 대상이 된 헌법결정은 소송법설을 취함으로써 공소시효제도와 형벌불소급 원칙을 분리할 뿐만 아니라, 나아가 공소시효제도와 법치주의 간의 관

---

39) 이런 관점에서 5·18특별법을 중심으로 이 양자의 관계를 헌법적인 관점에서 분석한 김선택 교수의 다음의 논문, "과거청산과 법치국가, 고대법학연구소, 법학논집 제31집, 1995. 12, 87면 이하"는 대단히 고무적이라 아니할 수 없다. 다만 김선택 교수는 필자와는 달리 우리 헌법재판소의 입장을 취하고 있다. 또한 마찬가지의 이유에서 신동운 교수가 자신의 형사소송법 교과서에서 이 문제를 깊이 다루고 있는 것은 매우 환영할 만한 일이다. 다만 위의 주 3에서 밝힌 바와 같이, 신 교수는 경합설의 입장에서 공소시효를 연장하는 법률의 소급효를 인정하고 있다는 점이 눈에 띈다.

40) 이재상, 형사소송법, 1991, 381면; 백형구, 형사소송법강의, 1993, 491면.

41) 신동운, 형사소송법(주 3), 339면. 배종대/이상돈, 형사소송법(주 7)이 취한 입장이 실체법설이 아닌 것은 확실한데, 소송법설과 경합설 중 어느 것에 더 가까운지는 분명하지가 않다.

42) 물론 실체법설은 다음과 같은 점, 즉 공소시효에 관한 규정이 형사소송법에 규정되어 있으며 공소시효기간 경과 후에는 무죄판결이 아니라 면소판결을 한다는 점에서 치명적인 약점이 있다.

계도 지나치게 형식적으로만 파악하고 있다. 다시 말해 개념적 도식에 의해 공소시효의 소급효와 형벌불소급의 원칙이 서로 구별된다면, 이제 공소시효제도의 법치주의적 의미를 심리적인 관점에서의 범죄인의 신뢰와 연결지음으로써, 결국 법치주의의 직접적인 보호범위로부터 제외시키고 있다. 그렇다면 이 결정문에서 드러난 이러한 관계설정은 과연 이론적으로 타당한 것인가? 결론부터 말한다면, 이와 같은 견해는 이미 법치주의의 계몽사적 연원에 비추어 보아도 타당하지 않을 뿐만 아니라, 공소시효제도와 형벌불소급 원칙 간의 법이론적 맥락에서도 설득력이 없다. 이제 마지막으로 이 점을 자세히 설명하기로 하자.

1) 공소시효제도의 '본질'[43]

주지하다시피, 이에 대해서는 각자의 입장에 따라 상이한 견해가 제시된다. 즉 공소시효제도는 시간이 지남에 따라 형벌의 필요성이 사라지기 때문에 생긴 제도이고, 형벌의 목적도 일정 기간이 지나면 소멸하기 때문에 생긴 일종의 실체법적 제도라는 의견이 제시된다. 이에 반해 행위의 법적 평가, 즉 가벌성에는 변함이 없지만, 다만 그것의 소추가능성이 예컨대 증거의 인멸, 증인의 사망 등으로 인해 멸실되기 때문에 생긴 소송법적 제도라고 주장되기도 한다. 또 사법기관의 부담을 줄여주기 위한 소송상의 경제라는 근거에서 정당화되는 제도라는 주장이 있는가 하면,[44] 경합설적인 견지에서 사법을 재판의 오류로부터 보호하기 위한 제도라고 주장되기도 한다.[45]

---

43) 공소시효제도의 제도적인 이념을 대부분의 교과서들은 한결같이 본질이라고 명명하고 있다. 이런 개념사용법은 문제의 소지가 없지 않으나, 혼동을 피하기 위해 그대로 받아쓰기로 한다. 인용부호는 바로 이런 사정을 암시한다.

44) 특히 Bemmann, JuS 1965, 338 참조.

45) Arndt, JZ 1965, 146 f. 이 이론은 독일의 최근경향에 영향을 많이 미쳤는데, 대단히 흥미로운 사실은 아른트(Arndt)는, 특히 Nazi의 전범자 재판과 관련해서, 범죄혐의자와 범죄자를 엄격히 구별할 것을 주장한다. 즉 이런 전범들을 처벌하기 위해 사람들은 마치 소송이 개시되기도 전에 범죄혐의자가 곧 범죄자인 양 혼동하고 있는데, 이는 결코 정당화될 수 없다는 것이다. 그리고 공소시효제도란 바로 이런 오류로부터 사법을 보호하기 위해 만들어진 제도라는 것이다. 이런 관점에서 본다면 이 헌법결정이 마치 전직 대통령이 내란 및 반란행위자인 양 판시한 것은, 적어도 이에 관한 법원의 판결이 확정되지 않았기 때문에, 정당화되기 어렵다. 이 점은 또한 법률의 일반성의 관점에서도 문제의 소지가 많다.

이렇듯 공소시효제도의 본질은 매우 다양한 측면이 있기 때문에, 이를 그 어느 하나에로 한정시키는 것은 타당하지 않을 것이다.[46] 그러나 분명한 점은 다음의 두 가지이다. 그 하나는 공소시효의 본질은 실체법과 소송법이라는 이원적인 개념구별에 의해서는 결코 파악될 수 없다는 점이다. 즉 공소시효는 소송법과 관련을 맺는 제도이기는 하나 실체법적 성격도 지닌다는 것이다. 특히 공소시효제도가 실체법적 성격을 지닌다는 점은, 이미 파블로프스키(Pawlowski)가 적절히 지적한 바와 같이, 공소시효의 기간이 행위의 가벌성에 따라 차이가 난다는 점에서 명백히 드러난다.[47] 다른 하나는 공소시효의 본질규명은 이것과 형벌불소급의 원칙과의 상관관계 때문에 논의의 실익이 있다. 그러므로 각각의 의견의 차이점은 결국 어떻게 형벌불소급 원칙을 파악하는가에 따라 분명해진다는 것이다.

2) 형벌불소급 원칙의 법치국가적 의미

a) 소송법설이 주장하는 바와 같이, 형벌불소급 원칙의 존재이유가 신뢰보호에만 있다면, 공소시효를 이 원칙으로부터 배제하는 것은 이미 그것의 법적 성질과 무관하게 간단할 것이다. 왜냐하면 공소시효에 근거한 행위자의 신뢰는, 범죄자의 형사소추회피에 대한 신뢰와 마찬가지로 결코 법적으로 보장받을 수는 없기 때문이다. 그러나 형벌불소급 원칙을 이와 같이 주관적으로만 보는 견해는 다음과 같은 이유에서 헌법상 보장되는 형벌불소급 원칙과는 부합하지 않는다. 우선 대부분의 범죄자들은 범행 시 공소시효에 대한 신뢰를 갖고 있지 않다. 나아가 이 견해는 어떤 근거에서 진정소급효는 금지되는 반면, 부진정소급효는 허용되는가를 설명하지 못한다. 왜냐하면 보호받지 말아야 할 행위자의 신뢰는 이 두 가지 경우 모두 똑같기 때문이다. 또 신뢰보호만을 중시한다면, 어떤 이유에서 소송법상의 절차에 대한 신뢰는 실체법상의 절차에 대한 신뢰와 달리 보호받지 못하는가도 해명되지 않는다.[48] 요컨대 보호받을 신뢰와 보호받지 못하는 신

---

46) Dannecker, Intertemporales Recht(주 8), S. 330 f.

47) Pawlowski, NJW 1965, S. 288 f. 또한 이미 위의 각주 11에서도 지적한 바와 같이 소송법설만을 가지고는 헌정질서파괴범들을 다른 일반형사범과 달리 취급할 이유를 충분히 제시하지 못한다. 왜냐하면 양자의 차이점은 형식적인 소송절차에서가 아니라 실질적인 행위의 반가치성에서 발견되기 때문이다. 뵈켄푀르데는 이런 사정을 염두에 두고, 공소시효제도는 실체법적 성격도 가지고 있으므로 경합설이 가장 타당하다고 주장한다. Böckenförde., ZStW 1979, S. 890 f. 참조.

뢰를 서로 구분하는 기준이 결코 실체법과 소송법과의 개념구별의 기준과 일치하지 않는다.

b) 두 번째의 의문은 과연 형벌불소급 원칙에 의한 신뢰보호가 그와 같이 심리적인 측면에서만 이해되어야 하는가이다. 신뢰보호라는 법치주의의 원칙이 이와 같은 심리적 속성을 지니게 된 것은 포이어바흐(Feuerbach)의 심리강제설 때문이라고 한다.[49] 그러나 법치국가의 연원상 신뢰보호는 처음부터 객관적인 의미를 가지고 있었다고 한다.[50] 즉 사회계약에 따르면, 국가권력의 자의로부터 개인의 정치적 자유를 보호하는 것이 법치국가의 원리이기 때문에, 여기서의 신뢰보호도 바로 국가형벌권의 자의적인 행사를 제한한다는 객관적인 의미에서의 예견가능성을 말한다는 것이다. 그리고 같은 맥락에서 루소(Rousseau)는 특별법의 형태로 공소시효를 소급적으로 폐지하는 것은 법률의 일반성(Allgemeinheit)이라는 요청을 어긴다는 점에서 형벌불소급 원칙에 반한다고 주장한다. 다시 말해 국가권력의 자의를 방지하기 위해서는 이미 누구에게나 적용되는 보편타당한 법률이 요구되는데, 소급법은 특정범죄 혹은 행위자를 겨냥함으로써 국가권력의 자의를 조장한다는 것이다.[51] 요컨대 형벌불소급 원칙에서 관건이 되는 것은, 행위의 가벌성에 대한 행위자의 주관적인 인식이 아니라 국가형벌권에 대한 객관적인 제한이라는 의미에서의 신뢰보호이다.

c) 이렇듯 형벌불소급 원칙을 그 법치국가적인 연원 및 이념에서 파악한다면, 이제 공소시효의 소급효와 이 원칙 간의 관계에서 중요한 점은 그것이 소송법적 제도인가 아니면 실체법적 제도인가는 아닐 것이다. 오히려 관건이 되는 것

48) 이에 대해서는 특히 H.-L. Schreiber, ZStW 1968, S. 360 ff. 참조.

49) H.-L. Schreiber, ZStW 1968, S. 362 f. 또한 이런 심리적인 경향은 그 후 빈딩(K. Binding)에 의해 더욱 강화된다고 한다.

50) Böckenförde, ZStW 1979, S. 888 ff.; G. Grünwald, ZStW 1964, S. 1 ff.; Jakobs, Strafrecht(주 7), S. 68 f. 이와는 대조적으로 푈러(Pföhler)는 주관적, 심리적인 입장을 견지하고 있다. Ders., Zur Unanwendbarkeit des Rückwirkungsverbots im Strafprozeßrecht, S. 288 ff.

51) Fetscher, Rousseaus politische Philosophie, 1960, S. 131; Böckenförde, Gesetz und gesetzgebende Gewalt, 1956, S. 40 f.

은, 공소시효의 소급효를 통해서 국가에 더 많은 형벌권이 부여되는가의 여부이다. 그런데 공소시효는, 그것이 부진정소급효이건 진정소급효이건 간에 상관없이, 행위자와 국가형벌 간의 관계를 그 대상으로 하고, 또한 이 사안에서와 같이 공소시효의 기간을 사후적으로 연장함으로써 국가형벌권의 범위를 확장하기 때문에, 이 양자는 헌법재판소의 결정과는 달리 서로 밀접한 관계에 있다고 보아야 한다. 요컨대 공소시효의 소급효는, 그것이 행위자에게 불리할 경우, 형벌불소급원칙의 적용범위 안에 들어간다.

3) 법치주의와의 관계

이렇듯 공소시효의 소급효가 형벌불소급의 원칙의 적용범위 안에 있다고 주장하게 되면, 사실상 이 결정문과 같이 별도로 법치주의의 일반원리에 의한 한계를 검토할 필요가 없게 된다. 왜냐하면 실질적 법치주의 원리가 지향하는 국가권력으로부터의 개인의 자유보호가 바로 형벌불소급 원칙이 말하는 신뢰보호이며, 또 같은 맥락에서 공소시효의 소급효는 그것이 진정소급효이건 부진정소급효이건 간에 상관없이 허용될 수 없기 때문이다. 그러나 설령 이 헌법결정과 같이 법치주의 원리를 재차 별도로 원용한다고 하더라도, 여기서 자주 발견되는 바와 같은 법치주의 원리의 해석방식은 문제의 소지가 많다. 왜냐하면 법적 안정성에 근거한 개인의 이익과 정의의 관점에서 요구되는 공익을 비교형량하게 되면, 그 결과는 두말할 필요 없이 정의의 쪽으로 기울 수밖에 없기 때문이다.[52] 사실상 이런 논증방식에 의해 진정소급효의 합헌성도 쉽게 추론할지는 모르나, 그 대가는 곧 "형벌불소급 원칙을 위시한 법치주의 원리의 훼손"이라는 막대한 손해일 것이다.

결론적으로 말해서, 아무리 법치주의에 거역한 국가범죄라고 할지라도 이러한 과거청산은, 바로 그런 이유 때문에서라도, 법치주의 방식에 의해 이루어져야 한다. 그러기 위해서는 특별법의 해석을 통해서 헌법 및 형법상의 제약원리를 체계내재적으로 제거해 버리는 방식은 그다지 설득력이 없다. 이 결정이 주장하는

52) 바로 이런 근거에서 슈라이버는 정의와 법적 안정성을 대립시키는 논증방식은 문제의 소지가 많다고 비판한다. H.-L. Schreiber, ZStW 1968, 367 f. 참조. 더 나아가 정의와 법적 안정성이 서로 대립적인 것이 아니라, 단지 그 보호방향만 다르다는 것에 관해서는 앞의 주 6 참조.

바와 같이 정의와 법적 안정성이라는 법치주의의 두 가지 요소를 모두 구제하기 위해서는 이 문제를 체계초월적으로, 즉 헌법정책적인 차원에서 해결하는 것이 적어도 법이론적인 관점에서는 보다 합리적인 방법이었을 것이다. 즉 그토록 정의의 요청상 처벌을 해야 할 필요가 있다면, 이 헌법결정과 같이 형벌불소급 원칙이나 법치국가 원리에 위반된다는 점을 법해석에 의해 은폐할 것이 아니라, 오히려 법정책적으로 명시적으로 인정하고 그 대응책을 모색했어야 한다. 그것은 무엇보다도 이와 같은 방식이 다음과 같은 역사적 교훈, 즉 올바른 법치주의 이념은 단순히 법률만을 숭상하든가 아니면 이를 초월한 정의만을 구가하든가 하는 양자택일식의 방식으로는 결코 실현될 수 없으며, 이런 방식에 의한 법의 정치적 기능화는 그것이 어느 방향으로 치닫는다고 하더라도 결국에는 법치주의 문화에 별로 도움이 되지 않는다는 교훈에 가장 충실할 수 있기 때문이다.

현금자동지급기의 부정사용에 관한 형법적인 문제점(1998)

Ⅰ. 문제의 소재

신용카드의 부정사용(Kreditkartenmißbrauch) 및 현금자동지급기의 부정사용(Geldautomatenmißbrauch)을 둘러싸고 형법해석론상 논란이 끊이지 않는 이유는 아마도 다음과 같은 사정에 있을 것이다.

첫째, 도덕적 비난가능성과 형법적 처벌가능성은 엄밀히 구별되어야 하기 때문이다. 일반인들은 쉽사리 다음과 같이 생각할 것이다. 즉 대금지불의 새로운 방식에 의해, 그것이 카드에 의하든 현금자동지급기에 의하든, 권한이 있는 자에 의하든 권한이 없는 자에 의하든 상관없이, 타인의 재산을 부정한 방법으로 침해한 자는 당연히 처벌되어야 한다고 말이다. 그러나 죄형법정주의의 원칙상 국가형벌권의 행사는 반드시 "법문언의 가능한 의미" 안에서만 이루어져야 한다. 그러므로 만약 개별조문에 충실한 형법해석이 도덕적으로 비난받을 만한 행위를 포착하지 못한다고 하더라도, 그것은 새로운 범죄유형을 미처 형법적인 구성요건으로 정형화시키지 못한 입법자의 책임으로 돌릴 일이지, 법문의 의미에 따라 해당 법률을 적용시킨 법관을 탓할 일이 아니다. 왜냐하면 죄형법정주의의 원칙에 충실한다면, 형법상의 흠결은 입법자가 새로운 법률을 만들어서 해결해야지, 법관이 법조문의 의미내용을 지나치게 확대해석하거나 유추적용하는 방법으로 해결해서는 안 되기 때문이다.[1] 이렇듯 카드 및 현금자동지급기의 부정사용을 둘러싼 형법상의 난점은 바로 현행법이 어떻게 그리고 얼마만큼 사회윤리적인 비난가능성을 법적으로 해소할 수 있는가에 놓여 있다. 요컨대 형법상의 흠결 여부 및 그 범위를 확정하는 것이 더없이 중요하다.

둘째, 형법적으로 처벌가능하다고 하더라도 법해석상 이에 관한 "불법유형(Unrechtstypus)"은 한편으로는 신용카드와 현금자동지급기의 부정사용, 그리고 다른 한편으로는 권한이 있는 자와 권한이 없는 자의 부정사용으로 각각 세분화될 필요가 있기 때문이다. 신용카드는 이미 카드발급회사, 가맹점, 그리고 카드명의인과의 사법상의 법률관계에 기초한 것이기 때문에, 형법적으로도 이를 단순히 카드명의인과 가맹점이나 혹은 카드명의인과 은행 간의 양 당사자의 문제로 축소시켜서는 안 될 것이다. 즉 신용카드는 단순히 대금의 지불방식만을 개선한 새로운 "지불방식"이 아니라, 새로운 "법적 관계"를 의미한다.[2] 이렇듯 카드제도는 새로운 법적 관계를 전제하기 때문에, 권한이 있는 자와 권한이 없는 자의 카드의 부정사용에 대한 형법적 평가는 서로 구분되어야 할 것이다. 다시 말해 타인의 카드를 부정사용한 것은 이미 전제된 사법상의 법률관계와는 상관없는 제삼자가 "외부로부터" 타인의 재산을 침해한 것이므로 절도죄나 사기죄의 성립여부를 검토해 볼 수는 있다. 그러나 자기의 카드의 부정사용은 바로 사법상의 계약당사자에 기초한 "내부로부터의" 재산침해이기 때문에 이에 대한 불법유형은 타인 카드의 부정사용과 구별되지 않을 수 없다.[3] 더 나아가 신용카드와 현금자동지급기는 서로 다른 사법적인 계약관계를 전제하기 때문에 이의 부정사용에 대한 불법유형도 서로 구별되어야 할 것이다. 달리 말해 세 당사자 간의 신용카드의 경우, 카드발행회사는 카드명의인과는 회원규약을 통해 대금지급의 지시라는 지속적인 채무관계에 있고, 가맹점과는 가맹점규약을 통해 일종의 "제삼자를 위한 계약"이라는 형태의 보증계약을 맺고 있다. 이에 반해 현금자동지급기의 경

---

1) 이에 대해 자세한 점은 김영환, 형법해석의 한계, 형사판례연구(4), 박영사, 1996, 1면 이하 참조.

2) 바로 이런 사정 때문에 대법원과 통설이 신용카드를 단순히 대금지불의 수단으로 보고, 이것의 부정사용을 무전취식 등과 같은 것으로 해석상 이론구성하는 것은 문제의 실질을 그르치는 것 같다.

3) 생각건대 통설과 판례는 카드의 부정사용을 카드사용자와 가맹점 간의 문제로 축소시킴으로써 결국 자기 카드와 타인 카드의 부정사용을 모두 사기죄로 취급한다. 그러나 이렇듯 세분화되지 못한 접근방식은 형법해석론상 정당화되기 어렵다.

우 사법상 문제가 되는 것은 주로 카드소지인과 은행 간의 점유 및 소유권의 이전이다.[4] 사정이 이러하기 때문에 신용카드와 현금자동지급기의 부정사용, 그리고 권한이 있는 자와 권한이 없는 자에 의한 부정사용을 형법적으로도 제대로 평가하기 위해서는 이에 대해 각기 다른 불법유형을 해석론상 구성해야 하며, 또한 바로 이런 이유 때문에 항상 논란이 끊이지 않는 것이다.

셋째, 형법적인 불법유형을 구성하는 것과 해당 범죄구성요건의 개별적인 표지를 해석하는 것은 별개의 과정이기 때문이다. 예컨대 신용카드 부정사용의 불법유형을 사기죄라고 상정한다고 해서, 사기죄의 개별표지인 기망이나 착오가 곧바로 인정되는 것은 아니며, 또한 현금자동지급기의 부정사용을 절도죄의 불법유형으로 파악한다고 해도 절도죄의 개별요건인 절취가 당연히 충족되는 것은 아니다. 다시 말해 법해석자가 가정한 불법유형과 개별 구성요건표지의 가능한 의미는 서로 다른 것이다. 사실상 불법유형이 법해석자의 도덕적인 판단을 기초로 해서 추상적으로 구성된 규범적인 표상이라면, 구성요건이 지니는 의미의 폭은 구체적인 법적 사태와의 연관 속에서 발견된다. 그러므로 개별적인 구성요건의 해석에 있어서는 보다 일상적이고 자연적인 고찰방법이 더없이 요구된다. 그럼에도 불구하고 법해석자가 불법유형이라는 규범적인 표상과 구성요건의 가능한 의미의 간격을 예컨대 법문언의 폭을 규범적으로 확장하는 방식으로 메우려 든다면, 아마도 그 결과는 허용된 확대해석과 금지된 유추와의 한계를 배제할 소지가 많다. 사정이 이러하다면, 적어도 자기의 신용카드를 부정사용한 경우 사기죄의 기망이라는 표지를 쉽게 인정할 수는 없을 것이고, 더 나아가 권한이 있는 자에 의해 현금자동지급기를 부정사용한 경우 절도죄의 절취라는 요건을 발견하기도 어려울 것이다. 요컨대 카드 및 현금자동지급기의 부정사용을 둘러싼 형법해석상의 문제는 결국 법해석자가 법적 사태의 일상적인 경험을 토대로 하는 자연적인 고찰방식을 중시하는가 아니면 불법유형이라는 규범적인 표상에 집착하는 규범적인 태도를 견지하는가에 따라 서로 달라지며, 바로 이런 사정때문에 각

4) 생각건대 통설이 신용카드의 부정사용은 사기죄, 현금자동인출기의 부정사용은 절도죄에 해당하는 것으로 해석하는 것은 바로 이런 사정을 염두에 둔 것 같다. 바로 이런 이유에서 최근 대법원이 자기명의의 신용카드와 현금카드의 부정사용을 모두 사기죄로 의율한 것은 재고의 여지가 많다. 이에 대해 자세한 점은 이하의 서술 참조.

각의 해석이론은 법흠결의 범위도 서로 달리 인정하고 있다.[5)]

이상에서 살펴본 바와 같이, 신용카드와 현금자동지급기의 부정사용을 둘러싼 형법해석상의 문제는 대단히 복잡하게 얽혀져 있다. 우리 대법원은 이미 타인의 신용카드의 부정사용(대법원 1993.11.23. 선고, 93도604)과 권한이 없는 자에 의한 현금자동지급기의 부정사용(대법원 1995.7.28. 선고, 95도997)에 대해서뿐만 아니라, 최근에는 자기의 신용카드 및 현금자동지급기의 부정사용에 대해서도 판시한 바 있다(대법원 1996.4.9. 선고, 95도2466). 이로써 위에서 언급한 카드의 부정사용의 유형에 대해서는 대법원의 입장이 거의 밝혀진 셈이 된다.[6)] 그러나 물론 이와 같은 대법원의 입장이 과연 앞으로도 그대로 견지될 수 있는가는 별개의 문제이다. 왜냐하면 자기의 신용카드의 부정사용 및 권한이 있는 자에 의한 현금자동지급기의 부정사용에 대해서는 이미 반론이 제기된 바 있기 때문이다.[7)] 더 나아가 필자가 생각하기에는 위의 반론을 제기한 통설적인 견해 자체도 문제의 소지가 없지 않기 때문에 이하에서는 이 문제를 다시 검토해 보고자 한다. 그런데 신용카드의 부정사용에 대해서는 이미 필자의 견해를 상세하게 밝힌 바 있기 때문에,[8)] 이하에서는 현금자동지급기의 부정사용에만 그 범위를 한정하고자 한다.

---

5) 필자가 생각하기에 대단히 유감스러운 점은, 우리의 통설이나 판례 모두 카드 및 현금자동인출기의 부정사용에 대해, 그것이 권한이 있는 자에 의하든 아니면 권한이 없는 자에 의하든 간에, 어느 경우에도 법의 흠결을 인정하지 않고 있다는 점이다.

6) 이를 도표화하면 다음과 같다.

	신용카드의 부정사용	현금자동인출기의 부정사용
권한이 있는 자	사기죄(대판 95도2466)	사기죄(대판 95도2466)
권한이 없는 자	사기죄(대판 93도604)	절도죄(대판 95도997)

7) 대법원 1995.7.28. 선고, 95도997에 대해서는 하태훈, 현금자동인출기 부정사용에 대한 형법적 평가, 형사판례연구(4), 1996, 323면 이하; 김영환, 현금카드의 부정사용에 대한 형법적인 문제점, 계간 신용카드 제13호, 1996.12, 58면 이하 참조. 또한 대법원 1996.4.9. 선고, 95도2466에 대해서는 허일태, 결제능력없이 신용카드로 현금자동지급기에서 현금인출한 행위가 사기죄에 해당하는가?, 저스티스 1996.9, 120면 이하; 강동범, 자기신용카드의 부정사용행위에 대한 형사책임, 형사판례연구(5), 1997, 357면 이하; 이재상, 1996년의 형사판례회고, 형사판례연구(5), 521면 이하 참조.

8) 김영환, 신용카드부정사용에 대한 형법해석론의 난점, 형사판례연구(3), 1995, 297면 이하.

Ⅱ. 권한 없는 자에 의한 현금자동지급기의 부정사용

1. 판례소개

이미 언급한 바와 같이, 대법원 1995.7.28. 선고, 95도997 판결은 권한이 없는 자에 의한 현금자동지급기의 부정사용에 대해 판시하고 있다. 여기서 다루어졌던 사건의 개요, 소송의 진행과정, 그리고 대법원의 판결요지는 다음과 같다.

〈사건개요〉

피고인 甲은 1) 1993년 12월 하순 일자불상 10:00경 서울 성북구 길음 1동 551의 147 피고인이 세들어 살던 피해자 乙의 집 안방에 다락을 통하여 침입하고 그곳 장롱 서랍 속에 있던 위 乙의 딸 丙 소유의 삼성위너스카드 1매와 현금 2만 원을 가지고 나와 이를 절취하고, 2) 1993.12.21.경 서울 성북구 동선동 성신여대전철역 내 현금자동지급기에서 위 절취한 신용카드를 사용하여 현금서비스 금 50만 원을, 1994.1.9.경 서울 도봉구 창동 창동전철역 내 현금자동지급기에서 같은 방법으로 현금서비스 금 50만 원을 각 인출하여 각 이를 절취함과 아울러 위 절취한 신용카드를 부정사용하였다.

〈소송의 진행과정〉

제1심 판결에서는 1)의 공소사실에 대해 형법 제319조 제1항의 주거침입죄와 같은 법 제329조 절도죄, 2)의 공소사실에 대하여는 형법 제329조 절도죄와 신용카드업법 제25조 제1항 부정사용죄의 상상적 경합으로 처벌하였다.

이에 대해 서울지방법원[9]은 직권으로 위 2)의 공소사실에 대해 살피면서 신용카드업법 제25조 제1항의 부정사용죄에 규정된 구성요건적 행위인 "사용"이라 함은 신용카드소지인이 신용카드의 본래 용도인 대금결제를 위하여 가맹점에 신용카드를 제시, 매출전표를 작성, 교부하는 것을 의미하므로 절취한 신용카드를

9) 서울지방법원 1995.4.6. 선고, 95노683 판결.

이용하여 현금자동지급기에서 현금서비스를 받는 경우에는 이를 위 신용카드의 본래용도인 대금결제의 수단으로 사용한 것이라고 볼 수 없다고 판단하고, 따라서 위 2)의 공소사실을 모두 유죄로 인정하여 상상적 경합범으로 처단(형이 더 중한 신용카드업법위반죄로 처벌)한 제1심 판결은 위법하다고 파기하였다. 그 결과 서울지방법원은 위 1)의 주거침입죄와 절도죄 및 위 2)의 절도죄만을 유죄로 인정하고 이들을 형법 제37조 경합범으로 처단하였다.

대법원은 다시금 이 사안에 대해 신용카드업법 제25조 제1항의 부정사용죄를 인정하지 않은 서울지방법원의 판결을 파기하면서, 위 공소사실이 신용카드업법 제25조 제1항의 부정사용죄에 해당할 뿐만 아니라, 더 나아가 그와는 별도로 형법 제329조의 절도죄에도 해당된다고 보고, 위 양죄는 실체적 경합관계에 있는 것이라고 판시하였다.

〈대법원 판결요지〉

1) 신용카드회원이 대금결제를 위하여 가맹점에 신용카드를 제시하고 매출표에 서명하는 일련의 행위뿐 아니라 신용카드를 현금인출기에 주입하고 비밀번호를 조작하여 현금서비스를 제공받는 일련의 행위도 신용카드의 본래용도에 따라 사용하는 것으로 보아야 한다.

2) 신용카드업법 제25조 제1항 소정의 부정사용이라 함은 도난, 분실 또는 위조, 변조된 신용카드를 진정한 카드로서 신용카드의 본래의 용법에 따라 사용하는 경우를 말하는 것이므로, 절취한 신용카드를 현금인출기에 주입하고 비밀번호를 조작하여 현금서비스를 제공받으려는 일련의 행위는 그 부정사용의 개념에 포함된다.

3) 피해자 명의의 신용카드를 부정사용하여 현금자동지급기에서 현금을 인출하고 그 현금을 취득까지 한 행위는 신용카드업법 제25조 제1항의 부정사용죄에 해당할 뿐만 아니라 그 현금을 취득함으로써 현금자동지급기 관리자의 의사에 반하여 그의 지배를 배제하고 그 현금을 자기의 지배하에 옮겨 놓는 것이 되므로 별도로 절도죄를 구성하고, 위 양 죄의 관계는 그 보호법익이나 행위태양이

전혀 달라 실체적 경합관계에 있는 것으로 보아야 한다.

2. 판례의 의의 및 그 문제점

이미 판결요지를 통해 알 수 있는 바와 같이, 이 판례가 지니는 의의는 다음과 같이 세 가지로 요약된다.

1) 신용카드업법 제25조의 벌칙에 규정된 신용카드의 "사용"의 범위에 현금카드기능이 첨가된 신용카드를 통해 현금서비스를 받는 행위까지 포함시킨 점이다. 신용카드업법 제2조 1호에도 규정된 바와 같이, 신용카드란 일반적으로 그것을 제시함으로써 반복적으로 물품의 구입이나 용역의 제공을 받을 수 있는 증표를 의미한다. 따라서 신용카드는 그 용도에 있어 이미 현금카드와는 구별되는데, 왜냐하면 자신의 계좌번호와 비밀번호가 자기스트라이프에 색인된 현금카드는 현금자동지급기를 통해 현금의 인출입만을 자동화하는 것이기 때문이다. 그러나 통상적인 경우, 신용카드에는 현금카드의 기능이 추가되어 있어서 현금의 인출 및 서비스 등도 받게 되어 있는데, 이 판례는 이러한 종류의 신용카드를 이용하여 현금 서비스를 받는 경우도 신용카드의 본래용도에 속한다고 판시한 것이다.

2) 타인명의의 신용카드를 권한 없이 사용하여 현금자동지급기에서 현금을 인출하고 취득한 행위는 형법 제329조의 절도죄에 해당한다고 판시한 것이다. 즉 이런 행위는, 신용카드업법 제25조 제1항의 부정사용죄를 차치하고서라도, 현금자동지급기 관리자의 의사에 반하여 그의 점유를 배제하고 그 현금을 자기의 지배하에 옮겨 놓는 것이기 때문에 절도죄의 구성요건에 해당한다는 것이다.

3) 신용카드업법 제25조 제1항의 부정사용죄와 형법 제329조는 그 보호법익이나 그 규율대상이 서로 다르기 때문에, 권한이 없는 자에 의한 현금자동지급기의 부정사용은 이 양자의 실체적 경합관계로 처벌받는다는 것이다. 주지하다시피, 형법상 절도죄와 신용카드 부정사용죄는 별개의 구성요건이다. 즉 형법상 절도죄의 보호법익이 타인의 소유권이라면, 신용카드업의 보호법익은 신용카드의 건전한 유통관계이다.[10] 더 나아가 형법상 절도죄는 소유권의 침해를 그 요건

으로 하는 반면, 신용카드부정사용죄는 그러한 재산상의 손해를 요건으로 하지 않는다. 따라서 이 양자가 별개의 죄라는 것은 의심의 여지가 없다. 그러나 동일한 행위에 의해 이 양자의 구성요건을 충족시킨 경우에 이를 실체적 경합으로 처단한 것은, 아마도 현금의 인출과 현금의 취득을 별개의 행위로 구별하여 전자는 신용카드부정사용죄, 후자는 절도죄에 해당하는 것으로 본 결과인 것 같다.

생각건대 우리 대법원이 여태껏 불분명했던 위의 세 가지 문제에 대해 자신의 입장을 명확히 한 것은 앞으로의 관련문제에 대해 일정한 해결방향을 제시했다는 점에서 일단 높이 살 만하다. 그러나 이 세 가지 문제에 대해서는 적어도 학설상[11] 논란이 많을 뿐만 아니라, 또한 각각의 해석론들은 각기 나름대로의 문제점을 안고 있다.[12] 이런 사정을 고려한다면, 대법원의 판시내용도 논란의 여지가 없다고 말할 수는 없을 것이다. 그럼 이하에서는 이 점을 보다 상세히 알아보기

---

10) 이런 측면에서 신용카드업법은 신용사회의 기반조성이라는 보편적인 법익보호를 목적으로 하는 소위 경제형법의 성격을 지닌다.

11) 우리나라의 경우 이 문제에 대해서는 학설상 논의가 거의 없는 실정이다. 대다수의 학설은 대법원 입장을 따라 절도죄를 인정한다. 장영민/조영관, 컴퓨터범죄에 관한 연구, 형사정책연구원, 133면; 강동범, 고시계 1996.9, 76면; 이재상, 고시계 1996.11, 195면. 다만 하태훈 교수는 절도죄가 성립되지 않고, 신용카드업법 제25조 제1항에 의해 처벌될 뿐이라고 한다. 하태훈, 형사판례연구(주 7), 331면 이하. 그러나 이와는 달리 독일에서는 학설상 논란이 끊이지 않고 있다. 즉 1986년 제2차 경제범죄대책법에 의해 형법 제263조의 a 컴퓨터 사기죄와 제266조의 b 수표카드 및 신용카드의 부정사용죄가 형법전에 규정되기 이전에는 권한이 없는 자에 의한 현금자동인출기의 부정사용은 절도, 중절도, 횡령, 무죄로 의견이 나뉘어 있다가, 그 이후에는 절도죄를 주장하는 소수의견 이외에는 대체로 형법 제263조의 a 컴퓨터 사기죄로 의견이 모아지고 있다. 이러한 독일 학설의 개관에 대해서는 특히 W. Mitsch, Rechtsprechung zum Wirtschaftsstrafrecht nach dem 2. WiKG, JZ 1994, 878 ff.; W. Heinz, Wirtschaftsstrafrecht II, Vorlesungsmanuskript, 1995(미출간원고), S. 136 ff. 참조.

12) 이하에서 언급되는 바와 같이, 이 문제를 단지 해석론에 의해서만 해결하기에는 무리가 뒤따른다. 그러므로 입법에 의해 새로운 구성요건을 신설할 것이 요구되며, 이런 점에서 해석상 논란의 여지를 다분히 지니는 형법 제347조의2 컴퓨터 등 사용사기는 문제의 소지가 많다. 구성요건을 "허위의 정보" 및 "부정한 명령"이라고 규정한 결과, 올바른 정보 혹은 명령이라면 그것이 권한이 없는 자에 의해 사용되었다고 해도 이 구성요건 안에 포함되지 않기 때문이다. 그런데 권한이 없는 자에 의한 현금자동인출기의 부정사용은 바로 이 경우에 해당한다. 이 점에 대해서는 장영민, 고시계, 1996.2, 49면; 박상기, 개정형법의 내용과 문제점, 형사정책연구 통권 제25호, 1996, 158면 이하 참조.

로 하자.

3. 형법상 절도죄의 성립여부

이 판례에서 대상이 된 사안은 이미 그것의 신용카드업법 해당 여부와는 별도로 형법상 절도죄의 구성요건에 해당될 수 있다. 해석상 이 문제는 두 가지로 나뉘어 고찰되는데, 그 하나는 신용카드와 관련된 문제이고, 다른 하나는 현금자동지급기로부터 인출된 현금과 관련된 문제이다.

1) 신용카드와 관련된 절도죄의 성립여부

주지하는 바와 같이, 신용카드 및 현금자동지급기의 부정사용의 경우 이미 그 이전단계에서 별도의 형법상의 구성요건들이 충족된다. 예컨대 타인의 카드를 절도한다든지 혹은 기망행위에 의해 은행으로부터 카드를 발급받는다든지, 더 나아가 카드에 부착된 자기스트라이프에 다른 전자기록을 등재한다든지 등등. 이 사안에서는 타인에 의해 현금카드 겸용의 신용카드가 절취되었으므로, 이에 대해서는 해석론상 문제가 거의 발생하지 않는다.[13] 따라서 법원도 이 점을 일관되게 절도죄로 판시하고 있다. 그러나 만약 카드를 사용한 후 돌려주었다면 어떻게 처벌되어야 하는가? 우리 형법은 불법영득의 의사를 명문으로 규정하지 않고 있으므로, 이러한 경우는 해석상 논란의 여지가 있으나 형법상 처벌될 수 없을 것이다.[14]

---

13) 이에 대한 반론으로는 Bandekow, Strafbarer Mißbrauch des elektronischen Zahlungsverkehrs, 1989, S. 138 ff. 참조. 즉 Bandekow의 주장에 따르면, 이 경우 타인의 카드를 절취한 자는 소유권자와 유사한 권한을 행사함으로써 은행을 소유권자의 지위로부터 배제시킬 수 없기 때문에 불법영득의 의사를 인정할 수 없고, 따라서 절도죄가 성립되지 않는다고 한다. 요컨대 타인의 카드를 절취한 자는 단지 점유권자의 지위만을 찬탈할 뿐이라고 한다.

14) 먼저, 절도죄의 객관적 구성요건과 관련해서 절도죄의 재물은 반드시 경제적 가치가 있어야 하는가이다. 그러나 절도죄는 재물에 대한 형식적인 소유권을 보호하는 것이지 재물의 경제적 가치를 보호하는 것이 아니기 때문에, 형법상 절도죄의 재물이 경제적 가치를 요하지는 않는다고 새겨야 한다. 따라서 카드를 절취하는 것은 절도죄의 객관적 구성요건을 충족시킨다. 더 나아가 절도죄의 주관적인 구성요건과 관련해서 절취의 고의도 쉽게 인정될 수 있다. 그러나 문제는 불법영득의 의사를 인정할 수 있는가이다. 사실상 이 점에 대해서는 애당초 절도죄의 성립에는 불법영득의 의사가 필요없다는 견해도 주장되나, 통설과 판례

2) 현금과 관련된 절도죄의 성립여부

통설에 따르면, 형법상 절도죄는 타인의 재물을 불법영득의 의사를 가지고 절취한 것을 말한다. 대법원은 이 사안에서 현금자동지급기로부터 현금을 인출한 행위가 형법상 절도죄에 해당된다고 판시하고 있다. 그리고 그 이유는 다음과 같다. 즉 현금자동지급기로부터 "현금을 취득함으로써 현금자동지급기 관리자의 의사에 반하여 그의 지배를 배제하고 그 현금을 자기의 지배하에 옮겨놓는 것"이기 때문이라는 것이다. 그렇다면 여기서 말하는 타인이란 현금자동지급기 관리자를 의미하고, 재물이란 현금을 말하며, 절취란 곧 현금자동지급기의 지배를 배제하여 현금을 자기의 지배하로 옮겨 놓는 것이며, 마지막으로 불법영득이란 현금을 취득하는 것을 의미한다. 한편 학설상 다수의견도 이와 마찬가지로 권한이 없는 자에 의한 현금자동지급기의 부정사용이 절도죄에 해당한다고 해석하고 있다. 즉 현금자동지급기를 설치한 은행의 의사는 비밀번호를 알아낸 절취자가 아니라 정당한 권리자에게 현금을 지급하겠다는 것으로 보아야 하며, 비밀번호를 요구하는 것도 정당한 권리자인가의 여부를 확인하기 위한 것이라고 한다. 따라서 정당한 권한이 없는 자가 현금을 인출한 행위는 절도죄에 해당된다는 것이다.[15] 그러나 자세히 들여다보면, 이렇듯 절도죄를 주장하는 판례와 학설상 다수의견은 다음과 같은 문제점을 내포하고 있다.

는 불법영득의 의사를 절도죄의 성립요건으로 요구하고 있다. 생각건대 절도죄는 타인의 소유권을 침해하는 범죄이기 때문에 통설의 입장이 타당하다고 생각된다. 그런데 이 사안의 경우에는 카드를 사용한 후 돌려준 것이므로 불법영득의 의사는 인정되기 힘들다고 보아야 할 것이다. 즉 카드를 사용한 후 반환할 의사로 절취하였다면, 소유권자와 유사한 지위를 취득하려고 하거나 혹은 종래의 소유권자를 그 지위로부터 배제할 의사를 인정할 수 없다. 따라서 이제 마지막 남은 문제는, 카드를 사용하여 현금을 취득하고 카드를 돌려주었다면 불법영득의 의사가 있는 것은 아닌가이다. 이 점은 해석상 소위 불법영득의사의 객체의 문제로서 논해지는 것인데, 신용카드는 유가증권이나 은행통장과 같이 그 물체에 경제적인 가치가 화체되어 있는 것이 아니기 때문에 불법영득의 의사를 인정할 수 없을 것이다. 요컨대 현금서비스 기능을 함께 부착한 신용카드는 현금인출기를 작동시킬 수 있는 열쇠의 기능만을 지닌 플라스틱 조각에 불과하며, 따라서 신용카드의 사용절도는 형법상 처벌되지 않는다고 보는 것이 타당하다. 이에 대해서는 이재상, 고시계, 1996.11, 190면 이하. 또한 BGHSt 35, 152; Schönke/Schröder/Cramer, StGB, 24. Aufl., § 263 a, Rn. 15 참조.

15) 장영민/조영관, 컴퓨터범죄에 관한 연구, 133면; 강동범, 고시계, 1996.9, 76면; 이재상, 고시계, 1996.11, 193면.

첫째, 소위 자연적인 고찰방식에 따라 현금자동지급기에 의한 현금지급과정을 바라본다면, 이것의 외부적인 형상은 절도죄가 전제하는 절취와는 전혀 부합하지 않는다. 왜냐하면 판례와 다수설이 말하는 정당한 권한이 없는 자라 할지라도 현금자동지급기에 카드를 삽입하고 해당 비밀번호만 입력시킨다면, 현금자동지급기는 해당 금액을 아무런 저항 없이 교부하기 때문이다. 요컨대, 사람이 기계를 '기망'하지 못하는 것과 마찬가지로, 또한 기계로부터 강제로 현금을 절취할 수도 없다.

둘째, 법적인 관점에서도 이미 카드발행은행과 카드의 명의인은 다음과 같은 민사상의 계약을 맺었기 때문이다.[16] 즉 카드발행 은행은 카드계약을 체결하고 또한 현금인출기를 설치함으로써 카드명의인에 대해 계약상 정해진 처분범위 안에서 묵시적인 점유이전의 의사표시를 한 것이다.[17] 또한 이러한 계약내용은 카드발행 은행과 연계된 은행에 통보될 뿐만 아니라, 현금자동지급기의 자동화 기능의 도움을 받아 매 인출행위 시 다음과 같이 구체화된다. 즉 현금자동지급기가 비밀번호의 확인을 통해 카드명의인을 형식적으로 확인하면, 곧바로 해당 금액을 인출시킴으로써 점유이전과 동시에 소유권 이전의 의사표시를 하고, 이에 대해 카드소지자는 현금을 취득함으로써 완전한 소유권 이전에 관한 계약의 합의가 이루어진다. 그런데 이렇듯 카드발행 은행이 해당카드와 비밀번호를 제대

---

16) 이에 관해 보다 자세한 점은 Bandekow, Strafbarer Mißbrauch(주 13), S. 124, 144 ff.; Bernsau, Der Scheck- oder Kreditkartenmißbrauch durch den berechtigten Karteninhaber, 1990, S. 174 ff.; Ehrlicher, Der Bankomatenmißbrauch - seine Erscheinungsformen und sein Bekämpfung, 1989, S. 67 ff. 참조.

17) 물론 현금자동인출기의 설치와 동시에 은행이 카드소지인에 대해 점유이전의 의사뿐만 아니라, 소유권 이전의 의사표시를 한 것인지는 논란의 소지가 있다. 구성요건을 배제하는 양해이기 때문에 절도죄에 해당되지 않는다는 하태훈 교수의 견해[현금자동인출기(주 7), 330면]는 아마도 이와 같은 견해로부터 출발하는 것 같다. 그러나 이미 카드약관에서 볼 수 있는 바와 같이, 은행이 비밀번호가 맞고 유효한 카드에 대해 무조건적인 소유권 이전의 의사표시를 한 것이라고 볼 수는 없다. 그렇다고 반대로 통설과 같이 제한해석해서 무조건적인 점유이전의 의사표시조차 하지 않았다고 하는 것은 거래의 실제와 부합하지 않는다. 바로 이런 관점에서 독일연방법원은 점유이전과 소유권 이전을 서로 분리해서 점유를 배제하는 절도죄는 부인하나, 새로운 점유취득과 동시에 이를 불법영득하는 횡령죄를 인정하고 있다. 이에 대해서는 BGHSt 35, 152 ff.; 38, 120 ff. 참조.

로 입력하기만 하면 아무런 유보없이 현금을 지급하겠다는 의사표시를 한 것이라면, 이것은 최소한 조건 없는 점유이전의 의사표시일 수밖에 없다. 또한 현금자동지급기의 장점은 바로 이렇듯 현금의 점유 혹은 소유권 이전과정을 카드발행 은행이 일일이 눈으로 직접 확인하지 않는다는 점에 있기도 하다. 사정이 이러하다면, 정당한 권한이 없는 자의 카드사용 시, 현금자동지급기로부터 인출된 현금의 점유가 아직도 은행에 있다는 논거는 그다지 설득력이 없을 것이다.[18] 마찬가지의 이유에서, 만약 현금지급기의 관리자가 권한이 없다는 사정을 알았다면 당연히 현금을 지급하지 않았을 것이라는 논거도 근거가 빈약하다. 요컨대 현금자동인출을 가능하게 만드는 카드를 부정하게 사용했다고 해서 그로 인한 현금의 취득이 절도죄의 점유배제에 해당하는 것은 아니다. 혹자는 예컨대 타인의 열쇠를 습득해서 역 등에 설치된 사물함을 열고 그 안에 있는 물건을 절취한 사례를 들면서, 이 경우 점유가 배제되었다고 본다면 현금자동지급기의 부정사용도 이와 사정이 마찬가지라고 주장할지 모른다. 그러나 독일연방법원이 적절히 지적하는 바와 같이, 이 두 경우는 엄밀히 서로 구별된다.[19] 왜냐하면 우선 전자의 경우 절도죄의 타인은 그 물건의 소유자이지 사물함의 관리자가 아니며, 더 나아가 그 물건의 소지자는 자기의 열쇠를 가진 자에게 자신의 물건을 아무런 유보 없이 건네주겠다는 묵시적인 의사표시도 전혀 하지 않았기 때문이다.

셋째, 판례와 다수설이 주장하는 "정당한 권한"이라는 개념도 문제의 소지가 없지 않다. 물론 이 사안과 같이 피고인이 은행이나 카드명의인과 아무런 법적 연관이 없는 때에는 별다른 문제가 발생하지 않는다. 그러나 문제는 카드명의인의 부탁을 받아 현금인출을 하는 경우이다.[20] 왜냐하면 신용카드의 약관에 따르면, 카드는 카드명의인만이 사용해야 하며 또한 타인에게 비밀번호를 누설해서도 안 되기 때문이다. 달리 말해 카드를 발급한 은행 측에서 보면, 카드소지인이

---

18) 같은 의견으로는 하태훈, 현금자동인출기(주 7), 330면 이하. 또한 이런 관점에서 독일연방법원은 한결같이 절도죄의 성립을 부인하고 있다. BGHSt 35, 152 ff.; 38, 120 참조. 물론 이에 대해서는 반론이 제기되기도 한다. Mitsch, JZ 1994, 879 ff.

19) 이에 관해서는 BGHSt 35, 152 ff. 참조.

20) 이 문제는 독일의 경우 소위 카드명의인의 동의에 기초한 부정사용의 사례로서 다루어진다. 이에 관해서는 특히 Heinz, Wirtschaftsstrafrecht(주 13), 130면 이하; Mitsch, JZ 1994, 881 ff. 참조.

아닌 자는 비록 카드명의인의 동의를 받았다고 하더라도 사법상 정당한 권한이 있는 자가 아니다. 그러므로 사법상의 계약위반을 여기서 제외시키려고 한다면 다수의견이 주장하는 정당한 권한의 개념은 제한적으로 해석될 수밖에 없을 것이다.[21] 그러나 또한 정당한 권한의 개념을 제한적으로 해석한다고 해도 다음과 같은 경우, 즉 예컨대 카드명의인의 동의를 받았지만 그 부탁의 한도액보다 초과해서 현금을 인출한 때에는 문제의 소지가 없지 않다. 왜냐하면 이 경우에는 동일인에 대해 두 가지의 상반된 법적 평가가 내려지기 때문이다.[22]

4. 현금과 관련된 형법상 다른 구성요건의 성립여부

이상에서 알 수 있는 바와 같이, 권한이 없는 자에 의한 현금자동지급기의 부정사용을 형법상 절도죄로 처벌하는 데에는 이론상 무리가 많으며, 따라서 이와 같은 행위는 절도죄에 해당되지 않는다고 해석하는 것이 더 타당할 것 같다. 그렇다면 이와 같은 행위는 신용카드업법상의 부정사용죄에만 해당하는가?

우선 그에 앞서 형법상 생각할 수 있는 것은 횡령죄의 해당여부이다. 왜냐하면 비록 현금자동지급기의 인출에 의해 현금에 대한 점유는 이전되었다고 하더라도 그 소유권은 아직도 관리자인 은행에 있다고 볼 수 있기 때문이다. 또한 이런 관점에서 독일연방법원은 횡령죄의 성립을 다음과 같이 근거짓고 있다. 즉 점유이전은 사실상의 과정이지만 소유권 이전은 법률행위이므로 전자에 의해 곧바로 후자까지 이루어지는 것은 아니며, 따라서 권한이 없는 자에 의한 현금자동지급기의 부정사용은 독일형법 제246조의 횡령죄에 해당한다는 것이다.[23] 그러나 이와 같은 해석론은 독일과는 다른 재산범 체계를 지니는 우리 형법의 횡령죄에는 부합하지 않는다. 그 이유는 현금의 소유권이 아직 관리자인 은행에게 있다면 점유이탈물 횡령죄로 볼 수 없을 뿐만 아니라, 또한 무엇보다도 횡령죄의 행위주

---

21) 이에 대해서는 Lackner, StGB, 18. Aufl., § 263a, 4 c) 참조.

22) 이 사례는 실제로 독일에서 발생했으며, 이에 대해 쾰른 고등법원은 은행에 대한 신용카드 부정사용에 대해서는 처벌하지 않고, 단지 카드명의인에 대한 배임죄만을 인정하고 있다. OLG Köln, NJW 1992, S. 125 참조.

23) BGHSt 35, 152 ff.

체는 타인의 재물을 보관하는 자이어야 하는데 절취한 카드를 이용하여 현금자동지급기로부터 현금을 인출한 자는 타인의 재물을 보관하는 자가 아니기 때문이다.[24]

더 나아가 이와 같은 행위는 형법상 사기죄에도 해당하지 않는다. 왜냐하면 사기죄는 사람에 대한 기망행위를 전제로 하는데, 권한이 없는 자에 의한 현금자동지급기의 부정사용에는 이러한 기망행위가 없을 뿐만 아니라, 더 나아가 착오에 의한 재산상의 처분행위가 있는 것도 아니기 때문이다.

그러므로 마지막으로 고려할 수 있는 것은 신설된 형법 제347조의2 컴퓨터등 사용사기죄뿐이다. 그러나 이 구성요건도 별로 도움이 되지 않는데, 그 이유는 다음과 같다. 우선 형법개정의 이유서에 따르면,[25] 현금자동지급기의 부정사용은 그것이 권한이 있는 자에 의하든 권한이 없는 자에 의하든 간에 구성요건상 고려되어 있지 않기 때문이다.[26] 더 나아가 개별적인 구성요건의 형식에서도 소위 컴퓨터 사기죄는 허위의 정보나 부정한 명령을 입력할 것을 요한다. 그리고 허위의 정보란 내용이 진실에 반하는 정보를 말하며, 부정한 명령이란 해당 시스템의 사무처리의 목적에 비추어 볼 때 허용될 수 없는 명령이라고 새긴다. 그런데 권한이 없는 자에 의한 현금자동지급기의 부정사용은 정당한 정보의 무권한 사용을 의미하므로 허위의 정보를 입력하는 것은 결코 아니다. 더 나아가 입법자의 목적을 중시한다면, 부정한 명령이란 프로그램을 조작하는 것을 의미할 뿐이므로 무권한자에 의한 현금자동지급기의 부정사용은 여기에도 해당되지 않는다고 보아야 할 것이다.[27][28]

---

24) 같은 의견으로는 하태훈, 현금인출기(주 7), 332면 참조.

25) 법무부, 형법개정법률안 제안이유서, 1992, 181면 이하.

26) 사실상 독일도 입법의 막바지 단계에서 현금카드의 부정사용을 규율하기 위해 "권한 없이 정보를 사용하는 행위(unbefugte Verwendung von Daten)"를 첨가하였다.

27) 같은 의견으로는 장영민, 고시계, 1996.2, 49면 이하; 이재상, 고시계, 1996.11, 193면 참조.

28) 더 나아가 권한이 없는 자에 의한 현금자동인출기의 부정사용을 형법 제348조의2 편의시설부정이용죄의 관점에서 검토할 수도 있을 것이다. 그러나 이 구성요건은 대가를 지불함이 없이 부정한 방식으로 예컨대 자동판매기, 공중전화 등을 이용하여 재물이나 재산상의

5. 신용카드업법의 성립여부

이와 같이 권한이 없는 자에 의한 현금자동지급기의 부정사용이 형법상의 범죄가 될 수 없다면, 이제 남은 문제는 이 행위가 신용카드업법 제25조 제2항에 규정된 "부정사용"에 해당하는가의 여부이다. 먼저 결론부터 말하자면, 필자도 대법원과 같이 이 죄의 성립을 인정한다. 그러나 이 결정을 근거짓는 대법원의 논증방식에 대해서는 다음과 같은 이의가 있다.

대법원이 현금카드기능이 추가된 신용카드를 현금인출기에 주입해 현금서비스를 제공받은 행위를 신용카드의 본래용도에 따른 사용이라고 본 이유는 다음과 같이 추측된다. 즉 신용카드업법 제6조 제2항 1호와 2호에 따르면, 신용카드업자는 물품 및 용역의 할부구매 또는 연불구매를 위한 자금의 유통뿐만 아니라, 신용카드회원에 대한 자금의 유통에 관한 업무도 할 수 있다고 규정하기 때문이다. 그러나 이 점으로부터 현금카드기능이 첨부된 신용카드에 의한 현금 서비스 제공행위가 곧 신용카드의 본래용도에 따른 사용이라고 추론하는 것은 문제의 소지가 많다.[29] 왜냐하면 이런 주장은 적어도 신용카드업법 제2조 1호에 규정된 신용카드의 법적 정의와 일치하지 않기 때문이다. 즉 이에 따르면, 신용카드는 이를 상환 없이 제시함으로써 반복하여 물품의 구입 또는 용역의 제공을 받을 수 있는 증표로서 신용카드업자가 발행한 것을 말한다. 그러므로 카드를 가맹점에 제시하는 것이 아니라 현금자동지급기에 삽입하고, 더 나아가 물품이나 용역의 제공을 받는 것이 아니라 현금을 서비스 받도록 하는 카드는 적어도 본래적인 의미의 신용카드의 용도와는 거리가 있다. 또한 이 법 제6조 제2항은 신용

이익을 취득할 때 충족한다. 그런데 현금자동인출기는 이와 같이 대가를 지불하는 기계가 아니기 때문에 이 구성요건도 성립되지 않는다.

29) 그러나 하태훈 교수는 이런 해석이 신용카드업법의 규정상 당연한 해석이기 때문에 의문의 여지가 없다고 한다[하태훈, 현금자동인출기(주 7), 327면]. 물론 하 교수는 이런 주장에 문제가 있다고 생각했는지, 자신의 논문 말미에서 "절취한 신용카드로 현금카드의 기능만 사용했다면 신용카드업법 제25조 제1항의 신용카드부정사용죄에 해당되지 않는다"고 제한하고 있다[하태훈, 현금자동인출기(주 7), 341면]. 그렇다면, 적어도 현금카드 겸용의 신용카드에 의한 현금서비스의 제공행위는 신용카드의 "본래"용도는 아니라는 점을 시인한 셈이다.

카드업자의 업무를 규정한 것이지 신용카드의 용도를 규정한 것도 아니다. 사정이 이러하다면, 현금카드 기능을 겸비한 신용카드를 가지고 현금 서비스를 받는 행위가 신용카드의 본래적인 용도에 따른 사용이라고 보기는 어렵다.

그렇다면 이제 해석상의 문제는 신용카드업의 범위에 속하는 자금의 융통(이 법 제62조 제2항 1호)을 신용카드에 부착된 현금카드의 기능에 의해 수행할 경우 이를 "신용카드의 사용"이라고 볼 수 있는가이다. 필자의 생각으로는, 서울지방법원의 판결과 같이 이를 물품 및 용역의 제공에만 한정하는 것은 문제의 소지가 없지 않다. 왜냐하면 신용카드와 현금카드는 통상적으로 겸용되어 있고, 더 나아가 제2조는 제6조에 의해 그 의미가 확대될 수 있기 때문이다. 요컨대 목적론적 확장해석에 의해 현금카드 겸용의 신용카드는 현금 서비스의 경우 신용카드의 사용으로 볼 수 있다. 사정이 이러하다면, 이와 같은 카드의 사용은 신용카드업법상의 본래적인 용도가 오히려 "부가적인 용도"라고 해석함이 보다 설득력이 있을 것이다. 또한 그렇게 해석하게 된다면, 정당한 권한이 없는 자가 현금카드의 기능만을 지닌 카드(소위 debit card)를 이용하여 카드명의인의 예금계좌로부터 현금을 인출한 경우는 신용카드업법상의 부정사용에 해당하지 않는다고 새기게 된다. 왜냐하면 이 경우는 신용카드가 아니라 단지 현금카드의 기능만을 사용했기 때문이다.

6. 죄수론

이제 남은 문제는 현금취득과 관련해서 절도죄와 신용카드 부정사용죄를 실체적 경합으로 처벌할 수 있는가이다. 이미 언급한 바와 같이, 우리 대법원은 현금자동지급기를 조작하는 행위로 이미 신용카드업법상의 부정사용죄는 기수가 된다고 인정하고, 더 나아가 그렇게 해서 인출된 현금을 취득하는 행위는 이와는 별도로 절도죄로 파악하므로 이 양자 간의 죄수론을 실체적 경합으로 파악한다. 이와 같은 대법원의 입장에 동조하는 부분은 형법상 절도죄와 신용카드업법을 별개의 구성요건으로 파악한다는 점이다. 대법원도 적절하게 판시한 바와 같이, 이 양자는 보호법익의 측면에서나 행위태양에 관해서도 서로 다른 속성을 지니고 있다. 그러나 타인의 카드를 절취한 행위는 논외로 하더라도, 이를 이용한 현금자동지급기의 부정사용을 절도죄와 신용카드업법상의 부정사용죄의 실체적 경합으로 처단한 것에 대해서는 의문이 제기된다. 물론 이와 같은 해석론은 권한이 없는 자에 의한 현금자동지급기의 부정사용을 절도죄로 보는 견지에서는 논리일관적이기도 하다. 왜냐하면 기계로부터 강제로 현금을 절취하지 못하는 한, 절도죄가 요구하는 점유의 배제는 현금인출의 조작이 끝난 후에야 비로소 가능하기 때문이다. 요컨대 현금인출을 위한 기계조작과 이로 인해 제공된 현금을 착복하는 것은 별개의 행위라는 것이다. 그러나 이와 같은 해석방식은 해당 행위의 사회적인 의미를 희석시키는 지극히 개념법학적인 발상법인 것 같다. 그 이유는 비록 신용카드업법상의 부정사용죄가 재산권의 침해라는 결과를 필요로 하지 않는다 하더라도, 이로 인한 재산상의 침해, 즉 이 사안의 경우 현금취득을 단순히 신용카드업법상의 불가벌적인 사후행위로 볼 수는 없기 때문이다. 그리고 바로 이런 이유에서, 이 사안은 하나의 행위로 보아 양죄를 상상적 경합으로 처단하는 것이 보다 더 설득력이 있다고 생각한다.[30]

마지막으로 한편으로는 신용카드에 대한 절도죄와 다른 한편으로는 현금취득에 대한 절도죄 및 신용카드업법상의 부정사용의 상관관계를 어떻게 파악할 것인가가 문제가 될 것이다. 필자의 생각으로는 이 양자를 제37조의 경합범으로 처단하는 것이 설득력이 있는 것 같다. 그 이유는 타인의 카드를 절도하는 것이 곧 카드를 부정사용해서 타인의 현금을 취득하는 것은 아니기 때문이다. 필자의 입장과 같이 현금취득에 대해서는 절도죄를 부정하고 단지 신용카드업법상의 부정사용죄만 인정한다면, 이와 같은 문제는 보다 쉽게 해결될 것이다. 신용카드의 절취와 현금취득은 그 행위의 태양이 다를 뿐만 아니라, 각각의 해당 법률의 보호법익도 상이하기 때문이다. 결론적으로 말해, 타인의 신용카드를 절취해서 이에 의해 현금자동지급기를 부정사용한 행위는 앞부분은 절도죄, 뒷부분은 신용카드업법상의 부정사용죄에 해당하고, 이 양자는 형법 제37조의 경합범에 의해 처벌되는 것이 합리적이다. 그러나 입법론상으로는 현금취득과 관련해서는 컴퓨터사기죄의 구성요건을 새로 개정할 것이 요구되는데, 왜냐하면 권한이 없는 자에 의한 현금자동지급기의 부정사용은 사실상 신용카드업법이 말하는 본래용도

30) 같은 의견으로는 하태훈, 현금자동인출기(주 7), 327면 참조.

와는 엄밀한 의미에서 구별되기 때문이다.

Ⅲ. 권한 있는 자에 의한 현금자동지급기의 부정사용

1. 판례소개

이미 언급한 바와 같이, 권한이 있는 자에 의한 현금자동지급기의 부정사용을 다룬 판례는 대법원 1996.4.9. 선고, 95도2466이다. 그러나 이 판례는 현금자동지급기의 부정사용뿐만 아니라 신용카드의 부정사용까지 포괄하고 있으므로,[31] 이하에서는 전자의 문제만을 다루고자 한다.

〈사건개요〉

피고인 甲은 1) 1992년 12.10.경 상업은행 종로지점으로부터 신용카드의 사용으로 인한 물품대금이나 현금서비스 받는 대출금을 정상적으로 결제할 의사나 능력이 없음에도 불구하고 이를 정상적으로 결제할 것처럼 가장하여 신용카드를 발급받은 다음, 2) 1993.1.4. 삼성테크에서 위 신용카드를 사용하여 750,000원 상당의 전자제품을 구입한 것을 비롯하여 같은 해 9.15.경까지 같은 방법으로 51회에 걸쳐 합계 14,828,048원 상당의 물품을 구입하였고, 3) 1993.1.5. 상업은행 안양중앙지점에서 그곳에 설치된 현금자동지급기에 위 신용카드를 투입하고 현금서비스 버튼을 눌러 현금 30만원을 꺼낸 것을 비롯하여 같은 해 9.1.경까지 같은 방법으로 22회에 걸쳐 현금 합계 7,144,623원을 취득하였다.

〈소송의 진행과정〉

제1심인 수원지방법원은 피고인의 행위를 포괄하여 사기죄로 인정하고 징역 8개월을 선고하였다.

---

31) 자기 신용카드의 부정사용에 대해 자세한 점은 김영환, 신용카드부정사용(주 8), 301면 이하 참조.

이에 대해 피고인만이 항소하였고, 검사는 원심에 이르러 위 3)항 기재 각 범행에 관해 공소사실 및 적용법조를 예비적으로 추가하여 절도죄로 의율하는 공소장 변경을 하였다. 원심인 수원지방법원 제1형사부는 위 2)항 기재 사기사실과 위 3)에 대한 예비적 공소사실인 절도죄만을 서로 경합범관계에 있는 것으로 보아 징역 8월을 선고하였다.

제2심 판결에 대해 검사는 상고하였고, 이에 대해 대법원은 현금자동지급기를 통한 현금인출이 사기죄에 해당하지 않는다는 원심판결을 파기하고 그 대신 이를 모두 사기의 포괄일죄로 판시하였다.[32)]

〈판결요지〉

신용카드의 거래는 신용카드회사로부터 카드를 발급받은 사람이 위 카드를 사용하여 카드가맹점으로부터 물품을 구입하면 그 카드를 소지하여 사용하는 사람이 카드회사로부터 카드를 발급받은 정당한 소지인인 한 카드회사가 그 대금을 가맹점에 결제하고, 카드회사는 카드사용자에 대하여 물품구입대금을 대출해 준 금전채권을 가지는 것이고, 또 카드사용자가 현금자동지급기를 통해서 현금서비스를 받아 가면 현금대출관계가 성립되는 것인바, 이와 같은 카드사용으로 인한 카드회사의 금전채권을 발생케 하는 카드사용행위는 카드회사로부터 일정한 한도 내에서 신용공여가 이루어지고, 그 신용공여의 범위 내에서는 정당한 소지인에 의한 카드사용에 의한 금전대출이 카드 발급 시에 미리 포괄적으로 허용되어 있는 것인바, 현금자동지급기를 통한 현금대출도 결국 카드회사로부터 그 지급이 미리 허용된 것이고, 단순히 그 지급방법만이 사람이 아닌 기계에 의해서 이루어지는 것에 불과하다. 그렇다면 피고인이 카드사용으로 인한 대금결제의 의사와 능력이 없으면서도 있는 것 같이 가장하여 카드회사를 기망하고, 카드회사는 이에 착오를 일으켜 일정 한도 내에서 카드사용을 허용해 줌으로써 피고인은 기망당한 카드회사의 신용공여라는 하자 있는 의사표시에 편승하여 자동지급기를 통한 현금대출도 받고, 가맹점을 통한 물품구입대금 대출도 받아 카드발급회사로 하여금 같은 액수 상당의 피해를 입게 함으로써, 카드사용으로 인한 일련

---

32) 판시내용 중 밑줄은 필자에 의한 것임.

의 편취행위가 포괄적으로 이루어지는 것이다. 따라서 카드사용으로 인한 카드회사의 손해는 그것이 자동지급기에 의한 인출행위이든 가맹점을 통한 물품구입행위이든 불문하고 모두가 피해자인 카드회사의 의사표시에 따른 카드발급에 터잡아 이루어지는 사기의 포괄일죄이다.

2. 판례의 의의 및 문제점

권한이 있는 자에 의한 현금자동지급기의 부정사용과 관련해서 이 판결이 지니는 의의는 다음과 같다.

1) 대금지불의 의사와 능력이 애당초 없으면서도 이를 가장하여 카드회사로부터 현금서비스 기능이 부착된 신용카드를 발급받은 행위는 사기죄에 해당된다는 것이다.

2) 이와 같은 자기명의의 카드를 통해 현금자동지급기로부터 부당하게 현금을 인출함으로써 카드회사에게 금전적인 손해를 가한 행위도 사기죄에 해당한다는 것이다.

3) 또한 현금자동지급기를 부정하게 사용해서 얻게 된 현금은 바로 이에 선행되는 카드발급에 터잡아 이루어지는 행위이므로, 사기에 의한 현금카드취득과 이에 기초한 현금인출행위는 형법상 별도로 고찰될 것이 아니라, 오히려 모두 합쳐 사기의 포괄일죄가 된다는 것이다.

자기 신용카드의 부정사용은 별도로 하고서라도, 권한이 있는 자에 의한 현금자동지급기의 부정사용에 대한 대법원의 입장은 무엇보다도 다음과 같은 점에서 논란의 여지가 많다. 물론 자기의 신용상태를 속여 카드회사로부터 카드를 발급받은 행위가 사기죄에 해당된다는 대법원의 입장에는 찬성을 한다. 그러나 과연 자기의 카드를 사용해서 현금자동지급기로부터 부당하게 현금을 취득한 행위가 과연 사기죄에 해당하는지의 여부는 학설상 논란이 있다. 그 이유는 무엇보다도 사기죄가 요하는 기망은 사람에 대해서만 가능하며, 기계에 대해서는 불가능하다는 데 있다. 또한 부당한 현금인출행위를 현행법상 인정되지 않는 牽連犯이나 혹은 사기에 의한 카드취득의 불가벌적 사후행위인 것처럼 이론적으로 구성해서 이를 사기의 포괄일죄라고 판시한 것도 논란의 여지가 많다. 마지막으로 이 논문의 대상은 아니지만 그 행위태양이 서로 다른 신용카드의 부정사용과 현금자동지급기의 부정사용을 포괄적으로 해석한 것도 좀처럼 이해되지 않는다.[33] 이하에서는 이 점에 대해 보다 자세히 상술하고자 한다.

3. 신용카드의 취득과 관련된 형법상 사기죄의 성립여부

위에서 언급한 바와 같이, 이 사안에서 신용카드의 취득이 형법상 사기죄에 해당한다는 점에는 별다른 이론이 없다. 즉 여기서 말하는 신용카드는 형법상 재물일 뿐만 아니라, 카드의 명의인은 자신의 재산상태에 대해 명시적 혹은 묵시적으로 기망행위를 했고, 카드회사는 이에 대해 착오를 일으킴으로써 카드를 발급했으며, 또한 이로 인해 카드회사의 재산상의 손해위험이 발생했다. 물론 이와 같은 해석이 지금의 관행과 얼마만큼 부합하는지는 별도의 검토를 요하기도 하는데, 왜냐하면 카드회사가 얼마만큼 카드신청인의 재산상태를 실사하는지에 대해서는 의문의 여지가 없지 않기 때문이다.[34]

4. 현금인출과 관련된 형법상의 범죄여부

1) 사기죄의 성립여부

학설상 자기명의의 현금카드를 부정사용해서 현금을 인출한 행위를 형법상 사기죄로 보는 견해가 없는 것은 아니다. 즉 이에 따르면, 카드 명의인의 기망행위에 의해 카드회사가 현금카드를 교부했다면, 이는 곧 일정한 현금 등의 처분을 허용해 준 것이고, 또한 카드명의인은 이미 처분이 허용된 것을 단지 사람이 아닌 기계적 조작에 의해 인출한 것에 불과하므로 이를 전체적으로 고찰하면 사기죄의 구성요건에 해당한다는 것이다.[35] 그러나 이와 같은 해석은 지나치게 규범

---

33) 이에 대해서는 강동범, 자기신용카드의 부정사용행위(주 7), 376면 이하; 이재상, 형사판례회고(주 7), 523면 이하.

34) 이에 대한 적절한 비판은 허일태, 저스티스(주 7), 특히 118면 이하 참조.

적인 성격을 지닌다. 그것은 현금카드 거래의 실질을 본다면, 우선 은행은 현금자동지급기를 설치함에 의해서 최소한 무조건적인 점유이전의 의사표시를 한 것이고, 더 나아가 사기죄가 요구하는 기망은 단지 사람에 대해서만 가능하기 때문이다. 다시 말해 기계는 결코 기망을 당하지 않는다. 그러므로 윤리적인 차원에서의 당벌성과 법적인 구성요건표지의 해석을 엄밀히 구별한다면, 이와 같은 해석론은 문제의 소지가 없지 않다.

2) 절도죄의 성립여부

카드명의인에 의한 현금인출행위가 사기죄에 해당하지 않는다면, 이제 이 행위를 절도죄와 관련해서 검토해 볼 필요가 있다. 필자가 제대로 보았다면, 권한이 없는 자뿐만 아니라 권한이 있는 자가 현금자동지급기를 부정사용한 경우까지 절도죄로 규율하려는 이론은 다시금 절도죄가 요구하는 점유배제를 정당한 권한을 기준으로 해서 판단하는 것 같다. 달리 말해 현금자동지급기의 관리자는 정당한 사용, 즉 지급의사나 능력이 있을 것을 전제로 해서만 현금인출을 허용하는 것이므로 카드명의인이 이에 반해 부정하게 현금인출을 한 경우는 절도죄가 된다는 것이다.[36] 그러나 이와 같은 해석이론은 우선 민사상의 계약위반까지도 형사상의 절도죄로 규율할 염려가 있는데, 왜냐하면 부당한 현금인출을 곧바로 절도죄로 본다면 예컨대 현금서비스를 받을 당시에는 대금의사와 능력이 없다가 그 후 사정이 변경되어 금전채무를 변제한 카드소지인도 처벌될 뿐만 아니라, 카드명의인의 위탁을 받아 현금인출을 하는 제삼자도 형법상 처벌될 가능성이 있기 때문이다. 만약 이런 불합리한 결과를 방지하기 위하여 카드발급행위와 현금인출행위를 전체적으로 고찰하여 애당초 부당한 사용의 목적을 지닌 카드명의인의 부정행위는 절도죄로, 그 외의 경우에는 다른 방식으로 해석하려 한다면, 이

35) 사기죄를 취하는 학설은 주로 일본에서 발견된다. 이에 대해서는 강동범, 자기신용카드의 부정사용행위(주 7), 377면 이하 참조. 또한 대법원의 이와 같은 입장에 동조하는 견해로는 임양운, 신용카드범죄의 실무상 범죄, 저스티스, 1996.12, 177면 이하 참조. 또한 여기서 간과되어서 안될 점은, 일본과는 정반대로 독일의 경우 권한이 있는 자에 의한 현금자동지급기의 부정사용에 대해 사기죄를 취하는 학설은 찾아보기 힘들다는 것이다. 일본의 영향을 많이 받는 우리의 해석실무가 얼마만큼 현실과 벗어난 규범적인 이론인가를 대단히 잘 보여주는 대목이기도 하다.

36) 강동범, 자기신용카드의 부정사용행위(주 7), 381면.

는 행위자의 주관에 치우친 임의적인 형법해석에 불과할 것이다.

그러므로 필자의 생각에 의하면, 이 경우 절도죄의 성립을 부인해야 할 것 같다.[37] 왜냐하면 이 사안에서 관건이 되는 행위의 객관적인 측면은 카드명의인이 정상적인 방법으로 현금자동지급기를 작동시키는 것이다. 따라서 현금자동지급기의 관리자가 카드명의인에 대해 최소한 점유이전에 대해 의사표시를 했다면 – 그 소유권 이전 여부는 차치하고서라도 – 적어도 점유배제는 존재하지 않는다. 만약 사정이 이러함에도 불구하고 행위자의 주관적 측면만을 중시해서 현금의 점유이전에 대한 정당성 여부를 기준으로 삼는다면, 이와 마찬가지의 근거로 사기죄의 성립도 인정해야 할 것이다. 왜냐하면 대금지불의 의사와 능력은 이 사례의 경우 처음부터 존재하지 않았기 때문에, 이에 기초한 부정사용행위는 정당한 권리자에 대한 점유배제인 동시에 기망행위도 되기 때문이다. 더 나아가 이런 사정은 정당한 권한이 있는 경우에도 여전히 존재하기 때문에 아마도 형법상 양자를 굳이 구별해서 서로 달리 평가할 필요도 없을 것이다. 물론 이와 같은 해석론이 정당화될 수 없다는 것은 재론할 필요도 없을 것이다.

3) 횡령죄 및 배임죄의 성립여부

이렇듯 권한 있는 자에 의한 현금자동지급기의 부정사용이 사기죄와 절도죄로 규율될 수 없다면, 이제는 횡령죄의 성립여부를 검토할 수 있다. 즉 점유이전과 소유권 이전을 구분해서, 올바른 작동에 의한 현금인출행위와 함께 현금에 대한 점유이전은 이루어졌으나 이에 대한 소유권 이전은 아직 행해지지 않았으므로 인출된 현금의 착복은 횡령죄에 해당할 수 있다는 것이다. 그러나 현금인출과 함께 점유는 카드소지인이 하기 때문에 무주물 횡령은 될 수 없으며, 또한 횡령죄의 주체는 타인의 재물을 보관하는 자이어야 하기 때문에 횡령죄에도 해당될 수 없다.

필자가 생각하기에 그나마 자기카드의 부정사용에 대해 가장 근접한 불법유형은 배임죄이다. 이 경우 카드명의인은 카드회사가 부여한 법적 권한을 위반해

37) 같은 견해로는 이재상, 형사판례회고(주 7), 524면 참조.

서 행위한 것이기 때문이다. 그러나 이미 신용카드의 부정사용과 관련하여 언급한 것처럼, 현행의 배임죄 규정은 "타인의 사무처리를 하는 자"라는 요건을 요구하므로 이를 여기에 포섭하기 힘들다. 따라서 독일형법 제266조 b와 같이 신용카드 및 수표카드의 부정사용에 관한 별도의 구성요건이 존재하지 않는 한, 이를 배임죄로 처리하기는 힘들다.

4) 형법상 컴퓨터 등 사용사기죄 및 신용카드업법상의 부정사용죄

그렇다면 개정형법 제347조의2에 신설된 컴퓨터 등 사용사기죄에 해당하지는 않는가? 독일형법과 같이 컴퓨터 사기죄 안에 "부정한 권한의 사용"을 하나의 구성요건으로 규정한 경우에는 논란의 여지가 없지는 않다. 그러나 현행형법은 "허위의 명령"과 "부정한 명령"만을 규정하고 있기 때문에, 이미 이 조문은 권한이 없는 자에 의한 현금자동지급기의 부정사용에 대해서조차 논란의 여지가 많다. 따라서 권한이 있는 자에 의한 현금자동지급기의 부정사용에는 더더욱 적용될 가능성이 희박하다.

더 나아가 신용카드업법 제25조의 부정사용죄도 이에 적용될 가능성이 적다. 신용카드업법은 카드의 명의인이 현금자동지급기를 부정사용한 것에 대해서는 언급조차 하지 않기 때문이다.

5. 죄수론

이상에서 언급한 바와 같이, 현행법의 규정을 엄밀히 해석한다면 권한이 있는 자에 의한 현금자동지급기의 부정사용은 형법이나 신용카드업법에 의해 규율될 수 없는 "법의 흠결"이다. 따라서 형법상 처벌될 수 있는 것은 단지 카드의 취득에 관한 사기죄뿐이다. 그러나 만약 현금서비스를 통한 부당한 현금인출과 신용카드의 부정사용이 결국에는 사기에 의한 카드의 부정취득에서 비롯된 것이라면, 그 이후에 발생한 일련의 행위는 바로 이 행위로부터 이루어진 것이라고 이론구성을 할 수도 있지 않은가? 생각건대 여기서 문제 된 대법원의 판례는 바로 이런 생각에 근거해서 이 일련의 행위들을 "사기의 포괄일죄"로 의율하고 있는 것 같다. 그러나 그 결과 다음과 같은 해석상의 문제점을 유발시킨다.

1) 이미 앞서 언급한 것과 같이, 신용카드의 부정사용과 현금자동지급기의 부정사용은 애당초 그 전제되는 사법상의 법률관계가 다르며, 따라서 이에 대한 형법적인 평가도 다를 수밖에 없다. 따라서 이 둘을 모두 사기죄로 포괄하려는 대법원의 태도는 학설과 하급심의 법원에서 통용되었던 기존의 세분화된 해석론을 지나치게 간과한 것이다.

2) 신용카드의 취득행위와 이를 이용해서 현금자동지급기로부터 부당하게 현금을 인출하는 행위는 그 행위태양이 서로 동일하지 않다. 즉 전자는 카드발행을 담당하는 직원에 대해 직접적으로 기망행위가 이루어지는 반면, 후자는 현금자동지급기에 대해 범행이 이루어진다. 따라서 이에 대한 형법상 구성요건도 달라지지 않을 수 없다. 그럼에도 불구하고 대법원은 이를 모두 사기의 포괄일죄로 구성함으로써, 마치 카드발급 시에 전체고의가 존재하고 그 이후의 행위는 계속적인 고의에 의해 이루어져서 사기죄라는 하나의 법익만을 계속적으로 침해하는 것처럼 구성한다.

그러므로 이 문제를 해결하기 위해서는 신용카드의 취득행위와 이를 이용한 현금인출행위를 서로 구별해서 고찰해야 할 것 같다. 그렇게 되면 양자는 사기의 포괄일죄가 아니라, 오히려 경합범의 관계에 있는 것이 된다. 그런데 필자의 생각으론, 자기의 신용카드의 부정사용과 마찬가지로 권한이 있는 자가 현금자동지급기를 부정사용한 것도 현행법상 "법의 흠결"이므로, 이 사례의 경우 단지 카드취득에 대한 사기죄만 존재할 뿐이다. 물론 이런 현상은 형사정책적으로도 바람직하지 않기 때문에, 입법자는 예컨대 독일형법 제266조 b와 같이 신용카드 등의 부정사용죄를 반드시 조속하게 신설해야 할 것이다. 그렇게 되어야만 우리 실무와 같이 행위의 도덕적인 비난가능성과 형법적인 가벌성을 서로 혼동하는 잘못을 범하지 않을 것이다.

법률의 부지의 형법해석학적 문제점(2004)

Ⅰ. 문제제기

일반적으로 주관적인 인식과 객관적인 사실이 일치하지 않는 것을 착오라고 하며, 우리 형법은 착오를 제15조의 사실의 착오와 제16조의 법률의 착오로 구별하여 규정하고 있다. 그런데 이렇듯 착오를 사실의 착오(error facti)와 법률의 착오(error iuris)로 구분하는 것은 전통적인 입장이라 할 수 있다.[1] 그러나 착오를 사실의 착오와 법률의 착오로 구별하는 경우에는 사실과 법률의 구별이 불명확하여 특히 규범적 구성요건에 대한 착오가 사실의 착오인가 법률의 착오인가를 분명히 할 수 없을 뿐만 아니라, 법률의 착오의 내용과 그 태양도 명백히 밝힐 수 없게 된다. 이런 근거에서 착오를 구성요건적 착오와 위법성의 착오 또는 금지착오로 구별하는 것이 일반적인 경향이다.[2] 형법이 착오를 사실의 착오와 법률의 착오로 규정하고 있지만 사실의 착오란 구성요건적 착오(Tatbestandsirrtum)를 의미하는 반면 법률의 착오는 금지착오(Verbotsirrtum) 혹은 위법성의 착오(Irrtum über die Rechtswidrigkeit)를 말한다는 점에 견해가 일치하고 있다.[3]

---

1) 독일의 경우는 구형법 제59조에 사실의 착오만을 규정하는 대신, 법률의 착오에 관해서는 아무런 규정도 두고 있지 않았다. 그러나 독일의 제국법원은 이런 법적 기초 위에서 사실의 착오와 법률의 착오를 구별하고, 사실의 착오는 항상 고의를 배제하는 것으로써 규율하는 반면에 법률의 착오는 형법적인 법률의 착오와 비형법적인 법률의 착오를 구분하고 전자는 전혀 고려되지 않는 반면 후자는 고의를 배제한다는 식으로 규율하고 있다. 이에 관해 자세히는 Roxin, Strafrecht, AT, Bd. I, 3. Aufl., 1997. S. 794 ff. 참조.

2) 구성요건적 착오와 금지착오의 구별은 독일연방법원의 1952년 3월 18일자 판결(BGHSt 2. 194면 이하)로부터 시작되었다. 또한 1975년 서독형법은 제17조를 "금지착오"로 명문화 했다.

이렇듯 법률의 착오란 금지착오 혹은 위법성의 착오를 의미하며, 위법성의 착오는 행위자가 사실의 인식은 있었으나 위법성을 인식하지 못한 경우, 요컨대 위법성의 인식이 없는 경우를 말한다. 그런데 학설은 위법성의 인식이 없는 경우인 법률의 착오를 직접적 착오와 간접적 착오로 구분하고 있다. 여기서 말하는 직접적 착오란 행위자가 자신의 행위를 금지하는 규범을 인식하지 못하여 그 행위가 허용된다고 오인한 경우를 말하며, 이에 반해 간접적 금지착오란 행위자가 금지된 것은 인식하였으나 위법성을 조각하는 반대규범(허용규범)이 존재하는 것으로 오인한 경우를 의미한다. 금지착오의 전형적인 경우가 바로 직접적 착오이며, 학설에 따르면 여기에는 다음의 세 가지 유형, 즉 법률의 부지, 효력의 착오, 포섭의 착오가 속한다고 한다. 이 가운데서 법률의 부지란 일정한 행위를 금지하는 규범을 전혀 알지 못하고 그 금지규범에 위반하는 행위를 하는 경우를 말하며, 효력의 착오란 유효한 금지규정을 무효라고 생각하고 그 금지규범을 위반하는 행위를 하는 경우를 의미하며, 포섭의 착오는 행위자가 금지규정의 존재는 알았지만 그 규정을 잘못 해석, 적용하여 자신의 행위는 그 금지규정에 해당하지 않는다고 생각한 경우에 해당한다. 요컨대 효력의 착오나 포섭의 착오에서는 행위자가 금지규범의 존재 자체는 알고 있지만 그 규범의 효력이나 의미 혹은 해석, 적용상의 착오를 일으킨 것인 데 반해, 법률의 부지에서 행위자는 금지규범의 존재 자체도 전혀 모르고 있다는 점에서 차이가 있다.

이렇듯 학설은 모두 일치해서 법률의 부지를 직접적 법률의 착오의 한 유형으로 보고 있지만,[4] 판례는 일관되게 지속적으로 법률의 부지는 법률의 착오에 속하지 않는다는 입장을 고수하고 있다.[5] 그러므로 판례에 의하면 법률의 부지

---

3) 이러한 정확한 용어사용법에도 불구하고 이하에서는 우리나라에서 관행적으로 굳어 버린 법률의 착오라는 개념을 그대로 사용하기로 한다.

4) 이형국, 형법총론. 1990. 235면; 김종원, 한국형사법학회 편, 형사법 강좌 II, 형법총론 하, 1984, 88면; 김일수, 한국형법 II(총론 하), 1992, 88면; 배종대, 형법총론, 1999, 370면; 박상기, 형법총론, 2002, 242면 이하; 임웅, 형법총론, 1999, 268면; 이재상, 형법총론, 1998, 297면; 오영근, 형법총론, 2002, 497면; 안동준, 형법총론, 1998, 160면; 김성천/김형준, 형법총론, 1998, 361면; 신동운, 판례백선 형법총론, 1997, 295면; 이정원, 형법총론, 1997, 239면. 다만 손해목 교수는 예외적으로 단순한 법률의 부지만으로는 금지의 착오라고 할 수 없다고 주장하고 있다. 이에 관해서는 손해목, 형법총론, 1996, 635면 참조.

에는 형법 제16조가 적용되지 않고 따라서 행위자는 정당한 이유의 유무에 상관없이 책임을 지게 된다. 이에 대한 근거로서 판례는 대판 1961년 10월 5일 이후 다음의 판결내용을 지속적으로 인용하고 있다. 즉 형법 제16조의 법률의 착오란 "단순한 법률의 부지의 경우를 말하는 것이 아니고 일반적으로 범죄가 되는 행위이지만 자기의 특수한 경우에는 법령에 의하여 허용된 행위로서 죄가 되지 아니한다고 그릇 인식한 것"[6]이라는 것이다.

역사상 우리 형법 제16조는 스위스 형법 제20조를 계수했다고 한다.[7] 그러나 이러한 판례의 태도는 무엇보다도 일본의 판례와 학설에 영향을 받은 것이라고 한다.[8] 즉 "법률의 부지는 용서되지 않는다"는 로마법 이래의 귀책론이 독일형법에로 이어졌고, 더 나아가 독일형법을 본받은 일본형법 제38조는 법률의 부지가 고의에 영향을 미치지 않는다는 명문의 규정을 두고 있다는 것이다.[9] 더 나아가 우리의 판례에 결정적 영향을 미친 일본대심원 판례도 법률의 부지는 죄의 성립여부에 영향이 없다는 일관된 태도를 견지하고 있다고 한다.[10] 이런 사정에 근거해서 1935년 조선고등법원은 "… 형법 제38조 제3항에 소위 법률을 알지 못하는 것에 해당함으로써 죄를 범할 의사가 없다고 할 수 없다"[11]라고 판시한 바

5) 이러한 입장의 판례의 연혁과 내용을 자세히 소개한 것으로는 허일태, 법률의 부지의 효력. 형사판례연구 I , 1993, 43면 이하 참조. 기타 법률의 부지에 관한 최근의 판례로는 대판 89도1476; 대판 91도1566; 대판 92도1267; 대판 94도365; 대판 94도1134; 대판 94도2148; 대판 95도1351; 대판 95도1891; 대판 95도2088; 대판 95도1964; 대판 96도3409 참조.

6) 대판 1961.10.5. 4294형상208.

7) 이런 사정은 유기천 교수의 주장에 의한 것이다. 즉 우리가 계수했다고 하는 스위스 형법 제20조는 다음과 같이 규정되어 있다. "행위자가 충분한 이유에 의거해서 그 행위를 할 권한이 있다고 오인했다면, 법관은 이에 대한 형벌을 (형법 제66조에 따라) 자유재량으로 경감하거나 혹은 처벌을 면할 수 있다." Dr. Paul K. Ryu, Das koreanische Strafgesetzbuch, 1968, S. 4 f.

8) 허일태, 앞의 글(주 5), 44면; 오영근, 형법총론, 497면 이하 참조.

9) 일본형법 제38조 3항은 다음과 같이 규정되어 있다: "법률을 알지 못함으로써 죄를 범할 뜻이 없다고 할 수 없다. 단 정상에 의하여 그 형을 감경할 수 있다."

10) 이에 대해 자세한 내용과 해당 일본판례의 소개는 허일태, 앞의 글(주 5), 44면 주 4 참조.

11) 조고판 1935.6.6. 판례총람 16-3. 이 판결 이외에 조고판 1941.12.26. 판례총람 16-6 참조. 다만 조선고등법원은 민사법규의 부지는 범의를 조각한다고 한다. 조고판 1918.11.14. 판례총람 16-1 참조.

있다. 이러한 판례의 태도는 우리 형법이 제정된 이후에도 그대로 이어졌으며[12] 오늘날에 이르기까지 대법원의 확고한 입장이 되고 있다.

그러나 법률의 부지를 법률의 착오로 보지 않는 대법원의 이와 같은 태도에 대해서는 다음과 같은 의문이 든다.

첫째, 역사적으로 볼 때 "법률의 부지는 용서받지 못한다"는 귀책론은 원칙적으로 소위 "자연범"에만 타당한 것으로서, 예컨대 살인, 상해, 강도 등과 같은 자연범을 범하고 그것을 금지하는 것은 몰랐다는 변명을 받아들이기는 곤란하다는 것을 의미한다. 그러나 오늘날 양산되는 수많은 부수형법을 위반한 자에게까지 이러한 귀책론을 무조건 적용하기에는 무리가 있을 뿐만 아니라, 더 나아가 현재와 같이 국제적인 왕래가 빈번한 상황에서는 이와 같은 법률의 부지에 관한 귀책론은 그 한계점이 발견된다. 그렇다면 이러한 귀책론은 어떤 발전과정을 거쳐 오늘에 이르게 된 것일까가 의문시된다.

둘째, 대법원의 견해는 과연 어떤 합리적 근거에서 법률의 부지를 법률의 착오의 개념에서 배제하는 것인가? 왜냐하면 법률의 부지의 경우에도 위법성의 인식이 없거나 인식가능성이 없을 수 있는데, 위법성의 인식이 없는 법률의 부지를 형법 제16조의 법률의 착오와 구별하여 범죄의 성립에 영향이 없게 하기 위해서는 이에 대한 특정한 형법이론적 내지 형사정책적 정당성이 있어야 하기 때문이다.

셋째, 만약 대법원의 견해와는 달리 법률의 부지가 법률의 착오에 속한다면, 이러한 착오에 대해 "정당한 이유"라는 기준은 결정적인 역할을 하는 수밖에 없을 것이다. 그렇다면 과연 "정당한 이유"의 판단기준은 무엇이며 우리는 그것의 내용을 어떻게 세분화해야 할 것인가가 의문시된다. 왜냐하면 그러한 기준에 따라 개별적인 사안들이 해결될 수밖에 없기 때문이다.

---

12) 이러한 대법원의 태도에 대해 보다 자세한 점은 허일태, 금지착오의 일종으로 보아야 할 법률의 부지, 형사실무연구회 발표문 15면, 주 5 참조.

그럼 이하에서는 대법원의 입장이 지니는 위에서 열거한 세 가지 문제점들을 중심으로 이를 순서대로 자세히 살펴보기로 하겠다(이하의 II-IV). 먼저 결론부터 말한다면, 대법원의 입장과 달리 법률의 부지는 법률의 착오에 속하고 이것의 해결여부는 "정당한 이유"에 따라야 한다는 것이다. 그리고 만약 법률의 부지가 "정당한 이유"에 해당되지 않는다고 할지라도 대법원과 같이 해당 범죄의 고의기수로 처벌할 것이 아니라 그러한 착오의 "회피가능성"정도에 따라 형벌을 감경하는 것이 이론적으로 더 설득력이 있다는 것이다.

Ⅱ. "법률의 부지는 용서받지 못한다"는 귀책론(Imputationslehre)의 역사적인 전개과정13)

대다수의 문헌에 의하면 "법률의 부지는 용서받지 못한다"는 법원리는 로마로부터 유래한다고 한다. 그러나 귀책론의 역사를 더듬어 올라가면 이 법원리는 아리스토텔레스에 의해 "법률의 부지는 용서받지 못하나 사실의 부지는 용서받는다"고 주장되었다.[14] 그에 의하면 행위자가 구체적인 행위상황을 알지 못하면, 즉 사실의 부지이면 그의 행위는 귀책될 수 없고, 더 나아가 법률의 착오의 경우에도 자발성(Freiwilligkeit)이 배제되는 특정한 경우 그 행위는 귀책될 수 없다고 한다.[15] 그러나 다음과 같은 예외적인 경우, 즉 모든 사람이 알고 있다는 것이 전제되는 실정법의 규정이 문제되는 경우 행위자는 법률의 착오를 원용할 수 없다는 것이다.[16] 더 나아가 착오가 자연법의 최상위의 원리에 관한 것이라면, 그 착오는 행위자를 면책시키는 것이 아니라 오히려 그가 근본적인 법적 원리에 대해 착오를 일으켰다는 이유에서 그의 책임을 근거짓는다고 한다.[17] 요컨대 아리스토텔레스에 의하면 행위자를 면책시키지 않는 법률의 착오가 존재하며 그

13) 이하의 설명은 Arthur Kaufmann, Die Parallelwertung in der Laiensphare, 1982, 4면 이하의 내용을 요약한 것임.

14) H. Welzel, Naturrecht und materiale Gerechtigkeit. 4. Aufl., 1962, S. 35 f.

15) Aristoteles, Nikomatische Ethik. 1969(Übersetzung v. Franz Dirlmaier), 1111 a; H. Welzel, 앞의 책(주 14), S. 35 f.

16) Aristoteles, 앞의 책(주 15), 1113b, 1114a.

17) Aristoteles, 앞의 책(주 15), 1110b, 1136b.

착오는 모든 사람들에게 명백한 법규범에 관한 착오일 경우에 그러하다는 것이다. 이런 그의 생각은 오랫동안 귀책론의 방향을 선구적으로 이끌어 나갔다.

스토아와 함께 그리스의 철학사상이 로마로 건너오자 법학에 곧 접목되기 시작했다. 특히 키케로는 자연법에 대한 착오는 고려될 수 없다는 아리스토텔레스의 생각을 다음과 같은 방식, 즉 "자연법은 모든 사람의 가슴에 각인된 생래적인 이념"이라는 식으로 받아들인다.[18] 그에 의하면, 그럼에도 불구하고 자연법을 모른다는 것은 부당하다는 것이다.[19] 이러한 자연법은 모든 이의 가슴에 각인된 것이라는 생각은 사도 바울로 이어졌고,[20] 로마법에는 이제 법률의 착오는 용서받지 못한다는 문장이 나타나게 되었는데, 그것은 바로 로마의 법학자인 파울루스에 기인한다.

물론 전문가들 사이에는 이 법원칙이 단순히 민사법적인 효력만을 지니는지 아니면 형사법적인 효력도 지니는가에 관해 의견이 갈린다. 그러나 이 논란은 우리에게 그렇게 중요하지 않다고 생각되기 때문에 여기에서는 다루지 않기로 한다. 다만 우리에게 관심을 끄는 점은 형법적인 법률의 착오는 그것이 동시에 자연법에 관한 착오일 경우 – 그리고 형법은 그 핵심에 있어서는 자연법의 구체화이기 때문에 대부분이 그러한데 – 고려될 수 없다는 것이다. 로마법에 근거하는 중세의 교회법에서는 부분적으로 법률의 착오에 면책적인 기능이 부여되었는데, 그러나 그 경우에도 면책의 대상이 된 법은 사법이었고 형사법은 여기에서 제외되었다. 그 이유는 형사법의 부지는 자연법의 부지와 동일한 것으로 보여졌기 때문이다. 이렇듯 형사법 이외의 민사법에 관한 착오는 면책적으로 고려하는 반면에 형사법에 관한 착오는 고려되지 않는다는 이분법적인 귀책론이 독일의 제국법원을 지배했다는 점은 이미 언급한 바 있다.[21]

이상으로 우리는 전통적인 귀책론에 대해 다음의 사실을 알게 되었다. 즉 형

---

18) H. Welzel, 앞의 책(주 14), S. 46.
19) Cicero, De legibus, Ⅰ, 15, 42: 더 나아가 H. Welzel, 앞의 책(주 14), S. 45 f.
20) Paulus, Romer 2. 14 ff.
21) 위의 주 1 참조.

사법에 관한 착오는, 그것이 자연법으로부터 생겨난 것이고 따라서 모든 사람이 일정한 정신적인 능력만 갖추면 모두 인식할 수 있기 때문에 면책될 수 없다는 것이다. 그러나 이러한 대단히 엄격한 귀책론을 합리적으로 완화시킨 사람이 바로 토마스 아퀴나스이다.[22] 즉 그는 키케로의 생래적이고 모든 사람에게 통찰 가능한 이념을 자연법의 공통적인 원칙(principia communissima) — 선을 행하고 악을 피하라 혹은 타인을 해하지 말라 — 등에 국한시키고, 이에 관한 착오는 결코 용서받을 수 없다고 한다. 이에 반해 자연법적 원칙으로부터 구체적으로 도출된 것에 대해서는 면책적인 착오가 가능하다고 한다. 그것도 그 규정이 세분화되면 될수록 그리고 일반적인 원칙으로부터 벗어나면 날수록 더욱더 면책적이라고 한다.[23] 이런 생각에 따른다면 법률의 착오는 이제 원칙적으로 고려될 수 없는 것이 아니라 오히려 회피할 수 있는 법률의 착오(error iurls invincibilis)는 책임을 전부 배제하는 반면, 회피할 수 있는 법률의 착오(error iurls vincibilis)만이 그 착오가 비자발적인 한에서 책임을 감경할 수 있는 것이 된다.[24]

자세히 들여다보면 토마스 아퀴나스의 귀책론은 결국 아리스토텔레스의 이론을 계속 발전시킨 것을 의미하며, 어쨌든 독일 연방법원의 법률의 착오에 관한 이분법적인 도식, 즉 회피가능한 착오와 회피불가능한 착오의 구분을 이론적으로 뒷받침하고 있다. 이런 사정을 종합한다면 “법률의 부지는 용서받지 못한다”는 귀책론은 다음과 같은 이유에서 오늘날 극복될 수밖에 없다. 왜냐하면 형법은 그것의 핵심영역을 넘어서서 부수형법에 이르기까지 수없이 팽창하고 있기 때문에 일반인에 대해 그가 세세한 부수형법의 내용까지 알 것을 거의 기대할 수 없기 때문이다. 또한 오늘날과 같이 빈번한 국제적인 왕래에 직면해서는 핵심형법의 내용조차 — 예컨대 간통죄의 경우와 같이 — 모르는 외국인이 수없이 존재하기 때문이다. 이렇듯 형법이 부수형법으로 팽창한다는 점과 자라 나온 문화적 환경이 서로 다른 외국인이 존재한다는 사실은 법률의 부지는 용서하지 못한다라는 귀책론을 설득력이 없게 만든다. 그러므로 우리 대법원이 “법률의 부지는 용서받지 못한다”는 전제하에 법률의 부지를 법률의 착오로부터 배제하는 태도는

22) H. Welzel, 앞의 책(주 14), S. 64 f.

23) Thomas von Aquin, Summa theologica II. I. 94, 4-6 ff.

24) Thomas von Aquin, 앞의 책(주 23), II, 4-8.

책임을 인정함에 있어서 위법성의 인식을 요구하는 책임원칙과 정면으로 대치하는 것으로서 극복되어야 할 것이 분명해진다.

Ⅲ. 법률의 부지와 법률의 착오와의 관계

주지하는 바와 같이 우리 대법원은 종래의 견해대로 단순한 법률의 부지는 형법 제16조의 법률의 착오에 속하지 않으며, 여기서 말하는 법률의 착오란 "일반적으로 범죄가 되는 행위이지만 자기의 특수한 경우에는 법령에 의하여 허용된 행위로서 죄가 되지 아니한다고 그릇 인식하는 것을 말한다"고 한다. 요컨대 법률의 착오는 적극적인 오인만을 의미하며 소극적인 부지는 이에 해당하지 않는다는 것이다. 그러나 법률의 부지를 법률의 착오에서 배제시키는 이러한 대법원의 태도는 과연 타당한 것인가? 여기에서 우리의 관심을 끄는 것은 독일의 1962년 정부초안(E 1962) 제21조인데, 왜냐하면 이 조항은 우리 대법원의 입장과 마찬가지로 법률의 착오에서 적극적인 오인만을 포함시키고 소극적인 부인은 배제했기 때문이다. 그러나 이 초안에 대해서는 다음과 같은 이의가 제기된다.

우선 동일한 사례에 대해 금지착오의 규정과 형법상 책임능력 규정을 적용할 때 서로 모순이 생겨난다는 것이다. 주지하듯이 금지착오와 책임능력 규정은 모두 불법을 인식하는 능력을 그 전제로 하고 있고 그 점에서 서로 구별될 필요가 없다.[25] 그러므로 예컨대 새로운 법이 제정되었다는 사실을 모르기 때문에 법률의 착오에 빠진 경우이거나 아니면 생물학적인 결함으로 자신의 행위의 불법을 인식하지 못한 경우는 모두 다 불법인식이 결여된 점에서는 동일하다. 물론 여기서 불법인식이 요구되는 것은 불법인식 그 자체 때문이 아니라 오히려 단지 그로부터 주어지는 다음의 가능성, 즉 올바르게 법질서에 맞게 행위를 조정할 수 있는 가능성 때문에 중요하다.[26] 그러나 독일의 1962년 정부초안 제21조와 같이 금지착오를 불법을 행하지 않는다고 적극적으로 오인한 경우에 국한시키고 위법

25) H. Mayer, Strafrecht, AT, 1953, S. 243 ff.; Dreher, GA, 1957, S. 98.

26) Armin Kaufmann, Schuldfähigkeit und Verbotsirrtum, in : Festschrift für Eberhard Schmidt, 1964, S. 323 f.

성의 인식이 단순히 결여된 경우. 즉 법률의 부지를 금지착오로부터 배제하게 되면 동일한 사례에 대해 금지의 착오에 관한 규정을 적용하는가 아니면 책임능력에 관한 규정을 적용하는가에 따라 서로 다른 법적 결과가 나타나게 된다. 왜냐하면 책임능력에 관한 조항은 불법인식을 하지 못한 경우 책임을 배제하는 반면, 금지착오에 관한 규정은 불법을 하지 않는다는 적극적인 오인에만 제한해서 책임을 배제할 뿐 단순한 법률의 부지는 이와 상관없이 형법상 처벌되기 때문이다.[27] 그러므로 예컨대 생물학적인 이유로 자기 행위가 위법하다는 인식을 적극적으로 오인한 것이 아니라 단순히 인식하지 못하게 된 자를 가정한다면, 이 경우에 대해 금지착오에 관한 규정을 적용한다면 여기서의 위법성의 인식을 하지 못한 경우는 단순한 법률의 부지로서 그것의 회피가능성 여부와 상관없이 고려될 수 없는 반면, 형법상의 책임능력 조항을 여기에 적용하면 생물학적인 이유로 인해 범행당시 행위의 위법성을 인식할 능력이 결여되어 있기 때문에 책임이 없어 처벌되지 않게 되는 서로 모순된 결과를 가져온다는 것이다. 요컨대 생물학적인 원인에 근거한 불법인식의 결여는 항상 책임의 배제로 이어지는 반면, 다른 이유에 근거한 불법인식의 결여는 불법에 대한 적극적인 오인의 경우에만 책임을 배제할 수 있다는 것인데, 이런 모순은 법률의 부지를 금지착오에서 배제한 데에 근거한다는 것이다.

더 나아가 1962년 독일의 정부초안 제21조는 위와 같은 이론적인 이유에서 뿐만 아니라 결과적으로도 설득력이 없는데, 왜냐하면 법에 충실한 자는 자신이 불법을 행하지 않는다는 데에 적극적으로 어떤 현실적인 인식도 하지 않을 뿐만 아니라, 도대체 자신이 올바른 행위를 하는가에 대한 의문조차 하지 않는다는 것이다.[28] 사정이 이러하다면 불법을 행하지 않는다는 적극적인 오인만을 금지착오로 보는 1962년 독일정부초안 제21조는 결과적으로도 설득력이 없는 것이 된다. 또한 마찬가지의 이유로 이 정부초안의 다음과 같은 주장도 설득력을 잃고 만다. 즉 "자신의 행위에 대해 어떤 고려도 하지 않고 그 때문에 자신이 불법을

---

27) Armin Kaufmann, 앞의 글(주 26), S. 325 f.

28) Dreher, GA, 1957, S. 99 ff.; Roxin. ZStW, 1964, S. 607 ff.; W. Stree, 2. Teil, Rechtswidrigkeit und Schuld, in Roxin/Stree/Zipf/Jung. Einführung in das neue Strafrecht, 2. Aufl., 1975, S. 50 ff.

행하는지를 알지 못하게 된 자는 그러한 이유 때문에 책임이 없거나 제한적인 책임을 지는 것이 아니다."[29] 물론 독일의 정부초안 제21조가 근거하고 있는 다음과 같은 생각, 즉 아무 생각 없이 법에 무관심한 자를 금지착오의 규정에 의해 우대해 줄 필요가 없고 따라서 단지 적극적으로 불법을 행하지 않는다고 오인한 자만을 금지착오의 규정에 의해 규율하겠다는 의도는 일단은 수긍이 되기는 한다. 그러나 이런 효과를 위해서 금지착오의 개념을 제한할 필요는 결코 없다는 것이다. 왜냐하면 법에 대한 무관심으로 인해 자신의 행위의 불법을 전혀 인식할 수 없는 자를 처벌한다면 그것은 형사처벌의 조건으로서 불법인식을 요구하는 책임원칙에 정면으로 위배되기 때문이다. 그리고 대다수의 경우들, 즉 불법을 통찰할 수 있는 능력을 지닌 경우들은 그의 책임에 상응해서 처벌을 하게 되면, 결코 법에 무관심한 자를 우대하는 결과는 가져오지 않기 때문이라는 것이다.[30]

마지막으로 불법의식을 갖지 못한 유형들을 세분화하고 그것에 따라 서로 상이한 법적 효과를 부여하려는 시도는 다음과 같은 근원적으로 잘못된 착상에 근거한다는 것이다. 즉 본래적으로 책임을 근거짓는 요인은 불법인식 자체이며, 그러므로 그런 불법인식이 어떤 이유로 결여되게 되었는지가 책임의 판단에 영향을 미친다는 생각이다. 그러나 이런 착안점에 근거해서 불법인식을 갖지 못하게 된 유형들을 나누고 그에 따라 서로 다른 법적 효과를 부여하려는 시도는 거부되어야 하는데, 왜냐하면 불법인식은 그 자체가 아니라, 오히려 그로 인해 법적 의무에 합치되는 행위를 하도록 동기화시킬 수 있다는 점에서만 중요하기 때문이다.[31] 이런 관점에서 본다면 불법인식의 연원은 아무런 의미를 지니지 않는다는 점이 분명해진다.

이상에서 살펴본 바와 같이 단순한 법률의 부지도 자기행위의 위법성을 알지 못하는 경우이기 때문에 그 위법성을 알지 못하게 된 근거가 적극적인 오인에 의한 것이든 아니면 소극적인 부지에 의한 것이든 간에 이 둘을 서로 구별할 실익이 없다. 사정이 이러하다면 법률의 부지란 법률의 착오와 무관한 법현상이라

29) Begründung zum Entwurf 1960, S. 127 f.
30) Arnin Kaufmann, 앞의 글(주 26), S. 327.
31) Armin Kaufmann, 앞의 글(주 26), S. 328 f.

기보다는 오히려 법률의 착오에 이르게 된 동기 중의 하나라고 할 수 있다. 요컨대 "법률의 부지"는 "법률의 부지에서 유래된 법률의 착오"라고 말할 수 있다.[32] 그리고 사실상 이런 근거에서 우리 형법이 그대로 따랐다는 스위스 형법 제20조의 해석에서도 통설은 법률의 착오 내에 법률의 부지도 함께 포함시켜 해석하고 있다.[33]

Ⅳ. 법률의 착오에 있어서 "정당한 이유"

이상에서 살펴본 바와 같이, 법률의 부지를 법률의 착오로부터 배제시키는 대법원의 태도는 다음과 같은 이유에서 타당하다고 할 수 없다. 우선 이념사적으로 볼 때 이러한 입장이 근거하고 있는 로마법상의 "법률의 부지는 용서받지 못한다"라는 귀책론은 오늘날과 같이 행정형법적인 규정이 양산되는 현실에서는 설득력이 없다는 것이다. 더 나아가 형법이론상으로도 이렇듯 소극적인 부지와 적극적인 오인을 서로 구별하려는 태도는 형법상의 모순을 가져오기 때문에 정당화될 수 없다. 왜냐하면 자신의 행위의 불법을 인식하지 못하는 점에서는 모두 같은데도 불구하고 동일한 사례에 대해 책임능력규정을 적용하게 되면 언제나 불가벌인 반면 소극적인 부지는 법률의 착오에 속하지 않으므로 항상 처벌되기 때문이다. 그러나 만약 이 논문에서와 같이 법률의 부지도 법률의 착오에 속한다고 하면 이제 그에 대한 법적 평가는 어떻게 해야 할 것인가?

우리 형법 제16조는 "자기의 행위가 법령에 의하여 죄가 되지 아니하는 것으로 오인한 행위는 그 오인이 정당한 이유가 있는 때에 한하여 벌하지 아니한다"라고 규정하고 있다. 그리고 이와 관련된 사안에 대해 대법원은 극히 제한된 경우에만 정당한 이유를 인정한다. 또한 이미 언급한 바와 같이 판례는 법률의 부지와 관련된 사안은 법률의 착오가 아니라고 하여 정당한 이유의 심사조차 하지 않고 있다. 더 나아가 정당한 이유를 인정하는가 부정하는가에 관해 판례의

32) 오영근, 형법총론, 499면 참조.

33) 무엇보다도 Stratenwerth, Schweizerisches Strafrecht, AT Ⅰ, 1982, S. 257 f.

유형을 나누기도 대단히 곤란하다.[34] 그러므로 예컨대 관계당국에 조회하여 그 회답을 믿고 한 행위가 정당한 이유 있는 법률의 착오가 되는가에 대해 정당한 이유를 인정한 경우도 있고,[35] 이를 부정한 경우도 있다.[36] 더 나아가 검사의 무

34) 그러나 법률의 착오의 유형화를 시도한 논문으로서는 천진호, 형법상 금지착오에 있어 "정당한 이유(회피가능성)"에 대한 판단척도, 경북대 법학연구소, 법학논고 제11집, 1995, 83면 이하.

35) 대판 1976.1.13. 선고 74도3680 판결에 의하면 관할공무원에게 문의하여 긴급명령에 의하여 신고해야 할 사채에 해당하지 않는다는 것을 확인했을 뿐만 아니라 변호사에게도 확인하여 신고하지 않았다면 피고인이 그와 같이 믿은 것은 이를 상당시하여야 할 것이고 따라서 이를 믿고 신고를 하지 않았다고 해서 벌할 수 없다고 한다. 또한 1983.2.2. 선고 81도2763 판결에 따르면 피고인이 1975.4.1.자 서울특별시 공문, 1975.12.3.자 동 시의 식품제조허가지침, 동 시의 1976.3.29.자 제분업소허가권 일원화에 대한 지침 및 피고인이 가입되어 있는 서울시 식용유협동조합 도봉구 지부의 질의에 대한 도봉구청의 1977.9.1.자 질의회시 등의 공문이 곡물을 단순히 볶아서 판매하거나 가공위탁업자로부터 제공받은 고추, 참깨, 들깨. 콩 등을 가공할 경우 양곡관리법 및 식품위생법상의 허가대상이 아니라는 취지어서 사람들이 물에 씻거나 볶아온 쌀 등을 빻아서 미싯가루를 제조하는 행위에는 별도의 허가가 필요없다고 믿고서 미싯가루 제조행위를 하게 된 것이라면, 피고인은 자기의 행위가 법령에 의해 죄가 되지 않는 것으로 오인하였고, 또 그렇게 오인함에 어떠한 과실이 있음을 가려낼 수 없어 정당한 이유가 있는 경우라고 한다.

더 나아가 대판 1992.5.22. 선고 91도2525 판결과 대판 1993.9.14. 선고 92도1560 판결, 대판 1995.7.11. 선고 94도1814 판결에 의하면 허가를 담당하는 공무원이 허가를 요하지 않는 것으로 잘못 알려주어 이를 믿었기 때문에 허가를 받지 아니한 것이라면 허가를 받지 않더라도 죄가 되지 않는 것으로 착오를 일으킨 데에 대해 정당한 이유가 있는 경우에 해당하여 처벌할 수 없다고 한다. 또한 대판 1995.8.25. 선고 95도717 판결도 참조하시오.

36) 대판 1985.4.9. 선고 85도25 판결에 의하면 유흥접객업소의 업주가 경찰당국의 단속에서 제외되어 있는 단 18세 이상의 고등학생이 아닌 미성년자는 출입이 허용되는 것으로 알고 있었더라도 … 비록 경찰당국이 단속대상에서 제외하였다 하여 이를 법률의 착오에 기인한 행위라 할 수는 없다고 한다.

또한 대판 1987.4.14. 선고 87도160 판결과 대판 1989.2.14. 선고 87도1860 판결에 따르면 유선방송설비는 전기통신기본법상의 자가전기통신설비가 아니라는 내용의 체신부장관의 회신이 법령의 해석에 관한 법원의 판단을 기속하는 것이 아니고, 가사 피고인이 유선방송업은 당국의 허가대상이 아니라고 알았다거나 체신부장관의 내용에 의해 자기의 행위가 법령에 의해 죄가 되지 아니하는 것으로 오인하였다고 하더라도 피고인에게 범의가 없었다고 할 수 없다고 한다.

그리고 대판 1991.8.27. 선고 91도1523 판결에 의하면 피고인이 비록 보건사회부장관의 위고시에 의하여 당국의 형식승인을 받지 아니한 이 사건 전자오락기구를 사용하였다 하더라도 내세우는 이 사정만으로는 피고인의 행위가 죄가 되지 아니하는 것으로 오인하는 데 정

혐의 처분과 변호사의 조언 및 변리사의 감정결과에 대해서도 정당한 이유를 인정하는 경우와[37] 또한 이를 부정한 예가 있다.[38] 물론 법률의 착오에서의 정당

당한 이유가 있을 수 없으며, 또 처벌의 대상에서 제외된다는 보건복지부장관의 회신은 법원의 판단을 기속하는 것도 아니라고 한다.

37) 정당한 이유를 인정한 판례로는 대판 1976.1.13. 선고 74도3680 판결 참조(주 35). 또한 대판 1982.1.19. 선고 81도646 판결에 따르면 피고인이 1974. 말경 외국상사들로부터 발가락 삽입부가 5개로 형성된 양말은 동인의 의장권(의장등록 제13319호)을 침해한다고 하여 그 제조의 중지요청을 받고 그 즉시 변리사에게 문의하였던바, 양자의 의장이 색채와 모양에 있어 큰 차이가 있으므로 동일유사하다고 할 수 없다는 회답을 받고, 또 같은 해 3.11. 위 변리사에게 감정을 의뢰하여 위 양자의 의장은 발가락 삽입부 5개가 형성되어 있는 외에는 형상, 색채 혹은 그 조합이 각기 다르고 위 발가락 5개의 양말은 위 의장등록이 된 후에도 공소외인의 명의로 의장등록(제17597호)된 바 있으니 발가락 삽입부가 위 피해자의 등록의장의 지배적 요소라고 할 수 없으므로 양자는 결국 동일 또는 유사하다고 할 수 없다는 전문적인 감정을 받았고… 사실이 이와 같다면 특허나 의장권 관계의 법률에 관하여는 전혀 문외한으로서는 대법원판결이 있을 때까지는 의장권을 침해하는 것이 아니라고 믿을 수밖에 없었다고 할 것이니, 위 양말을 제조판매하는 행위가 법령에 의하여 죄가 되지 않는다고 오인함에 정당한 이유가 있는 때에 해당한다는 것이다.

더 나아가 대판 1995.8.25. 선고 95도717 판결에 의하면 가감삼십전대보초와 한약 가지 수에만 차이가 있는 십전대보초를 제조하고 그 효능에 관해 광고를 한 사실에 대해 이전에 검찰의 혐의없음 결정을 받은 적이 있다면, 피고인이 비록 한의사, 약사, 한약업사 면허나 의약품판매법 허가가 없이 의약품인 가감삼십전대보초를 판매하였다고 하더라도 자기의 행위가 법령에 의하여 죄가 되지 않는 것으로 믿을 수밖에 없고, 또 그렇게 오인함에 있어서 정당한 이유가 있는 경우에 해당한다고 한다.

38) 정당한 이유를 부인한 판례로는 대판 1992.5.26. 선고 91도894 판결을 들 수 있는데, 이 판결에 따르면 압류물을 집달관의 승인없이 임의로 그 관할구역 밖으로 옮긴 경우에는 압류집행의 효용을 해하게 된다고 할 것이므로 공무상 비밀표시무효죄가 성립한다는 것이다. 이 행위를 하면서 변호사 등에게 문의하여 자문을 받았다는 사정만으로는 자신의 행위가 죄가 되지 않는다고 믿는 데에 정당한 이유가 없다고 한다.

또한 대판 1992.8.18. 선고 92도1140 판결에 의하면 피고인이 한국무도교육협의회의 정관에 따라 무도교습소를 운영하였고, 위 협회가 소속회원을 교육함에 있어서는 학원설립허가를 받을 필요가 없다고 한 검찰의 무혐의결정내용을 통지받은 사실만으로 피고인이 인가를 받지 않고 교습소를 운영한 것이 법률의 착오에 해당한다고 볼 수 없다고 한다. 더 나아가 대판 1995.7.28. 선고 95도70 판결에 따르면 피고인이 변리사로부터 타인의 등록상표가 상품의 품질이나 원재료를 보통으로 표시하는 방법으로 사용하는 상표로서 효력이 없다는 자문과 감정을 받아 자신이 제작한 물통의 의장등록을 하고 그 등록상표와 유사한 상표를 사용한 경우, 설사 피고인이 위와 같은 경위로 자기의 행위가 죄가 되지 아니한다고 믿었다 하더라도 이러한 경우에는 누구에게도 그 위법의 인식을 기대할 수 없다고 단정할 수 없으므로 피고인은 상표법 위반의 죄책을 면할 수 없다는 것이다.

한 이유에 대해 판례의 태도가 일관되지 않는 것은 항상 서로 다른 구체적 사안의 차이에 기인한다고 추측되기는 한다. 그럼에도 불구하고 그 내용이 거의 유사한 사안임에도 불구하고 이에 대해 대법원이 서로 상반된 판단을 내리는 점은 대단히 문제의 소지가 크다. 더 나아가서 판례는 정당한 이유의 판단기준에 대해 아예 아무런 언급도 하지 않고 있기 때문에 이 기준에 관한 구체적인 해석의 문제는 결국 해석론에 맡기고 있는 셈이다.

1. "정당한 이유"의 판단기준으로서의 "회피가능성"

오늘날 통설적인 견해는 책임설[39]에 근거해서 법률의 착오에서 "정당한 이유"의 유무를 "회피가능성"의 유무로 판단하고 있다.[40] 즉 정당한 이유는 그 착오를 회피할 수 있는가의 문제에 따라 결정되며 그런 점에서 회피가능성(Vermeidbarkeit)의 여부에 따라 정당한 이유의 판단이 결정된다는 것이다. 사실상 이러한 통설의 견해는 독일형법의 해석론을 그대로 빌려 온 것인데, 독일 형법 제17조는 금지착오란 제목하에 "행위 시 행위자에게 불법을 행한다는 인식이 없었던 경우에 행위자가 그 착오를 회피할 수 없었다면 책임없이 행한 것이다. 행위자가 그 착오를 회피할 수 있었던 때에는 제49조 1항에 의하여 그 형을 감경할 수 있다"고 규정하고 있다. 위법성 인식이 불가능한 경우에 책임을 조각하려

---

39) 주지하듯이 책임설이란 위법성의 인식이나 인식가능성을 고의와 분리된 독립된 요소라고 보는 입장이다. 그러므로 이 설에 의하면 위법성의 인식이나 인식가능성이 없으면 고의가 조각되는 것이 아니라 단지 책임만이 배제된다. 이에 반해 고의설은 고의 안에 위법성인식을 포함시키기 때문에 위법성의 인식이 없으면 고의가 조각되고, 다만 이를 회피할 수 있는 경우에만 과실범으로 처벌될 수 있을 뿐이다. 책임설은 독일형법 제17조 금지착오가 근거하는 학설이며, 이에 따라 회피불가능한 금지착오의 경우에는 책임이 조각되지만 회피가능한 금지착오의 경우에는 회피가능성의 정도에 맞춰 독일형법 제49조 1항에 따라 책임만이 감경된다.

40) 김일수, 한국형법 II(총론 하), 1992, 92면; 배종대, 형법총론, 1999, 375면; 박상기, 형법총론, 2002, 2512면 이하; 임웅, 형법총론, 1999, 274면; 이재상, 형법총론, 1998, 301면; 안동준, 형법총론, 1998, 163면; 김성천/김형준, 형법총론, 1998, 364면; 이정원, 형법총론, 1997, 241면 참조. 이에 대한 이견으로는 오영근, 형법총론, 2002, 500면; 신동운, 판례백선 형법총론, 1997, 301면; 조국, 법률의 부지 및 착오이론에 대한 재검토, 형사정책연구, 통권 제46호, 2001, 107면 이하 참조.

는 책임설에 기초하고 있는 이 규정은 그 이론적 근거가 명백하며, 법률의 착오에 대해 구체적인 기준을 제시하고 있다고 볼 수 있다.

그러나 일부의 견해에 따르면 형법 제16조의 정당한 이유를 독일형법의 회피가능성과 같은 의미로 해석하는 것은 타당하지 않다고 한다.[41] 그 이유는 형법상 명문으로 "회피가능성"을 규정하고 있는 독일과는 달리 우리형법은 단순히 "정당한 이유"만을 규정하고 있기 때문에 언어관행상 "정당한 이유"와 "회피가능성"은 도저히 같은 것으로 해석할 수 없다는 것이다. 또한 독일형법의 해석론을 받아들일 수는 있으나 반드시 유의를 해야 한다는 이의제기는 우리형법과 독일형법 간의 법적인 효과의 차이에 주목한다. 즉 회피가능한 법률의 착오일 경우에는 회피가능성의 정도에 따라 형을 감경할 수 있는 독일과는 달리 우리의 입법자는 범죄의 성립 또는 불성립의 양자택일을 하도록 규정하고 있기 때문에 독일형법의 해석론을 받아들이려는 시도는 문제가 많다고 주장한다.[42]

그러나 우리 형법 제16조나 독일형법 제17조는 모두 책임요소인 위법성의 인식을 결한 경우에 책임을 조각한다는 법률의 착오에 관한 규정이기 때문에 그 문언이 다름에도 불구하고 같은 의미로 해석할 수 있다고 보여진다. 더 나아가서 법적 효과의 차이 때문에 정당한 이유의 판단척도의 내용 자체가 달라지는 것은 결코 아니라고 보아야 하므로 우리 형법 제16조의 정당한 이유는 독일형법의 "회피가능성"으로 해석하는 것이 무난하리라고 본다.[43] 또한 우리 형법에 규정된 "정당한 이유"는 판단의 척도라기보다는 오히려 판단의 결과라고 보여지기 때문에[44] 이제 "정당한 이유"에 대한 구체적인 판단기준을 찾을 수밖에 없으며, 이 기준은 바로 "회피가능성"이라는 척도에 의해 구체화된다고 해석할 수 있다. 그러나 독일에서 조차 회피가능성을 어떻게 판단하는가에 관해서는 논란이 대단히 많으므로 이하에서는 이 점에 대해 자세히 알아보기로 한다.

---

41) 무엇보다도 오영근, 형법총론, 500면; 조국, 앞의 글(주 40), 107면 참조.
42) 신동운, 형법총론 판례백선, 301면.
43) 같은 견해로는 정현미, 법률의 착오에서 정당한 이유의 판단기준, 형사판례연구(8), 2000, 15면 이하; 천진호, 앞의 글(주 34), 99면 참조.
44) 정현미, 앞의 글(주 43), 15면 참조.

2. 회피가능성의 척도와 정도

1) 독일판례의 입장

독일의 판례는 지속적으로 "양심의 긴장(Gewissensanspannung)"을 요구하고 있다. 즉 행위자가 그에게 기대가능한 양심의 긴장을 했음에도 불구하고 자신의 행위의 불법을 얻지 못했다는 그러한 법률의 착오는 회피불가능한 것이라는 것이다.[45] 더 나아가 독일의 판례는 이런 전제로부터 다시 행위자의 "심사숙고(Nachdenken)"와 "조회(Erkundigung)"라는 개념을 통해 "기대가능한 양심의 긴장" 개념을 확대하고 있다. 즉 "일정한 행위의 적법성 또는 위법성에 대한 판단을 내릴 때에 행위자는 그의 정신적인 모든 인식능력과 윤리적인 가치표상을 투입하지 않으면 안 된다"[46]는 것이다. 그러므로 법익의 침해 내지 위태화를 피하기 위하여는 행위자에게 많은 지식능력이 요구됨은 물론, 과실책임보다도 더 높은 정도의 긴장이 요구된다.[47] 그러나 이와 같은 요구는 행위자가 구성요건적 사실을 인식함을 근거로 그에게 기대될 수 있는데, 왜냐하면 구성요건은 위법성을 징표하기 때문에 행위자는 자신의 행위의 적법성을 특별히 심사해야 마땅하다는 것이다. 요컨대 독일판례는 회피가능성을 "그 내용 및 범위에 있어서 과실의 정도를 넘어가는 심사 및 조회의무의 침해"라고 정의한다.[48]

그러나 이러한 요구는 대단히 지나친 것이다. 왜냐하면 행위자가 자신의 행위의 위법성을 부단히 검토해야 할 의무가 있다면 회피가능한 금지착오는 거의 생각할 수 없을 것이기 때문이다. 더 나아가서 양심의 긴장은 행위자에게 자신의

---

45) BGHSt 2. 201.

46) BGHSt 4, 1: 9, 164: 21, 18.

47) 독일의 경우 과실보다 높은 주의의무가 요구된다고 보는 견해는 Maurach/Zipf, Strafrecht, AT. Teil b. 1, 8. Aufl., 1992, S. 547. 이에 반해 과실과 같은 정도의 의무위반이면 족하다는 견해는 Jescheck. Lehrbuch des Strafrechts, AT, 3. Aufl., 1978, S. 370: Roxin, Strafrecht(주 1), S. 812: Rudolphi, SK Bd. 1. AT, 3. Aufl., 1983, § 17, RN 30a 참조. 또한 우리나라의 경우 과실과 같은 정도의 주의의무라고 보는 견해로는 이재상, 형법총론, 302면; 배종대, 형법총론, 378면. 그리고 과실보다는 엄격한 것으로 보는 견해로는 김일수, 한국형법 II(총론 하), 108면; 임웅, 형법총론, 275면 참조.

48) BGHSt 21, 18.

행위가 불법인식의 대상과는 다른 윤리와 일치하지 않는다는 인식만을 가능하게 할 뿐이기 때문이다.[49] 물론 양심의 긴장은 자신의 행위의 위법성을 심사하는 계기가 되기는 한다. 그러나 양심의 긴장은 난해한 법적인 문제에 대해서는 전혀 기여할 수 없다. 만약 사정이 그렇지 않다면 법학공부는 아무런 소용이 없는 것이 되고 말 것이다. 더 나아가 행위상황의 인식이 위법성의 인식을 매개하기 때문에 자기 행위의 위법성에 대해 심사숙고하거나 조회할 의무가 있다는 논거도 타당한 것은 아니다. 왜냐하면 부수형법이나 질서위반법에서는 이런 사정이 들어맞지 않기 때문이다. 마지막으로 심사숙고할 의무나 조회의무를 침해하면 그것으로부터 곧바로 법률의 착오가 회피가능하다는 결론이 추론되는 것도 아니다.[50]

2) 독일학설의 입장

실무에서 취하고 있는 의무개념의 난점을 피하기 위해 독일의 학설은 직접적인 불법의 인식가능성에 착안하여 회피가능성의 기준을 모색한다.[51] 그 결과 회피가능성 판단의 전제는 행위자가 자기행위의 법적 허용성 여부에 대해 생각할 객관적 계기(Anlaß)가 존재해야 한다는 것이다. 이렇게 해서 소위 심리적 계기이론이 등장하게 된다. 이 견해는 불법을 인식할 동기를 심리적으로 규명하려고 한다. 즉 책임비난을 하기 위해서는 불법인식이 있어야 한다는 책임설의 기본명제에 입각해서, 법률의 착오의 회피가능성은 행위자가 그의 행위의 위법성에 대해 현실적으로 인식하거나 적어도 최소한 약간의 의심을 품었을 때에 불법에 관해 생각할 계기가 주어진 것으로 본다.[52] 그러므로 위법성을 인식할 심리적 계기만 인정되면 법률의 착오는 회피가능하고 그에 대해 책임비난이 가능하다고 본다. 이 입장은 주로 행위자의 심리적 요인에 초점을 두고자 하며 규범적 평가는 가능하면 배제하고자 한다.

---

49) 무엇보다도 김일수, 한국형법 II(총론 하), 95면 참조.

50) 이에 대한 자세한 비판은 Armin Kaufmann. 앞의 글(주 26), 329면 참조. 즉 그에 의하면, 검사하거나 조회할 것에 대한 주의의무인 법적 의무 b를 위반했다고 해서 고의적인 구성요건 실현이라는 법적 의무 a를 침해했다고 비난할 수 없다고 한다.

51) 이에 관해서 자세한 점은 김일수, 한국형법 II(총론 하), 96면 참조.

52) E. Horn, Verbotsirrtum und Vorwerfbarkeit, 1969, S. 105 f; Baumann/Weber, Strafrecht, AT, 9. Aufl., 1985, S. 424 f.

그러나 회피가능성을 이와 같이 순전히 심리적으로 해석하게 되면 지나치게 그 범위가 좁혀지고 만다. 결국 이 이론에 따라 행위자가 자기 행위의 위법성에 대해 어떤 의심도 갖지 않고 회피불가능한 착오에 빠진 것으로 여긴다면 이것은 곧 불법인식을 고의의 핵심요소로 보는 고의설[53]에 이르게 되고 그 결과 고의설의 문제점을 그대로 답습하게 된다. 즉 입법자가 형벌로 위하하려는 것이 처벌되는 것이 아니라 개개인이 금지되었다고 여기는 것만이 처벌의 대상이 된다는 것이다. 더 나아가 자신의 행위에 대해 적법성을 심사한 자는 "가벼운 불법의심"으로도 처벌되는 반면에, 법무관심 혹은 법적대성으로 인해 불법을 통찰할 심리적 계기가 없었던 사람에게는 특혜를 주게 된다.[54] 이렇듯 심리적 계기이론에 의하면 법무관심자와 법적대자의 문제는 해결되지 않기 때문에 심리적 계기의 일정한 규범화가 필요하게 되며 규범적 계기이론들이 등장하게 된다.[55]

이러한 규범적 계기이론들의 공통점은 심리적인 계기 이외에 도대체 법규범이 존재한다는 것에 대한 인식은 규범적으로 전제되어야 한다[56]는 것이다. 물론 이런 규범적인 전제들의 구체적인 내용에 관해서는 여러 상이한 이론들이 제시된다. 즉 혹자는 불법을 징표하는 행위사정의 인식에 착안하여 회피가능성의 내용을 천착하며,[57] 혹자는 행위의 위법성을 암시하는 사정의 인식으로부터 그것

---

53) 이미 언급한 바와 같이 고의설은 위법성의 인식을 고의개념 안에 포함되는 것으로 파악하는 견해이다. 그러므로 고의설의 전제는 기본적으로 규범에 대한 의식적인 위반과 무의식적인 실수 사이에는 근본적인 차이가 있다는 생각이다. 그러므로 이 설에 의하면 행위자가 범행 시 자기행위의 금지위반에 대해 현실적인 의식을 전제로 해서만 고의책임이 있다고 한다. 이러한 고의설에 반해 위법성의 인식을 고의로부터 분리된 독립적인 요소로 파악하는 책임설이 기초하는 기본사상은 다음과 같다. 즉 법공동체에 참여하는 사람들은 언제나 합법적으로 행동하고 불법을 피해야 할 의무를 진다는 것이다. 요컨대 고의설이 심정윤리를 중시하는 윤리관에 그 기반을 두고 있다면 책임설은 책임윤리를 중시하는 윤리관에 기초하고 있다. 양자의 차이점에 관해 자세한 점은 김종원, 한국형사법학회 편, 형사법 강좌Ⅱ, 형법총론(하), 509면, 주 56 참조.

54) Stratenwerth, ZStW 85, S.469 f.

55) 이런 입장에서 Rudolphi는 회피가능성의 본질은 자기행위의 구체적 위법성의 인식가능성에 있다고 하면서 여기에서의 인식가능성은 사실상의 인식가능성과 규범적 기대가능성의 산물이라고 한다. 이에 관해 자세한 점은 ders, Unrechtsbewußtsein. Verbotsirrtum und Vermeidbarkeit des Verbotsirrtums, 1969, 195, 205, S. 211 ff.

56) Stratenwerth, Strafrecht, AT I, 3. Aufl., 1981, S. 175.

을 모색하고 있다.[58]

3. 회피가능성의 구체적인 내용들

독일연방법원이 요구하는 양심의 긴장은 각각의 개별사안에 따라 행위자가 어떤 사회집단에 속해 있고 어떤 직업을 가지고 있는가 또한 그에 따라 그 사람이 어떤 정도의 판단능력을 가질 수 있는 사람인가를 고려해서 결정해야 한다고 한다.[59] 그리고 이미 언급한 바와 같이 심사숙고의무나 조회의무를 침해했다고 해서 곧바로 법률의 착오가 회피가능한 것이 되는 것은 결코 아니다. 오히려 법률의 착오의 회피가능성은 다음과 같은 세 가지 전제로부터 주어진다. 첫째, 행위자는 자기 행위의 가능한 위법성에 대해 심사숙고하거나 조회할 수 있는 계기가 있어야 한다. 둘째, 그러한 계기가 존재함에도 불구하고 행위자는 알려고 하는 노력을 하지 않았거나 이 노력을 매우 불충분하게 함으로써 자신 행위의 위법성을 인식하지 못했어야 한다. 셋째, 비록 행위자가 주어진 계기하에 충분히 자신 행위의 불법성을 인식하려고 노력했더라면 자기 행위의 불법을 인식할 수 있었던 경우이어야 한다.[60]

1) 불법인식의 계기

이미 위에서 언급한 것처럼, 독일판례는 언제나 행위자는 자기행위의 합법성을 심사숙고할 의무를 진다고 하는 반면, 심리적 계기이론은 정반대로 해당 행위를 규율하는 규범이 존재하는가를 조회할 계기가 성립하기 위해서는 행위자가 최소한 자기행위의 위법성에 대해 불특정된 의심은 가져야 한다고 주장한다. 그러나 여기서의 인식의 계기는 중도적인 입장에서 다음의 세 가지로 세분화된다. 즉 첫째, 행위자가 스스로 저절로 혹은 제삼자의 지적에 따라 또는 심사숙고하거나 관련 전문서적을 통해 의심을 갖게 되는 경우이고, 둘째, 행위자가 의심은 하고 있지 않으나 다음과 같은 사실, 즉 개별적으로 특별한 규정이 규율하는 영역

57) Jescheck, Lehrbuch des Strafrechts(주 47), S. 370 f.
58) Rudolphi, SK Bd. 1(주 47) § 17 RN 31.
59) BGHSt 2. 201 참조.
60) Roxin, Strafrecht(주 1), S. 815 ff.

에서 행위하고 있다는 점을 알고 있는 경우이고, 마지막으로 행위자가 자신의 행위가 개개인이나 일반인들에게 손해를 가한다는 점을 알고 있는 경우가 불법인식의 계기라고 한다.[61)]

첫 번째 경우는 바로 심리적인 계기이론도 주장한 바와 같은 것으로서, 이때 생겨난 의심을 심리적으로 배제하고 자기 행위의 합법성을 경솔하게 믿는 경우에는 회피가능한 법률의 착오에 빠진 것이 된다. 더 나아가 두 번째의 경우와 같이 자신이 행동하는 영역이 특별한 법적 규율하에 있다는 사실을 알면서도 이에 필요한 법적 인식을 소홀히 했다면 그러한 법률의 착오는 회피가능한 것이 된다. 그러므로 예컨대 천지창조 디스코 클럽에서의 사안[62)]과 같이 미성년자에게 주류를 판매하는 경우에는 이와 관련된 위험상황을 배제하기 위해 이에 관한 특별한 법적 규정이 있음을 인식하고 그 내용을 확인해야 한다. 그러므로 이런 사정을 인식하는 것만으로도 해당된 법규정의 내용을 인식해야 할 계기가 주어진다고 볼 수 있다. 특히 이러한 경우는 여러 다양한 직업활동을 규율하고 있는 부수형법의 영역에 대해 중요한데. 보통의 시민은 대부분 세분화된 해당 법규정을 모르기 때문이다. 마지막으로 행위자가 타인이나 일반에게 해를 가한다는 사실을 인식하는 경우이다. 이 경우는 보통 "기본적인 사회규범"이나 "윤리질서"에 대한 의식적인 위반이라고 묘사되는데. 이보다는 침해할 고의에 착안해서 이 사태를 설명하는 것이 보다 사안에 합당하다. 그 이유는 불법은 바로 법익침해이지 윤리위반에 존재하는 것은 아니기 때문이다. 이 경우는 핵심형법에서는 별로 생겨나지 않는데, 왜냐하면 핵심형법의 영역에서는 행위상황의 인식이 대부분 침해고의를 포함하기 때문이다.[63)]

이상의 세 가지 계기 중 어느 하나도 존재하지 않는다면 자기 행위의 불법을 인식하지 못한 행위자는 회피불가능한 법률의 착오에 빠진 것이 된다.[64)] 또한 이러한 행위자를 처벌하지 않는 것은 예방적인 관점에서도 정당화되는데, 그 이유

61) Roxin, 앞의 책(주 1), S. 816 f.
62) 대판 1985.4.9. 선고 85도25 판결 참조.
63) Roxin, 앞의 책(주 1), S. 817 f.
64) Roxin, 앞의 책(주 1), S. 817 f.

는 이러한 범행의 재발을 방지하기 위해서는 형벌보다는 경고나 주의를 주는 것이 더 바람직하며 또한 그와 같은 착오는 법적으로 훈련되지 않은 일상인에게 발생할 수 있기 때문에 법적 평화를 해치지도 않기 때문이라고 한다.[65)]

2) 불법인식을 할 노력의 필요한 정도

위에서 언급한 계기가 존재한다면 법적으로 문외한인 일반인들은 권한 있는 기관이나 법률전문가에게 조회, 문의하거나 대법원 판결 등을 확인해야 할 의무가 있다. 물론 그때 불법인식을 하기에 필요한 노력의 정도는 행위정황과 행위자 개인의 인식능력 그리고 행위자가 속한 사회집단에 따라 달리 평가되어야 한다. 요컨대 주의의무의 요구수준을 결정하는 데에 있어서 행위자가 속한 직업이 무엇인가 하는 점은 대단히 중요한 착안점이 된다. 그러므로 예컨대 의사, 약사, 건축업 종사자들은 자신의 직업과 관련된 분야에서 일반인보다 보다 강한 주의의무가 요구되는 것이다. 그 이외 불법인식을 할 노력의 필요한 정도를 그 관련점에 따라 유형화하면 다음과 같다.

가) 법 률

법률은 가능한 사리에 합당한 결정을 내릴 수 있는 입법자의 고도의 능력에 기초하고 있고 따라서 그 유효성까지 추정될 수 있을 때에는 신뢰할 수 있다.그러나 법률이 명확하지 않거나 그 부당성이 정상적인 시민에게 곧바로 인식될 수 있을 정도로 명백할 때에는 이를 신뢰하고 행한 행위는 회피가능한 것이다. 또한 법률이 여러 가지 해석가능성을 허용하기 때문에 행위자가 자신의 행위의 허용여부에 대해 의심을 하였다면 행위자의 금지착오는 회피가능한 것이 된다.

---

65) 이렇듯 예방적인 고려를 한다고 해서 Roxin의 이론을 예방적 책임설이라고 명명하기도 한다. 즉 그에 따르면 비록 책임이 존재한다고 하더라도 예방적 고려에 의해 형벌을 가하지 않을 수 있다는 것이다. 요컨대 법충실을 견지했음에도 불구하고 불법통찰에 이르지 못한 자는 다른 사람에게 좋지 못한 사례로 작용할 수 없기 때문에 일반예방적인 관점에서 처벌해야 할 필요가 없을 뿐만 아니라 특별예방적인 관점에서도 정상적인 주의를 다하였으므로 개선의 필요성이 존재하지 않는다는 것이다. 그러므로 Roxin은 책임과 예방적인 고려를 모두 포함하는 소위 "답책성(Verantwortlichkeit)"이라는 개념을 창안한다. 회피가능성과 관련된 이 문제에 관해서는 Roxin, 앞의 책(주 1), S. 810 ff.

나) 허가 또는 허가권을 가진 관청으로부터 조회

해당 관청이 법해석을 잘못하여 허가 또는 인가가 필요없다는 의사표시를 했고, 행정관청의 이와 같은 법해석과 서로 다른 법원의 판결이 아직 없는 상태하에서 행위자가 행정관청의 의사표시를 신뢰한 경우에는 위법성의 인식이 없다고 보아야 한다.[66] 다만 행위자가 허가나 인가대상에 대해 구체적으로 특정하지 않고 문의함으로써 회신내용이 그 행위를 대상으로 한 것이 아니라거나 또는 그 행위를 대상으로 했더라도 구체적이고 상세하지 않은 경우에는 행위자가 이를 믿은 데 대해 정당한 이유가 있다고 할 수 없다.[67]

다) 제3자, 특히 법률전문가로부터 수집한 정보를 신뢰한 경우[68]

법규범위반이 의심되는 행위의 법적 문제에 관해 법률전문가 또는 적절한 법정보를 제공할 수 있는 사람이 설득력이 있다고 간주할 수 있을 정도로 의무에 따른 심사를 거쳐 조언을 해 준 경우 이를 믿을 때에는 정당한 이유가 있는 것이라고 보아야 할 것이다. 즉 법률전문가가 자신의 법적 양심에 따라 정확한 사실관계를 기초로 명확한 법적 논거와 판단을 제공해 준 경우에는 정당한 이유가 있다고 보아야 한다. 그러나 법문외한인 일반인으로 하여금 법률전문가의 자질조차 검토하게 만드는 것은 과도한 의무부담이기 때문에 타당하다고 할 수 없다.[69]

라) 판 례[70]

판례는 직접적으로 위법성의 인식의 대상은 아니지만 위법성의 인식가능성을 판단하는 데 중요한 의미를 지닌다. 판례는 그 정당성이 추정될 수 있기 때문에 시민들에게 판례의 내용에 대한 실질적 정당성을 조사해볼 것을 기대할 수 없다. 그러므로 자신의 행위를 일관되게 적법한 것으로 판단한 판례의 정당성을 신뢰한 것에 기인할 때에는 책임비난이 배제된다. 그러나 문제는 판례가 일관되지

66) 이에 관해서는 위의 주 35와 주 36 참조.

67) 이에 관해서는 특히 대판 1993.9.14. 선고 92도1560 판결 참조.

68) 이에 관한 판례는 위의 주 37과 주 38 참조.

69) Roxin, 앞의 책(주 1), S. 819 f.

70) 아직까지 대법원 판결을 신뢰한 사례에 대해서는 아직 판례가 없다. 천진호, 앞의 글(주 34), 39면, 주 123 참조.

못하여 행위자의 행위에 대해 서로 다른 판단을 하고 있는 경우 어떤 범위 내에서 행위자가 법원의 판결을 신뢰할 수 있는가이다. ① 서로 다른 판결이 동급법원에 의한 것인 경우에는 행위자가 그중 자기에게 유리한 판결만을 신뢰했다면 행위자의 금지착오는 처벌된다. ② 행위자가 최근의 판결을 신뢰한 경우에도 서로 대립되는 판례를 인식했거나 인식가능했을 경우에는 그의 금지착오는 회피가능한 것이 된다. ③ 이와는 달리 행위자의 행위에 대한 서로 다른 평가가 서로 상이한 심급법원에 의한 것일 때에는 상급법원의 높은 신뢰가치와 질서가치 때문에 상급법원의 판결이 우선시되어야 한다. ④ 더 나아가 대법원이 종전에 확립된 법적 견해를 변경하는 경우 이를 신뢰하는 행위는 정당한 이유가 있는 법률의 착오라고 보아야 한다. 왜냐하면 법적 안정성의 이념에 따라 단지 장래의 사건에 대해서만 변경된 판례가 적용된다고 보아야 하기 때문이다.

마) 공적 기관의 지시나 지침을 신뢰한 경우

관할 행청관청의 공문이나 지침을 신뢰해서 관할상급관청이나 감독관청의 지시 또는 허가에 따라 행위한 경우에는, 비록 그 지시나 지침이 그 근거가 되는 해당 상위법규나 또는 법원의 판결에 위반되더라도. 위법성의 인식을 결여한 데에 대해 정당한 이유가 있다고 할 것이다. 왜냐하면 관할 행정관청의 지침이나 지시는 행위자의 생활영역에 있어 직접적인 행위준칙으로 작용하기 때문이며 더 나아가 행위자는 그러한 지침이나 지시를 내리는 행정기관이 해당되는 상위법규의 내용이나 법원의 판결 등을 검토한 후 이에 위반되지 않는 범위에서 내린 것이라고 신뢰하기 때문이다. 그러므로 행정기관의 지시나 지침이 법원의 판결이나 그 위의 상위법규에 위배되지 않는지를 검토할 것을 행위자에게 요구하는 것은 불가능할 뿐만 아니라 이를 요구하는 것은 결국 고도의 법전문성을 일반인에게 요구함으로써 "정당한 이유" 있는 법률의 착오의 범위를 제한하는 것을 의미한다.

3) 불법인식을 하려는 노력과 실제적인 불법인식 간의 관계

행위자가 자기행위의 불법인식을 하려는 노력이 불충분하다고 해서 그것으로부터 곧바로 그의 법률의 착오는 회피가능한 것이라는 결론은 도출되지 않는다. 즉 불법인식을 하려는 노력에 의해 자기 행위의 위법성을 인식해야 한다. 예컨대 행위자가 변호사에게 조회하지 않고 자신의 행위의 합법성을 근거짓는 판

례를 믿었으나 그 후 판례의 변경으로 인해 자신의 행위가 위법한 것이 된 경우에는 행위자가 아무리 노력을 했더라도 자기행위의 위법성을 인식할 수 없기 때문에 회피불가능한 법률의 착오가 된다.[71] 요컨대 불법인식을 하려는 노력과 자기행위의 실제적인 불법인식 사이에 인과관계가 존재해야 한다.[72]

V. 맺음말

이제 결론적으로 위에서 언급한 것을 정리하면 다음과 같다.

첫째, 대법원이 근거하고 있는 다음과 같은 귀책론, 즉 "법률의 부지는 용서할 수 없다"라는 생각은 소위 "자연범"이라고 일컬어지는 형법의 핵심부분에만 해당될 수 있다. 이에 반해 오늘날 부단히 확대되는 행정형법과 관련해서는 이러한 귀책론은 결코 타당하지 않다. 왜냐하면 이 영역에서의 불법은 "자연범"과는 달리 윤리적으로 명백히 확실한 것이 아니라, 오히려 법으로 만들어졌기 때문에 비로소 근거지어지기 때문이다. 그러므로 이 경우에도 "법률의 부지는 용서할 수 없다"는 귀책론은 결국 행위자에게 너무 과도하게 자신의 행위에 대해 항상 경계심을 지니도록 요구하는 것으로서 형벌을 과할 때 행위자에게 자신의 행위에 대해 불법인식을 요구하는 책임원칙과 정면으로 배치된다. 왜냐하면 자신의 행위에 대한 불법인식도 없는데 처벌하도록 요구하기 때문이다.

둘째, 법률의 착오로부터 법률의 부지를 제외하는 대법원의 견해는 다음의 이유에서 설득력이 없다. 왜냐하면 적극적인 불법의 오인의 경우에만 법률의 착오를 한정해서 인정하게 되면 결국 책임무능력의 경우와 소극적인 법률의 부지에 대한 경우에 대해서 서로 다른 법적 효과를 부여할 수밖에 없기 때문이다. 결국 적극적인 불법의 오인이건 아니면 소극적인 불법의 부지이건 간에 모두 자기행위의 불법에 대한 인식가능성이 없는 경우이기 때문에 이 둘을 서로 구별해서 적극적인 불법의 오인의 경우만을 법률의 착오로 고찰하려는 대법원의 태도는

71) Roxin, 앞의 책(주 1), S. 809 f.

72) Schönke/Schröder/Cramer, StGB, 25. Aufl., 1997, § 17 RN 22 참조.

법체계상의 모순을 일으키게 되어 형사정책상 많은 문제를 야기한다. 더 나아가서 이러한 구별은 일상생활과도 부합하지 않는데, 왜냐하면 법에 충실한 자는 자신이 불법을 행하지 않는다는 데에 어떤 현실적인 인식조차 하지 않을 뿐더러, 도대체 자신이 올바른 행위를 하는가에 대한 어떤 의문조차 하지 않기 때문이다.

셋째, 그러므로 법률의 부지도 법률의 착오의 한 경우라면 이제 이를 판단할 기준은 법률의 착오를 판단하는 척도가 되는 "정당한 이유"일 수밖에 없다. 그런데 이 기준에 관해 판례는 아무런 말도 하고 있지 않기 때문에 이에 대한 해석은 이론상 학설에 따라 이루어질 수밖에 없다. 학설에 따라 이를 해석할 경우 "정당한 이유"는 "책임설"에 따라 "회피가능성"을 의미하는 것으로 새겨지며 – 그런한 독일형법에서의 금지착오에 대한 해석과 별다른 차이가 없는데 – 이에 대한 기준은 단순한 "심리적인 계기"를 넘어 일정한 규범적인 내용을 지닐 수밖에 없다. 그 결과 "회피가능성"의 구체적인 내용은 다음의 세 가지로 요약된다. ① 행위자는 자기 행위의 가능한 위법성에 대해 심사숙고하거나 조회할 수 있는 계기가 있어야 한다는 것이다. ② 그러한 계기가 존재하는 경우에도 불구하고 행위자는 알려고 하는 노력을 하지 않았거나 이 노력을 매우 불충분하게 함으로써 자기 행위의 위법성을 인식하지 못했어야 한다는 것이다. ③ 비록 행위자가 주어진 계기하에 충분히 자기행위의 불법성을 인식하려고 노력했더라면 자기행위의 불법을 인식할 수 있었던 경우이어야 한다는 것이다.

그러나 만약 위의 세 요건이 충족되어 "정당한 이유" 있는 법률의 착오에 해당하지 않는다고 하더라도 해당 행위를 관련법규를 고의로 위반한 범죄로 처벌할 것이 아니라 그러한 위반행위의 "회피가능성" 정도에 따라 책임을 경감하는 것이 책임을 형벌의 조건으로 하는 책임원칙에 상응한다고 보여진다.

결론적으로 말해 법률의 착오에서 법률의 부지를 제외하는 대법원의 편협한 해석태도는 가능하면 조속히 시정되어야 하며, 더 나아가 "정당한 이유"라는 기준에 대해서는 가능하면 조속히 그 구체적인 내용이 밝혀져야 할 것이다.[73)]

---

73) 같은 견해로는 허일태, 앞의 글(주 5), 61면 참조.

논문 출처

법철학

1. 아르투어 카우프만의 생애와 법철학, 법과 사회철학 한국학회, 법과 사회철학, 제2호, 1992, 135-155쪽.
2. 법도그마틱의 개념과 그 실천적 기능, 한양대 법학논총 제13집, 1996, 59-80쪽.
3. 개념법학적인 사유형태와 일반조항에로의 도피, 박양빈교수화갑기념논문집, 1996, 1161-1179쪽.
4. 법을 통한 과거청산?, 김일수/배종대(편), 법치국가와 형법—심재우 선생의 형법사상에 대한 재조명, 1998, 165-185쪽.
5. 1960-70년대의 한국법철학에 관한 연구, 한국법철학회(편), 한국 현대법철학의 형성과 전개, 2010, 41-84쪽.
6. 위험사회에서의 책임구조: 자연재해에 대한 법적 담론, 홍익법학, 제14권 제1호, 2013, 821-842쪽.

법학방법론

1. 형법해석의 한계—허용된 해석과 금지된 유추와의 상관관계, 형사판례연구회(편), 형사판례연구(4), 박영사, 1996, 3-18쪽.
2. 범행발각 후의 자수: 축소해석인가 아니면 목적론적 축소의 대상인가?, 한양대 법학논총, 제23호, 2006, 57-75쪽.
3. 법학방법론의 관점에서 본 유추와 목적론적 축소, 법철학연구, 제12권 제2호, 2009, 7-34쪽.
4. 법학방법론의 이론적 체계와 실천적 의의—소위 GS 칼텍스 사건을 중심으로, 법철학연구, 제17권 제3호, 2014, 5-40쪽.
5. 한국에서의 법학방법론의 문제점—법발견과 법형성: 확장해석과 유추, 축소

해석과 목적론적 축소 간의 관계를 중심으로, 법철학연구, 제18권 제2호, 2015, 133-166쪽.

형법

1. 형법 제20조 정당행위에 관한 비판적 고찰, 김종원교수화갑기념논문집, 1991, 129-143쪽.
2. 형법상 방법의 착오의 문제점, 형사판례연구회(편), 형사판례연구(1), 박영사, 1993, 13-39쪽.
3. 의사의 치료행위에 관한 형법적 고찰, 형사판례연구회(편), 형사판례연구(2), 박영사, 1994, 46-65쪽.
4. 양형의 법적 성격과 양형의 합리화, 한국형사정책연구원, 형사정책연구, 제7권 제1호(통권 제25호), 1996, 171-199쪽.
5. 공소시효와 형벌불소급의 원칙, 형사판례연구회(편), 형사판례연구(5), 박영사, 1997, 1-27쪽.
6. 현금자동지급기의 부정사용에 관한 형법적인 문제점, 형사판례연구회(편), 형사판례연구(6), 1998, 239-265쪽.
7. 법률의 부지의 형법해석학적 문제점, 한국형사법학회(편), 형사법연구, 제21호, 2004, 185-210쪽.

김영환

1953년 서울 출생
고려대학교 법과대학 및 동 대학원 졸업
독일 뮌헨대학교 법학박사학위(Dr. jur.) 취득
한림대학교 사회과학대학 법과대학 교수
한국형사정책연구원 연구실장
한국법철학회 회장
법학방법론학회 좌장
한양대 법학전문대학원 교수

주요 업적
Zur Fragwürdigkeit und Notwendigkeit des strafrechtlichen Schuldprinzips
법철학의 근본문제
Rechtsphilosophie und Strafrecht in Deutschland und Korea
현대법철학의 근본문제(김영환 외 1인)
응용법철학(김영환 외 11인)
아르투어 카우프만, 법철학(역서)

자유주의적 법치국가: 한국에서의 법철학과 형법

–

초판 인쇄 2018년 5월 25일
초판 발행 2018년 6월 5일

–

저 자 김영환

–

펴낸이 이방원
펴낸곳 세창출판사
신고번호 제300-1990-63호
주소 03735 서울시 서대문구 경기대로 88 냉천빌딩 4층
전화 723-8660 팩스 720-4579
이메일 edit@sechangpub.co.kr 홈페이지 www.sechangpub.co.kr

–

값 35,000원

ISBN 978-89-8411-755-6 93360

자유주의적 법치국가:
한국에서의 법철학과 형법